lonely planet

INGHILTERRA

EDT

Joe Bindloss, Isabel Albiston, Olly Berry, Keith Drew, Sarah Irving, Lauren Keith, James March, Hugh McNaughtan, Lorna Parkes, Tasmin Waby

SOMMARIO

Pianificare

La guida

Canterbury (p144)

Bath (p233)

Whitby Abbey (p461)

Da sapere

Storia e società

IN ALTO: JULIAST/SHUTTERSTOCK ©

Leeds Castle (p151)

INGHILTERRA

IL VIAGGIO INIZIA DA QUI

Ho avuto la fortuna di lavorare in molte parti del mondo, dall'Australia all'Himalaya, ma immancabilmente l'Inghilterra mi richiama a sé. Ho trascorso l'infanzia nel Suffolk, a cercare fossili e utensili in pietra lungo spiagge deserte; poi, una volta diplomato, mi sono trasferito a Londra e lì è scattato qualcosa in me.

Cosa rende unica questa terra? Innanzi tutto la sua storia. Nella canna fumaria della casa in cui ho vissuto durante gli anni della scuola erano custoditi amuleti medievali pensati per allontanare le streghe e in tutto il villaggio in estate spuntavano bambole di paglia, secondo un uso risalente al tempo pagano.

Nei castelli così come nei pub in cui durante la Rivoluzione industriale si tenevano le prime riunioni sindacali, i muri stessi parlano del passato. Quella inglese, peraltro, è una storia in continuo divenire: a mano a mano che da tutto il mondo arrivano persone nuove, la storia nazionale si arricchisce di nuovi capitoli.

Joe Bindloss

@joe_on_travel

La mia esperienza preferita è un'uscita in paddleboard da Dedham a Flatford, un tratto del River Stour poco cambiato da quando lo percorrevo in kayak all'età di sette anni.

CHI VA DOVE

I nostri autori ed esperti scelgono i luoghi che definiscono l'Inghilterra

KELLYGARCIAPHOTO.COM/GETTY IMAGES ©

A Brighton le persone non hanno paura di essere se stesse e questa libertà d'espressione fa prosperare la creatività. L'ottimismo su cui poggiano le iniziative tese a valorizzare le diversità, o a contrastare i cambiamenti climatici, rappresenta per me il meglio dell'Inghilterra. È forse merito della fresca aria di mare o della salutare cucina vegetariana tanto amata qui, ma Brighton è piena di vita. Quando soffia il vento, prendete l'occorrente e andate a fare kitesurf.

Isabel Albiston

@isabel_albiston

Isabel è una scrittrice, e passa quanto più tempo può a St Leonards, sulla costa dell'East Sussex.

HUYSMAN GEERT/SHUTTERSTOCK ©

Per me la natura selvaggia e bizzarra della Cornovaglia si mostra al meglio nella sua estremità occidentale, in particolare sulla Penwith Peninsula. È un luogo aspro, strano, sferzato dal vento e punteggiato di misteriosi monumenti antichi, con tratti costieri tra i più belli di tutta la Gran Bretagna. Ho perso il conto delle volte in cui ho percorso il litorale intorno a Zennor, Pendeen e Botallack, ma non me ne stanco mai. È magia pura.

Oliver Berry

@olivertomberry

Oliver Berry, scrittore di viaggi e natura che risiede in Cornovaglia, è coautore di tutte le nostre precedenti guide dedicate al Devon e alla Cornovaglia.

GORDON BELL/SHUTTERSTOCK ©

Non si può negare il ruolo svolto dall'acqua nella conformazione dell'Inghilterra nord-occidentale. Il Mare d'Irlanda che abbraccia l'Isle of Man, il Mersey che bacia il Wirral e il canale che si addentra per 36 miglia (58 km) fino al porto interno di Manchester: la ricchezza, lo sviluppo, il fosco passato e poi il declino della regione sono legati alle sue vie d'acqua. Lungo la passeggiata di New Brighton (p511), ammirate lo skyline di Liverpool, dalle gru dei cantieri alle Three Graces.

Sarah Irving

Sarah è una scrittrice di viaggi, cultura e attività all'aperto, interessata soprattutto agli aspetti più trascurati e insoliti di una meta.

L'Exmoor è tra le località che preferisco per un'escursione. In un'area tutto sommato piccola, la natura è incredibilmente varia. I sentieri che si snodano attraverso le brughiere sono graziosi, ma un trekking nell'aria salmastra lungo le più alte scogliere inglesi è imbattibile. Ogni cima regala vedute ancor più belle di quelle precedenti. Ho percorso l'intera costa dell'Exmoor, ma a imporsi alla mia memoria è la discesa lungo Countisbury Hill alla volta di Lynmouth, e la vista del porto sottostante, sfavillante nel sole del pomeriggio.

Keith Drew

@keithdrewtravel

Keith è uno scrittore di viaggi cresciuto nel Somerset che attualmente sta percorrendo a piedi il South West Coast Path. Per saperne di più sull'Exmoor, v. p248.

MILAN RADEMAKERS/SHUTTERSTOCK ©

I grandi 'must' di ogni viaggio a Londra – come il Big Ben e la St Paul's Cathedral – lasciano il segno: vivo qui da un decennio ma ogni volta che attraverso il Waterloo Bridge mi sembra di sognare. Le storie che si finisce per portare nel cuore, però, sono quelle nate negli angoli più tranquilli della città, frutto di collegamenti inattesi e del contatto con i londinesi. È forse un luogo comune, ma quel che diceva Samuel Johnson è vero: "Quando un uomo è stanco di Londra, è stanco della vita, perché a Londra c'è tutto ciò che la vita può offrire".

Lauren Keith

@noplacelike_it

Lauren è una scrittrice di viaggi e una londinese d'adozione, che ama gettare luce sugli aspetti meno noti e più insoliti dei luoghi.

FIIPHOTO/SHUTTERSTOCK ©

Ai tempi della Rivoluzione industriale Birmingham era nota come la 'città delle mille industrie', ma da allora la gran parte dei suoi opifici è sparita. Nonostante ciò, il bel Jewellery Quarter – dove io stesso vivo – conserva molte antiche case georgiane e fabbriche vittoriane, oggi sede di bar fiocamente illuminati e *cafe* dall'ambiente amichevole. Amo fare la passeggiata che dalla placida St Paul's Square porta alla Chamberlain Clock in ghisa, dove i fantasmi del glorioso passato di Birmingham incontrano una città dinamica e giovanile.

James March

@jmarchtravel

James è uno scrittore di viaggi con base a Birmingham.

KIEV.VICTOR/SHUTTERSTOCK ©

ASHLEY COOPER/GETTY IMAGES ©

Il Bamburgh Castle, considerato un simbolo della parte nord-orientale del paese, è situato sul Great Whin Sill, un filone-strato di diabase vulcanico che attraversa il Northumbria, la Cumbria e il Durham. L'altura su cui sorge il castello, affacciata su un bel tratto costiero e sulle Farne Islands, ha visto l'occupazione di varie genti: prima gli abitanti preistorici di queste terre, quindi i bretoni, gli anglosassoni e i normanni. Più volte nel corso dei secoli ha ospitato una fortezza, come quella normanna tuttora presente.

Hugh McNaughton

Hugh, già docente di inglese, è riuscito a fare della sua passione per la scrittura, i viaggi e la storia un lavoro a tempo pieno.

JOE DANIEL PRICE/GETTY IMAGES ©

La discesa fino a Robin Hood's Bay – così ripida da richiedere la massima concentrazione – ha qualcosa di magico. Stretti vicoli acciottolati conducono a intimi pub e alle case nascoste dei pescatori, dove un tempo veniva stoccata la merce di contrabbando lungo l'aspra costa dello Yorkshire. Quando in fondo al villaggio si scorge il Mare del Nord, è difficile resistere al richiamo di una pinta di birra al Bay Hotel prima di raggiungere la spiaggia e le piscine naturali formate sugli scogli, con granchi incrostati di sale.

Lorna Parkes

@Lorna_Explorer

Lorna, giornalista di viaggi, è un'amante del buon cibo e una 'Yorkshire lass' d'adozione.

DAVID HUGHES/SHUTTERSTOCK ©

La Valle del Tamigi, ai piedi delle Chiltern Hills, accoglie il meraviglioso Windsor Castle, rivolto sull'eterna sfilata di imbarcazioni fluviali. Ma anche villaggi storici ricchi di ottimi ristoranti e pub dall'ambiente amichevole. Qui si può uscire in kayak e in SUP, nuotare vicino a Hurley Lock, o fare una passeggiata sul sentiero che costeggia il corso d'acqua. Quel che è meglio, la Valle del Tamigi è facile da raggiungere, grazie ai treni che la collegano a Londra, e alla presenza di Heathrow a 45 miglia (72 km).

Tasmin Waby

Tasmin, autrice di articoli e guide Lonely Planet, e madre di due futuri esploratori, vive nella sua città d'elezione: Londra.

Perth
Dundee
Stirling
Loch Lomond
Isle of Jura
Glasgow
Edimburgo
Berwick-upon-Tweed
Isle of Arran
SCOZIA
Mull of Kintyre
Tan Hill Inn
Una pinta nel pub più in quota del paese (p452)
North Sea
Scafell Pike
La vetta più alta dell'Inghilterra (p542)
Hadrian's Wall
Newcastle-upon-Tyne
Carlisle
Durham
Whitby Abbey
Sulle orme del conte Dracula (p461)
Keswick
The Pennines
Darlington
Middlesbrough
Belfast
Whitehaven
Ambleside
IRLANDA
Isle of Man
Ramsey
Scarborough
Douglas
Castle Howard
Ambienti alla Bridgerton e fastosi giardini (p446)
Harrogate
York
I musei di Manchester
Storia industriale e oltre (p490)
Blackpool
Leeds
Hull
Huddersfield
Manchester
INGHILTERRA
Liverpool
Stockport
Cucina di mare del Norfolk settentrionale
Tutta la ricchezza dell'oceano (p354)
Dublino
Warrington
Irish Sea
Bangor
Llandudno
Buxton
Sheffield
Lincoln
Skegness
Stoke-on-Trent
Nottingham

Cooper's Hill Cheese-Rolling & Wake
Quel singolare passatempo inglese di far rotolare una forma di formaggio (p182)
Le università di Oxford
I college più antichi dell'Inghilterra, tutti da esplorare (p185)
Stokes Croft, Bristol
Le tracce di Banksy nella sua città (p230)
Glastonbury Festival
Un festival di musica live come nessun altro (p247)
Chilterns Cycleway
Per una pedalata nella classica campagna inglese (p218)
Seven Sisters Cliffs
Lo splendido panorama della tipica costa inglese (p159)
In punt a Cambridge
Proprio come gli studenti universitari (p334)
Palazzi londinesi
Dal Gherkin alla Tower of London (p77)
Shrewsbury
Leicester
Birmingham
Ludlow
Northampton
Cambridge
Ipswich
Stratford-upon-Avon
GALLES
Hay-on-Wye
Gloucester
Cheltenham
The Cotswolds
Luton
Colchester
Oxford
Southend-on-Sea
Londra
Bristol
Cardiff
Reading
Windsor
Bath
Canterbury
Ilfracombe
Wells
Stonehenge
Dover
Winchester
Salisbury
Calais
Rye
Strait of Dover
Brighton
Southampton
Hove
Eastbourne
Exeter
Portsmouth
FRANCIA
Lyme Bay
Bournemouth
Jurassic Coast
CORNOVAGLIA
Dartmouth
Plymouth
Penzance
Land's End
English Channel
0 100 km
0 60 miles

COSTE SELVAGGE

Sferzata dal vento, la costa inglese ha una bellezza aspra e l'aria corroborante che vi si respira è un tonico senza eguali. Il sole è meno intenso e meno costante rispetto all'Europa meridionale, ma quel che non manca di certo è il carattere: un fascino che pervade ogni cosa, dai ristoranti di fish and chips di Whitby al molo vittoriano di Brighton. Ammirata dal treno lungo una linea costiera esposta agli spruzzi del mare o da una panchina in posizione elevata su una scogliera, la costa inglese incanta sempre.

La stagione della spiaggia

Luglio e agosto sono i mesi più caldi dell'anno, ma anche quelli più affollati. La prima metà di settembre è il periodo più propizio per visitare la costa inglese.

Attenzione alle bandiere

Le bandiere rosse e gialle indicano tratti di spiaggia con bagnino, presso cui è più sicuro nuotare. Non bisogna mai entrare in acqua se sventola solo la bandiera rossa.

Infidi gabbiani

I gabbiani fanno parte dell'ambiente costiero, ma, interessati come sono al cibo, sono anche una fonte di disturbo: fate attenzione al vostro gelato.

Durdle Door, Jurassic Coast

ESPERIENZE TOP
COSTA

Cercare le ammoniti fossili tra le sparpagliate rocce della **Jurassic Coast** ❶ del Dorset, vecchia di 185 milioni di anni (p270)

Avvistare pulcinella di mare e molte altre specie di uccello nella bellissima (quanto ventosa) **riserva di RSPB Bempton Cliffs** ❷ (p476)

Surfare sulle onde al largo della famosa **Fistral Beach** di Newquay ❸ (p306)

Ammirare le eteree **sculture Another Place** ❹ di Antony Gormley mentre affiorano dall'acqua di Crosby Beach a Merseyside (p509)

Percorrere le scogliere delle **Seven Sisters** ❺ da Beachy Head a Eastbourne (p159)

Kingston Lacy

SONTUOSE DIMORE

Queste magnifiche residenze dall'architettura fiabesca e dalla ricca storia sono una fonte inesauribile di fascino. Nel Regno Unito ne rimangono circa 3000, molte disseminate nella tranquilla campagna inglese. Quasi tutte sono aperte ai visitatori, che possono ammirarne gli arredi sfarzosi e le sale da ballo, o vagare nei labirinti spesso presenti in giardino.

Visite guidate

Prendere parte a una visita guidata è un buon modo per inserire questi lussuosi complessi nel loro giusto contesto e per apprendere qualche aneddoto sul loro passato.

Legami con la tratta degli schiavi

Queste dimore erano uno status symbol per le famiglie inglesi più facoltose, ma la ricchezza che queste possedevano, purtroppo, spesso derivava dalla tratta degli schiavi.

ESPERIENZE TOP RESIDENZE SIGNORILI

Guardare i bei dipinti e la più pregevole collezione privata di manufatti egizi nel Regno Unito, da **Kingston Lacy** ❶ (p265)

Avvicinarsi al mondo della famiglia reale e ammirare le pitture di Rubens, Van Dyck e Canaletto nei corridoi del **Buckingham Palace** ❷ (p61)

Vagare negli eleganti giardini e nelle stupefacenti sale della settecentesca e neopalladiana **Holkham Hall** ❸ (p353)

Visitare il **Castle Howard** ❹ e i suoi giardini, per vedere dove sono stati filmati *Ritorno a Brideshead* e *Bridgerton* (p446)

Esplorare la cinquecentesca Long Gallery e la cappella medievale della **Haddon Hall** ❺, nel Derbyshire, il cui nucleo originario è dell'XI secolo (p410)

LA BIRRA PERFETTA

In molte comunità inglesi il pub era un approdo sicuro, e una buona pinta di birra o di sidro era un'ancora di salvezza. Lo stesso può dirsi ancora oggi, ma nel tempo la birra si è evoluta e così la bevanda prediletta degli inglesi è ora disponibile in un gran numero di varietà e gusti. Assaggiate le birre stout, le sour e le IPA nelle moderne sale bar, nei tradizionali pub di campagna e nella vasta gamma di locali intermedi.

Scelta multipla

La città inglese con il maggior numero di pub per miglio quadrato è Portsmouth, che ne ha 12, quasi il doppio rispetto a Londra.

Alle strette

Come confermato dal *Guinness dei primati*, il pub inglese più piccolo è The Nutshell, nel Suffolk. Il bar misura 4,5 per 2,1 m.

Accompagnamenti

Uno spuntino ci vuole durante una bevuta al pub. Una busta di patatine (*crisps*) si sposa bene con la birra, come pure una porzione di gustosi ciccioli (*pork scratchings*).

ESPERIENZE TOP LOCALI

Godersi un bicchiere o due di **sidro artigianale ❶**, preparato con le abbondanti mele del Somerset centrale e meridionale (p244)

Fare un tour dei molti pub di real ale di **Derby ❷**, una città da molti considerata la capitale inglese di tale bevanda (p423)

Fermarsi nei birrifici e nelle sale bar lungo le storiche arcate ferroviarie del **Bermondsey Beer Mile ❸** londinese (p120)

Trascorrere la notte nel pub a più alta quota in Inghilterra, il remoto **Tan Hill Inn ❹** nelle Yorkshire Dales (p452)

Gustare qualche birra al sole della Cornovaglia nel **Pandora Inn ❺**, locanda del XIII secolo con un bel tetto di paglia (p321)

FANTASTICI FESTIVAL

Il lungo inverno inglese accresce l'attesa e l'entusiasmo per la stagione dei festival, non appena il tempo si fa mite e le giornate durano di più. Tra maggio e settembre, strade e parchi, ovvero ogni angolo in cui ci sia spazio per una tenda e un palco, si trasformano in un agglomerato di cibo sfrigolante, musica vivace e vibrazioni positive. Dai ritmi urbani dell'hip-hop ai rustici pasticci di carne di maiale, non c'è aspetto della vita inglese che in estate non meriti di essere festeggiato.

Al 'Glasto'

Quello di Glastonbury è il festival musicale più famoso d'Inghilterra e per riuscire ad aggiudicarsi i biglietti è necessario programmare con mesi di anticipo (e avere un pizzico di fortuna).

Cura d'acqua

Durante i festival, quando è facile trovarsi a consumare parecchio alcol, è bene ricordarsi di bere molta acqua per tenersi idratati nel corso della giornata, soprattutto quando fa caldo.

Letteratura da festeggiare

L'Hay Festival of Literature è uno degli eventi più importanti dell'intero Regno Unito; si tiene nel Galles, appena oltre il confine dell'Herefordshire.

Bristol International Balloon Fiesta

ESPERIENZE TOP FESTIVAL

Farsi incantare dalla vista di 100 e più mongolfiere che si innalzano sulla città durante la **Bristol International Balloon Fiesta** ❶ (p231)

Osservare le sfrenate rincorse e gli audaci scontri dei **Bumps** ❷, gare tra barche a remi che ogni anno a maggio si tengono lungo il River Cam, a Cambridge (p341)

Trascorrere lo Spring Bank Holiday guardando le forme di formaggio rincorse giù per la collina, durante la **Cheese Rolling Competition** ❸ di Cooper's Hill (p182)

Unirsi ai canti marinareschi del **Falmouth International Sea Shanty Festival** ❹, il più grande festival di questo genere in Europa (p281)

Recarsi nelle maestose North York Moors e assaggiare la raffinata proposta culinaria del **Malton Food Lovers Festival** ❺ (p447)

La street art di Shoreditch

EGROY/SHUTTERSTOCK ©, ARTISTI: JAMES REKA AND MADC
A DESTRA: IR STONE/SHUTTERSTOCK ©, JOHN WREFORD/SHUTTERSTOCK ©

SPRAZZI DI COLORE

Da Banksy a Burne-Jones, il canone dell'arte inglese è ampio e non si limita semplicemente a quel che si può trovare all'interno di musei e gallerie. L'arte in Inghilterra è dappertutto, dai graffiti sulle arcate dismesse della ferrovia agli audaci dipinti murali sui fianchi degli edifici. A volte basta sapere dove cercare.

Ritratti reali

Il monarca più ritratto della storia inglese è Carlo I, di cui esistono oltre 200 raffigurazioni (molto spesso a cavallo).

Da cogliere al volo

Godete della street art quando ne avete l'occasione: anche se tornate nello stesso posto una seconda volta, una certa opera potrebbe non esserci più.

ESPERIENZE TOP ARTE

Adocchiare un murale di Banksy nelle laterali di **Stokes Croft** ❶ durante una visita guidata a piedi sulla street art di Bristol (p230)

Visitare tre belle gallerie d'arte in un tratto lungo 18 miglia (29 km) sulla costa inglese, **da Hastings a Eastbourne** ❷ (p160)

Passeggiare lungo un'alzaia fino al **Barber Institute of Fine Arts** ❸ di Birmingham, un gioiellino art déco (p372)

Ammirare i graffiti e i dipinti murali a carattere politico di **Brick Lane e Shoreditch** ❹ a Londra (p94)

Studiare la vasta ed eclettica collezione di carte da parati della **Whitworth Art Gallery** ❺ di Manchester (p492)

PISTE PER LE DUE RUOTE

L'Inghilterra, con le sue linee ferroviarie dismesse e le sue tranquille strade di campagna, è il paese ideale per inforcare la bici e godere di splendidi paesaggi mentre si pedala immersi nella natura. I mesi estivi sono particolarmente adatti per dedicarsi al ciclismo e, per via dell'alta densità abitativa, non è raro che ottimi sentieri si snodino a breve distanza dai centri abitati, il che rende facile organizzare tanto il noleggio dei mezzi quanto il pernottamento.

La sicurezza innanzi tutto

È forse scontato, ma ricordatevi di indossare sempre un casco e di prestare attenzione alle automobili, in particolar modo sulle strette e tortuose strade di campagna.

Un aiuto in caso di forti pendenze

Le bici elettriche, più diffuse che mai, si rivelano molto utili in collina e nel caso di forti pendenze, soprattutto per chi è meno allenato o deve percorrere lunghe distanze.

Piste ciclabili

Il National Cycle Network del Regno Unito consta di 5220 miglia (8400 km) di piste ciclabili dedicate, su cui non possono transitare le automobili, insieme con percorsi su strada pari a 7519 miglia (12.101 km).

ESPERIENZE TOP BICICLETTA

Ammirare le attrattive di **Bristol** ❶ dalle sue eccellenti piste ciclabili, degne della prima Cycling City del Regno Unito (p226)

Pedalare nelle ondulate colline del Derbyshire e visitare il **Derwent Reservoir** ❷, dove si addestrano i leggendari Dambusters (p409)

Sentire la brezza marina nel corso di un tour della costa del Kent **da Ramsgate a Whitstable** ❸ (p148)

Portare la famiglia a fare una gita in mountain bike lungo lo **Swale Trail** ❹ di 12 miglia (19 km) che si snoda in alcuni tratti particolarmente belli delle Yorkshire Dales (p452)

Ammirare le antiche foreste di faggi che si estendono ai lati delle tortuose strade di campagna della **Chilterns Cycleway** ❺ (p219)

FANTASMI DEL PASSATO

Dalle razzie degli eserciti romani alle bombe della Luftwaffe, nei secoli l'Inghilterra ha visto dispiegarsi molti conflitti, ma le rovine che ne tramandano il ricordo sono suggestive e spesso spettacolari. Distribuite un po' ovunque nel paese, molte ora sono aperte al pubblico e meritano la visita per quel che raccontano dei periodi più brutali della storia locale. Siano le tracce di antichi castelli o cattedrali scoperchiate dalle bombe, sono testimonianze al tempo stesso bizzarre e di commovente bellezza.

Approdo romano

I romani arrivarono per la prima volta sulle coste dell'odierna Inghilterra, per loro una strana terra oltre il mare, nel 55 a.C., in quello che oggi è il Kent.

Ben coperti

Le rovine e i siti storici inglesi meritano la visita in ogni periodo, ma, visto che spesso non offrono alcun riparo, in inverno bisogna coprirsi bene.

Ottime condizioni

In Inghilterra ci sono le rovine di oltre 100 castelli. Eppure il castello più antico e più grande – Windsor Castle – è tuttora in ottime condizioni.

FULCANELLI/SHUTTERSTOCK ©; A SINISTRA: FOTOGENIX/SHUTTERSTOCK ©, VALERIAARNAUD/SHUTTERSTOCK ©

Glastonbury Abbey

ESPERIENZE TOP
ROVINE STORICHE

Esplorare le suggestive rovine della **Glastonbury Abbey** ❶, leggendario luogo di sepoltura di re Artù e Ginevra (p246)

Girare tra le strane rovine coperte di vegetazione della chiesa londinese di **St Dunstan in the East** ❷, risalente a 900 anni fa (p78)

Immergersi nell'inaspettata storia romana della Isle of Wight, scrutando gli elaborati mosaici sul pavimento della **Brading Roman Villa** ❸ (p177)

Passeggiare tra le macabre rovine in frammenti della **Coventry Cathedral** ❹, vittima dei bombardamenti nazisti durante la seconda guerra mondiale (p385)

Ammirare le rovine della **Whitby Abbey** ❺, che si levano impalpabili al termine di un promontorio: Bram Stoker, che trascorse del tempo a Whitby, ne fu ispirato per il suo *Dracula* (p461)

Ostrica

IL MARE NEL PIATTO

In Inghilterra il fish and chips si trova pressoché ovunque, ma c'è qualcosa di magico nel fatto di gustare questo piatto così tipico là dove soffia la brezza marina. L'Inghilterra è un paese di mare: dirigetevi sulla costa e approfittate delle squisitezze che è possibile assaporarvi, dalle ostriche di Whitstable agli astici del Northumberland.

Chioschi di cucina di mare

Riley's Fish Shack, a Tynemouth, ha fatto da apripista, ma i chioschi di pesce sulla spiaggia oggi sono numerosi e offrono una cucina di qualità anche a chi non ha prenotato un tavolo.

Un assaggio di Cornovaglia

Grazie al suo profondo legame con la pesca e al suo attaccamento alle tradizioni, la Cornovaglia, nel sud-ovest, vanta una cucina di mare tra le migliori del paese.

ESPERIENZE TOP CUCINA DI MARE

Gustoso pesce, ostriche allevate sul posto e granchio piccante (naturalmente) nel tranquillo **Crab House Café** ❶ sulla Isle of Portland (p272)

Non solo il famoso **fish and chips di Whitby** ❷, ma anche il granchio di Whitby e l'astice del Mare del Nord, nonché uscite di pesca allo sgombro (p462)

Gustare di tutto, dai granchi ai gamberetti, lungo le varie tappe sulla **costa del Norfolk settentrionale** ❸ (p354)

Sublime cucina di mare stellata Michelin nel ristorante di Nathan Outlaw a **Port Isaac** ❹, pittoresco villaggio della Cornovaglia (p305)

Provare le aringhe affumicate di **L. Robson & Sons** ❺, celebre 'smokehouse' nel villaggio di pescatori di Craster (p575)

SOPRA LE NUVOLE

Quando si pensa a un'escursione di trekking in Inghilterra, di solito vengono in mente le ampie vallate, le colline ammantate di nebbia e le aspre cime del Lake District, ma il paese vanta ovunque, da nord a sud, paesaggi selvaggi e vedute spettacolari. Vale quindi la pena di valutare anche qualche località un po' meno nota, come le Shropshire Hills o le South Downs.

La cima più alta

Scafell Pike, nel Lake District, è la montagna più alta dell'Inghilterra, e tocca i 978 m sopra il livello del mare.

Nello zaino

Per le escursioni più lunghe, portate vestiti idrorepellenti, acqua, qualche spuntino, un caricabatteria portatile e, se fa caldo, crema solare.

Sentieri per cavalli

Le Public Bridleways (ippovie liberamente accessibili), segnalate da una freccia blu, sono aperte, oltre che a quanti si muovono a cavallo, anche agli escursionisti a piedi e in bicicletta.

ESPERIENZE TOP TREKKING

Salire attraverso la brughiera in cima al **Dunkery Beacon** ❶, la parte più alta dell'Exmoor, da cui si aprono vedute sul Bristol Channel e fino nel Galles meridionale (p251)

Osservare il panorama, e ciò che resta di uno scontro aereo, dalla vetta (510 m) del **Mam Tor** ❷ nel Peak District (p409)

Scalare l'imponente **Scafell Pike** ❸, la cima inglese più alta, nel Lake District (p542)

Tentare la fortuna con lo **Yorkshire Three Peaks Challenge** ❹ guadagnando la cima delle aspre montagne di Whernside, Ingleborough e Pen-y-ghent (p453)

Seguire il crinale di arenaria lungo il **Cheshire Sandstone Trail** ❺, che si innalza maestoso da Frodsham a Whitchurch (p502)

A TUTTO VOLUME

Dalle più raffinate sale da concerto ai rock club in cui il pubblico gronda sudore, l'offerta, per quel che riguarda la musica live, è molto varia in Inghilterra. Pestando pavimenti appiccicosi e con frastornanti casse nelle orecchie si sono fatti le ossa alcuni dei gruppi inglesi più famosi: i Beatles al Cavern Club di Liverpool, gli Who e i Sex Pistols al 100 Club di Londra. Prenotate i biglietti e provate l'emozione della musica live.

Concerti stagionali

Sfruttate i mesi estivi per godere della musica all'aperto, proposta nei molti festival organizzati in giro per l'Inghilterra, e quelli invernali per scatenarvi al riparo nei club.

La storia nel suo farsi

Risalente al 1859, la Wilton's Music Hall a Shadwell, Londra, è l'ultima grande music hall inglese, dove vengono ancora allestiti magnifici spettacoli.

Nelle salette dei locali

Molti pub in Inghilterra propongono concerti nelle loro salette sul retro, o al piano superiore: tenete occhi e orecchie ben aperti quando siete in viaggio.

The Cavern Club

ESPERIENZE TOP MUSICA

Allacciare la cintura di sicurezza prima di lanciarsi all'inseguimento dei magnifici concerti e spettacoli che rendono famoso in tutto il mondo il **Glastonbury Festival of Contemporary Performing Arts** ❶ (p247)

Occhio alle luci al neon del **Ronnie Scott's Jazz Club** ❷ di Londra: al piano inferiore è possibile ascoltare una musica jazz tra le più raffinate al mondo (p69)

Il **Glyndebourne Festival** ❸ vicino a Lewes offre musica classica, vino frizzante, picnic in campagna ed eccentricità in pieno stile inglese (p159)

Assorbire la frenetica energia del **Rock City** ❹ di Nottingham, famoso locale in cui si sono esibiti molti grandi, dagli U2 a David Bowie (p419)

Visitare il luogo in cui ha avuto inizio la leggenda dei Fab Four, il **Cavern Club** ❺ di Liverpool, intimo locale oggi stipato di cimeli sui Beatles (p508)

Salisbury Cathedral

PROGETTI GRANDIOSI

Ora dominato dalla sagoma angolare dello Shard, lo sfavillante skyline di Londra mostra, anche a uno sguardo fuggevole, quanto sia mutata l'architettura inglese in anni recenti. Ma l'Inghilterra è un paese che da secoli produce una magnifica architettura: slanciate cattedrali gotiche, splendidi viadotti e ricchi palazzi signorili, nonché cimenti più moderni. Bisogna solo ricordarsi di alzare gli occhi.

Lo svettante Shard

Con i suoi 309 m, lo Shard è il palazzo più alto di tutto il Regno Unito. Il piano più alto accessibile dal pubblico è il Level 72, dove si trova la galleria panoramica.

Brutalismo

Nell'austero periodo post-bellico si affermò il brutalismo; gli edifici in cemento realizzati in questo stile, amati o odiati, sono tuttora visibili nei grandi centri urbani dell'Inghilterra.

ESPERIENZE TOP ARCHITETTURA

Ammirare la vertiginosa guglia della **Salisbury Cathedral** ❶, la più alta del Regno Unito, tuttora sostenuta da antiche impalcature in legno (p254)

Osservare il volto moderno della City of London e grattacieli quali il **Cheesegrater**, il **Gherkin** e il **Walkie Talkie** ❷ (p77)

Valutare l'incredibile ampiezza e l'acustica piena di riverberi della storica **Devonshire Dome** ❸ di Buxton (p410)

Fare due passi nell'Inghilterra romantica a **Lavenham Village** ❹, con i suoi cottage a graticcio di epoca medievale (p360)

Rilassarsi nelle belle spa con pavimenti a mosaico e archi curvi mediorientali dei **Harrogate Turkish Baths** ❺ (p455)

CORSI D'ACQUA

Oltre a vantare un ovvio legame con il mare, l'Inghilterra è un paese attraversato da miglia e miglia di fiumi, canali e ruscelli. Per molti tali corsi d'acqua rappresentano vie di accesso a un mondo di quiete, da godere magari a bordo di una chiatta. Per altri sono un'opportunità di emozionanti avventure in canoa o in kayak. Scegliete la soluzione che più fa per voi ed esplorate i corsi d'acqua dell'Inghilterra.

Severn serpeggiante

Con le sue 220 miglia (354 km), il Severn è il fiume più lungo del Regno Unito: parte nelle Cambrian Mountains, nel Galles, e termina nel Bristol Channel.

Omonimie multiple

Può essere motivo di confusione che più fiumi si chiamino con lo stesso nome. In Inghilterra ci sono quattro fiumi Avon, quattro Derwent e due Ouse.

Preparativi per il canale

Se avete in programma di noleggiare una barca con cui navigare lungo un canale, informatevi bene su come adoperare le chiuse, se è la vostra prima volta.

ESPERIENZE TOP IN BARCA

Fare l'esperienza di girare in **punt a Cambridge** ❶: mentre ci si spinge in avanti, a riva si vedono bei prati e magnifici edifici (p334)

Fare un tour lungo gli **antichi corsi d'acqua di Canterbury** ❷ ammirando ponti medievali, vecchie mura cittadine e case a graticcio (p146)

Noleggiare una barca a remi o a motore e fare su e giù per il **Tamigi** a Oxford, Marlow o Henley ❸ (p215)

Pendici boscose, villaggi sul fiume e mulini del XVIII secolo in attesa nella **Derwent Valley** ❹ del Derbyshire (p415)

Scoprire qualcosa circa la vita sui canali al **National Waterways Museum** ❺, dove il Manchester Ship Canal incontra il River Mersey (p511)

REGIONI E CITTÀ

Scegliete i posti che vi ispirano di più.

Lakes, Cumbria e il nord-est

LA BELLEZZA DI UN PAESAGGIO DESOLATO

Il Lake District è la regione di riferimento dell'Inghilterra per le attività all'aperto, ma in estate bisogna essere preparati a condividere i sentieri con molti altri visitatori. Portate schede di memoria di riserva per le vostre fotocamere, e immortalate i siti storici e le belle vedute montane. Sulla costa orientale, Newcastle è il punto di partenza per la visita al Vallo di Adriano e alla costa del Northumberland.

p517

Manchester, Liverpool e Inghilterra nord-occidentale

RIVOLUZIONE, SCIENZA E MUSICA

I fan del calcio e della musica quasi si commuovono a sentire nominare Manchester e Liverpool, due porte di accesso a una regione famosa per i suoi paesaggi costieri di straordinaria bellezza, la sua storia Tudor e la sua cultura operaia. Non limitatevi a esplorare la terraferma: la Isle of Man custodisce una Riserva della Biosfera UNESCO, eccentrici musei e animali selvatici.

p482

Birmingham e Midlands

IL CUORE DEL PAESE FRA COLLINE E STORIA

La seconda città più popolosa dell'Inghilterra, Birmingham è una base vivace da cui partire per esplorare le operose Midlands, culla della Rivoluzione industriale. Qui la storia si presenta a palate, dalla shakespeariana Stratford alle alte cattedrali, ai castelli e alle residenze signorili; a ciò si aggiungono gli edificanti spazi verdi del Peak District, dello Shropshire e delle Malvern Hills.

p362

Yorkshire

SABBIA, GLAMOUR E LUOGHI SELVAGGI

Per molte persone del posto, lo Yorkshire è l'Inghilterra. Le città industriali di Leeds, Bradford, Sheffield e York, per quanto vaste, sembrano ridimensionarsi al confronto con le verdi distese delle North York Moors e delle Yorkshire Dales, e a ogni angolo nel paesaggio si ravvisano tracce della storia. Potrete mischiare escursioni nelle Pennines con gite ai castelli e alle residenze signorili, e belle passeggiate sulla spiaggia.

p433

Cambridge e East Anglia

SCORCI TIPICAMENTE INGLESI

Il 'selvaggio est' dell'Inghilterra è un affascinante mix di cittadine medievali e tranquille località appartate, una regione in cui, nel corso di un'unica giornata, si può agevolmente passare dalla raffinata gastronomia di Cambridge e di Norwich al fish and chips sulla costa del Suffolk e del Norfolk. Portate l'appetito: la cucina di mare qui è famosa.

p329

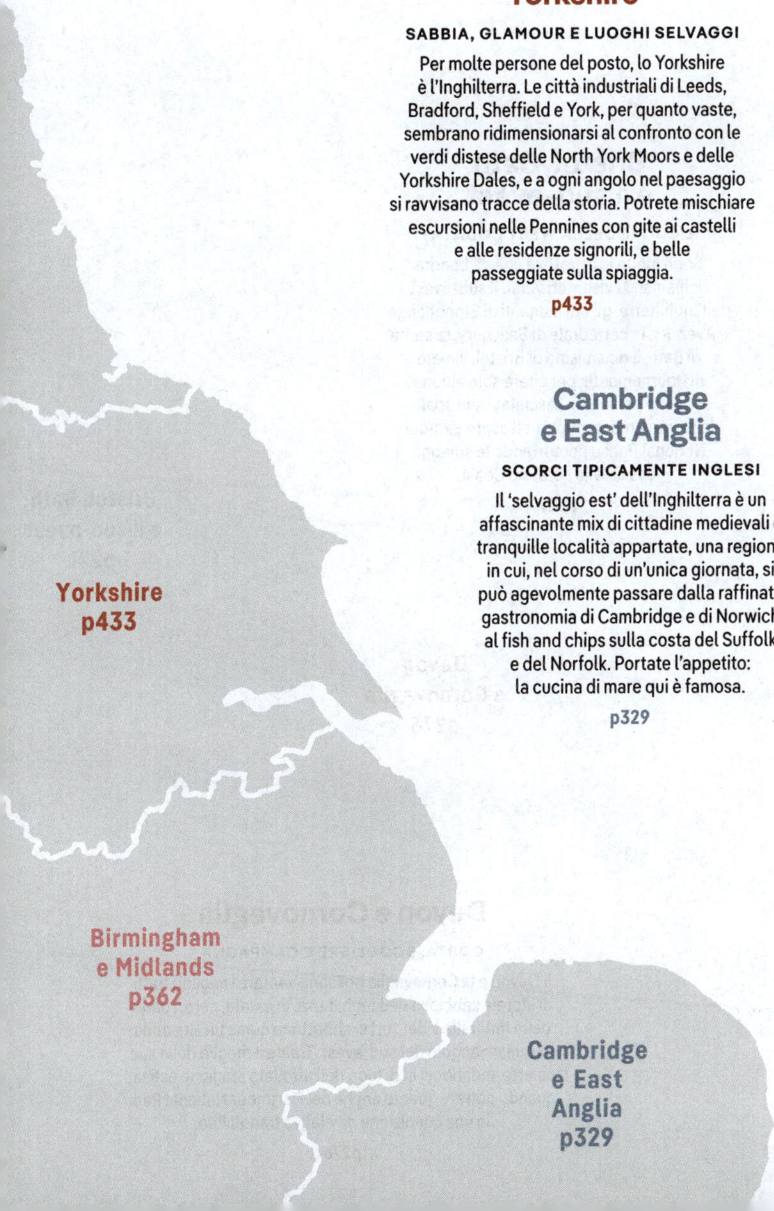

Bristol, Bath e il sud-ovest

IL CUORE DELLA WEST COUNTRY

Sono molte le attrattive che da Londra richiamano i visitatori verso il sud-ovest dell'Inghilterra: gli alti megaliti di Stonehenge e Avebury, la cattedrale di Salisbury, la storia di Bath, il dinamismo di Bristol, il mare di Bournemouth, per citare solo alcune di quelle principali. Lasciatevi alle spalle la ressa immergendovi nell'aspro Exmoor National Park o percorrendo le spiagge fossili della Jurassic Coast.

p221

Devon e Cornovaglia

COSTA, SCOGLIERE E CAMPAGNA

Il Devon e la Cornovaglia possono vantare i migliori tratti di litorale sabbioso dell'Inghilterra. In estate, però, i patiti della tintarella e del surf si abbattono come un'alta onda su questo angolo del sud-ovest. Traete il meglio dalle sue calette andandoci al di fuori dell'affollata stagione estiva, quando potrete godere anche del Dartmoor National Park in una condizione di relativa tranquillità.

p276

Londra

LA STORIA PROFONDA DI UNO SPIRITO IRREPRIMIBILE

La capitale è anche una megalopoli, dove abita il 16% della popolazione dell'Inghilterra. Qui troverete le sedi istituzionali della monarchia e del governo, i migliori musei e i monumenti più celebri del paese, oltre che i suoi ristoranti, bar e locali notturni più originali ed effervescenti. Ma preparatevi a spendere: anche i residenti lamentano l'alto costo della vita a Londra.

p50

Canterbury e il sud-est

CASTELLI, SCOGLIERE E CITTÀ SULLA COSTA

Canterbury è la più famosa delle città storiche che punteggiano il sud-est dell'Inghilterra. Le praterie si estendono ondulate sopra un terreno calcareo e terminano, bruscamente, con le bianche scogliere a sud. Qui troverete Brighton, i sentieri escursionistici delle North e South Downs, la Isle of Wight, la città marittima di Portsmouth e numerosi siti storici.

p139

Oxford, Cotswolds e Valle del Tamigi

STORIA E VILLAGGI COLOR MIELE

La città forse più elegante del paese, Oxford è il punto di partenza ideale per un'immersione nell'Inghilterra immortalata in centinaia di film in costume. Troverete storiche tenute di campagna, villaggi pittoreschi nelle Cotswolds, una bella campagna ondulata e la possibilità di vivere esperienze classicamente inglesi a Cheltenham e Windsor.

p178

CEDRIC WEBER/SHUTTERSTOCK ©

Regent Street, Londra

ITINERARI

Il meglio del sud

Durata: 7 giorni **Distanza:** 270 miglia (434 km)

Se avete poco tempo, questo circuito tocca il meglio del sud, a partire dalla capitale. Dopo Londra, con i suoi musei e monumenti, vi attendono cittadine costiere, importanti siti di interesse storico e belle città, nonché un paesaggio tutto da godere lungo il percorso.

1

LONDRA ⏱ 2 GIORNI

La capitale (p50) ha tutto: magnifici musei a ingresso libero, splendidi monumenti, cimeli legati alla famiglia reale, una frizzante vita notturna, impareggiabili possibilità di shopping, ottimi ristoranti in ogni fascia di prezzo e spazi verdi per ripararsi dalla ressa. Dedicate almeno un giorno al British Museum e ai musei di Kensington: ve ne andrete carichi di informazioni su questo paese dalla storia affascinante.

1 ora e mezza di treno

2

BRIGHTON ⏱ 1 GIORNO

La costa inglese è un mondo a sé, un'esplosione di colori e suoni che si innesca tanto in spiaggia quanto alle sue spalle. Con un breve tragitto in treno da Londra vi troverete circondati dai gabbiani e dal frastuono di distributori automatici, giochi e slot machine. A Brighton (p153) ha luogo una vita notturna tra le più esuberanti e inclusive del paese. Forse troverete il tempo di dare un'occhiata al mare!

2 ore

3

STONEHENGE ⏱ 1 GIORNO

Stonehenge (p257) non offre più come una volta un confronto quasi mistico con l'immensità del tempo, ma il cerchio di alte pietre verticali resta un luogo sublime in cui riflettere sulla storia inglese dispiegatasi nei secoli. Venite qui in occasione del solstizio d'estate per vedere una Stonehenge senza freni.

1 ora

***Deviazione:** La vicina Avebury aggiunge elementi di storia del Neolitico al riparo dalla ressa. ⏱ 3 ore. 1 ora*

DAN BRECKWOLDT/SHUTTERSTOCK ©, MICHAELASBEST/SHUTTERSTOCK ©, WILLIAM TOTI/500PX ©

4

BATH 1 GIORNO

Scolpita in una friabile e dorata pietra calcarea, Bath (p233) – città Patrimonio dell'Umanità UNESCO – è una vera bellezza. I romani furono i primi a far buon uso delle sue sorgenti termali, ma furono invece i georgiani a trasformarne le strade e a renderle il trionfo di squisita eleganza che tuttora si vede. Nonostante la folla, ci si sente come trasportati in uno sceneggiato inglese in costume.

1 ora e mezza

5

OXFORD 1 GIORNO

Per un'esperienza davvero inglese, paragonabile a quella dell'high tea, è difficile decidersi tra Oxford e Cambridge. Ma noi scegliamo Oxford (p184) per la vicinanza agli incantevoli villaggi delle Cotswolds. In città gli occhi sono tutti puntati sugli storici college, fatti di antiche cappelle, biblioteche tramandate nel tempo e oscure tradizioni. Noleggiate una bici per girare come uno del posto.

1 ora

6

STRATFORD-UPON-AVON
1 GIORNO

Se riuscirete a lasciare Stratford-upon-Avon (p383) senza aver comprato alcun souvenir legato a Shakespeare, dimostrerete di avere tempra. La città natale del più famoso drammaturgo inglese sfrutta a piene mani il ricordo del Bardo, ma dopo aver visitato le case a graticcio in cui questi visse e compose, e assistito a uno spettacolo della Royal Shakespeare Company, forse gliene sarete grati.

ITINERARI

Inghilterra settentrionale

Durata: 7 giorni
Distanza: 350 miglia (563 km)

Il nord del paese ha una storia ricca tanto quanto il sud. Questo territorio, fatto di vertiginosi saliscendi, ha assistito a ogni sorta di vicende, dalla Guerra delle Due Rose alla Rivoluzione industriale. Portate scarponi e impermeabile: il nord si gode al meglio esplorandolo a piedi.

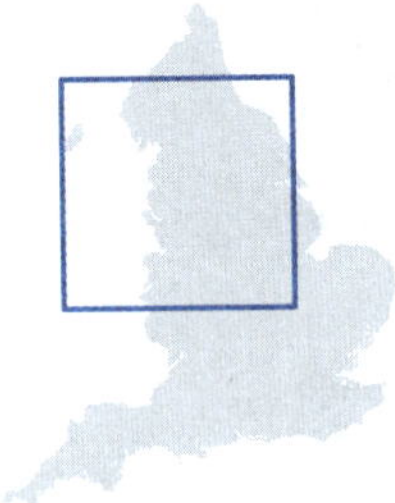

Stanage Edge, Peak District

VALDIS SKUDRE/SHUTTERSTOCK ©

1

BIRMINGHAM 1 GIORNO

La seconda città d'Inghilterra per grandezza viene spesso sorvolata dai turisti. Tuttavia, Birmingham (p368) si sta riscattando grazie a un audace programma di rigenerazione urbana che sta trasformando le ex fabbriche e le sbiadite sedi istituzionali in poli dello shopping e spazi artistici all'avanguardia. C'è molto da fare anche la sera: ottimi ristoranti di cucina indiana nel vecchio Jewellery Quarter, vivaci microbirrifici e piccoli palchi per band esordienti.

1 ora

2

IRONBRIDGE 1 GIORNO

La culla della moderna lavorazione del ferro in Gran Bretagna è un'incantevole base da cui partire per esplorare la zona al centro della Rivoluzione industriale. Dopo aver visitato i musei, con la loro storia di vapore, sangue e sudore, potrete evadere sulle colline coperte di brugo, via dalla pazza folla. Tra i due estremi ci sono piccoli centri resi splendidi dalle ricchezze generate dal 'grande balzo in avanti' industriale (p396).

2 ore

3

PEAK DISTRICT NATIONAL PARK 1 GIORNO

Escursionisti e arrampicatori arrivano, come moscerini attratti da una luce, nelle brughiere viola del Peak District (p407). Qui le cittadine cinte da mura in pietra e le ferrovie dismesse trasformate in piste ciclabili forniscono un facile accesso agli inimitabili paesaggi inglesi visti dall'alto. Distribuiti nelle colline ci sono sontuosi palazzi signorili, la cui opulenza contrasta con l'austerità delle cattedrali erette in onore della Dea Industria.

1 ora e mezza

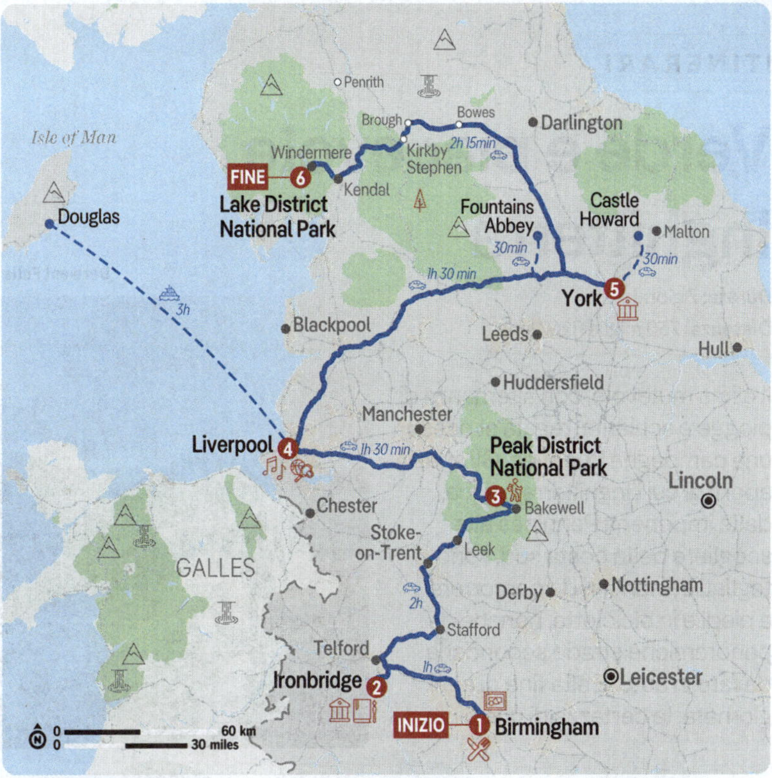

4

LIVERPOOL 1 GIORNO

Andate a Liverpool (p504) per i Beatles ma trattenetevi per la bella architettura, la storia legata al porto e i musei fuori dagli schemi. I patiti del calcio vanno pazzi ad Anfield, mentre i buongustai trovano di che saziarsi in una città che con audacia infrange gli stereotipi.

1 ora e mezza

***Deviazione:** Un tragitto in traghetto di 55 miglia (88,5 km) conduce da Liverpool alla Isle of Man, che l'UNESCO segnala per la sua costa scolpita dalle onde. 5 ore 3 ore*

5

YORK 1 GIORNO

Fuori dal tempo, York (p438) offre tutto il meglio dello Yorkshire: una ricca storia, pub raccolti, una grandiosa cattedrale, tesori Tudor e vichinghi, il miglior museo ferroviario del paese e il verde delle Yorkshire Dales e delle North York Moors facilmente raggiungibile dal centro.

2 ore 15 minuti

***Deviazione:** Usate York come base per una gita in giornata al Castle Howard o alla Fountains Abbey. 4 ore 30 minuti*

6

LAKE DISTRICT NATIONAL PARK 2 GIORNI

Lo splendore delle montagne, dei laghi e delle valli di questo parco nazionale, il più amato e frequentato dell'Inghilterra (p550), non è scalfito dalla folla di visitatori. Nondimeno, mettete in conto di avere compagnia durante un trekking su per Helvellyn, Scafell Pike e l'Old Man of Coniston. In primavera e in autunno è possibile godere del paesaggio circondati da meno persone.

ITINERARI

Verde e piacevole Inghilterra

Durata: 7 giorni
Distanza: 750 miglia (1207 km)

Il clima mutevole, con alternanza di piogge e schiarite, regala al paese una campagna bucolica. Gli spazi aperti di cui l'Inghilterra è ricca, dalle imponenti Pennines alle scogliere della costa sud, sono tagliati da sentieri da percorrere a piedi e in bicicletta, nonché da panoramiche strade secondarie da fare in auto. E alla fine di ogni giornata, la certezza di una pinta.

Derwent Fells

1 DARTMOOR NATIONAL PARK ⏱ 1 GIORNO

Iniziate il viaggio nell'Inghilterra selvaggia in uno dei suoi parchi nazionali più belli (p295), caratterizzato da bassi alberi, pendici esposte agli elementi e *tor* granitici. Raggiungibile in giornata dalle spiagge del Devon e dalle onde da surf della Cornovaglia, il Dartmoor è un posto in cui fare belle passeggiate nella natura prima di concedersi una bevuta in qualche pub di campagna.

3 ore

2 SOUTH DOWNS WAY ⏱ 1 GIORNO

Serpeggiando attraverso ondulate colline, la South Downs Way (p159) collega Eastbourne e Winchester. In cielo vedrete planare uccelli rapaci, mentre dinanzi a voi all'orizzonte, dall'alto di bianche scogliere, si apriranno magnifiche vedute. Il tratto più suggestivo è quello tra Eastbourne e Alfriston, dove il sentiero è punteggiato di fari e presso Beachy Head la terra sembra gettarsi in mare.

3 ore e mezza

3 RSPB MINSMERE ⏱ 1 GIORNO

Per i patiti di birdwatching non c'è luogo migliore di Minsmere, un placido tratto di paludi e canneti incuneato tra le incantevoli cittadine costiere di Aldeburgh e Southwold (p356). In questo ambiente naturale, fiancheggiato da tranquille spiagge, si aggirano tarabusi, falchi di palude e chiurli. In primavera ed estate il numero di uccelli s'impenna: portate il binocolo e tenete il conto.

5 ore.

4

WHITBY 1 GIORNO

A Whitby (p460) troverete un pot-pourri di paesaggi, storia e legami letterari. Sopra il porto in pietra e la lunga spiaggia si ergono le spettrali rovine della Whitby Abbey, meta di pellegrinaggio per i fan di *Dracula*. Nell'interno, il North York Moors National Park richiama escursionisti a piedi e in mountain bike. Aggiungete il miglior fish and chips del paese ed ecco che c'è tutto per una fantastica giornata al mare.

1 ora e mezza

5

NEWCASTLE 2 GIORNI

Rispetto al Lake District, il Northumberland National Park è molto meno affollato, e la divertente Newcastle (p555) è una base ideale. Dedicate una giornata al 'toon', con il suo retaggio nordico, e un'altra per una gita nel verde.

1 ora

***Deviazione:** Oltre che al Northumberland National Park, valutate di fare una gita in giornata a Durham o verso il tratto di litorale tra Bamburgh e Berwick-upon-Tweed. 3 ore*

30 minuti-1 ora e mezza

6

VALLO DI ADRIANO 1 GIORNO

Ci vuole una settimana per percorrere il Vallo di Adriano (p567) nella sua interezza, ma ci si può fare un'idea di questa celebre fortificazione limitandosi a esplorare la sua parte centrale, dove la muraglia si tende su una catena di colline ondulate. Concentratevi sul tratto di sentiero tra i forti di Housesteads e Chesters, le cui rovine rivelano la dimensione monumentale di questa opera di epoca romana.

QUANDO ANDARE

L'Inghilterra è un paese per tutte le stagioni: sceglete la vostra e tuffatevi!

La natura caratterizzata di ciascuna stagione invoglia a visitare il paese in ogni periodo dell'anno. Per certi versi, è durante i rigori dell'inverno che gli intimi pub, le sontuose residenze di interesse storico e i magnifici musei di cui l'Inghilterra può fregiarsi danno il meglio di sé. D'altro canto, le stagioni intermedie sono forse le più indicate per una visita: a maggio sbocciano i fiori e ovunque si respira un'aria allegra, mentre a ottobre il colore rosso e dorato delle foglie trasforma ogni escursione nella natura in un'occasione per scattare un'infinità di foto. L'estate, infine, benché costosa, è rallegrata da tanti favolosi festival musicali.

Volete risparmiare?

Immediatamente dopo il Natale spesso si trovano offerte vantaggiose in città, ma molti ristoranti e alcuni musei rischiano di essere ancora chiusi. I soggiorni nei B&B e nei pub non mettono troppo a dura prova il portafogli, ma sono più godibili quando non si ha fretta e ci si può godere il ritmo lento della vita in campagna o nei villaggi di pescatori.

IO VIVO QUI

PASSEGGIATE NEL BOSCO

Nato a Glasgow, Fraser McGee vive a Birmingham. Il suo lavoro di fotografo lo porta in giro per il Regno Unito, ma la varietà dei paesaggi e la ricchezza culturale lo tiene nelle Midlands @frasermcgee

Amo visitare il Peak District a fine autunno, soprattutto l'antico bosco di Padley Gorge vicino a Grindleford. Gli alberi contorti e coperti di muschio e le vecchie macine del periodo della Rivoluzione industriale conferiscono a questa parte del paese un aspetto degno della fantasia di Tolkien. È un luogo perfetto per portare a spasso il cane la domenica, prima di andare a pranzare in un pub di campagna. Novembre è il mese ideale in cui ammirare i colori autunnali e il settecentesco Chequers Inn, vicino a Froggatt Edge, propone un ottimo arrosto e buonissime ale locali.

Regent St (p68)

GIORNI DI PIOGGIA

Il Lake District è la regione più umida dell'Inghilterra: riceve in media 330 cm di pioggia l'anno. Seathwaite – un villaggio del Lake District – è il luogo abitato più umido del Regno Unito.

Il meteo mese per mese

GENNAIO
Media diurna max: **8°C**
Giorni di pioggia: **12**

FEBBRAIO
Media diurna max: **9°C**
Giorni di pioggia: **10**

MARZO
Media diurna max: **12°C**
Giorni di pioggia: **9**

APRILE
Media diurna max: **16°C**
Giorni di pioggia: **9**

MAGGIO
Media diurna max: **18°C**
Giorni di pioggia: **8**

GIUGNO
Media diurna max: **21°C**
Giorni di pioggia: **8**

L'ISOLA DI CALORE LONDINESE

Londra è soggetta al fenomeno dell'isola di calore urbana: l'alta concentrazione di materiali che accumulano calore, con cui sono costruiti strade, marciapiedi, edifici e così via, provoca temperature significativamente maggiori rispetto a quelle delle aree limitrofe.

Grandi festival

Glastonbury Quasi 250.000 persone si riversano sulla tenuta di Worthy Farm per assistere ai concerti e agli spettacoli proposti nel corso di questo importantissimo festival musicale (p247). **Giugno**

In attività sin dal 1769, la **London Summer Exhibition** a Mayfair è una vetrina per ogni tipo d'arte figurativa: stampe, pitture, film, fotografia, architettura e scultura. **Giugno e luglio**

Il **Brighton Pride** è una delle manifestazioni LGBTIQ+ più grandi del paese; la vivace tre giorni comprende spettacoli dal vivo, una sfilata in centro, un Arts & Film Festival e un Pride Dog Show. **Agosto**

Le conversazioni di alto livello intellettuale sono la norma durante il **Cheltenham Literature Festival**, che per 10 giorni coinvolge alcuni degli autori più famosi al mondo in oltre 500 eventi. **Ottobre**

Festival locali ed eccentrici

Copritevi bene e puntate a nord: durante il **North York Moors & Yorkshire Dales Dark Skies Festival** (p467) godrete di cieli notturni tra i più limpidi d'Inghilterra. Le attività comprendono workshop di astrofotografia, uscite per ammirare le stelle, percorsi dedicati ai piccoli e sedute di mindfulness. **Febbraio**

Forse di origini pagane, il **May Day Festival di Padstow** è una bizzarra processione al seguito di due persone travestite da cavalli ('osses'), con musiche tradizionali suonate al tamburo e alla fisarmonica, nonché danze in costume. **Maggio**

Il **Robin Hood Festival** (p424) si svolge (nessuno se ne stupirà) nella Sherwood Forest e prevede rievocazioni storiche dedicate al Medioevo, tornei e giostre, lezioni di scherma, spettacoli teatrali all'aperto e sedute di tiro con l'arco presso il Major Oak. **Luglio**

La **Bonfire Night** (p159), a Lewes, è la più grande festa notturna con falò nel suo genere in tutta l'Inghilterra; diverse fiaccolate attraversano le strette vie della cittadina e hanno luogo meravigliosi spettacoli pirotecnici. **Novembre**

IO VIVO QUI

ONDE ESTIVE

Residente a Bristol, Nick Hounsfield, oltre a essere un imprenditore sociale, è un surfista e il fondatore di *The Wave*, la prima meta da surf nel suo genere situata nell'interno @wavemakernick

Il litorale del sud-ovest, soprattutto quello del North Devon e della Cornovaglia, occupa un posto speciale nel mio cuore: è lì che sono sempre andato nei mesi estivi, fin da quando ero bambino. Che si tratti di fare surf in uno dei punti segreti vicino a St Ives, di pescare dagli scogli di Trevone o di ammirare il sole che scivola oltre la linea dell'orizzonte alla fine della giornata, amo trascorrere tempo in acqua, o nelle sue vicinanze: il mare è il rimedio a qualunque cosa mi affligga, ciò che mi rimette a posto e mi stampa un sorriso in faccia.

L'EFFETTO MITIGANTE DELLA CORRENTE DEL GOLFO

La Cornovaglia occidentale e le Isles of Scilly sorgono sul limite orientale della corrente del Golfo, e in ragione di ciò godono di un clima oceanico più mite rispetto al resto dell'Inghilterra, con inverni meno rigidi e un maggior numero di ore di sole.

LUGLIO	AGOSTO	SETTEMBRE	OTTOBRE	NOVEMBRE	DICEMBRE
Media diurna max: **24°C**	Media diurna max: **22°C**	Media diurna max: **20°C**	Media diurna max: **16°C**	Media diurna max: **12°C**	Media diurna max: **9°C**
Giorni di pioggia: **7**	Giorni di pioggia: **8**	Giorni di pioggia: **8**	Giorni di pioggia: **11**	Giorni di pioggia: **11**	Giorni di pioggia: **11**

A SINISTRA: DANIEL LIMPI/EYEEM/GETTY IMAGES ©; A DESTRA: SEE-SAW FILMS/ALBUM/ALAMY STOCK PHOTO ©

PRIMA DELLA PARTENZA

Cosa portarsi, leggere e ascoltare.

Abbigliamento

A strati Prepararsi a repentine variazioni del tempo atmosferico è una parte essenziale di ogni viaggio in Inghilterra. La posizione del paese nel Nord Atlantico comporta che anche in estate venti pungenti e piogge inattese possano trasformare giornate prima miti. Se avete lo zaino, sfruttatelo per portare con voi una maglia, o una felpa con cappuccio, e una giacca impermeabile.

Scarponi da escursionismo Pur essendo un paese piccolo e densamente popolato, l'Inghilterra vanta lunghi tratti di costa selvaggia e un'ampia campagna in cui avere scarponi impermeabili è fondamentale.

Cappelli Uno spesso berretto di lana vi farà molto comodo se vi trovate in Inghilterra tra novembre e marzo.

Etichetta

Fin troppo educati, gli inglesi sono soliti fare la fila in modo ordinato. **Se passate davanti a qualcuno, aspettatevi sguardi di riprovazione** e come minimo un brontolio.

Come i loro cugini canadesi, gli inglesi **spesso si scusano con un rapido 'sorry'** anche quando non sono in torto.

Gli inglesi **in genere non lasciano mance al bar**, ma non farlo al termine di un pasto può essere considerato scortese.

Ombrello Fuorché nei mesi estivi, vale la pena di portare con sé un piccolo ombrello. Del resto, in caso di pioggia, quasi tutti gli alberghi cittadini ne mettono a disposizione uno di cortesia per i loro ospiti.

LIBRI

Ragazza, donna, altro (Bernardine Evaristo; 2019) Romanzo vincitore del Booker Prize, segue la vita e le difficoltà di 12 persone – molte delle quali sono donne di colore – nella Gran Bretagna dell'ultimo secolo.

L'impero britannico (Philippa Levine; 2007) Un racconto che alla narrazione dei fatti affianca un moderno e vivace approccio alla storia sociale e culturale.

Middle England (Jonathan Coe; 2018) Un romanzo divertente e avvincente sullo stato della nazione, che offre un ritratto stratificato della Gran Bretagna pre e post Brexit, in un'epoca di grande confusione.

Piccola grande isola (Bill Bryson; 2015) La Gran Bretagna sotto lo sguardo acuto e affettuoso di uno scrittore americano.

Parole

Alright è un modo veloce per chiedere 'How are you?'. Spesso la parola viene usata, da sola, come domanda, riconoscibile dall'intonazione. Può anche significare 'hello'.

Sorry è la parola con cui si chiede scusa in molte situazioni, per esempio quando si urta una persona (cosa frequente a Londra). Allo stesso modo si può usare 'pardon'.

Mate è un termine usato spesso per rivolgersi a qualcuno, e un vezzeggiativo tra amici. In genere si usa in situazioni informali, e talvolta si alterna con parole più specifiche di una certa zona, come 'pal' nel nord o 'geezer' nel sud.

Cheers si usa per i brindisi (come in tutti i paesi di lingua inglese), ma anche per significare 'grazie'.

Excuse me è un modo formale per richiamare l'attenzione di qualcuno. Utile, che vogliate chiamare il cameriere al ristorante o l'addetto a uno sportello.

Quid è una parola usata comunemente per fare riferimento alla moneta nazionale, la sterlina.

Take-out coffee si sente spesso dire nei *cafe*, ed è l'equivalente del 'coffee to-go' degli americani.

Tube è il modo alternativo (e più rapido) per dire Underground, quando si sta parlando della celebre metropolitana londinese.

Footie è l'abbreviazione di 'football', l'ossessione sportiva degli inglesi, ed è spesso usata con riferimento alla Premier League. Per esempio, 'You watching the footie tonight?'.

FILM E SERIE TV

This Is England (2006) Storia di un gruppo di adolescenti, apre uno squarcio sulle tensioni sociali in Inghilterra nei difficili anni '80.

The Office (2001-3) Serie TV in stile finto documentario sulle assurdità della vita in un ufficio inglese.

The Crown (2016-presente) Serie TV drammatica sulla famiglia inglese più celebre, durante il regno della regina Elisabetta II.

Peaky Blinders (2013-22) Serie TV ambientata nella Birmingham degli anni '20, segue le vicende di una banda realmente esistita.

Heartstopper (2022-presente) Edificante serie TV adolescenziale (nella foto) che rappresenta in modo positivo tutto lo spettro di identità LGBTIQ+.

MUSICA

Sgt Pepper's Lonely Hearts Club Band (The Beatles; 1967) Innovativa fusione di stili rock, pop, music hall, vaudeville, jazz, blues e indiani creata dal gruppo musicale inglese più famoso al mondo.

Kiwanuka (Michael Kiwanuka; 2019) Vincitore del Mercury Prize nel 2020, il terzo album di Kiwanuka ha consolidato la sua carriera ed è un capolavoro musicale che abbraccia più generi.

Whatever People Say I Am, That's What I'm Not (Arctic Monkeys; 2006) Magnifiche melodie indie coniugate con acute osservazioni sulla cultura giovanile inglese, tuttora molto pertinenti.

Prioritise Pleasure (Self Esteem; 2021) Rebecca Taylor propone brani pop dai testi intelligenti che affrontano i temi del sessismo istituzionale, delle molestie di strada, dell'insicurezza e molto altro ancora.

CIVIL/SHUTTERSTOCK ©

Scotch eggs

IN TAVOLA

I ristoranti inglesi traggono il massimo dai tanti prodotti della terra, così come da quelli del mare, e competono oggi con i migliori d'Europa.

A volte c'è del vero negli stereotipi sull'Inghilterra, ma quello sulla scarsa qualità della sua cucina ormai può essere consegnato ai libri di storia. Se il paese un tempo rifuggiva da una cultura gastronomica complessa e raffinata, oggi può vantare un gran numero di ristoranti sublimi, in cui si fa ottimo uso di ingredienti freschi e di provenienza locale; una prova di ciò è anche il numero di stelle Michelin, in costante aumento.

Come in ogni paese dell'Europa del nord, la carne e le patate hanno a lungo costituito la base dell'alimentazione locale, retaggio tuttora evidente nel tipico *Sunday roast* (e nel fish and chips, che non sarebbe lo stesso senza le patate). Tuttavia, per l'arrivo di immigrati da tutto il mondo, da questo punto di partenza si è fatta molta strada.

I giovani chef oggi fanno sfoggio della loro creatività grazie ai festival di street food e ai mercati all'aperto, e rendono disponibili a un pubblico ampio sapori unici e interpretazioni nuove. Gli inglesi si aspettano ora un alto livello qualitativo: ingredienti freschi, consistenze gradevoli e persino un bilanciamento dei colori nel piatto. L'Inghilterra ci tiene alla cucina e non vede l'ora di dimostrarvelo.

L'evoluzione in casa

La cucina casalinga verte sul comfort food, e storicamente questo significava piatti di carne, pasticci e uso abbondante di tuberi. Sostanziosi piatti tipici sono: *sausage and mash* (salsiccia con purè di patate), *steak and kidney pie* (torta salata di carne e rognoni) e *shepherd's pie* (pasticcio al forno di carne coperta da uno strato di purè di patate).

MARCIN JUCHA/SHUTTERSTOCK ©

Battenberg cake

Grazie alla sua popolazione sempre più multiculturale, però, nelle case inglesi sono entrati ingredienti, sapori e tecniche di preparazione nuovi, cosicché il repertorio gastronomico inglese si è notevolmente ampliato. La curcuma e il cumino dall'India, varietà di fagioli dolci e il *garri* dall'Africa occidentale, il *pimentón* dalla Spagna, l'*ackee* dalla Giamaica, la salsa di soia dalla Cina e molto altro ancora trovano ora spazio nelle cucine di tutto il paese.

CURRY E AFTERNOON TEA

Per saperne di più sulla cucina, v. p586

Vegetariani e vegani

L'Inghilterra è forse meno legata alla carne di alcuni paesi europei vicini, ma è pur vero che nella sua tradizione agropastorale la carne e i prodotti caseari sono centrali. A ogni modo, le opzioni vegetariane e vegane non sono mai state abbondanti e gustose come nel presente; il panorama gastronomico inglese ora comprende *cafe* vegani e pizzerie vegetariane, nonché pub e ristoranti con menu più vari di un tempo.

Nei molti ristoranti di cucina indiana, thailandese, bangladese e cinese, la proposta spesso comprende tanti deliziosi piatti di verdure. Persino la *full English breakfast* e il *Sunday roast* possono essere adeguati in modo tale da non prevedere l'uso di carne (a volte basta chiedere).

Sulla costa

Con un litorale che si estende per quasi 3000 miglia (4828 km), il pesce svolge da sempre un ruolo importante nella cucina inglese, ben al di là del tradizionale fish and chips. Dalle ostriche di Whitstable all'astice del Northumberland appena pescato, la costa inglese è generosa: in ogni periodo dell'anno, offre sempre qualcosa di nuovo da assaggiare.

La Cornovaglia è particolarmente conosciuta per la sua cucina di mare e questa contea all'estremità sud-occidentale del paese merita indubbiamente la visita. Non mancate di provare i suoi vassoi di frutti di mare assortiti, il pesce san pietro, le ostriche di Porthilly, il granchio della Cornovaglia e lo Stargazy pie, un piatto dal nome bizzarro.

DRONG/SHUTTERSTOCK ©

Cornish pasty

PADMAYOGINI/SHUTTERSTOCK ©

FESTIVAL GASTRONOMICI

Big Apple Festival dello Herefordshire che si svolge a ottobre, nel periodo della raccolta delle mele; mentre sorseggiate un buon sidro di mela (o di pera) locale, potrete ammirare la bella vista sugli ondulati frutteti e programmare la visita alle aziende produttrici.

Isle of Man Food & Drink Festival Il meglio della cucina e degli ingredienti Manx, ogni anno a settembre sull'isola nel Mare d'Irlanda.

Yorkshire Dales Cheese Festival Celebrazione del formaggio dello Yorkshire, nel luogo di origine del Wensleydale, con la partecipazione di piccoli caseari, a ottobre.

Porthleven Food Festival Evento di tre giorni, ad aprile, che fa da vetrina per i migliori prodotti gastronomici della Cornovaglia.

Whitstable Oyster Festival (nella foto) Festeggiate l'estate sulla costa settentrionale del Kent a Whitstable, regno delle ostriche.

Beer on the Wye Festival della birra sul lungofiume a Hereford, a luglio: ale di ogni tipo e gradazione.

Specialità

Dolci

Battenberg cake Torta preparata con pan di Spagna di due colori alternati, e copertura di marzapane.
Arctic roll Gelato alla vaniglia e un sottile pan di Spagna.
Sticky toffee pudding Pan di Spagna e crema toffee.
Mince pie Dolce speziato con frutta secca servito a Natale.
Flapjack Barretta all'avena.

Piatti locali molto amati

Cornish pasty Sfoglia ripiena di carne di manzo e verdure, tipica della Cornovaglia.
Balti Infuocato piatto a base di curry tipico di Birmingham.
Scouse Sostanzioso stufato tipico di Liverpool.
Pie and mash Tradizionale pasto della classe operaia londinese.

Delizie economiche

Sausage roll Salsiccia avvolta nella pasta sfoglia.
Scotch egg Uovo alla coque avvolto nella carne di salsiccia e nella panatura, quindi fritto.
Chip butty Un sandwich ripieno di patatine fritte.
Pork pie Pasticcio di carne di maiale servito freddo.

Marmite

Per chi osa

Black pudding Sanguinaccio. Sentir parlare di salsiccia ripiena di sangue di maiale è per molti un deterrente, finché non l'assaggiano.
Jellied eels Anguille in gelatina, specialità dell'East End londinese. L'aspetto è meno invitante del nome.
Mushy peas Piselli secchi ammollati nell'acqua e preparati in purea. Un classico contorno per il fish and chips nell'Inghilterra settentrionale.
Marmite Crema spalmabile salata a base di estratto di lievito. Come recita anche lo slogan, si ama o si odia.
Stargazy pie Tortino di pesce tipico della Cornovaglia: le teste di sardina che spuntano dalla sfoglia fanno venire gli incubi.

PASTI MEMORABILI

Opheem (p373) L'ispirata cucina indiana di Aktar Islam apre uno scorcio sull'evoluzione culinaria di Birmingham, ed è valsa una stella Michelin al suo ristorante (l'ultimo della città a fregiarsene).

Emily Scott (p305) L'ambiente da surf e le vedute costiere di Newquay si sposano bene con il sublime menu di cucina di mare di Emily Scott, a base di pesce freschissimo.

Menu Gordon Jones (p237) Lo chef che dà il nome a questo ristorante di Bath sceglie per voi che cosa mangerete (e berrete). Il meglio in fatto di cucina unica, sperimentale.

Black Swan at Oldstead (p446) Vecchio pub di campagna sul limite delle North York Moors, usa gli ingredienti della fattoria di proprietà per i suoi piatti di squisita cucina british.

LE STAGIONI DEL CIBO

PRIMAVERA

Con la primavera, in tavola arrivano verdure di molti tipi, tra cui cavolo, cavolo riccio e asparagi. È anche un buon periodo per recarsi sulla costa e godere di specialità di mare, come il granchio della Cornovaglia, prima che arrivi la ressa estiva.

ESTATE

Gli ingredienti adatti a una cucina leggera - fagiolini, zucchine, pisellini novelli - sono perfetti per l'estate. La stagione delle insalate è bilanciata dall'arrivo di tanti BBQ a base di bistecche, salsicce e cotolette d'agnello.

AUTUNNO

La stagione del raccolto è un ottimo periodo in cui esplorare le zone rurali dell'Inghilterra, soprattutto verso il sud-ovest dove nei meleti si prepara il sidro. In questa stagione abbondano gli ortaggi da tubero e da radice, nonché le zucche.

INVERNO

Nei bui mesi invernali la sostanziosa cucina inglese dà il meglio di sé. Le sfoglie ripiene di carne e verdure, gli sformati di patate e carne, le salsicce e il Lancashire hotpot sono l'ideale quando fuori fa freddo.

Lancashire hotpot

JAZZLOVE/SHUTTERSTOCK ©

Stanage Edge (p410)

ATTIVITÀ OUTDOOR

Dalle coste selvagge alle verdi cime tempestose, il variegato territorio inglese, ricco di paesaggi bucolici, cambia aspetto con le stagioni e porta sfide sempre nuove ai visitatori più intrepidi.

Il clima oceanico temperato dell'Inghilterra, al riparo da eventi atmosferici estremi, rende possibili le attività all'aperto in ogni periodo. Con un litorale di 2748 miglia (4422 km), le possibilità per le passeggiate lungo la costa non mancano; soprattutto quelle sulla Jurassic Coast sono suggestive. Le colline e le valli del Peak District e del Lake District regalano magnifiche vedute aperte in ogni direzione, da godere durante un'uscita a piedi. Anche il ciclismo è ottimo da queste parti, ma una pedalata attraverso i graziosi borghi e villaggi può essere altrettanto gratificante.

Camminate e trekking

L'Inghilterra non ha alte vette paragonabili a quelle di altri paesi europei, ma vanta un territorio ondulato perfetto per l'escursionismo e sentieri indicati per persone di tutte le età, ogni livello di abilità e qualunque periodo dell'anno. Molti di essi, poi, passano a breve distanza dai principali centri urbani e sono facili da raggiungere. I trekking più impegnativi danno grande soddisfazione, ma non bisogna trascurare le tranquille camminate nella foresta, che in molti casi permettono di fare regolari tappe nei pub di campagna. Ed è bene rammentare di attenersi ai sentieri ufficiali: il 92% della campagna inglese è di proprietà privata e non accessibile.

L'autunno, con le sue tonalità di rosso e giallo, è forse il periodo dell'anno più bello per le camminate. Ma a maggio le prime giornate tiepide, le foglie di un verde bril-

Alternative nella natura selvaggia

ARRAMPICATA SU ROCCIA
Scalate le famose formazioni di **Stanage Edge** nel Peak District (p410).

MOUNTAIN BIKE
Lanciatevi sui molti spettacolari sentieri sterrati nelle **valli e brughiere dello Yorkshire** (p457).

WINDSURF
Fate vela alla volta del ventoso **Portland Harbour**, le cui onde sono adatte al windsurf (p273).

AVVENTURE IN FAMIGLIA

Navigate lungo gli storici canali di Birmingham a bordo di una barca elettrica noleggiata dalla **GoBoat (p371),** a Brindley Place.

Osate esplorare il Forbidden Corner (p456), un grande giardino punteggiato di capricci gotici, installazioni da brivido e gallerie, al confine con le Yorkshire Dales.

Portate i bambini a fare una gita in barca (o in kayak, per i più avventurosi) attraverso gli incantevoli fiumi dei **Norfolk Broads (p351)**.

Uscite fuori strada in cerca di magnifici cervi rossi nel corso di un **safari nelle brughiere dell'Exmoor (p249)**.

Cercate le fate tra il fogliame verde e gli splendidi boschi del **Summerhill Glen** (p514) sulla Isle of Man.

lante e i beer garden che si animano sono una bella combinazione, e il periodo è buono per evitare la ressa estiva. Indossate gli scarponi, siate previdenti nel preparare gli zaini (siamo in Gran Bretagna, dopo tutto) ed esplorate questa terra verde e piacevole.

Ciclismo

La campagna inglese, con le sue tranquille stradine e le pendenze poco pronunciate, è perfetta per i ciclisti occasionali, che però per mettersi in sella farebbero bene ad aspettare l'estate, quando è meno probabile che piova. Posti molto gettonati come le Cotswolds offrono una cornice romantica, ma sono fantastiche anche le piste ciclabili ricavate lungo le vecchie ferrovie dismesse. Queste si snodano per lo più in pianura tra bei paesaggi, per esempio lungo viadotti di epoca vittoriana, come nel caso del Monsal Trail nel Derbyshire, e su percorsi costieri, come il Camel Trail nella Cornovaglia, e offrono un'esperienza alla portata di chiunque.

Chi cerca una sfida più grande può sfruttare i molti circuiti più impegnativi presenti nel paese, come il Lakeland Loop di 65 km nel Lake District. Il Settle Circular nello Yorkshire è di una lunghezza simile, e va affrontato nel corso di un paio di giorni se si vuole godere appieno degli splendidi villaggi che si incontrano. Per via del traffico automobilistico, spostarsi in bici nelle città è una fatica che non vale la pena di sobbarcarsi; due eccezioni a questa regola sono Bristol e Cambridge.

Surf, Fistral Beach (p306)

Surf

Non serve il caldo della California o delle Hawaii per fare surf. Il variegato litorale inglese regala sfide più o meno impegnative. Le selvagge e ventose spiagge del sud-ovest, in particolare della Cornovaglia, battute senza posa dalle onde del Nord Atlantico, sono il centro di riferimento per il surf in Inghilterra. Newquay offre l'esperienza più completa.

Indossare la muta è indispensabile se si ha il coraggio di entrare in acqua d'inverno, ma le condizioni migliori si hanno tra giugno e agosto (i mesi, d'altro canto, più affollati). Per un'esperienza diversa da ogni altra, preferite le coste del Northumberland.

SPELEOLOGIA
Mettete nello zaino una torcia per esplorare **Thor's Cave**, una grotta dal nome evocativo, nello Staffordshire (p412).

NUOTO IN ACQUE LIBERE
Allontanatevi dalla frenesia di Londra e ritempratevi nell'acqua fredda di **Hampstead Heath** (p106).

TREKKING A LUNGA PERCORRENZA
Le 34 miglia (55 km) del Cheshire Sandstone Trail regalano vedute favolose sulle **Cheshire Plains** (p502).

PESCA
Rilassatevi nel **Lake District** trovando un angolo tranquillo dove dedicarvi alla pesca di lucci, rutili, anguille e salmoni (p524).

ATTIVITÀ PER AREE

Dove trovare le migliori attività outdoor dell'Inghilterra.

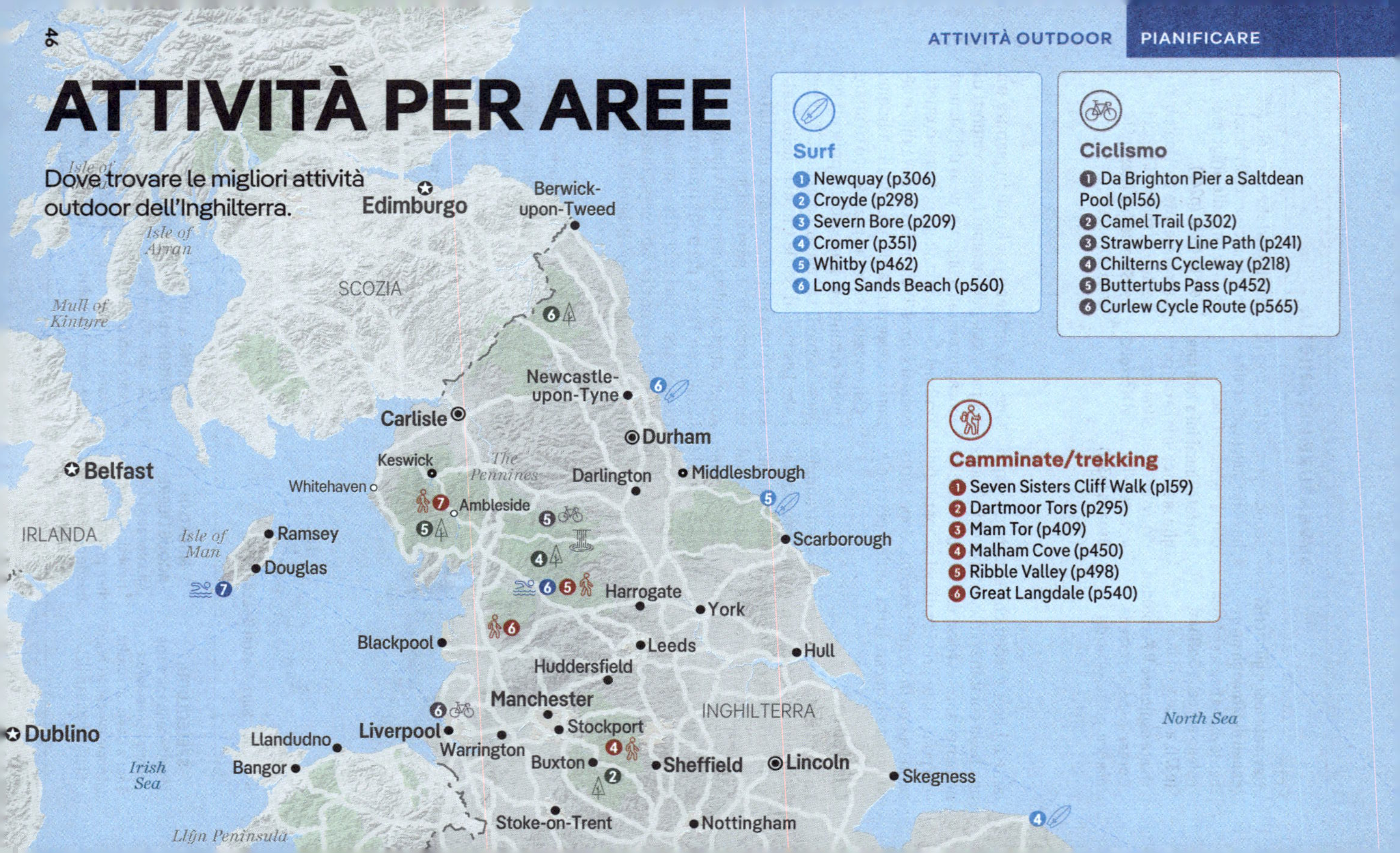

Surf

1. Newquay (p306)
2. Croyde (p298)
3. Severn Bore (p209)
4. Cromer (p351)
5. Whitby (p462)
6. Long Sands Beach (p560)

Ciclismo

1. Da Brighton Pier a Saltdean Pool (p156)
2. Camel Trail (p302)
3. Strawberry Line Path (p241)
4. Chilterns Cycleway (p218)
5. Buttertubs Pass (p452)
6. Curlew Cycle Route (p565)

Camminate/trekking

1. Seven Sisters Cliff Walk (p159)
2. Dartmoor Tors (p295)
3. Mam Tor (p409)
4. Malham Cove (p450)
5. Ribble Valley (p498)
6. Great Langdale (p540)

Shrewsbury
Leicester
Stamford
Ludlow
Birmingham
Stratford-upon-Avon
Northampton
Cambridge
GALLES
Hay-on-Wye
Ipswich
Gloucester
Cheltenham
Luton
Colchester
Oxford
Southend-on-Sea
The Cotswolds
Cardiff
Bristol
Bath
Reading
Windsor
Londra
Canterbury
Ilfracombe
Wells
Winchester
Dover
Salisbury
Rye
Strait of Dover
Calais
Southampton
Brighton
Hove
Eastbourne
CORNOVAGLIA
Exeter
Bournemouth
Portsmouth
Lyme Bay
Jurassic Coast
Dartmouth
Plymouth
Land's End
Penzance
English Channel
FRANCIA
Nuoto
1 Hampstead Heath (p106)
2 Jubilee Pool Penzance (p315)
3 Porthcurno (p314)
4 Durdle Door (p272)
5 Cirencester Open Air Swimming Pool (p203)
6 Janet's Foss Waterfall (p451)
7 Port St Mary (p515)
Parchi nazionali
1 South Downs National Park (p159)
2 Peak District National Park (p407)
3 Exmoor National Park (p252)
4 Yorkshire Dales National Park (p449)
5 Lake District National Park (p550)
6 Northumberland National Park (p564)
0 100 km
0 60 miles

LA GUIDA

Lake District National Park (p550)

LONDRA

LA STORIA PROFONDA DI UNO SPIRITO IRREPRIMIBILE

Londra, i cui albori risalgono a quasi 2000 anni fa, può far sfoggio della sua ricca storia nei suoi luoghi simbolo più riconoscibili, come la St Paul's Cathedral e il Big Ben.

L'architettura di Londra racconta una vicenda unica e seducente, e inscrive l'innovazione nel corpo stesso della città. Il passato della capitale, dalle radici profondissime, è accentuato per contrasto dai suoi edifici moderni; così, lo Shard, il Gherkin e la Tate Modern non offuscano, bensì valorizzano, la secolare storia londinese. Imponenti progetti continuano a proiettare la città in avanti, come la linea Elizabeth, una ferrovia inaugurata nel 2022 che si estende per 73 miglia (117 km) da est a ovest attraverso la capitale e nelle contee limitrofe; o la riqualificata Battersea Power Station, una centrale elettrica degli anni '40 trasformata in centro commerciale, diventata accessibile al pubblico nel 2022, che conserva intatti molti dei suoi elementi industriali.

Londra è una città fatta di piani concreti, ma anche di idee e immaginazione, sotto forma di teatro innovativo, arte contemporanea, musica d'avanguardia, design pionieristico e cucina globale. È un luogo in cui convivono vedute aperte e strade ad alta densità di attrattive. Aggiungete a tutto ciò i bei parchi, i quartieri storici, le verdi zone suburbane e le placide sponde del fiume ed ecco che vi ritrovate una metropoli tra le più belle al mondo.

LAZYLLAMA/SHUTTERSTOCK ©

Intrinsecamente british, Londra vanta però un dinamismo cosmopolita che ne fa uno dei luoghi più internazionali del pianeta. È una città molto varia e multiculturale: due londinesi su cinque sono nati all'estero, per un totale di 270 nazionalità e 300 lingue di origine. Il Regno Unito ha votato per la Brexit, ma non così la maggioranza dei londinesi.

Con una popolazione di quasi 10 milioni di persone, Londra è enorme, la qual cosa a tutta prima rende difficile orientarsi; affrontarla è più agevole trattandola come fanno i suoi abitanti, cioè come una serie di città. Del resto è proprio così che si è sviluppata ed estesa Londra, assorbendo via via i centri minori circostanti. Questa caratteristica è evidente lungo le varie arterie principali in miniatura, con i rispettivi ristoranti, negozi e bar. Anche le zone centrali più 'turistiche' sono frequentate da londinesi. Potreste trovarvi a origliare le conversazioni di qualche politico in un pub di Westminster o a fare la fila dietro di loro in un ristorantino di Soho.

Mai immobile, Londra ha tutto: musei del più alto calibro, innumerevoli gallerie d'arte, attrattive famose, parchi estesi e spettacolari vedute sul lungofiume. Come si fa a non innamorarsene?

AREE PRINCIPALI

IL WEST END
Siti famosi ed esperienze culturali di Londra. p56

LA CITY
Il cuore storico della capitale. p71

LA SOUTH BANK
Fulcro del teatro e delle arti lungo il fiume. p81

SHOREDITCH E EAST LONDON
Notti brave e locali alla moda. p91

CAMDEN E NORTH LONDON
Energia da villaggio urbano. p100

ALEXANDER SPATARI/GETTY IMAGES ©

In alto: Regent Street (p68); a sinistra: King's Royal Guard

GREENWICH
Storia marittima, là dove inizia l'ora zero.
p109

PECKHAM E SOUTH LONDON
Tranquilla vita locale.
p113

NOTTING HILL E WEST LONDON
Mercati alla moda, musei e parchi.
p121

RICHMOND E SOUTHWEST LONDON
Un lato più verde della città.
p128

Per orientarsi

Londra è una città popolosa ed estesa su un vasto territorio, ma la rete dei trasporti pubblici è generalmente una macchina ben oliata ed efficiente. I principali siti di interesse si concentrano intorno al West End, alla South Bank e alla City of London: se organizzate bene gli spostamenti, potrete muovervi principalmente a piedi.

Camden e North London
p100

DALL'AEROPORTO

A servizio della capitale ci sono sei aeroporti variamente distribuiti, anche se per alcuni parlare di 'Londra' richiede una certa elasticità (London Southend dista 40 miglia, o 64 km). London City e Heathrow si trovano lungo i percorsi della London Underground. Da tutti gli aeroporti partono treni e autobus (più lenti, ma anche più economici) diretti in centro.

Notting Hill e West London
p121

Il West End
p56

Science Museum
Natural History Museum
Heathrow (9.5mi)

LONDON UNDERGROUND

La London Underground, la rete metropolitana che comprende la London Overground, la Docklands Light Railway (DLR) e la linea Elizabeth, è il modo più veloce ed efficiente per muoversi in città. Alcune stazioni sono molto più vicine tra loro di quanto sembri sulla cartina.

Richmond e Southwest London
p128

AUTOBUS

I bus rossi a due piani regalano begli scorci, ma i trasferimenti possono essere lenti per gli ingorghi e la ressa di persone a ogni fermata. La rete è capillare, ma spesso si fa prima a piedi.

A PIEDI

Per esplorare i quartieri di Londra, la soluzione migliore è muoversi a piedi, anche se a causa delle strade tortuose è utile avere con sé una buona cartina o poter contare sul GPS. Nella parte centrale di Londra, ci sono ponti attraverso il Tamigi a intervalli regolari. Se si devono coprire brevi distanze, spesso si fa prima a camminare che a prendere la metropolitana o l'autobus.

Tre giorni in città

Indossate un paio di scarpe comode (meglio se anche alla moda) e portate l'occorrente per stare fuori tutto il giorno. L'itinerario nella capitale è fitto.

Vista dal London Eye (p84)

Giorno 1

Mattina

● Orientatevi a **Trafalgar Sq** (p60). Ammirate le magnifiche opere d'arte della **National Gallery** (p66), camminate lungo Whitehall oltre il **n. 10 di Downing St** (p69), fino alle **Houses of Parliament** e al **Big Ben** (p61). **Westminster Abbey** (p57) si trova nei pressi.

Pomeriggio

● Attraversate il Westminster Bridge fino al **London Eye** (p84), e passeggiate nella South Bank fino alla **Tate Modern** (p83). Ammirate la **St Paul's Cathedral** (p76) dal Millennium Bridge e vedete cosa c'è allo **Shakespeare's Globe** (p84).

Sera

● Il **Borough Market** (p86) chiude intorno alle 17, ma i pub e i ristoranti situati lì intorno restano aperti molto più a lungo. Fate la fila da **Padella** (p85) e gustate una pinta di birra nello storico **George Inn** (p87).

ALTRE COSE DA FARE

Esplorate a fondo i quartieri di Londra, dedicate la giusta concentrazione ai musei grandi e piccoli, e godetevi una birra dopo una giornata trascorsa a visitare i siti di interesse.

I MUSEI DI SOUTH KENSINGTON

Visitate i suoi tre musei maggiori: il **Natural History Museum**, il **Science Museum** e il **Victoria & Albert Museum**.

MERCATI

Esplorate i famosi mercati della città: **Portobello Road Market** a West London, **Camden Market** a North London, e **Upmarket** a East London.

RELAX AL PARCO

Hyde Park è il parco più grande e centrale di Londra, ma non regge il confronto con **Richmond Park**: 1000 ettari di verde, abitati da branchi di cervi.

Giorno 2

Mattina

● Cingete d'assedio la **Tower of London** (p73) di buon'ora. Partecipate a una visita guidata da un Beefeater e fatevi incantare dai Gioielli della Corona. Ammirate il Tower Bridge dai bastioni.

Pomeriggio

● Procuratevi il pranzo al **Leadenhall Market** (p80) o alla **Bloomberg Arcade** (p80) prima di arrivare a piedi fino alla **St Paul's Cathedral** (p76). Assorbite lo splendore dei suoi interni, per poi arrampicarvi in cima e ammirare la città dall'alto della cupola.

Sera

● Cenate a **Chinatown** (p70). Da qui il West End si apre a molte possibilità: potrete gustare un cocktail da **Swift** (p67) a Soho, andare a **teatro** (p85) o osservare uno spettacolo di strada a **Covent Garden** (p61).

Giorno 3

Mattina

● Trascorrete la mattina compulsando una parte della sterminata collezione del **British Museum** (p60).

Pomeriggio

● Arrivate ai moli del centro, sul lungofiume, e salite su un'imbarcazione diretta a Greenwich. Pranzate al **Greenwich Market** (p112) mentre riflettete su cosa visitare; opzioni molto valide sono la **Painted Hall** (p111), il **Royal Observatory** (p110) e il **National Maritime Museum** (p112) .

Sera

● Fate un giro in barca sul fiume al tramonto fino al Tower Pier, quindi andate allo Spitalfields per cenare da **Som Saa** (p97). Ripensate alla giornata trascorsa sorseggiando cocktail di prim'ordine da **Discount Suit Company** (p98) prima di esplorare i bar di Shoreditch.

BIRRIFICI LONDINESI

Passeggiate lungo il **Bermondsey Beer Mile**, assaporate una pinta da **Crate**, e vedete che cosa offrono **Villages** e **Little Faith** a Deptford.

PUB STORICI

Assorbite l'atmosfera e gustate la birra nelle splendide filiali di banca trasformate in bar della City of London, come la **Counting House** e la **Trading House**.

MANGIARE E BERE A SOUTH LONDON

Anche dopo che i rivenditori del mercato hanno chiuso, baretti e ristorantini continuano a fervere d'attività a **Brixton** e **Tooting**.

ELEGANTI DIMORE

Fate un tuffo nel passato nelle magnifiche tenute di campagna della parte sud-orientale di Londra, come la **Strawberry Hill House** e la **Syon House**.

IL WEST END

SITI FAMOSI ED ESPERIENZE CULTURALI DI LONDRA

Sede di musei, attrattive e siti legati alla famiglia reale, il West End raccoglie la gran parte dei principali motivi di richiamo della capitale. Se a questo si aggiungono un panorama gastronomico di prim'ordine, importanti teatri e magnifiche vie dello shopping, non stupisce che il West End sia pervaso giorno e notte dell'energia tipica delle grandi città. Ma ciò non significa che non vi si trovino anche angoli di quiete e parchi incantevoli. Cuore della città per le attrattive che ospita così come per la posizione che occupa, è un quartiere che pretende – e merita – tutta l'attenzione che potrete riservargli.

'West End' è un'espressione piuttosto vaga per definire questa zona (ogni londinese che incontrerete vi darà una versione diversa di che cosa comprenda), ma la sua caratteristica più straordinaria è la varietà: dalla tranquillità della zona letteraria di Bloomsbury e della zona giuridica di Holborn all'animazione di Soho a tarda notte e allo shopping di Oxford St e Piccadilly Circus.

IL CONSIGLIO

Il West End è ben servito dalla London Underground, ma il Tube non è sempre il modo migliore per girare. Quasi tutti i siti di interesse sono a breve distanza gli uni dagli altri, e ci si fa un'idea migliore dell'atmosfera della zona spostandosi a piedi.

Buckingham Palace (p61)

LUKASZ PAJOR/SHUTTERSTOCK ©

Westminster Abbey

CHIESA DELLE INCORONAZIONI E DELLE CERIMONIE SOLENNI

La Westminster Abbey riveste un'importanza tale per la famiglia reale e gli avvenimenti di rilievo nazionale che esagerarne il valore simbolico, o immaginare un suo corrispettivo in un altro paese, sarebbe difficile. Dai tempi di Guglielmo il Conquistatore (1066), ogni sovrano inglese è stato incoronato qui, fatta eccezione per Edoardo V ed Edoardo VIII (il primo fu assassinato prima dell'evento, mentre il secondo abdicò). Sedici reali si sono sposati in questa sede e molti vi sono sepolti; nel 2022 in questa cornice si è svolto il funerale di Elisabetta II (sepolta però a Windsor Castle).

Splendido accostamento di stili architettonici, l'abbazia è considerata il capolavoro del primo gotico inglese. Gran parte della struttura risale al XIII secolo, ma la sua fondazione è più antica (960 d.C.). Westminster Abbey non fu mai una cattedrale (sede vescovile), bensì una 'prerogativa reale' amministrata dalla Corona. Il cuore è il santuario dal pregevolissimo pavimento, sfondo di incoronazioni, matrimoni e funerali reali.

Oltre alle tombe reali, fate caso ai molti cittadini famosi sepolti qui, in particolare nel **Poets' Corner**, dove riposano Geoffrey Chaucer, Charles Dickens e Alfred Tennyson, e si trovano lapidi commemorative dedicate ad altri grandi della letteratura, come William Shakespeare e Jane Austen. Le spoglie di Isaac Newton e Charles Darwin, e le ceneri di Stephen Hawking, sono sepolte nello **Scientists' Corner** sul lato settentrionale della navata.

Monumento e tomba di Isaac Newton

UWE ARANAS/SHUTTERSTOCK ©

EXTRA DELL'ABBAZIA

La tariffa di ingresso comprende l'uso dell'audioguida, ma è consigliabile prenotare in anticipo una **visita guidata condotta da un sagrestano**, per accedere ad ambienti in genere interdetti, come il Santuario di Sant'Edoardo il Confessore e i banchi del coro (Quire). Aperte nel 2018, le **Queen's Diamond Jubilee Galleries** sono un museo situato nel triforio medievale, la galleria ad arcate sopra la navata. Tra le principali attrattive è da segnalare la sedia coperta di scritte usata per l'incoronazione di Maria II e il Westminster Retable, la più antica pala d'altare d'Inghilterra, del XIII secolo.

UN COLLEGAMENTO REALE

La Westminster Abbey è una 'prerogativa reale', ma importanti eventi reali come giubilei e matrimoni hanno luogo anche presso la **St Paul's Cathedral** (p76) nella City of London.

IL WEST END
MARYLEBONE
FITZROVIA
BLOOMSBURY
SOHO
CHINATOWN
LEICESTER SQUARE
MAYFAIR
ST JAMES'S
WHITEHALL
BELGRAVIA
WESTMINSTER
PIMLICO
1 British Museum
2 Buckingham Palace
3 Churchill War Rooms
5 National Gallery
6 National Portrait Gallery
7 Royal Academy of Arts
9 Tate Britain
11 Wallace Collection
12 Westminster Abbey
13
14
16
17
18
21
22
24
25
26
28
29
30
32
33
34
36
37
38
39
40
41
42
43
44
Goodge St
Tottenham Court Rd
Oxford Circus
Bond St
Piccadilly Circus
Leicester Sq
Green Park
Hyde Park Corner
St James's Park
Victoria
Bedford Sq
Cavendish Sq
Soho Sq
Hanover Sq
Golden Sq
Grosvenor Sq
St James's Sq
Hyde Park
Green Park
St James's Park
St James's Park Lake
Buckingham Palace Gardens
Horse Guards Parade
Parliament Sq
Belgrave Sq
Vincent Sq
Montague St
Great Portland St
Goodge St
Tottenham Court Rd
Bloomsbury St
Thayer St
Portland Pl
Mortimer St
Cavendish Pl
Margaret St
Regent St
Wigmore St
Oxford St
St Giles High St
James St
Great Marlborough St
Berwick St
Shaftesbury Ave
St Martin's La
Long Acre
Duke St
New Bond St
Conduit St
Bruton St
Regent St
Piccadilly
Haymarket
Berkeley St
Cockspur St
Whitehall
Park La
Piccadilly
St James's St
Pall Mall
The Mall
Knightsbridge
Grosvenor Pl
Duke of Wellington Pl
Constitution Hill
Grosvenor Cres
Birdcage Walk
Buckingham Gate
Great Smith St
Marsham St
Belgrave Sq
Pont St
Hobart Pl
Belgrave Pl
Buckingham Palace Rd
Victoria St
Ambrosden Ave
Rochester Row
Horseferry Rd
Eaton Sq
Eccleston Bridge
Vauxhall Bridge Rd
Belgrave Rd
Warwick Way
John Islip St

DA NON PERDERE
1 British Museum
2 Buckingham Palace
3 Churchill War Rooms
4 Houses of Parliament
5 National Gallery
6 National Portrait Gallery
7 Royal Academy of Arts
8 Somerset House
9 Tate Britain
10 Temple Church
11 Wallace Collection
12 Westminster Abbey

DA VEDERE
13 All Saints Margaret Street
14 Banqueting House
15 Big Ben
16 Burlington Arcade
17 Carnaby St
18 Cambio della Guardia
19 Courtauld Gallery
20 Covent Garden Piazza
21 Green Park
22 Horse Guards Parade
23 London Transport Museum
24 No 10 Downing Street
25 Oxford St
26 Regent Street
27 Sir John Soane's Museum
28 St James's Park
29 St James's Piccadilly
30 St Martin-in-the-Fields
31 St Paul's Church
32 Trafalgar Square
33 Westminster Cathedral

PASTI
34 Mercato Mayfair

DIVERTIMENTI
35 Novelty Automation
36 Trooping the Colour

SHOPPING
37 Fortnum & Mason
38 Hamleys
39 Hatchards
40 Liberty
41 Reckless Records
42 Selfridges
43 Sister Ray
44 Stanfords

British Museum

REPERTI DAL MONDO

Il **British Museum** è l'istituzione più visitata del paese (circa 5,8 milioni di visitatori l'anno), oltre che uno dei musei più antichi al mondo (aperto nel 1759). Ospita – in alcuni casi non senza risvolti controversi – alcuni dei reperti più significativi della storia umana, come la **Stele di Rosetta**, grazie alla quale furono decifrati i geroglifici egizi, e i marmi del Partenone, asportati dall'Acropoli ateniese da Lord Elgin (ambasciatore britannico presso l'impero ottomano). Le vaste gallerie dedicate alle civiltà etrusca, greca, romana, europea, asiatica e islamica offrono testimonianze fondamentali.

Inaugurata nel 1753 grazie a un 'gabinetto delle curiosità' venduto alla nazione dal medico e collezionista Hans Sloane, la collezione si arricchì negli anni successivi con acquisizioni, lasciti e razzie spregiudicate compiute in diversi angoli dell'impero britannico. La sontuosa Enlightenment Gallery fu la prima sezione del nuovo allestimento del museo, costruita nel 1823.

In ogni dato momento sono esposti circa 80.000 pezzi (tratti da un fondo che ne comprende otto milioni). Il museo è immenso; per non esserne sopraffatti è consigliabile scegliere una galleria o un tema, o partecipare a una visita guidata.

British Museum

Trafalgar Square

AL CENTRO DI LONDRA

Trafalgar Sq è il vero centro della capitale, ed è qui che i londinesi si radunano per le ragioni più diverse, che si tratti di festeggiamenti per il Natale o di manifestazioni di protesta. La piazza è dominata dalla **Nelson's Column** alta 52 m, con i suoi quattro leoni in bronzo, e delimitata da splendidi edifici, tra i quali la National Gallery. Tre dei quattro plinti situati agli angoli della piazza sono sormontati da statue raffiguranti personaggi illustri, mentre il **Fourth Plinth**, destinato in origine a sorreggere una statua con le fattezze del re Guglielmo IV, è rimasto spoglio per 150 anni a causa di una mancanza di fondi. Oggi fa da piedistallo per grandi sculture moderne, qui esposte a rotazione ogni 18 mesi.

Leone di Trafalgar Square

Covent Garden

UN MERCATO STORICO SI FA MODERNO

Fino al 1974 è stato il mercato ortofrutticolo di Londra, ma oggi è frequentato soprattutto da persone in visita alla città, che vi si riversano per fare compere tra portici e gallerie in stile italiano, mangiare e bere nei molti *cafe* e ristoranti, e curiosare tra le insolite bancarelle dell'Apple Market. La West Piazza, di fronte a St Paul's Church, è allietata da artisti di strada, attorno a cui si raccoglie un folto pubblico. È una tradizione antica: nel 1662 Samuel Pepys scrive nel suo diario di aver assistito qui a un teatro dei burattini italiani con la maschera Punch.

Covent Garden

Houses of Parliament e Big Ben

IL CUORE DELLA DEMOCRAZIA INGLESE

Sia la House of Commons (camera bassa, elettiva) sia la House of Lords (camera alta, composta di membri nominati ed ereditari) occupano questo sontuoso palazzo in stile neogotico, risalente per lo più alla metà del XIX secolo, con alcune sezioni sopravvissute a un incendio del 1834. L'elemento più celebre è la torre dell'orologio, l'Elizabeth Tower, meglio nota come Big Ben (il nome della campana da 13,7 tonnellate al suo interno).

Procuratevi con un certo anticipo i biglietti per la visita, guidata o indipendente: spesso ha luogo solo una volta la settimana (il sabato). I cittadini britannici possono contattare i parlamentari della loro circoscrizione e richiedere un tour gratuito.

Elizabeth Tower (Big Ben)

Buckingham Palace

LA RESIDENZA UFFICIALE DEI SOVRANI

Costruito nel 1703 per il duca di Buckingham e in seguito acquistato dal re Giorgio III, Buckingham Palace assolve la funzione di residenza ufficiale dei sovrani a Londra da quando nel 1837 vi si trasferì la regina Vittoria. I cittadini comuni possono visitare le State Rooms – 19 delle 775 stanze di cui consta l'edificio – da metà luglio a settembre, quando i sovrani vanno in vacanza. Si tratta, come ci si aspetta, di sale sontuose, ricche di decori debordanti, e ornate di opere d'arte dal valore inestimabile. Anche se vi trovate a Londra fuori dal periodo estivo, vale la pena di fare un salto qui, soprattutto la domenica quando il Mall è chiuso al traffico. Il **Cambio della Guardia**, quando i soldati rossovestiti con il berrettone di pelle d'orso sfilano lungo il Mall ed entrano in Buckingham Palace, è un evento popolare tra i turisti.

British Museum

TOUR DI MEZZA GIORNATA

Con una collezione permanente di quasi otto milioni di pezzi, il British Museum è così vasto che la prima volta si rimane disorientati. Per mettere a frutto la visita – senza perdervi lungo il cammino verso le mummie egizie – seguite questo itinerario di mezza giornata tra alcuni dei reperti più importanti della collezione. Se desiderate scoprire di più, scaricate sul vostro cellulare l'app del British Museum con l'audioguida prima dell'arrivo.

Partite dalla ❶ **Stele di Rosetta**, la chiave di lettura dell'antica scrittura egizia. Dai vicini tesori dell'Assiria – antica civiltà mesopotamica sviluppatasi tra i fiumi Tigri ed Eufrate – che comprendono i colossali ❷ **tori alati di Sargon II**, proseguite verso i ❸ **marmi del Partenone**, massima espressione artistica della Grecia classica, ancor oggi canone estetico dell'arte occidentale. Ammirate le sculture e il monumentale fregio che celebra la nascita di Atena. Andando verso la scala

Tori alati di Sargon II

Questa straordinaria coppia di tori in alabastro con teste umane un tempo sorvegliava l'ingresso del palazzo del re assiro Sargon II a Dur-Sharrukin (oggi Khorsabad in Iraq), culla della civiltà mesopotamica.

Marmi del Partenone

Il Partenone, il tempio marmoreo dedicato ad Atena, sorge sull'Acropoli di Atene. Sono esposte decine di sculture e fregi che facevano parte dei frontoni con plastici e supporti interattivi che illustrano la posizione delle sculture nel contesto originale.

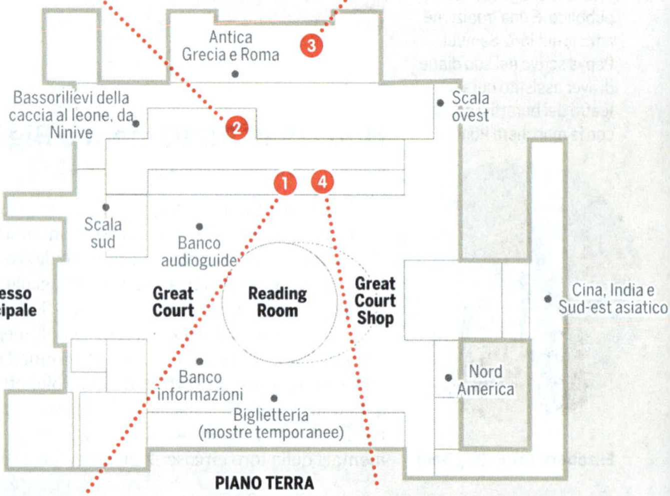

PIANO TERRA

Busto di Ramesse II

La scultura più imponente delle gallerie egizie è questo busto del peso di 725 kg che ritrae come grande benefattore Ramesse II, il persecutore degli israeliti nel Libro dell'Esodo.

Stele di Rosetta

Incisa in geroglifici, demotico (antica scrittura egizia di uso quotidiano) e greco, questa pietra di 762 kg riporta un decreto che esentava i sacerdoti dal pagamento delle tasse nel primo anniversario di incoronazione di Tolomeo V.

ovest troverete l'imponente **4 busto di Ramesse II**, preludio alla ricca collezione di **5 mummie egizie** al piano superiore (la più antica, chiamata Ginger per via di un ciuffo di capelli rossicci, si è conservata grazie al calore della sabbia). I romani vi introdurranno alle sale dedicate all'antica Britannia con il **6 tesoro di Mildenhall**. Seguono la **7 nave funeraria di Sutton Hoo**, di origine anglosassone, e gli **8 scacchi di Lewis** di epoca medievale.

PER MANGIARE UN BOCCONE

Court Cafe All'estremità nord della Great Court; banconi con insalate e sandwich da asporto e tavoli comuni.

Gallery Pizzeria Un po' più fuori mano, vicino alla sala 12, ma più tranquillo; disponibile menu per bambini.

Great Court Restaurant Al piano superiore sopra l'ex Reading Room; servizio ai tavoli.

Scacchi di Lewis
Questi celebri 78 pezzi degli scacchi ritraggono cavalieri su robusti cavalli, regine in atteggiamento pensoso, vescovi con la mitra messa di traverso e torri raffigurate come guerrieri armati nell'atto di mordere lo scudo.

Nave funeraria di Sutton Hoo
Unico nel suo genere, questo sepolcro di un importante (ma non identificato) re anglosassone ha conservato corni potori, fibbie d'oro e un favoloso elmo con maschera.

MAVRITSINA IRINA/SHUTTERSTOCK ©

PIANO SUPERIORE

Mummie egizie
La collezione di mummie e corredi funerari egizi comprende 'Ginger', sepolta quasi 5500 anni fa nel sito di Gebelein, nell'Alto Egitto, e Katebet, una cantatrice del tempio di Amon a Karnak.

ILEANA_BT / SHUTTERSTOCK ©

Tesoro di Mildenhall
Divinità romane come Nettuno e Bacco compaiono accanto ad antichi simboli cristiani come il *chi rho* (monogramma di Cristo) su questa serie di ciotole, piatti e cucchiai d'argento.

London Transport Museum

London Transport Museum

LONDRA IN MOVIMENTO

Allestito nel vecchio mercato dei fiori di Covent Garden, l'avvincente London Transport Museum getta uno sguardo sullo sviluppo della capitale legato al miglioramento dei trasporti. Presenta veicoli di ogni genere, tra cui omnibus trainati da cavalli, antiche carrozze dell'Underground con cartine d'epoca e vecchi double-decker (in alcuni è possibile salire, per la gioia dei più piccoli). Il gift shop vende magnifici souvenir, come vecchi manifesti della metropolitana o cuscini realizzati con lo stesso tessuto usato per i sedili del treno.

Mercato Mayfair

TEMPIO DEL GUSTO

A Londra quasi non si può svoltare un angolo senza imbattersi in un mercato alimentare ma, almeno per quel che riguarda il valore estetico del luogo, il **Mercato Mayfair** è di gran lunga superiore agli altri, ed entrarvi è un'esperienza mistica. Allestita in una chiesa del 1828 dedicata a san Marco (oggi sconsacrata), questa food hall è una vetrina per varie cucine del mondo, che i buongustai assaporano seduti ai tavoli in comune disseminati nella navata. Molti elementi storici della chiesa sono stati preservati, come le vetrate istoriate e la cripta, quest'ultima adattata però a una nuova funzione: oggi nella 'cantina' della chiesa si preparano e si versano birre artigianali.

Cabinet War Rooms

Churchill War Rooms

QUARTIER GENERALE SOTTERRANEO

Durante la seconda guerra mondiale, il primo ministro Winston Churchill, armato di telefono in bachelite, aiutò a coordinare la resistenza alleata contro la Germania nazista da questo complesso sotterraneo, incredibilmente vicino a obiettivi sensibili come le Houses of Parliament e Whitehall. Le **Cabinet War Rooms**, in gran parte identiche a com'erano nel 1945 a conflitto ultimato, rendono l'idea degli eventi drammatici e della tenacia degli inglesi del tempo. I dormitori erano contigui alle sale riunioni e alla mensa: spazi tanto angusti devono aver fatto risaltare la personalità dello statista. Il multimediale **Churchill Museum** apre scorci interessanti sulla sua vita ed espone vari reperti, come la sua tuta militare in velluto e alcuni dei suoi sigari fumati a metà.

Fortnum & Mason

ALTRE IDEE PER IL WEST END

Una serata a teatro

OGNI COSA È PRONTA PER LO SPETTACOLO

Il West End è il quartiere principale di Londra per il teatro. Qui, su oltre 40 palchi, sono allestiti spettacoli di ogni tipo, dai classici più consolidati (che in molti casi si avvalgono di attori di sicura fama) ai musical più entusiasmanti e di successo, alle nuove produzioni drammaturgiche. Andare a teatro a Londra è un'esperienza da non perdere, una gioia – come molte altre nella capitale – riservata però a chi sa organizzarsi. Per conoscere la programmazione prevista durante la vostra visita, consultate il sito web del **London Theatre** (londontheatre.co.uk). Se vi interessa uno spettacolo di grande richiamo, iscrivetevi alla newsletter per trovare i posti migliori al prezzo più vantaggioso e prenotate con largo anticipo acquistando i biglietti direttamente dai teatri. Per quelli last-minute (anche il giorno stesso della recita) o per partecipare alle lotterie con cui sono assegnati i posti per gli spettacoli al completo, provate **TodayTix** (todaytix.com) o lo sportello **TKTS** in Leicester Sq. Non fidatevi delle vendite online non autorizzate; sono quasi sempre truffe.

POSTI MIGLIORI PER UN TÈ POMERIDIANO

Foyer & Reading Room at Claridge's
Sbocconcellate sandwich tradizionali e scone tiepidi in una cornice art déco sotto una scultura in vetro di Dale Chihuly. £££

Oscar Wilde Lounge at Hotel Café Royal
Oltre 25 varietà di tè in uno spazio tutto parquet e dorature, già frequentato dal celebre autore. £££

Fortnum & Mason
Sorbite il vostro tè dove lo ha fatto Elisabetta II nel 2012: il Diamond Jubilee Tea Salon. £££

Dean Street Townhouse
Rilassatevi sulle imbottiture ricoperte di velluto rosso davanti al caminetto acceso, tra pasticcini e sandwich al cetriolo con gin-tonic. £££

Wolseley
Ex showroom automobilistico trasformato in una sontuosa brasserie in stile viennese, con bei candelabri dorati e magnifici pavimenti piastrellati di bianco e nero. £££

DOVE MANGIARE NEL WEST END

Kanada-Ya
Nella contesa su chi a Londra prepari il miglior ramen, il nostro voto va ancora a questo locale. £

Pollen Street Social
Vale la pena di spendere per l'alta cucina dello chef Jason Atherton (stellata Michelin già a sei mesi dall'apertura). £££

Rules
Locale elegante e molto british che rivendica il fatto di essere il più antico ristorante di Londra (1798). £££

MIGLIORE CUCINA INTERNAZIONALE NEL WEST END

Palomar
Ristorante levantino simile a un diner degli anni '30, con chef esperti all'opera dietro il bancone centrale in zinco. ££

Lina Stores
Deli di Soho in attività da tempo, ai cui fortunati avventori vengono proposti anche deliziosi piatti di pasta fatta in casa. £

Dishoom
Mini catena di successo, ridà vita ai *cafe* iraniani ormai in via di sparizione dalle strade di Mumbai. £

Hoppers
Pancake di riso fermentato a forma di scodella tipici della cucina dello Sri Lanka, serviti con curry e chutney di vario tipo. £

Kiln
Minuscolo ristorante thailandese, si distingue per i suoi innovativi piattini preparati dentro forni a legna in una cucina lunga e stretta. ££

DANIEL LANGE/SHUTTERSTOCK ©

St John Soane's Museum

La novità dell'automazione

SALA GIOCHI

Una breve passeggiata dalla Holborn Station permette di raggiungere **Novelty Automation**, una divertente sala giochi 'fatta in casa' con apparecchi a monete dal carattere satirico, che combinano il fascino delle macchine da intrattenimento tipiche delle località costiere di una volta con i travagli della vita moderna. Qui potrete costruire un reattore nucleare tutto vostro ("Rifiuti tossici commestibili gratuiti garantiti!") o magari usare una gru per introdurre moneta nella City of London senza subire i controlli degli enti regolatori.

Arte nel West End

LA MIGLIORE COLLEZIONE DEL PAESE

Il West End ospita istituzioni artistiche tra le più pregevoli non solo di Londra, ma di tutto il Regno Unito. Con una collezione forte di oltre 2300 capolavori europei, la **National Gallery** è una delle pinacoteche più straordinarie al mondo: presenta opere prestigiose di Leonardo da Vinci, Michelangelo, Tiziano e Vincent van Gogh. Alla porta accanto si trova la National Portrait Gallery (la cui riapertura, dopo i lavori di ampliamento e

DOVE MANGIARE NEL WEST END

Mortimer House Kitchen
Il Mediterraneo incontra il Medio Oriente in questa sala da pranzo in stile art déco. ££

Berenjak
La versione di Soho dei piccoli locali di Teheran specializzati nei kebab è un trionfo. ££

Spring
Ristorante sostenibile in un salotto vittoriano restaurato della Somerset House. £££

ristrutturazione durati tre anni, è prevista per il 2023), piena di ritratti di facce familiari: reali, scienziati, politici e celebrità.

Progettata nel 1775 per alcuni enti governativi e società reali, la **Somerset House** oggi ospita diverse gallerie disposte attorno a un grazioso cortile aperto; la **Courtauld Gallery** accoglie una piccola ma magnifica collezione Impressionista, mentre nelle **Embankment Galleries** vengono allestite le mostre temporanee. Fondata nel 1768, la **Royal Academy of Arts** è la società britannica più antica dedicata alle belle arti. La raccolta di disegni, pitture, bozzetti architettonici, fotografie e sculture proviene da accademici reali passati e presenti, e la sua famosa **Summer Exhibition** è un'importante vetrina per le opere (in vendita) di artisti contemporanei esordienti e già famosi.

La **Tate Britain** celebra l'arte britannica dal 1500 al presente, con pezzi di William Hogarth, Thomas Gainsborough e John Constable, oltre che con opere moderne e contemporanee di Lucian Freud, Barbara Hepworth e Gillian Ayres. Con ogni probabilità la più bella tra le gallerie minori di Londra, la **Wallace Collection** offre un affascinante scorcio sulla vita degli aristocratici del XVIII secolo. Il palazzo sontuosamente restaurato, in stile italianeggiante, ospita una straordinaria collezione di dipinti, porcellane, manufatti e mobili del Sei e Settecento.

Oltre il British Museum

MUSEI MENO NOTI DA NON PERDERE

Il West End accoglie una manciata di musei minori, di nicchia, che fanno sfoggio di tutta la loro singolarità.

Lungo la ferrovia postale sotterranea, costruita nel 1927 per ovviare alla congestione stradale, viaggiavano ogni giorno, fino alla sua chiusura nel 2003, quattro milioni di colli postali. Adattata al nuovo scopo e aperta al pubblico, la **Mail Rail** oggi accoglie i visitatori sui binari situati al di sotto della principale sede dello smistamento postale, all'interno di treni progettati sulla scorta di quelli originali. La tariffa comprende l'ingresso al **Postal Museum**, dall'altra parte della strada.

Il **Sir John Soane's Museum** è tra i più ricchi di atmosfera di Londra. Allestito nella dimora georgiana dell'architetto da cui prende il nome, che alla sua morte la donò alla nazione a patto che fosse conservata nelle condizioni in cui si trovava, il museo ospita la sua collezione artistica e archeologica.

Charles Dickens visse nella casa in stile georgiano a est di Bloomsbury oggi sede del **Charles Dickens Museum** solo per due anni e mezzo (1837-9). Ognuna delle camere, una dozzina in tutto, ricrea la vita ai tempi. Molti indirizzi in città rivendicano qualche legame allo scrittore vittoriano, ma questa è la sua unica residenza londinese tuttora esistente.

POSTI MIGLIORI PER UN COCKTAIL DI CLASSE

Connaught Bar
Sontuoso design art déco, servizio impeccabile e un carrello dei Martini.

American Bar
Il cocktail bar più antico di Londra, serve un Sazerac con cognac del 1858 per £5000.

Artesian
Cocktail eccellenti in un bar di lusso presso The Langham Hotel.

DUKES Bar
Ambiente da club per gentlemen, dove abili barman in giacca bianca preparano Martini e altro.

Rivoli Bar
Splendore in stile art déco, presso il Ritz: legno di canfora, vetrerie Lalique illuminate ad arte e cupole dorate al soffitto.

sketch
Ristorante con tre stelle Michelin, bar con pianoforte automatico, e servizi racchiusi all'interno di 'pod' a forma di uovo: l'esperienza si oppone a ogni possibilità di definizione.

DOVE BERE NEL WEST END

Purl
Spume e aromi, guarnizioni improbabili e bicchieri su misura: bere un cocktail qui è sempre una scoperta.

Cahoots
Bar simile a una stazione dismessa della metropolitana, rievoca lo spirito della Londra della seconda guerra mondiale.

Swift
Cocktail bar di livello superiore, con oltre 250 whisky; spesso citato tra i migliori bar al mondo.

Carnaby St

Le vie dello shopping e i grandi magazzini di Londra

PRONTI, PARTENZA E VIA ALLE SPESE

Il panorama dello shopping del West End, fulcro del commercio al dettaglio londinese, non ha bisogno di presentazioni ufficiali. La pedonale **Carnaby St** ospita un assortimento di negozi di catena e indipendenti, mentre **Oxford St** e **Regent St** brulicano dei punti vendita principali di molti marchi e di grandi magazzini di lusso, come Selfridges – aperto nel 1909 in un magnifico edificio a colonne – e Liberty, con la sua facciata in finto stile Tudor. Hamleys, il negozio di giocattoli più grande e più antico al mondo, riempie di divertimenti ben sei piani.

Anche a **Covent Garden** si trovano marchi noti, ma i negozi sono più piccoli e non mancano le boutique indipendenti e di articoli vintage. In attività sin dal 1853, Stanfords è una libreria dedicata ai viaggi, che rappresenta di per sé una meta affascinante.

Il lusso si fa più palpabile a **Piccadilly**, sede di Fortnum & Mason, 'negozio di alimentari della famiglia reale', il cui personale indossa ancora il frac. Hatchards, la libreria più antica del Regno Unito, risale al 1797 e da oltre 200 anni occupa un edificio georgiano di cinque piani. La Burlington Arcade del 1819 è una galleria commerciale vecchio stile che si rivolge a

LOCALI LGBTIQ+ NEL WEST END

Ci sono bar LGBTIQ+ in tutta Londra, ma il 'gay village' di Soho, incardinato su Old Compton St, vanta la concentrazione maggiore. Il **Duke of Wellington** attrae una nutrita clientela barbuta e amante del divertimento. Il **Village** ospita ogni sera una festa di qualche tipo, con una programmazione che spazia dal karaoke all'intrattenimento dei go-go-dancer.

Quanto alla scena lesbo, i locali dedicati sono pochi. Tra questi c'è lo **She Soho**, in cui si tengono eventi e serate a tema in un ambiente amichevole e non pretenzioso.

L'imponente sfilata del **Pride** colora la città di rosa a fine giugno/inizio luglio, invadendo anche le principali strade del West End. A nord di Russell Sq, **Gay's the Word** è la prima libreria del Regno Unito dedicata specificamente a gay e lesbiche.

DOVE BERE NEL WEST END

Attendant
Bagno pubblico dell'età vittoriana trasformato in coffee shop. Prendete posto presso l'antico urinatoio.

Princess Louise
Soffitti in stagno pressato, belle piastrelle, specchi e un bancone centrale a ferro di cavallo, in questo pub del 1872.

Lamb
Il vetro satinato teneva i bevitori vittoriani al riparo dal personale di servizio di questo pub in Lamb's Conduit St.

una clientela danarosa. È famosa soprattutto per le Burlington Beadles, le guardie in uniforme pronte a intervenire in caso di gravi infrazioni come il consumo di chewing gum, l'inconsulta apertura di ombrelli o qualunque gesto possa abbassare il tono.

Soho è il regno dei negozi di vinili (Sister Ray e Reckless Records), delle librerie e di alcune estrose boutique indipendenti.

Potere e politica

SULLE ORME DELLE AUTORITÀ

Westminster ha un collegamento profondo sia con il governo sia con la monarchia, come testimoniano i molti siti di interesse istituzionale lungo **Whitehall**, l'arteria che da Downing St si estende fino a Trafalgar Sq. Il n. 10 di Downing St accoglie sin dalla fine del XIX secolo la residenza londinese del primo ministro. Da qui, con una passeggiata di un minuto, si raggiunge la Banqueting House, sui cui soffitti campeggiano enormi pitture a olio di Pieter Paul Rubens; si tratta dell'unica sezione rimasta del Palazzo di Whitehall (1532), in stile Tudor.

Dall'altra parte della strada, la **Horse Guards Parade** è una vasta area all'aperto dove si svolgono diverse cerimonie reali. Alle 11 da lunedì a sabato e alle 10 la domenica, i soldati della Household Cavalry si danno il cambio, in uno spettacolo meno affollato rispetto al corrispettivo presso Buckingham Palace. Anche il Trooping the Colour, la parata per festeggiare il genetliaco del monarca regnante, ha luogo qui nel mese di giugno, a prescindere da quando cada effettivamente il suo compleanno.

Attraversate la Horse Guards Parade fino al **St James's Park**, un'oasi verde piccola ma ben tenuta. Il lago accoglie molti uccelli acquatici, tra cui i celebri pellicani, qui introdotti nel 1664 come regalo dell'ambasciatore russo al re Carlo II. La vista di Buckingham Palace che si apre dal Blue Bridge sul lago centrale è la più bella in assoluto. Dirigetevi verso Buckingham Palace e oltre il Mall fino al **Green Park**, il più piccolo degli otto parchi reali, eppure mai affollato quanto quello di St James.

Chiese del West End

SANTUARI CITTADINI

La Westminster Abbey richiama tutta l'attenzione su di sé, ma nel West End ci sono molte altre splendide chiese (quasi tutte assai più abbordabili!). Alcune ospitano concerti ed eventi a lume di candela.

Altra cosa rispetto all'abbazia, la **Westminster Cathedral** ha un caratteristico esterno striato di mattoni rossi e pietra bianca, nonché un campanile di 83 m con piattaforma panoramica. L'interno non è

MIGLIORI SPAZI PER MUSICA LIVE NEL WEST END

Ronnie Scott's
Leggendario locale di musica jazz, ha ospitato artisti come Miles Davis, Charlie Parker, Ella Fitzgerald e Count Basie.

Royal Opera House
Lirica con un tocco moderno, e musicisti di prim'ordine.

Wigmore Hall
Sala per musica classica, ospita oltre 460 concerti l'anno in uno showroom per pianoforti del 1901.

100 Club
Locale d'epoca oggi votato al rock, occupa lo stesso indirizzo dal 1942.

PizzaExpress Jazz Club
Mediocre pizza da catena con ottimo sottofondo di sassofono; musica dal vivo ogni sera.

CAPITALE DI CREATIVITÀ

L'arte è ovunque a Londra; non perdetevi colossi come il **Victoria & Albert** (p124), sede della più grande collezione di arti decorative, o la **Tate Modern** (p83) sulla South Bank.

DOVE FARE SHOPPING NEL WEST END

Daunt Books
La sede di Marylebone è quella originaria, d'epoca edoardiana, con boiserie in rovere, gallerie e splendidi lucernari.

Twinings
La compagnia più antica di Londra, in attività nella sede storica, ha un assortimento di tè sbalorditivo.

James Smith & Sons Umbrellas
Dal 1857 difende dal clima britannico con eleganti ombrelli (produce anche bastoni da passeggio).

CHINATOWN

Meno grande rispetto a quelle di altre città globali, la Chinatown londinese è anch'essa un quartiere vivace, con le classiche lampade rosse appese da una parte all'altra delle vie, e ristoranti, negozi di noodle e supermercati asiatici a non finire. Lungo Girard St, Macclesfield St e Wardour St noterete le porte di accesso al quartiere con i pilastri rossi.

Da **Beijing Dumpling**, le stelle del menu sono preparate a mano alle spalle della vetrina appannata per il vapore: minuscoli fagottini di pasta presto trasformati in xiaolongbao (ravioli o gnocchi da brodo). Arredata secondo un'estetica comunista/kitsch, **Baozi Inn** serve street food al modo di Beijing e Chengdu. Il **Four Seasons** è famoso per l'anatra arrosto, mentre l'**Opium** propone squisiti dim sum e ottimi cocktail. Dall'altra parte di Shaftesbury Ave, il **Barshu** ha forse la migliore cucina del Sichuan di Londra.

WILLIAM BARTON/SHUTTERSTOCK ©

Chinatown

stato ultimato (per esaurimento dei fondi a inizio Novecento), ma i mosaici presso l'altare e le cappelle laterali sono splendidi.

A Trafalgar Sq, **St Martin-in-the-Fields** è la chiesa parrocchiale della famiglia reale, e un affascinante miscuglio di neoclassico e barocco. È ben nota per i suoi concerti di musica classica, molti dei quali condotti a lume di candela. **St James's Piccadilly**, l'unica chiesa realizzata ex novo da Christopher Wren, ospita esibizioni all'ora di pranzo e serali a offerta libera.

A breve distanza dalle vivaci Oxford St e Regent St sorge la chiesa di **All Saints Margaret Street**, uno degli edifici più rappresentativi di tutto il paese per l'architettura in stile gotico alto vittoriano, con magnifici pavimenti e pregevolissime vetrate istoriate.

La splendida **Temple Church** fu eretta dai templari, ordine di monaci crociati fondato nel XII secolo a protezione dei pellegrini diretti in Terra Santa. Esemplata forse sulla Chiesa del Santo Sepolcro di Gerusalemme, fu molto danneggiata nei bombardamenti subiti da Londra durante la seconda guerra mondiale. Oggi il complesso punteggiato di verde offre una gradita tregua dal traffico.

PER IL MERCATO

Oxford St è la via dello shopping più animata d'Europa. Se avete ancora voglia di spendere, fate un salto nel celebre **Portobello Road Market** (p125) o al **Camden Market** (p101).

DOVE FARE SHOPPING NEL WEST END

Benjamin Pollock's Toyshop
Teatri di carta vittoriani, marionette di legno, burattini da dito e orsacchiotti d'antiquariato.

Algerian Coffee Stores
Rifornisce Soho di caffeina dal 1887; vasta selezione di chicchi di caffè e di tè in un negozio d'altri tempi.

Milroy's of Soho
Negozio di whisky dove ogni bottiglia è scelta con cura; per qualche assaggio, dietro la libreria si nasconde un bar.

LA CITY

IL CUORE STORICO DELLA CAPITALE

Da quando i romani fondarono Londinium nel 47 d.C., la zona è sempre stata abitata. Nello scorrere dei secoli, a mano a mano che i vari imperi hanno subito invasioni e sono scomparsi sostituiti dai successivi, l'insediamento è stato controllato da genti diverse. Tracce di questa storia sono evidenti nell'architettura, nella toponomastica, nelle attrattive turistiche e negli angoli tranquilli del quartiere. L'attuale millennio ha visto spuntare una profusione di grattacieli, che creano un forte contrasto rispetto a siti storici come la Tower of London e la St Paul's Cathedral. Oggi lavorano nella City più di mezzo milione di persone, mentre vi risiedono stabilmente solo in 7400.

Pur compatta, la City of London – detta anche lo Square Mile – concentra un gran numero di attrattive imperdibili. Per l'esperienza completa, oltre ai classici non mancate di visitare alcune delle chiese e delle vie meno note. L'apertura dell'incantevole Museum of London nella sua nuova sede a Smithfield è prevista per il 2026.

IL CONSIGLIO

Per cogliere tutto il fermento della zona, andateci in orario da ufficio in una giornata infrasettimanale, quando tutte le attività sono aperte. La City tende a svuotarsi la sera quando i lavoratori tornano nei sobborghi; allo stesso modo, anche il weekend è indicato per una visita con meno ressa. Ma la situazione sta cambiando, e bar e ristoranti osservano oggi orari più estesi.

I grattacieli della City

DA NON PERDERE
1 Sky Garden
2 St Paul's Cathedral
3 Tower of London

DA VEDERE
4 Barbican
5 Barbican Art Gallery
6 Barbican Conservatory
7 Curve
8 Garden at 120
9 St Bride's
10 St Dunstan in the East
11 St Mary Aldermary
12 St Vedast -alias-Foster

ATTIVITÀ, CORSI E TOUR
13 Shoreditch Street Art Tours

PASTI
14 Bob Bob Cité
15 City Social
16 Duck & Waffle
17 Sushisamba

LOCALI E VITA NOTTURNA
18 Black Parrot
19 City of London Distillery
20 Gobpsy
21 Jamaica Wine House
22 Merchant House
23 Sabine Rooftop Bar
24 Searcys at the Gherkin

DIVERTIMENTI
25 Barbican Centre

SHOPPING
26 One New Change

Sky Garden

UN LOGGIONE VERDE

Le felci, gli alberi di fico e i gigli africani viola che occupano gli ultimi tre piani del grattacielo chiamato ufficialmente 20 Fenchurch St (ma soprannominato 'Walkie Talkie') sono per certi versi presenze secondarie in questo giardino pensile a 155 m di altezza rispetto al livello della strada: a rendere molto apprezzato il luogo, infatti, sono le straordinarie vedute che da qui si aprono a 360° su Londra. Lo Sky Garden offre posti in prima fila da cui ammirare lo Shard e panorami che si estendono per miglia verso est e verso ovest. Lo spazio comprende un ristorante, una brasserie e due bar. L'ingresso è libero, ma occorre prenotare online con un certo anticipo.

ARCHITETTO: RAFAEL VIÑOLY PAJOR PAWEL/SHUTTERSTOCK ©

Sky Garden

Tower of London

INTRIGHI E SANGUE

L'imperdibile Tower of London apre uno scorcio su una storia millenaria, al contempo fosca e avvincente. Ex residenza reale, quindi tesoro e zecca della Corona, armeria e zoo, la Tower è oggi probabilmente più nota per essere stata il luogo in cui un re, tre regine – tra cui Anna Bolena e Catherine Howard, la seconda e la quinta moglie di Enrico VIII – e molti nobili sono stati detenuti e sottoposti a esecuzione capitale. Inappuntabili nelle loro belle divise, i Yeomen Warders (detti anche Beefeaters) vivono sul posto a protezione dei superbi Gioielli della Corona, che comprendono i diamanti più grandi al mondo, e conducono le visite al sito.

Fate caso ai famosi corvi della Tower. Leggenda vuole che dalla loro presenza dipenda l'esistenza stessa del regno: non per nulla all'interno di un'apposita voliera ne vengono tenuti di scorta, con le ali tarpate a scongiurare ogni evenienza.

Barbican

CULTURA NELLA CITY

Le opinioni dei londinesi non sono concordi circa il valore architettonico di questo enorme complesso residenziale in stile brutalista, con le sue torri di cemento. Nondimeno il Barbican, oltre a essere un indirizzo ambito da molti, è il più importante centro culturale della City. I suoi spazi pubblici comprendono un'insolita serra, teatri, un cinema e due gallerie d'arte: la Barbican Art Gallery e il Curve. Per spostarsi da una parte all'altra all'interno del complesso, progettato come quartiere urbano privo di automobili, ci si deve avvalere di una rete di passaggi sopraelevati, non sempre di facile utilizzo. Orientatevi partecipando a un tour dedicato all'architettura.

Complessivamente il sito offre la possibilità di fare belle passeggiate, soprattutto intorno al lago centrale punteggiato di fontane.

Tower of London

LA VISITA DELLA TOWER

Anche se in genere il sito è meno affollato verso la fine del pomeriggio, non visitatelo troppo tardi nel corso della giornata, perché potreste trascorrerci ore e ore senza riuscire a vederlo tutto. Iniziate a orientarvi partecipando a una visita guidata condotta dagli Yeomen Warders (i Beefeaters, guardiani della Tower); è compresa nel biglietto, è divertente ed è il modo più semplice di accedere alla **1 Chapel Royal of St Peter ad Vincula**, punto di arrivo del tour.

Appena usciti dalla cappella, di fronte a voi vedrete il **2 sito del patibolo**. Subito a sinistra ci sono le Waterloo Barracks, dove sono custoditi i **3 Gioielli della Corona**. Questi preziosi sono il pezzo forte della visita, quindi tenete d'occhio l'ingresso e scegliete un momento in cui ci sia meno gente. All'interno non abbiate fretta. Lenti tapis roulant scorrono davanti a una decina di corone, che sono i gioielli più importanti del tesoro, ma sentitevi liberi di rifare il giro una seconda e anche una terza volta.

Visitate con calma la **4 White Tower**, il cuore del complesso, dove sono esposte le armature reali. Proseguendo verso il piano superiore, date uno sguardo alla **5 St John's Chapel**.

Nel cortile a sud della White Tower ci sono i famosi **6 corvi**. Visitate la **7 Bloody Tower** e la mostra sulla tortura nel sotterraneo della Wakefield Tower e poi le torri che formano il **8 Palazzo Medievale**, quindi percorrete il **9 cammino di ronda** per una vista d'insieme delle poderose merlature. Trascorrete il resto del tempo passeggiando tra i tanti affascinanti angolini del complesso.

EVITARE LA CODA

➡ Acquistate i biglietti online, evitate i weekend e pianificate la visita di prima mattina, quando le code sono più corte.

➡ Il London Pass (www.londonpass.com) vi consentirà di saltare la coda e di visitare la Tower (oltre ad altre 80 attrazioni) tutte le volte che vorrete.

FLIK47 / GETTY IMAGES ©

EXECUTION SITE MEMORIAL, BY BRIAN CATLING

Chapel Royal of St Peter ad Vincula
La cappella custodisce le spoglie di re e aristocratici che furono giustiziati nella piccola area verde antistante. Vi sono sepolti anche altri personaggi storici, tra cui Tommaso Moro.

Sito del patibolo
Sette persone, tra cui tre regine (Anna Bolena, Catherine Howard e Jane Grey), furono decapitate qui in epoca Tudor, evitando alla monarchia l'imbarazzo di una pubblica esecuzione sulla Tower Hill. Oggi sul sito c'è l'opera Execution Site Memorial di Brian Catling.

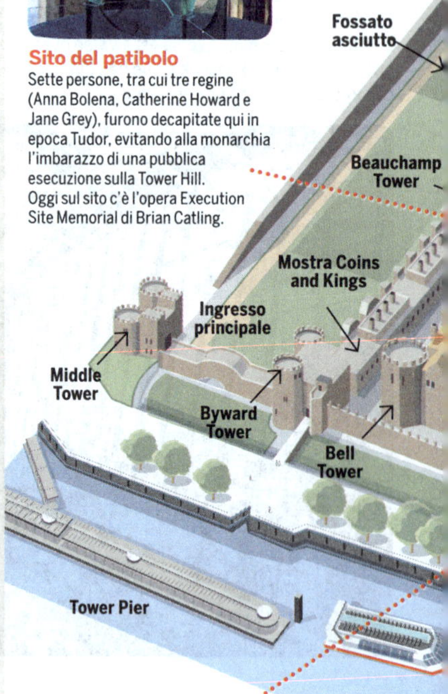

White Tower
Gran parte della White Tower è occupata da una mostra di armature reali che ripercorre 500 anni di storia. Osservate l'imponente armatura fatta su misura per il massiccio Enrico VIII, con tanto di conchiglia (enorme) per proteggere 'i gioielli di famiglia'.

CHRISDORNEY / SHUTTERSTOCK ©

St John's Chapel

.a spoglia cappella ɪella White Tower ɪsale al 1080, ed è ɪertanto la più antica ɔhiesa esistente a ɪondra.

JOSEPH M. ARSENEAU / SHUTTERSTOCK ©

Gioielli della Corona

Quando non sono indossati per le occasioni ufficiali, i Gioielli della Corona vengono custoditi qui. Delle 23.578 gemme, fa parte anche il Diamante Grande Stella d'Africa, di 530 carati, incastonato sullo scettro reale, ricavato dal taglio di quello che è tuttora il più grande diamante grezzo mai scoperto.

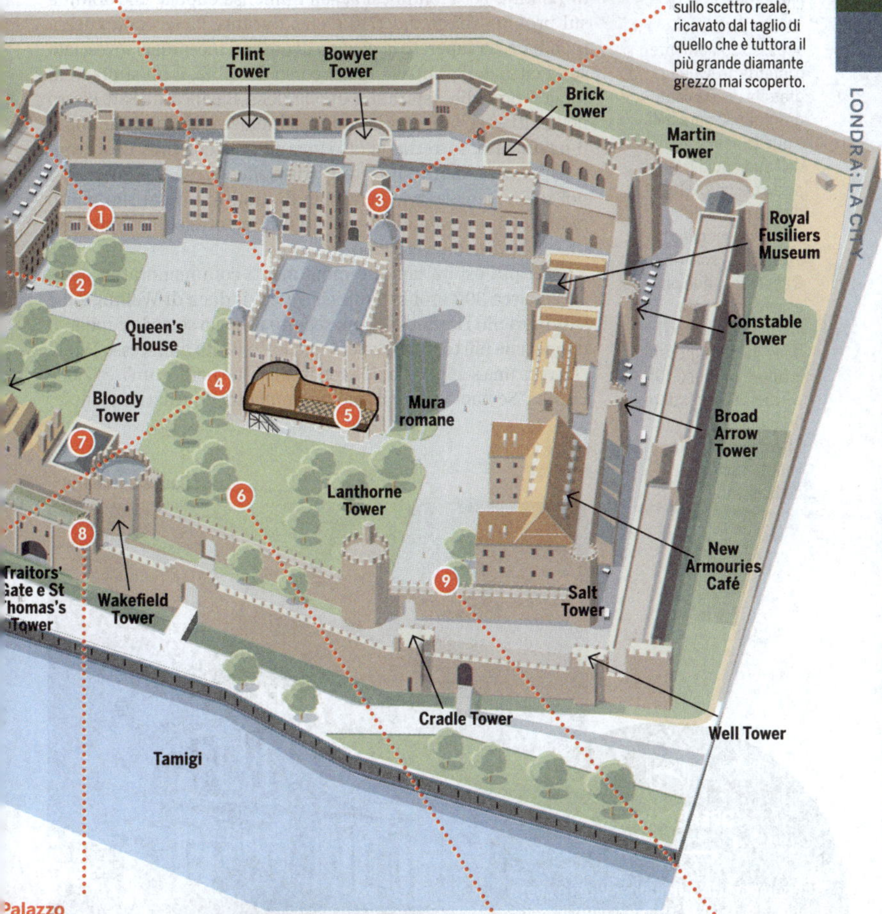

Palazzo Medievale

Questa parte del complesso fu la residenza reale dal 1220 e per tutto il Medioevo. Da vedere la ricostruzione della camera da letto di Edoardo I (1272-1307) nella St Thomas's Tower, e la sala del trono di suo padre, Enrico III (1216-72), nella Wakefield Tower.

CRISTIAN SANTINON / SHUTTERSTOCK ©

Corvi

In quest'area verde si trovano i famosi sei corvi della Tower, nutriti con carne cruda e biscotti inzuppati di sangue. Secondo la leggenda, se questi uccelli dovessero abbandonare la Tower, il regno cadrebbe.

Cammino di ronda

Seguite il cammino di ronda interno lungo i bastioni orientali e settentrionali della Tower. Ciascuna delle sette torri che incontrerete ospita mostre su vari temi, dal serraglio reale alla Tower durante la prima guerra mondiale.

DIETRO LE QUINTE DI ST PAUL'S

Compresa nella tariffa d'ingresso c'è l'audioguida, ma vale la pena di partecipare a due visite guidate della cattedrale, che permettono di visitare aree il cui accesso solitamente è interdetto. Quella gratuita di 90 minuti dà informazioni simili a quelle ricavabili dall'audioguida, ma porta nel coro (Quire), dove è possibile ammirare meglio i mosaici sul soffitto. Questo tour non può essere prenotato: informatevi presso il bancone all'ingresso. Il Triforium Tour (£10) permette di scendere la Geometric Staircase e regala vedute esclusive della navata.

St Paul's Cathedral

SIMBOLO SACRO DELLA RESISTENZA DI LONDRA

La chiesa, adibita a luogo di culto cristiano oltre 1400 anni fa (e già prima sacra ai pagani), è uno degli edifici più magnifici di Londra. Per i londinesi la sua immensa cupola, che domina sul profilo urbano dal 1710 e che, durante la seconda guerra mondiale, ha superato la pioggia di ordigni incendiari rovesciata sulla città dalla Luftwaffe nel corso del Blitz, è un simbolo di forza e orgoglio. Ispirata a quella della Basilica di San Pietro nella Città del Vaticano, la cupola si innalza per oltre 85 m sopra il pavimento, sorretta da otto gigantesche colonne. Osservare il capolavoro dell'architetto Christopher Wren dall'interno e poi salire percorrendo centinaia di gradini fino al suo punto più alto, da cui si godono vedute ininterrotte sulla capitale, è un'esperienza davvero emozionante.

La cripta ospita lapidi e monumenti commemorativi dedicati a circa 300 eroi britannici, tra cui il duca di Wellington e l'ammiraglio Horatio Nelson, sepolto proprio sotto la cupola. Il memoriale più toccante è però quello dedicato allo stesso Wren, che reca una semplice lapide con incisi il suo nome e un'iscrizione latina: "Se vuoi vedere il mio monumento, guardati attorno".

St Paul's Cathedral

JANIS LACIS/SHUTTERSTOCK ©

OPERE DI WREN

Il capolavoro di Christopher Wren è senza dubbio la St Paul's Cathedral, ma il prolifico architetto si è cimentato nella progettazione di numerosi edifici di Londra e oltre, tra cui 52 **chiese della City of London** (p77), **Pembroke College a Cambridge** (p339) e lo Sheldonian Theatre a Oxford.

Soffitto con volte a ventaglio, St Mary Aldermary

ALTRE IDEE PER LA CITY OF LONDON

Chiese della City of London

NELLO SPIRITO DELLA CITTÀ

Prima del Grande Incendio del 1666, lo Square Mile ospitava 111 chiese lungo le sue strette strade, ma ben 86 di esse, compresa la vecchia St Paul's, furono devastate dalle fiamme, e altre ancora distrutte nel corso del Blitz. Oggi, all'ombra della ricostruita St Paul's Cathedral, rimangono altre 47 chiese secolari in pietra, molte delle quali progettate dallo stesso Christopher Wren. Queste strutture hanno superato i secoli, con i loro rivolgimenti, e sono parti integranti del tessuto urbano, in grado di aprire, tra i moderni edifici di molti piani, piccole oasi di tranquillità.

Eretta nel 1682, **St Mary Aldermary** è una delle chiese di maggior rilievo architettonico della zona, grazie all'immacolato soffitto con volte a ventaglio (il *cafe* ricavato nell'area absidale, peraltro, è ottimo per una pausa). Vista dalla strada la chiesa di **St Vedast-alias-Foster** non sembra meritare particolare attenzione, ma custodisce un grazioso giardino e un bel soffitto di stucchi in stile secentesco, con dorature e dettagli in foglia di alluminio. I torchi di Fleet St non sono più in funzione dagli anni '80 del secolo scorso, ma la chiesa di **St Bride's** è ancora detta

SOPRANNOMI DA SAPERE: EDIFICI DI RILIEVO NELLA CITY OF LONDON

Il Walkie Talkie non è il solo grattacielo della City ad aver ricevuto un buffo nomignolo. Gli immobiliaristi in genere battezzano i complessi rifacendosi semplicemente al nome delle strade in cui sorgono, ma spesso ai londinesi vengono in mente soluzioni più creative.

Il **Gherkin** (30 St Mary Axe) alto 180 m deve il soprannome alla sua forma simile a quella di un cetriolo. Il **Cheesegrater** (Leadenhall Building), con il suo profilo inclinato teso a preservare la vista della St Paul's Cathedral, protetta per legge, ricorda una grattugia. Il Lloyd's Building è talvolta indicato come l'**Inside Out Building**, perché le condutture, le prese d'aria e gli ascensori sono situati all'esterno (secondo uno stile detto Bowellism). Il soprannome di **Scalpel** ('bisturi') affibbiato a un grattacielo di 38 piani è parso così calzante da convincere gli immobiliaristi a dismettere il nome ufficiale, 52 Lime St.

ALLOGGI CON UNA STORIA NELLA CITY OF LONDON

Ned
Ex Midland Bank, con una lobby alla *Great Gatsby* e un bar nel vecchio caveau. **£££**

Andaz Liverpool Street
Le camere sono moderne, ma al piano interrato un tempo c'era un tempio massonico. **£££**

London St Paul's YHA
Ostello situato nel convitto prima abitato dai ragazzi del coro della St Paul's Cathedral. **£**

CHICCHE DELLA CITY OF LONDON

Moira Cameron, la prima Yeoman Warder di sesso femminile, che ha vissuto nella Tower of London per 15 anni, rivela gli angoli nascosti dello Square Mile che ama di più.

London Mithraeum
Se la storia dell'antica Roma vi avvince, non mancate di visitare il London Mithraeum, a ingresso libero. La struttura custodisce – e presenta in modo favoloso – il Tempio di Mitra. Ritagliatevi un po' di tempo per ammirare anche i molti reperti esposti lungo la parete.

St Dunstan in the East
Per un po' di pace al riparo dalla frenesia della City of London, rifugiatevi nella chiesa trasformata in giardino di St Dunstan in the East. Prendete una tazza di caffè o tè da sorseggiare in questa oasi nei pressi di Idol Ln.

LAUREN KEITH/LONELY PLANET ©

Terrezza del Sushisamba

'dei giornalisti'; al caratteristico campanile pare che si debba l'ispirazione delle torte nuziali a strati. Rimasta senza copertura, **St Dunstan in the East**, una chiesa del XII secolo bombardata nel Blitz, crea un suggestivo giardino pubblico ai piedi della torre campanaria miracolosamente intatta, racchiuso entro pareti annerite coperte di edera e bucate da finestre spettrali.

In alto sopra la City

LA TESTA TRA LE NUVOLE

Nell'antica City of London si continua a costruire a pieno ritmo, e i molti nuovi grattacieli spuntati in questa parte della città fanno sfoggio di un'estetica moderna, con vetrate a tutta parete e terrazze all'aperto strategicamente orientate.

Ammirate il regno che si estende ai vostri piedi dal **Duck & Waffle**, il ristorante aperto a tutte le ore situato più in alto a Londra, al 40° piano. Poco sotto, la terrazza del **Sushisamba**, al 38° piano, ospita la sala da pranzo all'aperto più elevata di tutta Europa. Il **City Social** abbina alle sublimi vedute garantite dalla sua posizione al 24° piano una cucina stellata Michelin servita in interni art déco. I piani superiori del **Gherkin** un tempo accoglievano un club esclusivo, ma oggi basta essere ben vestiti per poter accedere al Searcys. Non è il massimo quanto

ALLOGGI CON UNA STORIA NELLA CITY OF LONDON

Four Seasons Hotel at Ten Trinity Square
Già sede della Port of London Authority, con colonnato e statua di Fr Thames. **£££**

Threadneedles
Banca dell'età vittoriana trasformata in albergo, con grandiosa cupola e l'area sportelli usata come bar. **£££**

Counting House
Camere al di sopra di un allegro pub, in quello che nel 1895 era un club per gentiluomini. **£££**

ad altitudine, ma Bob Bob Ricard City, al 3° piano del **Cheesegrater**, è un avamposto del ristorante che ha lanciato la moda londinese del bottone 'Premere per lo Champagne'.

Il **Garden at 120**, al 15° piano, è il più grande 'roof garden' londinese. Da questa altezza intermedia si gode una prospettiva unica sui grattacieli vicini; non occorre prenotare, il che ne fa una valida alternativa se non si riesce a trovare posto nello **Sky Garden**. La piattaforma panoramica a ingresso libero del **One New Change** gratifica con vedute ravvicinate della St Paul's Cathedral; prendete l'ascensore fino al 6° piano. Per un drink con vista, andate al **Sabine Rooftop Bar**.

Persi nei vicoli della City

IL BELLO DI VAGARE SENZA META

La City of London è la parte più antica della capitale, e la disposizione labirintica delle sue strade nasconde passaggi poco conosciuti incantevoli da esplorare.

Giù per un placido vicolo parallelo a Fleet St, il **Black Parrot** è un bar dedicato al rum, che aggiunge un tocco londinese al vivace alcolico caraibico. Dietro l'angolo, in Bride Ln, la **City of London Distillery** è stata la prima distilleria di gin ad aprire nel quartiere in quasi 200 anni. A nord della stazione della metropolitana di Mansion House, la **Merchant House** è un bar nascosto lungo un vicolo in apparenza dimenticato da tutti, ma ben rifornito, con circa 600 whisky, 400 rum e 400 gin. Ospita poi un locale ancora più 'segreto': il **Brig**, il bar più piccolo di Londra, dove per £65 l'ora a persona, una coppia o un piccolo gruppo può godere di un bartender tutto per sé, bevande incluse.

A est della stazione della metropolitana di Bank, la **Jamaica Wine House** sorge dove un tempo si trovava la prima coffee house londinese (1652), frequentata dal diarista Samuel Pepys. Per conoscere questo tratto della City, iscrivetevi al **Coffeehouse Tour** di Unreal City Audio: scoprirete come il caffè abbia finanziato l'impero britannico e potrete gustare una tazza di questa 'amara bevanda islamica' preparata come nel Seicento.

Persino le strade più battute della City celano qualcosa. All'ombra del Walkie Talkie, il **Gobpsy** non ha insegna sulla strada: il bar segreto è nel negozio di un barbiere, giù per le scale.

ROVINE ROMANE

Londinium fu la seconda capitale della Britannia, ma i romani gettarono le basi del loro dominio diffusamente nel paese: i posti migliori in cui trovare tracce della storia romana sono le splendide terme di **Bath** (p233) e lungo il **Vallo di Adriano** (p567).

MIGLIORI PUB STORICI NELLA CITY OF LONDON

Blackfriar
Insegna, arredi e mosaici a tema monastico, in stile art nouveau; il pub sorge sopra un monastero domenicano d'epoca medievale.

Counting House
Banca trasformata in birreria, con una sontuosa scalinata in legno e il soffitto decorato con belle modanature color oro.

Viaduct Tavern
Pannelli in vetro inciso e decori in rilievo raffiguranti viti di un rosso acceso, in uno dei pochi locali di gin d'età vittoriana tuttora esistenti nella City.

Trading House
Ex sede della Bank of New Zealand, con lampadari di più ordini, boiserie in legno scuro e alti soffitti a botte.

Jamaica Wine House
Situata dove un tempo si trovava la prima coffee house di Londra (1652); cercate l'enorme lampione in fondo al vicolo.

DOVE MANGIARE NELLA CITY OF LONDON

Sweetings
Il ristorante di pesce più antico di Londra, del 1889, con servizio agli stretti banconi a opera di personale bianco-vestito. ££

Duck & Waffle
Gustate il piatto che dà il nome al locale, con l'impareggiabile vista che si gode dal ristorante più alto della città. ££

Hawksmoor Guildhall
Il *Sunday roast* e bistecche preparate ad arte; locale sotterraneo, con parquet e poltrone in pelle scura. ££

ITINERARIO A PIEDI: DAL TEMPO DEI ROMANI AL PRESENTE

L'odierna City of London è grande pressappoco quanto la Londinium romana, e questo itinerario a piedi tocca molte delle principali tappe della storia di questa zona.

Dalla stazione della metropolitana di St Paul's, uscite in Cheapside, le cui strade erano un tempo sede di mercati, come indicano i loro nomi (Milk St, Honey Ln ecc.). Il moderno centro commerciale **1 One New Change** vanta forse la veduta più bella della City sulla St Paul's Cathedral; prendete l'ascensore per raggiungere la terrazza sul tetto, pubblica, per dare un'occhiata.

Uscite in Bread St, girate a sinistra in Watling St e attraversate Queen Victoria St fino alla **2 Bloomberg Arcade**, con i suoi ristoranti. Sulla sinistra lungo Walbrook c'è il **3 London Mithraeum**, un tempio romano dedicato al dio Mitra, uccisore di tori. Proseguite fino alla 'Bank Junction', fermandovi ad ammirare l'imponente Bank of England – e visitando il **4 Bank of England Museum** – prima di infilarvi nel **5 Royal Exchange** per una tazza di tè Fortnum & Mason. Più a est lungo Cornhill si trova lo splendido **6 Leadenhall Market**, del XIX secolo, situato in corrispondenza dell'antico foro romano. Osservate i negozi che hanno ispirato la Diagon Alley di *Harry Potter*.

Proseguite verso sud in Gracechurch St fino al **7 Monument to the Great Fire of London**, e salite i 311 gradini per godere di una vista mozzafiato. Percorrete Monument St e girate a sinistra presso St Dunstan's Hill, dove la chiesa bombardata di **8 St Dunstan in the East** ricorda la tragedia del Blitz.

Percorrete la discesa e svoltate a sinistra in Lower Thames St; dopo pochi minuti raggiungerete il fossato di guardia alla **9 Tower of London**. Camminate verso il fiume per scorgere il **10 Tower Bridge** e le sue aste di sospensione celesti.

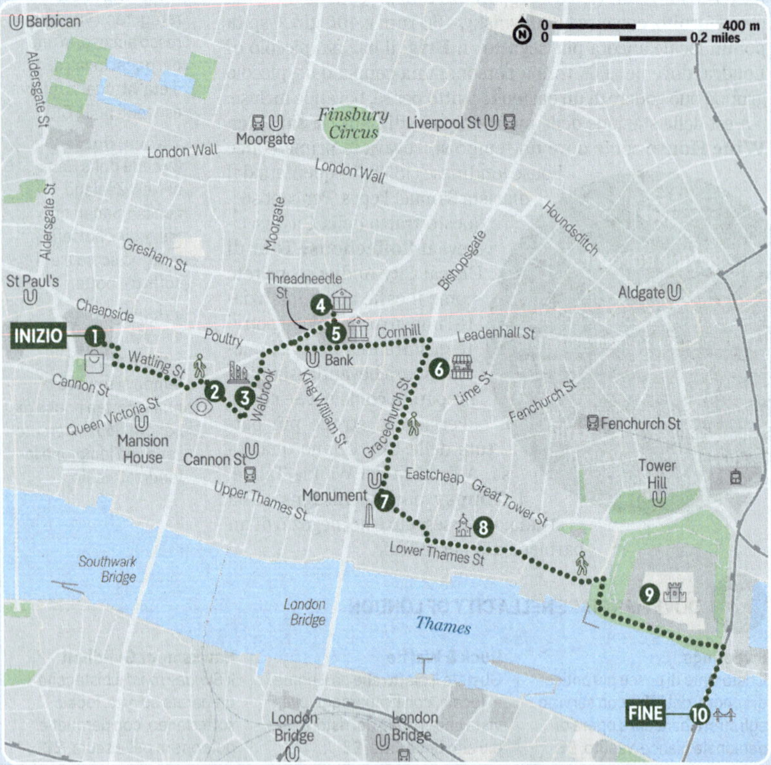

LA SOUTH BANK

FULCRO DEL TEATRO E DELLE ARTI LUNGO IL FIUME

Dall'altra parte del fiume e lontano dai signornò dell'abbottonata City, si estende la giocosa South Bank, meta dei divertimenti sin dal Medioevo e tuttora irrinunciabile per gli amanti dell'arte, della cultura e dell'architettura. Il quartiere vanta una densa concentrazione di teatri, tra cui la ricostruzione dello Shakespeare's Globe, lo schermo cinematografico più grande del Regno Unito presso il BFI e l'enorme Southbank Centre, il complesso per le arti più esteso d'Europa. Grazie alle importanti attrattive distribuite lungo il fiume tra il Westminster Bridge e il Tower Bridge, la South Bank è un'area molto visitata e quindi abituata ad accogliere i turisti. L'unico momento tranquillo è forse il giorno di Natale.

La presenza del Borough Market ha consolidato da secoli la reputazione della South Bank quale meta gastronomica; oggi si assiste all'apertura di un numero crescente di rivendite di street food e di ristoranti ai margini del mercato e lungo le vie secondarie.

IL CONSIGLIO

È meglio esplorare la South Bank a piedi. Una passeggiata lungo il Tamigi tra il Westminster Bridge e il London Bridge vi permetterà di vedere il London Eye, il Southbank Centre, la Tate Modern, il Globe e il Borough Market. Il percorso regala vedute sulla City, sul Tower Bridge e sulla Tower of London dall'altra parte del corso d'acqua.

Tower Bridge

DA NON PERDERE
1 Borough Market
2 London Eye
3 Shakespeare's Globe
4 Tate Modern

DA VEDERE
5 County Hall
6 Fashion & Textile Museum
7 Golden Hinde
8 Hayward Gallery
9 HMS Belfast
10 London Bridge Experience & London Tombs
11 London Dungeon
12 Roupell St
13 Sea Life London Aquarium
14 Shard
15 Southbank Centre
16 White Cube Bermondsey

PERNOTTAMENTO
17 Hoxton Southwark

PASTI
18 Bala Baya
19 Borough Market Kitchen
20 Casse-Croûte
21 Flat Iron Square
22 Old Union Yard Arches
23 Oxo Tower Brasserie
24 Roast

LOCALI E VITA NOTTURNA
25 12th Knot
26 214 Bermondsey
27 BrewDog Waterloo
28 Chapter 72
29 Gŏng
30 Kings Arms
v. 31 Queen Elizabeth Hall Roof Garden
v. 17 Seabird

DIVERTIMENTI
31 Queen Elizabeth Hall
32 Royal Festival Hall
33 Unicorn Theatre

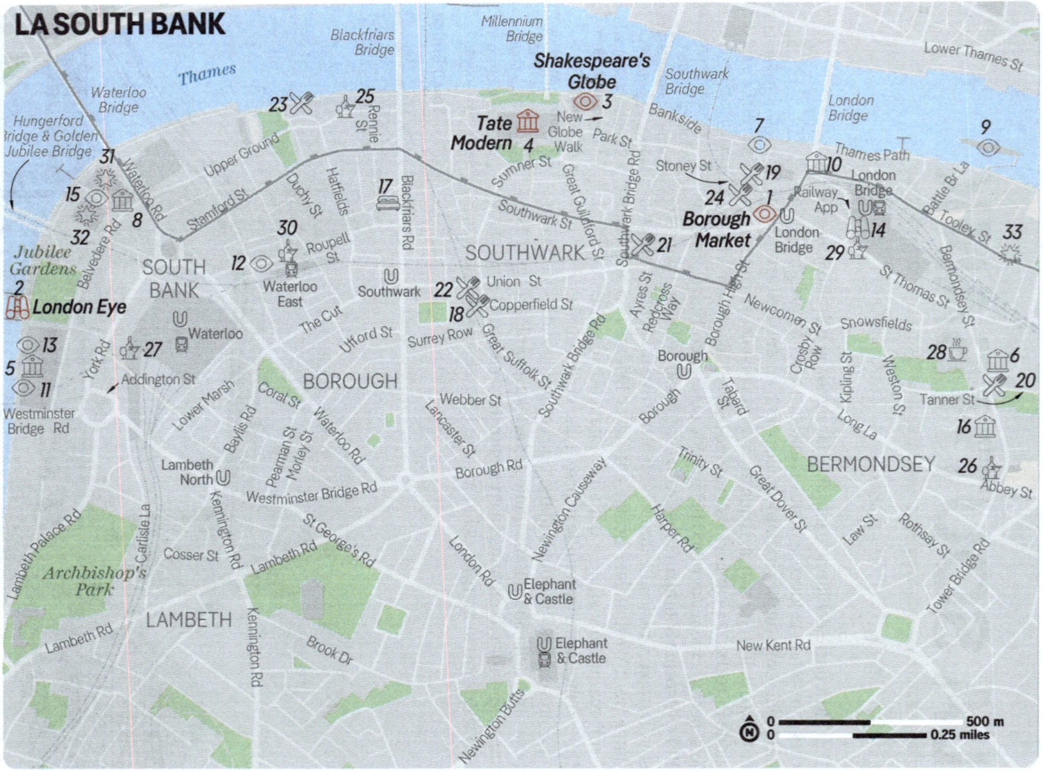

Tate Modern

L'ARTE IN UN'EX CENTRALE ELETTRICA

Una delle principali attrattive di Londra è questa eccezionale galleria d'arte moderna e contemporanea, allestita all'interno della Bankside Power Station, un'ex centrale elettrica rinnovata con creatività. Avvincente sintesi di arte moderna e spazi industriali con mattoni a vista, la Tate Modern ha ottenuto uno straordinario successo nell'avvicinare il grande pubblico alle opere d'arte più provocatorie, attraverso la collezione permanente a ingresso libero così come le prestigiose mostre temporanee a pagamento. I curatori possono attingere a un bacino di oltre 60.000 opere di artisti quali Henri Matisse, Andy Warhol, Mark Rothko, Jackson Pollock, Barbara Hepworth, Damien Hirst, Rebecca Horn e altri dello stesso calibro. L'ampliamento del Blavatnik Building, inaugurato nel 2016, con i suoi 10 piani, ha aumentato lo spazio espositivo del 60%.

Borough Market

Borough Market

UN PARADISO PER BUONGUSTAI

Da mille anni esiste un mercato all'estremità meridionale del London Bridge e ancora oggi questo luogo di ritrovo molto frequentato offre un magnifico spettacolo. Straripante di negozietti, di bancarelle alimentari addossate le une alle altre e di rivendite ortofrutticole all'ingrosso da cui si riforniscono i migliori ristoranti di Londra, il Borough Market è una tappa deliziosa per il pranzo o la merenda, o per trarre ispirazione per una cena speciale.

Le specialità sono i migliori prodotti freschi (spesso di provenienza locale). Perdetevi in questo labirinto fatto di bancarelle di frutta e verdura, negozi di formaggio, macellerie, pescherie e forni, oltre che gastronomie e rivendite di spezie, noci, conserve e condimenti.

Quando siete pronti a mangiare, scegliete tra le molte bancarelle presenti intorno alla defilata zona del **Borough Market Kitchen**, nei pressi di Winchester Walk, un ampliamento aperto nel 2019, ricavato in un ex parcheggio. Se preferite sedervi in un vero ristorante, ne troverete in gran numero lungo le laterali che delimitano il mercato, sotto le campate dei cavalcavia ferroviari, o – nel caso di **Roast** – nello spazio sopra il mercato stesso.

London Eye

London Eye

VEDUTE PANORAMICHE DA UN LUOGO SIMBOLO

Il London Eye, la ruota panoramica più grande al mondo, si innalza per 135 m in una città in gran parte pianeggiante, regalando vedute che, tempo permettendo, si estendono per 40 km in ogni direzione (fino al Windsor Castle). Il giro, all'interno di una delle 32 capsule ovoidali in vetro, dura 30 minuti. Fulcro degli eventi organizzati per Capodanno, con fuochi d'artificio a mezzanotte, il London Eye è una delle attrattive più amate del Regno Unito. Prenotate i biglietti online per un piccolo sconto o la possibilità di saltare la fila.

Shakespeare's Globe

TUTTO IL MONDO
È UN PALCOSCENICO

Esemplata quanto più possibile sull'originale cinquecentesco, la ricostruzione del teatro shakespeariano è stata realizzata utilizzando mattoni in stile Tudor cotti appositamente e 600 pioli in rovere (ma, rigorosamente, senza chiodi e viti). La copertura circolare in paglia, poi, lascia scoperta la parte centrale e così pure chi la occupa per assistere allo spettacolo in piedi, che in tal modo si trova esposto agli elementi. Nonostante il prestigio di Shakespeare, il primo e autentico Globe Theatre fu fatto demolire dai puritani nel 1644. Se non riuscite ad acquistare i biglietti per godere di uno spettacolo, partecipate almeno a una visita guidata: potrete apprezzare l'architettura del teatro e accedere allo spazio espositivo, che ospita interessanti mostre sul Bardo, sulla vita da questa parte della città e sul teatro del XVII secolo.

Shakespeare's Globe

Southbank Centre

IL COMPLESSO PER LE ARTI PIÙ GRANDE D'EUROPA

Formato da tre edifici in stile brutalista distribuiti su una superficie di 7 ettari lungo il fiume, il complesso facilmente stordisce e disorienta. Tra *cafe*, ristoranti, negozi e bar, ovunque è fermento, dai canti intonati dall'ascensore che porta al 6° piano, alle acrobazie dei giovani skateboarder nell'Undercroft.

La Royal Festival Hall, con le sue quattro orchestre, è tra le migliori sale da concerti londinesi per la musica moderna e classica, ma anche per le esibizioni di poesia e spoken word. La Queen Elizabeth Hall ha un programma più modesto, ma sempre vario: concerti, conferenze, spettacoli di danza ecc. In estate non perdetevi il *cafe*-bar sul tetto, ricco di piante. La Hayward Gallery ospita ogni anno alcune mostre di arte contemporanea.

The Old Vic

ALTRE IDEE PER LA SOUTH BANK

Vedere la South Bank dall'alto

A TALI ALTEZZE

La South Bank vanta un crescente assortimento di ristoranti, bar e attrattive ai piani alti, da cui godere della splendida vista sul fiume e sulla città estesa al di là di esso.

Lo **Shard**, con la sua sagoma a forma di cuneo, è un'icona della città, oltre che uno degli edifici più alti d'Europa. Lo spettacolo che si apre dalle piattaforme panoramiche ai piani 69 e 72 è unico, data l'altezza di 244 m, ma il conto da pagare è ugualmente elevato. Per godere di una bella vista con un pasto memorabile o un buon drink, visitate uno dei ristoranti o dei bar dell'edificio. Il **GŎNG** è quello più in alto, al piano 52.

Il **12th Knot**, al 12° piano del lussuoso albergo Sea Containers, è di una bellezza eccezionale, con vedute mozzafiato sulla città e una terrazza lunga e stretta sul tetto.

In cima allo Hoxton Southwark, l'elegante **Seabird** vanta spazi orlati di palme, al chiuso e all'aperto, da cui ammirare la St Paul's Cathedral comodamente seduti su poltrone di vimini.

La **Oxo Tower** ospita all'8° piano una brasserie, gestita dagli eleganti grandi magazzini Harvey Nichols, dotata di una sor-

MIGLIORI TEATRI OLTRE IL GLOBE

Old Vic
Teatro no profit da mille posti sulla cresta dell'onda da oltre 200 anni.

Young Vic
Palcoscenico all'avanguardia, che si prefigge di scoprire e promuovere nuovi talenti, tanto quanto di far conoscere al pubblico l'arte del teatro.

Bridge Theatre
Inaugurato nel 2017; è il primo teatro importante ad aprire a Londra da 80 anni.

National Theatre
Il principale teatro del paese, in grado di portare in scena fino a 25 spettacoli l'anno.

Vaults
Supper club, spettacoli dal vivo e arte alternativa nello spazio ricavato sotto le arcate della stazione di Waterloo.

CUCINA INTERNAZIONALE NELLA SOUTH BANK

Padella
I migliori piatti di pasta da queste parti; i pici cacio e pepe sono da non perdere. **£**

Bala Baya
Una lettera d'amore indirizzata a Tel Aviv; lo chef è israeliano e il menu è ricco di verdure. **£££**

Arabica Bar & Kitchen
Classici mediorientali serviti a mo' di mezze, da condividere in gruppo. **£**

MIGLIORI MERCATI ALIMENTARI OLTRE IL BOROUGH

Flat Iron Square
Area ristoro industrial-chic sotto le arcate della ferrovia e nello spazio circostante all'aperto; pizza, hamburger di carne di cervo, cucina libanese e venezuelana.

Vinegar Yard
In parti uguali mercato di street food, bar, negozi di articoli vintage e installazione d'arte. Enorme spazio all'aperto.

Lower Marsh Market
Mercato alimentare e non solo: i piatti spaziano dal curry al falafel; il sabato viene fatto spazio per vestiti e artigianato.

prendente terrazza vetrata da cui si gode un posto in prima fila sulla città. Ma non per forza si deve pagare profumatamente per questo spettacolo: l'ascensore conduce anche in una galleria panoramica ad accesso libero.

Se volete ammirare la città in tutto il suo splendore senza la distrazione di una cena o di un drink, prenotate un giro (o meglio un 'volo') sul **London Eye**.

Vie secondarie della South Bank

UNA SBIRCIATA AL PASSATO DI LONDRA

Il Tamigi e la sua serie di attrattive disposte in fila lungo la South Bank assorbono la gran parte dell'attenzione dei turisti in visita nel quartiere, ma una breve passeggiata verso l'interno rivela un lato più tranquillo ma altrettanto affascinante della capitale.

La South Bank e la più ampia South London sono attraversate sin dall'età vittoriana da sopraelevate ferroviarie, viadotti in molti casi resi inaccessibili per il sopraggiungere di nuove costruzioni e dimenticati. Oggi alcune organizzazioni locali stanno sviluppando la **Low Line**, una rete di negozi, ristoranti, bar e spazi culturali allestiti negli ambienti ricavati sotto le arcate. Al livello stradale sono riconoscibili alcuni cartelli, ed è disponibile anche una cartina online (lowline.london), ma la Low Line è ancora un progetto in divenire. Anche se non sempre il percorso risulta ovvio, è facile farsi un'idea del fermento a Flat Iron Square, al **Borough Market** e presso gli **Old Union Yard Arches**, sede del ristorante Bala Baya.

Vicino alla stazione di Waterloo East, **Roupell St** ospita incantevoli casette a schiera di pochi piani, realizzate in mattoni ormai fuligginosi e bucate da porte sgargianti, risalenti agli anni intorno al 1820. La via è così uniforme da sembrare un set cinematografico, e infatti è spesso usata come tale. Lo stesso tipo di architettura continua in Theed St e Whittlesey St, le parallele di Roupell St verso nord. Potrete ammirare questo scorcio urbano da **Kings Arms**, un locale di quartiere che ha conservato diversi dettagli d'epoca, tra cui un caminetto funzionante in inverno.

DALL'ALTO

Dall'altra parte del fiume, nella City of London, potrete ammirare lo skyline della capitale al **Duck & Waffle** (p79), al 40° piano, e una veduta ravvicinata della St Paul's Cathedral dalla terrazza panoramica a ingresso libero del **One New Change** (p79).

Due passi a Bermondsey St

ARTE, CUCINA E DRINK

Anche se è lunga appena 500 m, Bermondsey St, a sud dei binari del London Bridge, vanta una notevole concentrazione di cose da fare.

Quest'area, un tempo ricca per il commercio della lana, le concerie e gli opifici legati alla lavorazione del pellame, conserva ancora qualcosa della sua creativi-

CUCINA INTERNAZIONALE NELLA SOUTH BANK

Texas Joe's
Autentico barbecue texano (il proprietario è di Dallas) in una laterale di Bermondsey. **££**

Juma Kitchen
Kebab e ravioli di carne iracheni in un chiosco dietro il Borough Market. **£**

Casa do Frango
Il posto giusto per un *peri-peri frango* (pollo condito con salsa al pepe e cotto alla brace). **££**

Lower Marsh Market

tà passata. Il **Fashion & Textile Museum** propone ogni tre mesi interessanti mostre temporanee, come una retrospettiva sulla moda svedese, l'evoluzione della biancheria intima e l'arte novecentesca dei tessuti. Il **White Cube Bermondsey** colpisce per i suoi vasti spazi espositivi, che si prestano a ospitare pezzi di grande formato e installazioni multimediali particolarmente estese.

Bermondsey St ospita anche vari locali in cui fermarsi per un drink o un pasto tranquillo. Gli interni in stile francese del **Casse-Croûte** sono talmente convincenti che dovrete continuamente rammentare a voi stessi di essere a Londra e non a Parigi; il menu giornaliero sempre diverso, scritto alla lavagna esclusivamente in francese, comprende sostanziosi piatti della cucina campagnola. Il *cafe*-cocktail bar **Chapter 72** prepara di tutto con l'espresso, anche uno speciale Martini a cui dedica un corso: la sua devozione al caffè è totale! Il **214 Bermondsey**, simile a uno speakeasy, ma senza le pretese a volte associate a quel tipo di locale, è nascosto sotto il ristorante Flour & Grape. In lista ha oltre 100 gin, serviti con acqua tonica di produzione propria o impiegati per gli altri cocktail abilmente miscelati; offre anche degustazioni di tre gin, a cui viene rimossa l'etichetta per favorire valutazioni senza condizionamenti.

POSTI MIGLIORI PER UN DRINK A SOUTH BANK

Lyaness
Cocktail a base di ingredienti oltre modo insoliti ('miele d'ostrica' e 'Curaçao rosso sangue'), preparati dal celebre mixologo Mr Lyan.

Rake
Birreria artigianale per antonomasia a Londra, ha un assortimento incredibile, che comprende birre rare.

George Inn
Magnifica locanda di posta a più piani, del 1677, è tra le ultime nel suo genere a Londra.

Understudy
Questo bar del National Theatre si riversa sull'enorme terrazza rivolta sul lungofiume, è l'ideale per osservare lo spettacolo umano.

Kings Arms
Incantevole locale di quartiere che serve birre tradizionali alla spina e in bottiglia, lungo Roupell St, una via dal sapore antico.

CUCINA BRITISH NELLA SOUTH BANK

Anchor & Hope
Eccellente gastropub avviato da vecchi chef del St JOHN, i primi fautori della politica 'dal naso alla coda'. **££**

Skylon
Arredi retrò-futuristici e un menu stagionale di cucina britannica contemporanea. **£££**

Swan at the Globe
La perfetta cena pre-teatro, a base di piatti della cucina britannica in un ambiente raffinato con vista sul fiume. **££**

Il Tamigi

IL CENTRO DI LONDRA SULL'ACQUA

La storia di Londra ruota in torno al Tamigi. La città venne fondata come porto dai romani quasi 2000 anni fa, e nei secoli molti punti di riferimento sono sorti proprio sulle sue sponde. Una gita in battello è dunque un ottimo modo per vedere le attrazioni della città.

Se non volete camminare, il molo d'imbarco migliore è il Westminster Pier, da dove le imbarcazioni seguono la corrente portandovi alla City of London, il centro finanziario della capitale, dominato da un numero crescente di grattacieli. Sull'altra sponda, si estende la South Bank, una zona ricca di attrattive, in grado di competere con la riva settentrionale; si distingue in particolare lo slanciato Shard, uno dei più alti edifici d'Europa.

Nell'illustrazione sono evidenziati i siti più importanti che si vedono nel corso della navigazione. Questi sono da ovest a est:

KIEV.VICTOR / SHUTTERSTOCK ©

St Paul's Cathedral

Luogo di culto cristiano per oltre 1400 anni (e pagano in precedenza), la St Paul's Cathedral è il capolavoro dell'architetto Christopher Wren. Per i londinesi, l'enorme cupola è simbolo di resilienza e orgoglio, essendo uscita indenne dal Blitz.

Somerset House

Progettata nel 1775 per i dipartimenti ministeriali e le 'royal societies', la Somerset House oggi ospita gallerie, ristoranti e *cafe* che circondano un grazioso cortile aperto e si estendono fino a una soleggiata terrazza superiore.

London Eye

Con i suoi 135 m di altezza, il London Eye è la più grande ruota panoramica del mondo con vedute a 360° fino a 25 miglia (40 km) di distanza (fino al Windsor Castle), condizioni meteo permettendo.

Houses of Parliament

Sono ufficialmente denominate Palace of Westminster, e il loro elemento più antico, la Westminster Hall, risale all'XI secolo ed è sopravvissuta al catastrofico incendio del 1834. Il resto è prevalentemente in stile neogotico e fu costruito nell'arco di 36 anni dal 1840. L'elemento più famoso è l'Elizabeth Tower, meglio nota come Big Ben.

VALDIS SKUDRE / SHUTTERSTOCK ©

1 Houses of Parliament, la grande ruota del **2 London Eye**, la **3 Somerset House**, la maestosa **4 St Paul's Cathedral**, la **5 Tate Modern**, il teatro **6 Shakespeare's Globe**, la **7 Tower of London** e il **8 Tower Bridge**.

Oltre che sul tratto centrale del fiume, è possibile navigare anche a monte, fino ai Kew Gardens e all'Hampton Court Palace (solo in estate), e a valle fino a Greenwich, Woolwich e Barking.

IN BARCA SUL TAMIGI

Thames Clippers gestisce le partenze ogni 20 minuti circa tra Westminster e Greenwich, con servizi meno frequenti verso i moli più a est e a ovest. I biglietti si acquistano direttamente ai moli. Chi acquista i biglietti online o utilizza la Oyster Card o effettua pagamenti contactless, usufruisce di tariffe scontate.

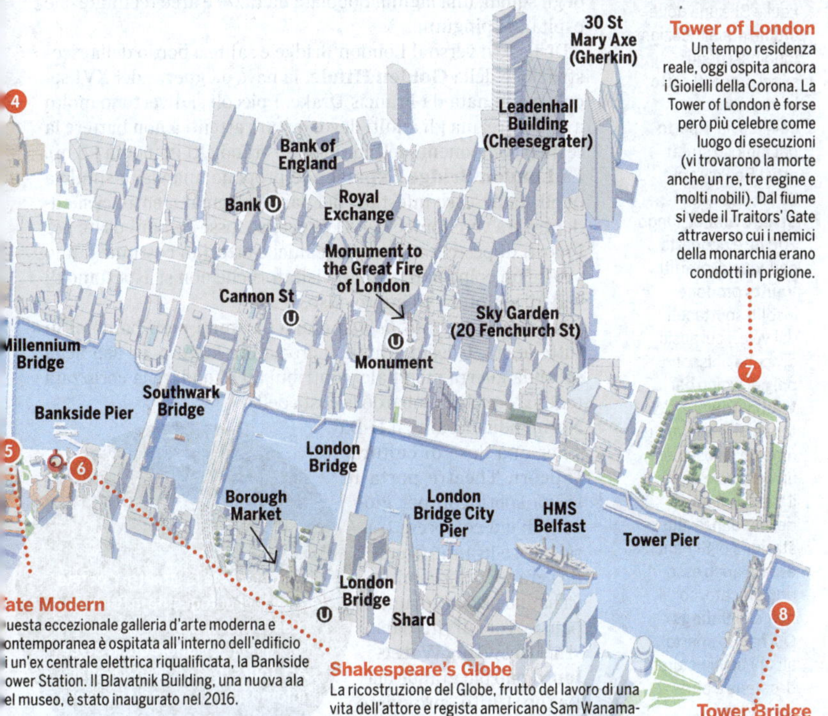

Tower of London
Un tempo residenza reale, oggi ospita ancora i Gioielli della Corona. La Tower of London è forse però più celebre come luogo di esecuzioni (vi trovarono la morte anche un re, tre regine e molti nobili). Dal fiume si vede il Traitors' Gate attraverso cui i nemici della monarchia erano condotti in prigione.

ate Modern
uesta eccezionale galleria d'arte moderna e ontemporanea è ospitata all'interno dell'edificio i un'ex centrale elettrica riqualificata, la Bankside ower Station. Il Blavatnik Building, una nuova ala el museo, è stato inaugurato nel 2016.

Shakespeare's Globe
La ricostruzione del Globe, frutto del lavoro di una vita dell'attore e regista americano Sam Wanamaker, sorge a poche centinaia di metri dall'originale (distrutto da un incendio durante uno spettacolo nel 1613). La stagione teatrale, da aprile a ottobre, è molto seguita.

Tower Bridge
Completato nel 1894, il Tower Bridge è uno degli scorci più facilmente riconoscibili di Londra (da non confondersi con il London Bridge più a ovest). Questo ponte mobile viene aperto ancora oggi circa 1000 volte l'anno per consentire il passaggio delle navi che arrivano nella capitale.

PRES PANAYOTOV / SHUTTERSTOCK ©

La South Bank in famiglia

DIVERTIMENTI PER TUTTE LE ETÀ

La South Bank, una parte di Londra particolarmente ricca di divertimenti, offre un gran numero di attività adatte a tutta la famiglia, ed è quindi l'ideale anche per chi si trova in città con bambini al seguito.

La County Hall accoglie una serie di attrattive rivolte specificamente ai più giovani. Al **London Dungeon** si attraversano diverse stanze a tema, all'interno delle quali attori in costume, spesso ricoperti di finto sangue, raccontano storie macabre e in altro modo provocano le reazioni dei visitatori; questa esperienza interattiva è inquietante per tutti, ma decisamente esilarante per chi ama il brivido del terrore. Pensato soprattutto per i bambini, il **Sea Life London Aquarium** ha una galleria degli squali, una laguna popolata da razze e aree recintate che ospitano i pinguini.

Dirigetevi verso il London Bridge e salite a bordo della ricostruzione della **Golden Hinde**, la nave da guerra del XVI secolo capitanata da Francis Drake. I piccoli si divertono molto a esplorare, ma gli adulti devono stare attenti a non battere la testa (i componenti dell'equipaggio erano alti in media 1,6 m). La **London Bridge Experience** propone una visita simile a quella delle 'case infestate' dei parchi a tema: mentre ci si addentra tra vere tombe del XIV secolo e fosse comuni usate per i morti di peste, roditori meccanici e attori in costume fanno venire un colpo agli ingenui visitatori che non si aspettano di vederli spuntare all'improvviso.

Nel fiume, la *HMS Belfast* è una calamita per i bambini di tutte le età. Questo grande incrociatore leggero, in uso nella seconda guerra mondiale, contribuì ad affondare la corazzata tedesca *Sand* e bombardò la costa della Normandia durante il D-Day.

Per una dose di cultura, lo Unicorn Theatre porta in scena spettacoli per giovani di età compresa tra sei mesi e 18 anni. Quando i grandi della comitiva hanno bisogno di una pausa è l'ora di rifugiarsi nel **BrewDog Waterloo**, il pub più grande del Regno Unito, provvisto all'interno di uno scivolo e una pista da bowling (con birilli del tipo duckpin).

LE ARCATE DI LEAKE STREET E SIDINGS

Un sottopasso della stazione di Waterloo non è il primo posto a venire in mente quando si pensa a una sede adatta a ospitare opere d'arte, spettacoli teatrali e ristoranti. Eppure, Leake St è una delle ultime riqualificazioni londinesi degli spazi presenti sotto le campate dei cavalcavia. Aperto dal famoso street artist Banksy nel 2008, il **Leake Street Tunnel**, lungo 200 m, è ricoperto ovunque di graffiti. **Vaults** propone insoliti spettacoli dal vivo, i cui ausili di scena finiscono poi nel vicino bar **Vaulty Towers**. L'ex terminal Eurostar, rimasto chiuso per un decennio dopo il trasferimento del capolinea alla stazione di St Pancras, è stato anch'esso riqualificato, con il nome di **Sidings**. Qui hanno aperto alcuni tipici ristoranti di catena e altri sono in arrivo.

BANKSY E NON SOLO

Se vi interessa la street art, potete fare un tour autogestito in Brick Lane, a East London, o partecipare a una visita guidata di **Shoreditch Street Art Tours** (p94). Anche gli edifici intorno alla stazione di Hackney Wick sono stati usati come tele.

CUCINA BRITISH NELLA SOUTH BANK

Market Porter
Pie e fish and chips nella sala da pranzo al piano superiore o una pinta di birra all'alba con i lavoratori del mercato. **££**

Fountain & Ink
Locale allegro con una cucina da pub, buona birra artigianale e una clientela socievole che si riversa qui dopo il lavoro. **££**

Founder's Arms
Classica proposta da pub nobilitata dai posti a sedere lungo il fiume, in un angolo baciato dal sole in estate. **££**

SHOREDITCH E EAST LONDON

NOTTI BRAVE E LOCALI ALLA MODA

Un tempo umile quartiere di estrazione operaia situato al margine della parte ricca della città, East London si presenta oggi in tutt'altra veste: le fabbriche abbandonate, i vecchi edifici un tempo fatiscenti e l'area portuale dismessa accolgono adesso locali aperti fino a tarda notte, eleganti cocktail bar e interessanti musei. La zona ha una lunga storia legata all'immigrazione ed è tuttora rappresentativa di un mosaico di popoli. Lungi dal limitarsi a testimoniare il passato, il quartiere è il cuore pulsante dell'industria creativa londinese, che fattivamente scrive il prossimo capitolo della storia della capitale. Se sta succedendo a Londra, sta succedendo qui.

Shoreditch sa divertirsi: il quartiere non si toglie mai le scarpe da ballo. Prima di scatenarvi anche voi, passate al setaccio i mercati e negozi indipendenti nei pressi di Spitalfields e Brick Lane a caccia di pezzi unici e articoli vintage. A East London non ci sono attrattive di grande richiamo, ma i suoi musei – più piccoli rispetto a quelli del centro – spostano l'attenzione dall'aristocratico all'ordinario, offrendo una narrazione più equilibrata sulla storia della capitale.

IL CONSIGLIO

I numerosi mercati di East End intorno a Spitalfields, Brick Lane e Columbia Rd fervono di attività la domenica, quando in molti curano i postumi degli eccessi alcolici dedicandosi a un po' di shopping terapeutico. Il sabato a Hackney vengono allestite le bancarelle del Broadway Market.

Spitalfields Market

DA NON PERDERE
1 Broadway Market
2 Columbia Road Flower Market
3 Museum of London Docklands
4 Old Spitalfields Market
5 Queen Elizabeth Olympic Park
6 Whitechapel Gallery

DA VEDERE
7 ArcelorMittal Orbit
8 Christ Church Spitalfields
9 Crossrail Place Roof Garden
10 Dennis Severs' House
11 God's Own Junkyard
12 London Aquatics Centre
13 London Fields
14 London Stadium
15 Museum of the Home
16 Old Truman Brewery
17 Victoria Park
18 Walthamstow Wetlands
19 William Morris Gallery

PASTI
20 Market Halls Cargo
21 MMy Wood Wharf

LOCALI E VITA NOTTURNA
22 Beavertown
23 Captain Kidd
24 Exale
v. 11 Mother's Ruin
25 Pillars
26 Pressure Drop
27 Prospect of Whitby
28 Shoreditch Street Art Tours
29 Signature
30 Town of Ramsgate
v. 25 Trap Taproom

31 Wild Card Brewery

DIVERTIMENTI
32 Wilton's

SHOPPING
33 Backyard Market
34 Boxpark
v. 16 Brick Lane Vintage Market
35 InSpitalfields
v. 16 Sunday Upmarket
v. 33 Tea Rooms

Vita notturna a East End

USCIRE DAVVERO

Shoreditch è un faro nella notte londinese: decine di bar, discoteche e pub – aperti pressoché ogni notte della settimana – si estendono in direzione nord verso Dalston, continuando nei quartieri limitrofi di Hackney e Bethnal Green. Il fenomeno di Shoreditch ha preso avvio a fine anni '90, quando i tipi creativi in fuga dal West End per via dei suoi affitti proibitivi hanno iniziato a occupare i magazzini dismessi in seguito al collasso dell'industria tessile. L'abbondanza di locali molto cool, a volte un po' bizzarri, non cessa di attrarre una folta clientela alla moda.

Shoreditch High St

Street art

GALLERIA D'ARTE ALL'APERTO

I muri e gli edifici di Brick Lane, Shoreditch e Hackney Wick sono per la street art vetrine sempre mutevoli in cui trovano spazio le opere di artisti sia famosi, come Banksy e Eine, sia sconosciuti. Si tratta, secondo i casi, di pezzi di divertente cronaca sociale, spietata satira politica o puro estro creativo; in tutti i casi gli adesivi, i graffiti, le piccole sculture o le affissioni simili a collage donano carattere a questi quartieri di East London. Per comprendere fino in fondo il messaggio delle opere, partecipate a una visita guidata di Shoreditch Street Art Tours: l'appassionato Dave spiega i pezzi a un pubblico rapito da tanta forza espressiva.

Shoreditch

I mercati di Brick Lane

UNA GITA DEDICATA ALLO SHOPPING

L'**Upmarket** si estende tra i begli edifici in mattoni della Old Truman Brewery ai due lati di Brick Lane, nel tratto compreso tra Hanbury St e Buxton St. I patiti del vintage, i seguaci della moda e gli amanti del buon cibo hanno di che tenersi occupati per ore: questo luogo vivace è perfetto per intrattenersi nel weekend. Per specialità golose – tali da far venire l'acquolina in bocca solo a vederle – andate nell'edificio vetrato all'angolo tra Brick Lane e Hanbury St. Per fare shopping sfrenato, al **Brick Lane Vintage Market** (aperto tutti i giorni), al piano interrato. Per oggettistica varia e accessori di moda, al **Tea Rooms** e al **Backyard Market**. Infine, per altri negozi e street food, andate al primo centro commerciale pop-up al mondo, il **Boxpark**, appena fuori dalla stazione di Shoreditch High Street, allestito dentro container riadattati.

Wilton's Music Hall

L'ULTIMA GRANDIOSA MUSIC HALL AL MONDO

Costruita nel 1859 per la classe operaia dell'East End, che vi avrebbe potuto godere dei divertimenti tipici del West End, la gloriosa Wilton's Music Hall porta in scena ogni anno centinaia di spettacoli: cabaret, musica classica, prosa e lirica. Dopo aver accolto una missione metodista, per decenni ha versato in stato di abbandono e degrado, ma da ultimo è stata salvata e restaurata con un senso della misura che ne ha conservato il fascino shabby-chic. Anche se non assisterete a uno spettacolo, fermatevi a bere qualcosa al bar per respirarne l'atmosfera.

Mercato domenicale, Victoria Park

Vintage Fair, Wilton's Music Hall

Victoria Park

IL PARCO DEL POPOLO

Il Victoria Park è una distesa verde di 86 ettari, con laghetti ornamentali, monumenti, campi da tennis, aiuole e prati, aperta al pubblico nel 1845. Il primo parco dell'East End fu istituito in risposta a una petizione di 30.000 firme presentata da un membro locale del parlamento alla regina Vittoria. Ogni settimana, la domenica, vi si tiene un mercato agricolo, in occasione del quale vengono allestite anche bancarelle di specialità gastronomiche calde. Nella bella stagione arrivano i camioncini dei gelati e i festival musicali. Il parco è delimitato su due lati da canali – il Regent's Canal a ovest e lo Hertford Union Canal a sud – lungo i quali è molto piacevole passeggiare.

Queen Elizabeth Olympic Park

DOPO I GIOCHI DEL 2012

Magnifico protagonista delle Olimpiadi del 2012, questo vasto parco di 227 ettari comprende i siti principali degli eventi sportivi, oltre a parchi gioco e giardini, piste pedonali e ciclabili, in un paesaggio caratterizzato da acquitrini, boschi, prati e altri habitat naturali. Il punto focale è il **London Stadium**, oggi sede del West Ham United FC. Altri edifici di rilievo sono il **London Aquatics Centre**, progettato da Zaha Hadid, e l'**ArcelorMittal Orbit**. Una scultura contorta in acciaio di 115 m, è fondamentalmente un'opera d'arte, ma offre la possibilità di ammirare il panorama dalla sua piattaforma a specchi a 80 m di altezza. Il sensazionale scivolo che si snoda a spirale per 178 m intorno alla torre è il più alto e lungo al mondo.

POSTI MIGLIORI PER STARE FUORI FINO A TARDI A SHOREDITCH E EAST LONDON

Beigel Bake
Traccia della presenza ebraica nell'East End, serve giorno e notte economici bagel.

XOYO
Locale senza fronzoli al piano interrato, con DJ fissi e concerti a tarda notte.

Bethnal Green Working Men's Club
Serate eccentriche (cabaret, drag queen, spettacoli burlesque e gare di cucina) in un locale LGBTIQ+ molto accogliente.

◆■● (A Bar with Shapes for a Name)
Sull'insegna forme geometriche anziché parole; questo bar in stile Bauhaus è aperto ogni sera fino alle 3.

Crossrail Place Roof Garden

ARCHITETTI: FOSTER + PARTNERS, 4KCLIPS/SHUTTERSTOCK ©

ALTRE IDEE PER SHOREDITCH E EAST LONDON

Spitalfields nell'epoca georgiana

MULTICULTURALISMO ATTRAVERSO I SECOLI

Sviluppato intorno al celebre mercato e alla bella chiesa parrocchiale, Spitalfields è tra le zone culturalmente più varie di Londra. Nel corso di successive ondate migratorie, ugonotti (protestanti francesi), ebrei, irlandesi e, più di recente, indiani e bangladesi hanno fatto di Spitalfields la loro casa. Una passeggiata a **Brick Lane** è l'ideale per immergersi nei suoni e profumi dell'odierna Londra bangladese, ma per farsi un'idea della vita nel periodo georgiano bisogna spingersi fino a Princelet St, Fournier St, Elder St e Wilkes St. In fuga dalle persecuzioni subite a quel tempo in Francia, gli ugonotti iniziarono a insediarsi qui sin dalla fine del XVII secolo, portando con sé la loro arte nella tessitura della seta. Le 10 stanze della **Dennis Severs' House**, allestite come se vi abitasse una famiglia ugonotta, fanno rivivere quell'antico retaggio con tazze da tè lasciate a metà, cibi consumati in parte e una cura per i dettagli talvolta eccessiva, come il vaso da notte pieno di fianco al letto!

UN ASSAGGIO DELLA LONDRA LOCALE

Se non siete a Londra nel weekend, potrete lo stesso vivere l'atmosfera di un mercato locale a South London. Visitate i negozi, i bar e i ristoranti di **Brixton Village** (p117), **Pop Brixton** (p119) o **Tooting Market** (p119).

DOVE MANGIARE A SHOREDITCH E EAST LONDON

Breddos Tacos
Nato come chiosco, oggi è uno dei ristoranti messicani migliori di Londra, con sede permanente a Clerkenwell. £

Clove Club
Inaugurato come supper club in un appartamento londinese, adesso è un ristorante stellato Michelin. £££

St JOHN
Centro di irradiazione della politica 'dal naso alla coda' in UK, propone un menu che cambia di giorno in giorno. ££

Scorci di vita ordinaria

CASA DOLCE CASA

Uno splendido complesso in mattoni ricoperto di edera, costruito nel 1714 come ricovero per indigenti, ospita oggi il delizioso **Museum of the Home** (già Geffrye Museum), a ingresso libero. Alcune stanze mostrano come i londinesi abbiano arredato e decorato le loro residenze nel corso degli ultimi quattro secoli, da una sala da pranzo degli anni intorno al 1630 a un loft del 1998. La cura per i dettagli è incredibile, con tanto di briciole lasciate sul pavimento nell'alloggio di uno scapolo degli anni '30.

Gli scambi di Londra

LA RINASCITA DEI MOLI DISMESSI

Tra il XVI secolo e la prima metà del XX, il **Canary Wharf** e i **Docklands** di Londra sono stati il fulcro dell'impero britannico e dei suoi commerci globali: a lungo merci provenienti da tutto il mondo sono state scaricate presso questi moli. Poi, per i bombardamenti subiti nella seconda guerra mondiale e i cambiamenti avvenuti negli assetti politici, a partire dagli anni '60 i moli hanno iniziato a essere abbandonati. I grattacieli del distretto finanziario che oggi svettano sul Canary Wharf furono innalzati negli anni '80, come parte di un'opera di riqualificazione finanziata dal governo. Il **Museum of London Docklands**, allestito all'interno di un magazzino del 1802, traccia l'affascinante storia del declino e della rinascita dei moli.

Nonostante il carattere per certi versi anonimo tipico di ogni quartiere ad alta densità di uffici, la trasformazione del Canary Wharf è stata radicale e i risultati raggiunti sono impressionanti. Le passerelle sopraelevate e le vie pedonali sono abbellite da opere di arte pubblica, e il **Crossrail Place Roof Garden**, a ingresso libero, introduce un tocco di verde molto piacevole in un'area che ne ha bisogno. A beneficio delle molte persone che gravitano su questa parte della città hanno aperto due aree ristorazione simili a mercati: il **Market Halls Cargo** vicino alla stazione di Canary Wharf sulla linea Elizabeth e il **MMy Wood Wharf**.

Per un'immagine più suggestiva del passato, procedete appena oltre l'ansa del fiume fino a **Wapping** (si pronuncia come 'whopping'). Il quartiere ospita ancora un discreto numero di magazzini risalenti all'inizio del XIX secolo e antichi pub sul lungofiume, come il **Prospect of Whitby** (aperto nel 1520), il **Captain Kidd** (intitolato a un pirata qui impiccato nel 1701) e il **Town of Ramsgate** (costruito nel 1545 sulle fondamenta di un pub ancora più vecchio).

JACK LO SQUARTATORE

Negli anni intorno al 1880, il serial killer forse più noto al mondo – ma la cui identità non fu mai appurata – uccise brutalmente numerose donne che vivevano e lavoravano nell'East End, al tempo molto povero.

Benché i bassifondi e il passato operaio di Whitechapel siano ormai un lontano ricordo, le visite guidate a piedi legate alle vicende di Jack lo Squartatore sono tuttora un modo molto gettonato per 'vedere' East London. In genere queste passeggiate, con guide 'insanguinate' in costume, si concentrano sui dettagli più macabri degli omicidi; viceversa, **Look Up London** (https://lookup.london) ribalta la prospettiva con visite in chiave femminista, dedicate alle biografie delle vittime del celebre assassino e ai successi delle donne che abitano nell'East End nel presente.

Som Saa
Aperto in un vecchio magazzino tessile di Spitalfields grazie a un crowdfunding. Autentici curry e carni alla griglia thailandesi. ££

Barge East
Chiatta da 100 tonnellate salpata dai Paesi Bassi per offrire cucina stagionale e drink con vista sul fiume. ££

Mangal II
Cucina turca di prim'ordine in un ambiente semplice lungo Stoke Newington Rd. ££

I LOCALI PREFERITI DI RYAN CHETIYA-WARDANA

Ryan Chetiyawardana (detto anche Mr Lyan), il barman più premiato del mondo, nonché il proprietario di Seed Library e Lyaness, vive e lavora a East London da oltre 15 anni. *@mrlyan*

Lyle's
Quanto di meglio in fatto di moderna cucina british. In passato James Lowe aveva gestito il St JOHN, l'altare della cucina nazionale, ma qui ha potuto dare più risalto al proprio stile.

Happiness Forgets
Questo intimo bar al piano interrato in Hoxton Sq è un locale di quartiere con una prospettiva globale, animato da una creatività incredibile.

Jolene
Serve eccellenti tè e caffè da asporto, ma le stelle indiscusse sono i sandwich, le torte e i prodotti da forno. Tenete le dita incrociate per trovare la torta alla Guinness.

Whitechapel Gallery

Lontano dalle vie più battute a Walthamstow e Tottenham

VALE IL VIAGGIO

All'estremità nord-orientale della linea Victoria, l'umile Walthamstow ha invero parecchio di cui essere orgogliosa. Gli estimatori del movimento Arts and Crafts, per esempio, hanno tutte le ragioni di visitare la **William Morris Gallery**, la casa del fondatore della rinomata compagnia di arredamenti di interni Morris & Co, nota per le sue carte da parati. E, a ovest, i Walthamstow Wetlands sono un'inaspettata oasi naturale di 211 ettari, con 10 bacini idrici circondati da sentieri pedonali.

I quartieri industriali per altri versi scialbi di Walthamstow e della vicina Tottenham, dalla parte opposta del River Lea, ospitano locali interessanti per bere qualcosa. Tra le stazioni di Walthamstow Central e Wood Street, la Ravenswood Industrial Estate vanta due birrifici (**Wild Card** e **Pillars**), una sala per la degustazione del sidro (**Trap Taproom**), una distilleria di gin (**Mother's Ruin**) e il paradiso di luci al neon **God's Own Junkyard**, dove ordinare un drink e curiosare tra le opere d'arte lì esposte. Ci sono anche le prime tracce di un 'beer mile' che in futuro potrà rivaleggiare con quello di Bermondsey (p120). Al

DOVE BERE A SHOREDITCH E EAST LONDON

Nightjar
Locale in stile speakeasy, dove, dietro una porta dalla maniglia dorata, si versano ottimi drink.

Crate Brewery
Birra artigianale preparata in un magazzino vittoriano lungo il canale, a Hackney Wick.

Discount Suit Company
Speakeasy (nell'ex magazzino di una rivendita di abiti) in posizione defilata lungo la vecchia Petticoat Ln.

momento il tutto è ancora in fase embrionale, cosicché non è ancora nemmeno stato deciso un nome (Blackhorse Beer Mile? Tottenham Beer Mile?), ma i birrifici meritano già la visita. **Beavertown** è il più famoso, ma vale la pena di fermarsi anche da **Pressure Drop**, **Exale** e **Signature**.

Mostre all'avanguardia

ARTE DI ROTTURA

Meta prediletta degli studenti d'arte, l'innovativa **Whitechapel Gallery** non ha una propria collezione permanente, ma ospita originali mostre d'arte contemporanea. Si è fatta un nome con artisti emergenti e famosi, tra cui le prime mostre nel Regno Unito di Pablo Picasso, Jackson Pollock, Mark Rothko e Frida Kahlo.

I mercati oltre Brick Lane

GLI 'ORIGINALS' DI EAST LONDON

East London è uno dei migliori quartieri della capitale in cui scovare insolite boutique o bancarelle dedicate a stilisti e designer emergenti, per non parlare dei suoi molti negozi di articoli vintage.

L'**Old Spitalfields Market** è un'animata sede di commerci sin dal 1638. La domenica è la giornata più vivace in assoluto, ma per mettersi alla ricerca di oggetti di antiquariato e modernariato l'ideale è il giovedì, mentre il primo e il secondo venerdì di ogni mese prendono il sopravvento le casse piene di vinili. Il mercato ha puntato sulla gastronomia con **Kitchens**, un'area al centro che raccoglie diversi banconi di street food. **InSpitalfields** vanta una buona selezione di bei souvenir a tema londinese.

Il domenicale **Columbia Road Flower Market** è un'esplosione di colori: in vendita, fantastici assortimenti di fiori, piante in vaso e ogni cosa per il giardino. È l'occasione giusta per apprezzare l'umorismo e l'accento Cockney dei venditori ambulanti ("We got flowers cheap enough for ya muvver-in-law's grave!"). Circa 15 minuti a piedi verso nord-est, il **Broadway Market** esiste dalla fine del XIX secolo; oggi vende soprattutto specialità gastronomiche, articoli da regalo fatti a mano e insoliti capi di vestiario. Fate il pieno di prodotti golosi e andate al **London Fields** per un picnic. A Clerkenwell, l'**Exmouth Market** è orlato di ristoranti, pub, boutique e, all'ora di pranzo dei giorni infrasettimanali, bancarelle alimentari.

Exmouth Market

L'ECCENTRICO EAST END

Dans Le Noir
Mangiare nel buio pesto è un'esperienza inebriante e, se così si può dire, tale da aprire gli occhi.

MEATliquor
Un altare al culto dell'hamburger, innalzato in modo un po' sacrilego nell'ex missione cristiana dell'Hoxton Market.

Viktor Wynd Museum of Curiosities, Fine Art & Natural History
Gabinetto delle curiosità, con tanto di organi genitali conservati in formaldeide, ossa di dodo, escrementi di celebrità e il teschio dorato di un ippopotamo che appartenne a Pablo Escobar.

Satan's Whiskers
L'unica insegna di questo cocktail bar di prim'ordine è una piccola scritta rossa al neon.

Cocktail Trading Co
Cocktail impareggiabili, presentati dentro una busta da lettera o con il ghiaccio simile a un cubo di Rubik.

Netil360
Cafe-bar sul tetto, con vista incredibile. I telescopi permettono di osservare i lavoratori del 'Gherkin'.

CAMDEN E NORTH LONDON

ENERGIA DA VILLAGGIO URBANO

North London rivela sfaccettature diverse del suo carattere in funzione di dove ci si trova. Gli interventi di riqualificazione hanno ripulito King's Cross, che da desolata area industriale è diventata un posto magnifico in cui fermarsi per un pranzo all'aperto, un gelato o un drink in edifici storici rinnovati. L'inebriante Camden pullula di acquirenti che si riversano nei suoi mercati e di amanti della musica dal vivo che si scatenano nei suoi molti locali. Ma altre zone, come Hampstead e Alexandra Palace, un tempo piccoli insediamenti sul limitare della città, conservano un'atmosfera tranquilla, da villaggio, nonostante siano da tempo stati inglobati dalla capitale.

King's Cross e Camden sono animati da un'energia urbana inquieta, ma i quartieri di North London situati appena più in là sono pervasi da un'atmosfera rilassata: verdeggianti e frondosi, ospitano parchi magnificamente selvaggi e cimiteri storici invasi dalla vegetazione. Una splendida architettura plurisecolare sottolinea il passato di North London, come anche il suo essere proiettata verso il futuro.

IL CONSIGLIO

Per vedere fino a che punto North London sia ricca di natura, fate una passeggiata. Hampstead Heath coniuga un ambiente naturale fatto di boschi con la vista dei grattacieli all'orizzonte. Regent's Canal, un tempo vitale per l'industria, è ora una meta prediletta per una piccola fuga, che permette di camminare lontano dal traffico.

Camden

La stazione di King's Cross

Warner Bros Studio Tour: The Making of Harry Potter e binario 9¾

ATTENZIONE AI BABBANI

Che siate fan occasionali o sfegatati di Harry Potter, North London è la sede di due importanti luoghi di pellegrinaggio legati a quella saga.

Le riprese per i film di *Harry Potter* si sono svolte in un set cinematografico situato circa 20 miglia (32 km) a nord-ovest di Londra. Qui, partecipando al **Warner Bros Studio Tour: The Making of Harry Potter**, potrete ammirare costumi, scenografie e attrezzature. Alcuni set delle scene girate in interni – tra cui lo studio di Albus Silente e la sala comune dei Grifondoro – sono raccolti in un grande hangar; una sezione all'aperto, poi, contiene un numero anche maggiore di set.

Bisogna prenotare online e per la visita servono almeno tre ore. La Golden Tours offre un servizio di biglietteria e trasporto, ma si può prendere un treno dalla stazione londinese di Euston fino a Watford Junction e poi una navetta o il taxi (15 minuti).

Euston si trova meno di un chilometro a ovest della vera stazione di King's Cross citata nei libri, dove c'è anche il binario 9¾: nel terminal delle partenze cercate la fila che si forma intorno al carrello dei bagagli mezzo incassato nel muro.

Camden Market

UN PARADISO DELLO SHOPPING

Anche se – o forse proprio perché – ha smesso di essere alternativo molti anni or sono, il Camden Market richiama tuttora milioni di visitatori e rimane una delle attrattive più popolari di Londra. Quel che in origine si presentava come un insieme di bancarelle di articoli di artigianato allestite di fianco al Camden Lock oggi si estende grossomodo dalla stazione della metropolitana di Camden Town a quella di Chalk Farm. Troverete un po' di tutto: abbigliamento (di varia qualità), borse, gioielli, artigianato, candele, incensi e una miriade di oggetti decorativi. Alcune laterali, tra cui Inverness St nella parte a sud del canale, sono fiancheggiate da economiche bancarelle di T-shirt, berretti e braccialetti di plastica.

Warner Bros Studio

CAMDEN E NORTH LONDON

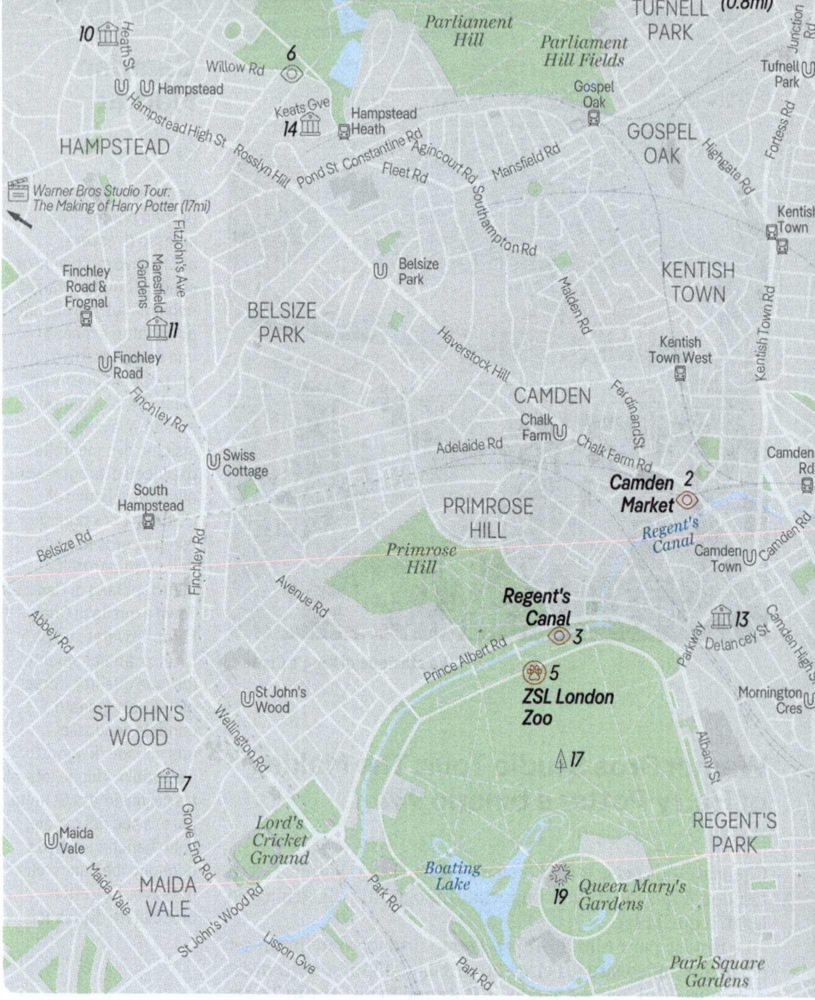

DA NON PERDERE
1 British Library
2 Camden Market
3 Regent's Canal
4 Wellcome Collection
5 ZSL London Zoo

DA VEDERE
6 2 Willow Road
7 Abbey Road Studios
8 Coal Drops Yard
9 Estorick Collection of Modern Italian Art
10 Fenton House
11 Freud Museum
12 Granary Square
13 Jewish Museum London
14 Keats House
15 King's Cross Station
16 London Canal Museum
17 Regent's Park
18 St Pancras Station & Hotel

DIVERTIMENTI
19 Regent's Park Open Air Theatre

SHOPPING
20 Harry Potter Shop at Platform 9¾

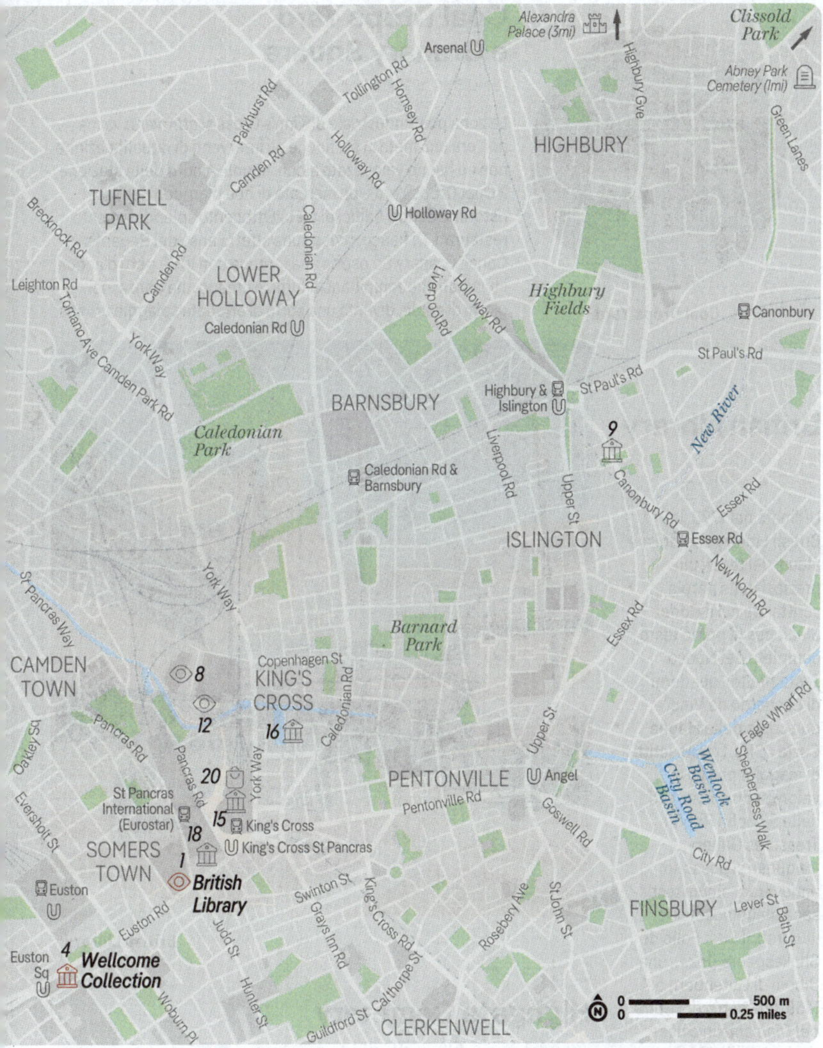

Keats House (p108)

ALEX_MASTRO/SHUTTERSTOCK ©

Coal Drops Yard

Coal Drops Yard e Granary Square

IL NUOVO VOLTO DI KING'S CROSS

La zona post-industriale di King's Cross si *attraversava* ma non era una meta in sé, finché gli interventi di riqualificazione non ne hanno valorizzato alcuni angoli. A nord della stazione, il Coal Drops Yard è un mercato di due piani con negozi e ristoranti dentro edifici di metà Ottocento splendidamente restaurati. Di fianco, presso una stretta ansa del Regent's Canal, Granary Sq ospita una fontana con 1080 getti d'acqua illuminati che zampillano a turno e creano una danza; nei giorni di caldo, diventa una sorta di affollata spiaggia urbana.

British Library

IL DEPOSITO DELLA PAROLA SCRITTA

Ultimata nel 1998, la British Library custodisce alcuni dei tesori più preziosi della parola scritta, tra cui il *Codex Sinaiticus* (il primo testo completo del Nuovo Testamento), quaderni di Leonardo da Vinci e due copie della Magna Carta (1215). I manoscritti di maggior pregio e valore sono conservati nella Sir John Ritblat Treasures Gallery; tra questi si possono annoverare alcuni testi sacri magnificamente illustrati, il First Folio di Shakespeare (1623), una Bibbia di Gutenberg del 1455, una copia del *Sutra del Diamante* in cinese risalente all'868 – il testo a stampa più antico del mondo, realizzato con la tecnica della xilografia – nonché i testi manoscritti di alcune canzoni dei Beatles e la partitura del *Messiah* di Handel.

British Library

Highgate Cemetery

VALHALLA GOTICO-VITTORIANO

Questa meraviglia gotica – con urne drappeggiate di sudari, colonne spezzate, angeli dormienti e tombe in stile egizio – si estende selvaggia e pittoresca per 20 ettari. Nella zona orientale potrete rendere omaggio a Karl Marx e Mary Ann Evans (scrittrice nota come George Eliot), ma la vera attrattiva è il West Cemetery, dove un dedalo di sentieri conduce alle tombe disposte intorno al Circle of Lebanon. Quello di Highgate è un cimitero attivo. Tra i personaggi famosi qui sepolti più di recente ci sono il cantante George Michael e il dissidente russo Alexander Litvinenko, morto in circostanze poco chiare dopo aver ingerito alimenti contaminati con il polonio, il cui corpo era talmente radioattivo da rendere necessaria una speciale bara rivestita di piombo.

MAGDANATKA/SHUTTERSTOCK ©

Holly Bush

ALTRE IDEE PER CAMDEN E NORTH LONDON

Musei eccentrici a North London

I TESORI CULTURALI DI CAMDEN E DINTORNI

I piccoli musei di North London aprono prospettive interessanti per chi è curioso di scavare nella cultura della capitale cercando al di là delle grandi istituzioni.

La **Wellcome Collection**, a sud della stazione di Euston, si concentra sullo spazio di intersezione tra arte, scienza e medicina: il fulcro è costituito dalla collezione (per certi versi controversa) di Henry Wellcome, dedicata alle curiosità mediche. Il **London Canal Museum**, allestito all'interno di un vecchio deposito del ghiaccio risalente al 1857 in una laterale di King's Cross, ripercorre la storia della rete di canali di Londra.

Sigmund Freud trascorse l'ultimo anno di vita in una casa nei pressi di Finchley Rd, oggi sede del **Freud Museum**; lo studio accoglie tuttora il suo celebre divano. Nel cuore di Camden Town, il **Jewish Museum** ha mostre dedicate alle credenze e ai rituali del popolo ebraico, alla sua storia in Gran Bretagna e all'olocausto. La **Estorick Collection of Modern Italian Art**, in una *town house* georgiana vicino alla stazione di Highbury & Islington, è la sola in Gran Bretagna dedicata all'arte italiana.

MIGLIORI PUB A NORTH LONDON

Holly Bush
Pub georgiano Heritage Listed (Grade II) con interni antichi in posizione defilata sulla collina.

Edinboro Castle
Un classico di Camden con un'atmosfera divertente, un menu completo e un enorme beer garden.

Flask
Il posto perfetto per gustare una pinta di birra durante la passeggiata tra Hampstead Heath e Highgate Cemetery.

Spaniards Inn
Risalente al 1585, questa storica taverna ha più personaggi di un musical del West End.

Lock Tavern
Una vera istituzione a Camden, con un beer garden e una terrazza da cui osservare la folla al mercato.

DOVE BERE A NORTH LONDON

Booking Office 1869
Splendido bar in mattoni rossi situato nell'ex biglietteria della stazione di St Pancras.

69 Colebrooke Row
Nel 'bar senza nome' si versano deliziosi cocktail dai gusti insoliti.

Rooftop at The Standard
Belle vedute sulla stazione di St Pancras e sulla città da una posizione sopraelevata.

ITINERARIO A PIEDI: HAMPSTEAD HEATH

Estesa su una superficie di 320 ettari, la vasta brughiera di Hampstead Heath, con le sue dolci colline ammantate di boschi e prati, è un mondo a sé rispetto al centro di Londra, di cui pure si scorgono gli edifici in lontananza.

Prendete il London Overground fino alla stazione di Hampstead Heath. Da qui, seguite la strada chiamata Parliament Hill che si immette nel parco, salendo fino al **1 Parliament Hill Viewpoint** per godere della veduta sulla città.

Vari sentieri in direzione nord conducono a tre stagni balneabili (uno **2 misto** a ovest e due solo per **3 uomini** o per **4 donne** a est). Gli stagni riservati a uomini e donne sono aperti tutto l'anno, per la gioia dei patiti del nuoto in acqua fredda, e sono presidiati da bagnini. Se volete fare un tuffo, portate con voi costume e telo.

Attraversate la brughiera fino alla sua estremità settentrionale, dove troverete la **5 Kenwood House**, del XVIII secolo. La galleria a ingresso libero custodisce una magnifica collezione d'arte, che comprende dipinti di Rembrandt, Constable, Turner, Gainsborough e Vermeer.

Una volta fatto il pieno di aria fresca e cultura, andate a ristorarvi in uno dei bei pub situati intorno a Hampstead Heath. Uscite dal parco passando dal parcheggio della Kenwood House e camminate in direzione sud-ovest lungo Hampstead Ln. Sul margine del parco, lo **6 Spaniards Inn** del 1585 ha accolto i poeti romantici Keats e Byron, come pure l'artista Joshua Reynolds.

A piedi o con l'autobus n. 210 arrivate fino alla fermata di Jack Straw's Castle e attraversate lo storico quartiere di Hampstead. Amato dagli artisti tra le due guerre, conserva un carattere bohémien: ricche dimore, vie alberate, *cafe* e graziose boutique. Terminate con una cena in un gastropub, come lo **7 Holly Bush**, classificato di speciale interesse (Grade II) con splendidi arredi antichi.

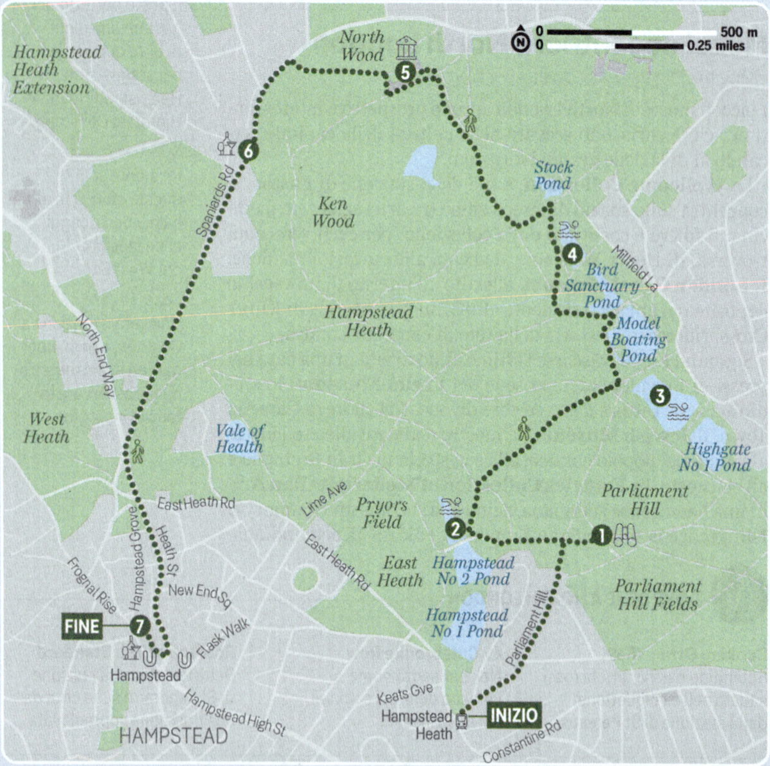

Abbey Road Studios

Abbey Road Studios

MAGICAL MYSTERY TOUR

Gli appassionati dei Beatles non possono visitare Londra senza fare un pellegrinaggio nei famosi **Abbey Road Studios**, a St John's Wood. Gli studi di registrazione in sé sono chiusi al pubblico, perciò dovrete accontentarvi di vedere i graffiti lasciati dai fan sulla recinzione esterna nel corso dei decenni e passare anche voi sulle strisce pedonali per riprodurre la copertina di *Abbey Road*, capolavoro del 1969 dei Fab Four.

Parchi e spazi all'aperto

IMMERSI NEL VERDE

North London ha la fortuna di poter contare su un gran numero di parchi oltre a quello di Hampstead Heath e se splende il sole fareste bene a mettere da parte qualunque altro programma aveste per recarvi subito in uno di questi spazi verdi.

Il **Regent's Park** è uno dei più graziosi del centro di Londra. I Queen Mary's Gardens, situati nella parte meridionale del parco, sono particolarmente belli, soprattutto a giugno quando sbocciano le rose. Qui in estate si svolgono degli spettacoli in un teatro all'aperto. La parte nord-occidentale del parco

POSTI MIGLIORI PER LA MUSICA LIVE

Scala
Concerti intimi e serate danzanti in un vecchio cinema degli anni '20.

Green Note
Uno dei locali migliori in cui assistere dal vivo a concerti di folk e world music. Ci sono esibizioni ogni sera.

Jazz Cafe
La musica jazz è solo una piccola parte dell'offerta complessiva di questo locale; trovano spazio anche la musica funk, hip-hop, R&B e soul.

Dublin Castle
Musica punk e gruppi alternativi quasi tutte le sere, nella sala posteriore di un pub opportunamente grunge.

Union Chapel
Spazio ricco di atmosfera, in una cappella tuttora in uso del 1877.

DOVE BERE A NORTH LONDON

Ladies & Gentlemen
Servizi igienici pubblici trasformati in un cocktail bar di prim'ordine.

Euston Tap
Pub con birra artigianale e ale, all'interno di una monumentale casa di portineria in pietra.

Little Creatures
Questo birrificio, avviato in Australia, oggi produce le sue birre vicino a Regent's Canal.

POSTI MIGLIORI PER MANGIARE A NORTH LONDON

Ottolenghi
Ingredienti freschi trasformati dal famoso chef nativo di Gerusalemme in squisiti piatti e gustose insalate della cucina mediterranea orientale. ££

Roti King
Friabili focacce malesi servite con il curry, oppure farcite con saporiti ripieni. £

Camden Lock Market & West Yard
Decine di bancarelle alimentari per un'offerta globale: dalla Francia all'Argentina, dal Giappone ai Caraibi. £

Trullo
Pasta fatta in casa, carne e pesce alla brace, e una carta dei vini tutta italiana. ££

Duke of Cambridge
Primo pub certificato biologico del Regno Unito, in posizione defilata in una laterale a Islington. ££

è delimitata dal Regent's Canal, di cui potrete percorrere l'alzaia verso ovest fino a Little Venice o verso est fino a Camden Town, King's Cross, Victoria Park e persino fino al Tamigi. Lo **ZSL London Zoo** occupa l'angolo nord-orientale del Regent's Park. Inaugurato nel 1828, è il più vecchio giardino zoologico al mondo. Oggi si occupa soprattutto di tutela delle specie animali, della loro riproduzione e di educazione all'ecologia; rispetto al passato, infatti, ci sono meno animali e questi vengono tenuti in spazi recintati molto più grandi.

Oggi l'**Abney Park Cemetery** è a tal punto ricoperto dalla vegetazione da essere diventato un'importante riserva naturale nel tessuto urbano, con un ambiente adatto per uccelli, farfalle e insetti di ogni tipo. La cappella che si erge al centro sembra uscita da un film dell'orrore, ma l'intero complesso è pervaso da un'atmosfera alquanto sinistra. Il parco si estende su una superficie di 79 ettari, dall'Alexandra Palace giù per la collina, e regala una vista ininterrotta della città ai suoi piedi.

Architettura di rilievo a North London

SPLENDIDI EDIFICI E DIMORE STORICHE

La ricca Hampstead è da sempre associata ad artisti e intellettuali. Oggi alcune delle loro dimore, trasformate in musei, sono aperte al pubblico.

Una delle case più antiche di Hampstead è la suggestiva **Fenton House**, risalente al 1686. Un tempo l'abitazione di un mercante, ospita ora una pregevole collezione di porcellane, strumenti musicali a tastiera, arredi del periodo georgiano e opere d'arte antiche. La **Keats House** in stile Regency fu, dal 1818 al 1820, la casa del 'ragazzo d'oro' del Romanticismo inglese, il poeta John Keats, che vi scrisse molti componimenti celebri.

Chi ama l'architettura modernista dia una sbirciata al **n. 2 di Willow Road**: progettata da Ernő Goldfinger nel 1939, la casa si segnala, tra l'altro, per l'atmosfera vissuta e l'ingegnosa scala a spirale. Si può approfondire il tema alla **Isokon Gallery**, allestita nell'ex garage del primo condominio modernista della Gran Bretagna, abitato anche dall'autrice Agatha Christie e da Walter Gropius, il fondatore del movimento Bauhaus.

Persino le due stazioni della zona sono uno spettacolo. Visitate il complesso neogotico di **St Pancras** (1868), ammirando la magnifica scalinata dell'albergo, immortalata in un video delle Spice Girls. In seguito a grandi lavori di ammodernamento, dal 2012 la stazione di **King's Cross** ha un nuovo terminal delle partenze coperto da una ragnatela di acciaio curvo.

Poche miglia a nord-est di Hampstead si trova l'**Alexandra Palace** (1873). Nel 1936, l'Ally Pally è diventato il centro di trasmissione del primo servizio televisivo al mondo.

DOVE FARE SHOPPING OLTRE AL CAMDEN MARKET

Camden Passage Market
Un vicolo acciottolato a Islington, orlato da negozi di antiquariato, boutique di abbigliamento vintage e *cafe*.

Word on the Water
Libreria di seconda mano su una chiatta olandese restaurata degli anni '20, lungo il Regent's Canal.

Harry Potter Shop at Platform 9¾
Negozio rivestito in legno, con bacchette, maglioni delle case di Hogwarts e libri.

GREENWICH

STORIA MARITTIMA, LÀ DOVE INIZIA L'ORA ZERO

Se le attrattive di Greenwich appartenessero a una località diversa dalla capitale, ne farebbero una delle mete di maggior richiamo del Regno Unito. Vien da sé, dunque, che questo distretto londinese, Patrimonio dell'Umanità UNESCO, è da vedere a ogni costo.

La Greenwich storica (si pronuncia '*gren*-itch') compensa la sua atmosfera da villaggio fluviale con palazzi sontuosi, mercati vivaci, un parco verde e molti intimi pub. Quasi tutti i visitatori le dedicano solo un giorno, ma Greenwich, visto il suo interesse culturale e storico, meriterebbe più tempo: il Royal Observatory, la Queen's House, il National Maritime Museum e l'Old Royal Naval College richiederebbero diverse ore ciascuno. La Painted Hall, ricoperta di enormi dipinti murali, è imperdibile. Per fortuna le attrattive principali di Greenwich sono concentrate in un'area comoda da girare a piedi.

Per una prospettiva meno turistica su questa parte di Londra, andate a Deptford o a North Greenwich, zone in via di rapido sviluppo diverse tra loro: la prima di tendenza, la seconda piena di palazzoni.

IL CONSIGLIO

Benché si possa arrivare qui in treno o con la Docklands Light Railway (DLR), perché non preferire il trasporto acquatico, subacqueo o aereo? I Thames Clippers attraccano al Greenwich Pier, mentre il London Cable Car si innalza fino a una quota di 90 m prima di fermare a North Greenwich. Il Greenwich Foot Tunnel (1902) si inabissa al di sotto del Tamigi.

Queen's House, Greenwich

DA NON PERDERE		**DA VEDERE**	
1 Greenwich Park	**3** Old Royal Naval College	**6** Chapel of St Peter & St Paul	**8** Fan Museum
2 National Maritime Museum	**4** Painted Hall	**7** Cutty Sark	**9** Old Royal Naval College Visitor Centre
	5 Royal Observatory		**10** Queen's House

Royal Observatory e Greenwich Park

L'ORIGINE DEL GREENWICH MEAN TIME

Come un faro in cima al Greenwich Park, il Royal Observatory è attraversato da quello che per convenzione è il meridiano fondamentale (longitudine 0° 0' 0"), posto a riferimento per il calcolo dei fusi orari. I biglietti danno accesso anche alla Flamsteed House, progettata da Christopher Wren, e al Meridian Courtyard, dove provare l'ebbrezza di stare a cavalcioni tra gli emisferi orientale e occidentale. Ammirate il Great Equatorial Telescope (1893) nella cupola a cipolla dell'osservatorio, prima di esplorare lo spazio-tempo nelle sale del museo.

Dall'alto del Greenwich Park (che si estende per 74 ettari, ed è il più antico parco reale recintato) si gode una bella vista sul Canary Wharf (p97), il distretto finanziario al di là del Tamigi.

Royal Observatory

Painted Hall

Painted Hall e Old Royal Naval College

L'ICONA ARCHITETTONICA PIÙ SONTUOSA DI GREENWICH

Nel 1692 il re Guglielmo III e la regina Maria II commissionarono a Christopher Wren la costruzione di un alloggio per marinai in questa sede; la struttura realizzata è un capolavoro dell'architettura barocca. Oggi ospita la University of Greenwich e il Trinity Laban Conservatoire of Music and Dance, ma il parco circostante e alcuni edifici del complesso sono aperti al pubblico.

Progettata come sala da pranzo per i marinai in pensione o disabili, la Painted Hall è uno spazio per banchetti assai sontuoso, che si fregia di avere la superficie dipinta (pareti e soffitto) più grande d'Europa. L'artista James Thornhill impiegò 19 anni per completare il lavoro, un lasso di tempo nel quale si succedettero sul trono tre sovrani.

Il biglietto di ingresso alla Painted Hall permette di partecipare a una bella visita di 45 minuti del parco circostante, che conduce ad angoli altrimenti spesso trascurati, come la pista da skittle d'epoca vittoriana. I tour partono all'interno, dall'Old Royal Naval College Visitor Centre, dove si trovano manufatti provenienti dal vecchio palazzo di re Enrico VIII.

Non perdete l'occasione di ammirare la splendida Chapel of St Peter & St Paul del 1742, in stile rococò, caratterizzata da uno stupefacente soffitto celeste e color crema.

ALLA SCOPERTA DI DEPTFORD

Un tempo importante e ricco centro cantieristico, Deptford è oggi un quartiere in via di transizione.

Da Greenwich, passeggiate lungo il fiume, attraversando il Deptford Creek una volta arrivati al ponte girevole. Una **statua di Pietro il Grande** vicino al Tamigi ricorda la visita dello zar russo a Deptford nel 1698 per apprendere gli ultimi sviluppi nell'arte della cantieristica. Più a sud-ovest, **Albury St** è fiancheggiata da edifici del primo periodo georgiano, che un tempo ospitavano gli ufficiali navali di Deptford, tra cui – a quanto si dice – Lord Nelson (e la di lui amante, Lady Hamilton).

Sul lato meridionale della linea ferroviaria si trova il **Deptford Market Yard**, che ha dato nuova vita alle arcate un tempo abbandonate. Sorseggiate una birra da **Villages** prima di spingervi più a sud, per continuare la degustazione da **Little Faith**.

NUI7711/SHUTTERSTOCK ©

Cutty Sark

ALTRE IDEE PER GREENWICH

I musei della Greenwich marittima

I SETTE MARI E OLTRE

I musei di Greenwich si concentrano sulle navi e sulla marineria, ma anche i patiti d'arte troveranno pane per i loro denti.

Dedicato alla lunga e ricca storia nautica del paese, l'eccellente **National Maritime Museum**, distribuito su tre piani, ospita mostre interessanti. Tra i pezzi di maggior pregio, l'enorme pittura a olio di J.M.W. Turner *La battaglia di Trafalgar* (1824), la chiatta di stato dorata lunga 19 m costruita nel 1732 per il principe del Galles, e le variopinte polene esposte al piano terra.

Di fianco, la **Queen's House** è il primo edificio neoclassico del Regno Unito; oggi affascina per la forma, tanto quanto per il contenuto (molti ritratti, di cui non stupisce il carattere marittimo). Spesso fotografate sono le scale elicoidali, le Tulip Stairs.

La **Cutty Sark**, l'ultimo clipper ad aver veleggiato tra la Cina e l'Inghilterra nel XIX secolo, dal suo bacino di carenaggio si rivolge nostalgicamente verso il Tamigi. Varata nel 1869, in soli sette anni di servizio ha trasportato 4,5 milioni di chilogrammi di tè.

Chi ha uno speciale apprezzamento per i ventagli si rechi nel piccolo **Fan Museum**, in una placida laterale vicino a Greenwich Park. Ospita migliaia di ventagli storici e moderni da tutto il mondo, realizzati in avorio, guscio di tartaruga, piume di pavone, tessuto piegato ecc.

A VELE SPIEGATE

Approfondite la storia navale presso la **HMS Belfast** (p90), la **HMS Victory** (p170), l'ammiraglia di Nelson nella battaglia di Trafalgar, e la **Mary Rose** (p170), la nave prediletta di Enrico VIII.

DOVE MANGIARE A GREENWICH

Greenwich Market
Gioielli e stampe artigianali, ma anche torte fatte in casa, ostriche di provenienza locale e churros ripieni. £

Goddards at Greenwich
Un'istituzione di Greenwich sin dal 1890, serve classici piatti british, come sformato, purè di patate e *jellied eels*. £

Trafalgar Tavern
Un'elegante taverna con lampadari di cristallo, arredi nautici e grandi finestre sul Tamigi. ££

PECKHAM E SOUTH LONDON

TRANQUILLA VITA LOCALE

Se si escludono alcuni musei e gallerie, South London non è una parte della città in cui si va per i siti di interesse. Nati in epoca vittoriana come frondose zone suburbane, i suoi quartieri conservano un'atmosfera da villaggio, con magnifici mercati centrali – oggi però sempre più imborghesiti – e un fascino quieto, a tratti sonnacchioso.

Nondimeno Brixton, Peckham e Clapham in special modo offrono parecchio da fare la sera, tanto che si può dire che rubino qualche gioiello alla corona detenuta da Shoreditch in fatto di vita notturna. Un certo orgoglio anima chi vive a sud del fiume e, anche nel corso di una breve visita, qui si respira un autentico spirito di comunità.

A South London la vita scorre placida durante la settimana. Alcuni mercati di interesse, come quello in Maltby St, si animano solo nel weekend, soprattutto il sabato. Questa parte della capitale è attraversata dalle linee ferroviarie, e birrifici, bar e ristoranti hanno trasformato le loro arcate un tempo sordide in luoghi di socialità.

IL CONSIGLIO

Pianificate in anticipo la vostra visita a South London. La superficie da coprire è vasta e i trasporti talvolta poco efficienti possono comportare un notevole spreco di tempo.
Il lunedì è la giornata più tranquilla di tutta la settimana: l'ideale se si vuole esplorare con calma, molto meno se si aspira a trovare un ristorante aperto.

Clapham Common

DALIU/SHUTTERSTOCK ©

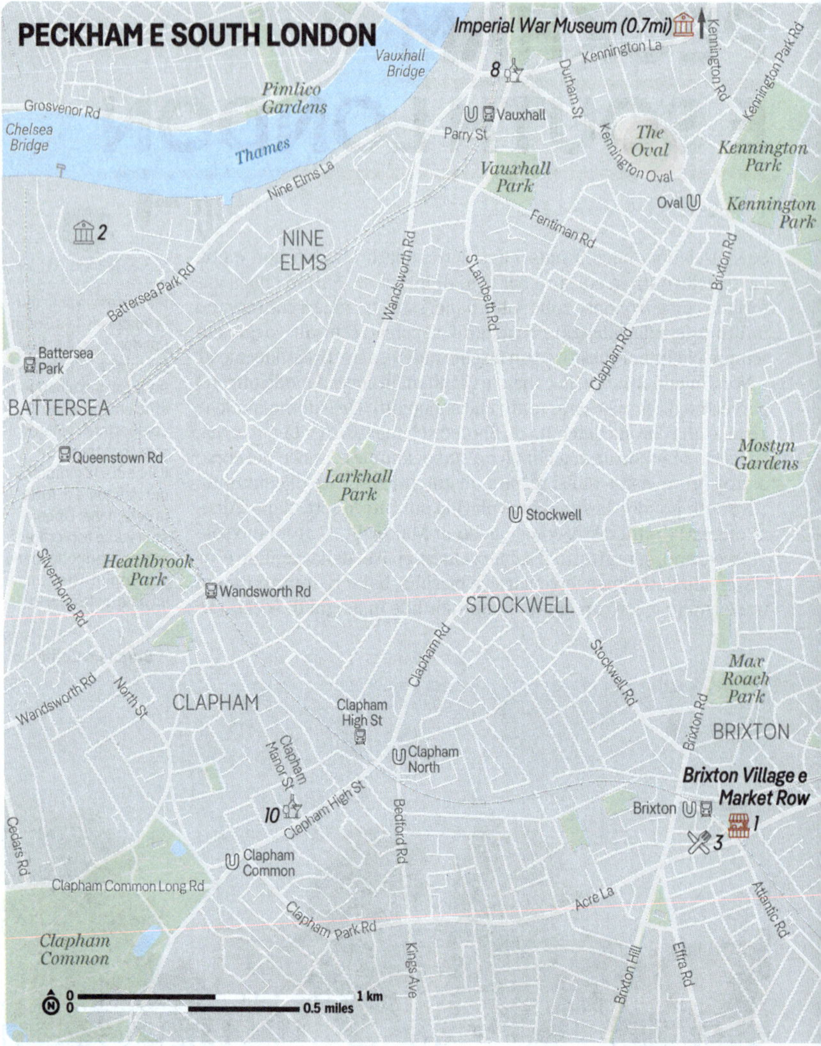

DA NON PERDERE
1 Brixton Village e Market Row

DA VEDERE
2 Battersea Power Station

PASTI
3 Franco Manca
v. 1 Honest Burgers

LOCALI E VITA NOTTURNA
4 Bussey Rooftop Bar
5 Forza Wine
6 Four Quarters
7 Frank's
8 Royal Vauxhall Tavern
9 Skylight Peckham
10 Two Brewers

Battersea Power Station (p116)

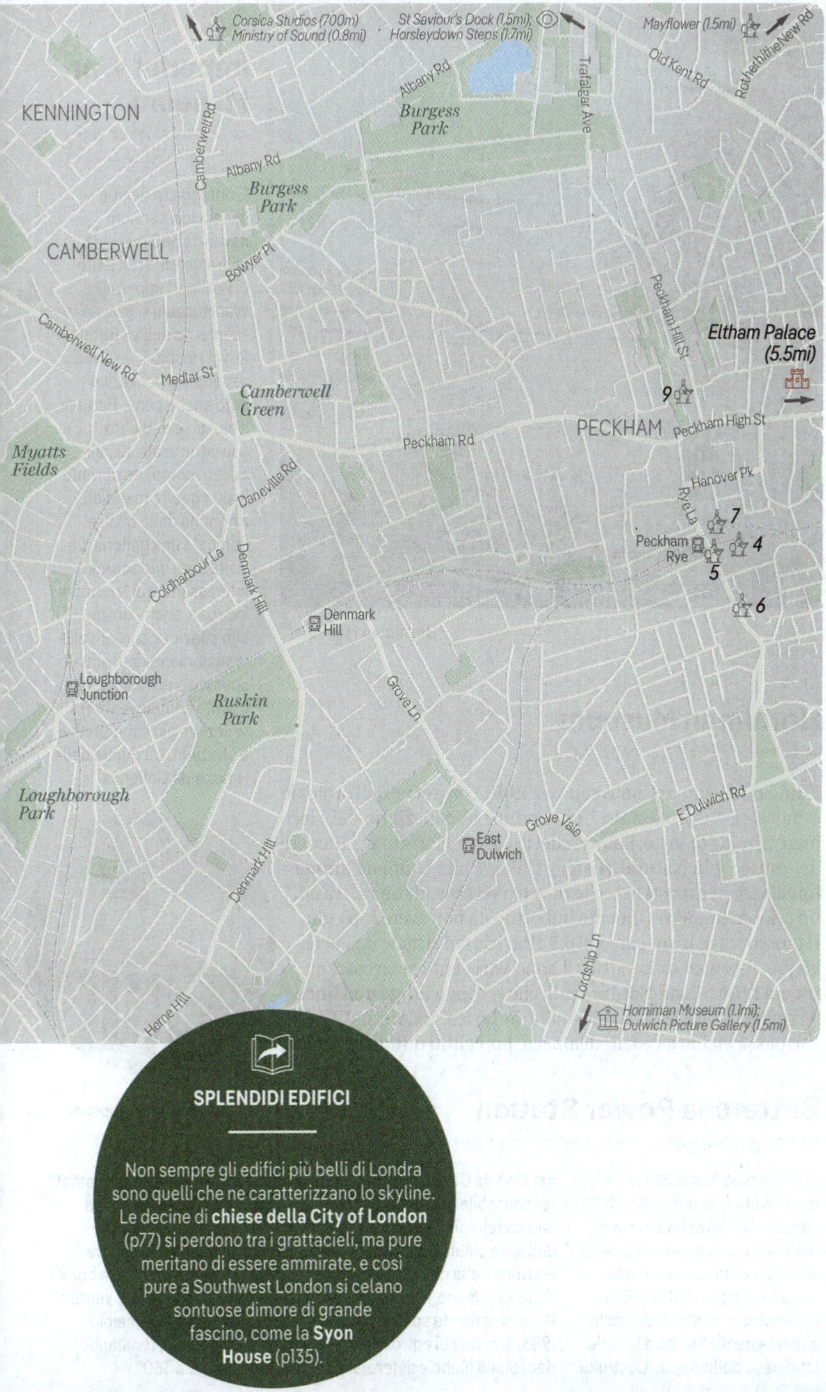

SPLENDIDI EDIFICI

Non sempre gli edifici più belli di Londra sono quelli che ne caratterizzano lo skyline. Le decine di **chiese della City of London** (p77) si perdono tra i grattacieli, ma pure meritano di essere ammirate, e così pure a Southwest London si celano sontuose dimore di grande fascino, come la **Syon House** (p135).

Horniman Museum

Horniman Museum

ECLETTICA COLLEZIONE STORICA

Edificio in stile art nouveau del 1901, con torre dell'orologio e mosaici, fu progettato per ospitare la collezione del ricco mercante di tè vittoriano Frederick John Horniman. Il cuore del museo è la Natural History Gallery, che contiene animali imbalsamati esposti in teche di vetro vecchia maniera, tra cui un celebre tricheco talmente imbottito da non avere le pieghe. Il museo sorge in un parco di 6,5 ettari da cui si gode una bella vista sul centro di Londra. Ci sono vari sentieri circostanti, tra cui l'Horniman Nature Trail, che si snoda lungo una linea ferroviaria dismessa trasformata in bosco, e l'Animal Walk, che passa vicino a recinti di alpaca, porcellini d'India e conigli.

Imperial War Museum

AFFASCINANTI SCORCI SUL TEMA DELLA GUERRA

Fronteggiato da due minacciosi cannoni navali da 380 mm e da un frammento del Muro di Berlino, l'Imperial War Museum si trova all'interno dell'ex Bethlem Royal Hospital, un antico ospedale psichiatrico noto anche come Bedlam. Il museo è dedicato soprattutto alle azioni militari compiute durante le due guerre mondiali, a ognuna delle quali è dedicata una galleria. La visita apre uno scorcio interessante sui fenomeni indagati, anche grazie allo spazio accordato alle testimonianze individuali, spesso tanto illuminanti quanto commoventi. Tra le sezioni più impegnative e strazianti c'è quella delle Holocaust Galleries.

Imperial War Museum

Battersea Power Station

LA RINASCITA DI UN LUOGO-SIMBOLO DI LONDRA

La Battersea Power Station è tra gli edifici più noti di South London. Nel 2022 ha aperto al pubblico per la prima volta nella veste di centro commerciale, forse il più bello della capitale. Il complesso comprende anche appartamenti di lusso e la sede londinese della Apple. Costruita nel 1933 da Giles Gilbert Scott, responsabile anche dell'iconica cabina telefonica rossa e dell'altra celebre centrale elettrica della città, quella usata dalla Tate Modern, la Battersea Power Station fu spenta nel 1983, anno in cui entrò in un decennale limbo esistenziale. Ammiratene gli interni industriali ora sapientemente rinnovati mentre gustate un cocktail da **Control Room B**, oppure scrutate Londra dall'alto a bordo del **Lift 109**, l'ascensore vetrato che sale in cima al fumaiolo nord-occidentale, regalando vedute aperte a 360°.

Dulwich Picture Gallery

I VECCHI MAESTRI IN UNA CORNICE INTIMA

La Dulwich Picture Gallery, la prima galleria d'arte pubblica al mondo costruita con quella funzione, fu progettata da John Soane (l'architetto della Bank of England) e aperta nel 1817 per accogliere la collezione di pitture del vicino Dulwich College. La struttura ospita una notevole raccolta di opere firmate dai grandi maestri del passato, tra cui Rembrandt, Rubens, Gainsborough, Poussin e Canaletto. Cosa insolita, comprende un mausoleo dedicato ai suoi fondatori, illuminato da una *lumière mystérieuse* creata con il ricorso a vetri colorati.

Dulwich Picture Gallery

Eltham Palace

IN ALTO A DESTRA: JONO PHOTOGRAPHY/SHUTTERSTOCK ©, A DESTRA: WIRESTOCK CREATORS/SHUTTERSTOCK ©

Eltham Palace

LO STILE ART DÉCO INCONTRA UN'ANTICA RESIDENZA MEDIEVALE

Situata a circa 30 minuti di treno verso sud-est dalla stazione di London Bridge, questa magnifica dimora art déco fu fatta costruire negli anni '30 del secolo scorso da Stephen Courtauld, la cui famiglia aveva fatto fortuna nell'industria del rayon (la seta artificiale), e da sua moglie Virginia (Ginie) come tenuta di campagna in cui intrattenere gli ospiti. Gli interni presentano tutte le comodità più all'avanguardia del tempo: telefoni, orologi elettrici sincronizzati, un sistema di aspirazione e un bollitore in grado di rifornire 12 bagni. La dimora 'moderna' è annessa a ciò che resta di un complesso reale d'epoca medievale, la casa d'infanzia di Enrico VIII prima che i Tudor si trasferissero a Greenwich.

Da non perdere la Map Room in cui la coppia progettava i propri viaggi: le cartine che oggi è possibile vedere sono rimaste nascoste dalla carta da parati per 70 anni.

Brixton Village e Market Row

LIBERO SFOGO AI PECCATI DI GOLA

Mettete in valigia un secondo stomaco: per South London uno solo non basta. Brixton Village è un mercato coperto risalente agli anni '30 del XX secolo, quando si chiamava Granville Arcade, di recente rivitalizzato dopo un periodo di declino. Ospita oltre 130 negozi, comprese insegne originarie di Brixton, come **Franco Manca** e **Honest Burgers**, ormai piccole catene cittadine. Caffè, negozi di tessuti dell'Africa occidentale e molti ristoranti condividono lo spazio con macellerie halal, verdurai e bazaar, e alcune di queste rivendite conservano per fortuna il sapore afro-caraibico proprio del quartiere. Appena fuori, lungo Electric Ave, lo spettacolo continua, tra alte pile di pesci e frutti giamaicani, articoli vintage e capi di vestiario contraffatti.

VIVIAMO QUI: MIGLIORI PUB A SOUTH LONDON

Andrew Grumbridge e **Vincent Raison**, co-fondatori dell'associazione Deserter dedicata tra le altre cose all'apprezzamento dei pub di South London, scelgono i loro locali prediletti. *@deserterblog*

Blythe Hill Tavern
Locale rivestito di legno, con personale in camicia e cravatta, ma non fatevi ingannare: l'ambiente è rilassato e la birra impeccabile.

Mayflower
Pub intimo, poco illuminato, intitolato alla nave che portò i Pellegrini in America. Se il pub era buono allora come lo è oggi, c'è da stupirsi che siano voluti partire.

Shirker's Rest
Il locale è nostro e non possiamo negare di essere parziali. Ma trasformare un vecchio studio legale in un micropub è stato il nostro modo di rendere un servizio alla collettività.

Mayflower

A SINISTRA: DAN PACKHAM/SHUTTERSTOCK ©; A DESTRA: WILLIAM BARTON/SHUTTERSTOCK ©

ALTRE IDEE PER PECKHAM E SOUTH LONDON

Uscire a South London

LA VITA NOTTURNA NEI DIVERSI QUARTIERI

Le opzioni per la vita notturna a South London, tanto quanto le zone che la compongono, sono molto varie. Grazie a una pletora di pop-up e di locali allestiti sui tetti, a Peckham il divertimento è assicurato. **Frank's**, sopra un parcheggio multipiano, è amato in estate per i suoi spazi all'aperto dove gustare un drink con vista. Dall'altra parte della ferrovia, il **Bussey Rooftop Bar**, in cima a un'ex fabbrica di mazze da cricket, è il locale situato più in alto tra quelli di questa parte della città. Il **Forza Wine**, sul tetto a fianco di un edificio edoardiano ristrutturato, ha spazi sia all'interno sia all'esterno. Al livello stradale, il **Four Quarters** tenta i patiti del genere con il suo bar-sala giochi. A nord della vivace Peckham High St, lo **Skylight Peckham** è una delizia d'alta quota a tutte le ore, con una ricca offerta per il brunch, una splendida vista sullo skyline da godere al pomeriggio, feste danzanti con DJ o musica live a tarda notte.

L'**Elephant and Castle** vanta due mega club in cui la musica non manca mai. Il **Ministry of Sound**, in un ex deposito degli

DOVE MANGIARE A PECKHAM E SOUTH LONDON

Brunswick House
In parte un ristorante, in parte un recupero architettonico in una solitaria casa georgiana tra gli alti palazzi di Vauxhall. ££

Smoke & Salt
Piatti genuini, preparati utilizzando le tecniche semplici di una volta, lungo Tooting High St. ££

Bar Tozino
Magnifico tapas and wine bar in uno spazio convertito sotto le arcate della ferrovia lungo il Maltby Street Market. ££

autobus, ha quattro bar, tre piste da ballo e oltre 60 altoparlanti. Al **Corsica Studios** il weekend sembra non finire mai: il venerdì e il sabato notte il locale ha licenza di restare aperto fino alle 6.

Vauxhall e Clapham hanno una consolidata scena LGBTIQ+. La **Royal Vauxhall Tavern** è un luogo simbolo della comunità gay, con cabaret e spettacoli ogni sera, mentre al **Two Brewers** si balla durante il weekend.

Sulle tracce della 'Vecchia Londra' a Shad Thames e Rotherhithe

UN TUFFO NEL PASSATO

Per fare l'esperienza di un viaggio all'indietro nel tempo, andate fino a **Shad Thames**, piccolo quartiere a est del Tower Bridge. Lungo strette vie acciottolate, all'ombra delle gru e dei ponti pedonali in ferro, si trovano ancora i vecchi magazzini di mattoni beige in cui in passato venivano conservati caffè, tè e spezie (all'epoca il più grande complesso di stoccaggio della città), e che oggi assolvono altre funzioni. Scalinate segrete, come gli **Horsleydown Steps**, permettono di godere una splendida vista sul Tower Bridge e sul fiume. Per uno scorcio sui moli, in apparenza immutati, prendete il ponte pedonale sul **St Saviour's Dock**.

Seguite il Bermondsey Wall e Chambers St verso est fino al quartiere di **Rotherhithe**, in un'ansa del Tamigi. Un tempo un porto molto attivo, Rotherhithe è rimasto in funzione fino agli anni '70 e, come nel caso di Shad Thames, il suo retaggio architettonico è ben visibile lungo le vie acciottolate e nei grandi magazzini ricchi di dettagli industriali. Una tappa al **Mayflower**, pub del XVI secolo tra i più ricchi d'atmosfera di tutta Londra, è un must. Prende il nome dalla nave salpata da Rotherhithe, con un carico di Pellegrini, alla volta del Nord America nel 1620.

Pop Brixton

MERCATI E FOOD HALL IMPERDIBILI

Pop Brixton
Pop-up semi-permanente in un container, con ristoranti, bar e negozi indipendenti al 100%. £

Peckham Levels
Bancarelle di street food al 6° piano di un ex parcheggio, con vedute sui grattacieli di Londra. £

Mercato Metropolitano
Food hall all'interno di una cartiera dismessa, con lucernari e tanto spazio all'aperto. £

Maltby Street Market
Ristoranti e bancarelle alimentari lungo e sotto le arcate ferroviarie che partono dal London Bridge. £

Tooting Market e Broadway Market Tooting
Eccellenti ristorantini e bar, di fianco a saloni per unghie e alimentari caraibici e africani. £

Kudu
Menu di piatti sudafricani, preparati con ingredienti insoliti, in un locale a gestione familiare a Peckham. ££

Paladar
Il magnifico ristorante dell'Elephant & Castle serve cucina latinoamericana, da Cuba alla Colombia. ££

Chez Bruce
Sofisticato ristorante stellato Michelin lontano dai percorsi turistici, di fronte al verde Wandsworth Common. £££

ITINERARIO A PIEDI: IL BERMONDSEY BEER MILE

Il fenomeno delle birre artigianali è in pieno fermento a Londra e Bermondsey ne è l'epicentro. Lungo un tratto di arcate ferroviarie è spuntata una ventina di birrifici e sale bar, quasi tutti stabilimenti di produzione aperti al pubblico solo nel weekend.

Per iniziare gustate un goloso doughnut alla **1 St JOHN Bakery** e prendete posto tra le botti di legno della **2 London Beer Factory**. Per un brunch più sostanzioso, passate sotto i binari in Tanner St alla volta del **3 Maltby Street Market**. All'estremità del mercato si trova **4 Hiver**, che prepara IPA, ale e bionde addizionate di miele locale. Passate sotto la ferrovia per raggiungere **5 Anspach & Hobday** e assaggiare la sua famosa porter scura come il caffè, un tipo di birra nato proprio in questo quartiere nel XVIII secolo. Riattraversate le arcate fino al **6 Cloudwater**, la sala bar londinese di un birrificio di Manchester. Accanto si trova la **7 Brew By Numbers**, nota per le sperimentazioni e le etichette 'scientifiche'. Continuate verso sud-est lungo Enid St fino alla **8 Kernel Arch 7 Taproom**, il primo birrificio ad aprire sotto la ferrovia. Provate la sua Table Beer, un'APA molto apprezzata, poco alcolica e dal gusto di luppolo.

Vicino ai birrifici in Enid St spesso ferma qualche furgone alimentare: mangiate un boccone prima di fare la passeggiata di quasi un chilometro lungo le arcate e attraverso una zona industriale che porta da **9 Partizan**, dove potrete gustare una birra in stile americano. Riattraversate le arcate e girate a sinistra oltre il cancello della Bermondsey Trading Estate; al termine di una strada lunga e tortuosa sarete ricompensati dal **10 Fourpure**, con i suoi divanetti sospesi, i bei rampicanti e una scelta di 43 birre artigianali. Le stazioni di South Bermondsey e Surrey Quays sono a breve distanza.

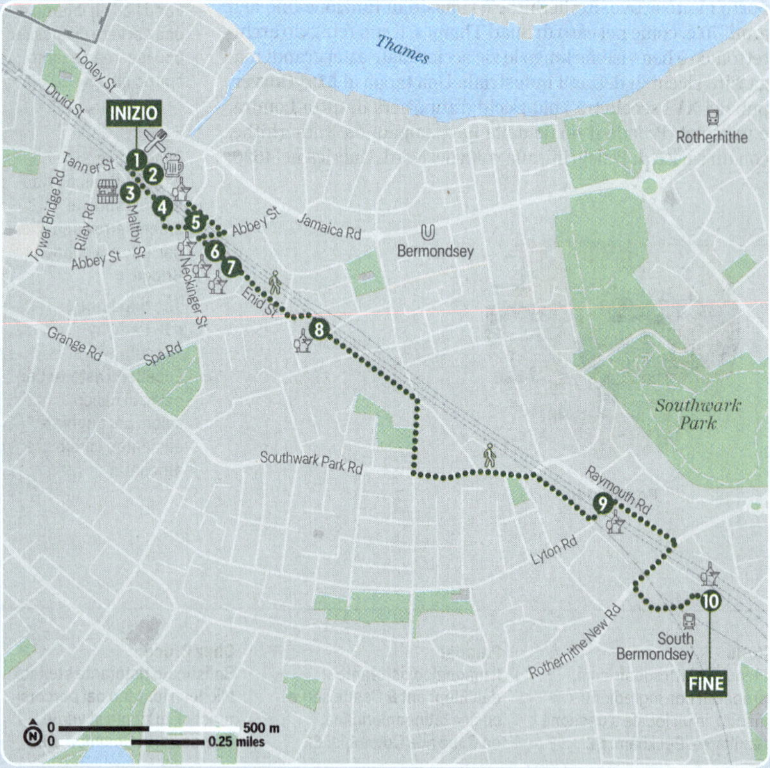

NOTTING HILL E WEST LONDON

MERCATI ALLA MODA, MUSEI E PARCHI

La ben tenuta West London è tra le zone più belle della capitale. L'architettura di pregio e l'ambiente elegante richiamano gli acquirenti negli esclusivi grandi magazzini di Knightsbridge, i patiti del vintage nei mercati di strada di Notting Hill, le famiglie e gli appassionati di cultura nelle gallerie d'arte e nelle case museo di South Kensington, e i nottambuli nei bar di Chelsea, perfetti per vedere e farsi vedere. I palazzi sgargianti di Lancaster Rd e Colville Tce sembrano una fila di pastelli a cera, mentre le casette coperte di glicini lungo le laterali acciottolate sono tra le più ambite della capitale.

Il vasto Hyde Park, sede di una residenza reale, ma anche di tanti angoli nascosti e di curiosità di interesse storico, regala una tregua dall'ambiente urbano, come fanno pure i placidi canali di Little Venice. Tuttora un bastione della cultura afro-caraibica, il Notting Hill Carnival, svolto il lunedì della bank holiday d'agosto e la domenica che lo precede, è la più grande festa di strada in Europa.

IL CONSIGLIO

Dalla caserma di Hyde Park le guardie del re si muovono alla volta della Horse Guards Parade alle 10.28 dei giorni infrasettimanali, secondo un rituale del 1660. Marciano da Hyde Park Corner, sotto il Wellington Arch, in Constitution Hill e lungo il Mall. Lo spettacolo è meno affollato rispetto ai corrispettivi presso Buckingham Palace.

Harrods (p126)

PRETTYAWESOME/SHUTTERSTOCK ©

NOTTING HILL E WEST LONDON

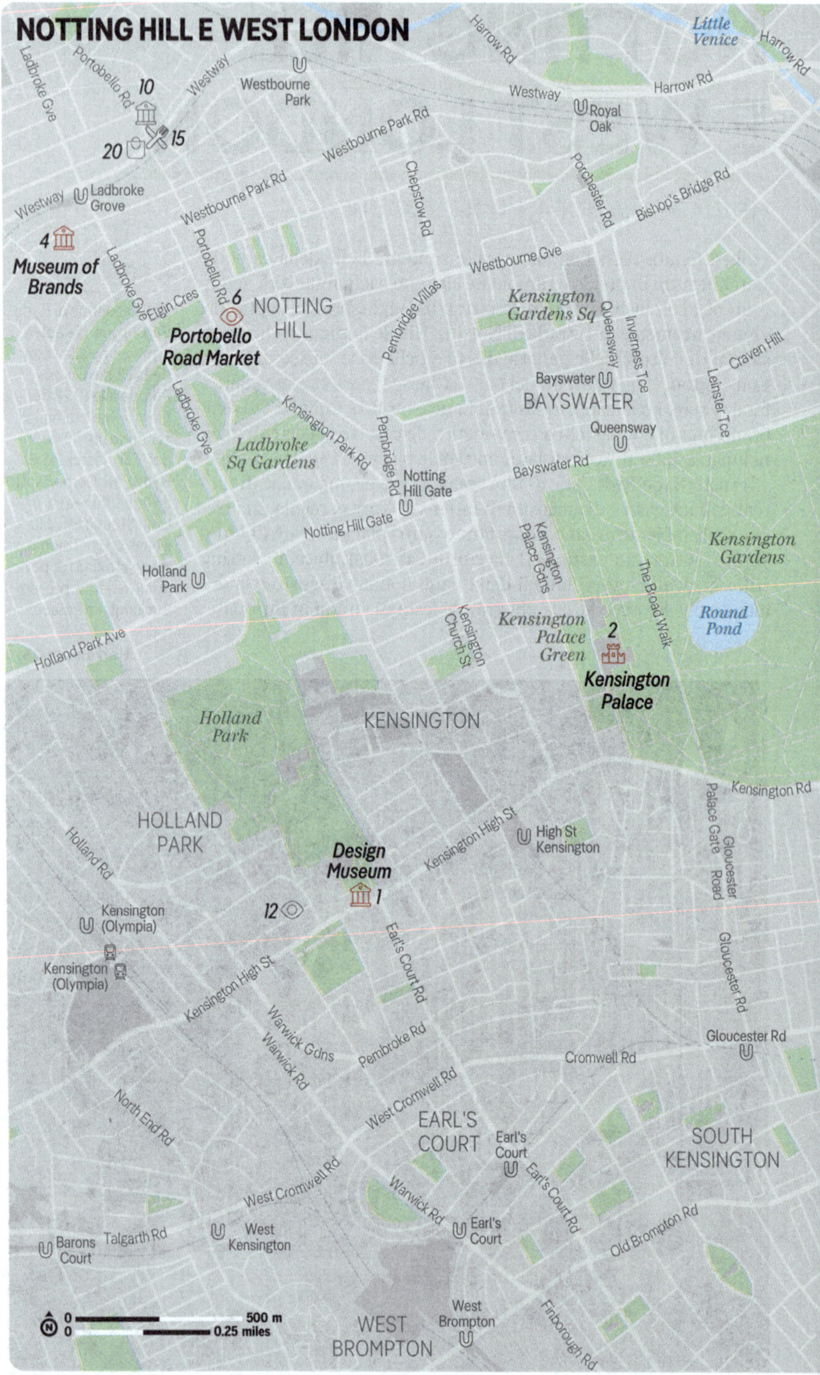

DA NON PERDERE
1 Design Museum
2 Kensington Palace
3 Michelin House
4 Museum of Brands
5 Natural History Museum
6 Portobello Road Market
7 Royal Albert Hall
8 Science Museum
9 Victoria & Albert Museum

DA VEDERE
10 Graffik Gallery
11 King's Road
12 Leighton House
13 Saatchi Gallery
14 Serpentine Gallery

PASTI
15 Acklam Village Market

SHOPPING
16 Conran Shop
17 Harrods
18 Harvey Nichols
19 John Sandoe Books
20 Portobello Green Arcade
21 V&A Shop

Michelin House (p126)

I musei di South Kensington

UN CONCENTRATO DI CULTURA

A Londra non troverete una concentrazione di musei maggiore di quella offerta dalle tre enormi istituzioni poste l'una vicino all'altra a South Kensington, ognuna delle quali a ingresso libero.

Aperto nel 1881, il **Natural History Museum** è intriso dell'irrefrenabile passione vittoriana per il collezionismo, la catalogazione e lo studio del mondo naturale. Il colossale edificio di mattoni ospita 80 milioni di esemplari, tra cui alcuni di quelli raccolti da Charles Darwin e dal capitano Cook. La grandiosa sala centrale del museo sembra la navata di una cattedrale: la qual cosa è calzante, giacché fu costruita in un'epoca in cui le scienze naturali stavano ponendo una sfida all'ortodossia cristiana.

Il Museum of Manufactures, come si chiamava il **Victoria & Albert Museum** quando fu inaugurato nel 1852, fa parte del lascito del principe Alberto alla nazione sull'onda del successo ottenuto dall'Esposizione Universale del 1851. Oggi ospita la collezione di arti decorative più ricca al mondo, con ceramiche asiatiche, tappeti mediorientali, pitture cinesi, mobili e abiti di ogni epoca e provenienza, in un edificio che è in sé un capolavoro.

Con i suoi sette piani di mostre interattive e didattiche, l'affascinante **Science Museum** incanta adulti e bambini in egual misura. I percorsi tematici spaziano dagli esordi della tecnologia all'esplorazione spaziale. Sempre molto apprezzata è la galleria Exploring Space, dove si trovano razzi e satelliti autentici, e una riproduzione a grandezza naturale dell'*Eagle*, il modulo che nel 1969 portò Neil Armstrong e Buzz Aldrin sulla Luna.

HYDE PARK

Hyde Park è il più grande spazio verde nel centro di Londra. Enrico VIII lo espropriò alla Westminster Abbey nel 1536 per farne un'aristocratica tenuta di caccia. Oggi è un posto in cui passeggiare, fare picnic, andare in barca sul lago Serpentine, assistere a un concerto o vedere un film all'aperto, e dilettarsi con le giostre del luna park in inverno.

Assai vasto, il parco ospita diversi angoli di quiete o di interesse particolare, come l'Holocaust Memorial Garden, un cimitero per animali domestici d'epoca vittoriana e lo Speakers' Corner, che tra i suoi infervorati oratori passati può annoverare Karl Marx, Vladimir Lenin e George Orwell.

Victoria & Albert Museum

LAUREN KEITH/LONELY PLANET ©

Royal Albert Hall

LA SALA DA CONCERTI PIÙ FAMOSA DELLA GRAN BRETAGNA

Questo anfiteatro di mattoni rossi del 1871, circondato da un fregio di piastrelle lungo 244 m raffigurante il 'Trionfo delle Arti e delle Lettere', ospita ogni anno circa 400 spettacoli, tra cui balletti, concerti di ogni genere e proiezioni di film con accompagnamento orchestrale, ma è noto soprattutto per i Promenade Concerts (Proms) della BBC in estate. Se non riuscite ad assistere a uno spettacolo, potete scoprire la storia dell'edificio e dei suoi 'funghi' acustici con una visita guidata.

Royal Albert Hall

Kensington Palace

UNA SBIRCIATA ALL'INTERNO DI UNA RESIDENZA REALE

Kensington Palace

Costruito nel 1605, il Kensington Palace divenne la residenza preferita dai reali inglesi nel 1689 con Guglielmo e Maria d'Orange e tale rimase fino all'incoronazione di Giorgio III, il quale si trasferì a Buckingham Palace. Assolve tuttora la funzione di residenza per reali di alto rango, tra cui il duca e la duchessa di Cambridge (il principe William e la moglie Kate), ma gran parte del palazzo è aperta al pubblico: da non perdere gli appartamenti di rappresentanza del re, in particolare la sontuosa Cupola Room, gli appartamenti di rappresentanza della regina, leggermente più sobri ma provvisti di splendidi arredi d'epoca, e le camere in cui nacque e visse Vittoria fino all'incoronazione.

Portobello Road Market

LA MITICA VIA DELLO SHOPPING DI NOTTING HILL

Il vivace Portobello Road Market è uno dei posti più amati di Londra per il suo eclettico mix di antiquariato, curiosità, pezzi vintage e capi alla moda 'di prima mano'. Le bancarelle si estendono per quasi due chilometri lungo Portobello Road e nelle vie limitrofe. Il mercato è movimentato soprattutto il sabato, quando a contendersi l'attenzione degli acquirenti ci sono circa 1500 venditori: arrivate presto, o preparatevi a sgomitare. Il venerdì è solo un po' meno frenetico. La domenica le bancarelle sbaraccano, mentre alcuni dei negozi restano aperti.

La **Portobello Green Arcade**, sotto la Westway, ospita designer di vestiti e gioielli, venditori di dischi e negozi indie. Le bancarelle di street food globale del vicino **Acklam Village Market** sono perfette per fare il pieno di energie.

POSTI MIGLIORI PER MANGIARE A WEST LONDON

Rabbit
Sapori della campagna inglese in questo ristorante 'dal campo alla tavola' gestito da tre fratelli in King's Rd. ££

V&A Cafe
Tè e dolci serviti, spesso con un accompagnamento al pianoforte, in sale intitolate a Morris, Gamble e Poynter, e da tali celebri artisti magnificamente decorate. £

Dinner by Heston Blumenthal
Itinerario a tappe nella storia culinaria britannica, insignito di due stelle Michelin. I piatti recano una data, che ne fornisce il contesto. £££

Market Halls Victoria
Chioschi alimentari sempre animati in un'ex dance hall: otto cucine, tavoli da condividere con gli altri avventori e una terrazza sul tetto. £

TOM EVERSLEY/SHUTTERSTOCK ©

Design Museum

ALTRE IDEE PER NOTTING HILL E WEST LONDON

Shopping a West London

MODA DI LUSSO E ACQUISTI INSOLITI

Il Portobello Road Market non è il solo posto in cui alleggerire il portafogli a West London. Recatevi a Knightsbridge per i suoi grandi magazzini di lusso. **Harrods**, la cui offerta spazia dalla moda al cibo e ai casalinghi, consta di otto piani collegati da scale mobili in stile 'egizio' alquanto kitsch. **Harvey Nichols**, il tempio londinese dell'alta moda, vanta un'eccellente scelta di jeans e un immenso reparto cosmetici con linee esclusive.

L'architettura sorprendente e l'offerta di oggetti splendidi continuano da **Conran Shop**, dove si trovano utensili da cucina, giocattoli, libri illustrati e biglietti di auguri. Degna di nota è la magnifica Michelin House in stile art nouveau in cui si trova il negozio, costruita come sede inglese dell'azienda di pneumatici nel 1911. Nelle finestre istoriate si vede il celebre Omino Michelin (Bibendum), mentre la lobby è decorata con piastrelle raffiguranti le automobili dei primi del XX secolo.

Due passi verso sud portano all'elegante King's Rd a Chelsea, orlata di negozi di marche famose, rivendite specializzate e charity

DOVE BERE A NOTTING HILL E WEST LONDON

Paradise by Way of Kensal Green
Eclettico bar-gastropub con arte sacra alle pareti, animali imbalsamati e spessi tendaggi.

Troubadour
Allegro bar-*cafe* dall'ambiente bohémien in cui si sono esibiti, tra gli altri, Adele, Joni Mitchell, Jimi Hendrix e Bob Dylan.

Churchill Arms
Pub ricoperto all'esterno di fiori variopinti e pieno all'interno di cimeli legati a Winston Churchill.

shop simili a boutique. Con una deviazione giù per Blacklands Tce si arriva al bel **John Sandoe Books**, in un edificio del XVIII secolo, l'antidoto alle impersonali librerie di catena.

Se cercate un souvenir speciale, non trascurate i **gift shop dei musei** di West London. In particolare quelli del V&A e del Design Museum hanno una proposta magnifica, in linea con l'arte e la creatività che sono la cifra di quei musei.

La cultura creativa di West London

L'ARTE AL DI FUORI DELLE GRANDI ISTITUZIONI

Oltre il V&A, West London ha una riserva di case museo e di gallerie d'arte che promettono di sorprendere e ispirare.

L'elegante **Design Museum**, a ingresso libero, è dedicato al ruolo del design nella vita quotidiana, documentato attraverso 1000 oggetti, dalle vecchie cartine della metropolitana ai computer Apple anni '80. La piccola collezione permanente è arricchita da mostre speciali a rotazione. Una passeggiata di cinque minuti verso ovest conduce a Leighton House, casa dell'artista Frederic Leighton (1830-96), presidente della Royal Academy per 18 anni e solo artista britannico mai elevato al rango nobiliare. Il pezzo forte è l'Arab Hall, simile a una moschea sormontata da una cupola, dalle pareti coperte di piastrelle colorate.

L'eccentrico **Museum of Brands** è un altare innalzato alla cultura del consumo. Il divertente tunnel del tempo ripercorre le pubblicità, le cartoline e i giocattoli dall'epoca vittoriana al presente, e sul finire produce un sicuro effetto nostalgia.

A Hyde Park, la **Serpentine Gallery**, a ingresso libero, è una delle gallerie di arte contemporanea più importanti di Londra. Tra gli altri, hanno esposto qui le loro opere Damien Hirst, Louise Bourgeois, Tomoko Takahashi e Jeff Koons.

La **Saatchi Gallery** ospita temporanee di arte sperimentale. Si trova a breve distanza da King's Rd, la via dei negozi; se avete ancora voglia di spendere, date un'occhiata al suo gift shop. In occasione di alcune mostre sono in vendita anche le opere esposte. La **Graffik Gallery** è stata una delle prime a Londra a dar credito alla street art. Si possono acquistare opere di artisti come Banksy, Dotmaster e Stik, o partecipare a laboratori dedicati al graffitismo.

BIRRE LONDINESI

Anche i più indefessi amanti della birra artigianale faticheranno a completare il Bermondsey Beer Mile in un giorno. Ma quando sarete pronti per altre birre locali, esplorate i quartieri industriali di **Walthamstow** (p98), o andate da **Crate** (p98) a Hackney Wick.

MIGLIORI SITI DI INTERESSE LONTANO DAI PERCORSI TURISTICI

Chelsea Physic Garden
Inaugurato nel 1673, l'orto botanico più antico di Londra ospita oltre 5000 piante diverse, alcune commestibili, altre velenose, e altre ancora officinali.

Kensal Green Cemetery
Un tempo il cimitero più 'in voga' del paese, il Kensal Green in stile neogotico fu il primo dei 'Magnificent Seven' londinesi.

Little Venice
Al punto di incontro tra il Regent's Canal e il Grand Union Canal; vi si affacciano splendide dimore, e la attraversano le chiatte.

Apsley House
La casa del primo duca di Wellington, di cui custodisce le porcellane, gli argenti, le pitture e persino la maschera mortuaria.

Trailer Happiness
Tiki bar in stile retrò in un seminterrato di Portobello Road; cocktail a base di rum preparati dai migliori barman.

Aerial Rooftop
Bar all'aperto, con una tettoia retrattile, rivolto verso il ristrutturato BBC Television Centre.

Little Yellow Door
Oltre la porta, sgargiante ma priva di insegna, si trova una bella cocktail lounge simile a un salotto arredato con estro.

RICHMOND E SOUTHWEST LONDON

UN LATO PIÙ VERDE DELLA CITTÀ

Sede del Royal Park più grande della capitale e di un orto botanico provvisto della maggiore varietà di piante di tutto il pianeta, la zona di Richmond e Southwest London sembra un mondo a parte rispetto alla giungla urbana della capitale. Questa parte della città un tempo era punteggiata di residenze reali e di sontuose dimore di campagna; alcune offrono tuttora uno spettacolo grandioso, e la zona conserva un'aria raffinata. Ancora adesso, tra i 32 *boroughs* di Londra, quello di Richmond si mantiene tra i più ricchi.

La vita qui ruota attorno alle attività all'aperto. È possibile avvistare cervi a Richmond Park e passeggiare tra le chiome degli alberi presso i Kew Gardens, camminare lungo il Thames Path e concedersi una pinta di birra in qualche pub: lungo entrambe le rive del Tamigi se ne trovano di incantevoli.

IL CONSIGLIO

Southwest London è tra i quartieri più indicati per vedere il lato verde della capitale; la tarda primavera e l'estate sono i periodi in cui la zona si presenta al massimo del suo splendore. I mesi più freddi e bui portano lo spettacolo delle foglie autunnali, una pista di pattinaggio su ghiaccio a Hampton Court Palace, sentieri illuminati e mercati di Natale.

Percorso tra le chiome degli alberi, Kew Gardens

ALEX SEGRE/SHUTTERSTOCK ©

Richmond Park

IL PARCO URBANO PIÙ GRANDE D'EUROPA

Con una superficie di quasi 1000 ettari, il parco ospita giardini all'italiana e un antico querceto, ma è noto soprattutto per i suoi branchi di cervi e daini qui presenti dal 1637 (oggi si stimano circa 600 esemplari). Il parco è l'ideale per fare una passeggiata nella natura o un picnic. La vista da Richmond Hill, da secoli fonte di ispirazione per pittori e poeti, è l'unica del paese a essere protetta per atto parlamentare. Chi ama i fiori tra aprile e maggio può visitare la Isabella Plantation, un bel giardino con rododendri, azalee e camelie.

Richmond Park

Kew Gardens

CONSERVARE LE PIANTE DEL PIANETA

Nel 1759 i botanici iniziarono a raccogliere specie da tutto il mondo da piantare nei tre ettari dei Royal Botanic Gardens a Kew. In seguito la collezione si arricchì e oggi l'orto botanico, esteso ormai su 130 ettari, vanta la maggiore varietà di piante al mondo, certificata dal Guinness nel 2022. Tra le attrattive principali: la Palm House, una serra riscaldata in metallo e vetri ricurvi d'epoca vittoriana; la Princess of Wales Conservatory, che accoglie diversi biomi; il Kew Palace, un palazzo in mattoni rossi del 1631 che fu la residenza di campagna di re Giorgio III; la Temperate House, la serra vittoriana più grande al mondo; e la Treetop Walkway, un percorso a 18 m di altezza.

Lily House, Kew Gardens

Hampton Court Palace

GRANDIOSA RESIDENZA REALE DI ENRICO VIII

Hampton Court Palace, l'edificio Tudor più grande d'Inghilterra, fu donato al capriccioso Enrico VIII dal suo cancelliere nel 1529. Era già uno dei palazzi più lussuosi d'Europa quando Christopher Wren fu incaricato di ampliarlo ulteriormente nel XVII secolo. Il risultato è un magnifico insieme di stile gotico, Tudor e barocco, che fa sfoggio di sé nella Great Hall, il cui soffitto con travi a coppia d'archi sembra sul punto di far colare a terra, come tante stalattiti, decori a forma di corona, e negli appartamenti di rappresentanza, ricoperti di arazzi e di dipinti murali.

Sarebbe facile trascorrere una giornata intera esplorando il palazzo e i suoi immensi giardini, che comprendono un labirinto di siepi vecchio di 320 anni, la vite più grande al mondo, e orti da cui in passato sono state tratte la frutta e la verdura destinate alla tavola della famiglia reale.

Hampton Court Palace

UN GIORNO A PALAZZO

Il palazzo è molto vasto e i giardini sono immensi, per cui non è facile capire da dove iniziare la visita. Può essere utile conoscere le varie fasi di ampliamento del palazzo nel corso dei secoli e i lavori commissionati dai vari sovrani per abbellire Hampton Court secondo le loro esigenze e lo stile del tempo.

Non appena ne entrò in possesso dal cardinale Thomas Wolsey, Enrico VIII iniziò ad ampliare il **1 complesso Tudor**, facendo costruire la **2 Great Hall**, la magnifica **3 Chapel Royal**, la ricca Great Watching Chamber e le immense **4 cucine Tudor**. Nel 1540 Hampton Court era diventato uno dei palazzi più sontuosi e raffinati d'Europa. Giacomo I non fece interventi sul palazzo, mentre Carlo I vi aggiunse un campo per il gioco della pallacorda e lo arricchì con importanti opere d'arte, tra cui i capolavori dei grandi maestri che si possono ammirare nella **5 Cumberland Art Gallery**.

Labirinto

Circa 150 m a nord dell'edificio principale

Formato da carpini e tassi piantati intorno al 1700, il labirinto è una tappa obbligata alla fine della visita di Hampton Court. Si estende su una superficie di circa 1300 mq nei giardini del palazzo e i visitatori impiegano in media 20 minuti per raggiungere il centro.

APERTURA AL PUBBLICO

Il palazzo fu aperto al pubblico dalla regina Vittoria nel 1838.

Cucine Tudor

Queste vaste cucine erano la 'sala macchine' del palazzo. Dotate di sei camini completi di spiedi, contavano uno staff di 200 persone e sfornavano un menu che prevedeva sempre carne arrosto (ogni anno venivano macellati 1240 buoi e 8200 pecore).

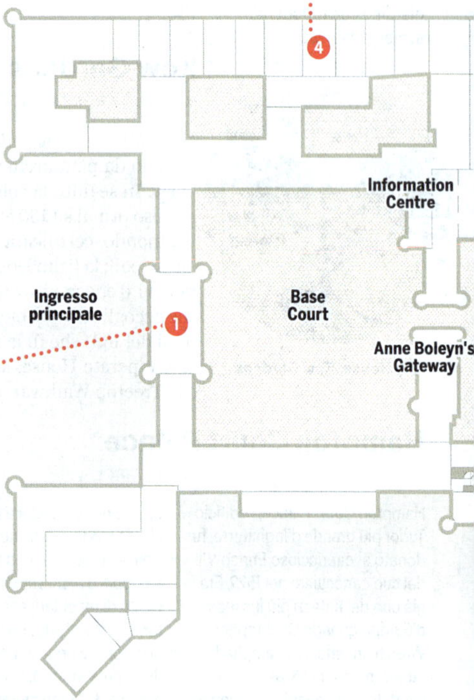

Complesso Tudor

Il palazzo, risalente al 1515, è uno dei più pregevoli esempi di architettura Tudor del paese. Fu il cardinale Thomas Wolsey a trasformare quella che in origine era un'imponente residenza medievale in questo capolavoro.

Dopo la guerra civile, il puritano Oliver Cromwell si abbandonò alle sue aspirazioni regali trascorrendo i momenti d'ozio a palazzo in quella che era stata la camera da letto della regina, e vendendo la collezione d'arte di Carlo I. Alla fine del XVII secolo, il re Guglielmo III e la regina Maria affidarono a Christopher Wren l'ampliamento barocco del palazzo: visitate i William III's Apartments, cui si accede dalla 6 **King's Staircase**. Guglielmo III fece realizzare anche il famoso 7 **labirinto** nel parco.

CONSIGLI

- Rivolgetevi ai custodi in giacca rossa per conoscere aneddoti e informazioni.
- Fate un tour a tema condotto da esperti di storia in costume d'epoca o cercate di partecipare all'evento 'Dusk 'til Dawn' pernottando a palazzo.
- Procuratevi un'audioguida presso l'Information Centre.

Great Hall
Questa sontuosa sala da pranzo, l'elemento di maggior richiamo del palazzo, presenta un soffitto con travi a sbalzo che è considerato il più pregevole del paese, arazzi fiamminghi del XVI secolo, che narrano la storia di Abramo, e splendide vetrate istoriate.

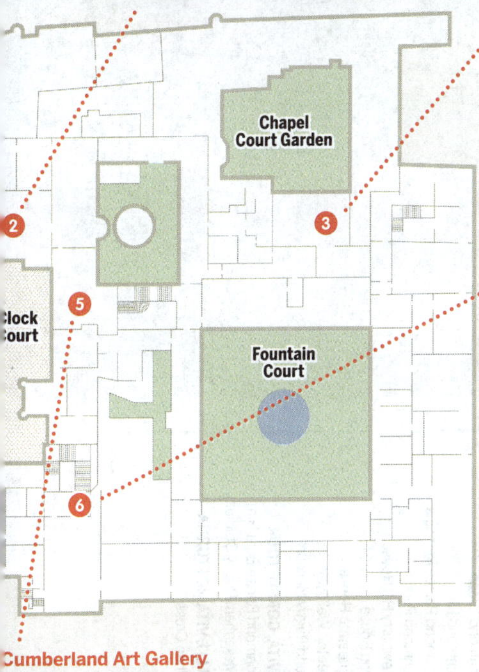

Chapel Royal
Il soffitto a volta azzurro e oro era originariamente destinato alla Christ Church di Oxford; il dossale in quercia del XVIII secolo è opera di Grinling Gibbons. Tra i volumi esposti figura una prima edizione della Bibbia di re Giacomo del 1611, stampata da Robert Barker.

King's Staircase
La maestosa King's Staircase, uno dei cinque ambienti del palazzo dipinti da Antonio Verrio, è l'adeguato preludio ai King's Apartments. I dipinti della scalinata adulano Guglielmo III inserendolo in una schiera di imperatori romani.

GORDON BELL / SHUTTERSTOCK ©

Cumberland Art Gallery
Quella che era la Cumberland Suite, progettata da William Kent, è stata restaurata e oggi ospita alcune delle opere più belle della Royal Collection.

DA NON PERDERE
1 Hampton Court Palace
2 Hampton Court Palace Maze
3 Kew Gardens

DA VEDERE
4 Chiswick House
5 Ham House
6 Isabella Plantation
7 Kew Palace
8 Marble Hill House
9 Palm House
10 Pembroke Lodge
11 Princess of Wales Conservatory
12 Richmond Bridge
13 Richmond Green
14 Richmond Hill
15 Richmond Palace Remains
16 Richmond Park
17 Strawberry Hill House
18 Syon House
19 Temperate House
20 Treetop Walkway
21 World Rugby Museum

ATTIVITÀ, CORSI E TOUR
22 Richmond Bridge Boat Hire
23 Twickenham Rugby Stadium

LOCALI E VITA NOTTURNA
24 White Cross

RICHMOND E SOUTHWEST LONDON

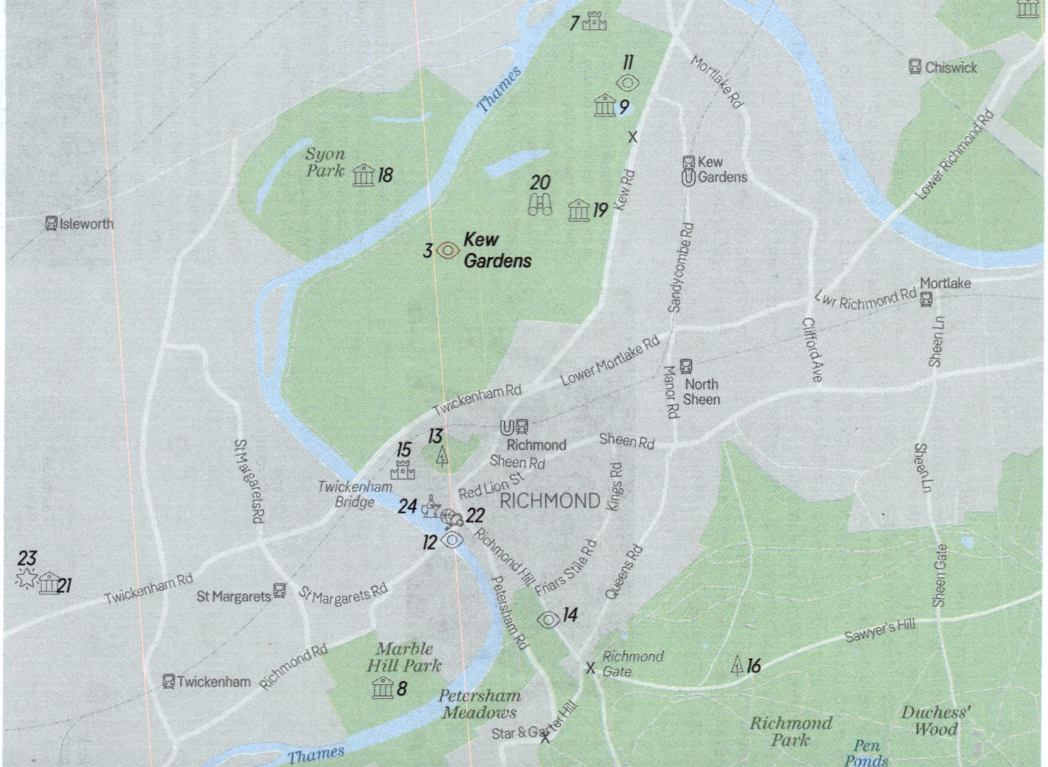

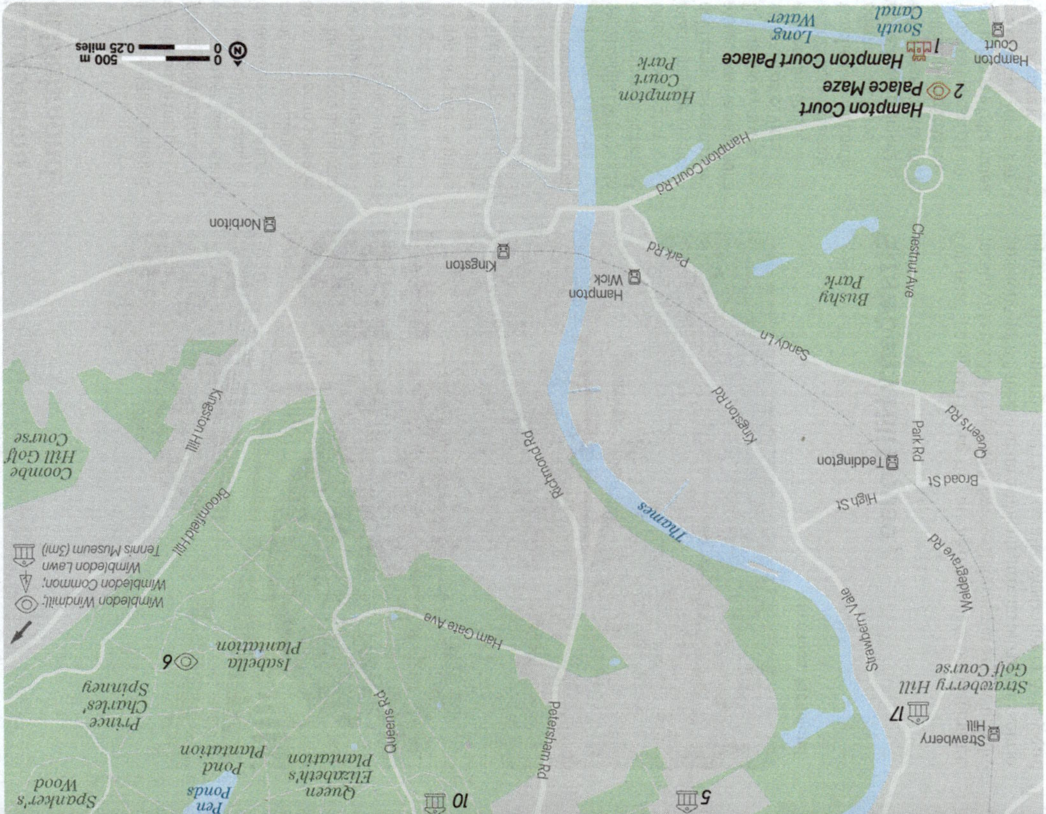

Chiswick House (p136)

ANTHONY SHAW PHOTOGRAPHY/SHUTTERSTOCK ©

Lungofiume di Richmond

AVVENTURE SULL'ACQUA

Il tratto del Tamigi intorno a Richmond è tra i più graziosi della città. Le occasioni per trascorrere del tempo sull'acqua, o di fianco a essa, qui non mancano. Arrivate in barca dal centro, volendo anche in modo autonomo noleggiando una barca a remi, un kayak o una tavola da SUP vicino al Richmond Bridge, che con le sue cinque campate è il ponte esistente più antico della capitale. Seguite le dolci curve del fiume a piedi percorrendo una parte del Thames Path National Trail, un percorso che per 21 miglia (34 km) cade nel territorio di Richmond. Oltre il Teddington Lock inizia il margine inferiore del Tamigi, soggetto alle maree, dove la profondità fluttua fino a 7 m due volte al giorno. Vicino a Richmond Bridge, negozi, bar e ristoranti fiancheggiano il bordo orientale del fiume, perfetto per prendere il sole o osservare le attività sull'acqua. Il pub White Cross ha ingressi distinti per la bassa e l'alta marea, ma quando il Tamigi è in piena occorre in ogni caso guadare il fiume (vengono forniti gli stivali di gomma).

In canoa, Richmond

Strawberry Hill House

UNA FANTASIA ARCHITETTONICA IN STILE GOTICO

Con muri, parapetti e torrette gotiche di un bianco abbacinante, questa villa del XVIII secolo a Twickenham appare come un'allucinazione nel bel mezzo di un ambiente urbano altrimenti sobrio. Ispirata al Hampton Court Palace, alla Westminster Abbey e ad altri edifici fortemente emblematici, la Strawberry Hill House è un pastiche architettonico nato dalla fantasia dello storico dell'arte, scrittore e politico Horace Walpole, figlio del primo premier britannico e autore del romanzo che ha dato inizio al genere gotico. L'edificio è una vera meraviglia con vetrate colorate, librerie che terminano con archi a sesto acuto ed elaborati caminetti, e sfoggia l'apogeo del proprio strabiliante splendore nella galleria dal magnifico soffitto con volte a ventaglio in cartapesta dorata.

Strawberry Hill House

Ham House

ALTRE IDEE PER RICHMOND E SOUTHWEST LONDON

Case sontuose di Southwest London

MAGNIFICHE DIMORE STORICHE

Prima che la Londra suburbana fagocitasse questa porzione di campagna, le famiglie più ricche, alcune delle quali divennero tali grazie alla tratta atlantica degli schiavi africani, fecero costruire sontuose case lungo le bucoliche rive del Tamigi.

Già un'abbazia medievale, dopo la dissoluzione dei monasteri voluta da Enrico VIII la **Syon House** rinacque come residenza privata, e oggi è di proprietà del duca di Northumberland. Ampiamente rimaneggiate da Robert Adam nel 1762, le eleganti sale sono ispirate alla Roma classica, com'è evidente all'ingresso, sormontato da una cupola e simile a una basilica, e nella State Dining Room (la sala da pranzo di stato) fiancheggiata da colonne in stile corinzio e statue in marmo delle divinità romane.

La **Ham House** in mattoni rossi fu fatta costruire nel 1610 da un cortigiano della regina Elisabetta e in seguito fu venduta al primo conte di Dysart. La Great Staircase conduce ai lussuosi salotti, agli appartamenti di rappresentanza e alle gallerie, abbellite da dipinti di Constable, Reynolds e Van Dyck.

PASTI INDIMENTICABILI A RICHMOND

Erik Rivas, un food blogger locale, vive a Richmond insieme con la moglie e la figlia ormai da cinque anni. Innamorato della buona cucina e di Southwest London, condivide i suoi consigli culinari. *@richmonderfoodie*

Al Boccon Di' Vino
In questo intimo ristorante italiano ci si sente come a casa dei nonni. I piatti non finiscono mai, e l'atmosfera è allegra. Tutti mangiano insieme le stesse pietanze, e il personale suona una campana prima di presentare la portata principale.

Chatora
Chef esperti curano ciascun piatto in ogni aspetto: non solo il cibo, ma anche le stoviglie. Provate lo stinco d'agnello a cottura lenta 'rogan josh'. È il piatto che preferisco, e (a quanto sento) il proprietario la pensa come me.

DOVE MANGIARE A RICHMOND E SOUTHWEST LONDON

Petersham Nurseries Cafe
Esclusivo ristorante segnalato Michelin allestito in una serra, prende molto sul serio il tema della sostenibilità. **£££**

Chez Lindsay
Un gradevole angolo di Francia dove si serve genuina cucina bretone in un ambiente alla buona. **£££**

Gelateria Danieli
Gelato di produzione artigianale in gusti deliziosi: Bakewell Tart, Kinder Bueno, biscotto, favo di miele ecc. **£**

LO SPORT A SOUTHWEST LONDON

Per due settimane a giugno e luglio i tifosi di tennis puntano l'attenzione verso **Wimbledon** per il torneo più vecchio al mondo dedicato a questo sport (1877). I biglietti sono quasi tutti assegnati a sorteggio, ma si può anche provare a fare la fila per assistere a un match programmato per il giorno stesso. Al di fuori del periodo del torneo, merita la visita il Wimbledon Lawn Tennis Museum, che permette di gettare uno sguardo a 360° sul Centre Court.

Il Twickenham Rugby Stadium è la sede in cui si disputano le partite del rugby union inglese. I biglietti per i match internazionali sono difficili da ottenere, ma le **visite guidate** danno accesso a zone solitamente off-limits, come la England Changing Room e il Players Tunnel. I biglietti comprendono l'ingresso al World Rugby Museum, dove sono raccolti 41.000 cimeli legati al rugby.

Attraversate il Tamigi per appena £1 con un traghetto privato e raggiungete la **Marble Hill House**, casa del XVIII secolo appartenuta a Henrietta Howard, contessa di Suffolk. Quest'ultima desiderava un posto lontano dal problematico marito e senza far troppo rumore fece costruire per sé questa dimora di campagna, una mossa decisamente insolita e alquanto ardita per il tempo. Gli interni piuttosto sobri fanno da vetrina per pitture, ceramiche e oggetti propri della vita agiata che vi si conduceva.

Nel 1729, il terzo conte di Burlington fece costruire **Chiswick House**, un imponente palazzo neopalladiano. I meravigliosi interni comprendono la Blue Velvet Room, riccamente decorata, con un magnifico soffitto dipinto, e la Gallery, progettata in modo tale da evocare delle terme romane.

Spazi aperti

IL LATO SELVAGGIO DI LONDRA

Nel 2019 Londra è diventata la prima National Park City al mondo. Recatevi innanzi tutto a **Richmond Green**, un'area verde orlata di magnifiche dimore e deliziosi pub. Nel Medioevo vi avevano luogo i tornei e ancora oggi, nei giorni di sole, sembra di assistere a uno spettacolo, tanto è bello. Le vicine rovine di Richmond Palace – l'ingresso principale e la portineria in mattoni rossi – risalgono al 1501. Lo stemma di Enrico VII è visibile sopra il cancello principale e qui nel 1603 spirò la regina Elisabetta I.

Quando sarete pronti per una natura più selvaggia, allacciate gli scarponi e percorrete il tratto n. 6 del **Capital Ring**, un itinerario ad anello diviso in 15 parti lungo 78 miglia (125 km). Questo inizia al Wimbledon Park e prosegue fino al Richmond Park, superando l'ottagonale **Wimbledon Windmill Museum** (1817) a Wimbledon Common; il **Pembroke Lodge**, in origine un cottage di una stanza per il cacciatore di talpe del parco poi trasformato in una grande casa per la contessa di Pembroke (1796); e il **King Henry's Mound**, da cui si gode un panorama protetto per legge verso la St Paul's Cathedral, distante 12 miglia (19 km; serve il telescopio lì presente).

Lungo quasi 12 km, questo è uno dei tratti più lunghi del Capital Ring, e – benché non manchino i posti in cui fermarsi per il cream tea – è anche uno dei più piacevolmente selvaggi.

CASE DI CAMPAGNA

Appena oltre il limite cittadino si trovano molte altre imponenti dimore storiche, tra cui **Highclere Castle** (p193), dove è stata girata la serie *Downton Abbey*; Hever Castle nel Kent; e l'**Eltham Palace** (p117), struttura art déco a 30 minuti dalla stazione di London Bridge.

DOVE BERE A RICHMOND E SOUTHWEST LONDON

White Swan
Pub tradizionale affacciato su un placido tratto del Tamigi, che durante l'alta marea arriva quasi a sfiorare i tavoli.

Tap on the Line
Nella stazione di Kew Gardens: è il solo pub londinese situato proprio di fianco ai binari della metropolitana.

Prince's Head
Intimo pub con 300 anni di storia affacciato su Richmond Green, con tavoli all'aperto da cui osservare il viavai.

CKTRAVELS.COM/SHUTTERSTOCK ©

Prince's Head

ALEXEY FEDORENKO/SHUTTERSTOCK ©

In alto: Royal Pavilion, Brighton (p155); a destra: Canterbury Cathedral (p145)

CANTERBURY E IL SUD-EST

CASTELLI, SCOGLIERE E CITTÀ SULLA COSTA

Con uno sterminato litorale da esplorare, il sud-est è una regione fatta di cattedrali, sentieri rurali e vivaci centri costieri.

L'assolato sud-est è l'angolo d'Inghilterra in cui il litorale più si avvicina al Continente. Storicamente la zona ha costituito la prima linea di difesa contro le invasioni, un passato testimoniato dai castelli normanni e dai cantieri navali tuttora presenti. La posizione strategica della regione fa pieno sfoggio di sé al Dover Castle: dal tempo dei romani agli anni della Guerra Fredda, chiunque abbia occupato quest'area si è tenuto pronto per l'eventualità di un attacco.

Ogni anno milioni di persone si spostano per visitare la venerabile cattedrale di Canterbury, cuore spirituale dell'Inghilterra e antica meta di pellegrinaggio. Dal lato opposto della regione, Winchester e Chichester, anch'esse dominate da storiche cattedrali, hanno un carattere proprio. Diverse città costiere del sud-est riflettono un percorso storico accidentato: fiorenti località di villeggiatura in epoca vittoriana, hanno poi attraversato periodi più difficili nella seconda metà del XX secolo, prima di conoscere una rinascita in anni recenti.

Brighton, Margate, Folkestone e Hastings ora ospitano fiorenti comunità di creativi, gallerie d'arte, negozi indipendenti e ottimi ristoranti, ma pure devono fare i conti con problemi sociali legati alla disoccupazione, alla povertà e al fenomeno dei senzatetto.

Oltre i centri urbani si estendono ondulate colline calcaree e antiche foreste, in aree rurali punteggiate da ricche case di campagna e villaggi medievali allietati da pub storici. Dalle South Downs alla New Forest, ci sono più sentieri pedonali e ciclistici di quanti la gran parte delle persone possa affrontarne in una vita intera.

AREE PRINCIPALI

CANTERBURY
Città con cattedrale.
p144

BRIGHTON
Località dei divertimenti sul lungomare.
p153

WINCHESTER
Porta di accesso ai sentieri escursionistici.
p163

ISLE OF WIGHT
Isola delle vacanze.
p174

Per orientarsi

Il sud-est copre l'area compresa tra Londra e la costa meridionale dell'Inghilterra, e comprende le contee del Kent, dell'East Sussex e del West Sussex, del Surrey e dell'Hampshire. Abbiamo scelto le località più adatte a rappresentare la storia, la cultura e la bellezza naturale della regione.

Winchester, p163

Porta di accesso per escursioni a lunga percorrenza nelle South Downs e avventure nella New Forest, Winchester è caratterizzata da un'imponente cattedrale, un bel lungofiume adatto alle passeggiate e un fascino tranquillo.

Isle of Wight, p174

Spiagge sabbiose, scogliere di forte impatto visivo e un'offerta sterminata di attività: è facile capire perché la regina Vittoria avesse scelto quest'isola baciata dal sole per le sue vacanze.

Brighton, p153

La capitale LGBTIQ+ d'Inghilterra è una città costiera in cui si va a far festa, sede di un sorprendente palazzo in stile indiano, un ambiente culturale molto vivace e negozi di articoli vintage a non finire.

Canterbury, p144

In questa città storica del Kent sorge la Canterbury Cathedral, uno dei luoghi sacri più importanti dell'Inghilterra, intorno al quale si estendono vicoli medievali fiancheggiati da librerie e pub.

AUTOMOBILE

L'auto in genere è il mezzo più comodo per spostarsi nel sud-est, soprattutto nelle aree rurali, e dà la libertà di fare fermate non programmate. Tuttavia, i parcheggi in città sono costosi e sulla costa il traffico può essere intenso.

AUTOBUS

Per brevi viaggi o gite fuori dai centri maggiori, gli autobus sono di solito la migliore opzione per chi non ha un'automobile. Spesso gli autobus costano meno del treno. Quasi tutte le compagnie accettano le carte di pagamento contactless.

TRENO

Da Londra è facile raggiungere in treno i centri principali della regione. I collegamenti tra le località del sud-est variano secondo le linee; se si rendono necessari diversi cambi, può darsi che esista un percorso più diretto in autobus.

Ritmi di viaggio

Il sud-est è denso di attrattive e bisogna selezionare. Mettete in conto di dedicare un po' di tempo ad ammirare la bellezza dei luoghi, fare passeggiate senza fretta e bere una pinta in un pub sul mare.

Brighton Palace Pier (p156)

Se fate una cosa sola

Mattina

● Recatevi subito a **Brighton** (p153) per sperimentare la sua atmosfera da località balneare. Iniziate con l'opulento spettacolo del **Royal Pavilion** (p155), la cui architettura in stile indiano e i cui interni sopra le righe non potranno lasciarvi indifferenti. A seguire, curiosate nei mercati delle pulci, nei negozi di dischi e di capi di abbigliamento vintage nel vivace **North Laine** (p155), dove potrete anche fermarvi per un pranzo vegetariano da **Iydea** (p156).

Pomeriggio

● Nel pomeriggio, andate a vedere le luci sfavillanti del **Brighton Palace Pier** (p156), e magari fate un giro sulle montagne russe. Con due passi in direzione ovest sul vivace lungomare arriverete al **Rockwater** (p156), dove sarà piacevole bere un cocktail vicino alla spiaggia.

Le stagioni

La parte sud-orientale del paese è la più soleggiata. Che sia inverno, con le sue mattine frizzanti, o estate, con le sue lunghe serate, ogni stagione ha un suo fascino. In autunno la campagna si accende di rosso e oro.

MAGGIO

Performer da tutto il mondo arrivano a Brighton per l'annuale **festival delle arti**, della durata di tre settimane.

GIUGNO

Ci sono i fiori selvatici, ma la ressa estiva non è ancora arrivata; è il momento perfetto per le **escursioni** nelle South Downs.

AGOSTO

Le spiagge si riempiono di gitanti in giornata da Londra. Brighton festeggia il **Pride** con una sfilata arcobaleno, concerti e feste.

Con quattro giorni a disposizione

- Dopo una giornata a Brighton, procedete in direzione est lungo la costa fino al **Seven Sisters Country Park** (p159), dove potrete fare un'escursione a piedi sulla scogliera calcarea fino a Eastbourne, sede della **Towner Art Gallery** (p161). Da qui, fate una tappa a **Rye** (p162), con le sue vie acciottolate e i suoi edifici medievali, prima di continuare alla volta di **Canterbury** (p144).

- Dedicate un po' di tempo a immergervi nella storia della **Canterbury Cathedral** (p145), e gustate i prodotti agricoli locali in vendita presso **Goods Shed** (p145). A questo punto, arrivate in treno fino a Ramsgate ed esplorate la costa del Kent facendo un **itinerario in bicicletta** (p148) fino a Whitstable, con tappe a Broadstairs e Margate lungo il percorso.

Soggiorno di una settimana

- Iniziate a **Canterbury** (p144) e fate una gita in giornata per scoprire qualcosa in più sul **Kent** (p149). A seguire arrivate fino a **Brighton** (p153) per concedervi i piaceri tipici delle località balneari. Viaggiate in direzione ovest lungo la costa fino a **Chichester** (p166) – esplorate il centro della città dedicandovi a un **itinerario a piedi** (p169) – e poi oltre fino al **Portsmouth Historic Harbour** (p168), dove è da non perdere la nave di epoca Tudor *Mary Rose*.

- Da Portsmouth, arrivate in traghetto fino alla **Isle of Wight** (p174), e lasciatevi incantare dalla sua **costa** (p177), prima di spostarvi da Yarmouth a Lymington, per poi raggiungere la **New Forest** (p172). Concedetevi un'escursione a piedi o in bicicletta nella foresta, quindi terminate il viaggio nella città con cattedrale di **Winchester** (p163).

SETTEMBRE

Il tempo è ancora mite, ma le spiagge sono più tranquille: è un periodo eccellente per visitare la **costa**.

OTTOBRE

Un buon periodo per avvistare **stormi di storni**. La rievocazione della **battaglia di Hastings** ricorda gli eventi del 1066.

NOVEMBRE

I cieli si tingono di rosso a Lewes, nell'East Sussex, nel corso dei festeggiamenti con i **falò** più grandi del paese.

DICEMBRE

Winchester si veste a festa con un **mercato natalizio** e una pista da pattinaggio sul ghiaccio presso la cattedrale.

CANTERBURY

Canterbury è una città costruita intorno alla sua cattedrale. Questo luogo di culto, inserito dall'UNESCO tra i siti Patrimonio dell'Umanità, domina il centro storico ed è una delle principali attrattive turistiche del paese. La vasta struttura, architettonicamente magnifica, è ricca di testimonianze del passato e pervasa di spiritualità. Eppure alcuni visitatori avvertono sottotraccia qualcosa di cruento: in effetti, la cattedrale ha fatto da cornice a uno degli omicidi più celebri della storia inglese, quello dell'arcivescovo Thomas Becket nel 1170. Intorno al complesso si estendono vicoli orlati di edifici medievali a graticcio, che incoraggiano a tornare con la mente a epoche lontane.

Canterbury non è però ostaggio del passato. È una città piena di vita, con una folta popolazione studentesca, buoni ristoranti e un eccezionale centro per le arti dello spettacolo, il Marlowe Theatre. I pub di Canterbury sono il posto perfetto in cui gustare le birre locali e assorbire l'energia urbana del luogo.

IL CONSIGLIO

Forse i pellegrini non sono numerosi come un tempo, ma certamente i turisti non mancano. Prenotate con anticipo se volete trovare posto nei migliori alberghi e ristoranti. Lo stesso vale per le visite guidate, soprattutto in estate. L'ufficio turistico, a Beaney House, può aiutare.

Canterbury Cathedral

Alla scoperta del passato nella Canterbury Cathedral

IL CUORE SPIRITUALE DELL'INGHILTERRA

La **Canterbury Cathedral**, la 'nave ammiraglia' della Chiesa d'Inghilterra (la principale sede spirituale del culto anglicano), è considerata da molti una delle più belle cattedrali d'Europa, ma la sua significatività dal punto di vista storico è tale da poter indurre un senso di vertigine in alcuni visitatori. Chi desidera imparare il più possibile fa bene a partecipare a una visita guidata, che offre spiegazioni esaustive sui molti tesori e dettagli architettonici di questo complesso con 1400 anni di storia. Tuttavia, chi sceglie di esplorare la cattedrale e l'area circostante in autonomia può vivere momenti di tranquillità al riparo dalla folla ed entrare in contatto con la spiritualità del luogo.

La **biglietteria della cattedrale** è di fianco al Christ Church Gate del primo periodo Tudor; dal piano superiore si può ammirare l'esterno del complesso, per lo più in stile gotico. Prima di entrare dall'ingresso sud-occidentale, spingetevi oltre sulla sinistra (sul lato ovest) per vedere le statue raffiguranti diversi personaggi storici nelle nicchie esterne, tra cui quelle della regina Elisabetta II e del principe Filippo, aggiunte nel 2015.

Una volta dentro, il percorso della visita, segnalato dai cartelli, fornisce informazioni sui dettagli principali. Non trascurate il punto indicato come Martyrdom, dove Becket fu assassinato da due cavalieri di Enrico II. Oggi vi si trovano un altare sorprendentemente moderno e una candela tremolante.

L'atmosfera cambia nell'ampio spazio sotterraneo della cripta, dove i visitatori devono osservare il silenzio. Questa è l'unica parte sopravvissuta al devastante incendio del 1174, che distrus-

MIGLIORI RISTORANTI E LOCALI A CANTERBURY

Refectory Kitchen
Pasti salutari e la prima colazione servita tutto il giorno in un *cafe* dall'ambiente amichevole. £

Goods Shed
Mercato agricolo al coperto, food hall e ristorante, tutto in uno. ££

Foundry
Birre artigianali e cucina da pub in un microbirrificio-distilleria dall'ambiente industriale. ££

Parrot
Risalente al 1370, questo intimo pub propone ale locali; al piano superiore c'è una sala da pranzo. ££

Bridge Arms
Eccellente gastropub situato appena a sud di Canterbury nel villaggio di Bridge. £££

DOVE DORMIRE A CANTERBURY

ABode Canterbury
Boutique hotel in posizione centrale con camere ben arredate, uno Champagne bar e un buon ristorante. ££

House of Agnes
B&B con camere vecchie e nuove, rispettivamente nella locanda originaria e in una parte aggiunta. ££

Pig at Bridge Place
Un hotel ricco di personalità in una casa d'epoca ristrutturata alla periferia di Canterbury. £££

I RACCONTI DI CANTERBURY

In seguito al cruento assassinio dell'arcivescovo nella cattedrale, la tomba di Thomas Becket divenne la meta di pellegrinaggio più frequentata dell'Inghilterra medievale. Oggi il percorso che da Londra conduce qui è ricordato in particolar modo per *I racconti di Canterbury* di Geoffrey Chaucer.

Scritta tra il 1387 e la morte dell'autore nel 1400, in Middle English, l'opera è una serie incompiuta di 24 vivide storie narrate da un gruppo di pellegrini. Chaucer riuscì a creare l'illusione che fossero i pellegrini e non lui stesso (benché appaia nei racconti) a narrare le vicende, spensierate storie di adulteri, dissolutezze, crimini e amori, intessute delle argute osservazioni dell'autore sulla natura umana.

se il resto dell'edificio. Il sito della prima tomba di Becket è segnalato dalla scultura di Antony Gormley intitolata *Transport*, completata nel 2010: la figura sospesa, di forte impatto visivo, è stata realizzata con i chiodi del XIX secolo ricavati dal tetto della cattedrale. Sempre nella cripta ammirate le varie figure mitiche intagliate nella selva di colonne e capitelli, oltre che gli splendidi dipinti murali del XII secolo nella St Gabriel's Chapel.

Le funzioni religiose nella cattedrale sono aperte, a titolo gratuito, a chiunque voglia assistere. Molti visitatori trovano particolarmente commovente la cerimonia serale dei vespri, l'Evensong, durante la quale il coro della cattedrale intona degli inni.

Vicoli medievali, antiche mura e corsi d'acqua

SULLE TRACCE DELLA CANTERBURY PASSATA E PRESENTE

Dalla stazione di Canterbury West, raggiungete il centro passando dalla porta ad arco della medievale **Westgate Tower** e dirigetevi verso il ponte: qui prenotate un posto per una delle **uscite in barca** sul River Stour, tagliato da vari ponti che nel corso della crociera potrete ammirare dal basso.

Tornati a terra, cercate la **statua di Chaucer** in bronzo, in Best Lane, quindi perdetevi nel dedalo di vicoli. Molti degli edifici medievali, curvi per l'età, in passato hanno ospitato i pellegrini in visita a questo luogo sacro. Per immergervi più profondamente nel passato della città, fate tappa al **Roman Museum** in Butchery Lane per una passeggiata sotterranea nella ricostruzione di un mercato romano. Il pezzo forte del museo è un elmetto militare quasi integro risalente al tempo dell'invasione di Cesare.

Nei pressi ci sono le rovine della St Augustine's Abbey, frutto della dissoluzione dei monasteri avvenuta nel XVI secolo per ordine di Enrico VIII. In Burgate, seguite le mura cittadine in direzione sud attraverso i **Dane John Gardens** e risalite la **collina** per godere delle vedute sulla città, fino alla cattedrale.

ALTRE CITTÀ CON CATTEDRALE

Come Canterbury, **Winchester** (p163) e **Chichester** (p166) sono città costruite attorno a importanti cattedrali; pur meno note vantano una storia e un'atmosfera singolari e meritano la visita.

TRASPORTI LOCALI

Canterbury ha due stazioni ferroviarie, Canterbury East e Canterbury West. I treni in partenza dalla stazione londinese di Victoria arrivano a Canterbury East, mentre quelli provenienti da Charing Cross e St Pancras fermano a Canterbury West; le due stazioni si trovano a circa 1 miglio (1,6 km) di distanza l'una dall'altra, ed entrambe sono raggiungibili a piedi dal centro. Il collegamento più rapido con Londra è il treno ad alta velocità diretto a St Pancras (1 ora).

Per chi arriva in automobile è comodo il parcheggio di Castle St, situato sul limite del centro storico. Molte delle strade più vicine alla cattedrale sono riservate al traffico pedonale. Il centro è raccolto e comodo da girare a piedi.

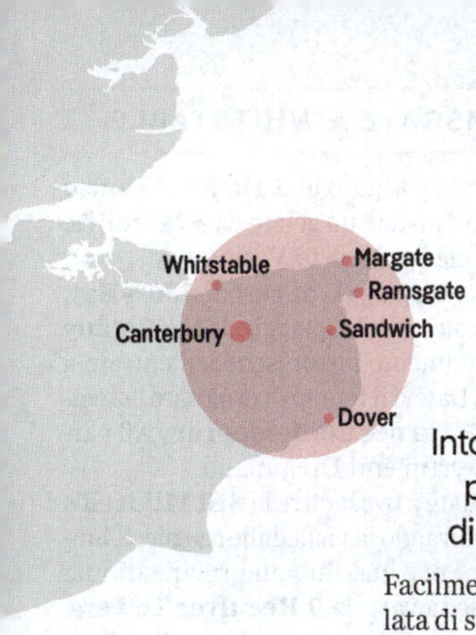

Dintorni di Canterbury

Intorno a Canterbury, il Kent ospita meravigliosi paesaggi punteggiati di castelli e ricche case di campagna, vigne e soleggiati centri costieri.

Facilmente raggiungibile da Canterbury, la costa del Kent è orlata di spiagge sabbiose da paletta e secchiello, belle falesie calcaree e cittadine dotate, ciascuna, di un proprio carattere distintivo: così Broadstairs occhieggia al passato, Margate è più alla moda e Ramsgate si distingue per essere particolarmente vivace. La creatività cresce rigogliosa in queste comunità costiere, per esempio sotto forma di iniziative legate alle arti visive, festival dedicati alla musica sperimentale e ristoranti innovativi.

Lontano dai vivaci centri urbani, il Kent – fatto di strade alberate, pub di campagna dalle pareti storte e incantevoli villaggi – evoca l'Inghilterra delle commedie romantiche. In questo idillio si susseguono frutteti, vigne, splendide dimore e castelli storici. Churchill era così affezionato alla sua casa nel Kent da aver detto che "un giorno lontano da Chartwell è un giorno perso".

IL CONSIGLIO

Nei weekend estivi il traffico lungo la costa del Kent è spesso intenso. Per evitare lunghe code, preferite il treno o la bicicletta.

Broadstairs

ITINERARIO IN BICI: LA COSTA DA RAMSGATE A WHITSTABLE

Questo percorso sulla costa del Kent segue la route 15 del National Cycle Network (25 miglia, o 40 km), segnalata ma per lo più fuori strada. Ramsgate e Whitstable hanno collegamenti ferroviari con Canterbury e Londra.

La vivace Ramsgate, con spiagge sabbiose e *cafe* dal carattere cosmopolita, è un buon punto di partenza. Imboccate il tratto della route 15 chiamato Viking Coastal Trail e procedete lungo il litorale in direzione di **1 Ramsgate Harbour**. Andando avanti verso Broadstairs, la pista attraversa il **2 King George VI Memorial Park**. Fate caso alla bella serra in stile italiano del XIX secolo, dalle linee curve; qui viene allestita una sala da tè all'aperto (solo in estate), dove è possibile gustare spesse fette di torta fatta in casa.

Pedalate sulla scogliera fino a Broadstairs, località balneare vecchio stile che gioca senza pudore la carta della nostalgia per l'epoca vittoriana. Charles Dickens trascorse qui quasi tutte le estati tra il 1837 e il 1859, aspetto ben spiegato al **3 Dickens House Museum**. Gustate un gelato da **4 Morelli's**, rivolto sulla spiaggia di Viking Bay.

Superate la spiaggia da surf di **5 Joss Bay**, le falesie calcaree e la spiaggia della **6 Botany Bay**, ugualmente pittoresche, ed entrate a Margate. Datevi il tempo di esplorare la spettacolare **7 Turner Contemporary** e il parco dei divertimenti Dreamland.

Continuate a ovest oltre la **8 St Mildred's Bay**, ammirando la vista dalle scogliere, lungo la diga marina, fino alle rovine di una chiesa medievale, le **9 Reculver Towers**. Seguite la costa oltre lo **10 Herne Bay Pier** (notate lo scivolo a spirale), fino a Whitstable, meta prediletta di molte gite in giornata. Riposate le gambe e rifocillatevi con fresco pesce locale nel vivace **11 Whitstable Harbour**, dove si pescano le ostriche sin dal tempo dei romani, prima di superare case di legno, stretti vicoli e gallerie d'arte lungo la strada che porta alla stazione.

ALANMORRIS/SHUTTERSTOCK ©

Reculver Towers

La Sandwich medievale

IL MUSEO A CIELO APERTO DEL KENT

Nel periodo del suo massimo fulgore Sandwich fu la quarta città d'Inghilterra e un importante centro portuale, ma poi nel XVI secolo l'insenatura si insabbiò. Oggi questa località, a soli 35 minuti di autobus da Canterbury, sembra piuttosto un museo a cielo aperto: l'ideale è perdersi nei suoi vicoli medievali, macchina fotografica alla mano, e lasciarsi rapire dal suo fascino.

Sul lungofiume, vicino a dove il **vecchio ponte a pedaggio** sul River Stour segna l'ingresso alla cittadina, sorgono diversi pub in cui è piacevole fermarsi a bere qualcosa. Dal ponte, un sentiero pedonale segue il fiume verso est fino a **Sandwich Marina**.

Salite lungo St Peter's St fino alla **St Peter's Church**, provvista di una torre dalla cui cima potrete godere di una bella vista sui tetti. Il frontone laterale della chiesa, in stile olandese, e i decori in mattoni di molti altri edifici della cittadina rispecchiano l'influenza della comunità fiamminga che nel XVI secolo vi cercò rifugio. Procedete oltre le case a graticcio fino al **Guildhall Museum**, il cui pezzo di maggior interesse è costituito da una copia della Magna Carta, scoperta negli archivi locali nel 2015.

L'EFFETTO DELLA TURNER CONTEMPORARY SU MARGATE

Da quando nel 2011 Tracey Emin, artista cresciuta a Margate, ha inaugurato la Turner Contemporary, più di 3,5 milioni di visitatori sono giunti sul posto per vedere le sue mostre, in cui sono stati esposti pezzi di Grayson Perry, di Ai Weiwei e dello stesso J.M.W. Turner (la galleria sorge sul sito della locanda sul lungomare in cui Turner era solito soggiornare).

Voluta proprio per la sua capacità di favorire la rigenerazione della città, la galleria ha senza dubbio avuto un effetto positivo sul settore creativo: artisti visivi e musicisti, colpiti dal senso di comunità di Margate, hanno approfittato dei suoi spazi a basso prezzo per allestire i loro studi. Nonostante questo sviluppo, però, la città continua ad avere alti livelli di disoccupazione giovanile e di povertà infantile.

DOVE MANGIARE NEL KENT

Peter's Fish Factory
Apprezzato locale di fish and chips a Margate. Prendete posto a uno dei tavoli all'aperto o mangiate sulla spiaggia. **£**

Wyatt & Jones
Ristorante a gestione familiare a Broadstairs, serve piccoli piatti preparati con ingredienti selezionati con cura. **££**

Angela's
Cucina di mare sostenibile a Margate con un menu diverso ogni giorno in funzione di ciò che viene pescato. **££**

MIGLIORI PUB SULLA COSTA DEL KENT

Old Neptune
Pub in assi di legno bianchi situato sulla spiaggia di Whitstable, con musica dal vivo durante il weekend.

Belle Vue Tavern
Pub vicino a Ramsgate con una terrazza da cui si gode una vista spettacolare sulla costa.

Lifeboat
Intimo pub di Margate con un ampio assortimento di ale locali e birre artigianali.

Zetland Arms
Pub sulla spiaggia a Deal, che serve birre Shepherd Neame e cucina di mare locale.

Chapel Bar & Bookshop
Locale di Broadstairs che è al tempo stesso una cappella, un bar e una libreria.

LUKE VILE/SHUTTERSTOCK ©

Chartwell House

Assaggi di vino nel Kent

DEGUSTAZIONI DI VINO INGLESE

Un tempo discorrere di vino inglese avrebbe potuto suscitare una certa ilarità, ma con l'aumento delle temperature, e grazie alla determinazione di alcuni produttori, il vino del Kent sta conquistando una buona reputazione. Da Canterbury in un'ora di automobile si raggiungono diverse vigne, situate a breve distanza l'una dall'altra in una cornice bucolica. Visitare le vigne fornisce peraltro un pretesto per spingersi in questa splendida campagna che diversamente sarebbe facile trascurare. Prenotate in anticipo una visita guidata in una qualunque delle cantine.

Partite da **Balfour**, un'azienda vinicola moderna che sfrutta le più recenti tecnologie, presso la Hush Heath Estate. Qui potrete assaggiare il suo Brut rosé, servito ai passeggeri di prima classe della British Airways. La visita completa comprende un percorso guidato e la degustazione di sei vini; si può anche richiedere una cartina e fare autonomamente una passeggiata nella vigna e nell'antico querceto. Nel ristorante rivolto verso la vigna si servono piatti da dividere di salumi e formaggi del Kent.

Da **Biddenden** il vitigno distintivo della cantina è l'Ortega. Oltre al vino, il negozio vende sidro Biddenden, miele locale e

DOVE MANGIARE NEL KENT

Stark
Questo ristorante stellato Michelin a Broadstairs propone un menu di degustazione stagionale di sei portate. **£££**

Fordwich Arms
Aspettatevi pasti tranquilli sul lungofiume, con piatti che sono opere d'arte, in un ristorante stellato Michelin. **£££**

Sportsman
Questo gastropub stellato Michelin serve piatti dal buon rapporto qualità-prezzo in un ambiente sobrio. **£££**

altri prodotti gastronomici del Kent. Infine, l'azienda vinicola **Chapel Down** è un posto gradevole in cui fare una visita guidata e una degustazione (il Tenterden Estate Bacchus è da provare), ma non è necessario prenotare se si vuole semplicemente passeggiare nella vigna; sono disponibili delle cartine.

Chartwell, la dimora di Churchill

L'AMATA CASA DI CAMPAGNA DI CHURCHILL

Situata a un'ora di automobile da Canterbury e ora tutelata dal National Trust, la casa di Winston Churchill dal 1924 alla sua morte nel 1965 consente di entrare nell'intimità della vita di questo primo ministro inglese, famoso tra le altre ragioni per il fatto di essere stato un grande fumatore di sigari. Il profondo legame di Churchill con la sua dimora familiare si avverte in ogni angolo della tenuta, dal muro che eresse in giardino allo studio in cui era solito dipingere (oggi vi sono esposte molte sue tele e nel posacenere è tuttora appoggiato uno dei suoi sigari), alle ricostruzioni delle case sugli alberi costruite per i figli. La casa in sé è piena di cimeli, e le guide sono molto abili nello spiegare il significato dei vari oggetti personali. Al piano superiore, sotto travi del periodo Tudor, si trovano la scrivania di Churchill e il pavimento di legno simile a quello di una nave su cui lo statista, assorto nei suoi pensieri, camminava avanti e indietro.

Per visitare la camera da letto di Churchill prenotate la visita offerta dopo il normale orario di apertura. Potreste anche vedere Jock VII, il gatto che vive nella casa secondo le indicazioni della famiglia Churchill, la quale aveva richiesto che nella tenuta fosse sempre presente un gatto arancione di nome Jock.

Una meraviglia tra i fossati

LA STORIA AL LEEDS CASTLE

A 40 minuti d'automobile da Canterbury, il romantico **Leeds Castle**, circondato da un vasto parco, è l'ideale per una gita in famiglia. Eretto su fondamenta normanne e abitato da diverse celebri regine nel corso del Medioevo, tra cui la prima moglie di Enrico VIII, Caterina d'Aragona, il Leeds Castle non è però un monumento ingessato: la visita è anzi all'insegna del divertimento, con le teste parlanti delle regine che raccontano le loro vicende come in un film, le dimostrazioni di falconeria, il labirinto di siepi, fiancheggiato da una sponda erbosa più elevata dalla quale i propri compagni possono urlare le indicazioni su come procedere per raggiungere il centro.

Gli interni del castello sono stati trasformati in seguito ai lavori di ammodernamento voluti dalla sua ultima proprietaria, Lady Baillie, ricca ereditiera e amante del bel mondo che ne fece

NORTH DOWNS WAY

Il sentiero di 153 miglia (246 km) nelle North Downs inizia vicino a Farnham nel Surrey, ma uno dei tratti più suggestivi è quello che dalla zona di Ashford arriva al termine del percorso, a Dover. Qui vicino il sentiero attraversa lo **Samphire Hoe**, un parco naturale creato tra la falesia e il mare utilizzando la pietra calcarea ricavata durante gli scavi per il tunnel sotto la Manica. L'**East Kent Loop** prolunga il sentiero fino a Canterbury.

DOVE DORMIRE NEL KENT

Dover Adventure Backpackers
Ostello dall'ambiente amichevole, con una terrazza rivolta sulle White Cliffs. **£**

Royal Harbour Hotel
Albergo di Ramsgate all'interno di due *town houses* in stile Regency in un complesso affacciato sul porto. **££**

Reading Rooms
Lussuoso B&B di due camere in una *town house* del XVIII secolo situata in una tranquilla piazza di Margate. **£££**

la cornice per feste turbolente, frequentate da personaggi del calibro di Errol Flynn e John F. Kennedy. In cima a una magnifica scalinata a spirale in legno intagliato, le camere private di Lady Baillie sono uno dei pezzi forti del castello.

I fili della storia a Dover

CASTELLO, GALLERIE SEGRETE E SCOGLIERE

Trascorrete una giornata a Dover, a 30 minuti di treno da Canterbury, fornisce un'introduzione a 2000 anni di storia inglese e un'occasione di entrare in contatto con la bellezza naturale e il grande valore simbolico delle sue bianche scogliere.

Il **Dover Castle** sorge sulla falesia affacciata sulla Manica e sul porto dei traghetti, nel punto di minor distanza via mare tra l'Inghilterra e l'Europa continentale. Il sito è vasto: mettete in conto diverse ore per esplorarlo tutto. Iniziate la visita dall'elemento di maggior interesse, le **gallerie sotterranee segrete** scavate per ospitare le truppe durante le guerre napoleoniche, quindi usate come centro di comando e ospedale durante la seconda guerra mondiale. La visita guidata fa buon uso di materiali audiovisivi per raccontare la storia dell'operazione Dynamo, nome in codice per l'evacuazione di migliaia di soldati da Dunkerque diretta dalle gallerie. Una seconda visita è dedicata alle immagini, ai suoni e agli odori dell'ospedale lì allestito in tempo di guerra.

Da qui, superate la parte più antica del complesso – i ruderi di un **faro romano** – e sbirciate all'interno della **chiesa sassone**, prima di visitare la **Great Tower**, del XII secolo, le cui mostre interattive riportano al tempo di Enrico II.

L'esperienza della visita al castello dà un'idea dell'importanza storica rivestita da Dover quale prima linea di difesa dell'Inghilterra. Da questo sito procedete per 1 miglio (1,6 km) verso est fino alle **White Cliffs**, gestite dal National Trust. Seguite il sentiero sulla falesia facendo una tonificante passeggiata di 2 miglia (3,2 km) fino al **South Foreland Lighthouse**, dove potrete mangiare accomodandovi ai tavoli da picnic del *cafe* e osservando il paesaggio marino in direzione della Francia.

Dover Castle

MIGLIORE ARTE PUBBLICA NEL KENT

Folkestone
Scaricate la cartina Creative Folkestone relativa alla mostra Folkestone Artworks: oltre 70 opere contemporanee all'aperto di artisti come Tracey Emin e Antony Gormley. Da non perdere: *Folkestone Mermaid* (2011) di Cornelia Parker, sulla spiaggia di Sunny Sands, *Jelly Mould Pavilions* (2017) di Lubaina Himid, sul lungomare, e *Holiday Home* (2017) di Richard Woods, al porto, un commento sulle disuguaglianze abitative.

Ramsgate
Fate caso al busto in bronzo raffigurante Vincent van Gogh di Anthony Padgett, all'abito di mattoni di Rodney Harris, e all'installazione *Beacons*, creata da Conrad Shawcross in collaborazione con i bambini locali.

Margate
Tenete gli occhi ben aperti per i molti pezzi commissionati dalla Turner Contemporary e per l'abbondante street art.

TRASPORTI LOCALI

Le cittadine costiere del Kent sono ben collegate con Londra e Canterbury via treno e autobus. Usare i trasporti pubblici permette tra l'altro di risparmiare sul parcheggio. Di contro, i collegamenti diretti nelle aree rurali sono meno frequenti e i villaggi situati nelle Kent Downs, o nei dintorni di queste, sono più facili da raggiungere in automobile o in bicicletta.

BRIGHTON

Sin dal XIX secolo, quando il principe Giorgio organizzava divertimenti che si prolungavano per tutta la notte nello sfarzoso palazzo delle feste del Royal Pavilion, Brighton ha abbracciato il culto dell'edonismo. A lungo la città ha fornito uno spazio per forme alternative di autoespressione e l'ambiente punk fiorente negli anni '70 e '80 ha avuto un effetto duraturo sulla cultura locale. Sede della scena gay più vivace dell'Inghilterra, Brighton è un posto che incoraggia le persone a essere se stesse.

Questa è una città pittoresca, con un'atmosfera che tira all'eccentrico, dove il grottesco si mescola al design contemporaneo. È anche un luogo dal forte spirito ambientalista: dal 2010 a rappresentare Brighton in parlamento c'è Caroline Lucas, del Green Party. Qui la questione della sostenibilità viene affrontata all'insegna del divertimento, con ristoranti vegani, negozi di abbigliamento vintage e una grande abbondanza di piste ciclabili.

La spiaggia di ciottoli è una delle principali attrattive locali e quando esce il sole su di essa si riversa una gran folla.

IL CONSIGLIO

Per sperimentare la migliore cucina della città, si può partecipare a uno dei **Brighton Food Tours**. La passeggiata gastronomica chiamata VIB (Very Independent Brighton) si tiene tutto l'anno il venerdì e il sabato, e permette di scoprire i chioschi di street food e i produttori locali.

Brighton Pier

KEVIN GEORGE/500PX ©

DA NON PERDERE
1 Brighton Dome
2 Royal Pavilion

DA VEDERE
3 Brighton Marina
4 Brighton Museum & Art Gallery
5 Pavilion Gardens

ATTIVITÀ E TOUR
6 Saltdean Lido
7 Undercliff Walk

SHOPPING
8 Black Mocha
9 Blackout Shop
10 DOWSE
11 Lanes
12 North Laine Bazaar
13 Resident Music
14 Snoopers Paradise

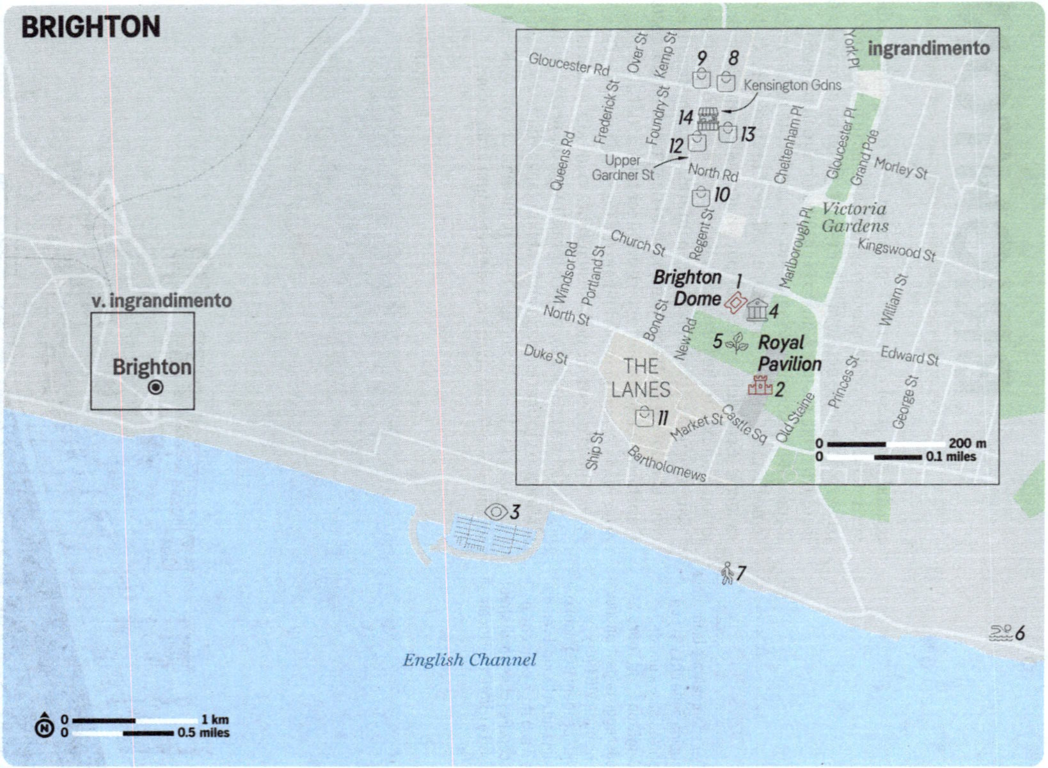

Royal Pavilion

Una vita di eccessi

L'IMPERDIBILE PALAZZO DELLE FESTE DI BRIGHTON

Arrivando a piedi dalla stazione ferroviaria, il primo esempio di stupefacente architettura ottocentesca di ispirazione indiana che si incontra è la magnifica **Brighton Dome**, ora una sala da concerti e un teatro. Oltre questo edificio si estende l'appariscente palazzo delle feste di re Giorgio IV, il **Royal Pavilion** in sé. Gli interni del palazzo, progettati in ogni loro dettaglio per suscitare meraviglia nei visitatori, sono quanto di più stravagante si possa immaginare, tra carta da parati cinese dipinta a mano e specchi che ingannano l'occhio. La sala dei banchetti è uno spettacolo unico, con un lampadario centrale sorretto da draghi a dominare tutto l'ambiente e un tavolo sontuosamente imbandito: il menu proposto al tempo dallo chef francese Antonin Carême era anch'esso improntato agli eccessi. Le audioguide riferiscono episodi suggestivi sugli anni d'oro del palazzo. Da non perdere, poi, è l'affascinante mostra fotografica legata al periodo in cui il Royal Pavilion fu usato come ospedale per i soldati indiani durante la seconda guerra mondiale.

Le vecchie scuderie del Royal Pavilion, costruite nello stesso opulento stile Regency, ospitano ora il **Brighton Museum** e l'**Art Gallery**. Di particolare interesse è la collezione di reperti egizi, ma anche i dettagli architettonici delle cupole interne e le piastrelle invetriate dell'edificio meritano di essere ammirati. Fate caso all'opera *Difficult Background* (2001) di Grayson Perry, un vaso in ceramica che raffigura gli effetti della guerra sui bambini.

Prendetevi il tempo di vagare lungo i sentieri dei **giardini**, a ingresso libero, da cui si godono meravigliose vedute sugli edifici del Royal Pavilion.

Shopping terapeutico nel Lanes

A CACCIA DI TESORI VINTAGE

L'affollatissimo **Lanes** è il quartiere dello shopping più noto e frequentato di Brighton, disseminato a ogni angolo di gioiellerie, negozi di articoli da regalo, *cafe* e boutique, in cui si vende di tutto, dai mobili d'epoca rinnovati in modo creativo alle scarpe vegane. Appena a sud della stazione ferroviaria di Brighton si estende invece **North Laine**, una serie di vie in parte pedonali, con vivaci dipinti murali e un'atmosfera più bohémien.

Il mercato delle pulci **Snoopers Paradise** e il vicino **North Laine Bazaar** sono posti divertenti in cui curiosare alla ricerca di pezzi retrò da collezione e capi di abbigliamento vintage, vecchi dischi e libri usati. Gli amanti della musica potrebbero trascorrere ore intere a scartabellare tra i vinili di **Resident**

BRIGHTON LGBTIQ+

Ophelia Payne, drag queen e cantante, dà qualche consiglio. *@thisisopheliapayne*

La comunità LGBTIQ+ ha quasi l'imbarazzo della scelta qui, visto che sono molti i locali 'friendly'. Il fulcro della scena gay è **St James's St**, dove ci si può spostare a piedi di gay bar in gay bar. Da non perdere sono anche il **Bar Broadway** in Steine St e, lì vicino, il **Club Revenge**.

L'**Arcobaleno**, a Kemptown, è un magnifico bar, ristorante e spazio LGBTIQ+ a gestione familiare: la cucina e i cocktail sono eccellenti, e quasi ogni weekend ci sono spettacoli dal vivo.

Date un'occhiata anche al programma di spettacoli degli **Ironworks Studios**. **Proud Cabaret** e **The Walrus** hanno brunch con le drag queen.

Sul lungomare in Marine Pde troverete l'**R-Bar**, il **Charles Street Tap**, il **Centre Stage** e il **Legends**.

DOVE DORMIRE A BRIGHTON

YHA Brighton
Ostello in posizione eccellente vicino al molo, con letti in camerata e camere private dal buon rapporto qualità-prezzo. **£**

27 Brighton
B&B magnificamente arredato, ispirato a re Giorgio IV; alcune camere hanno la vista mare. **££**

Hotel Una
Camere arredate in modo diverso l'una dall'altra in una *town house* in stile Regency ricca di elementi d'epoca. **£££**

MIGLIORI RISTORANTI A BRIGHTON E HOVE

Iydea
Abbondanti curry vegetariani, enchiladas, quiche e insalate. £

Terre à Terre
Belle e originali tapas vegetariane, in una cornice tranquilla. ££

Wild Flor
Ristorante rilassato che serve piatti creativi a base di ingredienti del Sussex. ££

Rockwater
Ristorante e bar; magnifico per un drink sulla terrazza o un pasto all'interno. ££

Little Fish Market
Il ristorante dello chef Duncan Ray, a Hove, offre un menu fisso di degustazione di ottimi piatti di mare. £££

TOMS AUZINS/SHUTTERSTOCK ©

Undercliff Walk

Music, dove potrebbe anche capitare di trovare una band che si esibisce in un concerto nel negozio. Per splendide ceramiche e stoffe fatte a mano, recatevi da **Dowse**. Lì vicino c'è anche **Blackout Shop**, un emporio di articoli kitsch. Per la migliore cioccolata calda della città, fermatevi da **Black Mocha**.

La festa sul lungomare di Brighton

IN BICICLETTA DAL MOLO ALLA PISCINA

Il lungomare a Brighton e Hove è fervente di attività: chi corre o porta a passeggio il cane deve farsi strada tra bar brulicanti di persone, campi da palla a volo lungo la spiaggia e bancarelle di cartomanti. A **Brighton Palace Pier**, un molo ricreativo con giostre da brivido e rumorose sale giochi, le urla dei visitatori competono con il fragore delle onde; superate le rivendite di dolciumi e le varie attrattive fino a raggiungere la **piattaforma panoramica** all'estremità del molo.

Fare una pedalata di 5 miglia (8 km) fino a Saltdean è un ottimo modo per farsi un'idea del luogo. Seguite la pista ciclabile in direzione est fino alla Brighton Marina e proseguite lungo la **Undercliff Walk**, un percorso di 3 miglia (4,8 km), dove l'uso della bici è consentito, tra la falesia e il mare. A Saltdean Beach, cercate il **Saltdean Lido**, un complesso piacevolmente retrò risalente agli anni '30 con piscina all'aperto, in funzione in estate (prenotate in anticipo).

TRASPORTI LOCALI

Ci sono collegamenti ferroviari tra Brighton e Londra, che fermano all'aeroporto di Gatwick. In centro il parcheggio è caro; valutate il Park & Ride gratuito di Withdean. Brighton ha un programma di bike sharing, oltre che diverse agenzie di noleggio di biciclette.

Dintorni di Brighton

Esplorate lo spettacolare tratto di costa dove le ondulate colline del South Downs National Park incontrano il mare.

Intorno a Brighton abbondano le opzioni per chi desidera esplorare il territorio. Chi vuole dedicarsi a una vacanza attiva può percorrere a piedi o in bicicletta i suoi sentieri escursionistici, fermandosi a fare un tuffo in mare quando incontra una spiaggia invitante. I patiti di storia possono visitare i siti al centro dell'invasione normanna del 1066; gli amanti dell'arte possono scoprire le opere dei molti artisti che si sono fatti ispirare dalla luce dell'East Sussex; e i melomani non vorranno perdersi il festival di Glyndebourne. Ma chi vuole conoscere la zona non deve far altro che dedicarsi alle attività che qui fanno sembrare invidiabile la vita di ogni giorno: passeggiare sul lungomare al tramonto e attaccare bottone nei *cafe* e nei pub del luogo.

IL CONSIGLIO

Per sconti del 33% sulla gran parte dei biglietti ferroviari nel sud-est, acquistate una Network Railcard (valida per un anno).

Campo di papaveri del South Devon

PERCHÉ AMO IL SOUTH DOWNS NATIONAL PARK

Isabel Albiston, autrice Lonely Planet

Quando mi trovo a St Leonards amo camminare sulla costa. Il cielo aperto, la luce mutevole e il suono delle onde sui ciottoli trasformano la passeggiata in un'occasione per meditare. L'escursione sulle Seven Sisters e a Beachy Head è la mia preferita in zona. Qui il soffice manto erboso, di un verde brillante, ricopre le scogliere fino al bordo della scarpata, e la strada più vicina è a 1 miglio (1,6 km) di distanza dal sentiero: gli unici suoni che si sentono sono quelli del vento, del mare, degli uccelli, e degli altri escursionisti.

DAVID C TOMLINSON/GETTY IMAGES ©

Seven Sisters

Un'occhiata a Lewes

STORICA CITTADINA DI CAMPAGNA

Prospera cittadina dal passato turbolento, Lewes è un'ottima meta per una gita in giornata da Brighton (15 minuti di treno). In cima alla via principale, fiancheggiata da edifici in stile georgiano, sorge il **Lewes Castle**, le cui due torri regalano belle vedute che dalla città spaziano fino alle South Downs. Lontano dalla via principale, a mano a mano che si scende nelle tortuose viuzze chiamate *twittens*, si respira subito un'atmosfera più intima. Per aprire uno scorcio sul passato medievale di Lewes, visitate la **casa a graticcio di Anna di Clèves**, dell'inizio del XVI secolo; la quarta moglie di Enrico VIII, seppure non visse mai in questa dimora, ne fu la proprietaria. Nel corso della vostra passeggiata attraversate i **Southover Grange Gardens** e superate le rovine della **Priory of St Pancras**, quindi rinfrescatevi con un tuffo nella **Pells Pool**, una storica area di balneazione con piscina (prenotate in anticipo). Fate una tappa nel negozio di **Harvey's Brewery** per comprare qualche ale preparata in modo tradizionale o magari del vino del Sussex.

DOVE DORMIRE NELL'EAST SUSSEX

YHA South Downs
Fattoria nel South Downs National Park, con letti in camerata, camere private e un'area campeggio. **£**

Old Rectory
B&B in una casa d'epoca a Hastings, con un bar ad accesso libero e un giardino cinto da mura. **££**

Dubois Bed & Breakfast
Buon rapporto qualità-prezzo, camere intime in una placida casa vittoriana di Lewes. **££**

Un'opera lirica a Glyndebourne

ARIE, PICNIC E BOLLICINE

A 30 minuti di treno da Brighton, attorniato dalle ondulate colline delle South Downs, il **teatro di Glyndebourne** ospita ogni anno un festival operistico pervaso di eccentricità inglese vecchia maniera. Quando, nel 1934, John Christie, un insegnante di scienze, e sua moglie Audrey Mildmay, una cantante lirica, decisero di costruire un teatro da 1200 posti in mezzo alla campagna del Sussex, la cosa sembrò un incredibile capriccio. Ma oggi Glyndebourne durante la stagione operistica, da maggio ad agosto, è una delle mete più quotate d'Inghilterra per le arti liriche. Non appena i biglietti vengono messi in vendita, a marzo, gli spettacoli registrano il tutto esaurito nel giro di pochi giorni. Vestitevi bene e portate un picnic da mangiare nel parco durante l'intervallo di un'ora e mezzo.

Seven Sisters Cliffs

SPETTACOLARE ESCURSIONE COSTIERA

Tra ondulate colline calcaree, antichi boschi e vedute mozzafiato, il **South Downs National Park** è attraversato da un sentiero fuori strada adatto a escursioni a piedi e in bicicletta lungo 100 miglia (160 km), da Winchester a Eastbourne.

Molti tratti del sentiero si prestano a belle escursioni in giornata. Cinque miglia (8 km) a nord di Brighton, **Devil's Dyke** è una valle secca, ampia e profonda, famosa per i suoi fiori selvatici. Sette miglia (11 km) più a est, il **Ditchling Beacon** è uno dei punti più alti della South Downs Way e regala vedute aperte.

Ma forse la passeggiata più bella sulla South Downs Way è quella lungo il tratto finale del sentiero, le ultime 10 miglia (16 km) sulle scogliere calcaree delle Seven Sisters fino a Eastbourne. Questo percorso è accessibile solo a escursionisti a piedi; i ciclisti seguono una pista alternativa da Alfriston a Eastbourne. Consultate le cartine e fate provviste al centro visitatori del **Seven Sisters Country Park** (a 55 minuti di autobus da Brighton). Per godere della vista migliore sulle scogliere, e per fare fotografie davvero stupende, fate una deviazione lungo la sponda occidentale del River Cuckmere e salite sul **Seafood Head**. Durante la bassa marea è possibile camminare in direzione est lungo la spiaggia alla foce del fiume, senza ritornare sui propri passi.

Da qui il sentiero è una emozionante montagna russa di ripidi saliscendi lungo ondulate scogliere. Alla vostra destra, la bianca parete calcarea, verticale, si getta nel fragoroso mare sottostante. Fermatevi al

I FALÒ DI LEWES

Il 5 novembre migliaia di persone si riversano su Lewes per assistere ai suoi festeggiamenti: fuochi di artificio, fiaccolate e falò in giro per la città, in cui vengono date alle fiamme varie effigi. Esistono sei confraternite dei falò, ognuna delle quali dotata di tradizioni, costumi e bande musicali proprie.

Ufficialmente la notte ricorda la scoperta della congiura delle polveri del 1605, ma di fatto oggi rappresenta una forma di dissenso e protesta: le immagini fatte ardere nei falò ritraggono i politici e le figure pubbliche più odiate del momento. Per assistere alle processioni e ai falò occorre acquistare un biglietto.

ESTROSE CITTADINE COSTIERE

Per continuare la scorpacciata di arte contemporanea sul lungomare, non perdetevi la **Turner Contemporary** (p149) di Margate e la **Pallant House Gallery** (p169) di Chichester.

Gallivant
Albergo di Camber Sands dal design di lusso, con un ristorante che merita la visita di per sé, e molte attività. £££

Jeake's House
Splendido albergo di Rye noto per le sue prime colazioni, occupa un'affascinante *town house* del XVII secolo. £££

Belle Tout Lighthouse
Un faro dismesso in cima alla scogliera a Beachy Head, con sei camere da B&B decorate in modo creativo. £££

PHILIP REEVE/SHUTTERSTOCK ©

Uno stormo di storni, Brighton

cafe **Birling Gap**, prima di affrontare l'ultimo tratto in salita che porta a **Beachy Head**, il punto più alto delle scogliere. Da qui il percorso fino a Eastbourne è tutto in discesa.

STORMI DI STORNI SULLA COSTA DEL SUSSEX

Vedere gli storni che volteggiano a migliaia nel cielo, in ranghi coordinati, a volte serrati a volte aperti, è un'esperienza unica. Questa elaborata coreografia, creando l'impressione di una poderosa massa che si muove in modo imprevedibile, ipnotizza e lascia senza fiato e serve probabilmente a distogliere i predatori.

Il momento migliore per ammirare gli stormi in volo è il crepuscolo in autunno e inverno. È spesso possibile assistere a questo spettacolo presso i moli di Eastbourne, Hastings e Brighton, dove circa 40.000 storni si radunano vicino a quel che resta del West Pier.

L'arte da Hastings a Eastbourne

GALLERIE D'ARTE LUNGO LA COSTA

Hastings ospita una comunità di artisti, le cui opere possono essere ammirate all'interno di piccole gallerie d'arte indipendenti come la **Rebel Gallery** e la **Dirty Old Gallery**. La **Hastings Contemporary** allestisce mostre temporanee in un edificio coperto di piastrelle nere progettato per armonizzarsi al meglio con le attigue 'Net Huts' presso The Stade, a loro volta rivestite in tavole di legno nere. Il tratto di costa lungo 6 miglia (9,6 km) tra Hastings Stade e Bexhill-on-Sea consente di fare una splendida passeggiata, che passa dall'**Hastings Pier**, ora rinnovato.

A St Leonards-on-Sea, vicino al lungomare, si trovano alcune gallerie d'arte che vale la pena di visitare, tra cui **Kino** e **Project 78**. Presso il parcheggio di Marina cercate il **dipinto murale di Banksy** sui gradini di cemento che portano in spiaggia.

A Bexhill, il **De La Warr Pavilion** è una struttura in stile modernista Heritage Listed (Grade I) sul lungomare, imper-

DOVE BERE NELL'EAST SUSSEX

Crown
Pub dall'ambiente amichevole a Hastings, con una buona scelta di drink e opere di artisti locali alle pareti.

Cactus Hound Bar
Tranquillo bar di St Leonards, in cui scegliere tra oltre 40 tipi di tequila o ordinare un cocktail.

Mermaid Inn
Poche locande possono vantare l'atmosfera di questa, a Rye, risalente al 1420.

4KCLIPS/SHUTTERSTOCK ©

Pevensey Castle

dibile per chi apprezza l'architettura art déco. L'edificio, progettato nel 1935, oggi funge da centro per le arti contemporanee e sala da concerti.

Situata 12 miglia (19 km) a ovest di Bexhill (20 minuti di treno), la **Towner Art Gallery** di Eastbourne è uno degli spazi espositivi più interessanti del sud-est. Il vivace esterno della galleria è firmato dall'artista tedesco Lothar Götz.

Sulle tracce di Guglielmo il Conquistatore

GLI EVENTI DEL 1066

Nel 1066, lo sbarco del duca Guglielmo di Normandia a Pevensey e la sconfitta del re Aroldo nella battaglia di Hastings cambiarono per sempre il corso della storia inglese. Potrete approfondire questo aspetto là dove gli avvenimenti ebbero luogo.

Le rovine del **Pevensey Castle** (un'ora di treno da Brighton) segnano il punto presso cui nel 1066, due settimane prima della battaglia, sbarcarono Guglielmo e le sue truppe. Il duca non sprecò tempo ad allestire un campo, ma realizzò piuttosto una roccaforte entro le robuste mura romane tuttora presenti. Dieci miglia (16 km) a nord-est si trova il luogo in cui Guglielmo e Aroldo si scontrarono il 14 ottobre 1066, nel corso di una cruenta

PASSEGGIATE NELL'EAST SUSSEX

Eileen Swift, un'insegnante in pensione, vive a Hastings e fa parte di un gruppo dedicato alle camminate.

Il posto che preferisco per una passeggiata è la **Hastings Country Park Nature Reserve**. Offre magnifiche vedute costiere e ospita uno splendido e antico bosco di scarpata. Ci sono molti sentieri tra cui scegliere – alcuni sono piuttosto impegnativi (il Bale House Visitor Centre a Fairlight può fornire indicazioni).

Se vi trovate qui in uno dei rari momenti di bassissima marea, potreste riuscire a vedere le falesie di arenaria dalla costa e persino spingervi fino a **Pett Level**, dove, camminando lungo la spiaggia, si vede la foresta sommersa. Potreste anche scorgere qualche orma di dinosauro (nel 2018, nella scogliera in via di erosione, ne sono state avvistate di appartenenti ad almeno sette specie).

Cock Inn
Pub vicino a Lewes con real ale barricate e un vasto assortimento di birre di varie provenienze alla spina.

Hanushka Coffee House
Intima caffetteria di Hastings tappezzata di libri, con due sedi, ognuna delle quali piena di titoli da sfogliare.

Lamb Inn
Antica istituzione di Eastbourne, sul cui bancone da otto secoli si posano boccali di ale del Sussex.

battaglia durata tutto il giorno, in cui il re perse la vita, aprendo la strada all'incoronazione di Guglielmo. Come penitenza per il sangue sparso sul campo, il re Guglielmo vi fece costruire un'abbazia. La **Battle Abbey**, dove si possono tuttora vedere le rovine del monastero originario, sorge appunto in corrispondenza del campo di battaglia. Guardate il suggestivo filmato che ripercorre gli eventi di quel giorno, prima di fare due passi dove si svolsero i fatti, che l'audioguida vi aiuterà a visualizzare.

Ogni anno a ottobre Battle Abbey ospita per due giorni una rievocazione storica, con tanto di cavalli e commenti dal vivo sullo stato di avanzamento dello scontro. Gli amanti del genere soggiornano in tende simili a quelle del tempo, divise tra i campi normanni e sassoni, preparando da mangiare sul fuoco vivo e praticando i mestieri tradizionali; i visitatori possono attraversare questi spazi e porre domande.

La **1066 Country Walk** è un'escursione a piedi di 31 miglia (50 km) da Pevensey a Rye, passando da Battle. Lungo il percorso ci sono 10 sculture ispirate all'arazzo di Bayeux.

MIGLIORI RISTORANTI NELL'EAST SUSSEX

Goat Ledge
Questo baracchino sulla spiaggia a St Leonards, vicino a Hastings, vende sandwich al pesce fresco. £

Rock a Nore Kitchen
Minuscolo ristorante a Hastings Stade, propone il pescato del giorno. ££

Fig
Cafe di Rye con eccellenti opzioni vegane e vegetariane tratte da un menu creativo e salutare. ££

Skylark
Questo tranquillo *cafe* e ristorante di Eastbourne serve brunch, pranzi e cene a lume di candela. ££

Farmyard
Questo ristorante e wine shop di St Leonards serve piatti a base di ingredienti locali in una cornice d'atmosfera. £££

Vie acciottolate, case curve e saline

SULLE ORME DEI CONTRABBANDIERI

A due ore di treno da Brighton, **Rye** sembra sussurrare racconti di contrabbandieri e intrighi di ogni tipo, con le sue vie acciottolate, i passaggi misteriosi e le case a graticcio dai muri storti (alcune delle quali infestate di fantasmi, a quanto si dice). Un buon punto da cui avviare l'esplorazione è **Mermaid St**, dove le case a graticcio hanno nomi come 'The House with Two Front Doors'. Vale la pena di ammirare, in cima al colle, la **Lamb House**, una *town house* in stile georgiano un tempo abitata da Henry James. Il **Rye Castle** ospita un museo, malconcio ma incantevole, che comprende la ricostruzione di una cella delle carceri femminili e un orto officinale medievale.

Da Rye, con una passeggiata di 3 miglia (4,8 km) lungo il River Rother si raggiunge **Camber Sands**, distesa di sabbia e dune ideale per un picnic. Presso il vicino lago di Northpoint Water, la **Rye Watersports** offre lezioni e attrezzatura a noleggio.

Sull'altra sponda del fiume si trova la **Rye Harbour Nature Reserve**, un mosaico di ambienti naturali, con crinali ghiaiosi, saline e canneti. La riserva accoglie oltre 4500 specie documentate di piante e animali, tra cui importanti colonie di sterne (piccole, comuni e di Sandwich). Il *cafe* presso il **Discovery Centre** si affaccia sulla riserva, che è attraversata da passerelle in legno. Potete prolungare la vostra passeggiata fino al piccolo villaggio medievale di **Winchelsea**, da cui partono autobus per Hastings e Rye.

TRASPORTI LOCALI

Ci sono treni che collegano Brighton con Eastbourne e Hastings, da cui ne partono altri alla volta di Battle e Rye. L'autobus n. 12X tra Brighton e Eastbourne effettua una fermata al Seven Sisters Country Park.

WINCHESTER

Oggi una città relativamente piccola, prospera e tranquilla, Winchester è stata un tempo la capitale dell'Inghilterra. I romani vi costruirono un insediamento che all'epoca era il quinto centro del paese per grandezza, ma la città decollò davvero quando potenti vescovi vi trasferirono la loro sede nel VII secolo. In seguito, il re Alfredo il Grande ne fece la sua capitale.

Anche se Winchester non è più un centro del potere politico, l'orgoglio per la sua importanza storica si avverte ancora chiaramente. Qui la vecchia Inghilterra fatta di scuole private, reggimenti militari e vescovi anglicani incontra un panorama musicale e delle arti creative piuttosto bohémien.

Winchester vanta poi forti legami con il mondo letterario. John Keats fu ispirato a comporre alcune poesie dalle sue passeggiate nelle placide marcite della città, e Jane Austen è sepolta nella magnifica Winchester Cathedral, vicino alla quale, segnalata da una targa, sorge la casa in cui la scrittrice morì nel 1817.

IL CONSIGLIO

Il centro di Winchester si gira bene a piedi. L'imbocco del sentiero per le escursioni a piedi e in bicicletta lungo la South Downs Way è a est della cittadina. Se volete visitare i dintorni di Winchester in bicicletta, è bene contattare in anticipo le agenzie di noleggio e prenotare.

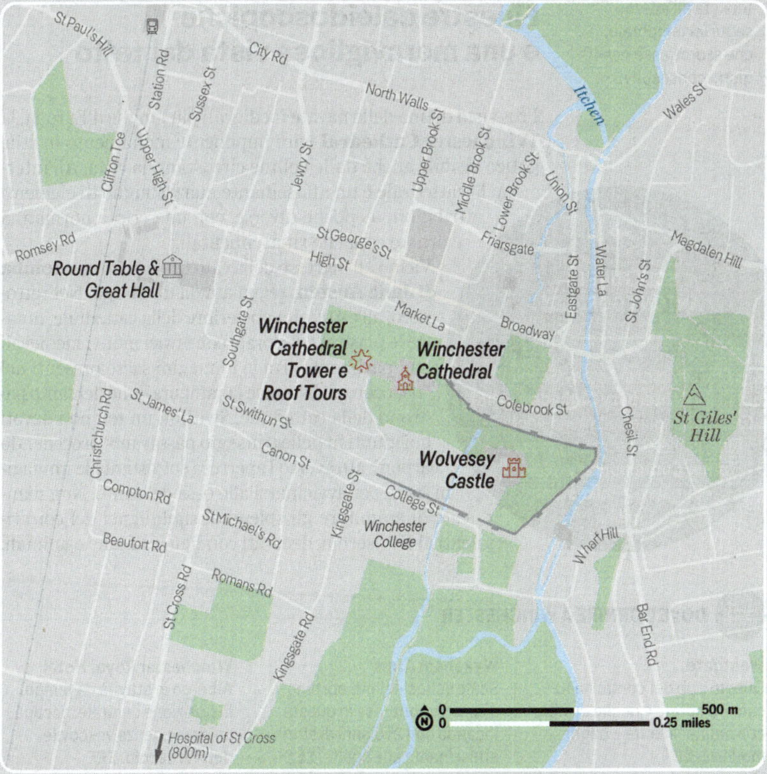

PIOGGIA IL GIORNO DI SAN SWITHIN

Secondo una credenza locale, se piove il giorno di san Swithin (15 luglio), continuerà a farlo per 40 giorni. Leggenda vuole che il santo, un vescovo di Winchester del IX secolo, avesse chiesto di essere sepolto all'aperto, dove la sua tomba sarebbe stata sottoposta al battere della pioggia e dei piedi dei passanti. Quando anni dopo, il 15 luglio, la salma fu traslata all'interno, seguì un temporale, che si protrasse per 40 giorni consecutivi.

HOLGER LEUE/GETTY IMAGES ©

Cripta, Winchester Cathedral

Finestre caleidoscopiche e una meravigliosa vista dal tetto

MAESTOSA CATTEDRALE GOTICA

Provvista di una delle navate medievali più lunghe d'Europa, la **Winchester Cathedral** è un imponente monumento in stile gotico visibile anche dalle colline circostanti la città. All'interno la cattedrale è un affascinante guazzabuglio di elementi attribuibili a epoche diverse, con una cripta normanna e ornate cappelle rinascimentali.

Vicino all'ingresso della cattedrale si trova la **tomba di Jane Austen**, segnalata da una targa. Nel retrocoro, all'estremità posteriore della cattedrale, notate le piastrelle decorate con vivaci motivi medievali sul pavimento. Tra le immagini sacre presenti nel retrocoro si distingue la raffigurazione del santo patrono della cattedrale, Swithin; un tempo i devoti qui giunti in pellegrinaggio passavano, procedendo carponi, attraverso l'apertura sottostante le immagini sacre per avvicinarsi alle ossa del santo. Non mancate di ammirare gli splendidi stalli lignei del coro risalenti al XIV secolo, decorati con figure umane e animali.

SCULTURE DI ANTONY GORMLEY

Un'altra scultura di Antony Gormley si trova nella **Canterbury Cathedral** (p145). Cercate le figure della serie *Another Time*, immerse nel mare, presso la **Turner Contemporary** (p149) di Margate e a **Folkestone** (p152).

DOVE DORMIRE A WINCHESTER

Westgate
Questo pub del centro ha 10 camere curate e ricche di stile, con ampie finestre e bagni moderni. **££**

Wykeham Arms
Scale scricchiolanti portano a camere sontuose in questa locanda con 250 anni di storia affascinante alle spalle. **£££**

Winchester Royal Hotel
Albergo in attività da tempo, in posizione centrale, occupa un'ex residenza vescovile del XVI secolo. **£££**

Uno degli elementi più sorprendenti della cattedrale è la West Window, che si presenta come un variopinto mosaico astratto: l'attuale finestra fu creata nel 1660 utilizzando i frammenti dell'originaria vetrata istoriata, distrutta dalle truppe parlamentari nel corso della guerra civile inglese.

Nella cripta si trova il *Sound II*, un'enigmatica statua a grandezza naturale raffigurante un uomo assorto firmata da Antony Gormley, il quale, per creare il calco da cui ha tratto la statua, ha utilizzato il suo stesso corpo. La cripta è soggetta ad allagarsi, e quando questo accade la figura immersa nell'acqua si rivela ancor più suggestiva. Le visite guidate della torre e del tetto conducono per l'intera estensione della navata, oltre il vano delle campane.

I prati delimitati da alberi che circondano la cattedrale sono un posto ideale in cui concedersi un momento di pausa, soprattutto sul tranquillo lato meridionale, oltre il chiostro.

I cavalieri della Tavola Rotonda

L'ISPIRAZIONE DI RE ARTÙ

Sulla parete della **Great Hall** – la sola parte del Winchester Castle (XI secolo) che Oliver Cromwell abbia risparmiato dalla distruzione – campeggia una grande riproduzione in legno della Tavola Rotonda di re Artù, le cui origini sono avvolte nel mistero. Attualmente si ritiene che possa essere stata costruita nel tardo XIII secolo, forse per figurare nell'ambito di un torneo 'arturiano' organizzato per festeggiare il fidanzamento di uno dei figli di re Edoardo I. Tuttavia, Thomas Malory – autore in un'importante cronaca arturiana del XV secolo – scambiò la tavola per un originale del VI secolo, risalente al tempo in cui secondo la leggenda Artù sarebbe stato re (la realtà storica di questa figura non è confermata). In seguito Enrico VIII fece dipingere la tavola, con l'aggiunta della rosa Tudor e di un'immagine di se stesso.

Una passeggiata in città

SUL LUNGOFIUME DI WINCHESTER

Tra gli itinerari a piedi che è possibile fare a Winchester è da non perdere il **Keats Walk** di 1 miglio (1,6 km) attraverso le marcite (terreni irrigati), fino all'Hospital of St Cross. La bellezza di questi luoghi è tale da aver suscitato nel poeta l'ispirazione per l'ode *All'autunno*; imboccate il sentiero vicino al Wolvesey Castle, le rovine della casa vescovile di Winchester del XII secolo. Da St Cross, potete continuare lungo il sentiero ancora per 1 miglio fino alla **St Catherine's Hill**; salite in cima per godere di belle vedute sulla Itchen Valley.

MIGLIORI BAR E RISTORANTI A WINCHESTER

Josie's
Arrivate presto il weekend per prendere un tavolo in questo *cafe* in cui si servono i migliori brunch di Winchester. £

Overdraft
Postazioni per DJ, birra artigianale alla spina e tacos, per un pasto divertente. ££

Chesil Rectory
In un edificio a graticcio del XV secolo, serve piatti della moderna cucina britannica. £££

Black Boy
I caminetti accesi, qualche pezzo antico e il magico beer garden ne fanno un locale molto amato.

Hyde Tavern
Sorprendente ritrovo locale, in cui si svolgono competizioni per decretare la migliore birra, jam session di musica folk e concerti di musicisti famosi.

TRASPORTI LOCALI

I treni diretti a Winchester partono dalla stazione di London Waterloo. Ci sono postazioni Park & Ride a sud e a est del centro cittadino.

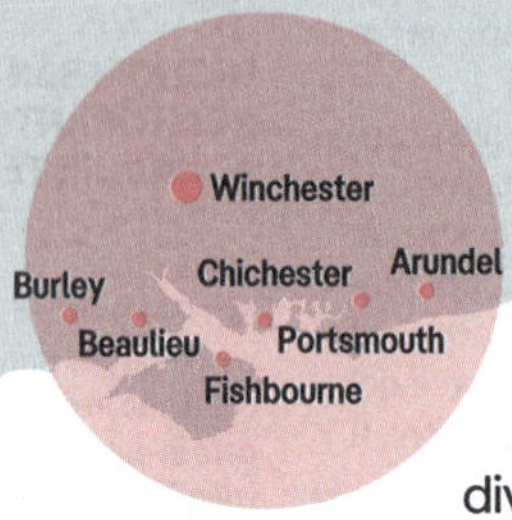

Dintorni di Winchester

Vi attendono sentieri in ambienti naturali diversi, un pizzico di storia navale, un castello e un'artistica città con cattedrale.

Intorno a Winchester abbondano le occasioni per immergersi nella natura, con sentieri da percorrere a piedi o in bici in ambienti diversi, lungo i quali sono quasi assicurati gli incontri ravvicinati con varie specie animali. La città fa da porta di accesso alle ondulate colline calcaree del South Downs National Park e ai boschi e alle brughiere delle Surrey Hills nelle North Downs. A sud-ovest della città si estende il New Forest National Park, dove tra la boscaglia vagano i pony selvaggi e si nascondono i cervi.

Ma la zona non è certo priva di interesse culturale. Fondata dai romani, Chichester vanta un vivace ambiente artistico, incentrato sul suo teatro e le sue gallerie d'arte. Nei pressi, il castello e i negozi di antiquariato di Arundel sembrano venire dal passato.

IL CONSIGLIO

L'ideale per visitare la zona è una combinazione di treno e bicicletta. Caricate la vostra bici in treno, o noleggiatene una all'arrivo.

Chichester (p169)

LANAG/SHUTTERSTOCK ©

Box Hill

Surrey Hills e giardini

ESCURSIONI A PIEDI, VEDUTE E MAGNIFICI GIARDINI

La Surrey Hills Area of Outstanding Natural Beauty, raggiungibile da Winchester in un'ora o un'ora e mezzo di automobile, e attraversata da sentieri da percorrere a piedi o in bicicletta, comprende boschi, brughiere e praterie punteggiate di fiori selvatici. Gran parte del territorio è gestito dal National Trust.

Non dovrete arrivare lontano per godere del famoso panorama che si apre da **Box Hill**, cornice del picnic descritto da Jane Austen nel suo romanzo *Emma*. Tra i sentieri segnalati ce ne sono di tutti i tipi, da facili a impegnativi. A Pasqua potrete unirvi a quanti fanno rotolare le uova decorate giù per Hill Box.

A Hindhead, il **Devil's Punch Bowl** è una bella valle incuneata tra le verdeggianti Surrey Hills, con sentieri che si snodano nella brughiera e in fitti boschi, attraverso campi e torrenti dalle acque cristalline. La zona è particolarmente bella in autunno.

A breve distanza si trova il favoloso **RHS Wisley**, un giardino tematico ricco di fiori, arbusti e alberi simile a un paese delle meraviglie. Fate caso alle sculture lungo il percorso, tra cui una stupefacente testa di cavallo in metallo vicino a Battleston Hill.

LA FAUNA DELLE SURREY HILLS

Le Surrey Hills rappresentano un importante habitat per molte specie di farfalle, tra cui la sfuggente iride, il bellargo, la celastrina, e la cedronella di un giallo acceso. Certi anni giungono qui dall'Africa settentrionale centinaia di vanesse del cardo, e altri anni nessuna.

Le brughiere delle Surrey Hills occidentali, con eriche, ginestre e vari tipi di erba, sono abitate da molti uccelli, tra cui la magnanina. Nelle aree in cui si addensa la macchia, fate caso al canto dell'usignolo.

DOVE MANGIARE E BERE NEL SURREY

Swan Inn
Locanda di Chiddingfold con bar, ristorante e camere, ideale per le passeggiate nelle colline.

Anchor
Pub e ristorante nel villaggio di Ripley, con travi a vista e caminetti.

Fox Revived
Pub di Norwood Hill con vista sulla collina, e un assortimento di ale e piatti da bistrò.

MIGLIORI LOCALI E RISTORANTI DI PORTSMOUTH

Feed
Le prime colazioni e gli hamburger sono la specialità di questo *cafe* di successo a Portsmouth. **£**

Abarbistro
Tranquillo bar-bistrò in cui assorbire la vita locale. **££**

Still & West
Sul lungomare, serve piatti da gastropub, arrosti tradizionali (la domenica) e sandwich. **££**

Old Customs House
A Gunwharf Quay, questo locale a tema nautico serve raffinati classici da pub, nonché birre speciali e ale. **££**

LA FLOTTA DI NELSON

Per saperne di più sull'ammiraglio Nelson, salite sulla sua *HMS Victory* (costruita a Chatham, non Buckler's Hard) al **Portsmouth Historic Dockyard** (p168).

Mary Rose Museum

Navi da guerra del passato

LA STORIA NAVALE DELL'INGHILTERRA

Il **Portsmouth Historic Dockyard**, a un'ora di treno da Winchester, è sia una base navale attiva sia un luogo in cui si concentrano storiche navi da guerra e musei marittimi. Il complesso vanta più attrattive di quante sia possibile visitarne in un giorno solo, e pertanto muovetevi secondo un piano strategico.

La soluzione migliore è iniziare dall'attrattiva principale, il **Mary Rose Museum**, che ospita il relitto della nave ammiraglia di Enrico VIII, affondata al largo di Portsmouth nel 1545, durante un combattimento contro i francesi. Il lato di tribordo finì sommerso nel fango limaccioso, che lo preservò dall'aggressione di ossigeno e molluschi xilofagi. Così, quando nel 1982 la *Mary Rose* fu estratta dal fondale, si trovò che quel fianco e i relativi contenuti erano ben conservati.

Il Mary Rose Museum parte con una presentazione audiovideo che inserisce la nave nel contesto Tudor. La nave in sé, illuminata con grande effetto scenico all'interno di un ambiente a umidità controllata, offre uno spettacolo stupefacente. Il percorso museale conduce attraverso i ponti, le cabine del chirurgo e del falegname di bordo, e la cambusa dai grandi calderoni di ottone. A ogni piano sono esposti abiti, scarpe, monete, strumenti musicali e altri ogget-

DOVE DORMIRE NEL WEST SUSSEX

Arden Guest House
B&B dall'ambiente amichevole, appena oltre il fiume rispetto al centro storico di Arundel. **££**

Chichester Harbour Hotel
Un albergo georgiano nel centro di Chichester, con un buon ristorante e un bar. **£££**

East Walls Hotel
Albergo a gestione familiare a Chichester con mobili antichi e letti a baldacchino. **£££**

ITINERARIO A PIEDI: ARTE E STORIA A CHICHESTER

Chichester, a un'ora di treno da Winchester, è una vivace cittadina ancora in gran parte cinta da antiche mura. Nel corso di questo itinerario a piedi avrete un assaggio della sua storia e del suo ambiente artistico.

Iniziate dalla **1 Chichester Cathedral**, dall'insolito **2 campanile** medievale staccato. Di fianco alla torre si leva la statua di san Riccardo, vescovo del XIII secolo e patrono del Sussex. Nella cattedrale, tre ordini di splendide arcate creano slancio. Date un'occhiata ai rilievi romanici del XII secolo, alla sezione di pavimento musivo romano coperto da un vetro, e alla finestra istoriata dell'artista Marc Chagall, installata nel 1978. Presso la tomba di Arundel, leggete la poesia di Philip Larkin, ispirata alle due figure che si tengono per mano.

Continuate lungo il lato meridionale della cattedrale giù per Richard's Walk e svoltate a destra per i **3 Bishop's Palace Gardens**. Seguite il sentiero a ovest attraverso i giardini fino alla **4 cinta muraria** romana. Attraversando West St, seguite le mura nel **5 Priory Park** e oltre l'indipendente **6 New Park Cinema**. Girate a destra in East St e proseguite fino al **7 Market Cross**, eretto nel 1501 come riparo per i commercianti del mercato. Da qui deviate su per North St fino all'angolo di Crane St per vedere il rilievo ceramico raffigurante la dea romana **8 Minerva** circondata da uccelli locali.

Tornate al Market Cross e ripercorrete a ritroso un tratto di East St, girando a destra in North Pallant. Cercate il murale di un **9 cane da guardia** del belga Joachim e le tipiche **10 figure stilizzate** di Stik. Raggiungerete la **11 Pallant House Gallery**, con una parte storica in stile Regina Anna e un'ala nuovissima, che ospita una magnifica collezione di arte moderna e contemporanea. Datevi il tempo per godere delle mostre.

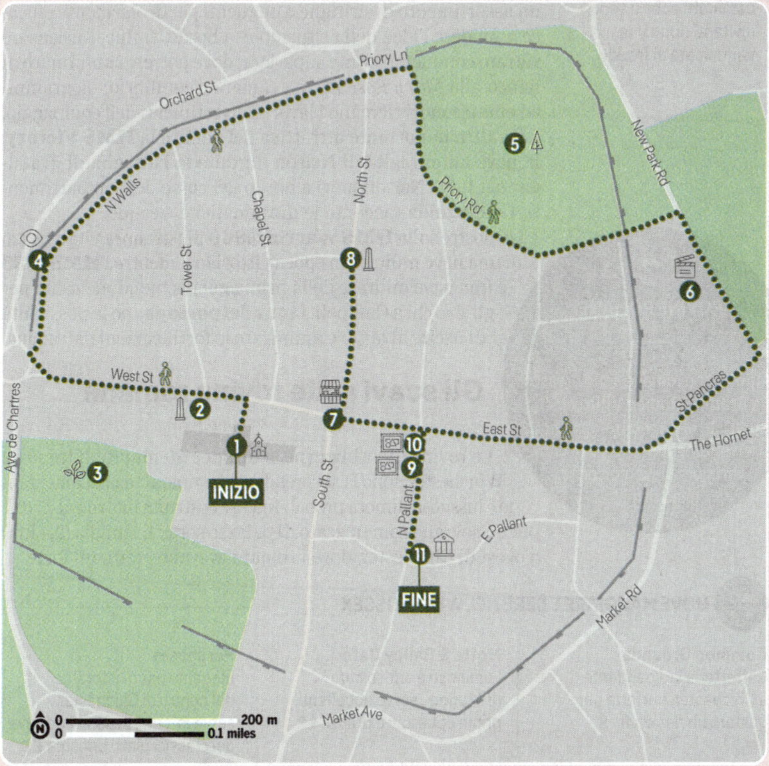

MERAVIGLIE INVERNALI

A fine novembre e a dicembre, nell'area intorno alla Winchester Cathedral viene allestito un mercato natalizio in stile tedesco. I chioschi in legno, le luci appese, il vin brulé e i cori tradizionali creano un'atmosfera di festa. Assai divertente è la pista di ghiaccio, su cui pattinare all'ombra della cattedrale.

L'inverno è una bella stagione in cui visitare anche la New Forest. Gli intimi pub con i caminetti accesi sono invitanti dopo una camminata al freddo.

ARCHITETTO: KEITH WILLIAMS, VIEW PICTURES/GETTY IMAGES ©

Novium Museum

ti personali rinvenuti nel relitto; il baule del chirurgo contiene un assortimento di siringhe e unguenti particolarmente efficace a rendere l'idea della situazione a bordo. Infine, l'ascensore vetrato conduce al ponte superiore, dove potrete camminare di fianco alla *Mary Rose* in una camera d'equilibrio; ologrammi ed effetti sonori ricreano i lavori e divertimenti dell'equipaggio.

Un'altra importante attrattiva del porto è la **HMS Victory**, la nave ammiraglia di Nelson durante la battaglia di Trafalgar del 1805. Nelson morì a bordo nel corso dei combattimenti; l'audioguida racconta le drammatiche vicende.

Le mostre sulla **HMS Warrior 1860** illustrano la vita a bordo di una nave militare in epoca vittoriana, mentre l'**HMS M33** è una nave militare della prima guerra mondiale usata per gli sbarchi a Gallipoli. I **tour del porto** danno la possibilità di uscire al largo e ammirare le fortificazioni dall'acqua.

ROVINE ROMANE

Altre rovine romane sono presso la **Brading Roman Villa** (p177), sulla Isle of Wight: tra i mosaici perfettamente conservati uno raffigura un uomo con la testa di gallo.

Gli scavi sulle rovine romane

ALLA SCOPERTA DEL PALAZZO ROMANO DI FISHBOURNE

Le rovine di Fishbourne, a un'ora e 20 minuti di treno da Winchester, sono la sorprendente testimonianza di una grande e lussuosa dimora probabilmente costruita intorno al 75 d.C. per un sovrano romanizzato. Il palazzo sorge 1,5 miglia (2,4 km) a ovest di Chichester, dove i romani avevano eretto un forte.

DOVE MANGIARE E BERE NEL WEST SUSSEX

Common Grounds
Caffetteria indipendente a Chichester, perfetta per gustare un *flat white*. **£**

Motte & Bailey Cafe
Luminoso e arioso *cafe* di Arundel, serve eccellenti prime colazioni e pranzi. **££**

Purchases
Elegante bar e ristorante del centro di Chichester, serve interpretazioni moderne dei classici piatti british. **£££**

Nell'annesso museo viene ripercorsa la storia di come negli anni '60 la villa fu scoperta per caso, durante l'installazione di una nuova rete idrica. I lavori successivi, necessari per portare alla luce quel che rimaneva dell'antica struttura, furono il frutto di un impegno condiviso dalla comunità locale, come documentano le suggestive fotografie che mostrano i volontari alle prese con gli scavi.

L'elemento di maggior pregio è costituito dallo spettacolare pavimento musivo che raffigura Cupido a cavallo di un delfino, tra cavallucci marini e pantere. Prendetevi un po' di tempo per fare una passeggiata nella ricostruzione del giardino romano e immaginare come dovesse svolgersi la vita in questa villa all'apice del suo splendore.

Situato nel centro di Chichester, il **Novium Museum** fu costruito per conservare ed esporre al pubblico i resti delle terme romane, scoperte negli anni '70.

La vita in un castello inglese

L'ARUNDEL CASTLE, UN LUOGO FUORI DAL TEMPO

Raggiungibile con un'ora e mezzo di treno da Winchester, l'**Arundel Castle** si erge in posizione elevata sul River Arun e sulle pianure circostanti, simile a un'illustrazione tratta da un libro delle fiabe. Il nucleo originario del complesso fortificato fu costruito nell'XI secolo, ma la maggior parte di ciò che si vede oggi è frutto delle ricostruzioni effettuate tra il 1718 e il 1900. È tuttora la residenza del duca di Norfolk, che per lo più occupa una sezione privata, non accessibile da parte dei visitatori; le sale e le camere da letto aperte al pubblico sono anch'esse utilizzate dalla famiglia di quando in quando.

Dal **torrione** ristrutturato si godono vedute panoramiche sulla campagna del West Sussex. Nella parte principale del castello ci sono camere da letto in stile vittoriano, con bagni di dimensione esageratamente generose, oltre che l'enorme **Baron's Hall**. La stanza più notevole è forse la biblioteca in stile gotico, rivestita di mogano dell'Honduras; risale al 1800 e ospita all'incirca 10.000 volumi. Le sale del castello sono inoltre piene di elaborati animali impagliati.

Prendetevi il tempo per ammirare le lapidi in pietra scolpita presenti nella **Fitzalan Chapel**, nel parco del castello. Gli spettacolari **giardini formali** sono da non perdere; chi si vuole trattenere un po' più a lungo sul posto troverà un *cafe*.

Se non ne avete avuto abbastanza della fiabesca bellezza di questo luogo, andate a fare una nuotata all'**Arundel Lido**, da cui si apprezzano meravigliose vedute sul castello.

MIGLIORI GALLERIE D'ARTE E NEGOZI AD ARUNDEL

Arundel Contemporary
Pezzi scelti con cura, per mostre allestite su due piani di un'elegante *town house* vittoriana.

Kim's Bookshop
Titoli difficili da trovare, d'epoca e da collezione, insieme a libri usciti di recente. Una seconda sede si trova a Chichester.

Pallant of Arundel
Negozio di alimentari e gastronomia specializzata, con vini, birre e formaggi del Sussex, nonché sandwich e pasticcini.

DOVE DORMIRE NELLA NEW FOREST

Teddy's Farm
Splendida e tranquilla area campeggio in cui piantare una propria tenda o dormire in una tenda conica già pronta. **£**

Master Builder's House Hotel
Albergo del XVIII secolo splendidamente restaurato sulla riva del River Beaulieu a Buckler's Hard. **££**

Pig
Uno degli alberghi più di classe della New Forest, con l'aria di un'elegante dimora di campagna. **£££**

AVVENTURE NELLA NEW FOREST

Jenny Clark, fondatrice di The Wild Times Yoga & Adventure Retreats, dà i suoi consigli. *@thewildtimesco*

Prendete l'occorrente per un picnic dal *cafe* **Noohn** a Burley prima di incamminarvi. Alcuni dei percorsi che prediligo si snodano intorno a **Rhinefield Arboretum**, **Hawkhill**, **Longslade Bottom** e lungo il fiume da **Ober Corner** all'**Oak Inn** a Bank, tappa ideale per il pranzo della domenica.

Passeggiate lungo la diga marina a **Keyhaven** per fare birdwatching e ammirare la Isle of Wight, o prendete il traghetto per lo storico **Hurst Castle** prima di visitare l'assolato giardino del **Gun Inn** per un drink o un pasto. Spesso porto i miei ospiti a Keyhaven per una nuotata o un'uscita con il paddleboard.

Rockford Common, New Forest National Park

New Forest Nature Trails

LA FLORA E FAUNA SELVATICA

Esteso su antichi boschi, brughiere e zone acquitrinose, il **New Forest National Park**, a 30 minuti di treno da Winchester, è un'importante riserva naturale per molte specie di piante rare e diversi uccelli che nidificano a terra, tra cui i chiurli, i quali vengono qui a riprodursi; negli alberi della zona nidificano anche numerosi esemplari di astori (uccelli rapaci). La New Forest è popolata anche da animali come pony, vacche, maiali e asini, di proprietà delle famiglie locali, ma lasciati liberi di vagare a loro piacimento; capita che occupino anche le strade usate per il traffico veicolare, quindi guidate con prudenza.

La bici è un ottimo mezzo per esplorare la New Forest. Un buon punto in cui imboccare i sentieri è **Burley**, villaggio famoso per i suoi legami con le streghe e sede del negozio **Coven of Witches**, dove si vendono cristalli e kit per incantesimi. L'agenzia di noleggio bici fornisce cartine con i percorsi e informazioni utili per vari sentieri; per alcuni sono previste deviazioni opzionali per una sosta nei pub. Uno dei tratti migliori si spin-

DOVE BERE NELLA NEW FOREST

Wash House
Micro ale pub a Milford-on-Sea, serve ale di produzione locale, sidri, liquori e vini.

White Buck
Pub vicino a Burley con un beer garden in estate e piacevoli caminetti accesi in inverno.

King's Head
Pub tradizionale di Lymington, con le travi tratte dalle navi in uso al tempo di Napoleone e real ale alla spina.

ge nel cuore della foresta nella **South Oakley Inclosure**, attraverso una riserva di cervi (la New Forest è abitata da cinque specie di cervi selvatici) e lungo la Bolderwood Ornamental Dr.

È anche possibile muoversi in bicicletta da un villaggio della New Forest al successivo: ci sono percorsi ad anello che collegano Brockenhurst con Lymington, Burley, Lyndhurst e Beaulieu.

Storico cantiere navale sul lungofiume

I SEGRETI DEL RIVER BEAULIEU

I bei villaggi di **Beaulieu** e Buckler's Hard, a 50 minuti di automobile da Winchester, nella parte orientale della New Forest, sono collegati da una passeggiata sul lungofiume di 2 miglia (3,2 km). L'attrattiva principale di Beaulieu è il complesso del **National Motor Museum**, attraversato da una monorotaia e simile a un parco a tema, con un museo dedicato alle auto d'epoca, una residenza signorile e un'abbazia del XIII secolo.

La passeggiata si snoda lungo il fiume all'interno di una riserva naturale che tutela le rive di ciottoli e le paludi salmastre, habitat di vari uccelli nidificanti e volatili selvatici. Gli acquitrini di **Keeping Marsh** ospitano una fauna molto varia. Tra gli uccelli che si potrebbero avvistare ci sono i gheppi, le allodole, le cannaiole, le pettegole e le pavoncelle. Il sentiero attraversa anche un'area di bosco antico, poco disturbato (non foresta primaria, ma in ogni caso un habitat raro).

Buckler's Hard è un borgo di graziosi cottage del XVIII secolo. Un tempo qui si trovava un cantiere segreto, presso il quale furono costruite diverse navi da guerra usate sotto il comando di Nelson nella battaglia di Trafalgar. Il **Buckler's Hard Museum** racconta il passato cantieristico dell'insenatura, anche grazie alle case operaie e alle officine settecentesche perfettamente conservate. Il bar del Master Builder's Hotel offre una bella cornice per un drink vicino al caminetto o, secondo la stagione, nel giardino sul fiume.

Buckler's Hard

INTREEGUE PHOTOGRAPHY/SHUTTERSTOCK ©

MIGLIORI RISTORANTI NELLA NEW FOREST

Beaulieu Bakehouse
Pane fresco preparato con il livieto madre e ottimi pasticcini, caffè torrefatto localmente, prime colazioni e pranzi. £

Steff's Kitchen
Questo *cafe* al Fairweather Garden Centre di Beaulieu serve prime colazioni e pranzi a base di ingredienti coltivati sul posto. ££

Verveine
Innovativo ristorante di pesce e pescheria a Milford-on-Sea, con sorprendenti menu di degustazione. £££

Elderflower
La cucina british è rivisitata in chiave francese in questo elegante ristorante di Lymington. £££

Haven
Pasti in stile bistrò e spuntini serviti dentro e fuori, con vista sulla marina di Lymington. £££

TRASPORTI LOCALI

Arrivare nel Surrey con i mezzi è più facile da Londra che da Winchester. Per raggiungere i posti più belli delle Surrey Hills è preferibile muoversi in auto o in bici. Ci sono collegamenti ferroviari diretti tra Winchester e Portsmouth, ma per spingersi oltre, fino a Chichester, bisogna fare dei cambi; da entrambe le città partono treni diretti per Londra. Arundel è a 30 minuti di treno da Chichester verso est. Nella New Forest, i treni provenienti da Londra (via Winchester) arrivano a Brockenhurst, dove si possono noleggiare le bici.

ISLE OF WIGHT

Da quando la regina Vittoria fece costruire il suo amato palazzo sul mare a Osborne, la Isle of Wight incarna l'idea della tipica località di villeggiatura inglese. Ma l'importanza della Isle of Wight si era affermata in anni assai più remoti: l'isola fu un centro agricolo per i romani e i normanni costruirono un castello a Carisbrooke. Il re Carlo I in seguito fu tenuto prigioniero nel Carisbrooke Castle prima di essere giustiziato nel 1649.

Orlata di spiagge, bianche scogliere a picco sul mare e placide dune, la costa della Isle of Wight è tra i suoi principali motivi di richiamo. Per decenni le spiagge sabbiose dell'isola sono state una calamita per le famiglie in villeggiatura; oggi, oltre ai divertimenti da paletta e secchiello, si trovano chioschi di cucina di mare e campeggi punteggiati di yurte. Il clima mite e l'ampio assortimento di attività incrementano il fascino del luogo.

IL CONSIGLIO

Per le migliori tariffe sui traghetti, prenotate online in anticipo, sfruttando gli sconti dei giorni feriali. Il posto passeggeri costa molto meno di quello per l'automobile e viaggiando senza auto si può portare la bici gratuitamente.

Isle of Wight e, sullo sfondo, i Needles (p177)

SHAROMKA/SHUTTERSTOCK ©

DA NON PERDERE
1 Brading Roman Villa
2 Osbourne

DA VEDERE
3 Bembridge Harbour
4 Compton Bay
5 Needles
6 Needles Battery
7 St Helens Duver
8 Steephill Cove
9 Ventnor

PASTI
10 Crab Shed

TRASPORTI
11 1st Call
12 Enterprise
13 Hovertravel
14 Red Funnel
15 Wightlink Ferries

POSTI MIGLIORI PER MANGIARE E BERE

Gossips Cafe
Presso il molo di Yarmouth, serve la prima colazione e il pranzo, oltre a gelati tipo sundae. £

Garlic Farm
Aglio fresco di fattoria usato in preparazioni insolite, come il gelato o la birra all'aglio. ££

Best Dressed Crab
Locale di Bembridge, propone astice e granchio appena pescati. ££

Salty's
Bar e ristorante di Yarmouth noto per il suo fish and chips e le sue serate estive. £££

Hut
Apprezzato da chi viaggia in yacht, questo ristorante sull'acqua invita a trattenersi. £££

DAVE SMITH 1965/SHUTTERSTOCK ©

In bicicletta sulla Isle of Wight

Villeggiatura degna di una regina

LA CASA DELLE VACANZE DELLA REGINA VITTORIA

Il luogo scelto da Vittoria per la sua casa delle vacanze è certamente molto bello; è facile comprendere perché la regina e la sua famiglia trascorressero quanto più tempo possibile a **Osborne**. La dimora in sé è in stile italiano rinascimentale, con sontuosi interni che rispecchiano il gusto della loro illustre residente. La visita alle camere del Royal Apartment, che comprendono la nursery dei piccoli, permette di gettare uno sguardo sull'intima vita familiare degli antichi occupanti.

La passione che la regina nutriva per l'India (paese in cui tuttavia non mise mai piede) è evidente nella galleria ricca di ritratti di persone dell'Asia meridionale, dipinti su sua richiesta; oggi una simile celebrazione del ruolo di Vittoria quale imperatrice dell'India mette quasi a disagio. Il palazzo raggiunge l'apice della sua debordante opulenza nella **sala dei banchetti di Durbar**. Gli intricati modelli di due palazzi indiani, situati sotto il balcone, sono da non perdere.

Lontano dall'edificio principale nel parco circostante sorge **Swiss Cottage**, una costruzione sorprendentemente modesta in cui i figli erano soliti giocare mentre la regina scriveva le sue

DOVE DORMIRE SULLA ISLE OF WIGHT

Onefifty Cowes
Questo B&B in una dimora vittoriana vanta tocchi di lusso da boutique hotel. ££

Tom's Eco Lodges
Pod ecologici con tutti i comfort, capanne di tronchi e tende da safari in un ampio campeggio con vista mare. ££

Hambrough
In questo lussuoso B&B di Ventnor, le suite dispongono di spaziosi balconi con ampie vedute sul mare. £££

lettere. Il **museo** qui presente fu fatto costruire dalla famiglia per ospitare le 'collezioni' dei bambini: in mostra ci sono manufatti offerti loro in dono provenienti da tutto il mondo, che testimoniano del contesto storico in cui si svolse il regno di Vittoria.

Seguite il sentiero fiancheggiato da rododendri che porta in spiaggia, dove potrete gustare un gelato o fare un tuffo in mare.

Un giro lungo la costa

SPIAGGE, SCOGLIERE E CALETTE

La riserva naturale di **St Helens Duver** è un'idilliaca lingua di sabbia e ciottoli nella parte orientale dell'isola. Vi troverete alcuni sentieri che si snodano in mezzo alle dune e lungo il bordo dell'acqua, da cui si aprono vedute fino a **Bembridge Harbour**. Sulla spiaggia, le mensole di arenaria creano piccole piscine naturali tra le rocce, dove si possono scorgere granchi, anemoni di mare e stelle serpentine.

Nella parte meridionale dell'isola, una passeggiata di 1 miglio (1,6 km) collega **Ventnor** a **Steephill Cove**, una minuscola baia sabbiosa sul cui bordo si trovano cottage in pietra, baracchini talvolta di aspetto un po' precario e un faro rivestito di assi di legno. Sulla spiaggia cercate il **Crab Shed**, famoso per i suoi pasticci di granchio e sgombro. Il parcheggio più vicino in cui lasciare l'automobile è ai **Botanical Gardens**.

Forse l'elemento più spettacolare del litorale sono i **Needles**, tre formazioni di gesso bianco in continuità con le scogliere della punta occidentale della Isle of Wight che si levano frastagliate in mezzo al mare. I Needles possono essere ammirati dal forte vittoriano di **Needles Battery**; arrivateci a piedi percorrendo il sentiero lungo la scogliera dal parcheggio di Alum Bay, o prendendo l'autobus turistico. A sud dei Needles c'è **Compton Bay**, una splendida spiaggia sabbiosa.

Mosaici romani

LA SCOPERTA DI UNA VILLA ROMANA

Le rovine della **Brading Roman Villa** vicino a Sandown comprendono mosaici tra i più notevoli e meglio conservati d'Inghilterra, ospitati in un museo ben progettato. Percorrendo le passerelle in legno i visitatori possono ammirare dall'alto i resti dei muri e i vivaci colori delle tessere dei pavimenti.

Due dei mosaici più interessanti raffigurano l'anguicrinita Medusa, la cui funzione si ritiene possa essere stata di scacciare gli spiriti maligni e proteggere la casa, e un uomo con la testa di gallo, dal significato oscuro, inserito nel grande mosaico ora incompleto che ritrae Bacco, dio del vino.

MIGLIORI ATTIVITÀ SULLA ISLE OF WIGHT

Sport acquatici
Il kayak è uno dei pochi mezzi per raggiungere alcune calette e grotte nascoste. Il windsurf e il kitesurf sono molto praticati sulla costa sud-occidentale, sferzata dai venti, soprattutto intorno a Compton Bay. È anche possibile noleggiare un paddleboard e praticare coasteering. Il centro velistico dell'isola è Cowes, dove si tiene la regata (tra le più importanti e antiche al mondo).

Ciclismo
Il percorso collinare ad anello Round the Island, lungo 65 miglia (105 km), segue la circonferenza dell'isola. È ben segnalato, in entrambi i sensi di marcia.

Escursionismo
La Isle of Wight è uno dei posti migliori di tutta l'Inghilterra meridionale per le escursioni a piedi, con sentieri pari a 500 miglia (805 km), di cui 68 miglia (109 km) lungo percorsi costieri.

TRASPORTI LOCALI

I traghetti veloci per soli passeggeri sono in funzione tra Portsmouth e Ryde, e tra Southampton e West Cowes. I traghetti per passeggeri e veicoli effettuano corse tra Southampton e Cowes, Portsmouth e Fishbourne, e Lymington e Yarmouth. Sull'isola è possibile noleggiare un'automobile. Tra i centri maggiori dell'isola ci sono collegamenti in autobus. Una linea ferroviaria va da Ryde a Shanklin nella parte orientale dell'isola.

OXFORD, COTSWOLDS E VALLE DEL TAMIGI

STORIA E VILLAGGI COLOR MIELE

Dalla lussureggiante Valle del Tamigi alle ondulate colline delle Cotswolds, questa regione bucolica è piena di residenze signorili, pub di forte richiamo e villaggi d'altri tempi.

Oxford – sede della venerabile università omonima, paesaggi urbani ricchi di storia e diversi eccellenti musei, dall'Ashmolean Museum all'Oxford University Museum of Natural History – è una delle principali mete turistiche del paese. Come località in cui fermarsi per più giorni, la città vanta numerosi ottimi ristoranti e alloggi adatti per ogni budget.

Il territorio delle Cotswolds è punteggiato di incantevoli villaggi con case color miele, cottage dai tetti di paglia e giardini pittoreschi. Visitateli tutti spostandovi in automobile, in autobus oppure a piedi percorrendo uno dei molti antichi sentieri che si snodano lungo i fiumi e attraverso i campi coltivati. Le colline sono anche piene di boutique hotel splendidamente decorati e gastropub in cui gustare un buon *Sunday roast*.

Il Gloucestershire raccoglie un eclettico mix di cittadine da esplorare: che amiate la storia romana (Cirencester), l'architettura Regency (Cheltenham), o i cantieri navali di epoca vittoriana (Gloucester), troverete qualcosa per voi. La Gloucester Cathedral, poi, è considerata uno dei più magnifici edifici di culto medievali d'Inghilterra. Da qui, procedete verso sud immergendovi nell'ambiente naturale della Forest of Dean, una sacca verde di boschi e fiumi, ottima base per attività all'aperto.

Infine, collegata a Oxford dal maestoso Tamigi, Windsor è l'altra meta imperdibile di questa parte del paese. Oltre al Windsor Castle, ci sono le delizie gastronomiche di Bray da gustare, le ricche cittadine sul lungofiume da Maidenhead a Henley da visitare, e i giardini e le colline boscose delle Chilterns da attraversare.

AREE PRINCIPALI

OXFORD
Architettura storica, letteratura e mondo accademico.
p184

BURFORD E COTSWOLDS
Cottage in pietra, pub e negozi.
p194

CIRENCESTER E DINTORNI
Ricca cittadina con legami romani.
p199

In alto: Oxford (p184); a sinistra: Windsor Castle (p211)

CHELTENHAM	**WINDSOR E ETON**	**CHILTERN HILLS**
Palazzi in stile Regency, amanti dei cavalli e festival.	Fanfara reale e il maestoso Tamigi.	Ampie vallate e residenze signorili.
p204	**p210**	**p216**

Per orientarsi

Questa regione, geograficamente varia, si estende verso nord-ovest rispetto a Londra. Centri di riferimento punteggiano le pianure della Valle del Tamigi, le ondulate colline delle Chilterns e delle Cotswolds, oltre che le aree industriali più prossime a Bristol e al Galles.

Cheltenham, p204

La sua architettura in stile Regency risale al tempo in cui fu un centro termale, ma oggi è una fiorente città famosa per le corse dei cavalli e i festival, dal jazz alla letteratura.

Cirencester e dintorni, p199

Le Cotswolds si estendono a sud-ovest verso il Wiltshire, con siti archeologici, belle locande, ristoranti tali da richiamare visitatori appositamente e mercati agricoli nel weekend.

Burford e Cotswolds, p194

Definita 'Area of Outstanding Natural Beauty', con passeggiate nella natura rigogliosa, graziosi villaggi, cottage dal tetto di paglia, chiese evocative e case sontuose.

AUTOMOBILE

Di gran lunga il mezzo più facile con cui esplorare la regione, se si vuole visitare il maggior numero di villaggi, dimore storiche e giardini. In genere si parcheggia in aree preposte situate nelle periferie dei centri minori; il costo di parcheggio e benzina si farà sentire.

TRENO

Serve i centri maggiori, ma spesso è costoso. Per arrivare nei villaggi più piccoli, usate la bicicletta o mettete in conto di fare una lunga passeggiata (passatempo molto apprezzato da queste parti). Per spostarvi tra regioni dovrete tornare a Reading o a Londra, e cambiare compagnia ferroviaria.

AUTOBUS

Soluzione del tutto plausibile per esplorare la regione, consente di incontrare il maggior numero di persone del posto, ma richiede molto tempo e un'eccellente programmazione. In genere gli autobus passano solo una volta l'ora, e alcuni giorni non passano affatto. Su certi percorsi si può beneficiare di pacchetti speciali.

Chiltern Hills, p216

Anche questa definita 'Area of Outstanding Natural Beauty', ovvero Area di Rilevante Bellezza Naturale, con vivaci cittadine e dimore storiche, incastonate tra ripide colline calcaree e un mosaico di foreste.

Oxford, p184

Famosa per l'università e i college di prim'ordine (alcuni medievali, altri moderni), Oxford attrae anche per i pub sul lungofiume e i vasti prati che invitano a trascorrere un pomeriggio all'insegna dell'ozio.

Windsor e Eton, p210

Sede del castello più grande e antico tra quelli occupati in modo continuativo, Windsor è anche piena zeppa di negozi di souvenir, bandiere Union Jack e turisti.

Ritmi di viaggio

Questa è una delle regioni inglesi più gettonate dal turismo nazionale e internazionale. In estate, programmare per tempo è essenziale se si vuole mangiare o soggiornare nei locali migliori.

Story Museum (p186)

Solo per un weekend

- Andate dritti a **Oxford** (p184). Partecipate a una visita guidata a piedi dell'università e della città, in modo da ammirare la bellezza architettonica di questa sede culturale e letteraria. A seguire, recatevi all'**Ashmolean Museum** (p188), il museo pubblico più antico di tutta la Gran Bretagna. Se il tempo che avete a disposizione ve lo consente, fate un salto anche allo **Story Museum** (p186).

- Adesso è ora che vi dedichiate un po' alla campagna circostante, con una visita alle vicine Cotswolds, ma prima, lungo la strada, fermatevi al **Blenheim Palace** (p192). Nelle Cotswolds vi attendono villaggi color miele ricchi di negozi, ristoranti e angoli pittoreschi da fotografare, da **Burford** (p196) a **Chipping Campden** (p197) e **Stow-on-the-Wold** (p198).

Le stagioni

L'inverno è freddo e buio, ma i pub offrono un tiepido riparo. La primavera coincide con un'esplosione di colori nei giardini dei cottage. L'estate rende possibili le attività sull'acqua e un gran numero di festival.

GENNAIO

Superata la sbronza di fine anno, su tutto cala l'inverno. È possibile, ma non certo, che nevichi. Le strade si fanno più pericolose, e le notti lunghe.

MAGGIO

La primavera porta un tempo mite, con la rugiada al mattino e il fresco la sera. La tradizionale **Cheese Rolling Competition** ha luogo a Brockworth, nel Gloucestershire.

GIUGNO

Henley-on-Thames ospita la famosa **Royal Regatta**. A inizio estate si svolgono alcuni festival gastronomici, legati ai fiori o alle giostre medievali.

Con tre giorni a disposizione

- Fermatevi la notte in un bell'albergo di campagna, o in una locanda, e continuate l'esplorazione delle Cotswolds. Potrete ammirare chiese di villaggio, negozi annessi alle fattorie e sontuosi palazzi storici, circondati da magnifici giardini, come l'**Highclere Castle** (p193). **Cirencester** (p199) con i suoi siti romani e l'eccellente Corinium Museum è da non perdere.

- Ora spingetevi a ovest e visitate **Cheltenham** (p204), **Gloucester** (p208) e la **Forest of Dean** (p209), ognuna delle quali offre un'esperienza diversa dalle altre.

- Infine, tornate a Londra passando dalla Valle del Tamigi, fermandovi a **Marlow** o a **Henley-on-Thames** (p215); a **Bray** (p214) per pranzo (è necessario prenotare il ristorante); e a **Windsor** e a **Eton** (p210) per una visita guidata dedicata all'élite del paese.

Se avete tempo in abbondanza

- Se non vi trovate in zona solo per una rapida visita avrete la possibilità di rallentare e fare le cose con calma. Programmate di fare qualche passeggiata nei boschi delle **Chiltern Hills** (p216), una pedalata lungo il Tamigi fino a un pub di **Oxford** (p184), o di dedicare un pomeriggio a esplorare i suoi fiumi in *punt*.

- Paragonate l'architettura, l'arte e l'atmosfera di una decina di palazzi storici con un tour attraverso i secoli. Procuratevi i biglietti per un festival musciale estivo. Curiosate come la gente del posto nel mercato agricolo di **Stroud** (p198).

- Prenotate il pranzo in un ristorante stellato Michelin e la cena in un intimo pub di campagna. Andate in campeggio con i bambini, passeggiate tra i **villaggi delle Cotswolds** (p196), o iscrivetevi a un corso estivo alla Oxford University.

LUGLIO

Giardini in fiore, giornate lunghe e beer garden in fermento. Le persone del posto nuotano ed escono in SUP o kayak. I festival musicali con campeggio abbondano.

OTTOBRE

Passeggiate nel bosco con i colori autunnali, eventi a tema Halloween per tutta la famiglia nei palazzi storici, e il **Literature Festival di Cheltenham**.

NOVEMBRE

Le famiglie si divertono a **cercare funghi**, gli ultimi della stagione, nella foresta. Quasi ogni cittadina il 5 novembre organizza la **Bonfire Night**, o notte dei falò.

DICEMBRE

La regione si riempie di luci e **mercati di Natale** (con tanto di vin brulé e *mince pie*) e i pub si affollano di gente determinata a far festa e divertirsi.

OXFORD

Un magnifico insieme di edifici storici, corsi d'acqua e prati, Oxford è una delle città più belle d'Inghilterra. Uno dei piaceri più grandi provati nel visitare Oxford deriva dal senso della storia intellettuale che si forgia nei suoi college secolari, ognuno dei quali dotato di un proprio patrimonio di cappelle gotiche, chiostri appartati e tranquilli cortili interni.

Alcuni edifici spiccano sugli altri, come la Radcliffe Camera con la sua cupola scintillante, o la moderna biblioteca del St Antony's College progettata dall'architetta iracheno-britannica Zaha Hadid. Irresistibili vecchi pub punteggiano le vie centrali, e alcuni sono anche luoghi di interesse letterario, come Lamb & Flag, frequentato da C.S. Lewis e J.R.R. Tolkien.

Poi ci sono i prati aperti lungo i corsi d'acqua, campi mai toccati dall'Età del Ferro, che donano a Oxford un'atmosfera bucolica. In estate sulle sponde del Tamigi pascolano le vacche e i cavalli, mentre in inverno nei prati divenuti paludosi passeggiano gli escursionisti protetti dagli stivali di gomma.

IL CONSIGLIO

In estate i marciapiedi cittadini brulicano di turisti. Se avete prenotato gli ingressi alle varie attrattive, mettete in conto una certa lentezza negli spostamenti a piedi, per via dei molti pedoni che ciondolano lungo la strada.

Radcliffe Camera, in cui ha sede parte della Bodleian Library (p188)

DA VEDERE
1 All Souls College
2 Ashmolean Museum
3 Bodleian Library
4 Botanic Garden
5 Christ Church
6 Magdalen College
7 New College
8 Oxford University Museum of Natural History
9 Pitt Rivers Museum
10 Story Museum
11 Trinity College

ATTIVITÀ
12 Salter's Steamers

SHOPPING
13 Blackwell's
14 Last Bookshop

I campus dei college

L'APPRENDIMENTO, IMMERSI NELLA STORIA

L'università è senza dubbio l'elemento più caratterizzante della città. Sistematicamente annoverata tra le migliori istituzioni accademiche al mondo, la Oxford University fa risalire le sue origini all'XI secolo. Nel corso dei seguenti due secoli si svilupparono informali associazioni di college indipendenti; molti degli edifici medievali sono tuttora esistenti.

Christ Church incarna la quintessenza del college di Oxford. Durante il regno di Carlo I la maestosa Great Hall ha ospitato il parlamento inglese. Fate caso all'eco dei passi, vostri e altrui, vagando un po' nel cortile interno, quindi ammirate la galleria di capolavori di epoca rinascimentale e la cattedrale del XII secolo. Se vi limitate a visitare un college soltanto, fate in modo che sia quello di Christ Church.

Christ Church

STORY MUSEUM

Concepito come celebrazione del retaggio di Oxford legato all'universo del racconto, lo **Story Museum** conduce attraverso secoli di storia letteraria e creativa della città, dagli antichi miti e leggende ai classici della letteratura per bambini.

Questo museo immersivo – allestito in un complesso di più piani, provvisto di cortile interno, nel centro di Oxford – ha un calendario di laboratori, *reading* e spettacoli dal vivo a rotazione, che completa l'offerta delle sue mostre ben ideate, la Enchanted Library e il Whispering Wood. Il museo organizza anche l'**Alice Day** di Oxford, ogni anno a luglio, ricorrenza in occasione della quale l'intera città festeggia la magia di *Alice nel Paese delle Meraviglie*.

PAVLOS MANOUSIADIS/SHUTTERSTOCK ©

Ashmolean Museum of Art & Archaeology (p188)

Poco lontano, il maestoso **Magdalen College** comprende chiostri del XV secolo, prati verdeggianti ravvivati dalla presenza di rari fiori selvatici, e un parco riservato al branco di cervi di proprietà della scuola. Potete acquistare un biglietto cumulativo e perdervi in mezzo alla flora esotica dell'**Oxford Botanic Garden & Arboretum**, situato di fianco.

Fondato nel XVI secolo per la formazione dei sacerdoti cattolici, il **Trinity College** è un'altra istituzione accademica molto visitata, per la sua cappella barocca, la bella sala da pranzo e i magnifici giardini. Ora sono in corso lavori di restauro: prima di andare, chiamate per assicurarvi che sia aperto al pubblico.

Anche il **New College** (ha solo 650 anni!), con giardini cinti da mura e cinque cortili interni, tra cui uno ispirato al Palazzo di Versailles, accoglie i visitatori, come fa pure l'**All Souls College**.

La vita letteraria di Oxford

NARRATORI, LIBRERIE E BIBLIOTECHE

Molti degli scrittori più famosi di Oxford sono conosciuti per le loro opere di fantasia dal carattere epico, intrise di elementi onirici e visionari. Tra questi, non si possono non citare Lewis

DOVE MANGIARE A OXFORD

Handle Bar Cafe & Kitchen
Tavola calda ispirata al tema della bicicletta, dall'ambiente amichevole, offre piatti salutari e posti a sedere all'aperto dove godere del sole. **£**

Arbequina
Vivace tapas bar all'interno di due negozi contigui, serve piccole prelibatezze da far venire l'acquolina in bocca e buoni cocktail. **££**

Magdalen Arms
Cucina di prim'ordine e ospitalità eccellente, in un edificio da cartolina situato pochi passi a sud del centro. **££**

ITINERARIO A PIEDI: PORTAMI AL FIUME

Allontanatevi dal trambusto delle vie cittadine e immergetevi nella cornice bucolica del Port Meadow e del Tamigi. Il percorso ad anello di 5,5 miglia (8,8 km) richiede almeno due ore (di più se ci si ferma nei beer garden sul lungofiume). Indossate scarpe adatte; alcuni tratti saranno fangosi.

Dirigetevi su per **1 Walton Well Rd**, oltre l'Oxford Canal, con le sue caratteristiche chiatte, fino al cancello all'angolo del **2 Port Meadow**. Citato nel *Domesday Book* (1086), il Port Meadow è una terra comune da almeno un millennio. Procedete verso nord sul sentiero asfaltato, che piega a destra superando un ponticello e immettendosi nel rado bosco del **3 Burgess Field Nature Park** (pieno di campanule in primavera).

Tornati al Port Meadow, seguite uno dei sentieri che conducono, oltre pony o vacche al pascolo, a nord-ovest fino al punto in cui si attraversa il **4 Wolvercote Mill Stream** sulla via per il Tamigi. Lungo la strada rifocillatevi da **5 Trout**, locanda di 400 anni.

Attraversate il Tamigi e l'isolotto che affiora dal fiume servendovi dei due ponti. Dall'altra parte, il Thames Path (sentiero a lunga percorrenza di 183 miglia, o 295 km) torna verso Oxford, a sinistra. Lungo la strada vedrete le pittoresche rovine della **6 Godstow Abbey** (XII secolo). Procedendo sul Thames Path, dall'altra parte del fiume vedrete il Port Meadow; dopo 1 miglio (1,6 km), noterete l'insegna di uno storico pub dal tetto di paglia, il **7 Perch**. È ora di una pinta?

Tornati sul Thames Path, procedete in direzione sud. Riattraversate il fiume servendovi del **8 Medley Footbridge**, ponte pedonale dalla campata rossa. Vi ritroverete sul sentiero diretto al cancello di Walton Well Rd, punto di partenza dell'itinerario.

VOLETE STUDIARE A OXFORD?

Le 'guglie sognanti di Oxford' vi hanno ispirato a perseguire le vostre ambizioni accademiche? Gli studenti giungono da tutto il mondo per trarre profitto dalle biblioteche, dai laboratori e dai musei di Oxford. Il rigoroso processo di selezione esige altissime capacità intellettuali e referenze di prim'ordine.

Se siete curiosi di approfondire uno specifico argomento, il Department of Continuing Education offre corsi introduttivi e summer school tematiche ideali per affrontare una singola materia. Visitate il sito web della Oxford University per scoprire come vivere un'estate di studio in questo prestigioso campus.

Carroll, autore di *Alice nel Paese delle Meraviglie*, J.R.R. Tolkien, celeberrimo per aver scritto *Il Signore degli Anelli*, e C.S. Lewis, dalla cui penna sono uscite *Le cronache di Narnia*.

Ma la lista degli scrittori famosi di Oxford non finisce qui. Kenneth Grahame, che ha scritto *Il vento tra i salici*, studiò a Oxford, come fecero pure Graham Greene, Theodor Geisel (alias Dr Seuss), Jeanette Winterson, Iris Murdoch, Philip Pullman e Rachel Cusk, per citarne solo alcuni.

Per farvi un'idea dell'incredibile ricchezza intellettuale che trae origine dalla città, prendete parte a una visita guidata delle splendide sale di lettura sormontate da cupole e delle gallerie sotterranee della **Bodleian Library**, una delle biblioteche più antiche d'Europa, risalente al 1488. Dopo di che fate tappa nelle librerie di Oxford (un avviso ai bibliofili: non vorrete più andarvene). I libri con cui concedersi una diversione letteraria da **Blackwell's** occupano più piani, mentre al **Last Bookshop in Jericho** vi attendono pile di tomi rari e usati di ogni tipo.

I patiti del genere fantasy vorranno fare un salto all'**Oxford Botanic Garden & Arboretum** per ammirare la sedia presso cui si incontrano Will e Lyra di *La bussola d'oro* di Philip Pullman, e andare nel luogo dell'ultimo riposo di J.R.R. Tolkien nel **Wolvercote Cemetery** (pochi chilometri più a nord); o prendere parte a un tour 'Inklings'.

Una città di musei

LA STORIA INCONTRA LA MODERNITÀ

Gli eccellenti musei di Oxford raccolgono una impressionante quantità di manufatti provenienti da tutto il mondo. Negli ultimi anni i curatori di queste istituzioni, come pure quelli di altri musei analoghi in giro per l'Inghilterra, hanno dovuto fare i conti con il legame che tali collezioni hanno con il passato coloniale del paese, cercando al contempo di preservarne la ricchezza.

In un luminoso edificio moderno appena a nord del centro, l'**Ashmolean Museum of Art & Archaeology** è un degno rivale del British Museum di Londra. Può far sfoggio, infatti, di opere d'arte, manufatti e reperti archeologici provenienti da tutto il mondo, compresi alcuni tesori del palazzo di Cnosso, a Creta.

Il **Pitt Rivers Museum** è un classico 'gabinetto delle curiosità' fondato da un generale dell'epoca vittoriana, che donò la sua collezione di manufatti raccolti nei diversi angoli del pianeta: 26.000 pezzi insoliti, di interesse etnografico. È in corso un processo di riflessione critica, con la rimozione e la possibile restituzione ai paesi di origine di alcuni resti umani.

PER I PATITI DEI MUSEI

L'Ashmolean Museum di Oxford (1683) è il primo museo pubblico del paese, ma il **British Museum** (p60) di Londra è il più famoso. E per certi versi anche il più controverso: da decenni è in corso un tiro alla fune sulla restituzione dei marmi del Partenone ad Atene.

DOVE DORMIRE A OXFORD

Central Backpackers
La migliore soluzione economica è questo ostello, piccolo ma allegro, con letti in camerate private o miste. £

University Rooms
Un operatore privato affitta le camere dei college della Oxford University in regime di B&B nei periodi di vacanza. ££

Old Bank Hotel
Luci attivate da sensori, camere dai colori tenui, eleganti e spaziose, per un soggiorno di lusso in centro. £££

River Cherwell

Un museo più adatto ai piccoli, allestito in un maestoso edificio dal tetto vetrato di epoca vittoriana, è l'**Oxford University Museum of Natural History**, fonte di ispirazione per futuri ambientalisti. Vi si trova il dodo di *Alice nel Paese delle Meraviglie*, da poco digitalizzato in 3D insieme con altri reperti, nell'ambito di un programma finalizzato ad ammodernare la collezione e a incrementare l'accesso ai fini della ricerca.

Le infrastrutture blu di Oxford

L'ISIS, IL CHERWELL E IL TAMIGI

Il fatto che trascorrere tempo in prossimità dell'acqua porti benefici per la salute mentale è qualcosa che i residenti di Oxford sanno da tempo. La città è attraversata da tre corsi d'acqua principali: il **River Cherwell**, il **Tamigi** e l'**Oxford Canal** (completato nel 1790) che termina presso l'Isis Lock. A Oxford tradizionalmente il Tamigi viene chiamato Isis – quando e come nacque quest'uso è oggetto di dibattito – ma negli ultimi anni diverse organizzazioni locali hanno cambiato nome per evitare equivoci di sorta.

Il River Cherwell inizia il viaggio di 40 miglia (64 km) fino al Tamigi nel Northamptonshire. Una delle chicche nascoste di

SPERANZA PER IL FUTURO

Zoë Simmons, a capo delle Life Collections dell'Oxford University Museum of Natural History, è una naturalista, entomologa e aspirante aracnologa. *@pselaphacus*

Nell'ambito di un progetto triennale chiamato HOPE for the Future, oltre un milione di insetti sta cambiando sede. La vasta e importante collezione, è il risultato di 200 anni di studi entomologici in Gran Bretagna, e comprende esemplari di decine di specie oggi estinte, tra cui alcune farfalle.

"Questo ambizioso progetto, finanziato dal National Lottery Heritage Fund, è una splendida risorsa per ricercatori e visitatori", spiega Simmons. "Anche la Westwood Room, che prima ospitava la collezione, è stata restaurata e ora si presenta come nel 1860".

I visitatori avranno modo di viaggiare con la mente e di riflettere sulla vitale importanza degli insetti.

PICCOLI MUSEI CHE MERITANO LA VISITA

Museum of Oxford
La storia di Oxford e dei suoi abitanti, raccontata attraverso oggetti locali scoperti o donati dalla comunità.

History of Science Museum
La ricerca scientifica per manufatti, dagli strumenti dell'epoca d'oro islamica alla famosa lavagna di Einstein.

Modern Art Oxford
Avete voglia di novità? Questo museo d'arte contemporanea allestisce mostre gratuite, con attività per i più piccoli.

MIGLIORI PUB SUL LUNGOFIUME

Perch
Un antico pub di villaggio con il tetto di paglia, in posizione defilata in fondo a un sentiero in prossimità del Tamigi.

Head of the River
Di fianco al Folly Bridge, e in origine un magazzino sul fiume, questo pub molto apprezzato fa oggi parte della catena Fullers.

Isis River Farmhouse
Vale la pena di fare la lunga passeggiata o pedalata per giungere in questo pub sul lungofiume ricco di atmosfera, con un grande beer garden.

King's Arms
Tradizionale pub inglese 4 miglia (6,4 km) a sud di Oxford, affacciato su Sandford Lock.

Trout Inn
Pub di 400 anni, presso le rovine della Godstow Abbey, dove bere o mangiare vicino a una chiusa sul Tamigi.

Head of the River

Oxford è la **Mesopotamia Walk** che attraversa il parco dell'università e il **Parson's Pleasure** (un tratto di fiume un tempo frequentato da soli uomini, che vi nuotavano nudi).

Far passare le giornate languidamente sul fiume – cioè gingillarsi in barca, per usare un'immagine del libro *Il vento tra i salici* di Kenneth Grahame, autore formatosi qui – è l'essenza stessa di un'estate oxfordiana. La **Salter's Steamers** organizza gite in barca sul Tamigi, e noleggia *punt* (barchini condotti con la pertica), barche a remi e a motore. Anche presso la **Cherwell Boathouse** d'epoca vittoriana è possibile prendere a noleggio i *punt*, ma può essere divertente anche solo fermarsi a vedere i gitanti che si allontanano dal moletto del celebre ristorante. Per chi è pronto a spendere maggiori energie, la **Oxford Kayak Tours** propone visite guidate di Oxford della durata di mezza giornata con partenza da Cutteslowe: a quanto pare, impegnativo è soprattutto evitare di andare a sbattere contro i *punt* spinti in avanti da conducenti ubriachi.

TRASPORTI LOCALI

Se arrivate in automobile per la giornata, conviene parcheggiare fuori dal centro e prendere un autobus per l'ultimo tratto. Prendete nota del parcheggio usato. Se vi fermate a Oxford assicuratevi che il vostro alloggio preveda il parcheggio.

Il centro di Oxford si gira bene a piedi. Si può anche scaricare l'app Stagecoach e acquistare un biglietto giornaliero DayRider che dà diritto a spostamenti illimitati sull'autobus a Oxford (comodo se si hanno bambini al traino, perché il museo di Jericho è piuttosto lontano).

La bicicletta è un ottimo mezzo per muoversi qui. Usate l'app Donkey Republic per un bike sharing a flusso libero. Oxbikes è un'agenzia di noleggio con cui prenotare le bici online.

Dintorni di Oxford

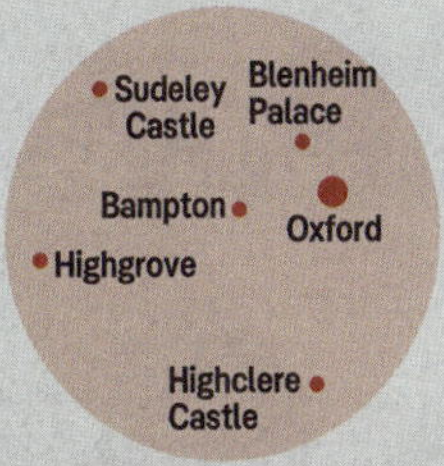

Punteggiato di location cinematografiche, siti preistorici e residenze signorili, l'Oxfordshire non è solo la sua celebre città universitaria.

I villaggi nella campagna intorno a Oxford emanano un fascino rustico. Witney, un centro con belle case in pietra, deve la sua ricchezza alla produzione delle coperte (attività qui praticata sin da tempi remotissimi). Vi si trovano ancora gli antichi mulini, le dimore dei danarosi mercanti e le fabbriche di coperte.

I fan di *Downton Abbey* riconosceranno Bampton, sede delle riprese relative al villaggio idealmente situato intorno alla casa padronale, e potranno avvistare la residenza di Isobel Crawley, l'ufficio postale e il Grantham Arms. La Downton Abbey in sé, o meglio l'Highclere Castle, si trova invece vicino a Newbury.

Poi c'è il magnifico Blenheim Palace in prossimità della cittadina di Woodstock, famosa per i suoi negozi di antiquariato. La Vale of the White Horse, che si estende a sud-ovest di Oxford, accoglie interessanti attrattive di epoca preistorica.

IL CONSIGLIO

La primavera e l'estate sono i periodi ideali per visitare questa zona: i giardini fioriti sono un'esplosione di colori. I villaggi dell'Oxfordshire si presentano molto vivaci anche in inverno, a ridosso delle festività natalizie.

Blenheim Palace (p192)

FULCANELLI/SHUTTERSTOCK ©

CHI HA PAGATO PER TUTTO CIÒ?

"Molti luoghi a cui teniamo sono legati, in modo diretto o indiretto, alla pratica della schiavitù; ciò riguarda anche gli oggetti realizzati con materiali ottenuti attraverso il lavoro forzato", ha scritto in un tweet il National Trust nel 2020, dando avvio a un acceso dibattito.

L'ente aveva da poco pubblicato un rapporto di 115 pagine sui 'Legami tra colonialismo e proprietà affidate al National Trust' secondo il quale 93 luoghi erano connessi a colonialismo, schiavitù e Compagnia delle Indie Orientali.

La campagna ha messo alla prova il sostegno di alcuni fautori dell'ente, accusato di entrare in politica. Alcuni membri hanno minacciato di interrompere le loro donazioni. Nonostante questa reazione negativa, Hilary McGrady, a capo del National Trust, si è impegnata a 'decolonizzare' le case di campagna affidate all'ente, una per una.

DAVID HUGHES/SHUTTERSTOCK ©

Sudeley Castle

Palazzi sontuosi e magnifici giardini

A PASSEGGIO IN VASTE TENUTE NOBILIARI

Questo ricco angolo del pianeta ospita alcune delle residenze più spettacolari di tutta la Gran Bretagna. A loro volta, tali dimore sono circondate da splendidi giardini, che in molti casi si fregiano di specie esotiche raccolte nei paesi più disparati per conto dei proprietari, persone di incommensurabile ricchezza.

Come hanno fatto i proprietari di queste dimore a mettere insieme una simile fortuna? È una domanda che oggi i visitatori si pongono con frequenza sempre maggiore, mentre passeggiano in queste vaste tenute nobiliari. Una delle eredità del prospero passato dell'Inghilterra è proprio una campagna punteggiata di sontuosi palazzi secolari. Le costruzioni, pregevoli tanto dal punto di vista architettonico quanto per la maestria messa in campo per la loro realizzazione, vengono ora conservate grazie al lavoro di società di salvaguardia del patrimonio storico-culturale – o direttamente dai proprietari – con un esborso considerevole.

Inserito dall'UNESCO tra i siti Patrimonio dell'Umanità, il **Blenheim Palace** (che non fa parte delle proprietà della famiglia reale) è una monumentale fantasia barocca progettata da

DOVE DORMIRE NEI DINTORNI DI OXFORD

Killingworth Castle, Woodstock
Locanda nata sotto Carlo I, ora pub con belle camere; gestione familiare e cani ammessi. **££**

Artist Residence Oxfordshire, Witney
Locanda del XVI secolo dal tetto di paglia; eccentriche camere e stalle riadattate. **£££**

Thyme, Lechlade
Sistemazione di lusso in tenuta da 60 ettari, con ristorante, centro termale e scuola di cucina. **£££**

John Vanbrugh e Nicholas Hawksmoor, e costruita tra il 1705 e il 1722 per conto del duca di Marlborough. Intorno a questa casa di campagna, tra le più grandiose del paese, si estendono i maestosi parchi e giardini del celeberrimo architetto di paesaggi Lancelot 'Capability' Brown.

Questo è anche il luogo natale di Winston Churchill. Dopo aver visitato le grandiose sale, andate a vedere la mostra dedicata alla storia di Churchill, che vi permetterà di conoscere anche la sua abilità di pittore. A seguire, passeggiate nella tenuta sentendovi come in uno sceneggiato in costume ambientato nel periodo Regency, quindi gustate un tè presso **The Orangery**.

La prossima tappa è l'**Highclere Castle**, splendido palazzo del XVIII secolo anch'esso circondato da un parco di Lancelot 'Capability' Brown. Meta di pellegrinaggio per tutti i fan di *Downton Abbey*, gli interni sono pieni di immagini tratte dalla serie. Non l'avete mai vista? Sarete forse più interessati alla Egyptian Exhibition, dedicata alla ricerca e scoperta della tomba di Tutankhamon nel 1922 da parte di George Herbert, quinto conte di Carnarvon, Howard Carter ed Evelyn, figlia di Carnarvon. Se nemmeno questo vi interessa, il castello conserva il fascino di una dimora privata, qual è a tutti gli effetti: le fotografie di famiglia del conte e della contessa, i loro romanzi, e il loro sito web aprono uno scorcio sulla vita dell'aristocrazia nel XXI secolo.

Il **Sudeley Castle** è un altro castello privato, ma in questo si trovano le spoglie della regina Caterina Parr, l'ultima moglie di Enrico VIII e l'unica a essergli sopravvissuta. Gli opulenti giardini nella tenuta circostante comprendono viali spettacolari, un intricato giardino a nodo (ispirato al motivo di uno degli abiti di Elisabetta I) e voliere piene di uccelli variopinti.

Infine, **Highgrove** è stata la residenza principale di Carlo III dagli anni '80 fino alla sua ascesa al trono nel 2022. Costruito tra il 1796 e il 1798 in stile neoclassico georgiano, il palazzo in sé non è aperto al pubblico. Merita comunque la visita per i sublimi giardini di Carlo, coltivati con metodi biologici, con filari di tassi sapientemente potati e un 'carpet garden', un giardino realizzato sul modello di un tappeto orientale.

ALTRO SU CHURCHILL

L'ossessione dei britannici per Winston Churchill, loro primo ministro durante la seconda guerra mondiale, si capisce di più dopo una visita alle **Churchill War Rooms** (p64) e al **Dover Castle** (p152).

LA DISTRUZIONE DELLA CASA DI CAMPAGNA

L'incuria provocò la rovina di molti palazzi storici inglesi, fino a quando un'importante mostra del 1974 al V&A di Londra intitolata 'The Destruction of the Country House' non innescò un cambiamento nell'opinione pubblica. Non più una prerogativa delle élite, le dimore storiche presero a essere considerate parte del tessuto nazionale del paese, un patrimonio condiviso da tutti.

Le entrate generate dall'apertura al pubblico sono una necessità per la maggior parte delle dimore (siano abitate o no). Alcune sono state trasformate in strutture ricettive o in spazi adatti a ospitare matrimoni, eventi sportivi, festival musicali e avvenimenti legati a ricorrenze come il Natale o la Pasqua. Questi usi hanno conseguenze anche non positive, ma senza di essi un numero maggiore di proprietà sarebbe andato incontro a rovina.

TRASPORTI LOCALI

L'automobile è l'unico mezzo per spostarsi da un sontuoso palazzo all'altro in modo efficiente. L'uso dei trasporti pubblici non è davvero un'opzione, a meno che non vi interessi solo spostarvi tra le cittadine, cosa possibile in autobus.

Il parcheggio in genere è compreso nella tariffa d'ingresso. In estate vengono aperte aree parcheggio in più per far fronte ai molti veicoli: mettete in conto di lasciare l'auto a una certa distanza. Indossate scarpe comode che non vi dispiaccia di impolverare (o di infangare).

BURFORD E COTSWOLDS

Burford, sul River Windrush, è una storica sede di mercato, nonché porta di accesso alle Cotswolds; i residenti insistono sul suo essere non un villaggio, ma una città (statuto ottenuto nel 1090). La strada principale si snoda lungo una ripida discesa fino a un ponte medievale a corsia singola. A est e a ovest si aprono le vie laterali, fiancheggiate da cottage in pietra. Parcheggiate non appena possibile: queste strade non sono fatte per le automobili.

La strada principale ospita negozi indipendenti, intime locande e antiquari. E, come si addice a un centro agricolo, i deli vendono prodotti locali, dal chutney al formaggio. In questa prospera località ci sono molte strutture ricettive: vecchie locande di posta, B&B e cottage indipendenti. Meno di un chilometro a nord, a Fulbrook, si trova Carpenters Arms, pub a gestione familiare e adatto alle famiglie; a Swinbrook sul lungofiume c'è lo Swan Inn, un altro pub tradizionale con un magnifico menu.

IL CONSIGLIO

L'estate è l'alta stagione turistica alle Cotswolds. Il clima è ideale per fare belle escursioni a piedi o in bicicletta nella campagna, i beer garden si riempiono di visitatori che si godono una pinta di birra al sole, e i fotografi si riversano a frotte sugli splendidi campi di lavanda della Cotswolds Lavender Farm.

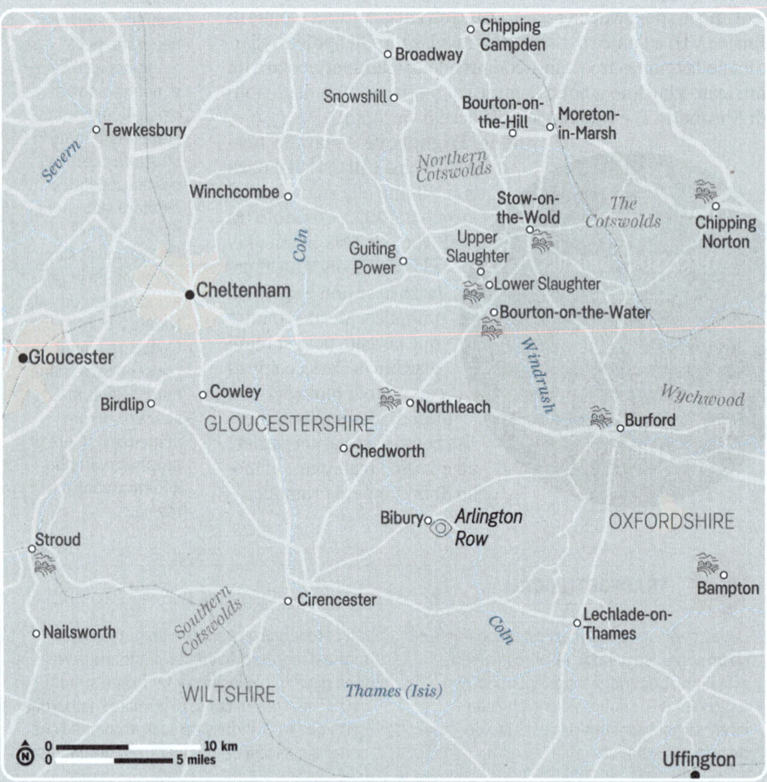

I WEI HUANG/SHUTTERSTOCK ©

Arlington Row, Bibury

Cotswolds da cartolina

UNO SCORCIO DI VECCHIA INGHILTERRA

Molti dei luoghi più belli e fotografati delle Cotswolds risentono dell'eccessiva presenza di turisti, determinati a condividere le loro esperienze sui social media. Per evitare la ressa, andate il mattino presto o a fine giornata, quando peraltro potrete beneficiare delle migliori condizioni di luce per le vostre foto.

Partendo da Burford, lungo **Sheep St**, un po' ritirate dalla strada stessa, vedrete delle graziose case in pietra coperte di piante rampicanti.

Pressoché identici a come si presentavano al tempo della loro costruzione nel XIV secolo, i cottage di **Arlington Row** sono oggetto di occasionali polemiche per i troppi visitatori. Volete sapere com'è vivere in un luogo preso d'assalto dal turismo? Sul sito web del National Trust è possibile affittare il cottage al n. 9.

In estate a **Bourton-on-the-Water** farete fatica a scattare una fotografia dei ponti sul River Windrush senza che in essa ci siano decine di persone. In inverno potreste avere la fortuna di immortalare il ponte con la neve per i vostri biglietti di Natale.

Tra gli altri posti di rilievo da visitare ci sono gli acciottolati **Chipping Steps** a Tetbury; la Old Mill a Lower Slaughter; la **Grevel's House** a Chipping Campden, Herita-

MIGLIORI ESPERIENZE STELLATE MICHELIN

Le seguenti strutture delle Cotswolds hanno sistematicamente ottenuto una stella Michelin. Se non avete difficoltà a spendere, prenotate con un certo anticipo un pasto in uno di questi locali: sarà un'esperienza di vita.

Nut Tree Inn, Murcott
In questo tradizionale pub di villaggio si servono piatti della cucina british preparati in modo eccezionale.

Le Champignon Sauvage, Cheltenham
Marito e moglie gestiscono questo sofisticato bistrò francese da oltre tre decenni.

Le Manoir aux Quat'Saisons, Great Milton
Tempio dell'alta cucina riconosciuto a livello globale, ma dall'ambiente rilassato.

DOVE DORMIRE

Volunteer Inn
Locanda di posta con ristorante indiano, a Chipping Campden. Informatevi sulle camere da evitare per il rumore. £

Wild Rabbit
Servizio di B&B in camere semplici ma arredate con stile in una locanda tradizionale a Chipping Norton. £££

Burleigh Court Hotel
Boutique hotel in una bella residenza storica a Stroud con ristorante, piscina art déco e camere accoglienti. £££

ITINERARIO IN AUTO

A zonzo nelle Cotswolds

Le antiche città di mercato, i villaggi fuori dal tempo e i sontuosi palazzi storici delle Cotswolds sono collegati da un'intricata ragnatela di tortuose stradine di campagna, e vedere tutto in un solo giorno è impossibile. Questo tour tocca alcuni degli angoli più pittoreschi.

1 Burford

Iniziate nella bella sede di mercato di Burford, dove ci sono negozi di antiquariato, sale da tè riccamente decorate e boutique specializzate, oltre che la secolare, e ben conservata, St John the Baptist's Church. L'attrattiva principale della chiesa è la macabra tomba di Tanfield del 1625: vestiti di tutto punto, il nobile Lawrence Tanfield e sua moglie giacciono al di sopra di due scheletri scolpiti. Per sgranchirvi le gambe, fate il percorso ad anello di 5 miglia (8 km) lungo il River Windrush fino alla St Mary's Church (XII secolo), nel villaggio-bomboniera di Swinbrook.

Il percorso: Dirigetevi a ovest per 10 miglia (16 km) lungo la A40 fino a Northleach, con il suo potpourri di stili architettonici. Le rovine della Chedworth Roman Villa meritano una deviazione. Da Northleach prendete la A429 fino a Lower Slaughter, passando da Bourton-on-the Water.

2 Upper e Lower Slaughter

I villaggi da cartolina di Upper e Lower Slaughter, a circa 1 miglio (1,6 km) di distanza l'uno dall'altro, hanno conservato il loro quieto fascino medievale, nonostante la moltitudine di visitatori. Se il tempo lo consente, fate la passeggiata in direzione nord-ovest lungo il fiume dalla Old Mill di Lower Slaughter a Upper Slaughter: la cornice, tra un piccolo guado e le colline, è idilliaca. Prenotate per tempo se volete mangiare da Lords of the Manor, in una dimora rinascimentale.

Il percorso: Proseguite a nord sulla A429 per 3 miglia (4,8 km) fino a Stow-on-the-Wold per vedere la fotogenica St Edward's Church, poi per altre 4,5 miglia (7,2 km) fino a Moreton-in-Marsh.

3 Moreton-in-Marsh

Posto eccellente per i negozi indipendenti (antiquariato, articoli da regalo e formaggi), anche migliore nel giorno di mercato, il mar-

Burford

MALGOSIA JANICKA/SHUTTERSTOCK ©

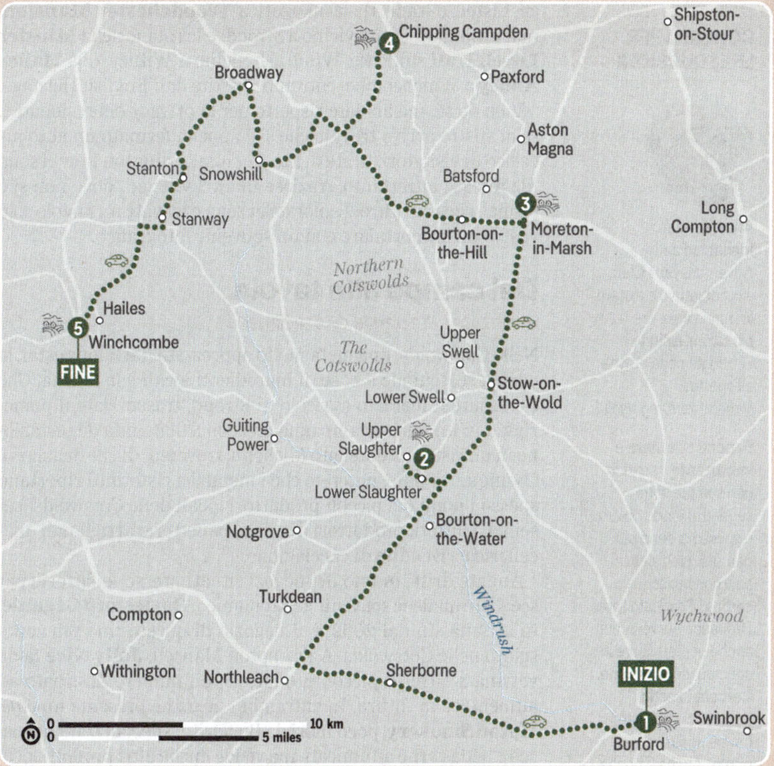

tedì. Girando un po' incontrerete molte sale da tè, *cafe* e pub. Appena fuori dalla cittadina si trovano gli splendidi Batsford Arboretum and Gardens, con 1600 specie arboree (etichettate), dai ciliegi giapponesi alle sequoie americane, e il Cotswold Falconry Centre, dove potrete imparare qualcosa sui rapaci e sull'antica arte della falconeria.

Il percorso: Recatevi ora a Chipping Campden, passando dalla minuscola Bourton-on-the-Hill. Fate con calma e godetevi il panorama. Se questo vi piace, fate un salto anche alla Broadway Tower.

4 Chipping Campden

Anche in una zona punteggiata di villaggi graziosi, Chipping Campden spicca per bellezza e ricorda come dovesse essere la vita nelle Cotswolds durante il Medioevo. La sua via principale, leggermente curva, è fiancheggiata da cottage in pietra, belle case a schiera, antiche locande e dimore storiche, per lo più realizzate nella splendida pietra color miele delle Cotswolds. Già che ci siete, non perdetevi la St James' Church del XV secolo. Se avete il tempo, valutate una deviazione per vedere la casa di Hidcote, gestita dal National Trust, dal bel giardino ispirato al movimento Arts and Crafts.

Il percorso: Recatevi a Winchcombe passando dai borghi di Snowshill, Stanton e Stanway, dove le case sono in pietra delle Cotswolds e i cottage hanno il tetto di paglia.

5 Winchcombe

Winchcombe è un'antica cittadina anglosassone con begli edifici in pietra e a graticcio ed eccellenti strutture ricettive, tra cui il ristorante 5 North St, il cui chef Marcus Ashenford prepara piatti a base di ingredienti tradizionali di stagione. Fermatevi la notte per visitare il magnifico Sudeley Castle, famoso per essere stato abitato da Caterina Parr (la vedova di Enrico VIII), che vi è sepolta, o camminate per 2,5 miglia (4 km) lungo la Cotswold Way fino al Belas Knap Long Barrow, sepoltura a camera neolitica, al mattino.

ge Listed (Grade I); la neogotica **Woodchester Mansion**, mai ultimata, situata vicino a Stroud; e le rovine della **Minster Lovell Hall** sul River Windrush vicino a Witney, o la **Hailes Abbey** a Winchcombe, entrambe gestite dall'English Heritage.

Vien da sé, ma abbiate rispetto per la privacy dei residenti e, se al vostro arrivo trovate che si è appena fermato un autobus carico di visitatori, tirate dritto. Per ogni Arlington Row ci sono file di case altrettanto graziose in altri villaggi, dove non si è fermato nessun altro. Esplorate la zona e trovate un angolo solo vostro da immortalare con un souvenir fotografico.

Dal campo alla tavola

NEGOZI DI FATTORIA E GASTROPUB

Nelle Cotswolds, una meta molto apprezzata dai buongustai, la cucina sostenibile a base di ingredienti locali è la norma. Che esploriate il mercato agricolo di Stroud, trascorriate il pomeriggio in un pub di campagna o vi concediate una degustazione in un ristorante stellato Michelin, troverete di che deliziarvi. Ovunque andiate, noterete che i menu dei ristoranti riportano spesso i nomi dei piccoli produttori locali delle Cotswolds: caseifici, frutteti, produttori di miele, panetterie artigianali, macellerie e rivendite di cacciagione.

Andate dritti in uno dei negozi situati presso le fattorie per scegliere qualche souvenir gastronomico. **Daylesford Organic**, in attività sin dal 2002, è il negozio di questo tipo più conosciuto nelle Cotswolds. A Frampton Mansell, **Jolly Nice** fa da vetrina a oltre 70 piccoli produttori, un numero destinato ad aumentare in futuro. In entrambi i negozi è presente un *cafe*. **Upton Smokery**, poco fuori da Burford, è specializzata nel pesce e nella carne affumicati, ma vende anche altri prodotti locali dalla sua sede in un'ex caserma dei vigili del fuoco. Se volete prendere dei pasti pronti da asporto (in contenitori rispettosi dell'ambiente) per fare un picnic mentre vi trovate in campagna, andate da **D'Ambrosi** a Stow-on-the-Wold.

Vale la pena di organizzare una giornata in modo da visitare una tradizionale locanda di posta trasformata in pub-hotel contemporaneo. Il **Double Red Duke** a Bampton prepara i classici da pub – bistecche, fish and chips, cheeseburger – in modo impareggiabile. Il Woolpack Inn di Stroud è amato per la vista, tanto quanto per il cibo. Il Wheatsheaf Inn a Northleach, coperto d'edera, serve cucina british in un'elegante sala da pranzo e in giardino. Queste sono solo alcune mete gastronomiche nelle Cotswolds.

CONSIGLI PER LE ESCURSIONI

Alice Keegan, fondatrice della Adventure Girls Club, il cui obiettivo è aiutare le donne a essere più sicure, ispirate e informate nelle attività all'aperto. *@theadventuregirlsclub*

Sapersi orientare è importante. I sentieri non sempre sono segnati in modo chiaro, e spesso ci sono più percorsi. Non siete abili con bussola e cartina? Scaricate l'app Ordnance Survey, utile anche per terminare in anticipo un'escursione. **Cercate i vertici geodetici** sulla cartina (un triangolo con un punto). Anche a poche centinaia di metri di altezza si gode una vista aperta sulla campagna. **Indossate scarponi adatti**, soprattutto nei boschi e nei campi. Le scarpe da tennis non vanno bene nel fango. Infine, **attraversate senza correre i campi con le vacche**. Non frapponetevi tra vacca e vitello, nemmeno se vi trovate su un sentiero.

TRASPORTI LOCALI

Usare i trasporti pubblici nelle Cotswolds richiede programmazione e pazienza. I treni passano a est e a ovest, mentre i bus collegano le cittadine da Oxford a Cheltenham, e fermano a Burford (una buona base a metà strada).

Il Cotswolds Discoverer è un pass di un giorno dal buon rapporto qualità-prezzo che permette di effettuare corse illimitate sui treni e quasi tutti gli autobus della regione. Per maggiori informazioni, v. nationalrail.co.uk.

Per avere la massima flessibilità, e per potersi allontanare dai percorsi più battuti, disporre di una propria automobile è la soluzione migliore (ma bisognerà trovare dove parcheggiare).

CIRENCESTER E DINTORNI

Cirencester – all'epoca Corinium Dobunnorum – era seconda solo a Londra nella Britannia romana. Oggi la 'capitale delle Cotswolds' è una cittadina elegante con boutique, un eccellente museo, la St John the Baptist's Church simile a una cattedrale, con torre in stile gotico perpendicolare e il soffitto con volte a ventaglio, e un ampio assortimento di sistemazioni e ristoranti.

Edifici storici di vario tipo costeggiano la piazza centrale e le vie circostanti, e raccontano la storia di come Cirencester, dopo la fine dell'occupazione romana, sia cresciuta e abbia prosperato, divenendo prima un centro di commercio della lana nel Medioevo e poi la sede del Royal Agricultural College (ora University).

I Charter Markets di Cirencester (lunedì e venerdì) sono tra i più antichi dell'Inghilterra (sono citati persino nel *Domesday Book* di Guglielmo il Conquistatore). Qui potrete prendere un boccone da mangiare, nonché acquistare souvenir e pezzi di artigianato. E il secondo e quarto sabato del mese, nella piazza cittadina si tiene anche un eccellente mercato agricolo.

IL CONSIGLIO

Dalle rovine dell'anfiteatro romano di Cirencester (ingresso libero) ci si mette 15 minuti a piedi (circa 800 m) per raggiungere lo splendido Corinium Museum nella cittadina.

Cirencester

MO WU/SHUTTERSTOCK ©

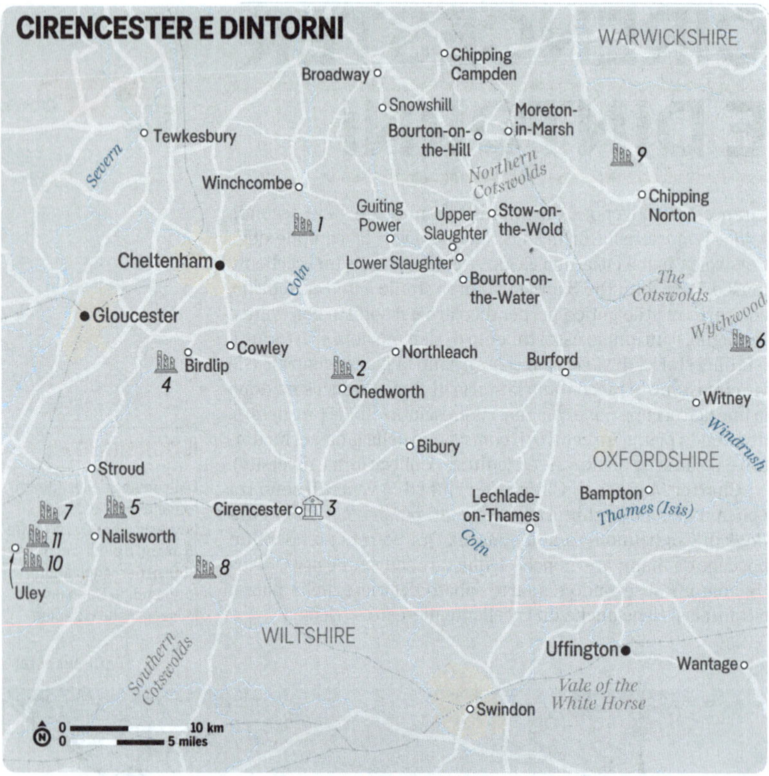

DA VEDERE
1 Belas Knap Long Barrow
2 Chedworth Roman Villa
3 Corinium Museum
4 Great Witcombe Roman Villa
5 Minchinhampton and Rodborough Commons
6 North Leigh Roman Villa
7 Nympsfield Long Barrow
8 Rodmarton Long Barrow
9 Rollright Stones
10 Uley Bury
11 Uley Long Barrow

Chedworth Roman Villa (p202)

Le Rollright Stones e altri siti antichi

DALLE PIETRE AI ROMANI

Queste dolci e fertili colline sono popolate da millenni. Sparse qua e là nel territorio, se si sa dove cercare, si trovano tracce risalenti al Neolitico, all'Età del Bronzo, all'Età del Ferro e al periodo romano. Dirigetevi 27 miglia (43 km) a nord di Cirencester per le **Rollright Stones**. Oltre 2000 anni di attività preistorica se ne stanno quietamente esposti agli elementi: la camera sepolcrale neolitica a dolmen dei Whispering Knights (c. 3800 a.C.); il cerchio di pietre dei King's Men (c. 2500 a.C.); e il King Stone dell'Età del Bronzo (c. 1500 a.C.).

Tra gli altri siti neolitici che stuzzicano la fantasia ci sono i circa 200 *long barrow* (lunghi tumuli usati come sepolture a camera) del **Cotswold Severn Group**. Belas Knap (c. 3000 a.C.) è probabilmente il più bello. Lungo 54 m, largo 18 m e alto 4,3 m, conserva quattro camere, muri di contenimento a secco,

Rollright Stones

architravi e stipiti massicci in arenaria, e una falsa entrata (di fianco a due portali autentici). La sepoltura più recente tra le 37 qui presenti risale all'Età del Bronzo. Il **Rodmarton Long Barrow** (c. 3800 a.C.), conosciuto anche come Windmill Tump, contiene tre camere, nelle quali sono stati rinvenuti 13 sepolture, punte di freccia e persino monete romane.

Dove la Cotswold Way si congiunge con il Cotswold Escarpment, troverete una vista spettacolare sulla Severn Valley dal **Nympsfield Long Barrow** e dall'**Uley Long Barrow** (noto anche con il nome di Hetty Pegler's Tump). Entrambi risalgono all'incirca al 3800 a.C., e sono tra i primi tumuli a più camere della Gran Bretagna. Anche presso questi siti sono stati rinvenuti resti umani, ceramiche, punte di freccia in selce e monete romane.

Il vicino Uley Bury (c. 300 a.C.) è un forte collinare dell'Età del Ferro con tracce di epoca neolitica. **Minchinhampton** e **Rodborough Commons** sono prati comuni gestiti dal National Trust, dai quali, grazie alla loro posizione in cima alla collina, si godono vedute aperte sull'area circostante; la presenza di fossati

BRITANNIA

La 'Britannia' fece parte dell'impero romano dal I al V secolo d.C. Anche se Giulio Cesare aveva guidato qualche incursione nell'isola nel 55 e nel 54 a.C., fu solo nel 43 d.C. che il suo successore, Claudio, fece portare a compimento una vera invasione. Sbarcati nel Kent, tre eserciti sotto la guida del generale Aulo Plauzio sconfissero le disunite tribù celtiche.

La soppressione della rivolta di Budicca nell'87 d.C. cementò il controllo romano a sud. Il Vallo di Adriano segnò il limite a nord, al di sopra del quale i pitti e altri popoli rimasero liberi. La cultura romano-britannica fiorì e nel IV secolo si diffuse il cristianesimo. I conflitti nelle parti centrali dell'impero portarono, con il tempo, al ritiro dei romani dalla Britannia.

PER LA STORIA ROMANA

Amate le rovine romane? Il **Vallo di Adriano** (p567) sferzato dal vento è imperdibile. A Londra, il sotterraneo **Mithraeum**, a ingresso libero, merita la visita.

DOVE MANGIARE A CIRENCESTER

Glaze Café & Kitchen
Un luminoso *cafe* nel New Brewery Arts Centre, con un menu semplice ma eccellente di torte fatte in casa. **£**

Tierra & Mar
Autentiche ed eccezionali tapas spagnole, create con i migliori ingredienti locali. **££**

Bathurst Arms
Adorabile pub storico con posti a sedere all'aperto lungo il River Churn, serve cucina british biologica. **£££**

I PIACERI DELLA CAMPAGNA

Adam Henson è un agricoltore e un presentatore TV delle Cotswolds. È anche autore del libro *Two for Joy: The Untold Ways to Enjoy the Countryside* (2022). *@adamhenson_ & @cotswoldfarmpark*

Nella natura
Mettete via il telefono e usate tutti i sensi. Camminare dovrebbe essere motivo di gioia e divertimento. Insisto su questo nel mio libro. È dimostrato: immergersi nella natura ha effetti positivi sul benessere.

Flora e fauna
Le Cotswolds, famose per i muri a secco, sono l'ambiente naturale per molte specie vegetali e animali. Noterete licheni, muschi e funghi di vari colori, ma anche scriccioli, topi e arvicole, nonché cesene e tordele che beccano sulle siepi.

Cotswold Farm Park
Sono nato e cresciuto qui. Oltre a farvi un'idea di come siano le fattorie della Gran Bretagna, potrete fare una bella passeggiata naturalistica di 2 miglia (3,2 km).

Un sentiero nell'Oxfordshire

e fortificazioni, e di altri reperti archeologici, indica che anche questi fossero forti in uso nell'Età del Ferro. I manufatti rinvenuti in questi siti, la cui posizione nel territorio è strategica, inducono a pensare che i romani li avessero requisiti dai britanni, in seguito all'invasione claudiana del 43 d.C.

Per le caratteristiche del territorio, questo angolo di 'Britannia' romana inevitabilmente attrasse forti insediamenti, come testimoniano le abbondanti rovine. Entro il II secolo d.C., Corinium Dobunnorum – Cirencester – era la seconda città più grande della provincia tra quelle cinte da mura. Nella sua pianta ordinata trovavano posto foro, basilica e anfiteatro. La sagoma di quest'ultimo, costruito per ospitare circa 8000 persone, è tuttora riconoscibile, nonostante sia coperta dall'erba. Per farvi un'idea di come fosse la città all'apice della dominazione romana, visitate il **Corinium Museum**: tra i reperti della collezione, ben curata, spiccano i mosaici portati alla luce dagli scavi sul posto.

Nella campagna circostante sono state rinvenute le rovine di numerose ville romane. Due delle testimonianze più pregevoli si trovano a brevissima distanza da Cirencester: a **Chedworth** potrete vedere tre edifici, alcuni mosaici, le terme e un sistema

DOVE DORMIRE A CIRENCESTER

The Barrel Store
Un ostello YHA pulito, moderno e attento all'ambiente, con mobili provenienti da artigiani locali. **£**

Kings Head Hotel
Questa elegante struttura del centro, una locanda di posta del XIV secolo, offre belle camere e un ottimo servizio. **££**

Barnsley House
Una lussuosa casa di campagna con magnifici giardini, ristorante, cinema privato e spa. **£££**

di riscaldamento, mentre **Great Witcombe** conserva le terme, un santuario e i pavimenti a mosaico. Più vicino a Oxford, i due edifici di epoca romana rimasti a **North Leigh** a loro volta comprendono un bel mosaico.

Avvistamento di animali e uccelli

PORTATEVI I BINOCOLI

Il paesaggio delle Cotswolds si presenta come un mosaico in cui le fattorie secolari sono inframmezzate con boschi e prati tempestati di fiori selvatici. Gli animali selvatici si spostano da una parte all'altra sfruttando i corridoi naturali formati dalle praterie, dalle file di siepi e dalle aree acquitrinose. Tenete occhi (e orecchie) ben aperti per la possibilità di fare, un po' ovunque, incontri ravvicinati con la fauna locale.

Uccelli come pettirossi, scriccioli e allodole sono comuni nei terreni coltivati e nei giardini urbani delle Cotswolds. All'alba o al tramonto, vicino a Stow-on-the-Wold e nella Severn Valley, si possono avvistare i barbagianni. Il numero di poiane e nibbi reali, due specie un tempo prossime all'estinzione, è ora in aumento, in seguito a un efficace programma di riproduzione nelle Chiltern Hills. E il ripristino delle praterie calcaree ha portato all'incremento delle popolazioni di farfalle bellargo e ninfalide.

Nelle aree coperte da foresta, fate caso al canto del luì grosso e del luì piccolo. Potreste avvistare volpi, tassi, pipistrelli e cervi – questi ultimi con maggiore probabilità in qualche tenuta delle Cotswolds che lungo un sentiero in aperta campagna.

Acquitrini e fiumi ospitano le sfuggenti lontre, a cui si aggiungono le arvicole acquatiche, le libellule e i magnifici martin pescatori, le trote e i gamberi d'acqua dolce. Gli arbusti e gli alberi che insieme formano lunghe file di siepi creano un ambiente naturale perfetto per migliaia di insetti, topi, toporagni e altri piccoli mammiferi, a loro volta richiamo per i rapaci.

Non faticherete ad avvistare conigli, ma con un po' di fortuna e stando attenti potreste vedere anche la più grande (e più rara) lepre, ugualmente di casa nelle Cotswolds.

Pettirosso

POSTI MIGLIORI PER RINFRESCARSI

Come ben sapevano i romani, immergersi nell'acqua ha un effetto curativo. Se amate il nuoto in acque libere potrete dedicarvi a ciò in diversi fiumi, compreso il Tamigi. Chiedete ai residenti locali quali sono i loro posti preferiti, ma verificate che la balneazione sia sicura (informatevi sulla presenza di rocce sommerse o altro, sullo stato di inquinamento dell'acqua ecc.). In alternativa andate in una piscina pubblica.

Sandford Park, Cheltenham
Piscina di 50 m, aperta tutto l'anno, con vasca dedicata ai più piccoli.

Cirencester Open Air Swimming Pool
Piscina riscaldata, alimentata da acqua di sorgente, aperta solo in primavera-estate, in un contesto storico.

Cotswold Country Park & Beach
Grande lago a uso ricreativo con spiaggia, e kayak, barche a remi e tavole da SUP a noleggio.

TRASPORTI LOCALI

Cirencester non è servita dalla linea ferroviaria. La stazione più vicina – collegata con London Paddington – si trova a Kemble, 4,5 miglia (7,2 km) più a sud. Da qui l'autobus Stagecoach West n. 882 arriva a Cirencester in 20 minuti.

Se arrivate in auto, troverete posteggi lungo la strada, con parchimetro, in Market Place e Castle St. Trovare un posto gratuito (anche negli appositi parcheggi) è più facile la sera e il weekend.

CHELTENHAM

Conosciuta ormai soprattutto per le corse dei cavalli e per il suo festival letterario, Cheltenham deve la sua atmosfera raffinata al periodo in cui fu una nota località termale. Nel XVIII secolo, infatti, contendeva a Bath il titolo di località più frequentata dai malati benestanti e oggi presenta ancora molti eleganti edifici in stile Regency e piazze ben tenute.

Cheltenham è una base eccellente, con ottime soluzioni per la notte, bei locali e buoni ristoranti, tra cui uno stellato Michelin, Le Champignon Sauvage, e molti degni aspiranti a tale riconoscimento, come il Lumiere. La città vanta sistemazioni di tutti i tipi, dagli alberghi moderni per chi ha un budget contenuto ai B&B di lusso, spesso all'interno di *town houses* in stile georgiano, che mischiano pezzi di antiquariato e contemporanei, dando vita al 'Cotswolds chic'. Anche il panorama dello shopping è vivace: boutique, negozi dedicati al vintage e gallerie nei quartieri di Suffolks e Montpellier.

IL CONSIGLIO

Se arrivate in treno, o anche semplicemente se avete intenzione di girare a piedi (o in bici), potrà esservi utile la Honeybourne Line, una pista pedonale che dalla stazione ferroviaria di Cheltenham arriva al Pittville Park, con una diramazione verso il centro lungo il River Chelt.

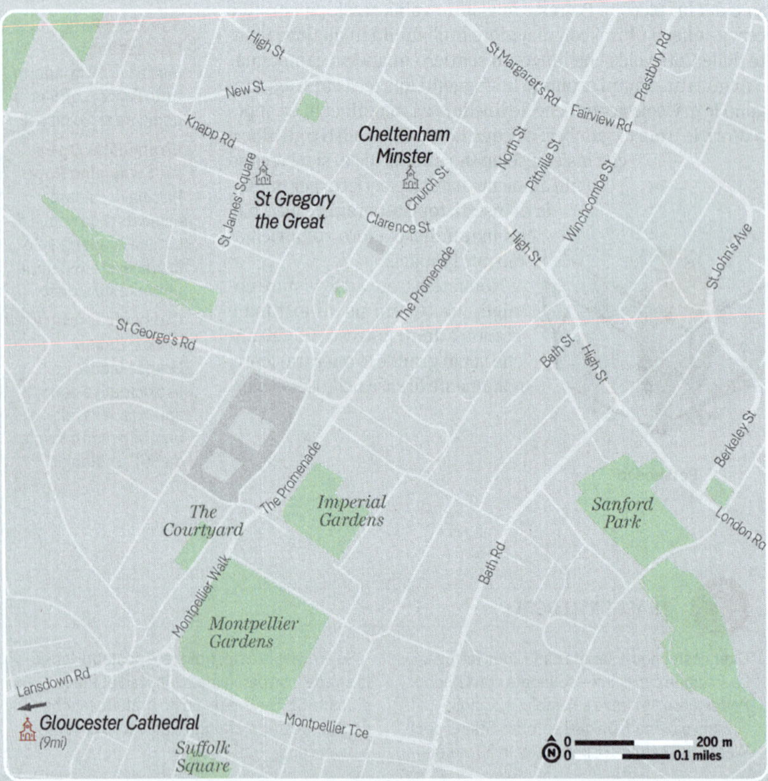

MICK ATKINS/SHUTTERSTOCK ©

Cheltenham Racecourse

Festival per cui pianificare

DIVERTIMENTO ASSICURATO

A Cheltenham sanno organizzare gli eventi. Ogni anno a marzo 40.000 spettatori convergono sulla Cheltenham Racecourse per assistere alla principale corsa agli ostacoli d'Inghilterra, la **Cheltenham Gold Cup**. Se volete trovarvi gomito a gomito con gli aristocratici britannici dovrete comprare i biglietti migliori, ma se vi accontentate di respirare l'atmosfera della gara vanno bene i posti più economici, nelle aree recintate.

A fine aprile e a inizio maggio si tiene la stagione del jazz. Il **Cheltenham Jazz Festival**, una sei giorni con stelle internazionali e musicisti jazz locali, con molti eventi gratuiti, è ospitato nei Montpellier Gardens e in vari spazi in giro per la città.

A giugno è il momento del **Science Festival**, che esplora le meraviglie del mondo naturale, le complessità della psiche umana e i misteri dello spazio. In genere la proposta comprende interventi da parte di nomi famosi al grande pubblico come Brian Cox, e presentatori come Kate Humble o Bryony Gordon.

A luglio, Cheltenham si dà da fare con i **concerti di musica classica** eseguiti nel corso di 10 giorni in splendide cornici storiche, come la Cheltenham Town Hall, la Pittville Pump Room

MIGLIORI CENTRI TERMALI DI LUSSO A CHELTENHAM

Cowley Manor
Questo palazzo in stile italiano, con una sontuosa e moderna spa, vanta una piscina al chiuso e una all'aperto, una palestra, una sauna e un bagno turco. Il pranzo di due portate consumato in terrazza fa parte della 'classica' esperienza.

Ellenborough Park
Residenza nobiliare del XV secolo, in cui potrete scegliere tra vari trattamenti prima di rilassarvi nella Jacuzzi, nella sauna o nel bagno turco.

Calcot Manor & Spa
Albergo adatto anche alle famiglie, con piscine riscaldate al chiuso e all'aperto, una vasca con idromassaggio vicino al fuoco e sale per i trattamenti. Tenete presente che i bambini sono ammessi nella spa solo in certi orari.

CUCINA INDIANA A CHELTENHAM

Bhoomi Kitchen
Eccellente ristorante di cucina indiana, per pranzo propone un *thali* dal buon rapporto qualità-prezzo. ££

The Mahal
Cocktail pre-cena e un menu di degustazione di sette portate in un opulento ristorante di cucina pan-indiana. £££

Prithvi
Sontuosi interni in stile contemporaneo e raffinata cucina indiana. Una menzione speciale per i dolci. £££

MIGLIORI LIBRERIE DI CHELTENHAM

Vien da sé che la città in cui si organizza il primo festival letterario al mondo abbia molte vivaci librerie.

Hatchards
Questo marchio, che dalla sua sede centrale londinese rifornisce di libri la famiglia reale, ha aperto qui il suo primo negozio nella regione nel 2022.

Waterstones
Anch'essa lungo la Promenade, questa libreria di catena ha un'atmosfera da negozio indipendente; al primo piano ha un suo bar Costa.

Rossiter Books
Libreria indipendente a gestione familiare, molto amata in città.

Moss Books
Vende libri di seconda mano, soprattutto di arte e storia, sin dal 1992.

Cheltenham Rare Books
In Imperial Sq, vende libri rari, insoliti e belli da vedere, in condizioni eccellenti. È la libreria per bibliofili e collezionisti.

e la vicina Gloucester Cathedral. Vi capiterà anche di imbattervi in spettacoli estemporanei gratuiti lungo High St o negli Imperial Gardens.

Chiude il mese un evento giunto relativamente da poco nel calendario locale, il **Cheltenham Paint Festival**: un weekend all'insegna della pittura murale in giro per la città, inaugurato nel 2017. Le tracce delle precedenti edizioni sono visibili un po' ovunque. Online troverete le indicazioni per alcuni **itinerari a piedi dedicati alla street art**, divisi per artista e per anno.

Infine, è famoso soprattutto il **Cheltenham Literature Festival**. Ogni ottobre, l'evento letterario più vecchio al mondo nel suo genere richiama scrittori, artisti e ospiti di altissimo livello.

Due chiese e una cattedrale

COSTRUITE PER DURARE

Il centro di Cheltenham ospita alcune chiese di particolare interesse. La **Cheltenham Minster**, risalente alla metà dell'XI secolo, è l'edificio più antico della città. Gli amanti dell'architettura religiosa ammireranno le volte nervate nel battistero e il grande rosone. Con una passeggiata di pochi minuti verso est raggiungerete la chiesa cattolica di **St Gregory the Great**, del XIX secolo. Questo monumento Heritage Listed (Grade II) farà ugualmente la gioia dei patiti di architettura. Fu progettato da Charles Hansom, l'architetto inglese famoso per aver rivoluzionato il design delle carrozze: ancora oggi nel Central Park di New York è possibile fare un giro a bordo di un Hansom Cab.

È nella vicina Gloucester – situata a solo 10 miglia (16 km) di distanza da Cheltenham – che si trova la millenaria **Gloucester Cathedral**, a lungo meta di pellegrinaggio. La struttura combina elementi propri del romanico normanno e del gotico: le sue slanciate colonne e le sue volte a ventaglio sono superate in grandiosità solo da quelle della Westminster Abbey. Sono da non perdere i chiostri; la tomba di re Edoardo II, assassinato nel vicino Berkeley Castle nel 1327; e l'impressionante Great East Window di 22 m. Ritagliatevi il tempo necessario anche per ammirare gli splendidi manoscritti miniati nella biblioteca del XV secolo; per salire in cima alla torre di 69 m; e per visitare la cripta normanna nel corso di una visita guidata.

Rosone, Gloucester Cathedral

TRASPORTI LOCALI

Cheltenham è facile da raggiungere in treno, grazie ai collegamenti diretti da Londra e da Bristol; dalla stazione di Cheltenham Spa partono i treni per Gloucester e Stroud.

Gli autobus Stagecoach e National Express portano a Gloucester e alla Forest of Dean.

Se vi muovete in automobile, sappiate che il traffico a Cheltenham può essere congestionato all'ora di punta, e che i parcheggi gratuiti sono limitati. In centro ci sono diversi parcheggi custoditi; la sosta lungo la strada è regolata con i parchimetri.

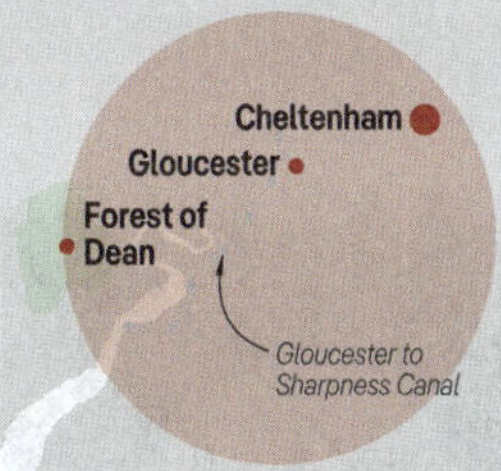

Dintorni di Cheltenham

Una regione di notevoli contrasti, dalla Gloucester post-industriale alle antiche aree boschive della Forest of Dean.

IL CONSIGLIO

Alcuni operatori, soprattutto quelli che propongono attività legate all'acqua, chiudono nei mesi invernali, così come molti campeggi e gli ostelli più isolati.

La città di Gloucester, con una slanciata cattedrale medievale e impressionanti magazzini nel porto, si trova poco a valle di Cheltenham. Fate un salto nel museo dedicato a Beatrix Potter, per scoprire che cosa accadde dopo che il sarto della città fu immortalato nel suo libro per bambini. Più a sud, troverete valli fluviali e colline verdeggianti, e il pittoresco villaggio 'bobo' (borghese e bohémien) di Stroud. Un tempo era collegato a Gloucester tramite un canale, che gli abitanti del posto vorrebbero ripristinare.

A sud-ovest si estende la Forest of Dean, bosco di querce più antico del paese e luogo molto frequentato dagli amanti delle avventure all'aperto. Su una superficie di 109 kmq, il primo National Forest Park inglese (1938) è stato una riserva reale di caccia, quindi un'area di estrazione del ferro e del carbone. Oggi la foresta sconfina nel vicino Herefordshire, e il River Wye ne lambisce l'estremità occidentale. Oltre: il Galles.

I moli di Gloucester (p208)

A DESTRA: DAVE KNIBBS/SHUTTERSTOCK ©; A SINISTRA: P J PHOTOGRAPHY/SHUTTERSTOCK ©

RACCONTO DI DUE CANALI

In anni recenti i canali inglesi stanno godendo di un periodo di riscoperta: le persone riconoscono il loro valore per il 'turismo lento', per attività come la navigazione da diporto, la pesca e l'escursionismo a piedi e in bicicletta, e come corridoi naturali per la fauna selvatica.

Aperto nel 1779, il canale chiamato Stroudwater Navigation collegava il villaggio di Stroud al River Severn; utile per trasportare il carbone nei villaggi dell'entroterra, nel 1954 fu dismesso. Abbandonato fu anche il Thames & Severn Canal di 30 miglia (48 km), che da Stroud arrivava a Lechlade-on-Thames.

Oggi il Cotswold Canals Trust sta pian piano restaurando le infrastrutture dei canali, dalle gallerie alle chiuse, con l'obiettivo ultimo di riaprire i collegamenti tra il Tamigi e il Severn. Il vecchio torna a essere nuovo.

DAVID JC/SHUTTERSTOCK ©

Dean Forest Rail

I moli di Gloucester

IL FASCINO DELL'INDUSTRIA VITTORIANA

Facendo una passeggiata intorno agli enormi magazzini dell'epoca vittoriana nell'area portuale di Gloucester, è facile immaginare scene risalenti al periodo d'oro per l'industria cittadina, il XIX secolo. Dalle alte navi si scaricavano le merci e i lavoratori a terra dovevano urlare per farsi sentire, superando il rumore dei cavalli, delle carrozze e dei tram. Giù legname, zucchero e altra materia prima; su lana delle Cotswolds e sale di Worcestershire.

Oggi i bacini portuali sono molto più tranquilli. Vedrete qualche chiatta che ondeggia lì ormeggiata, barche a vela in legno in corso di riparazione nei bacini di carenaggio, e di quando in quando una nave d'alto bordo.

Il viaggio su per il River Severn era piuttosto rischioso. Così, all'inizio del XIX secolo, diversi industriali unirono le forze e fecero costruire un canale tra Gloucester e Berkeley (o meglio Sharpness), lungo un tracciato interno più breve e sicuro. Quando il canale fu portato a termine e il porto nell'entroterra crebbe di importanza, la stessa sorte toccò ai magazzini di Gloucester.

DOVE DORMIRE NELLA FOREST OF DEAN

YHA St Briavels Castle
Prenotate per tutta la famiglia in un castello medievale: 800 anni di storia e una segreta infestata dai fantasmi. **£**

YHA Wye Valley
In splendida posizione lungo il fiume, mette a disposizione letti a castello, camere private e tende coniche pre-montate. **£**

Tudor Farmhouse Hotel
Magnifico albergo per golosi. Propone attività come la ricerca di cibo nella natura e l'osservazione delle stelle. **£££**

Soppiantati dall'arrivo delle ferrovie, alcuni canali furono abbandonati. Ma la navigazione da diporto, anche se non quella a fini commerciali, continua ad avvenire sui canali, e anzi la sua popolarità è attualmente in ascesa. Per i visitatori, l'ampio **Gloucester and Sharpness Canal** rimane un'affascinante impresa ingegneristica. Per scoprire qualcosa in più sulla sua storia, visitate il rinnovato **National Waterways Museum Gloucester** nel Llanthony Warehouse, un antico magazzino. La struttura ospita anche un *cafe* e propone uscite in barca di 45 minuti lungo il Gloucester and Sharpness Canal.

La magica Forest of Dean

PERSI NELLA FORESTA

Sul confine tra l'Inghilterra e il Galles si estende una regione di antichi boschi con sentieri coperti dal muschio, alla quale si è ispirato J.R.R. Tolkien per la sua Terra di Mezzo. La Forest of Dean è una meta ideale per le avventure all'aperto. Passeggiate e trekking, tranquille pedalate ed energiche uscite in mountain bike, discese in corda doppia, canyoning e percorsi in barca a remi lungo il River Wye: qui ci si può immergere nella natura e mettere alla prova i propri limiti.

Per un'escursione in famiglia (a piedi o in bicicletta), nel corso della quale potreste avvistare falchi pellegrini e astori in volo, seguite il bel **Peregrine Path** di 8 miglia (12,8 km) lungo la sponda del River Wye.

Chi pratica l'arrampicata su roccia o la discesa in corda doppia potrà godere di una vista spettacolare su tutta la valle dall'alto della **Symonds Yat Rock** (504 m). I patiti di speleologia, invece, possono andare a esplorare le **Clearwell Caves**.

I ciclisti off-road ameranno il **Forest of Dean Cycle Centre**. Situato dove un tempo si trovava una miniera di carbone (in passato questa era un'area di estrazione mineraria), il centro ha percorsi poco impegnativi adatti a tutta la famiglia, oltre che sentieri MBT blu e rossi. Le biciclette possono essere prenotate tramite Pedalabikeaway.

Spesso usata per le riprese di film e serie TV, l'antica foresta di **Puzzlewood** ha un'atmosfera fiabesca: la fantasia dei bambini qui potrà scatenarsi.

In primavera e in estate, l'attrattiva principale diventa il River Wye. Canoe, kayak e tavole da SUP sono disponibili per il noleggio presso diverse agenzie situate a Symonds Yat.

Per una giornata all'aperto più rilassante, si può fare affidamento sul **Dean Forest Rail**, gestito da volontari, dove classici treni a vapore percorrono un tratto di 4,5 miglia (7,2 km).

RIVER SURFING

Il Bristol Channel ha la seconda escursione di marea al mondo, pari a circa 15 m. Così, il suo tributario, il River Severn, è soggetto al fenomeno naturale del mascheretto, chiamato nel caso specifico Severn Bore.

Durante l'alta marea una grande massa d'acqua viene spinta a imbuto nel fiume, dove si crea un'onda di 3 m che risale la corrente. Benché il consiglio ufficiale sia di non tentare di cavalcare l'onda, centinaia di persone lo fanno, in kayak o sulla tavola da surf. I posti migliori da cui assistere al fenomeno sono Stonebench e Minsterworth, poco fuori da Gloucester. Controllate le tabelle con gli orari delle maree.

PER I FAN DI TOLKIEN

Visitate l'università in cui si è formato **J.R.R. Tolkien** (p186) e il luogo del suo estremo riposo presso il vicino **Wolvercote Cemetery** (p188).

TRASPORTI LOCALI

Cheltenham e Gloucester vantano buoni collegamenti ferroviari, anche con Londra e Bristol. Per raggiungere la Forest of Dean con i mezzi pubblici, prendete un autobus Stagecoach o National Express da Cheltenham o Gloucester. Noleggiate una bici per spostarvi tra i siti e partecipare alle varie attività.

L'auto dà libertà e permette di trascorrere più tempo in ciascun posto e, in queste parti meno turistiche, trovare parcheggio è più semplice.

WINDSOR E ETON

Queste città gemelle, dominate dalla poderosa mole del Windsor Castle, si estendono sulle opposte sponde del Tamigi. Secondo la rivista Forbes, Windsor è la città più ricca del Regno Unito, potendo annoverare tra i suoi abitanti 250 multi-milionari, che tuttavia difficilmente vi capiterà di incontrare nei negozi e ristoranti chiaramente rivolti ai turisti.

La splendida stazione vittoriana, Heritage Listed (Grade II), e le belle vie storiche sono in forte contrasto rispetto alle aggiunte moderne presenti in centro, alcune delle quali meno esteticamente felici. Durante il Cambio della Guardia (controllate online per le date) la via principale è occupata dalla marcia trionfale e dalla folla compiaciuta di tale spettacolo.

Sulla sponda settentrionale del Tamigi, Eton ospita una via commerciale storica e il vasto campus dell'Eton College. Nella scuola, i cui studenti indossano tuttora il farfallino e la marsina, si sono formati 19 primi ministri (finora), ed è nato il famoso dolce britannico chiamato Eton Mess.

IL CONSIGLIO

Windsor è più vicina all'aeroporto di Heathrow che al centro di Londra. La distanza è modesta (10 miglia, o 16 km), ma gli autobus della Green Line impiegano comunque all'incirca un'ora, per via delle molte fermate che fanno durante il tragitto.

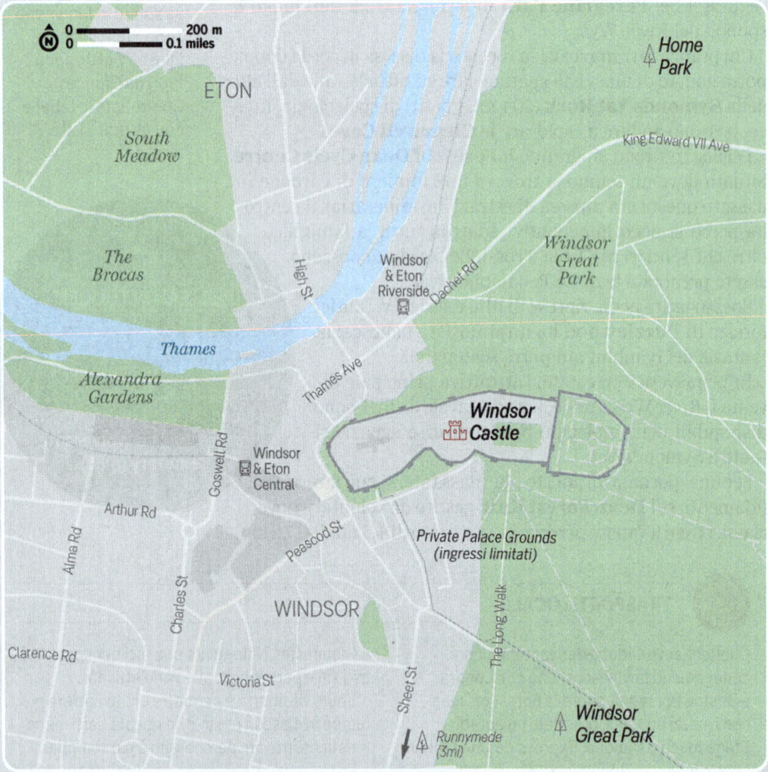

Windsor Castle

Inarrivabile nobiltà

COME VIVE LA FAMIGLIA REALE

È la ragione per cui siamo venuti: il **Windsor Castle**, la fortezza più grande e antica del mondo abitata in modo continuativo. Da quando il castello fu fondato da Guglielmo il Conquistatore nell'XI secolo, in esso hanno vissuto 40 monarchi.

I successivi sovrani hanno lasciato la propria impronta: Edoardo III trasformò Windsor in un palazzo gotico e Carlo II vi aggiunse fioriture barocche per emulare la Versailles di Luigi XIV. Giorgio IV fece fare grandi lavori ai suoi artigiani, stabilendo quella che ancora oggi è l'identità di Windsor, un palazzo all'interno di un castello medievale.

In seguito ai numerosi rimaneggiamenti, il castello oggi conta quasi un migliaio di stanze, in una commistione di stili e materiali che va dal mattone tipico delle costruzioni a graticcio alla pietra del gotico. Nel 1992, la residenza prediletta della regina Elisabetta II fu devastata da un incendio che distrusse 115 camere, comprese nove delle State Rooms. I lavori di restauro durarono cinque anni.

LA MORTE DELLA REGINA

Dopo la morte della regina Elisabetta II, avvenuta a Balmoral Castle a settembre del 2022, per il Regno Unito si è aperto un periodo di lutto ufficiale (peraltro molto sentito). Migliaia di sudditi hanno fatto la fila per rendere un ultimo saluto alla loro regina, la cui salma era esposta a Westminster Hall.

Il 19 settembre, dopo un servizio funebre alla Westminster Abbey, la bara della regina è stata trasferita a Windsor per l'ultima processione fino alla St George's Chapel.

Il luogo dell'ultimo riposo della regina Elisabetta II è la King George VI Memorial Chapel del Windsor Castle: lì è sepolta con l'amato principe Filippo e i genitori. La lapide in marmo nero del Belgio reca incise con lettere in ottone i seguenti nomi ed estremi biografici: George VI 1895-1952, Elizabeth 1900-2002, Elizabeth II 1926-2022, Philip 1921-2021.

DOVE DORMIRE A WINDSOR

76 Duke Street
Incantevole B&B con un proprietario accogliente, in una tranquilla via residenziale vicino al Tamigi. **££**

Macdonald Windsor Hotel
Town house contemporanea nel centro di Windsor, con sapienti tocchi di rosso e viola che la rendono più ricca. **££**

Coworth Park
Sontuosa casa di campagna di Dorchester con scuderie, un ristorante stellato Michelin e una moderna spa. **£££**

UN MATRIMONIO MOLTO REALE

Il 19 maggio 2018, il principe Harry e l'attrice di Hollywood Meghan Markle si sono uniti in matrimonio presso la St George's Chapel del Windsor Castle. L'evento, costato £32 milioni, aveva tra i suoi invitati diverse stelle del cinema e della TV.

Dopo la cerimonia, gli sposini hanno sfilato a Windsor in un landò scoperto per la gioia di 10.000 spettatori giunti appositamente per vederli. A ciò è seguito un ricevimento di gala nella Frogmore House, situata di fianco.

Il padre di Harry, Carlo, all'epoca principe del Galles, si era a sua volta sposato a Windsor, nel 2005, con una cerimonia civile un po' controversa, con Camilla Parker Bowles, presso la Windsor Guildhall. La regina Elisabetta II e il principe Filippo non presenziarono alla cerimonia.

PAUL DANIELS/SHUTTERSTOCK ©; DESIGNER: SIR EDWARD MAUFE

Memorial to Magna Carta, Runnymede

Tra le principali attrattive del Windsor Castle da apprezzare nel corso di una visita guidata ci sono la Grand Reception Room, con i suoi lampadari e le sue dorature; gli State Apartments che si fregiano di opere d'arte di Holbein, Van Dyck e Rubens; e la dettagliatissima Queen Mary's Dolls' House.

Vi consigliamo di dedicare almeno due ore alla visita, e di indossare scarpe comode: la strada da percorrere è tanta nella proprietà immobiliare più famosa del Regno Unito.

Poche miglia più a valle potrete ammirare il campo aperto di **Runnymede**, 'culla della democrazia moderna'. Qui, nel 1215, re Giovanni stipulò un accordo che garantiva la libertà dei suoi sudditi e poneva un limite al potere assoluto della monarchia. Questo documento era la Magna Carta.

Oggi il campo è praticamente immutato, fatta eccezione per qualche monumento commemorativo. La American Bar Association ha eretto il Memorial to Magna Carta esemplato su un tempietto greco. Un breve sentiero in salita porta al sobrio President John F. Kennedy Memorial, situato su un mezzo ettaro di terreno donato agli Stati Uniti allo scopo di accogliere il monumento. Il campo principale ospita *The Jurors*, 12 sedie in bronzo a ricordo dell'800° anniversario della Magna Carta (2015).

La prossima tappa del tour reale di Windsor porta allo spettacolare **Windsor Great Park**, adiacente allo spazio privato di 265 ettari dell'Home Park. Estesi su oltre 20 kmq, i magnifici giardini sono aperti ai visitatori, che possono passeggiare e ammirare il lago, i boschi e i cervi rossi, liberi di girare a loro piacimento. Nel 2022, in occasione del suo 74° compleanno, re Carlo III ha assunto la funzione di Ranger del Windsor Great Park.

TRASPORTI LOCALI

I treni effettuano corse da Londra a Windsor, dirette da Waterloo, o con cambio a Slough da Paddington. Gli autobus National Express effettuano corse dirette da London Victoria.

A Windsor e Eton è prevista la sosta regolata da parchimetro, e ci sono aree parcheggio in centro e in periferia con servizio Park & Ride. L'automobile vi dà la flessibilità necessaria per visitare attrattive in zona, come Legoland, il Windsor Great Park e la Valle del Tamigi.

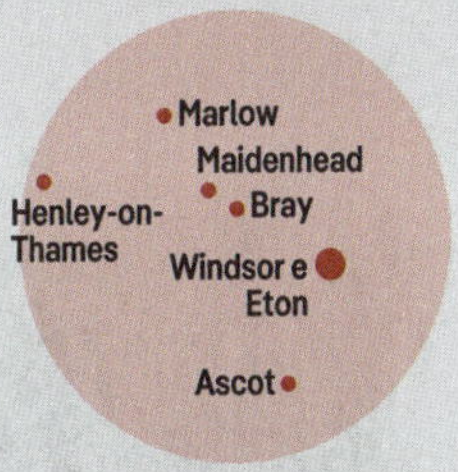

Dintorni di Windsor e Eton

Tradizionalmente la prospera Valle del Tamigi è stata il rifugio di campagna dell'élite inglese.

Questo paesaggio pastorale, facilmente raggiungibile da Londra, è tempestato di villaggi pittoreschi, dimore storiche e ristoranti di prim'ordine in cui concedersi un ottimo pasto.

Bray, sul lungofiume, è l'indiscussa capitale gastronomica del paese. Più a monte, la Valle del Tamigi ospita un gruppetto di ricche cittadine dormitorio – Taplow, Maidenhead, Marlow e Henley-on-Thames – con belle vie storiche, aree verdeggianti sulle sponde del fiume e ponti da cartolina, nonché buoni negozi e ristoranti. Le pittoresche Marlow e Henley organizzano una regata per barche a remi, e Taplow, a quanto si dice, può vantare tra i suoi residenti 30 multi-milionari. La più vasta Maidenhead offre una splendida cornice in cui vagare lungo il Tamigi fino alla chiusa vicino a Ray Mill Island. Oltre Windsor, il Royal Ascot, a giugno, richiama una folla internazionale.

IL CONSIGLIO

Nel suo percorso da Londra a Reading, la Elizabeth Line ferma anche a Taplow e a Maidenhead, rendendo questa regione ancor più accessibile dalla capitale inglese.

Maidenhead e il Tamigi

ALEXEY FEDORENKO/SHUTTERSTOCK ©

PERCHÉ AMO LA VALLE DEL TAMIGI

Tasmin Waby,
autrice Lonely Planet

Sono stata in viaggio presso diversi fiumi famosi – il Danubio, l'Hudson, il Neva, il Mekong e il Murray – ma il Tamigi ho potuto conoscerlo in modo più intimo, vivendo a bordo di una chiatta.

Le magnifiche dimore signorili affacciate sull'acqua e i grandiosi ponti in pietra presenti lungo il corso del fiume raccontano una storia di benessere che non si vede dalla strada. Sempre mutevole nel suo tortuoso percorso da Lechlade a Londra, attraversa ampie zone acquitrinose e altre coperte da foreste, animate dal canto degli uccelli.

Per chi ama la storia locale (statue, strade dai nomi insoliti, cimiteri) i villaggi sul fiume della Valle del Tamigi sono davvero affascinanti. E io adoro il fatto che questa sia anche una meta culinaria.

Bray

Ristoranti stellati Michelin del Berkshire

ALLENTATE LA CINTURA A BRAY

Per essere un sonnacchioso villaggio di 9000 anime sul lungofiume, Bray gode di un prestigio gastronomico notevole. Situata appena 5 miglia (8 km) a monte di Windsor, Bray ospita tre ristoranti stellati Michelin. Due di questi possono fregiarsi di tre stelle, onore concesso solo a otto locali in tutta l'Inghilterra. Oltre a queste mete culinarie apprezzate a livello internazionale, con prezzi corrispondenti alla fama, qui troverete diversi altri eccellenti ristoranti e gastropub in cui mangiare.

Il capofila, naturalmente, è l'illustre **Fat Duck** di Heston Blumenthal, da tempo riconosciuto quale laboratorio gastronomico tra i più innovativi al mondo. Dovrete prenotare con largo anticipo se intendete consumare un pasto in questo ristorante.

L'altro tempio della buona cucina insignito di tre stelle Michelin, **The Waterside Inn**, è gestito da Alain Roux, figlio del celebre gastronomo francese Michel (il cui Le Gavroche, a Londra, è leggendario). Ha ricevuto tre stelle nel 1985 e da allora ha sempre conservato questa distinzione. E, come suggerisce il nome, la sua sala da pranzo trae il massimo dalla vista sul Tamigi.

DOVE MANGIARE NEI DINTORNI DI BRAY

Fego
Apprezzato *cafe* di quartiere a Marlow, serve la prima colazione e il pranzo, con menu anche vegani e a basso IG. **£**

The Hand & Flowers
Rustico pub con due stelle Michelin a Marlow, gestito da marito e moglie. **£££**

Seasonality
Piccolo negozio di prodotti gastronomici a Maidenhead, prepara ottimi pasti da gustare sul posto o da asporto. **££**

Vanta una stella della Guide Rouge anche un altro ristorante di Blumenthal, l'**Hind's Head**. L'altro locale di Heston a Bray, il **Crown at Bray**, prepara eccellente cucina british da pub in una locanda del XVI secolo ricca d'atmosfera.

Infine, chi non può fare a meno della cucina italiana (vale a dire, chiunque?) apprezzerà i piatti regionali e gli ingredienti locali di **Caldesi in Campagna**, dello chef celebrità Giancarlo Caldesi.

Esperienze sul Tamigi

UN FIUME LO ATTRAVERSA

Lungo il percorso di 185 miglia (298 km) compiuto dal Tamigi da un campo nelle Cotswolds al Mare del Nord, uno dei tratti di maggiore impatto visivo è quello segnato dalle inconfondibili torri, torrette e bastioni del Windsor Castle. Sapevate che il Tamigi fornisce energia elettrica alla casa reale? Quasi la metà dell'energia elettrica usata nel castello proviene dalle turbine idroelettriche presso Romney Weir.

Se volete fare una gita sul Tamigi per salutare i cigni e i loro piccoli dall'arruffato piumaggio grigio, andate da **John Logie** sul lungofiume dal lato di Windsor e noleggiate una barca a remi per una, due o tre ore. Siete in vena di un'attività più rilassante? Fate una crociera risalendo il fiume a bordo di un motoscafo con skipper della compagnia **Thames Charters**, e pranzate con vista sul fiume da **Boulters Lock at the Boathouse**. Per una crociera panoramica nella direzione opposta, fino a Runnymede, prenotate un posto sulla barca gestita da **French Brothers**.

I pescatori si recano sulle sponde del Tamigi nella speranza che abbocchino al loro amo persici, lucci, pesci gatto, cavedani e carpe. Per unirvi a loro, dovrete procurarvi una licenza di pesca con la canna valida in Inghilterra, oltre che un biglietto giornaliero emesso da un'associazione di pesca locale, in quanto queste sponde sono tutte di proprietà privata. Tuttavia, nel tratto di fiume compreso tra lo Staines Bridge e Teddington si può pescare gratuitamente.

Questo è il solo fiume in Europa a essere fiancheggiato per la sua intera lunghezza da un sentiero pedonale. Sgranchitevi le gambe, e imparate a conoscere il Tamigi affrontando il tratto di 22 miglia (35 km) del Thames Path, che si compie in due giorni, da Windsor a Henley-on-Thames, fermandovi per la notte Marlow. Da entrambi gli estremi partono treni diretti per Londra.

POSTI MIGLIORI PER DORMIRE VICINO AL TAMIGI

In una regione piena di incredibili sistemazioni di lusso, potreste scoprire che le strutture più memorabili sono gli eccentrici B&B o i campeggi adatti a tutta la famiglia.

Embers, Henley
In un campo sul fiume, il campeggio (aperto solo in estate) è perfetto per chi viaggia con bambini. Prenotate una piazzola o una tenda conica già montata, con materassi gonfiabili e un cestino con ciò che serve per il fuoco. **£**

River Arts Club
Situato in un'insolita tenuta piena d'arte sulle rive del Tamigi a Maidenhead, questo apprezzato albergo in stile B&B trasuda personalità. **££**

Shillingridge
È un campeggio? Due lussuose tende da safari a Marlow, ognuna per sei persone, con vasca su piedini, stufa a legna e soluzioni per compensare le emissioni. **£££**

TRASPORTI LOCALI

Guidare è il modo più efficiente per spostarsi dal punto A al punto B nella Valle del Tamigi, anche se il traffico talvolta può essere congestionato e trovare parcheggio non sempre è facile.

Ognuna di queste cittadine in genere è ben collegata a Londra, con corse dirette in treno o in autobus. Per muoversi tra le cittadine, però, è necessario combinare spostamenti in treno, autobus e a piedi.

La presenza del Thames Path rende allettante la prospettiva di spostarsi a piedi (o in bicicletta), ammesso che se ne abbia il tempo. Un ottimo mezzo per visitare i villaggi di là da Windsor è la barca, soluzione che tuttavia molti visitatori non trovano pratica.

CHILTERN HILLS

Estesa su 839 kmq, questa è un'Area of Outstanding Natural Beauty punteggiata di dimore storiche, spesso circondate da vasti parchi ben tenuti. Molti di essi sono aperti ai visitatori, che in primavera possono passeggiare nei boschi tappezzati di campanule. Fate caso ai nibbi reali in cielo.

Gli abitati oscillano da piccoli borghi con prato pubblico, pub locale e cassetta rossa per le lettere a cittadine più grandi circondate da case identiche. La selce è tipica di queste colline: la vedrete usata nelle chiese antiche, nei cottage e nei muretti.

Qui è praticato il ciclismo, e in molti si allenano sulle strade di campagna (conducenti: attenzione!). La Ridgeway di 87 miglia (140 km), considerata la strada più antica della Gran Bretagna e oggi un percorso per escursionismo a piedi e mountain bike, corre lungo la dorsale delle Chilterns.

IL CONSIGLIO

I treni che servono l'Oxfordshire, il Buckinghamshire e l'Hertfordshire effettuano le loro corse su cinque diverse linee che si irradiano da Londra, per lo più fiancheggiando le colline boscose delle Chilterns.

Chiltern Hills

PAUL MAGUIRE/SHUTTERSTOCK ©

DA NON PERDERE	**DA VEDERE**		
1 Stowe Gardens	**2** Bekonscot Model Village	**4** Cliveden House	**8** Stonor House
	3 Bletchley Park	**5** Hellfire Caves	**9** Waddesdon Manor
		6 Hughenden Manor	
		7 Roald Dahl Museum	

I giardini dell'Inghilterra

SIEPI, BOSCHI E FIORI DAI COLORI ACCESI

Trascorrere una giornata vagando nei grandi parchi che circondano le sontuose dimore storiche del luogo (molte delle quali ancora di proprietà privata, mentre altre ormai gestite da organizzazioni quali il National Trust o l'English Heritage) è un passatempo apprezzato da queste parti. A fine primavera e in estate,

DOVE MANGIARE NELLE CHILTERNS

The Chequers, Fingest
Pub con basse travi a vista e un grande beer garden, serve piatti british di qualità, tra cui il *Sunday roast*. **££**

Bistro at The Boathouse, Henley
Piatti di buona cucina familiare con vedute aperte sul Tamigi dalla terrazza. **££**

Artichoke
Magnifico ristorante di Amersham, famoso per la sua cucina innovativa. **£££**

IN BICICLETTA

Duff Battye, un vigile del fuoco locale patito di musica heavy metal e di pesca, oltre che di ciclismo, rivela tre amati percorsi in bici nelle Chiltern Hills.

In famiglia
Prendete il ponte sul Tamigi a Henley e seguite Remenham Lane. Riattraversate il Tamigi a Hambleden Lock, quindi salite per Skirmett Rd fino a Hambleden – un tipico villaggio delle Chilterns con un intimo pub.

In collina
Amersham e Berkhamstead sono basi da cui partono strade di campagna tranquille e ben tenute nelle Chiltern Hills – una mecca per il ciclismo su strada. Vi attendono boschi, pendenze e splendide vedute.

A lunga percorrenza
La Chilterns Cycleway è un percorso circolare di 170 miglia (274 km) ben segnalato e quasi tutto su strada. Vi consiglio di partire da Wallingford.

i vasti giardini si riempiono di fiori variopinti, farfalle e uccelli. Una stagione molto apprezzata dai fotografi è anche l'autunno, quando le foglie di querce, ciliegi e faggi si tingono di rosso, giallo e arancione. L'inverno porta con sé poche ore di luce al giorno, ma una passeggiata nella neve ha sempre qualcosa di speciale, meglio ancora se fatta a Santo Stefano (Boxing Day). Portatevi gli stivali di gomma tipo Wellington, perché, fatta eccezione per i mesi estivi più asciutti, il terreno fangoso è una costante.

Puntate a visitare subito i giardini di maggior interesse, ma poi, se il tempo a disposizione ve lo consente, varrà la pena di esplorarne altri. Gli **Stowe Gardens** (Buckinghamshire) sono famosi per i loro templi e capricci architettonici disposti lungo i sentieri che procedono serpeggiando tra laghi, ponti e cascate. Un tempo dimora dei Rothschild, la **Waddesdon Manor** (Buckinghamshire) comprende sculture, un roseto e una voliera in stile neorococò piena di rari uccelli esotici inseriti in un più ampio contesto di giardini formali. La **Cliveden House** (di fianco al Tamigi) gode di vedute aperte, ospita un labirinto di siepi e offre l'opportunità di fare una gita in barca. La **Stonor House** è famosa per il suo secentesco giardino di piacere in stile italiano e il parco privato con i cervi. E il parco della **Hughenden Manor**, attraversato da un fiume su letto calcareo (caratteristica tipica delle Chilterns, rara a livello mondiale), ospita un frutteto con 47 varietà tradizionali di mele inglesi.

Giornate in famiglia

COME INTRATTENERE I BAMBINI

Data la vicinanza a Londra, Reading e Oxford, la regione delle Chiltern Hills è un'ottima meta per le gite in giornata con la famiglia. Quasi tutte le esperienze qui suggerite si fanno a breve distanza dalle stazioni ferroviarie dei rispettivi centri, un'ottima cosa per chi preferisce spostarsi senza l'automobile.

Bletchley Park – base segreta usata con successo per la decrittazione dei messaggi cifrati nella seconda guerra mondiale, resa celebre dal film del 2014 *The Imitation Game* – è ora un museo con mostre interattive e storiche adatte ai ragazzi.

I più piccoli apprezzeranno il **Roald Dahl Museum & Story Centre** a Great Missenden, che fa rivivere i personaggi di Dahl con grandi illustrazioni di Quentin Blake. Ci sono anche i manoscritti dell'autore e il capanno (con la comoda poltrona) in cui questi scrisse i suoi libri.

Un'attrattiva amata dai giovani di ogni età è il **Bekonscot Model Village** a Beaconsfield. Ospita sette allestimenti evocanti l'Inghilterra degli anni '30: castelli, porti, miniere di carbone, villaggi e un campo da cricket, e una profusione di dettagli buffi (prigionieri evasi e negozi dai nomi equivoci).

DOVE DORMIRE NELLE CHILTERNS

Stag & Huntsman
Pub di campagna a Hambleden con intime camere e cottage indipendenti in un villaggio da cartolina; cani ammessi. **££**

Bel & the Dragon
Locanda Tudor del XVI secolo nel centro di Wendover, con letti comodi e interni ricchi di stile. **££**

St Michael's Manor Hotel
Dimora di 500 anni a St Albans, con corridoi silenziosi coperti dalla moquette e 30 eleganti camere di varia grandezza. **£££**

I fan della serie *Stranger Things* vorranno forse visitare le **Hellfire Caves**, un labirinto sotterraneo sede dell'originario Hellfire Club, l'Order of the Friars of St Francis of Wycombe di Francis Dashwood. Qui avevano luogo gli incontri di questa società segreta di danarosi nobili inglesi (che poteva vantare legami importanti, anche con uno dei padri fondatori degli Stati Uniti, Benjamin Franklin).

A piedi e in bicicletta nelle Chilterns

OLTRE LA COLLINA E ATTRAVERSO IL BOSCO

Ci sono decine di sentieri da percorrere a piedi o in bicicletta nelle Chilterns: brevi passeggiate da 1,5 miglia (2,4 km), così come escursioni di più giorni attraverso storiche città di mercato, ampie tenute di campagna e tratti di antiche foreste.

I percorsi più noti sono in genere segnati, o riconoscibili per il passaggio frequente degli escursionisti. Sono molti i blog dedicati a queste attività, ma niente batte una buona guida provvista di cartine. Vale anche la pena di ricordare che è in corso di costruzione la controversa linea ferroviaria HS2 (High Speed Rail): alcuni percorsi storici sono chiusi 'temporaneamente' (cioè, da anni), effettuare delle deviazioni è quindi inevitabile e i suggerimenti delle persone del posto e le cartine aggiornate sono fondamentali. L'app Ordnance Survey Maps è eccellente, ma non è l'ideale dover fare affidamento *solo* sul cellulare per orientarsi.

L'escursione più famosa nelle Chiltern Hills – da fare a piedi o in bicicletta – è **The Ridgeway**, di cui è possibile percorrere anche singoli tratti (ci sono 22 miglia, o 35 km, non ancora aperte alle bici). Ci sono passeggiate brevi da facili a moderatamente impegnative: scegliete anche in funzione della stagione.

Lungo il **Coombe Hill & Chequers Trail**, vicino a Ellesborough, potrete sbirciare la casa di campagna del primo ministro, Chequers. A primavera, la **Hughenden Estate** (p219) è un posto magnifico in cui passeggiare nel bosco tra le campanule.

PER GIARDINIERI 'BIO'

Vi piacciono i giardini e volete saperne di più su come si gestisce in modo sostenibile un'area verde? Prenotate un tour dell'**Highgrove** (p193), grande orgoglio di sua maestà il re.

CHALK STREAM

Al mondo ci sono meno di 300 *chalk stream*, o fiumi su letto calcareo, ambienti naturali ricchi di nutrienti in cui vivono specie rare come la trota, il temolo, l'arvicola acquatica e il martin pescatore. La maggior parte si trova proprio in Inghilterra.

Estese su una scarpata calcarea a nord-ovest di Londra, le Chilterns sono solcate da nove di questi fiumi dalle acque particolarmente limpide, ma la loro esistenza è minacciata dai cambiamenti climatici.

La riduzione delle precipitazioni e l'incremento delle specie invasive e degli agenti inquinanti sono solo alcuni dei problemi da affrontare. Il Chilterns Streams Project, intervenendo con misure di tutela e sensibilizzazione, organizza visite guidate lungo il River Chess e altrove a Berkhamstead e nella Misbourne Valley.

TRASPORTI LOCALI

In questa parte del paese è più facile muoversi in auto. Di contro, se volete spostarvi a piedi o in bici tra le varie località, rinunciare all'auto vi permetterà di non dover tornare indietro per recuperarla alla fine del percorso.

Una cosa da tenere presente sulle Chilterns: le varie linee ferroviarie sono gestite da compagnie private diverse tra loro, il che significa che in alcuni casi si arriva in un posto con una compagnia e si prosegue, o si torna indietro, con un'altra. Studiate bene i percorsi prima di acquistare i biglietti di ritorno.

Allo stesso modo, effettuano corse tra i villaggi, e intorno ai centri maggiori, autobus di diverse compagnie. Per organizzare gli spostamenti nelle Chiltern Hills in treno e in autobus, consultate siti che comprendono tutti gli operatori, come www.traveline.info.

DANIEL_KAY/SHUTTERSTOCK ©

In alto: Durdle Door (p273); a destra: Salisbury Cathedral (p254)

AREE PRINCIPALI

BRISTOL
Centro urbano di tendenza.
p226

BATH
Palazzi georgiani disposti a mezzaluna e terme romane.
p233

WELLS
La città più piccola d'Inghilterra.
p239

MENDIPS
Colline bucate da una moltitudine di caverne.
p242

GLASTONBURY
Miti e leggende.
p245

BRISTOL, BATH E IL SUD-OVEST

IL CUORE DELLA WEST COUNTRY

Le città del presente e le vestigia del passato più remoto si incontrano in questa regione fatta di paesaggi bucolici e litorali selvaggi.

L'irruenza del passato e la grazia di tempi prossimi al presente si uniscono e compenetrano in questa parte del paese più che in ogni altra. I cambiamenti geologici di portata epocale sono evidenti lungo tutta la costa del Dorset nella superficie friabile delle scogliere, da cui affiorano continuamente i resti fossili di creature marine. Alcuni dei primi monumenti di quella che oggi si chiama Gran Bretagna furono eretti sui campi pianeggianti del Wiltshire, mentre lo scheletro più vecchio rinvenuto nel paese giaceva in una caverna delle Mendip Hills (o Mendips). In mezzo a tutto ciò, si trovano la sofisticata eleganza di Bath e il frenetico turbinio di Bristol, e le città o cittadine storiche di Salisbury, Wells, Glastonbury e Sherborne, tutte, in momenti diversi, influenti centri ecclesiastici.

HEATHER RUTH ROSE/SHUTTERSTOCK ©

Solo 12 miglia (19 km) separano Bath da Bristol, ma sono due mondi a parte. L'armoniosa Bath ha prosperato grazie alle sue sorgenti termali, richiamo prima per i romani e poi per i georgiani. Oggi i visitatori vengono ad ammirare ciò che questi hanno lasciato: un complesso termale ben conservato e splendidi edifici a schiera in stile palladiano. La vivace e innovativa Bristol, assai più cosmopolita, si è arricchita grazie ai commerci. Dopo un periodo di degrado, lo Harbourside, il quartiere prossimo al porto, è stato riqualificato e oggi dimostra l'ambizione della città.

Procedendo oltre i centri abitati, il paesaggio è molto vario, dalle file di siepi e dalle collinette della sonnacchiosa Somerset rurale alla costa selvaggia del Dorset, battuta dal mare e sferzata dai venti e dalle piogge.

EXMOOR
Escursionismo e natura.
p248

SALISBURY
Una cattedrale superlativa.
p253

BOURNEMOUTH
Località balneare.
p261

DORCHESTER
Siti storici e Thomas Hardy.
p267

JURASSIC COAST
Una costa di 185 milioni di anni.
p270

Per orientarsi

Questa regione combina il meglio offerto da città di forte richiamo come Bristol e Bath con le suggestive brughiere spazzate dal vento, le ondulate pianure, le aspre coste e i paesaggi antichissimi per cui sono famose le contee del Somerset, del Dorset e del Wiltshire.

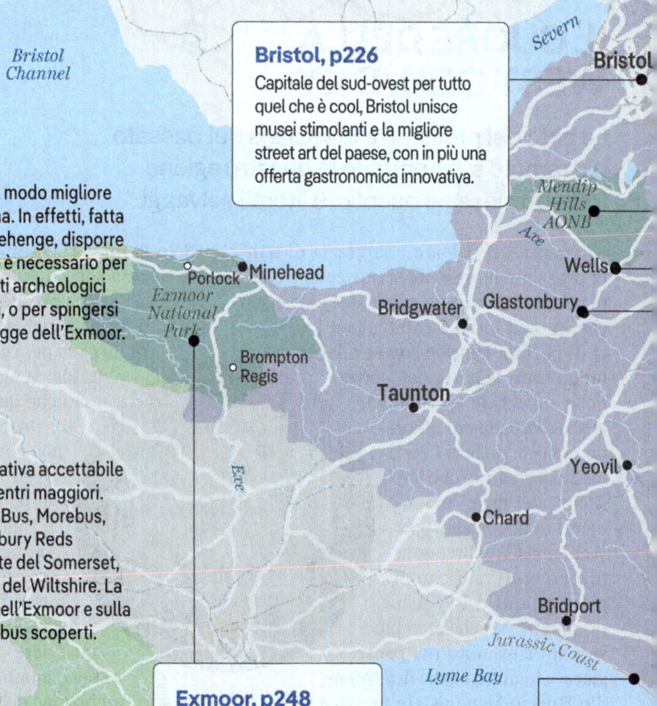

AUTOMOBILE

Muoversi in auto è il modo migliore per esplorare la zona. In effetti, fatta eccezione per Stonehenge, disporre di un proprio mezzo è necessario per raggiungere i vari siti archeologici e le dimore nobiliari, o per spingersi nelle parti più selvagge dell'Exmoor.

AUTOBUS

I bus sono un'alternativa accettabile per muoversi tra i centri maggiori. Le compagnie First Bus, Morebus, Stagecoach e Salisbury Reds coprono buona parte del Somerset, del Dorset e, meno, del Wiltshire. La First Bus si spinge nell'Exmoor e sulla Jurassic Coast con bus scoperti.

TRENO

Da Londra e dalle Midlands è piuttosto semplice raggiungere in treno le città più importanti della regione, tra cui Bristol, Bath, Salisbury e Dorchester. È anche possibile spostarsi tra questi centri – e fare tappa in località minori – ma in molti casi sono previsti dei cambi.

Bristol, p226

Capitale del sud-ovest per tutto quel che è cool, Bristol unisce musei stimolanti e la migliore street art del paese, con in più una offerta gastronomica innovativa.

Exmoor, p248

Brughiere piene di fascino e sentieri lungo le scogliere, villaggi con cottage dal tetto di paglia e pony nativi: l'Exmoor è un luogo selvaggio e che incanta.

Jurassic Coast, p270

Uno spaccato di storia geologica, scogliere ricche di fossili, malinconiche spiagge di ciottoli e la possibilità di fare kayak tra formazioni rocciose dall'aspetto più insolito.

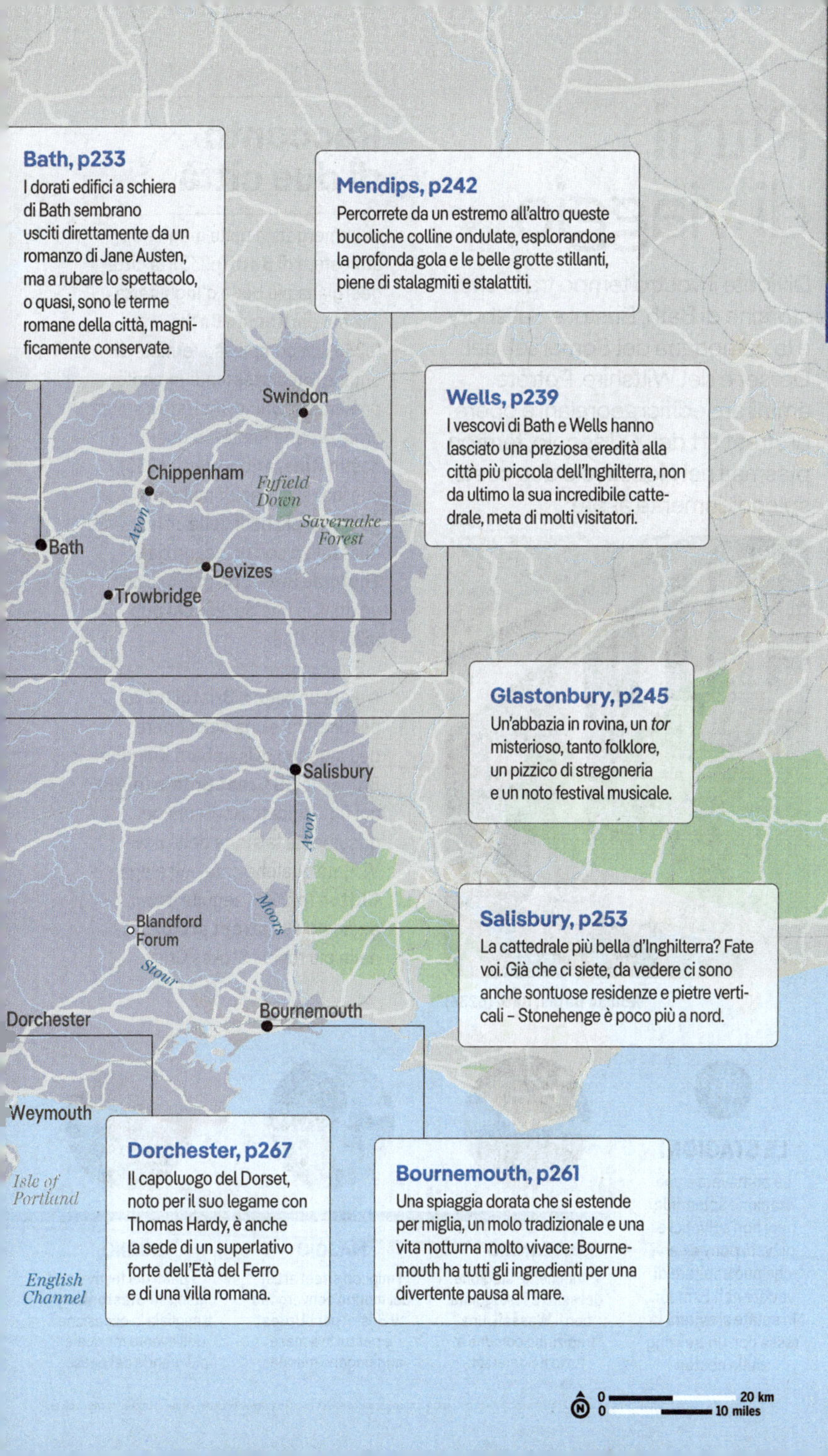

Bath, p233

I dorati edifici a schiera di Bath sembrano usciti direttamente da un romanzo di Jane Austen, ma a rubare lo spettacolo, o quasi, sono le terme romane della città, magnificamente conservate.

Mendips, p242

Percorrete da un estremo all'altro queste bucoliche colline ondulate, esplorandone la profonda gola e le belle grotte stillanti, piene di stalagmiti e stalattiti.

Wells, p239

I vescovi di Bath e Wells hanno lasciato una preziosa eredità alla città più piccola dell'Inghilterra, non da ultimo la sua incredibile cattedrale, meta di molti visitatori.

Glastonbury, p245

Un'abbazia in rovina, un *tor* misterioso, tanto folklore, un pizzico di stregoneria e un noto festival musicale.

Salisbury, p253

La cattedrale più bella d'Inghilterra? Fate voi. Già che ci siete, da vedere ci sono anche sontuose residenze e pietre verticali – Stonehenge è poco più a nord.

Dorchester, p267

Il capoluogo del Dorset, noto per il suo legame con Thomas Hardy, è anche la sede di un superlativo forte dell'Età del Ferro e di una villa romana.

Bournemouth, p261

Una spiaggia dorata che si estende per miglia, un molo tradizionale e una vita notturna molto vivace: Bournemouth ha tutti gli ingredienti per una divertente pausa al mare.

Ritmi di viaggio

Dividete il vostro tempo tra le città storiche di Bath, Bristol e Salisbury e la campagna del Somerset, del Dorset e del Wiltshire. Potrete ammirare edifici georgiani e opere di street art del XXI secolo, territori plasmati nel Neolitico e due coste splendidamente aspre.

FUKEZ84/SHUTTERSTOCK ©

Roman Baths, Bath (p236)

Racconto di due città

- Immergetevi nella magnifica atmosfera di **Bath** (p233), la città georgiana più bella d'Inghilterra. Iniziate dai **Roman Baths** (p236), un complesso termale di origine romana splendidamente presentato, quindi mettetevi sulle orme di Jane Austen seguendo il nostro **itinerario a piedi** (p235), che inanella, uno dopo l'altro, gli edifici più belli della città. Rilassatevi con un bagno da **Thermae Bath Spa** (p236) o con un drink in uno dei **vecchi pub** (p237) di Bath.

- Fate un salto a **Bristol** (p226) per ammirare una delle opere dell'ingegno di Isambard Kingdom Brunel: la **SS Great Britain** (p228), nel riqualificato Harbourside, documenta la storia della nave. Visitate qualche *cafe* nell'elegante **Clifton** (p232) o seguite il tour dedicato alla **street art** (p230) nella più ruvida Stokes Croft.

LE STAGIONI

La primavera è una stagione splendida per i fiori selvatici e i giovani pony e cervi che può capitare di vedere nell'Exmoor. In estate si eviterà la ressa con un trekking sulla costa.

GENNAIO

L'imminente stagione del sidro è festeggiata con il **Wassail**, una tradizione comune a tutto il Somerset.

MAGGIO

I migliori street artist del mondo convergono su Bristol per l'**Upfest** e per tutto il mese aggiungono murales.

GIUGNO

I patiti dei festival calano su **Glastonbury** a migliaia in occasione dell'evento musicale più grande del paese.

GORDON HULMES TRAVEL/ALAMY STOCK PHOTO ©, MATT CARDY/STRINGER/GETTY IMAGES ©, AMY LAUGHINGHOUSE/SHUTTERSTOCK ©

Con quattro giorni a disposizione

- Iniziate dalla storica città di **Salisbury** (p253), conosciuta soprattutto per l'alta **cattedrale** (p254), dove potrete ammirare una delle poche copie conformi originarie della Magna Carta.

- Visitate la vicina **Stonehenge** (p257), che fornisce un'enigmatica introduzione all'Inghilterra preistorica, quindi recatevi a ovest per far tesoro di altri racconti del passato a **Glastonbury** (p245), dove, a quanto si tramanda, sarebbe sepolto re Artù. L'**abbazia** (p246) di Glastonbury, oggi in rovina, un tempo somigliava alla **Wells Cathedral** (p240); le due distano solo 7 miglia (11 km) e quindi fare il confronto è facile.

- Proseguite verso l'**Exmoor** (p248), dove vi attendono belle camminate al vento e la possibilità di avvistare rari animali selvatici.

Se avete più tempo

- Visitate **Salisbury** (p253) e **Stonehenge** (p257) prima di spingervi a sud alla volta di **Bournemouth** (p261), località di villeggiatura dell'epoca vittoriana con un lungo tratto ininterrotto di spiaggia dorata. Arrivate fino a Poole Harbour per la possibilità di vedere qualche scoiattolo rosso su **Brownsea Island** (p265), proseguendo poi per la **Jurassic Coast** (p270), l'unico sito inglese d'interesse naturale designato Patrimonio dell'Umanità dall'UNESCO, dove potrete salire in cima al **faro di Portland Bill** (p273) e fare una **passeggiata in cerca di fossili** (p274) a Lyme Regis.

- Proseguite a nord fino a **Bristol** (p226) e a **Bath** (p233), fermandovi a **Wells** (p239) per una visita alla cattedrale e una passeggiata sulle cime collinari lungo la vicina **Cheddar Gorge** (p243).

AGOSTO
Bournemouth Beach richiama molti visitatori in piena estate. Ai due lati della città si estendono tratti più tranquilli.

SETTEMBRE
Le persone indossano i loro migliori indumenti Regency e sfilano nelle strade di Bath per il **Jane Austen Festival**.

OTTOBRE
L'**Exmoor** si infiamma dei colori autunnali. Potrete sentire i bramiti dei cervi in amore nel corso di un safari.

NOVEMBRE
Onde e vento liberano i fossili dalle scogliere di **Lyme Regis** e **Charmouth**. Cercate qualche ammonite.

BRISTOL

Bristol è una città in ascesa. I magazzini dismessi sono stati trasformati in gallerie d'arte e in musei, i vecchi container ospitano ristoranti specializzati in moderna cucina british interpretata con un tocco della West Country, e la street art di alto livello aggiunge colore e interesse all'ambiente urbano.

Il porto è da sempre al centro della fortuna di questa città. Nel XVIII secolo, Bristol aveva il secondo porto più trafficato dopo quello di Londra, alimentato in grande misura dalla tratta atlantica degli schiavi, in cui gli africani venivano ridotti in schiavitù, trasportati via mare fino al Nuovo Mondo e lì scambiati per zucchero, tabacco e rum. Oggi, il riqualificato Harbourside ospita il museo M Shed, che con onestà affronta questo tragico aspetto della storia, oltre che la *SS Great Britain* di Isambard Kingdom Brunel, un'attrattiva molto amata.

Brunel ha lasciato tracce di sé anche a Clifton, dove il suo ponte sospeso attraversa il River Avon. Georgiano e gentrificato, Clifton bilancia Stokes Croft, quartiere orgogliosamente indipendente dove troverete dipinti murali tra i più belli della città.

IL CONSIGLIO

Vengono proposte diverse visite guidate a piedi che mettono a fuoco uno specifico aspetto della storia o del modo di vita di Bristol: scoprite tutto sul passato oscuro della città, partecipando alla Transatlantic Slavery Walk offerta da Bristol Walks and Tours, oppure approfondite la vostra conoscenza della sua cultura contemporanea con un tour dedicato alla street art di Where the Wall.

Clifton Suspension Bridge (p232)

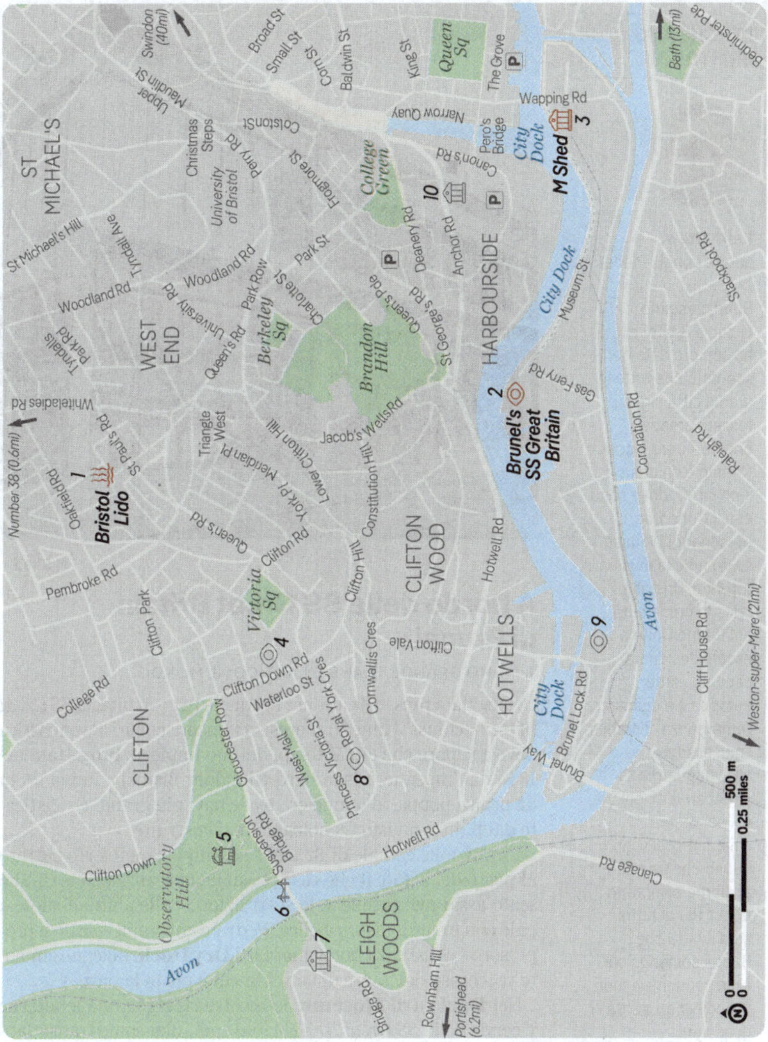

DA NON PERDERE
1 Bristol Lido
2 Brunel's SS Great Britain
3 M Shed

DA VEDERE
4 Clifton Arcade
5 Clifton Observatory & Camera Obscura
6 Clifton Suspension Bridge
7 Clifton Suspension Bridge Visitor Centre
8 Royal York Crescent
9 Underfall Yard
10 We The Curious

Royal York Crescent (p232)

PERCHÉ AMO BRISTOL

Keith Drew,
autore Lonely Planet

Sono cresciuto vicino a Bristol e ho sempre dato per scontato che tutte le grandi città inglesi fossero creative, oneste, libere e cool. Questo è un posto innovativo, dove sono nati il Concorde, i personaggi Wallace e Gromit e la musica trip-hop. Bristol è stata la prima città nel Regno Unito a essere designata capitale verde europea e a dichiarare l'emergenza climatica. I musei sono all'avanguardia, la street art è magnifica, e il panorama culinario così vario e buono che tre pasti al giorno sembrano pochi. Più di tutto, amo il fatto che Bristol sostenga chi è indipendente e fuori dal comune. La città ci guadagna.

M Shed

A bordo della SS Great Britain di Brunel

IL PRIMO GRANDE TRANSATLANTICO AL MONDO

Ormeggiata presso il cantiere nel quale fu costruita, la *SS Great Britain* (chiusa il lunedì) si presenta ancora come l'avveniristica nave a vapore che era ai tempi del suo impiego. Progettata nel 1843 dall'ingegnere Isambard Kingdom Brunel e lunga 98 m da prua a poppa, al tempo era tra le navi più grandi e sofisticate dal punto di vista tecnologico mai costruite.

L'intuizione geniale di Brunel fu di impiegare il ferro battuto al posto del legno, il che rese possibile la realizzazione di uno scafo assai più grande, e la sostituzione delle abituali ruote a pale con un propulsore a elica. Vedrete entrambi – scafo e propulsore – a distanza ravvicinata nel **Dry Dock**, ingegnosamente racchiuso dal 'mare di vetro' in cui è posta la nave.

Nel **Dockyard Museum**, le mostre ripercorrono le alterne vicende della *SS Great Britain*, dai suoi inizi come transatlantico per passeggeri al periodo successivo, meno glorioso, in cui fu adibita a nave da quarantena e al trasporto di carbone. Fu infine fatta affondare nelle acque al largo delle Falklands, dove rimase ad arrugginirsi per quasi 40 anni prima di essere riportata al rimorchio fino a Bristol nel 1970.

DOVE DORMIRE A BRISTOL

YHA Bristol
Sul lungofiume nel centro della città, questo ex granaio in mattoni rossi ha anche un eccellente *cafe*-bar. **£**

Artists Residence
Town house in stile georgiano con un assortimento di camere industrial-chic, un *cafe*, una cucina e un lounge bar. **££**

Number 38
Esclusivo B&B sul limite delle Downs, dalle cui camere contemporanee si aprono ampie vedute sulla città. **£££**

Grazie all'impeccabile lavoro di restauro, oggi è possibile farsi un'idea molto precisa di come fosse la vita a bordo della nave: negli affollati alloggi di terza classe risuona il pianto dei bambini, mentre nelle più lussuose cabine di prima classe si avverte il profumo dei prodotti da toletta del barbiere di bordo. Sul ponte i visitatori di età superiore ai nove anni possono godere dell'attrattiva **Go Aloft!** e arrampicarsi per 25 m su per il sartiame.

Sul lato del porto, la mostra **Being Brunel** presenta un gran numero di manufatti e getta un'occhiata equilibrata sulla vita del grande ingegnere – quale innovatore, artista e lavoratore infaticabile – e sulla sua persistente eredità.

L'essenza di Bristol all'M Shed

PASSATO E PRESENTE, POSTI E PERSONE DI BRISTOL

In molti modi, l'affascinante museo M Shed (solitamente chiuso il lunedì) incarna l'essenza di Bristol. Ha ridato vita a un vecchio deposito di transito nella zona riqualificata dell'Harbourside, e i suoi cimeli, accostati tra loro in modo creativo, celebrano non solo i luoghi e le figure più illustri della città, ma anche i quartieri spesso trascurati e le persone comuni che hanno contribuito a fare di Bristol ciò che è oggi.

Bristol Places si concentra sulle diverse circoscrizioni di cui è composta la città e comprende, per esempio, alcuni mosaici rinvenuti in una villa romana scoperta a Brislington e un vecchio rifugio Anderson di Sea Mills (Bristol è stata oggetto di pesanti bombardamenti durante la seconda guerra mondiale). **Bristol People** dà spazio a nomi famosi, come la Aardman Animations (lo studio che ha dato vita ai personaggi Wallace e Gromit) e il colletivo di musica trip-hop Massive Attack, ma anche a graffitisti locali poco conosciuti, ad assistenti sociali e ad attivisti per i diritti dei disabili. Infine, **Bristol Life** getta uno sguardo su che cosa significhi essere 'bristoliani'.

Il ruolo rivestito dalla città nella tratta atlantica degli schiavi è ampiamente riconosciuto: una mostra denuncia quanto i profitti tratti da quei commerci abbiano contribuito a forgiare il paesaggio di Bristol. Al contempo, la reputazione della città come capitale della street art è messa in evidenza con opere di Andy Council e Banksy; l'inquietante stencil *Grim Reaper* ('Tristo mietitore', personificazione della morte) fu rimosso, non senza accese controversie, dal fianco di un'imbarcazione adibita a locale galleggiante per essere esposto all'M Shed.

Di quando in quando è possibile salire sulle gru, sui treni a vapore e sulle barche un tempo usate per il lavoro portuale e che oggi fanno parte della mostra all'aperto dell'M Shed.

MIGLIORI LOCALI DI MUSICA LIVE A BRISTOL

Louisiana
Pub Heritage Listed (Grade II) in cui si sono esibite molte band indie destinate ad affermarsi.

Fleece
Ex mercato delle pecore, il locale indipendente più grande di Bristol propone concerti tutti i giorni e serate da discoteca.

Thekla
Scafo riadattato di una nave mercantile tedesca, occupato da club e DJ.

St George's Bristol
Questa ex chiesa vanta un'acustica eccellente per concerti di musica classica, folk e jazz.

Bristol Beacon
Il più grande spazio per concerti del sud-ovest, gestito da un'associazione di beneficenza, ospita regolarmente artisti di forte richiamo.

DOVE MANGIARE A BRISTOL

St Nicholas Markets
Le bancarelle alimentari dei St Nick's offrono di tutto, dagli sformati di carne e patate ai ravioli giapponesi. **£**

Pasta Ripiena
Magnifici piatti di pasta ripiena fatta a mano, chiusa di fronte a voi, intensamente saporita e deliziosa. **££**

Riverstation
Luminoso spazio affacciato sull'acqua, con ristorante e un bar meno formale, serve una moderna cucina europea. **££**

ITINERARIO A PIEDI: STREET ART

Bristol è all'avanguardia nel panorama britannico della street art dagli anni '80. L'itinerario parte in Park St da uno dei pezzi più famosi di Banksy, l'anonimo artista bristoliano divenuto famoso in tutto il mondo per il suo stile riconoscibile, basato sull'uso di stencil, e per le sue opere provocatorie: **1 Well Hung Lover**, dipinto con effetto satirico sul muro di una clinica per la salute sessuale nel 2006, è tra le poche testimonianze rimaste dei suoi primi lavori a Bristol. Proseguite lungo Park St e attraverso il centro fino in Quay St: **2 Vandal**, di Nick Walker, raffigura un uomo in bombetta che versa vernice giù per la facciata di un edificio di 10 piani; il vicino **3 murale delle gru** (senza titolo) fa parte del progetto M-City di Mariusz Waras. In Nelson St noterete **4 See No Evil**, che presenta lo stile dell'artista bristoliano Inkie, dominato da linee curve, e l'enorme ragazzo lupo di Aryz, **5 Wolf Boy**. Girate a sinistra in Bridewell St, quindi a destra e camminate lungo lo Haymarket fino alla rotonda di St James Barton, nota come Bearpit. Da sotto il condominio 51°02 parte Stokes Croft e si vede il **6 Full Moon**, pub coperto da un murale a tema astrologico del bristoliano Cheba. Continuate fino all'incrocio con City Rd: **7 Yellow Face Lady** è più intensa che mai dopo essere stata ripresa da Stinkfish nel 2021. Tornate un po' indietro e salite per Hillgrove St fino allo **8 Tsunami of Roses** di Phlegm, sulla casa all'angolo con Jamaica St. Svoltando a destra superate la **9 PRSC Outdoor Gallery**, che appartiene a un gruppo di azione comunitaria, e tornate in Stokes Croft, dove, sul muro del Canteen, campeggia **10 Mild Mild West** di Banksy. Il dipinto è stato scelto dai residenti quale migliore opera alternativa della città.

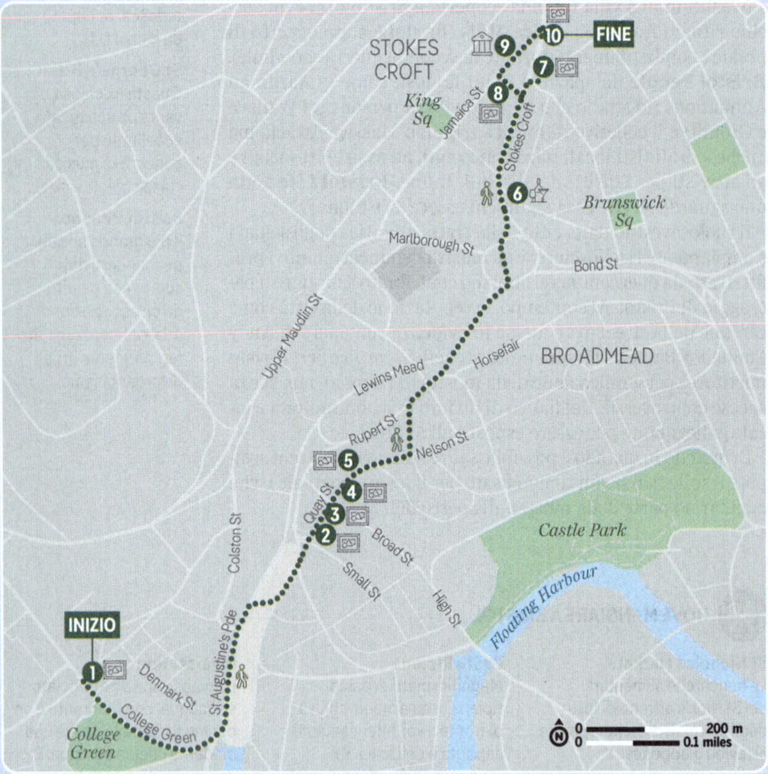

Bristol Harbour Festival

Underfall Yard e Floating Harbour

STORICO CANTIERE NAVALE ANCORA ATTIVO

All'apice del suo sviluppo, l'area portuale di Bristol era la seconda più grande del paese. Durante la bassa marea, però, le navi finivano insabbiate vicino ai moli; per questo, fu escogitato un sistema di chiuse e canali con paratoia con il quale tenerle adeguatamente a galla quando l'acqua del River Avon si ritirava. Il cosiddetto Floating Harbour fu aperto nel 1809, e verso il 1880 veniva gestito interamente dall'Underfall Yard.

Il cantiere ospita alcune delle ultime officine portuali vittoriane al mondo. Potrete curiosare tra le compagnie che si occupano della costruzione di imbarcazioni e quelle specializzate nella realizzazione del sartiame, tuttora attive sul posto, e imparare qualcosa di più sul funzionamento del Floating Harbour nel **centro visitatori** e nell'annessa **Pump Room**, che fino ad anni molto recenti (2010) contribuiva ad alimentare la rete del porto.

MIGLIORI FESTIVAL DI BRISTOL

Bristol Harbour Festival
Festa della musica e dell'arte cittadina, a luglio, quando centinaia di barche riempiono il porto.

Bristol International Balloon Fiesta
Oltre 100 mongolfiere si levano sopra Ashton Court, ad agosto, e la sera si tiene lo spettacolare evento musicale Nightglow.

Upfest
A maggio, durante il festival di arte urbana più grande d'Europa, vengono decorati gli edifici di Bedminster.

Love Saves the Day
Festival musicale che a inizio giugno ospita un eclettico assortimento di band ad Ashton Court.

L'EREDITÀ DI BRUNEL

Isambard Kingdom Brunel ebbe su Bristol un impatto immenso. Contribuì a progettare il **Floating Harbour** e costruì la **Great Western Railway** (che collegava la città con Londra), la stazione ferroviaria di **Temple Meads**, e il rinomato **Clifton Suspension Bridge** (p232).

DOVE MANGIARE A BRISTOL

BOX-E
Piatti della cucina british stagionale, magnificamente preparati, in due container presso il Wapping Wharf. ££

Canteen
Ristorante che ben rappresenta lo spirito alternativo di Bristol: cucina vegetariana sostenibile, fornitori locali e prezzi equi. £

Primrose Café
Un'istituzione di Clifton, che si riversa in Boyce's Ave. Brunch da doversi slacciare la cintura, pranzi fantasiosi e alte torte. £

IO VIVO QUI: DOVE BERE A BRISTOL

Michael Wiper, uno dei fondatori del birrificio artigianale Wiper and True, con sede centrale a Bristol, offre le sue raccomandazioni sui posti migliori in cui bere qualcosa in città.

Plough
Il locale migliore di Easton. È facile finire per trattenersi più a lungo del previsto in questo pub gioioso.

KASK
Vini eccellenti in un ambiente molto chic ma non pretenzioso. Ottima anche la scelta di formaggi.

Miners Arms
Locale vecchia maniera in cui bere a St Werburghs, con tanti barili di birra.

Old Market Assembly
Dietro l'angolo dal nostro birrificio e dalla nostra sala bar, è l'ideale per far tardi, godere della musica live e ballare.

Centro delle scienze interattivo

In linea con il carattere creativo di Bristol, le mostre interattive di **We The Curious** (chiuso al tempo delle ricerche in seguito a un incendio, ma destinato a riaprire a breve) vi faranno attraversare a piedi un tornado, produrre un film di animazione tutto vostro e riflettere su questioni affascinanti, come perché gli arcobaleni rendano felici le persone. Il centro ospita anche un eccellente planetario 3D. La riapertura di We The Curious è prevista per il 2023; nel frattempo, fate caso alle attività di natura scientifica allestite in tutta la città dal suo personale.

Clifton da esplorare

Il ricco quartiere suburbano di Clifton è come una piccola enclave di Bath a Bristol, con pregevoli *town houses* in stile georgiano disposte a schiera, costruite in parte durante la breve stagione in cui la zona si affermò come località termale estiva.

Fate alcune vasche al **Bristol Lido**, uno stabilimento balneare pubblico risalente al 1849 e oggi magnificamente restaurato, prima di concedervi un'ottima prima colazione nel ristorante a bordo piscina. Dirigetevi ora verso ovest, al **Royal York Crescent**, tra i più lunghi complessi di edifici disposti a semicerchio d'Europa, da cui si godono belle vedute sull'Harbourside. Esplorate gli eccentrici negozietti lungo la vicina Princess Victoria St e il Mall, oltre che nella **Clifton Arcade**, una galleria di epoca vittoriana situata dall'altra parte della via principale, per poi accomodarvi in un locale di Boyce's Ave per un *flat white* o un boccone.

Situato entro gli ampi parchi delle vicine Downs, il **Clifton Observatory** ospita una **camera oscura** e il **Giant's Cave**, una grotta naturale che sbuca nel fianco della collina e consente di ammirare un vertiginoso panorama sull'Avon Gorge.

Sul fiume si estende il **Clifton Suspension Bridge**, progettato da Isambard Kingdom Brunel. La stupefacente costruzione richiese 33 anni e fu portata a termine solo nel 1864, diversi anni dopo la morte di Brunel. Attraversate il ponte a piedi fino a raggiungere il centro visitatori situato sulla sponda opposta per scoprire la storia di questo capolavoro dell'ingegneria. I Weekend Bridge Tours offerti gratuitamente nei mesi estivi sono eccellenti, così come lo sono gli Hard Hat Tours, dedicati alle volte nascoste del ponte e che conducono in una delle imponenti torri di sostegno.

TRASPORTI LOCALI

Se arrivate a Bristol in automobile, la soluzione migliore è che vi serviate di uno dei quattro Park & Ride presenti sul limite della città. Il traffico dovrebbe ridursi ora che a Bristol è stata introdotta una Clean Air Zone, che comprende il centro e parte di Clifton, ma per ora il parcheggio rimane costoso e difficile da trovare. Fatta eccezione, forse, per la parte collinare di Clifton, spostarsi a piedi o in bicicletta è agevole; del resto, Bristol è la prima Cycling City del Regno Unito, e ha una buona rete di piste e percorsi ciclabili, oltre che diverse agenzie di noleggio di biciclette sparse nel centro. I traghetti possono costituire mezzi divertenti, e in alcuni casi più veloci, per spostarsi nell'area del porto.

BATH

Bath è bellissima. Le file di armoniose *town houses* e i noti complessi a mezzaluna emanano tuttora l'eleganza che nel periodo georgiano ne fecero la città più alla moda della Gran Bretagna.

Ma Bath non sarebbe Bath se non fosse per le sue sorgenti termali. Leggenda vuole che fu re Bladud a fondare la città circa 2800 anni fa, quando vide i suoi maiali guarire dalla lebbra dopo un bagno nelle paludi fangose della zona. Le sorgenti erano riverite dalla popolazione celtica locale, ma furono i romani a ricavarne un complesso termale, le cui acque curative attrassero poi i membri dell'alta società nel periodo georgiano.

All'apice del suo fulgore nel XVIII secolo, Bath acquisì i suoi edifici più belli, realizzati nella pietra dorata del luogo. Oltre 5000 dei suoi palazzi sono considerati monumenti storici da tutelare, ragion per cui Bath è la sola città britannica dichiarata per intero un sito Patrimonio dell'Umanità UNESCO.

IL CONSIGLIO

Le attrattive principali di Bath sono divise tra il nucleo storico, in fondo alla città, dove ci sono i Roman Baths e la Bath Abbey, e la magnifica sezione georgiana, nella parte settentrionale della città, raggiungibile con una passeggiata in salita. Può avere senso dividere di conseguenza l'itinerario della visita.

Pulteney Bridge (p235)

ALEXEY FEDORENKO/SHUTTERSTOCK ©

DA NON PERDERE
1 Bath Abbey
2 Roman Baths

DA VEDERE
3 Jane Austen Centre
4 Mary Shelley's House of Frankenstein
5 Pump Room
6 Sydney Gardens

ATTIVITÀ E TOUR
7 Bath Abbey Tower Tours
8 Walk to the View

SHOPPING
9 Mr B's Emporium
10 Topping & Company

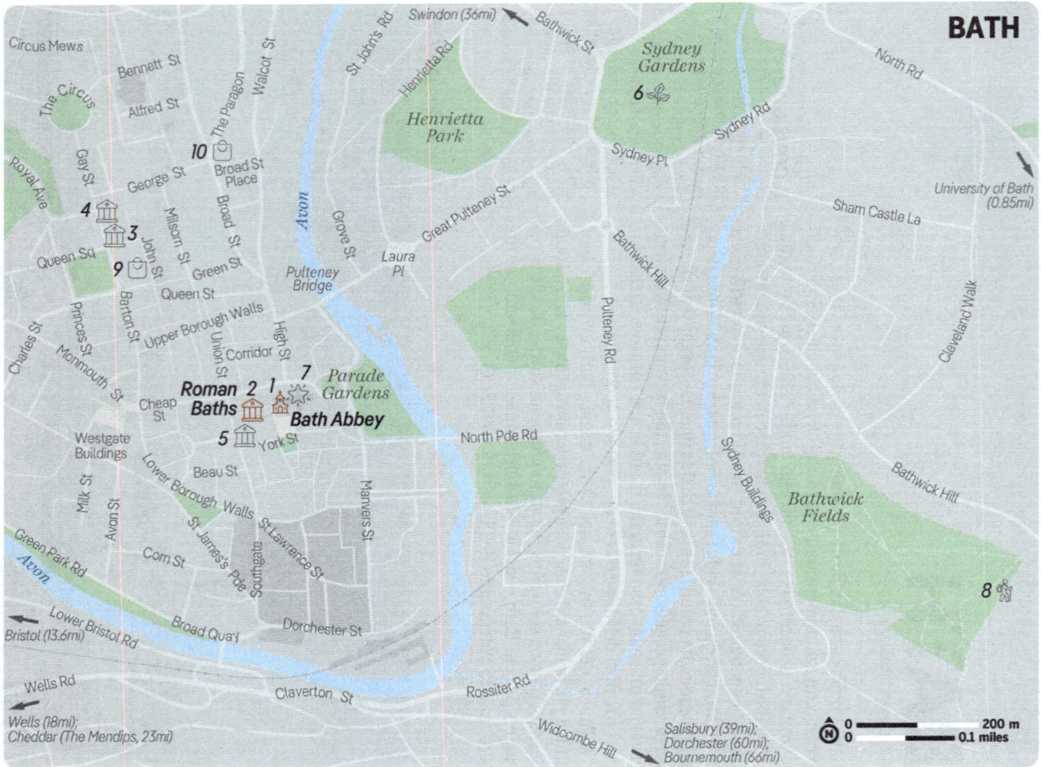

Pump Room (p238)

STERLING IMAGES/SHUTTERSTOCK ©

ITINERARIO A PIEDI: LA BATH GEORGIANA

Bath deve gran parte della sua armonia architettonica al lavoro di due uomini: John Wood padre e John Wood figlio, ideatori di molti degli edifici più riconoscibili della città. Questo itinerario parte dalla gloria georgiana di Bath: il **1 Royal Crescent**. Completato nel 1775, il vasto arco di *town houses* fu progettato da John Wood figlio; il **2 No 1 Royal Crescent** (chiuso lunedì) permette di farsi un'idea della vita che nel XVIII secolo si conduceva all'interno di una delle case più ricche di Bath.

Procedendo verso est lungo Brock St si arriva al **3 Circus**, il capolavoro di John Wood padre. L'anello di eleganti *town houses* ha una ricca valenza simbolica: per esempio, il diametro è pari a quello di Stonehenge (p257) e il fregio che segue la linea curva delle facciate è costellato di riferimenti massonici. Appena superato l'angolo, nei pressi di Bennett St, le **4 Assembly Rooms** di John Wood figlio furono il centro della vita sociale della Bath georgiana; le Upper Rooms, come erano chiamate, figurano regolarmente nei romanzi di Jane Austen (p238).

Tornate sui vostri passi e camminate lungo Gay St fino a **5 Queen Square**, costruita nel 1728 per dar prova del talento di John Wood padre. Da qui, procedete verso est lungo New Bond St fino al **6 Pulteney Bridge**, splendore palladiano di Robert Adam (1773) e uno dei quattro ponti al mondo a essere fiancheggiato da negozi su ambedue i lati.

Oltre il ponte, percorrete **7 Great Pulteney Street**, la via georgiana più lunga e ampia di Bath, fino allo **8 Holburne Museum**, dove troverete pitture del settecentesco Thomas Gainsborough, che viveva al Circus. La facciata di questo edificio Heritage Listed (Grade I) figura quale residenza di Lady Danbury nella serie *Bridgerton*, ispirata all'epoca Regency.

PRENDERE LE ACQUE

Potrete sperimentare i benefici delle acque curative di Bath presso il **Thermae Bath Spa**, un complesso all'avanguardia, unico nel suo genere in tutto il Regno Unito. La spa è divisa tra il New Royal Bath (ingresso vietato agli under 16) e, in un edificio separato situato dall'altra parte della strada, opportunamente chiamata Hot Bath St, il più raccolto Cross Bath (ingresso vietato agli under 12). Il richiamo maggiore è la piscina sul tetto dell'edificio principale, da cui si gode un magnifico panorama sulla città.

AROUNDWORLD/SHUTTERSTOCK ©

Roman Baths

I bagni di Bath

LE TERME ROMANE PIÙ FAMOSE DEL MONDO

Da 2000 anni i visitatori sono attratti dai **Roman Baths** che danno al luogo il suo nome. I romani fondarono la città di Aquae Sulis intorno a una sorgente sacra nel 44 d.C. e nel volgere di un secolo avevano costruito questo appariscente complesso di terme e l'annesso tempio dedicato alla dea Sulis Minerva. I bagni costituiscono oggi uno dei siti romani meglio preservati d'Europa.

Il cuore del complesso è formato dal **Great Bath**, una piscina dalle pareti rivestite di piombo piena di acqua fumante del colore della giada, un ambiente ricco di atmosfera. Benché oggi sia scoperta, la vasca in origine si presentava sovrastata da un soffitto con volta a botte alto 20 m. Il Great Bath era alimentato dall'acqua proveniente dalla **Sacred Spring**, la sorgente sacra, che gorgogliando affiora nell'ambiente attiguo. Ogni giorno si riversano nella piscina 1,2 milioni di litri di acqua calda (46°C). Il **King's Bath** fu aggiunto intorno al sito della sorgente nel XII

ALTRA ARCHITETTURA GEORGIANA

Gli edifici del XVIII secolo che circondano la Sacred Spring furono progettati da John Wood padre e figlio, ovvero dai due architetti responsabili del **Royal Crescent** e del **Circus** (p235).

DOVE MANGIARE A BATH

Sally Lunn's Historic Eating House & Museum
Un Sally Lunn Bunn (simile a una brioche) e un buon tè versato da una teiera di bone china. **£**

Bath Pizza Co
Pizze sottili e croccanti, cotte nel forno a legna, nella frenetica zona della stazione ferroviaria di Green Park. **££**

Noya's Kitchen
Intimo ristorante di cucina vietnamita, conquista con i suoi curry, le zuppe pho e i noodle, piatti gustosi ma bilanciati. **££**

secolo. A est e a ovest del Great Bath si trovano altre piscine e spogliatoi; gli scavi permettono di osservare alcuni tratti dell'ipocausto, il sistema di riscaldamento del complesso termale.

A collegamento dei vari ambienti è presente un interessante **museo**, in cui sono conservati i manufatti rinvenuti sul posto. Ingegnose ricostruzioni digitali aprono uno scorcio sulla vita e sulle dinamiche sociali in cui si inseriva il complesso al tempo dei romani. Fate caso alle *tabellae defixionum*, tavolette su cui erano inscritte maledizioni, e alla testa in bronzo dorato trovata tra le rovine del **Tempio di Sulis Minerva**.

Potrete bere un sorso dell'acqua ricca di minerali – che si ritiene abbia poteri curativi – alla fontana che si incontra all'uscita.

Capolavoro medievale

ABBAZIA E TORRE CON VISTA

L'imponente **Bath Abbey** domina con la sua mole il centro della città. Costruita tra il 1499 e il 1616, fu l'ultima grande chiesa medievale eretta in Inghilterra. I muri sono tempestati di targhe commemorative e altre forme di memoriali, ma di particolare interesse è soprattutto la facciata occidentale, ornata da angeli che salgono e scendono da scale di pietra in ricordo di un sogno fatto dal vescovo Oliver King, fondatore dell'abbazia. Il complesso è uno dei pochi luoghi del centro di Bath da cui è possibile godere di una vista aerea sulla città: partecipando a una **visita guidata della torre**, avrete l'opportunità di attraversare la sala delle campane e superare le volte per spaziare con lo sguardo sopra i tetti e giù fino ai Roman Baths.

Sul tetto della città

UNA PASSEGGIATA PANORAMICA

Una delle (tante) attrattive di Bath è l'ambiente naturale in cui sorge. La città è delimitata su tre lati dal River Avon, e lungo la sua estremità meridionale si innalzano colline coperte di boschi. Potrete farvi un'idea della campagna che circonda Bath, e godere di magnifiche vedute sulle sue case color miele, facendo una breve passeggiata alla volta di Bathwick Fields; dal centro, bisogna procedere per 1 miglio (1,6 km) lungo North Pde, superare il Kennet & Avon Canal e salire fino allo spiazzo erboso da cui si apre la vista sullo storico profilo urbano della città. Il percorso coincide con l'ultimo tratto del sentiero **Walk to the View** gestito dal National Trust, e vedrete i relativi cartelli segnaletici.

POSTI MIGLIORI PER BERE A BATH

Colonna & Small's
Cafe spartano ma all'avanguardia, i cui abilissimi baristi servono caffè preparati con chicchi torrefatti da loro e miscele rare.

Bell Inn
Un pub a proprietà collettiva, il Bell è specializzato nella real ale ed è famoso per il suo programma di musica live.

Star Inn
Pub labirintico, pieno di anfratti e pannellature di quercia, è a servizio della comunità locale sin dal 1759.

Bath Distillery Gin Bar
Intimo bar con 230 gin. Provate un Gin Austen, o dividete una teiera di gin tra amici.

Opium
Cercate questo eccentrico 'boudoir bar', nascosto nelle volte sotto Grove St.

Circus
Il bistrò propone un delizioso menu di piatti stagionali della moderna cucina europea in una cornice incantevole. **££**

OAK
Fantasioso ristorante di cucina vegetariana, in cui verdure e cereali raggiungono nuovi livelli di bontà. **£**

Menu Gordon Jones
Pasti a sorpresa (in tavola arriva quel che la cucina decide di servire) con ingredienti insoliti e presentazioni accattivanti. **£££**

POSTI MIGLIORI PER DORMIRE A BATH

Bath YHA
Diviso tra una villa in stile italiano e moderne aggiunte, questo bell'ostello vanta camere enormi. £

Brooks
Qualche mobile antico e sontuosi arredi moderni si coniugano in questo rifugio confortevole e piuttosto centrale. ££

Grays
Splendido mix di design moderno, minimalista, e di tesori di famiglia. Le camere di questo boutique hotel sono diverse l'una dall'altra. ££

Queensberry
Ricco di stile, il Queensberry è la scelta di lusso a Bath. Radici storiche e arredi raffinati, in *town houses* dell'epoca georgiana. £££

JIM MONK/ALAMY STOCK PHOTO ©

Sydney Gardens

Bath letteraria

SULLE TRACCE DI AUSTEN E SHELLEY

Jane Austen visse a Bath dal 1801 al 1806 ed è la sua residente più famosa. I due suoi romanzi ambientati qui, *Northanger Abbey* e *Persuasione*, aprono uno scorcio, frutto di un'arguta capacità di osservare, sulla Bath dell'epoca Regency, con il suo fitto programma di banchetti e balli in maschera. Austen fu visitatrice assidua della **Pump Room** (1795), Heritage Listed (Grade I), e amava i grandi **Sydney Gardens**, dove i membri dell'alta società di Bath solevano passeggiare; la famiglia Austen viveva al n. 4 di Sydney Pl (ora in affitto su Airbnb). I patiti di Austen dovrebbero visitare il **Jane Austen Centre** in Gay St: gli attori in costume conducono i visitatori nelle mostre dedicate alla vita e alle opere dell'autrice.

A breve distanza, sempre in Gay St, la **Mary Shelley's House of Frankenstein** ricorda come quello che molti considerano il primo romanzo di fantascienza fu scritto da Mary Shelley a Bath, in una casa al n. 5 di Abbey Churchyard, dove oggi si trova la Pump Room. Il museo immersivo unisce la storia e l'horror gettando uno sguardo raggelante sulla tragica vita dell'autrice e sui fenomeni culturali sviluppatisi intorno alla sua creatura.

Potrete comprare una copia di *Frankenstein* o di un romanzo di Jane Austen in una delle belle librerie di Bath. La scelta è vasta da **Topping & Company** in York St, e da **Mr B's Emporium**, nella vicina St John St: i commessi sono felici di dare consigli.

TRASPORTI LOCALI

Se arrivate a Bath in auto, la soluzione migliore è che vi serviate di uno dei parcheggi principali presenti sul lato meridionale della città, in Corn St, Manvers St o Dorchester St, dove sono situate l'autostazione e la stazione ferroviaria di Bath Spa. Bath è una città piccola facile da girare a piedi, dal momento che la gran parte dei siti di interesse sorge in centro o poche centinaia di metri più a nord, ma per raggiungere il Circus e il Royal Crescent occorre fare un breve tratto in salita. Le Mayor of Bath's Corps of Honorary Guides offrono visite guidate gratuite a piedi della città (2 ore) e, in estate, della Pulteney Estate.

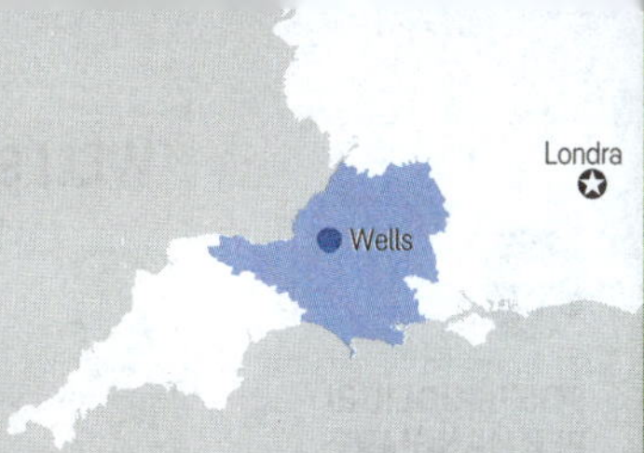

WELLS

Città più piccola dell'Inghilterra, Wells può fregiarsi del titolo di 'city' solo grazie alla sua superba cattedrale medievale, capolavoro nello stile gotico primitivo inglese, situata in centro.

Gli antichi britanni veneravano le sorgenti che danno il nome al luogo, così come dopo di loro fecero i romani, e all'interno dell'area circostante la cattedrale sorgono i resti di una chiesa sassone fondata da Ine, re del Wessex. Intorno alla chiesa si sviluppò il borgo e la cattedrale è tuttora il punto focale di Wells, in grado di richiamare visitatori per la sua architettura insolita e il suo coro. L'altra grande attrattiva ecclesiastica è il Bishop's Palace, raggiungibile a piedi in pochi minuti.

Potreste facilmente trascorrere un paio di giorni a Wells, ammirando la cattedrale e il palazzo, e servendovi della città, con i suoi edifici medievali e le sue vie acciottolate, come base da cui partire per esplorare le grotte calcaree e le gole nei pressi della vicina Cheddar (p243).

IL CONSIGLIO

Programmate la visita a Wells in modo da farla coincidere con il celebre mercato (mercoledì e sabato), allestito, vien da sé, in Market Place, cuore della città per nove secoli. Sulle bancarelle è esposta una vasta selezione di prelibatezze, come il sidro e i salumi del Somerset; fate caso, anche, alle bizzarre pitture di Wells dell'artista locale Mike Jackson.

Wells e la sua cattedrale (p240)

POSTI MIGLIORI PER MANGIARE A WELLS

Good Earth
Cafe vegetariano in attività da tempo specializzato in alte torte salate di verdure, fantasiose insalate e patate al forno condite con ricche farciture. £

BDW's Bar & Grill
Gustosi hamburger, hot dog, alette di pollo e patate fritte, in un locale dall'ambiente amabile. £

Greek Taverna at The Sun
Questo pub richiama una folta clientela grazie ai suoi piatti di cucina greca autentici e ben conditi. Le *loukanika* (salsicce) sono eccellenti. ££

Nosh-stalgia
Eccentrico *cafe*-ristorante con piatti della moderna cucina british preparati in modo splendido. Buon rapporto qualità-prezzo. ££

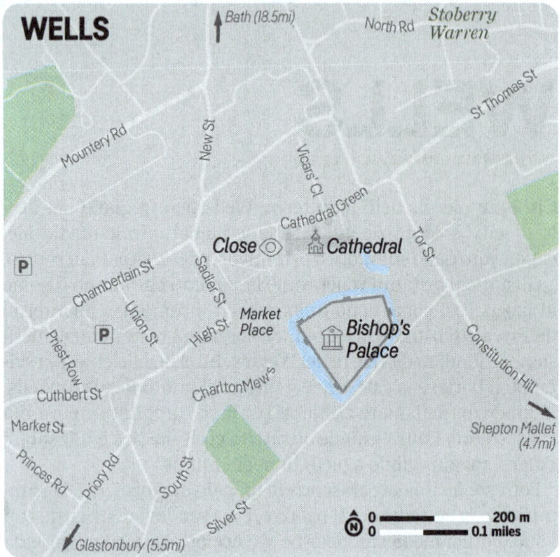

Vetrate istoriate e archi a forbice

CATTEDRALE DI INTERESSE ARCHITETTONICO

Wells è minuscola, ma la **cattedrale** che ne fa una città è gigantesca. Per apprezzarne fino in fondo la misura e il contesto, uno dei **close** (terreno recintato che circonda gli edifici sacri inglesi) più vasti di tutta l'Inghilterra, attraversate la Brown's Gatehouse di Sadler St. Quanto a prime impressioni, l'impatto è forte: la cattedrale si erge orgogliosa al centro di uno spazio verde, la sua facciata occidentale abbellita da oltre 300 figure scolpite.

Costruita in diverse fasi tra il 1175 e il 1508, la struttura fu la prima a incorporare lo stile gotico primitivo inglese. È la sede del vescovo di Bath e Wells, che tuttora risiede e porta avanti la sua opera nel vicino Bishop's Palace.

Degni di nota, all'interno, sono i famosi **archi a forbice**, ingegnosa soluzione architettonica in grado di ovviare al lento cedimento della torre centrale; la splendida **Jesse Window** istoriata, del XIV secolo; e la **Chapter House** ottagonale, dove si riunivano i membri del clero per discutere degli ordini del giorno. Cercate di trovarvi presso il transetto settentrionale per vedere l'orologio astronomico in funzione: ogni 15 minuti si affacciano due cavalieri giostranti, puntuali sin dal 1392.

Se riuscite, assistete alle preghiere serali, durante i vespri, quando l'ottimo coro della cattedrale canta a voce spiegata.

DOVE DORMIRE A WELLS

Ancient Gatehouse Hotel
Vecchio albergo presso il cancello occidentale della cattedrale, con un proprio stimato ristorante italiano. ££

No 23
Bel B&B vittoriano in mattoni rossi, gestito con garbo dal proprietario. Camere eleganti con i comfort di casa. ££

Beryl Country House
Grande villa a tre timpani, con splendidi tocchi di eccentricità inglese. Ogni angolo è immerso in un'atmosfera antica. £££

Wells Cathedral

Vescovi e parroci

COME I VESCOVI HANNO FORGIATO LA CITTÀ

I vescovi di Bath e Wells erano potenti. Avevano una grande presa sugli eventi nazionali inglesi e un effetto particolarmente significativo sulla vita a Wells.

Il vescovo Jocelin governò il paese durante la minorità di Enrico III (che aveva solo nove anni quando ascese al trono) e fece costruire il **Bishop's Palace**, circondato dal fossato, immediatamente alle spalle della cattedrale, nel 1206. È ritenuto essere l'edificio tuttora abitato più antico dell'Inghilterra. Al suo interno meritano una visita le sale di rappresentanza, la cappella privata del vescovo e il grande salone in rovina, sebbene l'attrattiva principale sia costituita dai suoi giardini ombreggiati. In questa tenuta affiorano gorgogliando in una serie di tranquille piscine le sorgenti naturali ('wells') che danno il nome alla cittadina.

Superato l'arco vicino al palazzo, noto come il **Bishop's Eye**, si entra in **Market Place**. Intorno al 1350 il vescovo Bekynton vi fece costruire un condotto collegato alle sorgenti dei giardini in modo tale che i cittadini avessero accesso all'acqua pulita. Fece costruire anche il **Penniless Porch**, nell'angolo settentrionale della piazza, come riparo per i mendicanti.

Se attraversate il porticato, proseguite davanti alla cattedrale e girate a destra, vi troverete di fronte al pittoresco **Vicars' Close**. Queste due file simmetriche di case sormontate da comignoli furono fatte costruire dal vescovo Ralph verso la metà del XIV secolo per ospitare i componenti del coro maschile della cattedrale, e sono tuttora abitate dai loro eredi.

TUTTI SULLA STRAWBERRY LINE

Wells è situata sulla Strawberry Line, un sentiero ciclabile e pedonale che segue il tracciato di una ferrovia dismessa lunga 30 miglia (48 km) che un tempo attraversava la parte centrale del Somerset. Una volta ultimato, il sentiero collegherà Shepton Mallet con Clevedon, passando sulle Mendip Hills e attraverso Cheddar.

La pista segue il percorso della Cheddar Valley Line, meglio conosciuta come la 'Strawberry Line' per via dei carichi di fragole coltivate in loco che i treni trasportavano dai villaggi intorno a Wells fino a Yatton, da dove poi partivano per Londra.

Finora sono stati portati a termine solo i brevi tratti da Wells a Dulcote (verso Shepton Mallet) e da Wells a Haybridge (verso Clevedon), oltre che il tratto di ciclovia da Cheddar a Yatton.

TRASPORTI LOCALI

I parcheggi principali nel centro di Wells – in Union St e di fianco alla Bus & Coach Station – si trovano pochi minuti a piedi su per High St dalla cattedrale di Wells e dal Bishop's Palace.

Tutti i siti di maggiore interesse si trovano a breve distanza gli uni dagli altri, all'estremità orientale della città; la soluzione di gran lunga migliore è spostarsi a piedi.

MENDIPS

Le Mendip Hills, spesso chiamate semplicemente Mendips, sono una dorsale calcarea sferzata dal vento, estesa per 22 miglia (35 km) a nord-ovest del Galles e composta di pendii rocciosi, profonde gole e belle grotte. La Cheddar Gorge, l'attrattiva principale, ospita non solo l'elemento carsico più famoso del paese ma anche le grotte visitabili più spettacolari della regione.

Le Mendips si formarono circa 280 milioni di anni fa. Dai resti rinvenuti nelle grotte si può ipotizzare che servissero da ricovero per i mammut lanosi e per i nostri antenati dediti alla caccia e alla raccolta. Uno scheletro umano del Mesolitico trovato all'ingresso della Gough's Cave – noto come Cheddar Man e ora in mostra nel Natural History Museum di Londra – risale a circa 10.000 anni fa, quando la Gran Bretagna era unita all'Europa continentale.

L'altopiano è un posto eccellente in cui avvistare la fauna selvatica. Anche solo nei pressi della Cheddar Gorge è probabile vedere capre selvatiche, pecore di Soay, falchi pellegrini e rinolofi, che si riparano negli anfratti più nascosti delle grotte.

IL CONSIGLIO

Presso la Cheddar Gorge non è possibile pagare per visitare solo la Gough's Cave; la tariffa di ingresso comprende anche la visita alla più piccola Cox's Cave, a un museo sulla preistoria, alla cosiddetta Jacob's Ladder e a una torre di avvistamento. Pertanto, cercate di avere a disposizione almeno mezza giornata per trarre il massimo dal costo del biglietto.

Cheddar Gorge

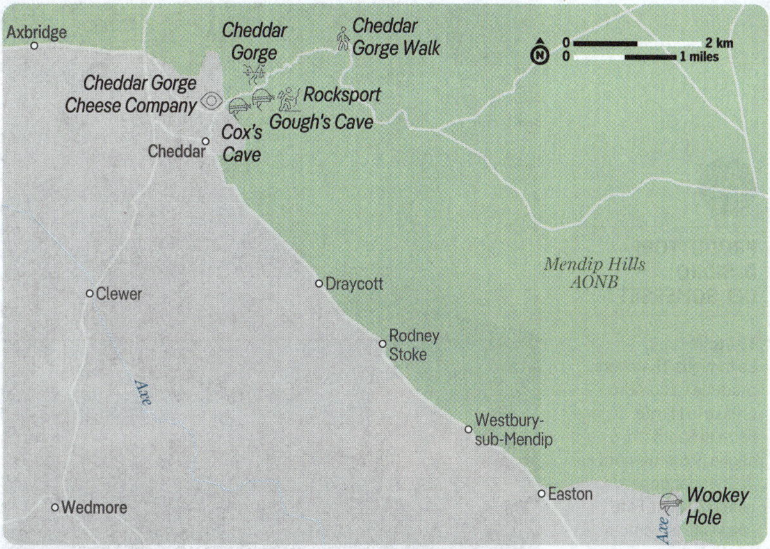

Gole, grotte e sentieri in collina

SOPRA E SOTTO LA CHEDDAR GORGE

Scavata dalle acque di disgelo all'epoca dell'ultima era glaciale, la **Cheddar Gorge** è la gola più profonda dell'Inghilterra: in alcuni punti la strada stretta e tortuosa che vi passa in mezzo è fiancheggiata da dirupi di quasi 140 m. La gola è attraversata da chilometri di grotte sotterranee, la più notevole delle quali è **Gough's Cave**, dove si possono ammirare stalattiti e stalagmiti spettacolari, formate per il lento gocciolamento dell'acqua ricca di calcite di colore bruno. Proseguendo lungo la strada si incontra la **Cox's Cave**, molto più piccola e assai più semplice in confronto all'altra, ma arricchita da una mostra multimediale, intitolata 'Dreamhunters'.

Al di fuori delle grotte, l'indiscussa attrattiva principale è la **Cheddar Gorge Walk** gestita dal National Trust, che segue un percorso circolare sulle cime e si snoda per circa 3 miglia (4,8 km). Lungo il percorso si godono splendide vedute dall'alto della gola e su aspre formazioni rocciose, come i Pinnacles e la Wind Rock. I tipi più avventurosi possono dedicarsi all'arrampicata su roccia con la compagnia **Rocksport** (che propone anche escursioni speleologiche più approfondite di Gough's Cave).

Cheddar è anche la culla di uno dei formaggi più amati dagli inglesi, prodotto in questa zona sin dal XII secolo. Presso la **Cheddar Gorge Cheese Company** potrete assistere all'intero processo di produzione e acquistare qualche souvenir, compreso del cheddar stagionato nella Gough's Cave.

Arrampicata su roccia, Cheddar Gorge

ROGER UTTING PHOTOGRAPHY/GETTY IMAGES ©

Wookey Hole

PRODUTTORI DI SIDRO DEL SOMERSET

Thatchers
La famiglia Thatchers produce il suo sidro presso la Myrtle Farm di Sandford, 6 miglia (9,6 km) a nord di Cheddar ormai da quasi 120 anni. Fate una visita al frantoio o fermatevi per una degustazione nel negozio della fattoria.

Wilkins
Avventuratevi sino alla rustica fattoria di Roger Wilkins a Mudgley, 7 miglia (11 km) a sud di Cheddar, per gustare un sidro tradizionale dal barile.

Burrow Hill
Famoso per il suo brandy di mela, Burrow Hill, 17,5 miglia (28 km) a sud di Glastonbury, è specializzato nei sidri frizzanti prodotti solo con mele Kingston Black o Stoke Red.

Incontro ravvicinato con la Witch di Wookey Hole

FORMAZIONI INSOLITE

Il River Axe ha scavato nella pietra calcarea un reticolo di profonde grotte presso Wookey Hole. Nel corso delle visite guidate si ricevono informazioni dettagliate sulle spettacolari stalattiti e stalagmiti qui presenti, una delle quali è la leggendaria Witch of Wookey Hole, una 'strega' che, a quanto si dice, fu trasformata in pietra da un sacerdote locale. La magia del luogo è in parte sciupata dalle attrazioni turistiche che vi sono state aggiunte, tra cui dinosauri animati e minigolf a tema piratesco, di cui il minimo che si possa dire è che sono kitsch.

TRASPORTI LOCALI

Le piazzole di sosta alla base della Cheddar Gorge sono utili per ammirare da vicino le svettanti pareti rocciose, ma per arrivare alle grotte da qui bisognerebbe camminare per un lungo tratto sulla strada priva di marciapiede; è meglio posteggiare nell'area apposita appena oltre le grotte, o nel più economico parcheggio comunale situato nella vicina Cliff St. I ciclisti possono raggiungere Wookey Hole lungo la National Cycle Network, Route 3, da Wells.

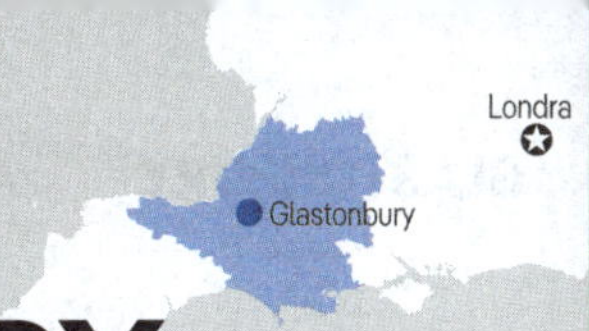

GLASTONBURY

Glastonbury è diversa da qualunque altro luogo della parte sud-occidentale del paese, o invero dell'Inghilterra tutta. Famosa per il suo festival musicale, la città vanta una storia ben più antica. La sua abbazia, un tempo punto focale della comunità e oggi in rovina, fu forse la sede della prima chiesa in Gran Bretagna, mentre il Glastonbury Tor, che si innalza sulla città verso sud-est, ha un antico e misterioso passato pagano. Entrambi sono collegati alle leggende del Sacro Graal e di re Artù.

Questo affascinante miscuglio ha richiamato qui mistici New Age, guaritori spirituali, streghe bianche e pagani di ogni sorta, che negli ultimi decenni si sono integrati con i residenti storici, persone di larghe vedute. Il risultato è una comunità tranquilla e accogliente, con un'area commerciale tra le più curiose del paese, in cui figurano in modo significativo cristalli e simili articoli, e in cui è forte il profumo dell'incenso.

IL CONSIGLIO

È meglio evitare la città durante il Glastonbury Festival (inizio giugno), a meno che non si abbia intenzione di parteciparvi, naturalmente; gli alloggi registrano il tutto esaurito con mesi di anticipo (e le tariffe sono molto più alte del solito), e il traffico può essere congestionato per via delle molte persone dirette al festival o in partenza da esso.

Glastonbury Abbey (p246)

MARCO FINE/SHUTTERSTOCK ©

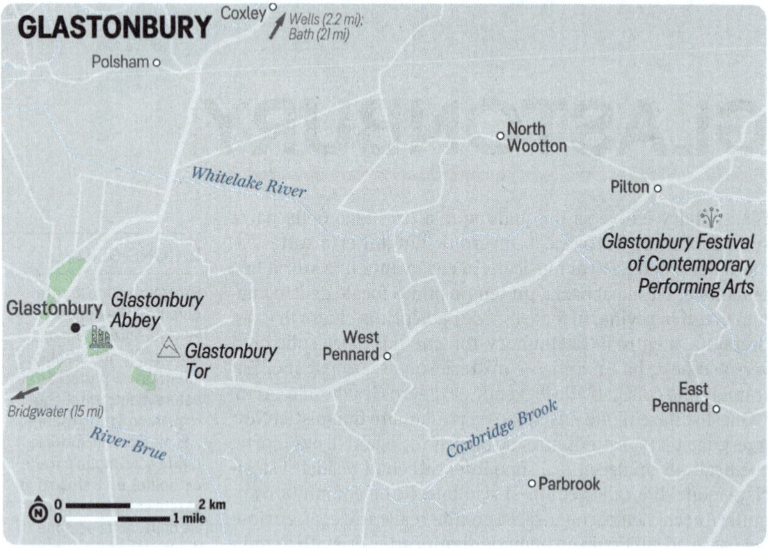

POSTI MIGLIORI PER MANGIARE A GLASTONBURY

Rainbow's End
Psichedelico *cafe* con piatti solo vegetariani (torte salate, grandi insalate), piante in vaso e ambiente tranquillo. **£**

Old Tannery
Ristorante vivace, informale, prepara buoni hamburger e piatti alla griglia. Buona selezione di birre locali. **££**

Queen of Cups
Ristorante creativo, propone gustosi piattini mediorientali preparati con ingredienti locali. **££**

La culla della cristianità inglese

ROVINE DELL'ABBAZIA E LEGGENDE ARTURIANE

Guardando le sparse rovine della **Glastonbury Abbey** non è facile immaginare che un tempo questo complesso fosse una delle sedi principali del potere ecclesiastico dell'Inghilterra. L'abbazia fu distrutta per volontà di Enrico VIII, che nel 1539 proclamò la soppressione dei monasteri, e l'ultimo abate, Richard Whiting, fu impiccato, trascinato e squartato sul *tor*.

La storia dell'abbazia, come ogni altra cosa a Glastonbury, è avvolta nel mito e oggetto di fantasiose congetture. Le suggestive rovine comprendono l'involucro della **Lady Chapel**, costruita sul presunto sito della prima chiesa d'Inghilterra, una costruzione realizzata con canne intrecciate e fango, fondata, secondo la leggenda, da Giuseppe d'Arimatea nel 63 d.C. In base alla tradizione popolare, il famoso biancospino sacro dell'abbazia sarebbe spuntato dal bastone di Giuseppe.

Nel XII secolo i monaci riportarono alla luce nella tenuta dell'abbazia una tomba recante l'inscrizione *Hic iacet sepultus inclitus rex arturius in insula avalonia* 'Qui giace sepolto il famoso re Artù dell'Isola di Avalon'. La tomba conteneva due scheletri abbracciati, presumibilmente quelli di Artù e sua moglie Ginevra. L'afflusso di pellegrini seguito a tale scoperta

DOVE DORMIRE A GLASTONBURY

Covenstead
Eccentrico, magnifico B&B. Camere a tema e tante spiritosaggini – scheletri, pelli di pitone – al piano inferiore. **££**

Glastonbury Townhouse
Town house in mattoni rossi di epoca edoardiana, con poche camere silenziose, letti comodi e un ambiente moderno. **££**

Magdalene House
B&B decorato ad arte, all'interno di un'ex scuola gestita dalle suore. Alti soffitti e camere luminose. **££**

rese possibile la costruzione della **Great Church**, della quale oggi rimangono tracce sufficienti a intuirne l'immensa mole, tra cui i pilastri del transetto. Le ossa di Artù e Ginevra furono tumulate in una grandiosa tomba in marmo all'interno della nuova chiesa nel 1278, ma andarono perdute in seguito alla distruzione dell'abbazia.

Racconti fantasiosi e belle vedute

COLLINA MISTERIOSA SORMONTATA DA UNA TORRE

Sormontata dalle rovine della St Michael's Church, risalente al XV secolo, la famosa collinetta conosciuta con il nome di **Glastonbury Tor** è visibile da chilometri di distanza.

Anticamente, quando la zona intorno a Glastonbury per gran parte dell'anno era sommersa dall'acqua, questo *tor* si presentava un po' come un'isola avvolta nella nebbia e circondata da paludi. Non stupisce, dunque, che sia stata oggetto di un gran numero di leggende locali. Secondo alcune di queste tradizioni popolari, il *tor* sarebbe sia la dimora di Gwyn ap Nudd, re dell'oltretomba e signore delle fate, sia la mitica Isola di Avalon, dove re Artù fu portato quando venne ferito a morte in battaglia e dove tuttora riposa in attesa di essere richiamato dal suo paese.

Altri credono che qui convergano le linee invisibili di energia note come *ley lines*: che ne sentiate gli effetti oppure no nel corso della passeggiata di 30 minuti necessaria per arrivare in cima, lo sforzo è in ogni caso giustificato dalla vista che da qui si apre in ogni direzione, fino a raggiungere il Dorset nelle giornate di cielo limpido.

Febbre da festival

GRANDIOSA CELEBRAZIONE DELLA MUSICA

Il nome di Glastonbury è ormai quasi tutt'uno con la grandiosa (e spesso fangosa) manifestazione che si tiene ogni anno a giugno nella tenuta agricola chiamata Worthy Farm, nella vicina Pilton. Se riuscite ad accaparrarvi un biglietto per il Glastonbury Festival of Contemporary Performing Arts, preparatevi a una ricca proposta di musica, teatro, cabaret e sfilate in costume. Assistere ai concerti di grande richiamo che si tengono sul Pyramid Stage è solo una parte dell'esperienza. Questa città in miniatura ospita tanti spazi creativi e aree distinte in cui circolano le idee più disparate. Fate un salto nelle Green Fields per i suoi spettacoli dal sapore ambientalista, godete della bizzarra proposta musicale e artistica a tarda notte presso l'Unfairground, o scatenatevi al ritmo della musica scelta dai famosi DJ del palco steampunk dell'Arcadia.

MIGLIORI ESPERIENZE TIPICHE DI GLASTONBURY

Chalice Well
Piscine curative e pozzi sacri, situati là dove Giuseppe d'Arimatea avrebbe sepolto il Sacro Graal.

Goddess Temple
Dedicato alla Signora di Avalon, questo tempio offre benedizioni degli elementi, corsi per sacerdotesse e ritiri.

Elestial
Il più accattivante tra diversi negozi presenti in città dedicati alla vendita di cristalli e pietre spirituali.

Star Child
Negozio buio e pervaso di un intenso profumo, con un vasto assortimento tra erbe sacre, candele della pace e aromi per spazi magici.

Wonky Broomstick
Rivendita di articoli magici di ogni tipo, perfetta per chi si avvicina alla stregoneria e al mondo wicca.

TRASPORTI LOCALI

Trovare parcheggio è facile a Glastonbury, e tutti i siti di interesse della piccola cittadina si trovano a breve distanza gli uni dagli altri. Il Tor Bus effettua corse ogni mezz'ora dal parcheggio di fianco alla Glastonbury Abbey al punto da cui parte il sentiero che conduce al Glastonbury Tor, circa un miglio (1,6 km) a est, e lungo il percorso ferma al Chalice Well.

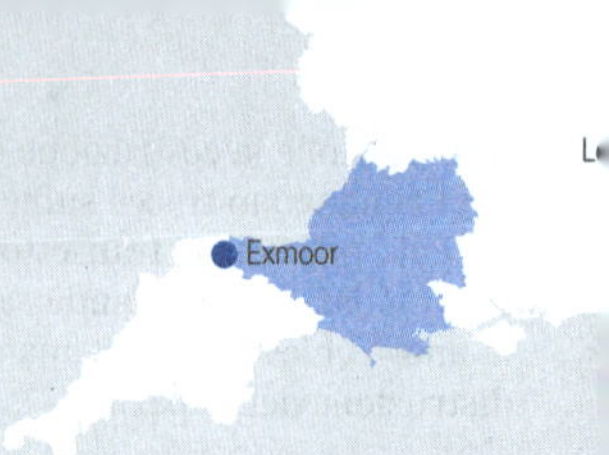

EXMOOR

Esteso su 691 kmq, l'Exmoor è assai vario nonostante sia uno dei parchi nazionali più piccoli del paese. Ospita ventose brughiere, vallate coperte da boschi, villaggi sparsi, ondulati campi coltivati e le più alte scogliere d'Inghilterra.

Le vivaci cittadine di Dulverton, Dunster, Lynton e Lynmouth sono ottime basi da cui raggiungere gli angoli più selvaggi dell'Exmoor. Il parco è distribuito per oltre due terzi nel Somerset e per il resto nel Devon (p276), ma questa distinzione non si percepisce se non osservando una cartina.

L'area era una 'foresta reale' finché l'industriale John Knight non l'acquistò nel 1820, fondandovi una serie di fattorie e in tal modo modificandone il paesaggio e l'economia. Designato National Park nel 1954, oggi l'Exmoor è un luogo in gran parte incontaminato, dove i pony nativi sono liberi di vagare nella brughiera, i cieli notturni sono uno spettacolo scintillante, e i sentieri e le ippovie che si snodano su oltre 600 miglia (966 km) favoriscono l'esplorazione e l'avventura.

IL CONSIGLIO

La copertura telefonica è cosa rara nelle brughiere (potete verificare in anticipo la probabilità di copertura sul sito signalchecker.co.uk). Assicuratevi di scaricare le cartine sul telefono o sul navigatore prima di partire, in modo tale da evitare problemi in caso di perdita di segnale mentre vi state avvicinando alla meta in auto.

Un pony di Exmoor, Exmoor National Park

MARTYN FERRY/GETTY IMAGES ©

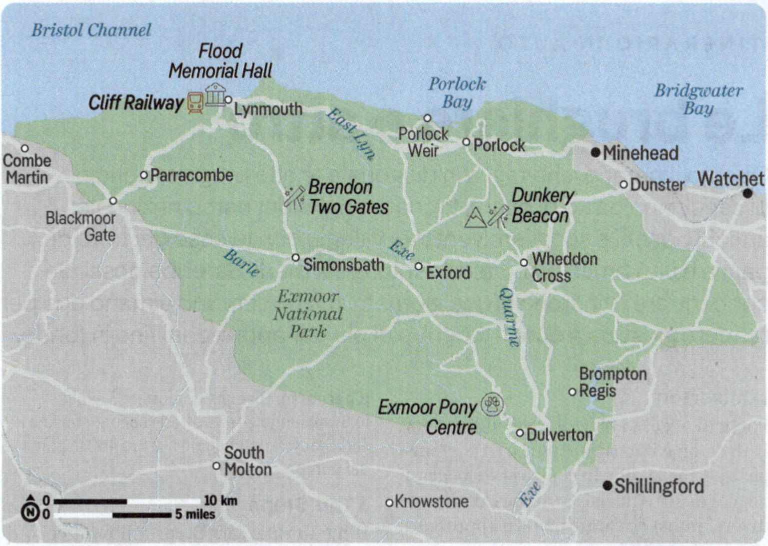

A tu per tu con gli animali

LA STRAORDINARIA FAUNA SELVATICA DELL'EXMOOR

L'ambiente vario dell'Exmoor ospita un'abbondanza di fauna selvatica. Qui la specie più famosa è il pony di Exmoor. Di piccola taglia e robusti, questi cavalli semi-selvatici vagano liberamente nelle brughiere. Avvistarli è un'esperienza comune, soprattutto nei pressi di Simonsbath, dove capita di vederli mangiare ai bordi della strada. La tarda primavera è un buon periodo in cui visitare il parco per vedere i puledri nati da poco. Ad agosto l'**Exmoor Pony Festival** propone diversi spettacoli, uscite a dorso di pony e passeggiate. Vicino a Dulverton, l'**Exmoor Pony Centre**, gestito da un ente di beneficenza, dà la possibilità di avere incontri ravvicinati con questi cavalli scarmigliati.

L'unico branco di cervi rossi selvatici d'Inghilterra vive nell'Exmoor, e comprende diverse migliaia di esemplari. Visitate le aree più remote del parco in autunno e sentirete i bramiti dei cervi in amore, o forse anche il suono delle cornate tra due rivali in combattimento. A volte è possibile vedere i cervi rossi nei pressi di Webbers Post, ma le occasioni maggiori si hanno partecipando a un safari, nel corso del quale una guida esperta vi condurrà fuori strada nella foresta e nelle brughiere aperte. La **Red Stag Safari** e la **Exmoor Wildlife Safaris** organizzano uscite di mezza giornata (ricordatevi di portare i binocoli).

MIGLIORI PUB DELL'EXMOOR

Woods, Dulverton
Felice connubio tra bar di carattere e ristorante informale con cucina a cinque stelle.

Royal Oak, Withypool
Tradizionale pub del XVIII secolo con travi a vista, caminetti e una selezione di gin locali.

The Ship Inn (Bottom Ship), Porlock Weir
Pub con pavimento lastricato, pareti imbiancate a calce, e un beer garden sul porto.

Tarr Farm Inn, Tarr Steps
Bella locanda del XVII secolo nota per la cucina eccellente a base di ingredienti locali di qualità.

DOVE DORMIRE NELL'EXMOOR

Exmoor Forest Inn
Elegante e perfetto per amanti della buona tavola (è gestito da agricoltori), ricorda una villa di campagna; a Simonsbath. **££**

Dunkery Beacon Country House Hotel
Le vedute sulla campagna e l'eccellente ristorante rendono unico questo albergo. **£££**

Exmoor House
Le camere confortevoli e i padroni di casa attenti fanno di questo B&B a Dunster 'una casa lontano da casa'. **££**

ITINERARIO IN AUTO

Le brughiere e altro

Questo itinerario, che taglia in diagonale le alte brughiere prima di seguire un tratto di costa, tocca il meglio del parco nazionale: antichi boschi e scogliere ventose, villaggi con le case dal tetto di paglia e una brulla pianura da esplorare a piedi. Sarebbe possibile concentrare l'itinerario in una giornata, ma ne servono almeno due per rendere giustizia a questi luoghi, e di più per apprezzarli fino in fondo.

1 Dulverton

Porta di accesso meridionale all'Exmoor, Dulverton è il naturale punto di partenza per questo viaggio. In centro ci sono alcuni negozi di antiquariato e di libri, così come diversi pub e ristoranti molto apprezzati.

Il percorso: L'ombreggiata A396 segue il River Exe in direzione nord per 8 miglia (13 km) fino a Winsford. Il percorso è più lungo ma anche più rapido rispetto a quello lungo la Northmoor Rd, che presenta diversi stretti tornanti.

2 Winsford

Con i suoi cottage dal tetto di paglia e i bei ponti per l'attraversamento degli animali da soma, Winsford ben rappresenta il tipico villaggio dell'Exmoor. Una passeggiata sulla vicina Winsford Hill regala vedute fino a Dartmoor – e giustifica, al rientro, una tappa all'antica locanda del villaggio.

Il percorso: Bisogna percorrere 3 miglia (4,8 km) lungo strette strade secondarie fino al Tarr Steps; il parcheggio si trova 460 m prima del ponte.

3 Tarr Steps

Il medievale Tarr Steps è il ponticello di pietre più lungo della Gran Bretagna: le lastre di pietra molare sono disposte una dopo l'altra per 55 m sul River Barle. La riserva naturale circostante è splendida per una passeggiata; ci sono diversi sentieri con segnaletica.

Il percorso: Tornate indietro fino alla B3223 e seguitela per 20 miglia (32 km) fino a Lynton. Il tratto dopo Simonsbath, nella brughiera animata dai pony, è tra i più belli nell'Exmoor.

Lynmouth

HELEN HOTSON/SHUTTERSTOCK ©

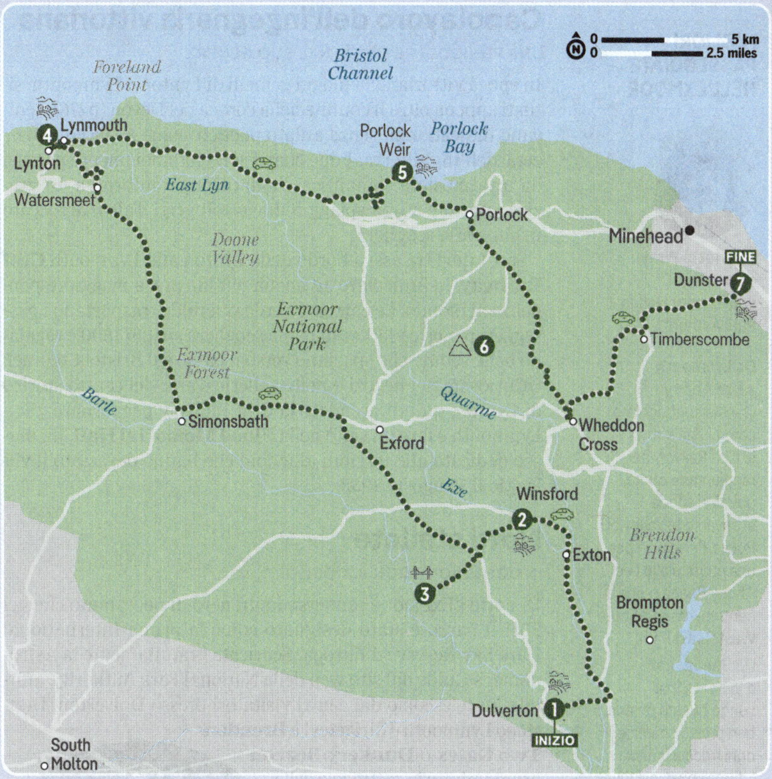

4 Lynton e Lynmouth

Potreste facilmente trascorrere l'intera giornata in queste località ricche di edifici di epoca vittoriana, e prendere la funicolare che da Lynmouth, affacciata sul porto, conduce a Lynton, in cima alla scogliera, godendo delle vedute che da lì si aprono tutt'intorno.

Il percorso: Seguite la A39 verso est, quindi prendete la strada a pedaggio che si snoda lungo la scogliera e conduce fino a Porlock; tra i pini si aprono begli scorci sull'oceano.

5 Porlock Weir

Il villaggio costiero di Porlock Weir è centrato sul suo minuscolo porto di marea, alle cui spalle sorgono graziosi cottage in pietra. La lunga battigia solitaria è molto suggestiva.

Il percorso: Lasciate la A39 immediatamente a est di Porlock e risalite attraverso l'area boscosa della Crook Horn Hill fino alla brughiera aperta in cima all'Exmoor.

6 Dunkery Beacon

Fate un'escursione a piedi per raggiungere il punto più alto del Somerset (519 m), da cui si aprono ampie vedute sulla brughiera rivestita di erica che arrivano fino al Galles meridionale. Il percorso triangolare, poco impegnativo, richiede circa un'ora dal parcheggio alla base della Dunkery Hill.

Il percorso: Per evitare di ripercorrere a ritroso la stessa strada, proseguite verso il Wheddon Cross e immettetevi sulla A396 diretta a Dunster.

7 Dunster

La medievale Dunster è uno dei villaggi più belli dell'Exmoor, con il suo Yarn Market ottagonale e il Dunster Castle in pietra rossa, per quasi 600 anni la turrita casa di campagna della famiglia Luttrell.

Capolavoro dell'ingegneria vittoriana

UNA FUNICOLARE UNICA NEL SUO GENERE

In epoca vittoriana i villaggi gemelli di Lynton e Lynmouth, situati appena oltre il confine nella contea del Devon (p276), venivano indicati, non senza afflato poetico, come la 'Piccola Svizzera' dell'Inghilterra. I due centri sono indubbiamente pervasi da un'atmosfera romantica, l'uno disposto intorno a un grazioso porto e a una spiaggia di ciottoli grigi, l'altro arroccato in cima alla scogliera.

Spostatevi tra essi a bordo della Lynton and Lynmouth **Cliff Railway**, la funicolare ad acqua più lunga e a maggiore pendenza al mondo. Le carrozze verde smeraldo trasportano i passeggeri per circa 150 m su per la scogliera sin dal 1890 e regalano belle vedute che spaziano verso il basso sul Bristol Channel.

Curiosate nei negozi e nelle gallerie d'arte del centro storico di Lynton, quindi prendete la Cliff Railway per tornare giù a Lynmouth e fare un salto nella **Flood Memorial Hall**, un museo dedicato alle terribili alluvioni che hanno devastato il villaggio il 16 agosto 1952.

Notti stellate

IN COMUNIONE CON IL COSMO

Di notte l'Exmoor è immerso in un nero di pece, tanto che nel 2011 il parco è stato designato come la prima International Dark Sky Reserve d'Europa. Scaricate gratuitamente la Astronomer's Guide dal sito web della National Park Authority, affittate un telescopio dai centri visitatori presso Dulverton, Dunster o Lynmouth e dirigetevi a **Brendon Two Gates** o **Dunkery Beacon** per ammirare lo spettacolo delle stelle. Le lunghe notti invernali, quando le basse temperature rendono più limpido il cielo, sono le più indicate; scegliete una serata di alta pressione (per la stessa ragione) e senza luna. Per ricevere maggiore assistenza, partecipate a una delle presentazioni o passeggiate dedicate all'osservazione delle stelle offerte tutto l'anno dal Dark Sky Discovery Hub.

MIGLIORI PASSEGGIATE NELL'EXMOOR

Charlotte Wray è una ranger dell'Exmoor National Park Authority.

Da Lynmouth a Lee Abbey
Questa spettacolare camminata sfrutta la Cliff Railway per raggiungere quota, quindi si snoda attraverso la Valley of Rocks. Fermatevi per una nuotata alla Lee Abbey Beach prima di rientrare lungo il South West Coast Path.

Da Simonsbath a Wheal Eliza
Lungo questo percorso ben presto sparisce ogni traccia umana. Infilate i piedi nel River Barle e fatevi incantare da Cow Castle, forte collinare dell'Età del Ferro.

Dark Sky Discovery Trail
Cartelli luminescenti indicano la via lungo questo percorso da fare in modo autonomo nel buio dell'Exmoor. Ammirate costellazioni, pianeti e la Via Lattea.

ALTRI RACCONTI ARTURIANI?

La storia del **Tintagel Castle** (p305), in cima a una scogliera in Cornovaglia, è intrecciata con la leggenda di re Artù sin dal XII secolo, quando Goffredo di Monmouth affermò che fosse il luogo in cui il re era stato concepito.

TRASPORTI LOCALI

Muoversi in automobile è di gran lunga il modo più facile per esplorare l'Exmoor, ma non è il solo. L'Exmoor Coaster è un pratico autobus scoperto che effettua fermate a Dunster e Porlock nel suo percorso da Minehead a Lynton. Gli autobus a servizio delle altre aree del parco sono in genere molto meno affidabili. La soluzione migliore è girare a piedi, lungo le ippovie dell'Exmoor interno (un'ottima opzione anche per i ciclisti), o lo spettacolare sentiero costiero che da Minehead si snoda fino a Lynmouth – e oltre.

SALISBURY

Da quasi un millennio Salisbury è un'importante città di provincia. Le sue vie permettono di fare un excursus di stili architettonici, dalle mura medievali e dalle case a graticcio di epoca Tudor fino ai palazzi georgiani e alle ville vittoriane. L'attrattiva principale è la maestosa Salisbury Cathedral, circondata dal *close* più grande e sormontata dalla guglia più alta del paese.

Adagiata là dove convergono le valli dei fiumi Avon e Nadder, Salisbury è una città frondosa, punteggiata di parchi e giardini, e attraversata da ben cinque fiumi. Ci sono molte panetterie artigianali e *cafe* artistici in cui fermarsi per una sosta durante una visita alle sue vie storiche, o per rifornirsi dell'occorrente prima di fare una passeggiata nei prati aperti lungo i corsi d'acqua della città, da cui l'artista John Constable ritrasse la cattedrale in una serie di splendide pitture nel XIX secolo.

Con un tragitto di pochi minuti in automobile da Salisbury si raggiungono Old Sarum, quel che resta dell'insediamento originario, e la Wilton House, un'estrosa residenza nobiliare.

IL CONSIGLIO

Piccola e pianeggiante, con sentieri pedonali lungo i fiumi e facili punti di accesso alla campagna circostante, Salisbury è perfetta per muoversi a piedi. Scaricate una copia della *Salisbury and Wilton Walking Map* dal sito web Visit Wiltshire (visitwiltshire.co.uk) per gli itinerari in centro e verso Old Sarum e la Wilton House.

Salisbury

RPBAIAO/SHUTTERSTOCK ©

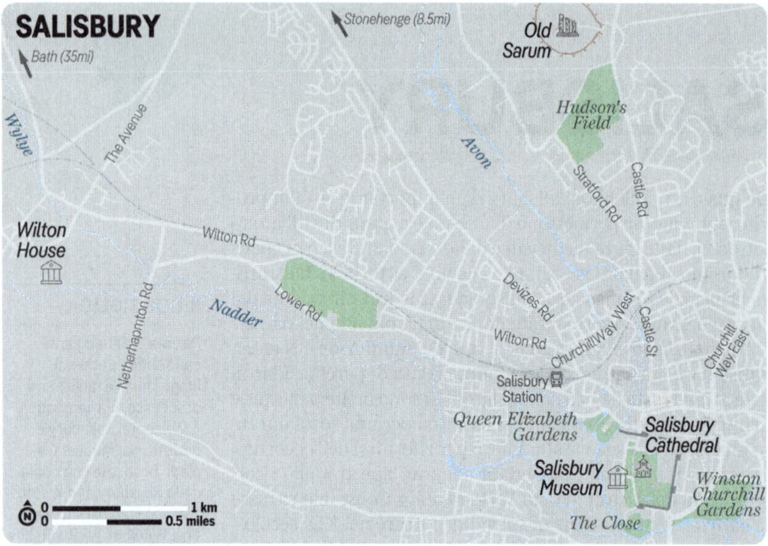

POSTI MIGLIORI PER MANGIARE A SALISBURY

Yard Café
Cafe e negozio vintage con un assortimento di panche, sedie e sofa. **£**

Fisherton Mill
Una galleria d'arte e artigianato fa da sfondo a questo *cafe* con un buon menu a pranzo. **££**

Anokaa
Cucina indiana di classe. Le spezie rendono molto saporito il moderno menu privo di carne. **££**

Allium
Piatti ricchi e gustosi (pancetta di maiale, faraona, guance di merluzzo) in un locale rivolto su Market Sq. **£££**

Un'alta guglia e importanti pergamene

LA CATTEDRALE PIÙ ALTA DELL'INGHILTERRA

Poche chiese in Inghilterra riescono a eguagliare la spettacolare maestosità della **Salisbury Cathedral**. Questa complessa struttura del XIII secolo presenta archi a sesto acuto, archi rampanti e una famosa guglia, e custodisce uno dei documenti più importanti scritti in lingua inglese.

La cattedrale fu costruita tra il 1220 e il 1258, in stile gotico primitivo inglese. Nella navata settentrionale osservate l'affascinante orologio medievale, risalente al 1386, con ogni probabilità l'orologio funzionante più antico al mondo. Magnifici monumenti e tombe si susseguono lungo la navata centrale, alta e stretta, tra cui la tomba di William Longespée (Guglielmo Spadalunga), figlio di Enrico II e fratellastro di re Giovanni. Quando la sua tomba fu aperta, all'interno del teschio di Longespée fu trovato un topo in perfetto stato di conservazione; cosa interessante, era morto per avvelenamento da arsenico.

Aggiunta verso la metà del XIV secolo, la guglia – vanto della cattedrale di Salisbury – è con i suoi 123 m la più alta della Gran Bretagna. Pesa circa 6500 tonnellate e richiese un elaborato sistema di rinforzi incrociati, archi a forbice e contrafforti di sostegno; osservando con attenzione noterete che il peso eccessivo ha deformato i quattro pilastri centrali della navata.

DOVE DORMIRE A SALISBURY

Merchant's House Hotel
Locanda del XV secolo in cui soggiornò Nelson, con soffitti alti e travi a vista nelle camere migliori. Ricca colazione. **££**

Cathedral View
Town house georgiana, con una grande attenzione ai dettagli, camere eleganti, vasi di fiori e biscotti fatti in casa. **££**

Chapter House
Questo boutique hotel con 800 anni di storia (da notare le scale e le travi molto basse) ha camere spettacolari. **£££**

Procedete fino a raggiungere la **Chapter House**, la sala capitolare in cui è custodito un esemplare della Magna Carta del 1215. Delle quattro copie conformi originarie tuttora superstiti, scritte su pergamena, questa è la migliore. Il documento è presentato nell'ambito di un'interessante mostra che ne interpreta la rilevanza nel presente, anche in relazione ai lockdown ordinati durante la pandemia da Covid-19 e alle proteste del movimento Black Lives Matter.

La storia antica in mostra

IMPORTANTI SCOPERTE DAI SITI ARCHEOLOGICI DEL WILTSHIRE

Il **Salisbury Museum** copre ogni periodo nella storia della regione, ma sono gli importantissimi reperti archeologici esposti nella **Wessex Gallery** a farne una tappa obbligatoria, soprattutto per chi ha intenzione di recarsi nella vicina Old Sarum e a Stonehenge. Di particolare interesse sono lo Stonehenge Archer, ovvero le ossa di un uomo rinvenute nel fossato che circonda il cerchio di pietre, e l'Amesbury Archer, uno scheletro disposto in modo simile e considerato il reperto funerario del tardo Neolitico più significativo del Regno Unito.

Un tuffo nel passato a Old Sarum

QUEL CHE RESTA DELLA VECCHIA SALISBURY

Su un'altura erbosa circa 2 miglia (3,2 km) a nord della città sorgono i poderosi bastioni di Old Sarum. Qui, lungo queste strutture difensive dell'Età del Ferro, potrete passeggiare liberamente e osservare le fondamenta in pietra dell'originaria cattedrale. Fu abbandonata dopo solo 50 anni, quando i monaci decisero di trasferirsi e costruire una nuova cattedrale nella vicina New Sarum (nome ufficiale di Salisbury fino ad anni recenti).

La Wilton House di Inigo Jones

SENSAZIONALE RESIDENZA NOBILIARE

L'imponente Wilton House (chiusa in inverno), 3 miglia (4,8 km) a ovest di Salisbury, consente di farsi un'idea del mondo privilegiato in cui vivevano i nobili inglesi. Proprietà dei conti di Pembroke dal 1542, è stata ampliata, migliorata e abbellita di generazione in generazione. Wilton fu poi ricostruita, dopo un incendio della metà del XVII secolo, da Inigo Jones, il cui genio si riconosce particolarmente nella Single Room e nella Double Cube Room, realizzate in stile palladiano e zeppe di dipinti collezionati dal conte (Van Dyck, Rembrandt, Tintoretto e altri).

POSTI MIGLIORI PER BERE A SALISBURY

Haunch of Venison
Questa scricchiolante locanda del XIV secolo, con le sue piccole sale rivestite in legno e i suoi soffitti storti, è ricca di atmosfera.

Craft Bar at the Salisbury Arms
Birra artigianale e sidro, cocktail creativi e cibo sotto forma di spessi hamburger e patatine fritte tagliate a mano.

Tinga
Cocktail eccellenti e degustazioni di tequila nel variopinto bar di un autentico ristorante messicano.

Caboose
Nato negli anni '20 per gli ingegneri della ferrovia, ha un ambiente da speakeasy art déco.

CIBO PER LA MENTE

Il topo trovato nel teschio di William Longespée è esposto al **Salisbury Museum**, insieme con monili dell'Età del Bronzo, antichissime monete d'oro e altri reperti della storia più remota del Wiltshire.

TRASPORTI LOCALI

La cattedrale e il museo sorgono l'una di fronte all'altro nello spazio protetto del Close, e Market Sq si trova a meno di cinque minuti a piedi, passando attraverso il North Gate. Dal centro cittadino e dalla stazione ferroviaria partono autobus per Wilton, la maggior parte dei quali effettua una fermata proprio davanti alla Wilton House. Gli autobus Stonehenge Tour fermano a Old Sarum sulla via di ritorno dal cerchio di pietre a Salisbury.

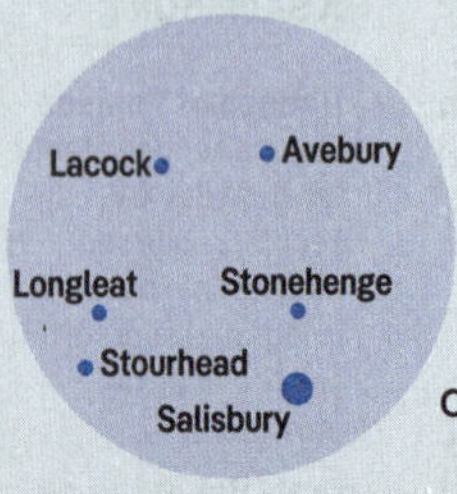

Dintorni di Salisbury

Per un tuffo nella preistoria inglese, visitate due dei più importanti cerchi di pietre d'Europa, situati a 25 miglia (40 km) di distanza l'uno dall'altro.

In nessun altro posto si ha l'impressione che passato e presente si tocchino come nella campagna estesa a nord di Salisbury. Qui le ondulate pianure ospitano cerchi di pietre e tumuli funerari in numero maggiore di qualunque altro luogo nel Regno Unito.

I rappresentanti locali della civiltà neolitica hanno preso a creare terrapieni e fossati cerimoniali nel paesaggio del Wiltshire oltre 5500 anni fa, una pratica culminata con la costruzione di Stonehenge, il sito archeologico più famoso dell'Inghilterra. Questo posto pervaso di misticismo stuzzica l'immaginazione e riempie l'animo dei visitatori più di domande che di risposte.

Anche se non ha i triliti di Stonehenge, l'imponente cerchio di pietre di Avebury, nella Salisbury Plain, è altrettanto emozionante da vedere. È più grande ed è più semplice avvicinarsi alle pietre.

IL CONSIGLIO

Per i membri del National Trust l'ingresso a Stonehenge, a Stourhead, alla Lacock Abbey e a Avebury Manor è libero; similmente, il parcheggio è gratuito nel villaggio di Lacock e ad Avebury.

Avebury Stone Circle (p260)

DENIS CHAPMAN/SHUTTERSTOCK ©

APOSTOLIS GIONTZIS/SHUTTERSTOCK ©

DA SAPERE

interi/ridotti/bambini £20/£18/£12

Stagione estiva: lun-dom 9:30-19:00
Stagione invernale: lun-dom 9:30-17:00

english-heritage.org.uk/visit/places/stonehenge

DA NON PERDERE

Stonehenge

Stonehenge è uno dei monumenti preistorici più famosi d'Europa. Il suggestivo cerchio di megaliti richiama da cinque millenni un flusso costante di visitatori: pellegrini, turisti e tipi New Age. Nonostante le innumerevoli teorie proposte sulla funzione del sito (calendario astronomico, luogo sacrificale ecc.), nessuno sa perché i britanni preistorici dedicarono tanto tempo e fatica alla sua costruzione.

Centro visitatori

Per farvi almeno un'idea di quel che state per vedere, partite dal centro visitatori. Le coinvolgenti mostre audiovisive ripercorrono le tappe dello sviluppo del sito e spiegano in che modo Stonehenge si relazioni al paesaggio intorno – e, cosa più importante, al movimento del sole.

Tra i reperti esposti ci sono picconi di corno e punte di freccia; è interessante anche la ricostruzione, molto realistica, del volto di un uomo del neolitico, il cui corpo fu rinvenuto in un tumulo nei pressi. Il pezzo forte, tuttavia, è la proiezione a 360° del cerchio di pietre, con vista 'interna', attraverso il trascorrere delle stagioni (compresa l'alba di mezza estate).

Cerchio di pietre

La costruzione di Stonehenge fu un processo che si protrasse per oltre un millennio. La prima fase ebbe inizio intorno al 3000 a.C., quando furono realizzati il fossato esterno e il terra-

LO SAPEVATE?

Stonehenge non è un vero *henge*, che si dà quando un terrapieno esterno racchiude un fossato interno; qui accade invece il contrario.

Tra i reperti di pregio trovati nei pressi di Stonehenge c'è l'Amesbury Archer (p255), con cui erano sepolti gli oggetti in oro più vecchi mai trovati in Gran Bretagna.

STONE CIRCLE EXPERIENCE

Per trarre il massimo da Stonehenge, partecipate alla Stone Circle Experience (da prenotare con tre mesi di anticipo), una visita guidata di un'ora che porta all'interno del cerchio, e consente di avvicinarsi alle pietre. Le visite hanno luogo fuori orario, la mattina presto o la sera, e la quiete valorizza l'atmosfera.

CONSIGLI

- L'ideale è visitare Stonehenge in un giorno feriale, prima delle 11 o dopo le 14.
- Scaricate l'audioguida gratuita dell'English Heritage per informazioni esaustive sulla mostra, sul cerchio di pietre e sull'area circostante.
- Una navetta fa la spola di 1,5 miglia (2,4 km) dal centro visitatori alle pietre (5 min), ma è più suggestivo effettuare il percorso a piedi; chiedete al conducente di farvi scendere a Fargo Woods, quindi seguite il sentiero, superando il Cursus e i Cursus Barrows.
- Durante i solstizi d'estate e d'inverno (verso il 21 giugno e il 20 dicembre) è previsto l'ingresso libero all'area interna al cerchio di pietre.
- Potrete scaricare alcuni percorsi a piedi intorno a Stonehenge a questo indirizzo web: **nationaltrust.org.uk**.

pieno di forma circolare. Entro questo tracciato, e ugualmente disposte in cerchio, ci sono 56 buche – conosciute con il nome di Aubrey Holes, in onore dell'antiquario John Aubrey, il quale le scoprì nel XVII secolo – che custodivano resti cremati. Oggi queste sono segnalate da targhe in cemento.

Circa 500 anni più tardi, le principali pietre di *sarsen* usate a Stonehenge furono estratte dalle Marlborough Downs, a 20 miglia (32 km) di distanza, e trascinate fino all'attuale sede. Gli enormi blocchi di arenaria furono disposti a ferro di cavallo, in piedi a coppie sormontate da massicce architravi, cosicché si presentano come una serie di triliti: due pietre verticali, con una pietra orizzontale appoggiata superiormente. Le enormi lastre del Great Trilithon (Trilite Maggiore) furono posizionate con particolare cura per fare in modo che i due piedritti incorniciassero alla perfezione il sole calante nel solstizio d'inverno.

Intorno a questo ferro di cavallo furono erette in cerchio 30 pietre di *sarsen* (17 delle quali tuttora presenti), collegate tra loro da simili architravi. Oltre questo perimetro furono collocate quattro Station Stones (Pietre delle Stazioni), ancora una volta secondo un disegno che rispondeva al movimento apparente del sole. Furono quindi aggiunte due file curve di *bluestones*, pietre di granito trasportate qui dalle Preseli Mountains, situate a circa 250 miglia (400 km) di distanza nel Galles meridionale.

L'ingresso al cerchio di pietre è segnato dalla Heel Stone (Pietra del Calcagno) e, leggermente più all'interno, dalla Slaughter Stone (Pietra dei Sacrifici). Queste sono allineate in modo tale da coincidere con il sorgere del sole al solstizio d'estate, un fatto che sembra avvalorare la teoria secondo la quale il sito doveva essere una sorta di calendario astronomico; invero, l'esatta funzione di Stonehenge è sconosciuta.

Intorno a Stonehenge

La maggior parte dei visitatori si limita ad ammirare il cerchio di pietre, ma Stonehenge fa parte di un enorme complesso monumentale in cui è possibile girare liberamente.

A nord del cerchio di pietre si estendono i Cursus Barrows, tumuli funerari dell'Età del Bronzo. Da qui, si intravede il crinale del Cursus stesso, un terrapieno di forma ovale costruito circa un millennio prima che venissero erette le pietre di Stonehenge. Altri tumuli funerari, gli Old Barrows e i New King Barrows, fiancheggiano la Avenue, un viale cerimoniale che collegava Stonehenge al River Avon, a 1,5 miglia (2,4 km) di distanza.

Gli unici resti tuttora visibili dell'insediamento neolitico di Durrington Walls, più a monte dell'Avon e a questo collegato da un proprio viale più piccolo, è il grande *henge* perimetrale. Un tempo si riteneva che a Durrington avessero soggiornato i costruttori di Stonehenge, responsabili anche del vicino Woodhenge.

Per conoscere le tariffe e gli orari di apertura, scansionate qui.

KEVIN STANDAGE/SHUTTERSTOCK ©

Stourhead

Dimore nobiliari

TEMPLI E TIGRI

Ricca di templi e di alberi esotici, **Stourhead**, 45 minuti di automobile a ovest di Salisbury, è un capolavoro di architettura paesaggistica. I magnifici giardini del XVIII secolo si estendono nella valle, attraversati da un pittoresco percorso ad anello di 2 miglia (3,2 km) che passa accanto ai capricci architettonici, costeggia il lago e raggiunge il 'Tempio di Apollo' di epoca georgiana.

Un tragitto in auto di 20 minuti verso nord porta a **Longleat**, casa avita della marchesa di Bath, in stile elisabettiano. La tenuta divenne il primo safari park della Gran Bretagna nel 1966, quando i giardini all'inglese progettati da Lancelot 'Capability' Brown furono trasformati in uno zoo visitabile in automobile.

Una casa di campagna con i chiostri

LA CULLA DELLA FOTOGRAFIA

Lacock, un'ora di automobile a nord-ovest di Salisbury, è interessante non solo per la sua abbazia, insolita fusione di chiostri medievali e dimora familiare d'epoca vittoriana, ma anche per il villaggio in sé, tutelato dal National Trust dal 1944 e per

SUL SET A LACOCK

Il villaggio medievale di Lacock sembra sospeso nel tempo, e così nessuno può stupirsi che sia stato scelto più volte come set per film e commedie in costume. Più in particolare, il villaggio e la sua abbazia compaiono in *L'altra donna del re*, *Downton Abbey* e negli adattamenti della BBC di *Wolf Hall*, *Moll Flanders* e *Orgoglio e pregiudizio*. Anche diverse scene della saga di *Harry Potter* sono state riprese qui: i chiostri dell'abbazia sono stati usati per l'aula del Professor Piton e i corridoi di Hogwarts, mentre il cottage di fianco alla chiesa del XV secolo figura quale casa di James e Lily Potter, in *Harry Potter e la pietra filosofale*.

DOVE DORMIRE NEI DINTORNI DI SALISBURY

Sign of the Angel, Lacock
Locanda del XV secolo ricca di verve. Le lucide travi e i piumoni d'oca creano un'atmosfera calorosa e rustica. ££

Pear Tree Inn, Whitley
Incantevole ex fattoria, con camere arredate in modo sapiente, intimo bar e sala da pranzo inondata di luce. ££

Avebury Lodge, Avebury
Grazioso B&B all'interno del cerchio di pietre, con camere piene di tocchi di antiquariato e una cucina vegetariana. £££

certi aspetti inalterato rispetto alla metà del XIX secolo: non ci sono né pali del telefono né illuminazione elettrica.

Lacock Abbey fu fondata nel 1232 da Ela, contessa di Salisbury. Nei suggestivi chiostri si riconoscono chiaramente alcuni elementi della struttura originaria e tra le sale riadattate per la nuova funzione di casa di campagna si annovera una meravigliosa entrata gotica con bizzarre figure in terracotta. Fu attraverso la finestra a graticcio presente nella galleria meridionale dell'abbazia che William Henry Fox Talbot impressionò il primo negativo fotografico al mondo, nel 1835. La minuscola immagine che ne trasse è esposta nel **Fox Talbot Museum** (ingresso compreso nel prezzo del biglietto all'abbazia), dedicato alla sua opera pionieristica.

UNA PASSEGGIATA A WEST KENNET

I dintorni dell'Avebury Stone Circle sono punteggiati di siti preistorici. Questa escursione a piedi (3 miglia o 4,8 km tra andata e ritorno) porta a due dei più notevoli.

Dal parcheggio del National Trust nel villaggio di Avebury, attraversate la strada principale e imboccate il sentiero pedonale subito a ovest che taglia fino alla calcarea Silbury Hill, a sud. Con i suoi oltre 30 m, è la collina artificiale più alta d'Europa. Fu costruita in diverse fasi a partire dal 2500 a.C., nel punto di confluenza del River Kennet con diversi ruscelli e sorgenti. Non se ne conosce la funzione.

Andando oltre, attraversate la strada e seguite il sentiero per 800 m fino a West Kennet, il tumulo funerario più suggestivo del paese, del 3650 a.C. Al suo ingresso si trovano gigantesche *sarsen*. Si può entrare nella camera funeraria, dove durante gli scavi è stata rinvenuta una cinquantina di scheletri.

Tra le pietre di sarsen di Avebury

UN CERCHIO DI PIETRE SUPERLATIVO

Il **cerchio di pietre** di Avebury è il più grande al mondo. Con un diametro di quasi 350 m, supera di quattro volte quello di Stonehenge, del quale è più o meno coevo (2500-2200 a.C.). In origine consisteva in un cerchio esterno di 98 pietre disposte in verticale intorno a due cerchi interni. Contrariamente a quanto accade a Stonehenge, ad Avebury è possibile girare liberamente; la visita all'alba o al tramonto è particolarmente suggestiva.

Il villaggio, raggiungibile da Salisbury con un tragitto in auto di poco meno di un'ora, si è sviluppato sia all'interno sia all'esterno dell'*henge*. Ad Avebury, dunque, avrete il piacere di poter bere qualcosa nell'unico pub al mondo situato entro il perimetro di un cerchio di pietre di questo tipo. Peraltro, la strada principale che conduce a Swindon ne attraversa il centro, la qual cosa si traduce nell'assurdo spettacolo delle macchine che sfrecciano sullo sfondo.

Iniziate in High St e passeggiate intorno al cerchio di pietre procedendo in senso antiorario. Quando Avebury fu costruita il terrapieno era quattro volte più alto di quanto lo sia oggi e il fossato molto più profondo; l'uno e l'altro, poi, erano dominati dal bianco intenso della pietra calcarea.

Tra le pietre del settore sud-occidentale c'è la **Barber Surgeon Stone** ('pietra del barbiere chirurgo'), così chiamata per lo scheletro umano trovato al di sotto: scoprite qualcosa in più al proposito all'**Alexander Keiller Museum**, intitolato all'archeologo che supervisionò il riposizionamento di molte pietre nel 1934. Il settore nord-occidentale conserva il gruppo più completo di pietre erette, tra cui la poderosa **Swindon Stone** di 65 tonnellate, una delle poche a non essere mai stata rovesciata.

TRASPORTI LOCALI

Potrete raggiungere Stonehenge da Salisbury con l'autobus Stonehenge Tour (che in effetti è un semplice servizio navetta, non un vero e proprio autobus turistico), anche se questo tende a riempirsi in fretta. I trasporti pubblici del Wiltshire sono ridotti, e quindi dovrete disporre di un'automobile per raggiungere i siti che si estendono oltre Stonehenge. A Lacock e Avebury si parcheggia in aree gestite dal National Trust, gratuite per i membri.

BOURNEMOUTH

La spiaggia di Bournemouth richiama villeggianti in questo angolo del Dorset orientale dall'epoca vittoriana. Tracce del suo periodo d'oro sono tuttora visibili nel molo e nelle sontuose ville disposte lungo la scogliera, ma per lo più oggi Bournemouth si presenta come una località balneare moderna.

L'attrattiva principale continua a essere l'interminabile distesa di sabbia dorata che da Southbourne arriva ad Alum Chine, fiancheggiata da una lunga passeggiata litoranea e lambita dall'acqua calma e pulita dell'oceano. Potrete scegliere tra i ritrovi studenteschi della zona a ridosso del molo e i tratti più tranquilli situati più a ovest. In parte grazie alla Bournemouth University, la città vanta una vita notturna vivace: da tutto il circondario la gente si riversa in centro e sul Triangle, fulcro della scena LGBTIQ+. Il colorito Flirt Café & Bar è un tranquillo punto di aggregazione per la comunità gay del posto; il DYMK Bar è una buona scelta per qualche drink a inizio serata, prima di andare al DYMK Club, al piano superiore, famoso per i suoi giganteschi cocktail.

IL CONSIGLIO

Le scogliere alle spalle della Bournemouth Beach sono molto scoscese in alcuni tratti. Potrete evitare la sfacchinata necessaria per arrivare in cima servendovi di uno degli storici 'cliff lifts' presenti presso West Cliff, East Cliff (fuori uso al tempo delle nostre ricerche) e Fisherman's Walk. Questi ascensori funicolari sono in funzione da Pasqua a ottobre.

Bournemouth

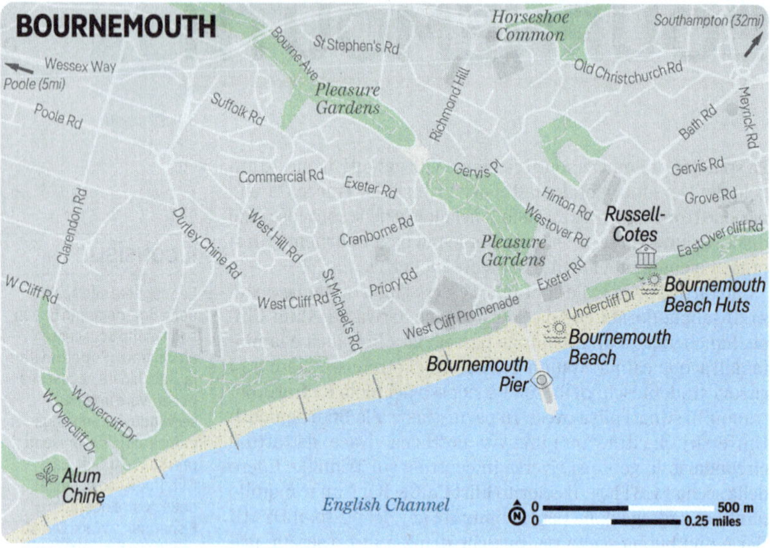

Ancora in spiaggia

LITORALI SABBIOSI E GIARDINI TROPICALI

Se qualcosa ha inciso sulle sorti di Bournemouth è la sua **spiaggia**. Alle spalle dello splendido tratto di morbida sabbia si estendono giardini ornamentali, parchi giochi per i bambini, *cafe*, diverse centinaia di cabine da spiaggia e svariate migliaia di sedie a sdraio. Consultate l'app BCP Council Beach Check per evitare le aree più affollate.

Situato grossomodo in corrispondenza della metà della spiaggia cittadina, il **Bournemouth Pier**, oltre alle attrattive tipiche delle località balneari di una volta, ospita un muro da arrampicata al chiuso. Da qui, inoltre, parte una zip-line che termina direttamente in spiaggia. Anche se la sala giochi non vi tenta e il fascino d'antan del molo non fa per voi, la vista che si gode sulla costa dall'estremità giustifica la passeggiata necessaria per arrivarci.

Elementi di rilievo lungo la costa di Bournemouth sono le profonde fenditure o gole fluviali nelle scogliere. La vegetazione che oggi vi si ammira è stata piantata negli anni '20, nel periodo d'oro di questa località. Particolarmente bella è l'**Alum Chine**, un'oasi subtropicale ricca di specie provenienti dalle Canarie, dalla Nuova Zelanda, dal Messico e dall'Himalaya.

ALTRE SPIAGGE?

La Bournemouth Beach è la parte più amata di un tratto sabbioso lungo ben 10 miglia (16 km), esteso **da Sandbanks a Hengistbury Head** (p266).

Bournemouth Beach e Pier

Russell-Cotes Art Gallery & Museum

Villa sul mare piena di souvenir

AFFASCINANTE COLLEZIONE D'ARTE PRIVATA

Ogni centimetro della straordinaria **Russell-Cotes Art Gallery & Museum**, una via di mezzo tra una villa italiana e un palazzo baronale scozzese, è pura ostentazione. Affacciata sulla Bournemouth Beach, la residenza fu fatta costruire alla fine del XIX secolo da Merton e Annie Russell-Cotes per conservare ed esporre l'altissimo numero di souvenir riportati dai loro viaggi intorno al mondo. Potrete facilmente trascorrere un'ora o due ad ammirarli tutti, in particolar modo i ninnoli giapponesi magnificamente presentati nella Mikado Room e i dipinti appesi alle pareti della sontuosa e alquanto appariscente Main Hall.

POSTI MIGLIORI PER DORMIRE E MANGIARE A BOURNEMOUTH

Mory House
Placido B&B in una casa edoardiana, unisce camere in stile contemporaneo con un'elegante scalinata e vetrate decorate. Soggiorno minimo di due notti. **£££**

Amarillo
B&B di charme, con un rapporto qualità-prezzo ottimo. Camere comode in un ambiente residenziale ricco di verde. Noleggio bici. **££**

Urban Reef
Cafe-bistrò con vista mare, ampio menu, atmosfera rilassata e una clientela cool. **££**

Sobo Fish
Ristorantino senza pretese a Southbourne, dove il pesce pescato localmente è preparato alla perfezione. **££**

Sixty Million Postcards
Pub-diner. Sedetevi di fronte a un hamburger in un separé o nel beer garden. **£**

TRASPORTI LOCALI

Bournemouth si presta a essere girata a piedi, anche se le *chine* vicino alla spiaggia sono piuttosto erte. La pianeggiante passeggiata sul lungomare è una gioia per i ciclisti; è percorsa anche da alcuni graziosi trenini gommati, che collegano l'Alum Chine (a ovest) con Boscombe (a est), fermando lungo il tragitto dal Bournemouth Pier.

Dintorni di Bournemouth

Bournemouth sorge al centro di un lungo tratto di costa orlato di belle spiagge, a breve distanza da diverse interessanti proprietà storiche.

Da Bournemouth il litorale sabbioso si estende in entrambe le direzioni. Procedete verso est per vedere le vivaci cabine sulla spiaggia e avere la possibilità di fare una passeggiata in un tratto ben ventilato, o verso ovest se preferite trovarvi gomito a gomito con la massa dei bagnanti a Sandbanks.

Questa lingua di terra delimita da un lato il vasto Poole Harbour, nel bel mezzo del quale affiora la Brownsea Island. Casa spirituale del movimento scoutistico, questa isoletta coperta da alberi merita una gita in giornata per la sua ricca fauna selvatica.

Nell'entroterra visitate la bella Kingston Lacy sulla strada per l'elegante Sherborne, un posto magnifico in cui concedersi un pranzo prima di tornare indietro passando dalla gigantesca figura in gesso scavata dai sassoni sul pendio di una collina a Cerne Abbas.

IL CONSIGLIO

Lo Sandbanks Ferry (4 min da Sandbanks a Studland) è un mezzo molto comodo e veloce per raggiungere il Corfe Castle e la Jurassic Coast da Poole.

Cerne Giant **(p266)**

ROBERTO LA ROSA/SHUTTERSTOCK ©

IAN_SHERRIFFS/SHUTTERSTOCK ©

Scoiattolo rosso

Scoiattoli rossi e boy scout

IN CAMPEGGIO A BROWNSEA ISLAND

Ci sono molti animali selvatici a **Brownsea Island**, isoletta al centro di Poole Harbour, ma la maggior parte delle persone viene qui per vedere gli scoiattoli rossi, affascinanti piccoli mammiferi dall'ampia coda e con ciuffi di pelo sulle orecchie presenti in gran numero. I sentieri si snodano in mezzo a brughiere e boschi e lungo le ventose scogliere della costa meridionale, che regala belle vedute della **Isle of Purbeck**.

La fama di Brownsea è legata anche al fatto di essere stata la culla del movimento scoutistico: Robert (in seguito Lord) Baden-Powell vi organizzò un campeggio sperimentale nel 1907.

Prendendo il traghetto per Brownsea Island dal vivace Poole Quay, 6,5 miglia (10,4 km) da Bournemouth, potrete godere dello spettacolo del porto naturale più grande d'Europa.

IN CAMPEGGIO LÀ DOVE SONO NATI GLI SCOUT

È facile capire perché Robert Baden-Powell abbia scelto Brownsea quale meta per la sua prima spedizione in campeggio. La sera – dopo che le imbarcazioni hanno levato le ancore, quando il sole inizia a nascondersi dietro Studland, e i timidi sika escono a mangiare – è magica qui. Una metà del sito è riservato ai gruppi di Scout provenienti da tutto il mondo; l'altra è aperta al pubblico. È un luogo selvaggio, conservato nel suo stato naturale, dove le tende sono distribuite in modo armonioso lungo la costa; portatevi la vostra o prenotatene una già montata: dormire nelle Tree Tents, sospese sugli alberi, è particolarmente divertente.

Arte, antiquariato e antico Egitto

CASA DI CAMPAGNA E MUSEO PRIVATO

La residenza signorile di **Kingston Lacy** (ingresso con biglietto orario) costituisce una delle mete imperdibili di ogni viaggio nel Dorset. Situata a mezz'ora circa di automobile da Bourne-

DOVE MANGIARE NEI DINTORNI DI BOURNEMOUTH

Poole Arms
Antico pub con piastrelle verdi a Poole Quay, con una ricca offerta di pesce di provenienza locale. ££

Elms
Piatti ben presentati di comfort food in una cornice splendida a pranzo, poco fuori da Sherborne. ££

Green
Locale elegante ma alla mano, in perfetto stile West Country: godetevi il granchio del Dorset e il nasello alla griglia. £££

MIGLIORI SPIAGGE NEI PRESSI DI BOURNEMOUTH

Sandbanks
Sottile penisola che chiude il Poole Harbour, orlata di spiagge dalla sabbia bianca e punteggiata di case costose.

Hengistbury Head & Mudeford Sandbank
Passeggiate su dune sormontate di ciuffi d'erba a Hengistbury; nuoto e sport acquatici agli opposti lati di Mudeford.

Avon Beach
Sabbia e ciottoli; un posto magnifico dove fare paddleboarding, con belle vedute sulla Isle of Wight.

mouth, è perfetta come sfondo di un film in costume. La famiglia Bankes vi si trasferì dopo che la sua precedente dimora, il Corfe Castle (p272), cadde nelle mani dei parlamentari durante la guerra civile. Attrattive di grande richiamo sono l'elegante scalinata in marmo e le insolite camere per gli ospiti, progettate per evocare le tende degli accampamenti militari. Ma quel che distingue davvero Kingston Lacy è la sua straordinaria collezione di opere d'arte e di antiquariato. Solo nella Spanish Room, traboccante d'oro, si trovano dipinti di Diego Velàzquez, Bartolomé Esteban Murillo e Francisco de Zurbarán. Kingston Lacy custodisce inoltre un impareggiabile assortimento di manufatti egizi, raccolti da William John Bankes durante le sue spedizioni nell'Alto Egitto ai primi dell'Ottocento.

La Sherborne di Walter Raleigh

DUE CASTELLI E UN'ABBAZIA CON UN SOFFITTO DA RECORD

La ricca Sherborne, a 75 minuti d'auto da Bournemouth verso nord-ovest, risplende per l'uso diffuso di una pietra di colore giallo-arancione, che fa sfoggio di sé in modo speciale presso la **Sherborne Abbey**. Fondata all'inizio dell'VIII secolo, è questa una delle chiese parrocchiali più belle di tutta l'Inghilterra e vanta il soffitto con volte a ventaglio più antico del paese.

Sulla collina a est di Sherborne sorgono due castelli, entrambi collegati a Walter Raleigh, ma in condizioni tra loro assai diverse. Alla fine del XVI secolo Elisabetta I donò lo **Sherborne Old Castle** al suo prediletto Raleigh. Nel 1645, però, Oliver Cromwell ridusse la costruzione in macerie, cosicché oggi rimangono solo le rovine della portineria e della torre. Raleigh avviò i lavori per la realizzazione dello **Sherborne New Castle** nel 1594, ma fece in tempo a far ultimare solo il corpo centrale prima di essere imprigionato da Giacomo I. Da allora il castello è nelle mani della famiglia Digby. A metà del XVIII secolo, il noto architetto di paesaggi Lancelot 'Capability' Brown aggiunse al complesso un grande lago e splendidi giardini sull'acqua.

ALTRE DIMORE PIENE DI OPERE D'ARTE?

Merton e Annie Russell-Cotes a tal punto riempirono la loro casa a Bournemouth di dipinti e di ninnoli raccolti durante i loro viaggi che oggi ne è stato ricavato un museo: il **Russell-Cotes Art Gallery & Museum** (p263).

Un gigante in ogni senso

ANTICA FIGURA SCAVATA NEL GESSO

Nudo, ritratto frontalmente e ben dotato, il **Cerne Giant** (60 m) è una figura scavata sul pendio di una collina calcarea sopra il villaggio di **Cerne Abbas**.

Nel 2021 gli archeologi sono riusciti a datare il gigante al tardo periodo sassone, accantonando le teorie che lo facevano preistorico o romano. Si può arrivare ai piedi della figura, ma la vista migliore si apprezza dal parcheggio; si trova a un'ora d'auto da Bournemouth.

TRASPORTI LOCALI

Le località lungo la costa a est e a ovest di Bournemouth, compresi Poole Harbour (da cui si parte per Brownsea Island), Sandbanks e Avon Beach, sono servite da Morebus.

L'automobile, però, è più comoda (e addirittura indispensabile per raggiungere Kingston Lacy e il Cerne Giant). In estate, un trenino gommato va da Hengistbury Head a Mudeford Sandbank.

DORCHESTER

Per molti Dorchester è innanzi tutto la città su cui è modellata la Casterbridge nata dalla fantasia di Thomas Hardy. Lo scrittore vittoriano nacque poco lontano da qui e abitò per gran parte della sua vita in una casa sul limitare della città; molte sue allusioni letterarie a determinati luoghi trovano ancora riscontro tra le case georgiane: l'edificio in mattoni grigi in South St (oggi sede di una banca) fu l'ispirazione per la casa del sindaco di Casterbridge, mentre il Corn Exchange (per la compravendita delle granaglie) in High St figura in *Via dalla pazza folla*.

Ma il vivace capoluogo di contea ha radici più profonde. Qui vicino una tribù locale costruì un enorme forte su una collina già durante l'Età del Ferro, e sotto i romani Dorchester prosperò fino a diventare un'ordinata capitale amministrativa, come testimoniano gli splendidi mosaici esposti nella Roman Town House e alle pareti del Dorset Museum, le cui magnifiche mostre arrivano fino al presente. Oggi Dorchester si presenta come una bella città in cui non si rimane a corto di ottimi ristoranti da provare.

IL CONSIGLIO

Iniziate la visita dal luogo natale di Thomas Hardy e da Max Gate, quindi fate un salto al Dorset Museum, che raccoglie la collezione di cimeli legati a Hardy più grande al mondo. Nel museo sono esposti anche reperti del Maiden Castle e della Dorchester romana, che preparano alle gite al forte dell'Età del Ferro e alla ben conservata Roman Town House.

DA NON PERDERE
1 Dorset Museum
2 Maiden Castle

DA VEDERE
3 Hardy's Birthplace Visitor Centre
4 Hardy's Cottage
5 Max Gate
6 Roman Town House

POSTI MIGLIORI PER MANGIARE A DORCHESTER

Posh Partridge
I piatti fissi di questo *cafe*, simile alla cucina di una fattoria, sono le insalate, i panini tostati e le specialità locali, come le Dorset faggots (polpette), o il granchio di Portland. £

La Caverna
Prenotate per tempo per un pasto intimo (ci sono solo sette tavoli) in questo ristorante al piano interrato, in cui si serve cucina italiana di qualità. ££

Al Molo
Esclusivo ristorante di pesce nell'edificio in cui soggiornò il giudice Jeffreys durante l'Assise sanguinaria (una storica serie di processi del 1685). ££

BJOERN WYLEZICH/SHUTTERSTOCK ©

Un fossile proveniente da Charmouth (p274)

Dinosauri e la scrivania di Thomas Hardy

IL MUSEO DI CONTEA DEL DORSET

Sfavillante dopo un lavoro di ammodernamento da svariati milioni di sterline terminato nel 2021, il **Dorset Museum** coglie i tratti più distintivi della contea, soprattutto all'interno della galleria **Natural Dorset**, dove è possibile esplorare in modo interattivo la lunga storia naturale del luogo, a partire da 250 milioni di anni fa. Un posto d'onore spetta all'enorme cranio di pliosauro fossilizzato.

La mostra **People's Dorset** indaga come il paesaggio abbia influenzato la vita dei residenti locali, dai tumuli funerari dell'Età del Bronzo nella South Dorset Ridgeway alle stazioni balneari lungo la costa della contea, mentre **Hardy's Dorset** ospita la ricostruzione dello studio di Thomas Hardy a Max Gate, ricca di manufatti originali, tra cui la sua scrivania.

Il pezzo forte dell'ultima galleria, **Artists' Dorset**, sono le sculture di Elisabeth Frink.

ALTRI FOSSILI?

Ci sono diverse magnifiche collezioni di fossili lungo la **Jurassic Coast** (p270) del Dorset, dove, mentre passeggiate lungo le spiagge di ciottoli, potrete anche cercare un tesoro fossile tutto vostro.

DOVE DORMIRE A DORCHESTER

Beggars Knap
Camere sontuose e letti di vario tipo: a barca, a baldacchino ecc. Guesthouse con un ottimo rapporto qualità-prezzo. ££

Westwood House
Calde coperte, lampade in ottone e mini-sofa: un mix di contemporaneo e georgiano in una casa del Settecento. ££

Yalbury Cottage
Camere semplici in un cottage dal tetto di paglia tipicamente inglese rivolto sui campi di Lower Bockhampton. ££

I durotrigi e Durnovaria

LA DORCHESTER DELL'ETÀ DEL FERRO E ROMANA

Gran parte dell'orizzonte ai confini meridionali di Dorchester è dominata dal profilo di **Maiden Castle**, collina fortificata dell'Età del Ferro tra le più ampie d'Europa. Densamente popolato, l'insediamento fungeva da capitale della tribù locale dei durotrigi, e su di esso si addensavano gruppi di abitazioni a pianta circolare. I romani assediarono e conquistarono Maiden Castle nel 43 d.C. Presso il sito fu scoperto lo scheletro di un britanno con una freccia romana conficcata nella spina dorsale (oggi esposto nel Dorset Museum).

Nel volgere di 20 anni i romani fondarono Durnovaria (quella che oggi si chiama Dorchester). Il periodo dell'occupazione romana è efficacemente evocato dalla **Roman Town House**, una villa unica nel suo genere nel paese, presso il Colliton Park. Al di sotto dei pannelli di vetro è possibile ammirare gli splendidi mosaici dello studio del proprietario e osservare l'ingegnoso sistema di riscaldamento sotto il pavimento (ipocausto) nella sala da pranzo invernale.

LA CIFRA DI HARDY

I romanzi di Thomas Hardy sono famosi per le loro suggestive descrizioni del paesaggio del Wessex in cui sono ambientati, un luogo 'in parte realtà, in parte sogno' basato su Dorchester e sul più ampio territorio circostante.

Hardy crebbe in mezzo alla miseria del Dorset rurale e i suoi libri spesso dipingono esistenze difficili, fatte di duro lavoro nei campi o degli espedienti necessari per sopravvivere negli slum di Dorchester, o nelle sue istituzioni per i poveri. L'ingiustizia sociale è un tema centrale dei suoi romanzi, insieme con l'ipocrisia della società vittoriana nei confronti delle donne. I suoi personaggi femminili in genere sono forti e indipendenti, costrette a battersi contro gli usi e costumi del loro presente, convenzioni frustranti e, nel caso di Tess d'Urberville, infine tragiche.

Percorso dedicato a Hardy

SULLE TRACCE DELL'AUTORE

Thomas Hardy, lo scrittore e poeta più famoso del Dorset, trascorse la maggior parte della sua vita a Dorchester e dintorni. Iniziate il vostro pellegrinaggio al **Hardy's Birthplace Visitor Centre** a Higher Bockhampton, 3 miglia (4,8 km) a nord-ovest della città. Qui potrete parcheggiare l'automobile e proseguire a piedi, oltre il Thorncombe Wood, fino allo **Hardy's Cottage** (ingresso solo con biglietto prenotato in anticipo), dove nacque l'autore nel 1840. Il cottage, con il tetto di paglia e il pavimento in pietra, è arredato in modo semplice e si presenta come al tempo della giovinezza di Hardy, il quale in una delle camere del piano superiore scrisse *Via dalla pazza folla* (1874).

Grazie al successo di vendite del romanzo, nel 1885 Hardy poté trasferirsi a **Max Gate** (ingresso solo con biglietto prenotato in anticipo), villa progettata per se stesso e sua moglie nella periferia di Dorchester. Nelle sale al piano inferiore Hardy sorbì il tè con ospiti come J.M. Barrie e Rudyard Kipling. Nello studio scrisse *Il sindaco di Casterbridge* (1886) e i controversi *Tess dei d'Urberville* (1891) e *Jude l'Oscuro* (1895). Hardy visse a Max Gate per oltre 40 anni, fino alla sua morte nel 1928.

Oggi quasi tutti gli effetti personali dell'autore sono esposti nel Dorset Museum.

TRASPORTI LOCALI

I treni fermano in due stazioni, situate a 450 m l'una dall'altra, all'estremità sud-occidentale della città: a Dorchester West quelli da Bath e da Bristol; a Dorchester South quelli da London Waterloo e da Bournemouth. Ci sono diversi posteggi lungo le strade a sud di High St.

Il centro di Dorchester si percorre a piedi nel giro di pochi minuti; anche Max Gate si raggiunge facilmente con una passeggiata di circa 20 minuti dal centro. Per visitare lo Hardy's Cottage e Maiden Castle, invece, occorre disporre di un'automobile.

JURASSIC COAST

Il primo sito inglese d'interesse naturale designato Patrimonio dell'Umanità dall'UNESCO è uno straordinario tratto costiero di scogliere, spiagge di ciottoli e faraglioni. In sole 95 miglia (153 km), dalle Old Harry Rocks nel Dorset a Exmouth nell'East Devon, testimonia 185 milioni di anni di storia della Terra.

I rivolgimenti geologici e ambientali che qui ebbero luogo – deserti inghiottiti dall'acqua, mari tropicali sostituiti da paludi e foreste – si rivelano nei molteplici strati delle sue scogliere, da cui emergono regolarmente resti di creature preistoriche.

Imponenti movimenti tellurici fecero inclinare le rocce della regione, spingendo le formazioni più antiche a ovest e le più recenti a est. Facendo una passeggiata lungo la costa si ha l'impressione di viaggiare nel tempo: dalle tasche di roccia color crema del Cretaceo affioranti vicino a Lulworth Cove, indietro nei millenni fino alle scure e argillose falesie giurassiche ricche di fossili di Lyme Regis.

IL CONSIGLIO

Se per girare vi state avvalendo del servizio Jurassic Coaster della compagnia First Bus, cercate di prendere l'autobus scoperto n. X52 che fa la spola tra Lulworth Cove e West Bay, passando da Durdle Door e Abbotsbury. In tal modo potrete trarre il massimo beneficio dalla splendida vista sulla Chesil Beach che si gode lungo il percorso.

Lulworth Cove (p272)

SHAUN JACOBS/SHUTTERSTOCK ©

DA NON PERDERE
1 Corfe Castle
2 Durdle Door
3 Portland Lighthouse

DA VEDERE
4 Charmouth Heritage Coast Centre
5 Chesil Beach
v. 8 Dinosaurland
6 Fleet Lagoon
7 Lulworth Cove
v. 7 Lulworth Cove Visitor Centre
8 Lyme Regis Museum
9 Monmouth Beach
v. 7 Stair Hole Bay
10 Tout Quarry Sculpture Park & Nature Reserve
11 West Bay
v. 5 Wild Chesil Centre

ATTIVITÀ
12 Abbotsbury Swannery

Villaggio di Corfe Castle (p272)

PATRYCK KOSMIDER/SHUTTERSTOCK ©

POSTI MIGLIORI PER DORMIRE SULLA JURASSIC COAST

Lulworth YHA
Comodo ostello giallo brillante, piccolo e semplice, con un'ottima posizione sulla Lulworth Cove. £

Lulworth Cove Inn
Un'oasi di eleganza marinara, con legno di recupero, assi verniciate di bianco al pavimento, sedie di vimini e vasche curve in bagno. £££

Crabbers' Wharf
Un assortimento di appartamenti autonomi su Portland Harbour con una bella vista sull'acqua. ££

Lyme Townhouse
Guesthouse in comoda posizione centrale, con graziose piccole camere e tocchi di lusso; buon rapporto qualità-prezzo. ££

Alexandra
Hotel e ristorante con vista su Lyme Bay dalle camere migliori; anche quelle rivolte sul retro sono incantevoli. ££

STERLING IMAGES/SHUTTERSTOCK ©

Lulworth Cove Inn

Le chiavi del Corfe Castle

PITTORESCA FORTEZZA IN ROVINA

I bastioni in rovina del Corfe Castle sono uno spettacolo impressionante, in cima alla collina che si erge vicino al villaggio omonimo. Un tempo residenza di John Bankes, consigliere di Carlo I, il castello fu assediato e distrutto dalle truppe di Cromwell durante la guerra civile inglese. Girate tra quel che resta del torrione, delle torrette e delle alte mura tuttora inclinate in modo apparentemente precario.

Calette e archi

GLI EFFETTI DELLA NATURA SUL PAESAGGIO

Il tratto di costa tra Lulworth Cove e Durdle Door mostra gli effetti di alcuni fenomeni geologici. Qui, nel corso di milioni di anni, la furia degli elementi ha plasmato un litorale frastagliato, solcato da baie e grotte, e punteggiato di faraglioni e formazioni rocciose dall'aspetto meravigliosamente bizzarro.

L'implacabile forza del mare fa bella mostra di sé presso la **Lulworth Cove**, un porto naturale a forma di capasanta, e nella vicina **Stair Hole Bay**, dove le onde hanno scavato una serie di

DOVE MANGIARE SULLA JURASSIC COAST

Lulworth Lodge
Tranquillo bistrò di Lulworth, propone pesce locale e i classici piatti da pub preparati con un'attenzione in più. ££

Cove House Inn
Storica locanda per pescatori: ottima cucina da pub, una terrazza su Chesil Beach, e tramonti memorabili. £

Crab House Café
Chioschetto sulla spiaggia, affacciato verso Portland, serve pesce, granchi e ostriche freschissimi. £££

grotte e di minuscoli archi naturali, e la parete rocciosa sembra lavorata a piccole pieghe. Scoprite come la geologia e l'erosione abbiano contribuito a creare il caratteristico paesaggio di questo tratto di costa presso il **Lulworth Cove Visitor Centre**.

Seguendo il South West Coast Path in direzione ovest da Lulworth (2,5 miglia, o 4 km, andata e ritorno) arriverete a **Durdle Door**. Formatosi 150 milioni di anni fa per i forti movimenti tellurici e l'erosione, l'imponente arco è incorniciato da baie scintillanti, dove è splendido fare una nuotata.

La spiaggia e il parcheggio (è possibile arrivare in auto direttamente a Durdle Door) possono essere molto affollati in estate: cercate di arrivare la mattina presto, preferibilmente in un giorno feriale, evitando se possibile l'alta stagione.

Un tour della Isle of Portland

L'APPENDICE DEL DORSET

La **Isle of Portland** è in realtà una virgola di roccia collegata al resto del Dorset dalla lingua di sabbia di Chesil Beach. Si tratta di un luogo incredibilmente bello, anche se – o forse invece proprio per il fatto di essere – a tratti desolato e malinconico.

Il passato della penisola, legato all'industria estrattiva e mineraria, è testimoniato e al contempo reinterpretato nei crateri della pianura centrale, dove il **Tout Quarry Sculpture Park & Nature Reserve** custodisce oltre 50 sculture realizzate sul posto nella pietra di Portland.

Se desiderate rendervi veramente conto della natura selvaggia di Portland, dirigetevi verso la sua punta meridionale, Portland Bill, dove le onde si scagliano con tutta la loro forza contro l'aspro profilo delle rocce. Il **faro** bianco e rosso regala una vista mozzafiato; nel corso di una visita guidata potrete ammirare il Portland Race, un impetuoso vortice creato dalle correnti opposte presso gli infidi mensoloni di roccia appena al largo.

Ciottoli, arenaria e cigni

SPIAGGIA RICCA D'ATMOSFERA

Estesa per 18 miglia (29 km) da Portland a West Bay, la **Chesil Beach** è un'incredibile lingua di terra composta da ciottoli di selce e quarzite qui sospinti dalla forza impetuosa delle onde invernali nel corso degli ultimi 10.000 anni.

Dal **Wild Chesil Centre**, che occupa il punto di massima elevazione della striscia di terra (15 m) e si raggiunge con una faticosa scarpinata sui ciottoli, si gode lo spettacolo visivo e sonoro delle onde che si rompono a riva. Il centro sorge all'estremità orientale della vasta **Fleet Lagoon**, ricca di avifauna.

SPORT ACQUATICI SULLA JURASSIC COAST

Kayak
Uscite in kayak fino ai faraglioni delle Old Harry Rocks con Fore / Adventure, oppure pagaiate sotto gli archi di pietra di Lulworth Cove con Lulworth Outdoors.

Vela
Gli eventi velistici delle Olimpiadi di Londra del 2012 si sono svolti a Portland e Weymouth. Cimentatevi con la vela nell'ambiente protetto del Portland Harbour rivolgendovi all'Andrew Simpson Watersports Centre.

Windsurf e kitesurf
Approfittate delle migliori condizioni di vento della costa meridionale per fare qualche lezione di windsurf o kitesurf presso l'Official Test Centre della Isle of Portland.

Watch House Café
Pizze cotte nel forno a legna e piatti di pasta, in un rustico *cafe* sulla spiaggia di piccoli ciottoli di West Bay. **££**

Oyster & Fish House
Stiloso locale con cucina aperta dello chef Mark Hix: piatti entusiasmanti e ampie vedute su Lyme Bay. **£££**

Lilac
Sensazionali piatti della cucina stagionale e vini di prim'ordine in un intimo ristorante-cantina nel centro di Lyme Regis. **££**

La **Abbotsbury Swannery** ospita una colonia di 600 cigni reali nidificanti, a cui due volte al giorno gli addetti del centro danno da mangiare. La **West Bay** riceve ogni giorno un flusso costante di visitatori, grazie alla sua spiaggia di ciottoli e alle sue belle scogliere di arenaria, di recente immortalate nella serie TV di grande successo *Broadchurch*.

Draghi marini!

IL PASSATO SCOLPITO NELLA PIETRA

La costa tra Lyme Regis e Charmouth è ricchissima di fossili. Si tratta di uno dei tratti litoranei più instabili della Gran Bretagna: le frane provocate dall'arretramento della costa fanno affiorare continuamente antichi reperti dalle scogliere.

Nel 1812 l'adolescente Mary Anning trovò il primo scheletro quasi completo di ittiosauro nei pressi di Lyme Regis. L'attenzione di tutto il mondo fu attirata sulla cittadina, trasformata di colpo in un importante centro per i pionieri della paleontologia moderna. Il **Lyme Regis Museum**, ospitato all'interno della casa in cui visse Mary Anning, ripercorre le sue vicende personali ed espone una vasta collezione di rari fossili locali di straordinaria bellezza. Altri resti fossili si trovano nel divertente **Dinosaurland**, più in alto in collina a Lyme, e nel **Charmouth Heritage Coast Centre**, 3 miglia (4,8 km) più a est, che ha una 'tavola tattile' di fossili ed espone un ittiosauro scoperto qui nei pressi, presentato nel documentario della BBC intitolato *Attenborough and the Sea Dragon*.

Se volete collezionare un vostro tesoro preistorico, è facile trovare dei resti a **Monmouth Beach**: quando c'è la bassa marea, viene esposta una mensola rocciosa che contiene centinaia di ammoniti fossili. Partecipate a una delle informative **passeggiate dedicate ai fossili** proposte dal Lyme Regis Museum o dal Charmouth Heritage Coast Centre.

CONSIGLI PER TROVARE FOSSILI

Dr Paul Davis, geologo e curatore del Lyme Regis Museum, è un esperto di fossili del Giurassico inferiore.

Che cosa cercare
I fossili migliori si trovano là dove ci sono alte concentrazioni di pirite (la sabbia e i ciottoli sono di colore scuro). Fate caso alle forme regolari o simmetriche: le spirali sono ammoniti, le stelle crinoidi, i fossili a forma di proiettile belemnitidi. La maggior parte dei fossili è più piccola di una moneta da £2.

Quando andare
Da ottobre a Pasqua, quando il mare libera i fossili dalle scogliere. Avviatevi due o tre ore dopo l'alta marea. State lontano dalle scogliere e dalle zone fangose.

Altre informazioni
Visitate il Lyme Regis Museum per ricevere consigli e segnalare eventuali scoperte.

LA GEOLOGIA IN AZIONE

Le friabili scogliere dorate di **West Bay** (p273) testimoniano della diminuzione del livello del mare avvenuta circa 175 milioni di anni fa.

TRASPORTI LOCALI

Collegare i vari punti di interesse lungo la Jurassic Coast è più agevole se si dispone di un'automobile. In autobus, il servizio più utile è quello del Jurassic Coaster, che ferma a Lulworth Cove, Durdle Door, Portland Bill, West Bay e Lyme Regis. Altri bus che raggiungono Lulworth Cove e Portland Bill prevedono un cambio a Weymouth. Tra Lulworth e Durdle Door l'ideale è spostarsi a piedi lungo lo splendido sentiero costiero.

Spiaggia di Charmouth

DEVON E CORNOVAGLIA

COSTA, SCOGLIERE E CAMPAGNE

Benvenuti nella selvaggia costa occidentale: una terra di scogliere coperte di ginestre, di onde fragorose, di sabbie bianche e di cieli sconfinati.

Situate nell'estremo angolo occidentale della Gran Bretagna, queste due contee limitrofe sono famose per il loro fascino naturale: aspre scogliere ammantate di ginestre, *tor* rocciosi che si innalzano in mezzo a desolate brughiere, spiagge dorate lambite da onde spumeggianti. Ogni anno milioni di visitatori si riversano qui per il piacere di sentire la sabbia tra le dita, o di pagaiare nelle sue acque. Con miglia e miglia di litorale, tanta bella campagna e suggestive scogliere da esplorare, chi può stupirsene?

Per trarre il massimo dal territorio e apprezzarlo in tutta la sua bellezza, bisogna abbandonare l'automobile ed essere attivi. I sentieri per l'escursionismo a piedi e in bici attraversano in lungo e in largo la campagna, e il South West Coast Path si snoda lungo uno stupefacente tratto di litorale. Le avventure qui sembrano non avere mai fine, si tratti di uscite in kayak lungo i fiumi, escursionismo nelle brughiere, ciclismo sulle strade secondarie, paddleboarding nell'acqua al largo della spiaggia, o coasteering lungo le scogliere.

E benché la popolarità della West Country comporti un certo affollamento, cartina alla mano e armati di spirito d'avventura non è difficile, in genere, trovare un angolo tutto per sé.

Non fate l'errore, però, di pensare che le due contee siano la stessa cosa. Il Devon e la Cornovaglia sono orgogliosamente indipendenti, e tra queste terre separate dal River Tamar vige un'amichevole rivalità. Sono cugine, più che gemelle identiche.

AREE PRINCIPALI

EXETER
Storia e patrimonio culturale nel capoluogo del Devon.
p282

PLYMOUTH
Città sul mare.
p290

NORTH DEVON
Dalle brughiere alle spiagge.
p297

PADSTOW
Centro di riferimento per i buongustai della Cornovaglia settentrionale. p300

BORIS STROUJKO/SHUTTERSTOCK ©

In alto: Mousehole (p314); a sinistra: Ilfracombe (p299)

ST IVES
Polo artistico della Cornovaglia occidentale.
p309

FALMOUTH
Cittadina portuale alla moda.
p317

FOWEY
Spiagge, costa e calette.
p323

Per orientarsi

Dal Devon e dalla Cornovaglia ci sono collegamenti ferroviari frequenti diretti a Londra e stazioni intermedie, oltre che verso l'Inghilterra settentrionale, via Bristol. Le strade principali sono la A30 e la A38 (che passa dal Tamar Bridge).

North Devon, p297
Campi verdi, spiagge dorate, onde da surf: la costa del North Devon ha tanto da offrire, e l'Exmoor è a due passi.

Padstow, p300
Famosa per i suoi ristoranti, Padstow è una base ideale per esplorare le spiagge e le scogliere della costa settentrionale della Cornovaglia.

St Ives, p309
Nota per il suo retaggio artistico, St Ives è un luogo in cui vagare tra gallerie d'arte, passeggiare in spiaggia e godere dell'ambiente marino – ma non immaginate di essere soli in estate.

Falmouth, p317
La ricca storia marittima e la vivace scena artistica fanno di questa cittadina costiera una tappa essenziale. Spiagge, gite in barca, paesaggi e passeggiate: Falmouth ha tutto.

Fowey, p323
Un'altra classica cittadina portuale della Cornovaglia, con spiagge e sentieri lungo il litorale. È una base comoda da cui partire per l'Eden Project, Heligan e il sud-est della Cornovaglia.

AUTOMOBILE
Indubbiamente disporre di un'auto consente la massima libertà in questa parte del paese, ma nelle città trovare parcheggio non è facile (e spesso è costoso), e in estate il traffico è una fonte di stress. Il prezzo della benzina può essere elevato nelle zone rurali.

AUTOBUS
Gli autobus in genere sono affidabili e consentono di muoversi spendendo poco, ma quasi sempre richiedono più tempo del treno. Nelle zone rurali le corse sono meno frequenti e alcuni villaggi remoti non sono raggiunti.

TRENO
La linea ferroviaria principale tra Londra e Penzance ferma in tutte le città più importanti (tra cui Exeter, Plymouth e Truro); linee secondarie portano a Exmouth, Barnstaple, Paignton, Looe, Newquay, Falmouth e St Ives.

Exeter, p282
Nel capoluogo del Devon si trovano antiche mura romane, una cattedrale normanna e una vivace cultura contemporanea.

Plymouth, p290
Scoprite una storia fatta di viaggi via mare nella città oceanica per antonomasia della Gran Bretagna, che sta attraversando un periodo di rigenerazione culturale.

Ritmi di viaggio

L'unico grande inconveniente della West Country è che ci vuole tempo per raggiungerla, e ancora di più per girarla, soprattutto nell'intenso traffico estivo. Se possibile, è senz'altro preferibile evitare i mesi di luglio e agosto; la primavera e l'autunno sono stagioni molto più tranquille.

Exeter Cathedral (p283)

Gita in giornata al capoluogo

- Recatevi immediatamente a **Exeter** (p282), dove tracce del periodo romano, Tudor e georgiano si contendono lo spazio all'ombra dell'imponente cattedrale normanna. Iniziate con una visita guidata a piedi, scelta tra i **Redcoat Tours** (p284), nel corso della quale potrete ammirare le **mura cittadine romane** (p284), risalenti a circa 2000 anni fa, e le **gallerie medievali** (p284) che si snodano al di sotto della città.

- A seguire andate alla **Exeter Cathedral** (p283), tra i luoghi di culto più meravigliosi di tutto il Devon, e salite in cima alla torre e sul tetto partecipando a uno degli appositi tour. Se il tempo atmosferico è buono, terminate la giornata con una crociera o un'uscita in bicicletta lungo il **River Exe** (p284), fermandovi a bere un drink all'Exeter Quay.

LE STAGIONI

In qualunque periodo visitiate questa parte del paese, è probabile che ci sia qualche evento in corso: un festival musicale, gastronomico o dedicato al folklore – magari una corsa con barili di pece infuocata.

MARZO

Il 5 marzo, per **St Piran's Day**, hanno luogo processioni in onore del patrono della Cornovaglia. Una delle più grandi è la marcia sulla sabbia di Perranporth.

APRILE

I **World Pilot Gig Championships** (Isles of Scilly) richiamano squadre da tutto il mondo. Durante questa regata gli alberghi registrano il tutto esaurito.

MAGGIO

Durante il caotico **May Day Festival** due 'osses' (cavalli, in blu e in rosso) girano per le vie di Padstow; Helston festeggia l'arrivo della primavera con il **Flora Day**.

5 giorni nel Devon

- Lasciata Exeter, potreste facilmente trascorrere qualche giorno esplorando la zona del South Hams. Tra le tappe essenziali lungo il percorso ci sono la cittadina di **Totnes** (p287), caratterizzata da uno spirito alternativo e da una spiccata sensibilità per l'ambiente, e il porto storico di **Dartmouth** (p287), alla cui visita si può unire una giornata dedicata a un'uscita in kayak lungo il **River Dart** (p288) e un po' di relax sulla spiaggia, magari nei pressi di **Start Bay** (p289) o **Bigbury-on-Sea** (p289).

- Dedicate un'altra giornata a **Plymouth** (p290). Potrete passeggiare nelle vie acciottolate del Barbican, visitare The Box e ammirare il National Marine Aquarium. Completate il giro con un giorno o due di trekking tra i *tor* e di ciclismo lungo i sentieri del selvaggio **Dartmoor** (p296).

Una settimana in Cornovaglia

- Una settimana dovrebbe essere sufficiente per toccare le principali località della Cornovaglia. Iniziate nella cittadina portuale di **Fowey** (p323), patria d'adozione di Daphne du Maurier, regalandovi qualche avventura nell'incredibile **Eden Project** (p325) e nei **Lost Gardens of Heligan** (p327).

- Sulla costa settentrionale vi attendono un po' di surf a **Newquay** (p306), un giorno all'insegna della cucina raffinata a **Padstow** (p300) e una pedalata lungo il Camel Trail. Potrete poi esplorare le spiagge e le scogliere intorno a **St Agnes** (p306) e **Perranporth** (p307).

- Spingetevi a ovest fino a **St Ives** (p309), quindi superate il promontorio passando da **Land's End** (p314), **Penzance** (p314) e **St Michael's Mount** (p316). Dedicate l'ultimo giorno a **Falmouth** (p317).

GIUGNO

"Hooray, and up she rises..." Ovunque risuonano le canzoni a tema marino durante il **Falmouth International Sea Shanty Festival**. Le bottiglie di rum e il real da 8 sono opzionali.

LUGLIO

Diversi prestigiosi concerti hanno luogo sullo sfondo dei biomi dell'Eden Project durante i weekend delle **Eden Sessions**.

AGOSTO

I cieli di Plymouth si riempiono di colore a metà agosto, per i **British Fireworks Championships**, e Watergate Bay ospita il **festival musicale di Boardmasters**.

SETTEMBRE

I patiti della narrativa si riversano a Torquay per l'**International Agatha Christie Festival**, e ora che hanno ripreso le scuole le località balneari sono più tranquille.

EXETER

Fondata 2000 anni fa dai romani con il nome di Isca Dumnoniorum, Exeter è una città in cui la storia si manifesta a ogni angolo. Sono tuttora visibili tratti delle mura romane, così come un castello normanno, una monumentale cattedrale con due torri, un palazzo municipale di epoca medievale e tanti edifici a timpano del periodo Tudor. Questa è una città che ha vissuto molte vite nel corso della sua storia e ognuna ha lasciato dietro di sé qualche elemento, cosicché il centro si presenta eclettico e ricco di attrattive lungo ogni via. Oggi Exeter è una briosa città universitaria, dotata di una frizzante vita notturna, di un ambiente artistico vibrante e di un gran numero di attività imprenditoriali indipendenti; la zona dell'Exeter Quay, poi, si è reinventata come meta sul lungofiume per lo svago e l'intrattenimento.

IL CONSIGLIO

Che si tratti di concerti di gruppi locali o di grandi festival, a Exeter c'è sempre qualcosa da fare. Consultate il calendario degli eventi sul sito web visitexeter.com per conoscere l'offerta nel periodo della vostra visita. I buongustai non devono lasciarsi scappare il mercato agricolo settimanale, il giovedì all'incrocio tra South St e Fore St.

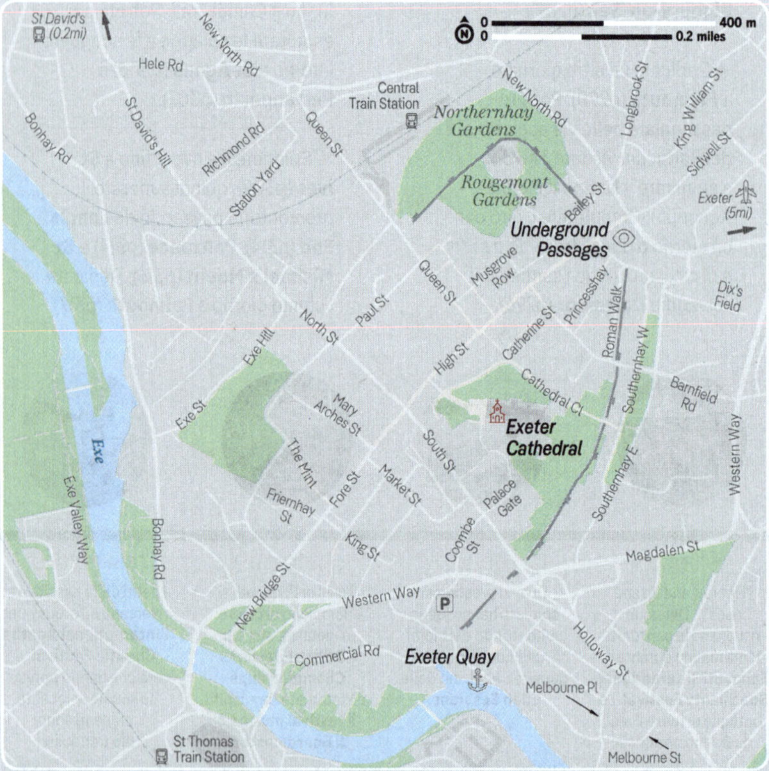

TRAVELLIGHT/SHUTTERSTOCK ©

Exeter Cathedral

Un capolavoro medievale

SULLE TORRI DELLA EXETER CATHEDRAL

Eretta dai normanni sul sito di un'abbazia sassone nel 1114, quindi ricostruita nel corso del XIII e del XIV secolo, la **Cathedral Church of St Peter** fa sfoggio di uno stile architettonico eclettico rappresentativo della lunga storia cittadina e merita di essere esplorata con attenzione. L'elemento di maggior interesse di questo luogo di culto complessivamente splendido è l'elaborata West Front Image Screen, la facciata occidentale ricoperta di statue raffiguranti angeli e santi, re e signori. Risalente al XIV secolo, questo capolavoro della creatività medievale un tempo si presentava a colori vivaci (tracce di rosso sono tuttora visibili alle spalle di alcune figure). All'interno è da non perdere il pregevole soffitto con volte a ventaglio. Tutto l'anno vengono proposte varie visite guidate speciali, anche delle torri.

Un tuffo nella storia

EXETER ESPLORATA CON GLI ESPERTI

Fate l'esperienza di una delle molte vite passate di Exeter in compagnia di un esperto del posto. Gestite dall'Exeter City Council, i

POSTI MIGLIORI PER MANGIARE A EXETER

Red Panda
Locale takeaway indipendente, dall'ambiente vivace, propone street food del Sud-est asiatico. £

Cork & Tile
Autentico tapas e wine bar portoghese, lungo la storica Gandy St di Exeter. ££

Old Firehouse
Luogo di ritrovo molto gettonato dagli studenti, amato per le sue pizze quadrate, gli arrosti serviti la domenica e la musica live. ££

Harry's
Ristorante a gestione familiare in un edificio neogotico del XIX secolo, con un menu molto vario pieno di ingredienti locali. ££

On the Waterfront
Ristorante e bar dall'ambiente cool a Quayside, molto apprezzato per le tapas, le pizze e i cocktail. ££

DOVE DORMIRE A EXETER

Globe Backpackers
Letti in camerata e camere private, in una *town house* del XVIII secolo appena fuori dal centro città. £

Townhouse
Intimo B&B dall'ambiente amichevole, con splendidi arredi e prima colazione consegnata in camera. ££

Southernhay House
Lusso contemporaneo, arredi eccentrici e cucina di qualità in una splendida *town house* georgiana. £££

JURASSIC PARK

Estesa su un tratto di litorale di 95 miglia (153 km) nel Devon e nel Dorset, la **Jurassic Coast** (p270) è l'unico sito inglese d'interesse naturale che l'UNESCO abbia designato Patrimonio dell'Umanità. La sezione compresa nell'East Devon è la più antica, formatasi durante il periodo Triassico, da 252 a 200 milioni di anni fa.

Non c'è modo migliore di ammirarla che dall'acqua: in partenza da Exmouth, la **Stuart Line Cruises** propone varie uscite in mare. Fin dove potrete spingervi dipenderà dalle condizioni meteo e dalla marea: di solito Ladram Bay o Sidmouth. Molto belli lungo il percorso sono l'**Orcombe Point Geoneedle** – punto di avvio ufficiale della Jurassic Coast – e **Straight Point**, un basso promontorio in cui vivono molti gabbiani tridattili, oltre che cormorani e altri uccelli simili. Può capitare di avvistare i delfini nei mesi caldi.

Redcoat Tours includono diverse visite gratuite, divertenti e affascinanti, condotte da appassionate persone del luogo, riconoscibili per le giacche rosso brillante che indossano. La proposta è varia: alcune visite si concentrano sulle origini romane della città, altre sulla sua architettura storica, sui fantasmi o su qualche leggenda. Per una panoramica completa sulla storia locale partecipate alle visite 'Heart of Exeter' o 'Introducing Exeter'. Di quando in quando, le guide offrono visite speciali legate a uno specifico evento in corso in città (è il caso, per esempio, di quelle per Halloween). La maggior parte dei tour parte dal Cathedral Green; non serve prenotare.

Exeter sotterranea

NELLE VISCERE DELLA CITTÀ

Indossate un casco di sicurezza e preparatevi ad abbassare la testa durante un tour degli **Underground Passages** di Exeter, un sistema di gallerie a volte realizzato nel XIV secolo per distribuire l'acqua potabile in tutta la città attraverso condutture in piombo. Per ammirare questo geniale esempio di ingegneria medievale dovrete infilarvi in stretti cunicoli, tali da indurre potenzialmente una sensazione di claustrofobia, con lo snervante rumore del traffico sopra la testa. È un'esperienza unica; non esiste in Gran Bretagna un altro reticolo sotterraneo analogo che sia accessibile al pubblico.

Un'avventura Exe-llente

IN CROCIERA LUNGO IL RIVER EXE

Un tempo linfa vitale dell'industria e del commercio cittadini, oggi il **River Exe** conferisce a Exeter una dolce atmosfera campestre. La zona di Quayside si anima alquanto nelle giornate di sole, grazie ai molti ristoranti e locali provvisti di spazi all'aperto. Con una breve passeggiata o pedalata in direzione sud, però, ci si ritrova inseriti nella placida cornice dei parchi e dei prati che fiancheggiano il fiume e l'**Exeter Ship Canal**, che scorre lungo l'Exe fino a Topsham. La compagnia **Exeter Cruises** nella bella stagione organizza uscite lungo il canale e attraverso il verde che arrivano fino al pub Double Locks.

Per rallentare ed evadere dalla città, noleggiate un kayak, una canoa o una tavola per paddleboarding e procedete con tutta calma lungo il fiume. Con a disposizione un giorno intero, potrete arrivare fino alla **Exminster Marshes RSPB Reserve**, una riserva in un ambiente paludoso ricco di uccelli, l'unico luogo nel Devon dove tuttora nidifichino le pavoncelle. Diverse agenzie intorno al molo noleggiano i mezzi; **Saddles and Paddles** offre anche biciclette con cui poter seguire l'Exe Estuary Trail.

TRASPORTI LOCALI

Il centro di Exeter è piccolo e adatto a muoversi a piedi per la presenza di vari sentieri pedonali, ma ci sono tratti in salita e discesa, e alcune vie sono acciottolate. È anche una città adatta alle bici, con molte piste ciclabili. Gli escursionisti in giornata che arrivano in auto possono usare uno dei tre servizi Park & Ride per evitare di guidare nel congestionato traffico cittadino.

Dintorni di Exeter

Classiche cittadine di mare, porti storici, tranquilli estuari e grandi spiagge sabbiose: il Devon è un vero paradiso delle vacanze.

Dopo aver trascorso qualche giorno nella principale città del Devon, è l'ora di spingersi nella bucolica campagna della parte meridionale della contea. Il South Devon è molto panoramico: il suo contrastante mosaico di campi, tratti costieri, spiagge e cittadine affacciate sul mare richiama folti gruppi di vacanzieri sin dalla fine del XIX secolo, l'epoca del grande boom turistico vittoriano. Il pezzo forte è il ventilato tratto di costa che incorpora le località balneari di Torquay e Paignton, chiamato con un pizzico di ottimismo English Riviera. Procedendo oltre lungo la costa si arriva a South Hams, una zona rinomata per le sue spiagge, le sue dimore in campagna e le sue graziose cittadine, come Dartmouth, Salcombe e Totnes.

IL CONSIGLIO

La stagione delle regate porta con sé un'atmosfera da festa a Torquay e a Dartmouth, e importanti festival musicali e letterari a Dartington, vicino a Totnes.

Torquay

P A THOMPSON/GETTY IMAGES ©

PHILIP BIRD LRPS CPAGB/SHUTTERSTOCK ©

Princess Gardens

BRIXHAM

All'estremità occidentale di Tor Bay, **Brixham**, il centro più piccolo della English Riviera, ha un ambiente assai diverso da quello di Torquay e Paignton. La vita qui ruota ancora (come accade da secoli) intorno alla pesca: Brixham ospita una delle flotte di pescherecci più grandi del Regno Unito e molti ristoranti che fanno buon uso di quanto viene tratto dal mare. Vi si trova anche una riproduzione a grandezza naturale della *Golden Hinde*, la nave su cui Francis Drake, noto esploratore nativo del Devon, circumnavigò il globo nel tardo XVI secolo.

Per fare l'esperienza al completo, prenotate una visita guidata dello storico **Fish Market** (che comprende una prima colazione a base di pesce) tramite il ristorante Rockfish: i proventi vanno tutti a sostegno dell'ente di beneficenza Fishermen's Mission.

La English Riviera da esplorare

LOCALITÀ BALNEARI CON ATMOSFERE BRITISH RETRÒ

Con 22 miglia (35 km) di litorale e oltre 20 spiagge da esplorare, la 'riviera inglese' è imbattibile in una giornata di sole. Iniziate a **Torquay** (25 miglia, o 40 km, a sud di Exeter) con una passeggiata sull'ampio lungomare di epoca vittoriana, orlato di palme e punteggiato di bei giardini. Lo storico **Princess Pier**, costruito nel 1890, e i vicini **Princess Gardens** sono forse i siti più famosi e riconoscibili: in entrambi i casi il 'princess' del nome fa riferimento alla quarta figlia della regina Vittoria, la principessa Luisa. La spiaggia più frequentata di Torquay è **Torre Abbey Sands**, una spiaggia sabbiosa con un'elevata escursione di marea sulla quale si affaccia uno degli edifici più antichi e importanti della città, **Torre Abbey**, eretta nel 1196. Noleggiate un kayak o una tavola da paddleboarding da **Wesup Abbey Sands** per godere delle acque calme della baia, o vagate liberamente nei bei giardini del complesso.

La lunga spiaggia rosata di **Paignton**, 3 miglia (4,8 km) più a sud, vanta anch'essa un grandioso molo vittoriano, il quale, in questo caso, trasuda nostalgia e con la sua sala giochi e le sue giostre testimonia i passatempi tipici delle località balnea-

DOVE MANGIARE NEI DINTORNI DI EXETER

Anchorstone Cafe
Gustate il succulento granchio di Dartmouth, l'astice o le capesante pescate a mano in un *cafe* sull'ansa a Dittisham. **£**

Riverford Field Kitchen
Esperienza eco-friendly, dalla fattoria alla tavola, vicino a Totnes, con menu stagionali incentrati sulle verdure. **££**

The Angel, Dartmouth
Pluripremiato ristorante sul fiume, con una cucina raffinata, un ambiente rilassato e speciali menu di degustazione. **£££**

ri inglesi di una volta. Nonostante il luogo abbia qualcosa di un po' frusto, l'atmosfera retrò e le spiagge sabbiose – soprattutto le dorate **Goodrington Beach** e **Broadsands** – continuano a esercitare un certo fascino sulle famiglie.

Per una giornata al mare con un tocco di vintage, recatevi alla **Babbacombe Cliff Railway**, una funicolare degli anni '20 del secolo scorso che dalla stazione superiore di Cliffside Rd vi condurrà fino alla spiaggia di ghiaia color ruggine di **Oddicombe Beach**. Prima di scendere fermatevi nei giardini di **Babbacombe Downs** in cima alla scogliera, da cui si aprono vedute lungo la costa che arrivano fino al Dorset.

Edifici storici e ambiente hippy

L'ETICA E ALTERNATIVA TOTNES

Situata in cima al Dart Estuary, a 30 minuti di treno da Exeter, verso sud, **Totnes** è un'incantevole città di mercato piena di edifici storici e di magnifici palazzi Tudor. È anche uno dei posti della Gran Bretagna in cui sono più sentite le questioni etiche e ambientali: nel 2006 Totnes è stata una delle prime città del Regno Unito a dichiararsi una Transition Town, e nel 2011 è diventata una Fairtrade Town. **Riverford Farm**, dove è nato il servizio di consegna a domicilio in abbonamento delle verdure biologiche, sorge nei pressi. La via principale di Totnes vanta una percentuale altissima di negozi non di catena, ed è piena di attività in cui si osserva una politica di zero spreco, boutique di artigianato locale e *cafe* vegani. Tra i siti di interesse storico ci sono il **Totnes Castle** (motta castrale normanna con torre in pietra del XIII secolo) e i **palazzi Tudor** a colonne vicino all'inizio di High St, il **Totnes Museum** con il suo giardino elisabettiano, e l'antica **Guildhall** (il municipio) in posizione defilata lungo una laterale frondosa, alle spalle della chiesa.

Vista dalla fortezza

ALLA SCOPERTA DEL DARTMOUTH CASTLE

Dalla sua posizione sull'estuario del River Dart, 45 miglia (72 km) a sud di Exeter, l'imponente fortezza in pietra calcarea del **Dartmouth Castle** domina su Dartmouth e sul fiume da oltre 600 anni. Le parti più antiche del complesso, risalenti al 1388, furono costruite durante la Guerra dei Cent'Anni per proteggere da un'eventuale invasione francese. Una mostra di suoni e luci nella batteria vittoriana ne ripercorre la storia. Da non perdere la vista sull'estuario dalla cima della torre dei cannoni, una delle più antiche d'Inghilterra (intorno al 1490). Si può arrivare a piedi, ma farlo a bordo del **Dartmouth Castle Ferry** è più romantico.

DAWLISH WARREN

Ogni autunno fino a 23.000 uccelli arrivano presso l'Exe Estuary. Per svernare molti scelgono le distese erbose, le paludi salmastre e le terre fangose della **Dawlish Warren National Nature Reserve**, uno dei posti migliori nel Sud-ovest per il birdwatching, incentrato su un tratto di bianche dune lungo circa 2,5 km. In primavera e in estate, la spiaggia è tranquilla e ci sono fiori selvatici in abbondanza. Per una gita in giornata, seguite a piedi il sentiero costiero di 6 miglia (9,6 km) da Teignmouth, rientrando poi in treno.

ALTRI CASTELLI?

Se amate i castelli, non perdetevi le fortezze di **Pendennis** (p320), **St Mawes** (p320), **Restormel** (p327) e **Totnes**, oltre alle rovine di **Tintagel** (p305).

DOVE TROVARE DIMORE E GIARDINI NEL SOUTH DEVON

Overbeck's Garden
Sulle scogliere sopra Salcombe, un paradiso nascosto di giardini subtropicali a strati.

Coleton Fishacre
Suggestiva residenza di campagna con interni in stile art déco (anni '20) e un giardino tropicale affacciato sul mare.

Dartington Estate
Tenuta di campagna di un ente di beneficenza, estesa su 480 ettari, con giardini Heritage Listed (Grade II) e un Deer Park.

PADDLEBOARDING A DARTMOUTH

Alana Bonnick, biologa marina e fondatrice di The Paddle Shack, rivela i suoi posti preferiti per il SUP. *@thepaddle shackdevon*

Risalendo il fiume potrete esplorare molte splendide anse e spiagge nascoste. I tratti superiori del Dart non subiscono l'escursione della marea e consentono una navigazione molto tranquilla. Lungo la costa ci sono **Castle Cove, Sugary Cove** e **Compass Cove** a destra, e **Mill Bay** a sinistra.

È utile pianificare: in generale il Dart è esposto alle maree, così come ai venti; per uscire lungo la costa, poi, bisogna essere esperti, per via del mare mosso e delle condizioni instabili. Se vi va, prenotate un'uscita con noi: c'è una colonia di foche a breve distanza che in genere riusciamo ad avvicinare!

Un giorno sul Dart

FAUNA SELVATICA, CROCIERE E VIGNE

Il Dart Estuary scorre placido attraverso una profonda valle coperta dalla foresta ed è il tratto conclusivo, condizionato dalla marea, del **River Dart**. Abitato da molti animali selvatici, accoglie sulle sue sponde diversi graziosi villaggi, come l'idilliaco Dittisham. La zona si esplora al meglio dall'acqua.

Per fare onore alla bellezza del luogo l'ideale è muoversi in kayak o su una tavola di paddleboarding. Noleggiate l'occorrente da **Totnes Kayaks**, a Stoke Gabriel, e seguite la corrente di marea mentre risale o defluisce dal fiume, tenendo gli occhi bene aperti per avvistare lontre, foche, martin pescatori e altro. La compagnia **Canoe Adventures** propone tutto l'anno uscite a bordo delle sue canoe in legno da 12 posti.

Se preferite non faticare, scegliete la crociera di 90 minuti che da Dartmouth arriva a Totnes proposta dalla **Dartmouth Steam Railway and Riverboat Company**, che offre divertenti e interessanti commenti, e vedute ineguagliabili dal ponte superiore. In alternativa, potete noleggiare un motoscafo dal **Dartmouth Boat Hire**: anche in questo caso, con un po' di fortuna potreste riuscire a vedere martin pescatori, cormorani, aironi cinerini, garzette e persino foche.

A terra potete seguire il **Dart Valley Trail**, un sentiero pedonale di 16 miglia (26 km) che, nel collegare tra loro Dartmouth e Totnes, attraversa antiche foreste e passa a breve distanza dalla Sandridge Barton Winery, dove sono prodotti gli **Sharpham Wines**. Fate un salto per una visita e una degustazione – non brindare sarebbe scortese!

La maestra del giallo

LA RESIDENZA ESTIVA DI AGATHA CHRISTIE

Greenway, la casa in cui Agatha Christie trascorreva le vacanze, sorge in un angolo appartato a breve distanza dal River Dart, ed è circondata da splendidi giardini. Questa casa georgiana, che Christie chiamava "il posto più grazioso al mondo", è tuttora piena delle collezioni e dei tesori dell'autrice. Il modo migliore per arrivarci è prendere il piccolo **Greenway & Dittisham Ferry**, o percorrere a piedi, da Dartmouth, il **Dart Valley Trail**, un facile e incantevole sentiero sul lungofiume di circa 4 miglia (6,4 km).

Slapton Sands

DOVE TROVARE UN BUON PUB NEL SOUTH DEVON

The Cove, Hope Cove
Vista sulla spiaggia, distillati locali e, alla spina, un'offerta sempre diversa delle migliori birre artigianali targate UK.

The Bull Inn, Totnes
Vini biologici, birre locali e speciali cocktail stagionali, in un pub dominato da un'impronta etica e bio.

The Kings Arms, Strete
Ale e sidri prodotti nel Devon e una vista sul mare epica, in un pub sulla scogliera a proprietà comunitaria.

Spiaggia vicino a Hallsands

'Start me up'

A PIEDI FINO AL FARO DI START POINT

Oltre a belle vedute, l'ampia **Start Bay** offre l'opportunità di fantastiche passeggiate. Da Dartmouth seguite la serpeggiante A379 in direzione ovest lungo la costa fino a **Slapton Sands**: una stretta lingua di ciottoli delimitata da una parte dal mare e dall'altra dal **Slapton Ley**, lo specchio d'acqua dolce più grande del sud-ovest (fate caso al carro armato Sherman rimasto dai tempi in cui qui si svolgevano i preparativi per il D-Day). Il sentiero costiero raggiunge lo storico **Start Point Lighthouse** (1836). Nei pressi ci sono molte baie e spiagge da scoprire, oltre che il 'villaggio perduto' di **South Hallsands**, devastato da una tempesta nel 1917.

ALTRI FIUMI DA GODERE

In Cornovaglia i tre fiumi esposti alla marea – il **Fal**, l'**Helford** (p322) e il **Fowey** (p324) – si prestano a gite in barca, paddleboarding, crociere e altro ancora.

PASSEGGIATE E SEA TRACTOR

Poco al largo della costa da **Bigbury-on-Sea**, spiaggia prediletta dalle famiglie, si trova un luogo simbolo del South Devon, **Burgh Island**, selvaggia e sferzata dal vento. Questa isola di marea dalla costa rocciosa e le minuscole baie nascoste è l'ideale per una gita in giornata.

Quando c'è la bassa marea ci si può arrivare a piedi lungo una lingua di terra che si estende da Bigbury; durante l'alta marea bisogna prendere il Sea Tractor, mezzo progettato nel 1969 unico nel suo genere. È gestito dal **Burgh Island Hotel**, un bell'albergo in stile art déco famoso quasi quanto l'isola in sé.

Terminate gustando una pinta di birra nella taverna dell'isola (una delle più antiche dell'Inghilterra, XIV secolo), il **Pilchard Inn**, dove a quanto si dice abita il fantasma di un contrabbandiere.

TRASPORTI LOCALI

La linea principale tra London Paddington e Penzance attraversa il South Devon e ferma a Totnes e a Newton Abbot; alcuni treni fermano anche a Dawlish e Teignmouth. Una linea secondaria conduce alle stazioni costiere lungo il percorso da Exeter St Davids a Paignton.

I collegamenti in autobus sono buoni tra i centri maggiori del South Devon; inevitabilmente le corse a servizio di quelli minori e dei villaggi sono meno frequenti. Gli orari si possono trovare su **Traveline South West** (travelinesw.com).

PLYMOUTH

La Ocean City della Gran Bretagna per antonomasia, Plymouth vanta un lungo legame con i viaggi via mare e con chi li ha compiuti. Molte navi illustri hanno preso abbrivo da qui, tra le quali la *Mayflower* dei padri pellegrini diretti in Nord America, le imbarcazioni del capitano James Cook e quella con cui Francis Drake circumnavigò il globo.

Sede della base navale più grande d'Europa e del secondo mercato ittico per estensione dell'Inghilterra, Plymouth è tuttora intrinsecamente una città di mare. Pesantemente bombardato nella seconda guerra mondiale, poi ricostruito in fretta e furia, il centro è definito dalla funzionalità più che dalla bellezza. Ma alcuni edifici storici permangono e l'opera di riqualificazione del lungomare e di creazione di un nuovo Cultural Quarter sta dando vita a una città meritevole di una seconda occhiata.

IL CONSIGLIO

La città sorge sul Plymouth Sound, un'insenatura profonda e ben protetta della Manica, dove si gettano in mare i fiumi Plym e Tamar. Il centro si estende sull'acqua: a volte per spostarsi tra quartieri, più che l'automobile o l'autobus, il mezzo più diretto è il traghetto.

Plymouth

HELEN HOTSON/SHUTTERSTOCK ©

ITINERARIO A PIEDI: LA STORIA MARITTIMA DI PLYMOUTH

Scoprite i siti d'interesse e immergetevi nella storia marittima di Plymouth con questo itinerario a piedi in centro. Partite dalla magnifica **1 Victorian Guildhall**, il municipio, nel cuore della città. Procedete lungo Armada Way fino a **2 The Hoe**, un parco sulla scogliera da cui si godono vedute impareggiabili sul Plymouth Sound e che ospita diversi importanti monumenti, tra cui l'alto **3 Plymouth Naval Memorial**, che commemora i circa 23.000 marinai periti nel corso dei due conflitti mondiali e rimasti senza sepoltura. Nei pressi si innalza una statua dedicata a **4 Francis Drake**: esploratore, corsaro e sindaco di Plymouth, il quale, secondo una leggenda locale, giocò a *bowls* (bocce) al Hoe mentre nel 1588 attendeva l'Armada spagnola. Drake, va ricordato, prese anche parte attiva nella tratta degli schiavi. All'estremità orientale, pesanti mura in pietra racchiudono la **5 Royal Citadel**, fortezza del XVII secolo usata ancora oggi dai militari. Affacciata sul mare svetta la **6 Smeaton's Tower**, un faro rosso e bianco costruito sull'Eddystone Reef nel 1759, e spostato nella sede attuale intorno al 1880.

Fermatevi ad ammirare la vista dalla cima della **7 Belvedere 'Wedding Cake'**, una magniloquente struttura vittoriana con tre ordini di terrazze e colonne, quindi scendete la scalinata per seguire la strada costiera fino a **8 Sutton Harbour**. Qui il memoriale **9 Mayflower Steps** segna il punto da cui i pellegrini si misero in viaggio per il Nord America nel 1620. Seguite Southside St fino al **10 Barbican**, una zona di vie acciottolate, edifici storici ed eccentrici negozi. Tornate indietro lungo la pittoresca New Ln, passando dalla **11 Elizabethan House** del 1599, prima di terminare al **12 Mayflower Museum**. Lasciatevi del tempo per una visita al museo: imparerete qualcosa sulla storia dei padri pellegrini e sull'impatto della colonizzazione inglese.

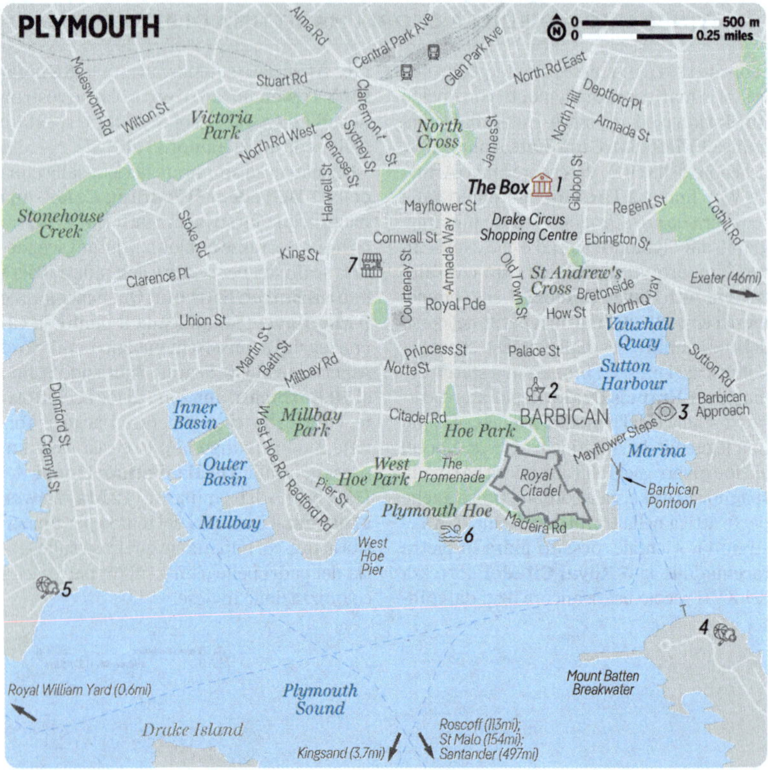

DA NON PERDERE
1 The Box

DA VEDERE
2 Black Friars Distillery
3 National Marine Aquarium

ATTIVITÀ
4 Mount Batten Watersports
5 South West SUP
6 Tinside Lido

PASTI
7 Plymouth Market

The Box: una scatola da aprire

IL QUARTIERE CULTURALE DI PLYMOUTH

The Box, una struttura squadrata dominata dal grigio e dall'uso del vetro, ospita un innovativo museo-galleria d'arte che si colloca al centro degli sforzi di rigenerazione culturale in corso a Plymouth. Inaugurata alla fine del 2020, questa icona architettonica ha trasformato un gruppo di edifici preesistenti (museo, biblioteca e chiesa di St Luke), e ha permesso la realizzazione di una nuova piazza pubblica (Tavistock Place), in cui vengono

DOVE DORMIRE A PLYMOUTH

Imperial Hotel
Albergo a gestione familiare con camere graziose e appartamenti indipendenti, a cinque minuti dal Hoe. ££

Crowne Plaza
Camere confortevoli e una piscina al coperto in un apprezzato albergo di catena, famoso per la vista. ££

Boringdon Hall Hotel & Spa
Maniero di campagna poco fuori da Plymouth, con spa e ristorante, nonché camere ricche di stile. £££

allestiti spettacoli ed eventi. Insieme con l'Arts Institute, della Plymouth Art University, questo emozionante sviluppo è il cuore pulsante del nuovo Cultural Quarter di Plymouth. All'interno, le mostre permanenti raccontano la storia della città oceanica d'Inghilterra, dalle grandi polene nella lobby all'eccellente sezione intitolata 100 Journeys, dedicata ai viaggi via mare partiti da Plymouth nel corso dei secoli, molti dei quali gravidi di conseguenze importanti.

Ocean City

AVVENTURE D'ACQUA, AL CHIUSO E ALL'APERTO

Ovunque ci si trovi a Plymouth, l'intenso odore del mare non è mai lontano. Pare opportuno, pertanto, che la città ospiti il **National Marine Aquarium**, il più grande acquario del Regno Unito, con grandi vasche in cui fanno sfoggio di sé esemplari della fauna marina sia locale sia esotica: squali cagnacci, squali limone, barracuda, razze e molto altro ancora.

Per una prospettiva molto diversa della Ocean City, come viene soprannominata Plymouth, fate un tuffo presso il grazioso **Tinside Lido**, una bella stazione balneare in stile art déco costruita nel 1935, con affaccio sul Plymouth Sound. Oppure prenotate un'uscita con la **Mount Batten Watersports** o la **South West SUP**, che possono guidarvi nella scoperta via mare della profonda insenatura del Plymouth Sound.

Forza navale

L'ANTICO LEGAME TRA LA ROYAL NAVY E IL GIN

Situata nel cuore dello storico quartiere Barbican, la **Black Friars Distillery** è la sede di produzione del Plymouth Gin dal 1793, il che ne fa la distilleria del genere più antica d'Inghilterra. Per quasi 200 anni la Royal Navy è stata rifornita di questo gin; gli ufficiali vi preparavano (inventando così il Gimlet) un drink 'medicinale' con l'aggiunta di succo di lime. L'edificio in sé, un ex monastero, è dei primi del XV secolo. Merita una visita anche solo per lo splendido soffitto con travi a vista del Refectory Bar. Partecipate a uno dei tour offerti nel corso della giornata per dare un'occhiata alla distilleria vittoriana, scoprire qualcosa sui processi di produzione e beneficiare di un assaggio.

Black Friars Distillery

CUCINA SEGRETA A PLYMOUTH

Jodie Pierre, chef e proprietaria del punto ristoro Maurish. *@areyoufeeling maurish*

Il mercato sta vivendo un periodo di cambiamenti e si sta trasformando anche in un'area ristorazione. Oggi qui ci sono alcuni locali eccellenti in cui poter mangiare qualcosa, e questi richiamano una clientela nuova rispetto al passato. Il mio, **Maurish**, propone piatti della cucina casalinga mauriziana (mio padre è originario di Port Louis).

Altri punti ristoro da provare sono **Taste of Thailand** per l'autentica cucina thailandese, **Everest Flavours** per lo street food nepalese (provate l'Everest Spicy Special), e **At Kitchen** o **Tea & Bun** per la cucina asiatica. Per dessert, provate un waffle da **Kawaffle**.

TRASPORTI LOCALI

A Plymouth fermano i treni sulla linea Londra-Penzance. Il centro è piuttosto esteso e ricco di salite e discese. Ci si può spostare tra i quartieri affacciati sull'insenatura sfruttando i traghetti e i taxi d'acqua; l'ufficio turistico può fornire un opuscolo con tutti i collegamenti di questo tipo. La principale compagnia degli autobus è Plymouth Citybus, utile per gli spostamenti più grandi. Nel quartiere Barbican ci sono strade acciottolate e irregolari.

Dintorni di Plymouth

Dalla città più grande del Devon raggiungere la natura – placide spiagge, così come tranquille valli fluviali – è più facile di quanto si immagini.

L'ottima posizione è tra i principali pregi di Plymouth. Arroccata sulla costa lungo il limite occidentale del Devon, questa città portuale si presta a comode gite in giornata presso alcune delle migliori attrattive del Sud-ovest. Si trova a meno di 20 minuti di auto dal Dartmoor, la Cornovaglia (raggiungibile in traghetto) si estende oltre il River Tamar e i siti di maggior interesse della costa del South Devon sono a meno di un'ora di distanza.

Procedendo a est si incontrano alcune delle spiagge più sottovalutate della contea e scorci paesaggistici tra i più belli sul South West Coast Path. Rincantucciata tra il Devon e la Cornovaglia, la Tamar Valley Area of Outstanding Natural Beauty è un luogo in cui si coniugano patrimonio culturale e natura.

IL CONSIGLIO

La linea ferroviaria nella Tamar Valley da Plymouth a Gunnislake è famosa per il panorama che è possibile ammirare lungo il percorso: sedetevi se possibile vicino al finestrino e godetevi lo spettacolo.

River Tamar

STEVE HEAP/SHUTTERSTOCK ©

HELEN HOTSON/SHUTTERSTOCK ©

Combestone Tor

Il tour dei tor

ESCURSIONISMO NEL DARTMOOR

I *tor* del Dartmoor sono famosi. A vederli si direbbe che siano stati appoggiati qua e là nel territorio dalla mano di un gigante, ma invero questi affioramenti di granito in cima alle colline, nati dal raffreddamento della roccia fusa circa 280 milioni di anni fa, si presentano in tal modo isolati per l'erosione di quel che li circondava, avvenuta nel corso dei millenni. Le forme bizzarre delle cataste e dei monoliti da sempre alimentano la fantasia degli esseri umani. Alcuni *tor* sono stati usati come luoghi di culto dagli antichi abitanti del Dartmoor, mentre altri hanno ispirato miti e leggende tramandati fino al presente.

Ci sono nel complesso oltre 160 *tor*, alcuni dei quali visibili dalla strada (è il caso del **Combestone Tor**, nella cui sagoma c'è chi ravvisa un volto umano), altri da raggiungere con una passeggiata. Per la vista migliore, provate lo **High Willhays** (il punto più alto del parco), il **Leather Tor** o il **Black Tor**.

L'ultimo castello dell'Inghilterra

ICONA ARCHITETTONICA O FOLLE CAPRICCIO?

Con la sua saracinesca e le sue balestriere evoca una fortezza medievale, ma il **Castle Drogo**, 33 miglia (53 km) a nord-est di Plymouth, manca dei segni del tempo che ci si aspetta da un

MAGNIFICHE PASSEGGIATE NEL DARTMOOR

Lydford Gorge
La gola più profonda del sud-ovest, con una cascata di 30 m e una piscina naturale con un incredibile vortice d'acqua.

Wistman's Wood
Facile passeggiata da un pub a un querceto pieno di muschio che sembra uscito da una fiaba.

Bellever Forest
Vari sentieri segnati in una fitta pineta: scalate il Bellever Tor ed esplorate Kraps Ring, villaggio dell'Età del Bronzo.

Princetown Railway Track
Seguite la vecchia ferrovia fino a King's Tor, passando da due cave abbandonate, Swelltor e Foggintor.

Yes Tor e High Willhays
I due punti più alti nel Dartmoor, rispettivamente 619 m e 621 m sul livello del mare.

DOVE TROVARE I CLASSICI PUB DEL DARTMOOR

Warren House Inn
Mitico pub lungo la B3212 a Postbridge, nel cui camino arde il fuoco dal 1845. **££**

Three Crowns
Locanda con una parte del tetto in paglia, dettagli del XIII secolo e una moderna sala da pranzo ad atrio a Chagford. **££**

Rugglestone Inn
Il fuoco nel camino e piatti fatti in casa in una casa in pietra, coperta di glicini, vicino alle brughiere a Widecombe. **££**

edificio antico. Si tratta, infatti, dell'ultimo castello costruito in Inghilterra (1911-31), commissionato dal milionario Julius Drewe e progettato dal noto architetto Edwin Lutyens. Il Castle Drogo era all'avanguardia per l'epoca: disponeva di luci elettriche, quadri di comando e persino un ascensore, il tutto alimentato da una turbina idroelettrica sul River Teign.

Dal castello parte una delle passeggiate più suggestive nel Dartmoor, fino alla profonda **Teign Gorge** e attraverso il fiume presso Fingle Bridge.

OSSERVAZIONE DELLE STELLE NEL DARTMOOR

Il Dartmoor, poco abitato dagli esseri umani, è l'ideale per osservare le stelle. Quando il cielo è limpido, recatevi presso le isolate piazzole per le auto in cima alle colline, come quelle di **Haytor** o **Holming Beam**; per un elenco e una cartina sull'inquinamento luminoso, consultate gostargazing.co.uk. La **Piddledown Common** del Castle Drogo è adatta per osservare sia il cielo stellato sia la fauna notturna: si anima di tassi, pipistrelli e allocchi.

In bicicletta

DIVERTIMENTI SULLE DUE RUOTE

Il paesaggio del Dartmoor, così vasto e aperto da avere qualcosa di cinematografico, è una gioia da esplorare in sella alla bicicletta. La rete di sentieri, ippovie e strade secondarie offre una vasta gamma di possibilità a chi voglia girare in bici: ci sono difficili percorsi montani, così come tranquille stradine asfaltate.

Una delle migliori è la **Granite Way** di 11 miglia (18 km), che si snoda lungo una vecchia ferrovia da Okehampton a Lydford. Asfaltata, priva di traffico e per lo più pianeggiante, questa pista molto apprezzata attraversa il Meldon Viaduct (lungo 165 m), e regala spettacolari vedute sulla diga del Meldon Reservoir. Per una bella vista sulle brughiere e sui maestosi *tor*, provate il percorso da **Princetown** al **Burrator Reservoir**. Ci sono due vie alternative: una segue la vecchia Princetown Railway tra le cave di granito, l'altra attraversa la brughiera lungo delle ippovie e passa da Ditsworthy Warren. Per scaricare le cartine di questi tre percorsi, e molti altri, v. visitdartmoor.co.uk.

Il **Dartmoor Bike Park** permette di fare un'esperienza diversa con la bici. Nel bosco presso il River Dart Country Park, vicino ad Ashburton, propone una serie di sentieri e terreni per mountain bike adatti a ciclisti di tutti i livelli di abilità.

ALTRE PISTE CICLABILI

Anche la Cornovaglia vanta alcune eccellenti piste ciclabili, tra cui la famosa **Camel Trail** (p302) vicino a Padstow e la **Coast to Coast Cycle Trail** (p307) tra Portreath e Bissoe.

Avventure a dorso di cavallo

IPPOVIE ED ESCURSIONISMO A CAVALLO

Con miglia e miglia di ippovie da esplorare, il Dartmoor è un'ottima meta per chi ama l'equitazione. La parte sud-orientale ha vari percorsi facili e dolci declivi adatti ai neofiti; le alte brughiere della parte sud-occidentale offrono avventure impareggiabili ai più esperti. Diverse stalle propongono uscite a cavallo; le **Cholwell Riding Stables**, a gestione familiare, tra Tavistock e Lydford, si rivolgono a fantini di tutti i livelli.

TRASPORTI LOCALI

La rete dei trasporti pubblici del Dartmoor non può dirsi capillare. Gli autobus fermano in quasi tutte le cittadine e i villaggi, ma in molti casi solo un paio di volte al giorno; pertanto, per esplorare la zona senza l'auto è necessario pianificare con attenzione i propri spostamenti. Ci sono due servizi aggiuntivi durante l'alta stagione, il Dartmoor Explorer e l'Haytor Hoppa. In auto, preparatevi a strade a corsia singola, stretti tornanti, ponticelli e animali sulla carreggiata. Il limite di velocità nelle brughiere è 40 miglia l'ora (64 km/h).

NORTH DEVON

Aspro e a tratti quanto mai remoto, il North Devon ha una costa che ispira. Negli anni '70 qui fu aperto il South West Coast Path, uno spettacolare sentiero a lunga percorrenza che parte a Minehead e procede lungo la costa del North Devon prima di girare attorno alla punta sud-occidentale dell'Inghilterra. È un posto magnifico in cui dedicarsi all'escursionismo, e qui troverete anche molte belle spiagge e insenature: Croyde è molto apprezzata per il surf, mentre Braunton Burrows si distingue per le dune di sabbia che si estendono alle sue spalle. E se siete patiti della fauna selvatica, non mancate di regalarvi un'uscita in barca fino a Lundy Island, una riserva naturale.

IL CONSIGLIO

Le maree del Bristol Channel sono assai variabili, seconde in questo solo a quelle di Fundy Bay, in Canada. Spiagge intere possono sparire con l'arrivo dell'alta marea, lasciandovi isolati: controllate sempre gli orari della marea. Limitatevi alle spiagge con i bagnini e imparate il significato delle bandiere.

IL TARKA TRAIL

L'Exmoor, il North Devon e il Dartmoor sono collegati dal **Tarka Trail**: un sentiero a forma di otto lungo 180 miglia (290 km) per escursionismo a piedi e in bici ispirato a quello del protagonista del romanzo di Henry Williamson, *Tarka the Otter* (1927). Da Barnstaple, il percorso attraversa Exmouth, prosegue sulla costa settentrionale, giù fino a Okehampton sul limite settentrionale del Dartmoor e termina con un tratto sul treno panoramico Tarka Line.

La pista ciclabile parte a Braunton e segue un'ex ferrovia vittoriana per 30 miglia (48 km) verso sud fino a Meeth. Senza auto e asfaltato, il facile tratto di 6 miglia (9,6 km) lungo il Taw-Torridge Estuary da Barnstaple a Instow è ottimo per una gita in giornata.

Fuga isolana

IN BARCA FINO A LUNDY

La minuscola **Lundy Island** nel Bristol Channel ospita una popolazione di circa 180 foche grigie dell'Atlantico, nonché pulcinella di mare, pony di Lundy e capre selvatiche. Da marzo a novembre i visitatori possono salire a bordo della *MS Oldenburg*, un traghetto degli anni '50 i cui orari e il cui molo di partenza (Ilfracombe o Bideford) variano in funzione delle maree. La traversata richiede circa due ore. Nei mesi invernali al posto del traghetto opera un elicottero, con corse poco frequenti.

Nell'alta stagione i guardiani dell'isola propongono passeggiate con guida, Rockpool Rambles (escursioni presso le pozze tra le rocce) e Snorkel Safaris (uscite di snorkelling), programmate in modo tale da coincidere con gli arrivi dei traghetti. Arrampicatevi su per la stretta scala a chiocciola dell'**Old Light** – uno storico faro del 1820 – per vedere l'intera isola dall'alto.

I servizi sono ridotti ai minimi termini a Lundy: ci sono un unico pub (la Marisco Tavern) e un solo negozio. Chi vuole fermarsi per la notte può avvalersi di una delle varie soluzioni 'off the grid', tutte gestite dal Landmark Trust.

Sfruttare le onde

LA MIGLIORE LOCALITÀ DEL DEVON PER IL SURF

La mezzaluna di sabbia a **Croyde** richiama i patiti del surf sin dagli anni '20. I surfisti esperti possono cavalcare le onde di Croyde Beach o di uno dei tratti di costa vicini, come Saunton Sands, Woolacombe o Barricane Beach, secondo le condizioni del mare. Per i principianti in città ci sono diverse scuole di surf: **Surfing Croyde Bay** e **Surf South West** sono tra le migliori.

Tornati nell'abitato dopo una sessione in acqua, potrete ricaricare le batterie con un pranzo a base di specialità da pub da **The Thatch** (un'istituzione locale) o uno dei molti furgoni alimentari e ristoranti pop-up che in estate punteggiano Croyde. Vale la pena di fare una tappa al **Museum of British Surfing** nella vicina Braunton.

ALTRA FAUNA SELVATICA

Avete apprezzato la fauna selvatica di Lundy? Partecipate a un tour con ranger di **St George's Island** (p325), o spingetevi fino a **Tresco** (p316) nelle Isles of Scilly.

Perfezione da cartolina

È QUESTO IL VILLAGGIO PIÙ GRAZIOSO DEL DEVON?

Clovelly, con i suoi cottage imbiancati a calce che digradano a zig-zag giù per un declivio boscoso fino a raggiungere il porto dalla forma arcuata, sembra fatta apposta per comparire su una cartolina.

Le erte strade acciottolate non sono adatte al traffico veicolare e così il centro del Clovelly Historic Village è esclusi-

DOVE TROVARE I MIGLIORI GIARDINI DEL DEVON

RHS Rosemoor
C'è qualcosa di bello tutto l'anno – e un 'flower show' in estate – in questo giardino da 26 ettari nella Torridge Valley.

Broomhill Sculpture Gardens
Oltre 150 sculture punteggiano i giardini e gli antichi boschi di questa storica tenuta, la Broomhill Estate.

Arlington Court
Maniero del XIX secolo con un lago artificiale, un bosco e un giardino formale vittoriano. Imperdibile il Carriage Museum.

HELEN HOTSON/SHUTTERSTOCK ©

Clovelly

vamente pedonale, il che gli conferisce un'atmosfera 'fuori dal tempo'. Le consegne vengono effettuate su slitte di legno; i somari di Clovelly, in passato deputati a trascinare le merci e il pescato, oggi passano il tempo in posa per le foto nelle loro stalle.

Procedete in discesa, oltre i laboratori di artigianato e i negozi dal fascino antico, fino a **Clovelly Quay**: dalla diga marina si gode la vista migliore sul villaggio che abbraccia le pendici. I due musei meritano una breve visita: il **Kingsley Museum**, già dimora di Charles Kingsley, autore di *Bambini acquatici*, e il piccolo ma suggestivo **Fisherman's Cottage Museum**.

La natura del North Devon

UN VASTO SISTEMA DI DUNE

Dietro l'apprezzata spiaggia di Saunton Sands si estendono su circa 1000 ettari i **Braunton Burrows**, tra i maggiori sistemi di dune delle Isole Britanniche. Qui vive una ricca varietà di flora e fauna, tra cui orchidee rare, farfalle e rettili. I **Northam Burrows** sono più piccoli ma altrettanto belli, meta di pecore lasciate libere di pascolare e sede di uno dei campi da golf più antichi d'Inghilterra. Entrambi sono amati dai birdwatcher: fate caso ai chiurli, alle beccacce di mare e alle pavoncelle in inverno.

LA SCENA ARTISTICA A ILFRACOMBE

Nel 2012 Damien Hirst ha fatto un regalo alla cittadina costiera di **Ilfracombe** che molti dei suoi residenti sarebbero ben lieti di restituirgli. **Verity**, una figura femminile in bronzo, alta 20 m, si erge sul porto: nuda, incinta, brandente un'enorme spada verso l'alto, spellata dal lato rivolto verso il mare a rivelare tendini e fasci di muscoli, grasso e un feto. Che la troviate un pugno in un occhio, o un'allegoria della verità come nelle intenzioni dell'artista, la divisiva statua di Hirst annuncia ai quattro venti il vivace ambiente artistico di Ilfracombe.

Negli ultimi anni è spuntato un gran numero di nuove gallerie d'arte e studi: **Fore St** si sta affermando come centro nevralgico di negozi indipendenti e gallerie. Opere di artisti locali sono in vendita da **Aluna Collective** e **Fleek**.

TRASPORTI LOCALI

Disporre di un'automobile è il modo più facile per esplorare la zona, ma nell'alta stagione il traffico si fa congestionato e i posteggi si riempiono. In alcune località, soprattutto nei pressi della Hartland Peninsula, le strade di campagna sono molto strette, potenzialmente un problema per chi non ci è abituato. La Stagecoach effettua regolari corse in autobus tra quasi tutte le cittadine e le spiagge, nella bella stagione anche con un autobus scoperto.

PADSTOW

Se c'è un luogo che ben simboleggia il prestigio di cui oggi gode la Cornovaglia come meta chic, è Padstow. Da semplice porto per pescatori, il villaggio è diventato uno degli angoli più cosmopoliti della contea, in gran parte per l'influenza del celebre chef Rick Stein e di quanti ne hanno seguito l'esempio. Inframmezzati ai vecchi pub e ai negozi di *Cornish pasties* si trovano ora, in modo stridente, ristoranti di lusso e costose boutique: distinguere tra la 'vera' Padstow e la sua versione da cartolina è arduo.

Resta da vedere se la cittadina sia riuscita a preservare la sua identità nonostante questi mutamenti, ma la cornice in cui sorge è certamente incantevole. Il suo principale punto di forza è la posizione sul grazioso Camel Estuary, amato dal poeta John Betjeman che qui trascorse le vacanze per molti anni. Lungo l'estuario si dispiegano le spiagge di Daymer Bay e l'infido banco di sabbia noto come Doom Bar. La cittadina di Rock, a sua volta un tempo dedita alla pesca e ora trasformata in esclusiva località di villeggiatura, può essere raggiunta in traghetto.

IL CONSIGLIO

A luglio e ad agosto Padstow e l'area circostante vengono prese d'assalto: è molto più piacevole visitare questa località in primavera o in autunno, quando la ressa se n'è andata ed è possibile apprezzare il paesaggio in una condizione di (relativa) tranquillità. Prenotate l'alloggio con largo anticipo, oppure usate come base la cittadina vicina di Wadebridge.

Camel Estuary (p302)

A SINISTRA: GARY PERKIN/SHUTTERSTOCK © ; A DESTRA: HELEN HOTSON/SHUTTERSTOCK ©

DA NON PERDERE
1 Camel Trail

DA VEDERE
2 Booby's Bay
3 Constantine Bay
4 Harlyn Bay
5 Mother Ivey's Bay
6 Trevone
7 Trevose Head
8 Treyarnon

ATTIVITÀ, CORSI E TOUR
9 Jubilee Queen
10 Polzeath

Constantine Bay

HELEN HOTSON/SHUTTERSTOCK ©

St Enodoc's Church

I FRUTTI DELLA VITE

La **Camel Valley Vineyard**, in attività dal 1989, produce una discreta varietà di vini, tra cui ottimi bianchi e rosati, e uno spumante in tutto e per tutto simile allo Champagne. Prenotate una visita guidata e una degustazione di vini sulla terrazza baciata dal sole, o limitatevi a fare un salto nel negozio annesso alla cantina.

La più giovane **Trevibban Mill**, fondata nel 2008, propone tour da un'ora e da tre ore dedicati alla vigna e alla cantina, al termine dei quali è prevista una degustazione di cinque o sette vini. Accomodatevi sul bel patio incorniciato da prati coperti di fiori selvatici e sorseggiate un buon bianco, secco e servito ben fresco.

In bici sul Camel Trail

LA PISTA CICLABILE PIÙ FAMOSA DELLA CORNOVAGLIA

Quella che in origine era una linea ferroviaria è oggi la pista ciclabile più frequentata della Cornovaglia. Il **Camel Trail** parte da Padstow e si snoda verso est passando da Wadebridge (a 5 miglia, o 8 km, da Padstow) lungo il Camel Estuary, prima di procedere oltre passando da Bodmin (10,8 miglia, 17,4 km), fino a Poley's Bridge nella Bodmin Moor (18,3 miglia, 29,4 km). Il tratto Padstow-Wadebridge è l'ideale per una gita di mezza giornata e il panorama che si gode lungo il percorso è meraviglioso, ma in estate richiama un gran numero di ciclisti. Se volete evitare la ressa, il tratto Wadebridge-Bodmin è in genere più tranquillo e, con le sue asprezze, altrettanto panoramico.

Le biciclette possono essere noleggiate agevolmente a entrambi gli estremi del primo tratto della pista: a Padstow, rivolgetevi a **Padstow Cycle Hire** o a **Trail Bike Hire**; a Wadebridge, fate riferimento a **Bridge Bike Hire**.

Per rifocillarvi lungo il percorso, provate il **Camel Trail Tea Garden** appena fuori da Wadebridge, o se intendete arrivare fino alla Bodmin Moor, lo **Snail's Pace Cafe** vicino a St Breward.

DOVE DORMIRE NEI PRESSI DI PADSTOW

Treyarnon Bay YHA
Ostello anni '30 alle spalle di Treyarnon Bay. Camere piacevoli, piazzole per il campeggio e tende coniche. £

Padstow Harbour Hotel
Splendido albergo d'epoca, un tempo chiamato Metropole, da cui si gode un'ampia vista sull'estuario. £££

The Pig at Harlyn Bay
Una novità nel folto panorama degli alberghi in stile rustic-chic, con camere creative e un ottimo bistrò. £££

Gite in barca lungo il Camel

SU PER L'ESTUARIO

Al centro del Camel si estende l'infido banco di sabbia conosciuto con il nome di **Doom Bar**, che nel corso degli anni ha provocato la rovina di molte navi (e ha inoltre dato il suo nome a una ale locale molto apprezzata). È un ambiente naturale unico, che ospita importanti popolazioni di uccelli e di fauna marina. Tra Pasqua e ottobre, l'agenzia Jubilee Queen propone gite in barca lungo la costa, mentre la **Padstow Sealife Safaris** conduce fino a colonie di foche e di uccelli marini.

A tutto Rock

LA VITA DEI MILIONARI

L'esclusiva enclave di **Rock**, dall'altra parte del Camel Estuary rispetto a Padstow, è oggi una delle mete più costose della Cornovaglia, tanto che le sono stati affibbiati diversi nomignoli poco lusinghieri (la St-Tropez di Cornovaglia, Kensington-on-Sea ecc). Benché sia ormai tutt'altro che la sonnacchiosa località di mare evocata con affetto da John Betjeman, **Daymer Bay**, con le sue bianche spiagge e le sue dune, è stupenda come sempre; se siete amanti della poesia, non mancate di fare un salto alla **St Enodoc's Church**, dove il poeta fu sepolto in una giornata di pioggia del mese di maggio del 1984. Non ci vuole molto per trovare la sua lapide riccamente incisa.

Lungo la costa si trova **Polzeath**, la principale spiaggia della zona per il surf: se volete dedicarvi a qualche sport acquatico, mettetevi in contatto con **Surf's Up** o **Era Adventures**.

Il **Black Tor Ferry** effettua corse regolari da e per Rock (10 minuti); in bus o in auto si impiega mezz'ora circa.

Spiagge e fari

A PIEDI O IN BICI FINO A TREVOSE HEAD

Quattro miglia (6,4 km) a ovest di Padstow si erge il Trevose Headland, caratteristico promontorio sormontato da un faro della metà del XIX secolo. È raggiungibile in auto seguendo una strada privata a pedaggio, il cui costo è giustificato dalle belle vedute che si godono all'arrivo. Ancora meglio, però, è fare il percorso a piedi o in bici e godere di tale spettacolo gratuitamente.

Sulla via per il promontorio, supererete quattro delle **Seven Bays** di Padstow: Trevone, Harlyn, Mother Ivey's e Booby's Bay. Sul lato opposto ci sono le più impegnative Constantine e Treyarnon, fiancheggiate da aspre rocce e una piscina di marea. La più lontana di tutte è Porthcothan, a 5 miglia (8 km) da Padstow.

PADSTOW NEL PIATTO

The Seafood Restaurant
Il ristorante che ha dato avvio alla saga di Stein, e tuttora uno tra i migliori della Cornovaglia. Oggi è gestito dal secondo figlio, Jack. £££

Paul Ainsworth at No 6
Lo chef TV Ainsworth viene spesso considerato l'erede spirituale di Stein, e la sua cucina merita tutte le lodi che riceve. £££

Prawn on the Lawn
Satellite del primo omonimo locale a Londra, questo minuscolo bar di cucina di mare è un'aggiunta recente all'offerta locale. ££

The Mariners
Da quando Paul Ainsworth lo ha preso in gestione nel 2019, questo pub è diventato il punto di riferimento a Rock. ££

St Kew Inn
Rustico pub pieno di carattere, con pavimento lastricato e travi a vista, e un bel beer garden. ££

TRASPORTI LOCALI

Ci sono alcuni posteggi vicino al porto a Padstow, ma si riempiono in fretta, quindi in genere è consigliabile lasciare l'auto in uno dei grandi parcheggi alle spalle della cittadina e spostarsi a piedi da lì. Gli autobus First Kernow collegano Newquay e Padstow. Il **Black Tor Ferry** effettua tutto l'anno la spola da e per Rock (la traversata richiede solo 10 minuti); in alternativa, si può noleggiare un **Rock Water Taxi** per i viaggi a tarda sera.

Dintorni di Padstow

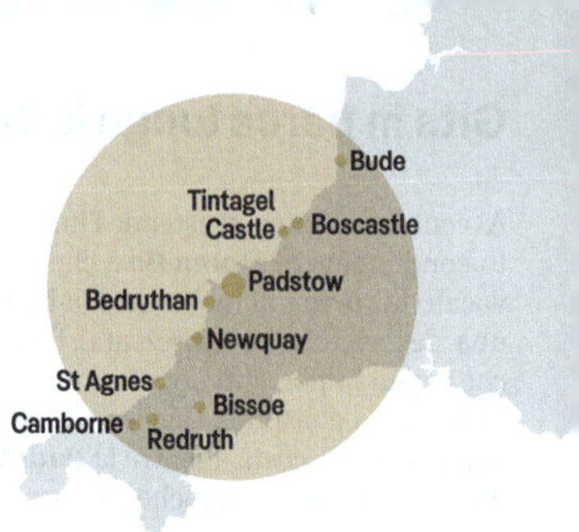

Se cercate quella combinazione di rupi, baie e onde bianche che rappresenta l'essenza della Cornovaglia, la costa settentrionale fa per voi.

Battuta dai frangenti ed erosa dall'azione delle maree, la costa settentrionale della Cornovaglia è un luogo in cui si percepisce tutta la forza che Madre Natura può dispiegare. Coincide con ciò che la maggior parte delle persone immagina quando pensa a questa contea: scogliere, piscine di marea, grotte e spiagge dorate, comprese alcune delle più belle. In alta stagione diventa un posto caotico; se state cercando un po' di tranquillità, il tratto di litorale intorno a Bude può essere una buona soluzione. E non sorvolate sul filone granitico che corre lungo il centro: dalla selvaggia Bodmin Moor alla vecchia zona mineraria di Camborne e Redruth, la dorsale della Cornovaglia apre uno scorcio affascinante sul suo passato geologico.

IL CONSIGLIO

Le distanze tra le cittadine situate sulla costa settentrionale non sono enormi, ma le strade piene di tornanti suggeriscono di procedere con calma e di non voler far troppe cose in un giorno. Ci si può spostare anche in autobus, evitando con ciò le preoccupazioni per il parcheggio.

Il litorale di Bude

GARY PERKIN/SHUTTERSTOCK ©

***Gallos* (detta anche la statua di re Artù) di Rubin Eynon, Tintagel**

Gli idilli del re

IL MITICO LUOGO NATIO DI RE ARTÙ

Lo spettro di re Artù incombe su **Tintagel** e sul suo **castello** arroccato sulla scogliera, 22 miglia (35 km) a nord-est di Padstow. Leggenda locale vuole che il re sia nato, o forse che sia stato concepito, qui. In realtà, il castello è per lo più opera di Riccardo, conte di Cornovaglia, e risale al XIII secolo.

Al di là dei presunti legami arturiani, è una cornice davvero toccante per una fortezza. L'elemento moderno più sorprendente del castello è il controverso nuovo ponte pedonale costruito tra i suoi due lati medievali, che ricrea il collegamento terrestre esistente 500 anni fa. Attraversare il ponte e vedere le rocce sottostanti, a grande distanza, è un'esperienza che mette i brividi (ma va detto che l'alternativa, percorrere una ripidissima scalinata intagliata nelle rocce, è quasi peggiore).

BUDE SEA POOL

A 35 miglia (56 km) da Padstow lungo la cosiddetta Atlantic Highway, **Bude** è una burrascosa cittadina di mare che attrae visitatori in giornata e amanti della spiaggia sin dal tempo del boom turistico vittoriano sul finire del XIX secolo. Come Newquay, non è la cittadina più graziosa, e viene visitata soprattutto per le sue spiagge. Summerleaze è quella più vicina al centro; la sua attrattiva principale è la **Bude Sea Pool**, una piscina di acqua salata costruita negli anni '30, che si riscalda presto nei giorni di sole ed è perfetta per i bambini.

DOVE MANGIARE SULLA COSTA SETTENTRIONALE

Outlaw's New Road, Port Isaac
Raffinata cucina di mare firmata da Nathan Outlaw, e dal prezzo corrispondente. C'è anche un 'seafood bar' più piccolo. **£££**

The Fish House, Newquay
Il posto migliore di Newquay per la cucina di mare, in una magnifica posizione vicino alla spiaggia di Fistral. **££**

Emily Scott, vicino a Newquay
La grande chef Emily Scott ha uno splendido nuovo ristorante affacciato sul mare presso Watergate Bay. **£££**

Il calderone delle streghe

UN PICNIC SULLE SCOGLIERE DI BOSCASTLE

La costa settentrionale della Cornovaglia ospita diverse graziose insenature, ma nessuna regge il confronto con quella in cui sorge **Boscastle**, 25 miglia (40 km) a nord-est di Padstow. È un villaggio portuale da cartolina sul fondo di una valle fluviale: cottage dal tetto in ardesia, un robusto porticciolo in granito, promontori ammantati di armeria, silene e ginestrone. Difficile pensare che questo splendido angolo di Cornovaglia abbia rischiato di essere spazzato via da una devastante alluvione nel 2004. Le scogliere offrono uno sfondo perfetto per un picnic: procuratevi le provviste nell'eccellente **Boscastle Farm Shop**.

Il bizzarro **Museum of Witchcraft & Magic** è da non perdere: in mostra, *poppet* da stregoneria (simili a bambole vudù), piatti da lecanomanzia (cioè usati per predire il futuro), teschi incantati, animali variamente conservati e terribili briglie impiegate per estorcere confessioni a presunte fattucchiere.

Il surf

LE ONDE DI NEWQUAY

Situata 15 miglia (24 km) a sud-ovest di Padstow, **Newquay** è il fulcro del surf nella Cornovaglia. Ci sono molte scuole tra cui scegliere: la **Escape Surf School**, la **Fistral Surf School** e la **SSS Surf School** hanno tutte una buona reputazione.

Le onde di **Fistral Beach** sono famose. Tra le altre località raggiungibili da Newquay ci sono Crantock, Holywell Bay e Watergate Bay, sede di un'altra delle migliori scuole di surf della zona: la **Wavehunters at the Extreme Academy**. Per il coasteering, il SUP e il kayak, provate il **Newquay Watersports Centre**.

Jenga geologico

IL TRAMONTO SUI BEDRUTHAN STEPS

Le torri di pietra a **Bedruthan** (Carnewas) si levano dal mare come sentinelle giganti tra Newquay e Padstow (a 20 minuti di auto). La zona è di proprietà del National Trust, che gestisce il parcheggio e il *cafe*; lungo la costa si snodano sentieri sulle scogliere. Bedruthan è uno dei posti per eccellenza in cui si va ad ammirare il tramonto: portate le provviste per un picnic e una coperta, e accomodatevi ad ammirare lo spettacolo.

Colline e ciminiere

LUNGO LA COSTA DI ST AGNES

I vecchi edifici con i motori a vapore usati nelle miniere punteggiano le colline intorno a **St Agnes**, una delle cittadine del-

SURF E COSTA SETTENTRIONALE

Andy Cameron, Managing Director della Wavehunters at the Extreme Academy a Watergate Bay, rivela i suoi posti preferiti per il surf sulla costa settentrionale. *watergatebay.co.uk/extreme-academy*

Polzeath
Il posto che preferisco in assoluto, magnifico in qualunque fase della marea. La remata può essere ardua sulle onde più grandi, ma questo è un deterrente per le folle.

Watergate Bay
Grande spiaggia da surfisti, ambiente amichevole. Anche in estate troverete un'onda tutta per voi. All'estremità ci sono onde destre molto divertenti. Media-alta marea e a scendere.

Lundy Bay
Località invernale, non adatta ai principianti. Quando altrove non ci sono onde, Lundy è perfetta: con un po' di fortuna potreste anche trovare delle onde tubanti.

DOVE DORMIRE SULLA COSTA SETTENTRIONALE

Treago Farm Campsite
Pochi campeggi possono vantare una cornice così bella, nella valle dietro la spiaggia di Porth (Polly) Joke. **£**

Watergate Bay Hotel
Tranquillo albergo molto amato dalle famiglie, le cui proposte si concentrano sulle attività all'aperto. **£££**

The Scarlet
Eco-hotel molto chic, per soli adulti: camere con vista mare, vasche all'aperto e una magnifica infinity pool. **£££**

MICK BLAKEY/SHUTTERSTOCK ©

Surfista, Fistral Beach

la Cornovaglia in cui si è praticata l'estrazione dello stagno, situata a circa 30 miglia (48 km) da Padstow. Per molte persone questo è il tratto più caratteristico del sentiero costiero. Mete molto gettonate sono **Wheal Coates**, dove in cima a una scogliera si erge un edificio con il motore a vapore, tuttora provvisto della sua ciminiera in mattoni, e la vicina caletta di **Chapel Porth**, una spiaggia incredibilmente fotogenica (con un *cafe* molto frequentato) in fondo a una suggestiva valle rocciosa. Se vi sentite pieni di energie, potrete unire la passeggiata con un percorso ad anello fino al **Beacon**, dalla cui cima, in una giornata limpida, la vista spazia su gran parte della Cornovaglia.

La forza dei pedali

IN BICI ATTRAVERSO UNA VALLE MINERARIA

Una vecchia linea ferroviaria a servizio delle miniere collegava Portreath e il villaggio di Bissoe, situato nell'entroterra. Oggi il percorso, trasformato nel **Coast to Coast Cycle Trail**, permette ai ciclisti di esplorare l'aspra regione mineraria della Poldice Valley. È un'area per lo più pianeggiante, ma ci sono alcuni tratti in salita e fuori strada, e in diversi punti la pista incrocia una strada secondaria. Le biciclette e le cartine si possono procurare all'estremità di Devoran, da **Bissoe Bike Hire**, che dispone anche di un buon *cafe*. Ci sono parcheggi a entrambi i capi del percorso, se volete arrivare con la vostra bici.

LA SPIAGGIA DI SAN PIRANO

A est di Newquay, la strada costiera si fa largo in un ambiente aspro fino a **Perranporth**, un'altra cittadina di mare che gode di una favolosa spiaggia sabbiosa lunga 3 miglia (4,8 km). Il suo nome deriva dal santo patrono della Cornovaglia, san Pirano, che vi avrebbe portato il cristianesimo. Quel che resta di un'antica cappella a lui dedicata è nascosto nelle dune; da qui parte una processione nel giorno di san Pirano (5 marzo).

La spiaggia è spettacolare, ottima per una passeggiata al tramonto, soprattutto quando ci si lascia alle spalle la ressa e si sale verso le dune.

CAFE SULLA COSTA SETTENTRIONALE

Chapel Porth Cafe
Baguette, sandwich e la specialità della casa: gelato 'hedgehog' (vaniglia, *clotted cream* e nocciole). £

Strong Adolfo's
Raffinato *cafe* in stile scandinavo sulla strada per Wadebridge, serve deliziosi pranzi e fantastiche torte. ££

Pavilion Bakery
Panetteria di Newquay: magnifico pane di pasta acida, pane artigianale e croissant che si squagliano in bocca. £

BODMIN MOOR

La distesa brulla e a tratti desolata della **Bodmin Moor,** lungo il confine con il Devon, è il territorio più selvaggio e suggestivo della contea. Punteggiato di paludi e di brughiere prive di alberi, il 'tetto' della Cornovaglia merita il tempo necessario per la visita. Vi troverete cerchi di pietra, chiese antiche e belle cime, tra cui la collina più alta della Cornovaglia, il **Brown Willy** di 419 m (casomai ve lo steste domandando, il nome deriva dal cornico *bronn wennili*, o 'colle delle rondini').

Mentre ci si trova nella Bodmin Moor, vale la pena di fermarsi alle **Golitha Falls** (cascate) e alle **Carnglaze Caverns** (grotte), di fare una passeggiata lungo i sentieri nella **Cardinham Woods** (bosco) e magari di trascorrere una notte nella famosa **Bodmin Jail** (prigione, adibita in parte ad albergo).

HELEN HOTSON/SHUTTERSTOCK ©

Carn Brea Castle

Il re del Carn

IL PUNTO PIÙ ALTO DELLA CORNOVAGLIA CENTRALE

Alto 224 m, il caratteristico rilievo roccioso di **Carn Brea** domina sull'aspro territorio ammantato di ginestrone che si estende tra Redruth e Camborne. È oggi sormontato dal Bassett Monument, una croce celtica dedicata a Francis Bassett, proprietario di alcune delle miniere più ricche della zona. In cima troverete l'imponente **Carn Brea Castle**, dove un tempo i Bassett organizzavano sontuosi banchetti (e che oggi, in modo alquanto bizzarro, ospita un ristorante di cucina mediorientale). La vista, che abbraccia entrambe le coste della Cornovaglia, oltre che le lontane Penwith e Bodmin Moor, è davvero spettacolare. Veniteci per il tramonto, e portate l'occorrente per un picnic.

Hard Rock Country

IL PASSATO MINERARIO DELLA CORNOVAGLIA

In molti modi le ruvide cittadine di **Redruth** e **Camborne** rappresentano l'essenza dell'animo di stagno della Cornovaglia. Un secolo e mezzo fa, questi centri erano il cuore pulsante dell'industria mineraria della contea. Dal 2006 fanno parte di un sito Patrimonio dell'Umanità dell'UNESCO: il Cornwall & West Devon Mining Landscape, un'area enorme che comprende brughiere e scogliere, così come le storiche miniere di **East Pool Mine** e **King Edward Mine**, entrambe nei pressi di Camborne, e gli edifici con i motori a vapore usati per la loro gestione. Un ottimo modo per esplorare la zona è seguire la **Great Flat Lode**, una pista ciclabile da 7,5 km che si snoda lungo un ricco filone di stagno. Fa parte della più ampia rete **Mineral Tramways**.

TRASPORTI LOCALI

I collegamenti in autobus sono buoni lungo la costa settentrionale; quasi tutte le cittadine più importanti sono servite da almeno una linea con corse regolari, spesso gestite dalla First Kernow. Il bus scoperto Atlantic Coaster tra Newquay e Padstow effettua un bel percorso che passa da Watergate Bay, Mawgan Porth e Harlyn Bay. Newquay è anche sulla linea ferroviaria secondaria che parte da Par, collegata alla linea Paddington-Penzance.

ST IVES

In una classifica dei porti più graziosi della Cornovaglia, quello di St Ives occuperebbe certamente il primo posto. È uno spettacolo magnifico: uno stretto intrico di tetti di ardesia, vecchi cottage di pescatori e campanili, addensato intorno a una baia turchese. Da vivace porto dedito alla pesca delle sardine qual era, in seguito St Ives è diventato il fulcro artistico della Cornovaglia, quando negli anni '20 e '30 vi si trasferirono figure del calibro di Barbara Hepworth, Terry Frost, Ben Nicholson e Naum Gabo in cerca di libertà artistica e di un angolo di quiete.

St Ives è ancora un interessante centro artistico e lungo le sue vie acciottolate ospita numerose gallerie, tra cui la rinomata Tate St Ives, avamposto occidentale dell'originale londinese. Ma è anche tra le cittadine della Cornovaglia che più hanno risentito del boom turistico della regione: luogo di seconde case e proprietà immobiliari vendute a prezzi esorbitanti, in estate è piena zeppa di visitatori. L'ideale è andarci in primavera o in autunno.

IL CONSIGLIO

Trovare parcheggio a St Ives è un'esperienza infernale quasi tutto l'anno, ma, per fortuna, esiste un'alternativa. Una panoramica linea ferroviaria secondaria si snoda lungo la costa fino a St Ives, con partenza dalla stazione di St Erth, a sua volta situata lungo la linea principale: è facile, pertanto, arrivare in treno. I posteggi nei pressi della stazione di St Erth sono abbondanti.

St Ives

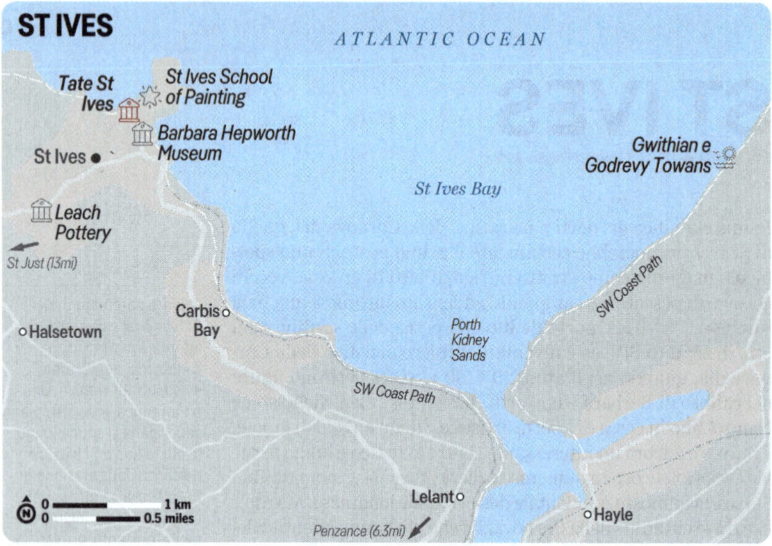

LA STRADA PER ZENNOR

La tortuosa strada B3306 si presta a un emozionante viaggio 'on the road'. Tra St Ives e Sennen si gode un bel panorama fatto di aspri *tor*, brughiere rossicce e grandi onde. Dalla strada partono sentieri per **Gurnard's Head**, **Pendour Cove** e **Porthmeor Cove**.

A **Zennor**, visitate la Church of St Senara; cercate la panca sul cui fianco è raffigurata una sirena con in mano specchio e pettine – un riferimento alla leggenda della sirena di Zennor. Imperdibile un pranzo nel pub di **Gurnard's Head**.

Arte sulla spiaggia

GLI SPAZI DELL'ARTE A ST IVES

La **Tate St Ives** è il principale polo di interesse della cittadina sul fronte artistico. Il museo è dedicato in particolare al gruppo di artisti sperimentali che si aggregò a St Ives negli anni dopo la seconda guerra mondiale, e che in tal modo fece della piccola cittadina di mare una calamita per i creativi del tempo. Vetrina per le opere di molti dei più importanti nomi della scena locale, nei suoi ambienti luminosi, dominati dal bianco, apre uno scorcio davvero coinvolgente nella storia di St Ives. Un nuovo spazio espositivo ospita allestimenti stagionali dedicati di volta in volta a un artista contemporaneo, che instaurano una sorta di dialogo contrappuntistico con la collezione principale. Non perdete l'occasione di una bibita o un boccone nel *cafe* sul tetto, dal quale si gode una veduta aperta su Porthmeor Beach.

Quello che in passato fu lo spazio creativo di Barbara Hepworth è oggi un toccante tributo alla sua opera, il **Barbara Hepworth Museum & Sculpture Garden**. Lo studio in sé è rimasto praticamente immutato dal tempo della morte dell'artista, avvenuta nel 1975 per un incendio. Il giardino contiguo contiene alcune delle sue sculture più famose, per molte delle quali trasse ispirazione dalla forza degli elementi scoperta in Cornovaglia, sua patria d'adozione: rocce, mare, sabbia, vento, cielo.

DOVE DORMIRE A ST IVES

Saltwater
Ambiente curato ma informale, con camere da letto dominate dal blu e dal giallo, a rievocare il paesaggio circostante. **££**

27 The Terrace
B&B di tre piani ammodernato con stile, ospita anche due appartamenti e parcheggi privati (alleluia!). **££**

Primrose House
La sobria eleganza scandinava e la vicinanza a Porthminster sono i principali punti di forza – e c'è anche il parcheggio. **£££**

Se St Ives vi ha fatto venir voglia di cimentarvi con il pennello, perché non prenotate una lezione alla **St Ives School of Painting**? Potrete scegliere tra diversi laboratori brevi, della durata di due ore, e corsi più lunghi dedicati a vari aspetti della disciplina, dalla messa a punto di motivi pittorici alla pittura di paesaggio sperimentale.

Arte ceramica

LEZIONI AL TORNIO CON PROFESSIONISTI DEL SETTORE

Mentre altri creativi della comunità di St Ives si addentravano in territori fino ad allora inesplorati nell'ambito della scultura e della pittura astratta, il vasaio Bernard Leach, nel suo studio a Higher Stennack, lavorava per reinventare l'arte ceramica britannica. Ispirate alla scultura giapponese e asiatica, e realizzate in un forno 'ascendente' unico nel suo genere costruito a mano, esemplato su quelli visti in Giappone, le ceramiche di Leach fondono in modo originale idee occidentali e orientali. Nel suo vecchio studio, **Leach Pottery**, sono esposti alcuni suoi lavori rappresentativi. Oggi lo spazio si presenta arricchito dall'aggiunta di un nuovo museo e di un laboratorio ceramico attivo, oltre che di un negozio dove è possibile acquistare le ceramiche di Leach e di altri vasai contemporanei. Se volete imparare a lavorare al tornio, o magari perfezionare la vostra tecnica di invetriatura, iscrivetevi a uno degli eccellenti corsi qui proposti.

A passeggio sulle towans

SABBIA DORATA, DUNE ERBOSE

Sul lato orientale della St Ives Bay, le piane di **Gwithian** e **Godrevy** si dispiegano tra lo Hayle Estuary e Godrevy Point lungo una curva lambita dal mare scintillante e costeggiata da dune. Fondendosi durante la bassa marea, i due tratti di litorale danno origine alle famose '3 miglia di sabbia dorata' di Hayle. Su un'isola rocciosa poco al largo si innalza il Godrevy Lighthouse, noto per il fatto di aver ispirato il romanzo di Virginia Woolf *Gita al faro* (1927), un classico della letteratura modernista che fa un uso sapiente della tecnica del flusso di coscienza.

Le ventose spiagge gemelle sono in ogni stagione un posto magnifico in cui fare una passeggiata. In genere è possibile avvistare una colonia di foche presso **Mutton Cove**, una spiaggia di ciottoli alla base di una erta scogliera a est di Godrevy Point. Dalle scogliere si avvistano anche uccelli marini: cormorani, urie e diverse specie di gabbiani. Le dune erbose (*towans* in cornico) sono un importante ambiente naturale lungo la costa.

DOVE MANGIARE NEI DINTORNI DI ST IVES

Porthminster Beach Cafe
Bellissimo bistrò sulla spiaggia con una assolata terrazza e un ottimo menu ispirato al Mediterraneo. ££

Porthminster Kitchen
Ristorante cittadino affiliato al *cafe* sulla spiaggia, propone la stessa cucina ispirata al Mediterraneo ma con vista sul porto. ££

One Fish St
Menu di degustazione di cucina di mare, variabili in funzione del pescato del giorno. £££

Searoom
Ristorante sul molo specializzato in piccoli piatti di cucina locale, gestito dalla St Ives Liquor Company (che produce un ottimo gin artigianale). ££

Blas Burgerworks
Ristorante con un ottimo assortimento di hamburger per carnivori, vegetariani e vegani. ££

Halsetown Inn
Squisita cucina da pub a 1 miglio (1,6 km) da St Ives nella minuscola Halsetown. In parte bar di villaggio, in parte gastropub. ££

TRASPORTI LOCALI

Tentare di attraversare in auto il centro di St Ives significa creare i presupposti per un incubo. Se siete arrivati in auto, il parcheggio più grande, in cui è più probabile trovare posto, è quello di Trenwith, in cima a una salita rispetto al centro. Ma valutate di lasciare l'auto presso le stazioni di St Erth o Lelant e di arrivare a St Ives in treno. La First Kernow ha autobus diretti a Penzance, Marazion e sulla costa di Zennor, che passano da Sennen e Land's End.

Dintorni di St Ives

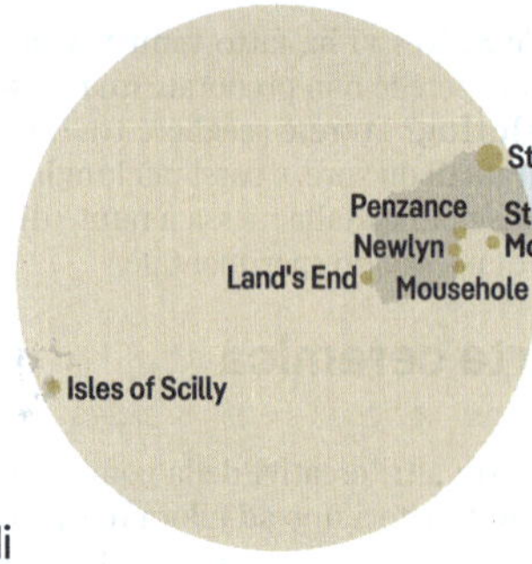

A ovest e a sud di St Ives si estende la selvaggia Penwith Peninsula, un lembo di terra che si protende arcuato nell'Atlantico, quasi a volerne testare le acque.

Duro e remoto, punteggiato di ciminiere, fattorie e brughiere sferzate dal vento, questo è un angolo selvaggio di Cornovaglia, distante dalle graziose cittadine di mare e dalle spiagge ben tenute che altrove caratterizzano la contea. La vecchia Penzance sorge sul lato meridionale della penisola, a circa 10 miglia (16 km) da Land's End e dal famoso teatro sulla scogliera di Minack. Le vere attrattive della zona si rivelano lontano dalle strade più battute: questa è una terra in cui sulle colline si ergono monumenti in pietra, le antiche brughiere cedono il posto a scogliere coperte di ginestrone e all'orizzonte si stagliano insediamenti dimenticati. Per una fuga dalla quotidianità, vale la pena di spingersi fino alle isole meno visitate dell'arcipelago Scilly, dove ci si sente come in un mondo a parte.

IL CONSIGLIO

Se intendete mettervi alla ricerca dei siti più antichi, soprattutto quelli più fuorimano, procuratevi una buona cartina: la *Ordnance Survey Explorer Map 102: Land's End, Penzance & St Ives* è la migliore.

Minack Theatre (p314)

TANASUT CHINDASUTHI/SHUTTERSTOCK ©

ROGER DRISCOLL/SHUTTERSTOCK ©

Carn Euny

Al buio

UNA VERA MINIERA DI STAGNO

L'estrazione dello stagno è stata l'attività industriale più importante della Cornovaglia occidentale per gran parte del XVIII e del XIX secolo. Per farvi un'idea di come fosse la vita per gli 'hard rock men' e le 'bal maidens' della zona (rispettivamente gli uomini e le donne impiegati in questo difficile lavoro), potrete spingervi fin sottoterra, nella **Geevor Tin Mine**. L'ultima miniera della Cornovaglia occidentale, chiusa nel 1990, si presenta come un labirinto di pozzi e gallerie dominato dall'umida oscurità, dove un tempo i minatori lavoravano senza posa per lunghe ore. Oggi per i visitatori trascorrere un po' di tempo nelle viscere della terra è un'esperienza indimenticabile.

Vale la pena di passare dal **Levant Mine & Beam Engine**, di proprietà del National Trust. Il motore a vapore usato per pompare l'acqua alluvionale dai profondi pozzi sotterranei, innovativo per l'epoca, è uno dei pochi tuttora funzionanti. I fotografi non vorranno perdersi le suggestive rovine legate all'attività mineraria affacciate sull'Atlantico nei pressi di **Botallack**.

LA PREISTORIA DI PENWITH

Penwith è tempestata di bizzarre rovine archeologiche, risalenti al periodo compreso tra il Neolitico e l'Età del Bronzo. Tra esse ci sono la **Mên-an-Tol** (pietra forata) a forma di anello, numerosi menhir, impressionanti cerchi di pietra, tra cui quelli di **Merry Maidens** e **Boscawen-Un**, e caratteristici dolmen (camere funerarie del Neolitico), che in Cornovaglia sono conosciuti come *quoits* – **Lanyon Quoit** e **Chûn Quoit** sono tra quelli meglio preservati. Potrete anche visitare quel che resta degli insediamenti dell'Età del Bronzo di **Chysauster** e **Carn Euny**.

PER UNA SOSTA A PENWITH

Argoe
La fama arride a Rich Adams, giovane chef del posto, e al suo locale specializzato nel pesce e nei frutti di mare, a Newlyn. **£££**

Shore
Il miglior bistrò di Penzance, guidato dal top chef Bruce Rennie, propone cucina di mare e ingredienti locali. **£££**

Tolcarne Inn
Lodato gastropub di Ben Tunnicliffe, a Newlyn, vince spesso dei premi per la sua superlativa cucina di mare. **£££**

Il mondo è un palcoscenico

L'ULTIMA FRONTIERA DEL TEATRO

Dimenticatevi il West End: per una serata a teatro davvero indimenticabile in Gran Bretagna, il **Minack** non si batte. Scavato nella roccia che si affaccia su Porthcurno e sull'infinita distesa blu dell'Atlantico, questo incredibile anfiteatro nella scogliera è frutto della passione coltivata per tutta la vita da Rowena Cade, amante di teatro che ebbe l'idea negli anni '30. I meglio informati arrivano equipaggiati di tutto l'occorrente per godere dello spettacolo: vino, provviste per un picnic, quel che serve per far fronte alla pioggia e – cosa più importante, tenuto conto che le sedute sono ricavate nel granito – comodi cuscini.

Al di sotto del Minack si estende il cuneo sabbioso di **Porthcurno**, una spiaggia molto frequentata ottima per nuotare o prendere il sole (affollata nell'alta stagione). Nei pressi si trova il **PK Porthcurno**, fantasioso museo sull'inaspettato ruolo della zona come fulcro per le telecomunicazioni globali.

MOUSEHOLE

Agglomerato di cottage e vicoli alle spalle di un frangiflutti in granito, **Mousehole** (si pronuncia *mowzle*) sembra uscito da un libro di fiabe per bambini (come non ha mancato di notare la scrittrice Antonia Barber, che vi ha ambientato la sua celebre favola dal titolo *The Mousehole Cat*). In passato era il porto principale della Cornovaglia per la pesca delle sardine, ma alla fine del XIX secolo le risorse ittiche si esaurirono, e oggi l'economia locale si basa in grande misura sul turismo.

Affollata in estate e pressoché deserta in inverno, si presta a magnifiche passeggiate, soprattutto a Natale, quando il villaggio viene decorato con le luci. Non perdete l'occasione di una pinta allo **Ship Inn**: il 23 di dicembre, serve lo *Stargazy pie*, una torta salata di sardine preparata in onore dell'eroe locale Tom Bawcock, che navigò in acque tempestose per salvare il villaggio dalla carestia.

Ultima tappa: Kernow

IL PUNTO PIÙ OCCIDENTALE DEL 'MAINLAND' BRITANNICO

Il nome è eloquente. **Land's End** è dove la Cornovaglia e tutto il 'mainland' britannico giungono al termine, il nero granito battuto dalle onde e dalla spuma bianca. Famoso per essere l'ultima tappa dell'escursione di 874 miglia (1406 km) in partenza da John O'Groats in Scozia, offre vedute spettacolari. Scattare una fotografia del cartello di Land's End ('New York 3147; John O'Groats 874') è forse un cliché, ma nondimeno è irrinunciabile.

Purtroppo il sito è stato in parte deturpato dalla costruzione, negli anni '80, di un parco a tema oltremodo pacchiano. Per fortuna è possibile saltarlo a piè pari e limitarsi a pagare il parcheggio. Il sentiero litoraneo a sud di Land's End rimane magnificamente selvaggio; la spiaggia sassosa di **Nanjizal Beach**, con belle grotte marine da esplorare, è un ottimo punto di arrivo.

Arte e pescherie

TOUR DELLE GALLERIE E CENA DI PESCE

Affacciato su Mount's Bay, l'antico porto di **Penzance**, ultima fermata sulla Great Western Railway, è un luogo grazioso in cui trascorrere un pomeriggio. Vale la pena di dedicare tempo ad ammirare la collezione d'arte del **Penlee House Museum & Gallery**, con le sue pitture della Newlyn School e di artisti locali.

Per qualcosa di più contemporaneo, fate un salto da **The Exchange** e lo spazio gemello della **Newlyn Art Gallery**, raggiungibile percorrendo il grandioso lungomare di Penzance.

PER UNA SOSTA A PENWITH

Gurnard's Head
Uno dei migliori pub della zona, propone squisiti piatti di cucina british influenzati dagli ingredienti locali. **£££**

Tinner's Arms
Il pub di Zennor è forse il locale per bere più antico della Cornovaglia; si ritiene che sia stato fondato nel 1271 circa. **££**

Trevaskis Farm
Prodotti di fattoria, sentieri da esplorare, frutti da raccogliere e un ottimo *Sunday roast* (è necessario prenotare). **££**

Jubilee Pool

Newlyn è l'ultimo porto di una certa grandezza dedito alla pesca commerciale in Cornovaglia. È un ottimo posto in cui procurarsi granchi, astici e vari tipi di pesce freschissimi, direttamente dagli addetti presso le imbarcazioni di rientro nel porto o nelle pescherie lungo il molo, come **W Harvey & Sons**. Se preferite lasciare ad altri il compito della preparazione del cibo, prenotate un tavolo da **Argoe** o da **Mackerel Sky Cafe**.

Nell'acqua calda

IL NUOTO IN UNO STABILIMENTO STORICO

La magnifica **Jubilee Pool** è l'orgoglio di Penzance. Costruita sul lungomare di Battery Rocks negli anni '30, in un periodo in cui molti stabilimenti del genere venivano realizzati in Gran Bretagna, questa meraviglia in stile art déco ha avuto alterne vicende: a lungo ha versato in stato di abbandono prima di essere restaurata, ma oggi è una delle cornici più memorabili per una nuotata in Cornovaglia. Un investimento da £1,8 milioni ha permesso un'aggiunta degna del XXI secolo: una sezione è ora riscaldata (35°C) con energia geotermica alimentata dalle rocce calde in profondità. È senza dubbio la piscina più ricca di stile della contea, ma la richiesta per la parte riscaldata è alta: prenotate con anticipo. Anche il *cafe* è eccellente.

A SCUOLA D'ARTE

Pittura di paesaggio sperimentale? Stampa serigrafica? Disegno dal vivo? Troverete corsi di tutti i tipi presso la **Newlyn School of Art**, un innovativo centro artistico gestito dall'artista e curatore locale Henry Garfitt.

Ospitata nella cornice solenne della vecchia scuola di Newlyn, in un contesto dominato dall'architettura vittoriana, offre un ampio ventaglio di lezioni e di corsi per tutti i livelli di abilità, molti dei quali insegnati da pittori locali di una certa fama (l'elenco dei docenti della scuola evoca l'intera scena artistica contemporanea della Cornovaglia). Le classi sono piccole (massimo 10 persone) e accolgono artisti alle prime prove, così come esperti.

DOVE DORMIRE NEI DINTORNI DI PENWITH

Venton Vean
Un moderno B&B rifinito nelle tonalità del grigio e del blu, con pavimenti in legno, bay window e tocchi di design. **££**

Old Coastguard Hotel
Splendido albergo sul litorale, tra i migliori della Cornovaglia, con bei giardini e vista mare. **£££**

Artist Residence Penzance
L'albergo più divertente di Penzance occupa una *town house* d'epoca arricchita da uno stile eccentrico. **£££**

ESPLORARE LE ISLES OF SCILLY

Ci sono due modi per raggiungere le Scilly: via mare o via aerea. Il traghetto *Scillonian III* effettua le sue corse tra Penzance e St Mary's tra aprile e ottobre; la traversata dura circa tre ore. Molto più veloci (poco più di 20 minuti), ma soggetti a cancellazioni per il maltempo, sono i voli in partenza dal Land's End Airport, vicino a Zennor. In estate ci sono voli in partenza anche dal Newquay Airport o da Exeter.

Per esplorare le altre isole, comprese St Agnes, Bryher e St Martin's, è possibile rivolgersi alla **St Mary's Boatmen's Association** (scillyboating.co.uk), che fornisce tutto l'anno un servizio di trasferimento (con corse meno frequenti in inverno). Vengono organizzate anche gite dedicate all'avvistamento della fauna selvatica e crociere dirette verso molte delle isole disabitate, tra cui Annet, Teän e le Eastern Isles.

L'isola sacra

A PIEDI FINO ALL'ABBAZIA SULL'ISOLA

Al centro della Mount's Bay si staglia il **St Michael's Mount**, un isolotto sormontato da un castello da fiaba. Un monastero sorge sull'isola almeno dal V secolo, ma l'abbazia che si può vedere oggi fu costruita in gran parte dai monaci benedettini nel XII secolo (lo stesso ordine religioso costruì anche l'abbazia gemella di Mont St-Michel, in Francia). Di particolare interesse nel palazzo principale sono il soggiorno rococò, l'armeria, la chiesa del XIV secolo e, soprattutto, i magnifici giardini abbarbicati sulla scogliera.

È particolarmente suggestivo raggiungere il Mount percorrendo a piedi la strada rialzata acciottolata in partenza da Marazion, cosa possibile per circa quattro ore al giorno in coincidenza con la bassa marea. Da aprile a ottobre ci sono dei traghetti che fanno la spola quando la strada è coperta dall'acqua.

L'ora delle Scilly

DI ISOLA IN ISOLA DA ST MARY'S

Anche se si trovano solo 28 miglia (45 km) a ovest della costa, le **Isles of Scilly** sotto molti punti di vista sembrano appartenere a un altro mondo. La vita quotidiana nel piccolo arcipelago appare pressoché immutata rispetto al passato: non ci sono traffico, supermercati e alberghi di grandi catene, e gli unici rumori di fondo sono il fragore delle onde e il grido dei gabbiani.

Solo cinque isole sono abitate. La vivace **St Mary's** è la più grande, ma anche questa, larga al massimo 3 miglia (4,8 km) ed estesa su una superficie di circa 15,5 kmq, non è certo enorme. È un piacere da esplorare in bici, ed è punteggiata di resti preistorici da scoprire, in particolare intorno a **Halangy Down**, e di graziose spiagge, come **Porthcressa**, **Pelistry Bay** e **Porthmellon**. Le bici possono essere noleggiate da **St Mary's Bike Hire** in Hugh Town, principale centro dell'isola e punto di approdo del traghetto *Scillonian III*. In alternativa si possono noleggiare piccoli veicoli motorizzati da **Scilly Carts**.

Da St Mary's un breve tragitto in barca conduce a **Tresco**, la seconda isola dell'arcipelago per grandezza. Di grande interesse sono i **Tresco Abbey Gardens**, realizzati nel 1834 dall'orticoltore visionario Augustus Smith sul sito di un priorato benedettino del XII secolo. Grazie all'influenza della corrente del Golfo, i giardini di 7 ettari ospitano oggi oltre 20.000 specie esotiche: imponenti palme, cactus del deserto, poinciane dai fiori rossi ecc. Il biglietto di ingresso consente di visitare anche la Valhalla Collection, all'aperto, costituita da polene e targhe recuperate dalle molte navi affondate al largo di Tresco.

TRASPORTI LOCALI

Quella di Penzance è la stazione terminale della linea ferroviaria in partenza da London Paddington. Da Penzance partono anche molti autobus per St Ives e Land's End, compresi, in estate, autobus scoperti a due piani. La cittadina, infine, è anche il punto di attracco del traghetto *Scillonian III*, che tra aprile e settembre fa la spola con le Isles of Scilly.

FALMOUTH

Poche località costiere della Cornovaglia possono vantare una posizione spettacolare come quella di Falmouth, affacciata sull'ampio estuario del River Fal, nel Canale della Manica. Stretta tra colline e la distesa del mare, Falmouth è un trionfo di vicoli acciottolati, vecchi pub, tetti di ardesia e *cafe* alla moda. Con il suo castello sulla scogliera, le sue spiagge sabbiose e un eccellente museo marittimo, questa cittadina costituisce la base ideale per esplorare la costa meridionale della Cornovaglia.

La cittadina fece fortuna tra il XVIII e il XIX secolo. Tra il 1689 e il 1851 era il porto principale del Packet Service, il sistema di comunicazione postale alla base dell'efficiente gestione dell'impero britannico. I giorni in cui qui facevano scalo i clipper che trasportavano il tè, i velieri mercantili e le navi corsare sono tramontati, e oggi la cittadina vive soprattutto di turismo e per la presenza degli studenti attratti dalla vicina Falmouth University. Il porto resta però un importante centro di riparazioni navali: dirigendovi verso Pendennis Point noterete le gru.

IL CONSIGLIO

In estate Falmouth si riempie di turisti e trovare parcheggio è difficile. Grazie al Ponsharden Park & Float si può lasciare l'auto in periferia e prendere un'imbarcazione diretta in città. Pratici bus fanno la spola tra la piazza principale, The Moor, e diversi punti della città, raggiungendo anche le spiagge.

Falmouth

DA NON PERDERE
1 Kynance Cove
2 National Maritime Museum
3 Pendennis Castle

DA VEDERE
4 Devil's Frying Pan
5 Glendurgan
6 Housel Bay
7 Lizard Lighthouse
8 Lizard Point
9 Predannack Wollas
10 St Mawes Castle
11 Trebah Garden
12 Trelissick

Kynance Cove (p322)

Falmouth Harbour

Il re dei fiumi della Cornovaglia

A SPASSO LUNGO IL FIUME

Il **River Fal** è uno dei grandi sistemi fluviali di marea della Cornovaglia. Fiancheggiato da imponenti querce, le cui chiome si protendono talvolta sull'acqua, e punteggiato di baie e insenature, è un ambiente naturale affascinante da esplorare in barca, in modo autonomo o nel corso di una visita guidata. La **Enterprise Boats** propone vari percorsi che conducono ai giardini di Trelissick, a Truro e a St Mawes. In alternativa, è possibile noleggiare una barca a motore dalla compagnia **Falmouth Boat Hire**, situata nel Custom House Quay.

Il fiume e il litorale sono ottimi posti da cui avvistare la fauna selvatica. Secondo la stagione, vi si trovano molte specie di uccelli, tra cui cormorani, chiurli e garzette nivee. Più al largo della costa, in mare aperto, può capitare di vedere delfini, focene, squali elefante, foche e persino balene di Minke. Le **AK Wildlife Cruises**, condotte dal capitano Keith, il cui entusiasmo è incrollabile, è l'agenzia migliore.

POSTI MIGLIORI PER MANGIARE A FALMOUTH

Harbour Lights
Il solo posto in cui gustare il fish and chips a Falmouth. Non accettate alternative. £

Meat Counter
Ristorante di hamburger, prepara i migliori panini della città, compresi quelli vegetariani e vegani. £

Star & Garter
Gastropub che segue una politica 'dal naso alla coda'. Nel menu, che ruota intorno alla carne, c'è poco per i vegetariani. Bella vista sull'acqua. £££

Verdant Seafood Bar / Verdant Taproom
Birreria artigianale con un piccolo locale di pesce in centro. Nella sala degustazione in stile industriale vicino a Penryn si servono anche ottime pizze. ££

Pizza Please
Pizzeria hipster in un cortile d'altri tempi a Penryn. ££

Hooked on the Rocks
Ristorante di cucina di mare in ottima posizione vicino a Swanpool Beach. ££

DOVE TROVARE UNA PINTA DI BIRRA A FALMOUTH

Beerwolf Books
Un ottimo locale in cui bere qualcosa, con annessa libreria: un angolo di paradiso. Si può anche portare il proprio cibo.

The Chain Locker
Tipico locale di Falmouth a tema nautico. Più curato di un tempo, ma sempre divertente. Molti tavoli sul lato del porto.

The Working Boat
Un ottimo posto in cui ammirare il tramonto sotto il Greenbank Hotel, con molti tavoli rivolti verso il molo.

Gli splendidi giardini di Falmouth

COM'È VERDE LA MIA VALLE

Il tratto costiero intorno a Falmouth, ben riparato, ospita diversi classici giardini della Cornovaglia.

Il più magnifico è **Glendurgan**, 7 miglia (11 km) a sud-ovest di Falmouth, realizzato da Alfred Fox dopo il 1820 per far sfoggio della sua collezione di piante esotiche, tra cui rododendri himalayani, aceri canadesi e felci arboree neozelandesi. Ora di proprietà del National Trust, il giardino digrada seguendo il declivio di una spettacolare vallata, regalando vedute mozzafiato di Helford; non manca nemmeno un labirinto ornamentale. La passeggiata lungo il fiume dal Ferryboat Inn, attraverso il villaggio di Durgan, è una delizia; lungo il percorso si incontrano diverse spiagge appartate ideali per una bella nuotata.

Di fianco, accessibile dal sentiero costiero, c'è **Trebah**, realizzato nel 1840 da Charles Fox, fratello minore di Alfred. Meno formale, accoglie indisciplinati rododendri, gunnere e felci della giungla lungo i margini di un profondo burrone che conduce al molo e a una spiaggia di ciottoli.

LE SPIAGGE DI FALMOUTH

La presenza di un trio di spiagge – **Gyllyngvase**, **Swanpool** e **Maenporth** – è il principale motivo di richiamo di Falmouth in estate. Tutte e tre possono essere raggiunte a piedi, o in bicicletta, percorrendo il sentiero costiero. Noleggiare un kayak o una tavola da SUP è un ottimo modo per esplorare la costa. Ci sono operatori presso cui affittare il necessario in corrispondenza delle spiagge, ognuno con un proprio *cafe* nei paraggi. **WeSup**, a Gylly, offre un tour memorabile al tramonto, nonché sedute di yoga e ritiri dedicati al SUP. Durante l'alta marea dalle spiagge si può fare snorkelling.

Navi e castelli

IMMERSIONE NEL PASSATO DI FALMOUTH

Dall'alto di Pendennis Point, la fortezza in stile Tudor di Falmouth, **Pendennis Castle**, domina l'intera baia. La costruzione – voluta da Enrico VIII, che nel XVI secolo fece erigere molte strutture analoghe – fu progettata in tandem con quella gemella sull'altra sponda del fiume, a St Mawes: qualsiasi imbarcazione avesse osato immettersi in Carrick Roads senza permesso avrebbe potuto essere abbattuta a cannonate; invero, la fortezza finì per essere usata realmente solo durante la guerra civile. La passeggiata che dalla città porta al castello è graziosa, e tocca Gyllyngvase Beach, Castle Beach e i Falmouth Docks: portate l'occorrente per un picnic da consumare alla meta.

Per visitare la fortezza di St Mawes, potrete prendere uno dei traghetti che regolarmente fanno la spola attraverso la baia, con partenza dal Prince of Wales Pier.

L'altro sito storico imperdibile qui è il **National Maritime Museum**, avamposto della casa madre di Greenwich, Londra. Le mostre si concentrano sulla storia di Falmouth come porto, e sull'impatto storico-culturale del mare. Di particolare interesse è la Flotilla Gallery di cinque piani, dove dal soffitto pendono diverse piccole imbarcazioni, dalle barche a remi alle scialuppe di salvataggio. Non mancate di salire all'ultimo piano della torre di osservazione per vedute a 360° su Falmouth Bay.

GITE IN BARCA

In estate, le Enterprise Boats fermano presso il molo fluviale vicino a **Trelissick** (p322), dando la possibilità di scendere e fare un'escursione a piedi, prima di riprendere un'imbarcazione per il rientro.

DOVE DORMIRE A FALMOUTH

Merchants Manor
Antico albergo cittadino ora trasformato in boutique hotel: tessuti e colori audaci, e stampe divertenti. **£££**

Highcliffe B&B
I mobili vintage e il design basato anche su pezzi di recupero conferiscono a ogni camera un tocco unico. **££**

Greenbank Hotel
La regina degli alberghi di Falmouth, dall'ottima posizione vicino all'estuario pieno di barche. **£££**

HELEN HOTSON/SHUTTERSTOCK ©

Pendennis Castle

Scogliere, calette e gracchi corallini

LA PUNTA MERIDIONALE DEL 'MAINLAND' BRITANNICO

Ventitré miglia (37 km) a sud di Falmouth, **Lizard Point** è l'estremità meridionale della Gran Bretagna 'continentale', oltre che uno dei promontori che nella storia britannica ha mietuto più vittime. Nel corso dei secoli qui sono affondate centinaia di navi, dai galeoni spagnoli carichi di tesori alle fregate, il che spiega la presenza del **Lizard Lighthouse**, un imponente faro eretto nel 1751, oggi usato come centro culturale. È il solo faro della Cornovaglia su cui sia possibile salire; prenotate una visita guidata per vedere la sala in cui sono installate la lampada e la sirena da nebbia, in cima alla torre.

Dal villaggio partono diversi sentieri che raggiungono il promontorio, dove un'erta pista si snoda in discesa fino a una stazione di salvataggio, da molto tempo dismessa, e a una caletta di ciottoli. È uno dei tratti costieri più belli della Cornovaglia. Numerosi altri sentieri fanno il giro del promontorio: tra i punti di arrivo più suggestivi ci sono **Housel Bay**, la **Devil's Frying Pan** e **Predannack Wollas**, le cui scogliere tempestose sono apparse nell'adattamento del romanzo *Poldark* realizzato dalla BBC, una serie prestigiosa con Aidan Turner.

SOS FOCHE

In ogni periodo lungo la costa della Cornovaglia si trovano centinaia - se non migliaia - di esemplari di foca comune e di foca grigia, ma purtroppo non tutti conducono la vita felice che chi ama gli animali vorrebbe per loro. Il **Cornish Seal Sanctuary** tenta di mettere in salvo le foche malate e rimaste orfane, accudite e rimesse in salute prima di essere rilasciate nel loro ambiente naturale.

È possibile vivere alcune divertenti esperienze esclusive: per esempio, si può prestare servizio come guardiani della riserva per una giornata, far fare alle foche la loro colazione e partecipare a un tour del centro di riabilitazione. Vengono offerte anche escursioni guidate alla volta di un'ansa riparata per vedere i castori selvatici reintrodotti a fini di conservazione ambientale.

DOVE TROVARE PUB SULL'ACQUA

Pandora Inn
Locanda dal tetto di paglia sulle rive del Restronguet Creek, in attività dal 1650 circa, è un'istituzione locale.

The Ferryboat
Grazioso pub vicino alla spiaggia con tavoli da picnic e vista sul fiume; un traghetto porta sulla sponda opposta.

Shipwrights Arms
Da pub all'antica è diventato un gastropub raffinato. Il cibo è magnifico, e la vista sul River Helford è imbattibile.

PERCHÉ AMO LIZARD

Olly Berry,
autore Lonely Planet

La penisola di Lizard dà ancora l'impressione di essere un luogo aspro e selvaggio, cosa che ben pochi angoli della Cornovaglia continuano a fare. Madre Natura tiene in mano tutte le carte vincenti: scogliere inviolate, burrascose onde, cieli minacciosi. In breve, quanto di meglio si possa desiderare.

Alcune zone sono piuttosto vivaci, ma il processo di gentrificazione non ha ancora colpito – e se si è disposti a fare un po' di trekking, è facile trovare una caletta appartata, ignorata dalla maggior parte delle altre persone. Il mio consiglio? Venite a metà dell'inverno, in una giornata tempestosa: è allora che Lizard rivela tutta la sua personalità.

Un miglio (1,6 km) a nord di Lizard Point, **Kynance Cove** è un'insenatura spettacolare di proprietà del National Trust, disseminata di isolotti che si stagliano sul blu intenso, quasi tropicale, del mare. Le scogliere che circondano la baia sono ricche di serpentino, una roccia verde-rossastra che in epoca vittoriana andava molto di moda come ornamento. Sono inoltre un ottimo posto in cui avvistare i gracchi corallini, riconoscibili dal becco e dalle zampe di colore rosso. Quando il mare non è agitato, la caletta si presta a una bella nuotata; in estate è affollata, quindi cercate di arrivare prima delle 10. Presso il *cafe* troverete *pasties*, bibite, gelati e un superlativo panino farcito con polpa di granchio.

Un'insenatura da pirati

IL RIVER HELFORD

Fiancheggiate da querce, le rive del River Helford sembrano ammantate di mistero: non stupisce, pertanto, che Daphne du Maurier abbia deciso di ambientarvi il suo celebre romanzo dedicato alla pirateria, *Frenchman's Creek* (1941). L'operatore **Koru Kayaking** offre eccellenti uscite di due ore in partenza dal Budock Vean Hotel, oltre che crociere a bordo di una barca fluviale. È anche possibile noleggiare una propria imbarcazione da **Helford River Boats**, presso Helford Passage.

In alternativa, si può parcheggiare l'auto sul limite di Helford Village ed effettuare il percorso a piedi; una piacevole escursione circolare attraversa il bosco prima di arrivare all'insenatura; torna comodo avere con sé una buona cartina OS. Concedersi un pranzo da **Shipwrights Arms**, un ristorante affacciato sull'acqua, è un ottimo modo per terminare la passeggiata.

I Trelissick Trails

GRANDIOSI GIARDINI

Situata in splendida posizione sull'estuario del River Fal, 4 miglia (6,4 km) a sud di Truro, **Trelissick** è una delle più belle tenute aristocratiche della Cornovaglia: in una contea in cui simili tenute abbondano, il primato vuol dire tanto. La vasta distesa di campi verdi e di parchi è attraversata da sentieri. Il modo migliore per raggiungere i giardini è a bordo di un'imbarcazione gestita dall'operatore **Enterprise Boats**, che propone gite in partenza da Truro e Falmouth. La **Canoe Cornwall** organizza uscite di mezza giornata a bordo di canoe canadesi, oltre che lezioni di tiro con l'arco, lancio dell'ascia e *bushcraft*.

TRASPORTI LOCALI

Falmouth si trova alla fine della linea ferroviaria secondaria che parte da Truro. Autobus locali fanno il giro della città e della zona circostante, e raggiungono anche le spiagge; per i dettagli sui percorsi e gli orari, v. OTS Falmouth (otsfalmouth.co.uk).

Per trarre il massimo dalla visita alla penisola di Lizard bisogna disporre di un'auto, anche se ci sono alcuni autobus locali che da Helston e Falmouth vanno a Mullion e al villaggio di Lizard; per i dettagli, v. First Kernow (firstbus.co.uk/adventures-bus/services/lizard).

FOWEY

Sotto molti aspetti, Fowey sembra il villaggio gemello di Padstow sulla costa meridionale, una normale cittadina portuale trasformata in località di villeggiatura per gente danarosa, con un agglomerato di case dai colori pastello, pub nella zona del porto e file di case a schiera che si affacciano sulle sponde boscose del River Fowey. La ricchezza della cittadina si fondava sulle esportazioni del caolino che veniva estratto dalle miniere di St Austell, ma il villaggio era un porto importante già in epoca elisabettiana. In seguito Fowey divenne la patria d'adozione della scrittrice Daphne du Maurier, che per molti anni visse nella grande tenuta di Menabilly, su cui modellò la Manderley del suo romanzo *Rebecca, la prima moglie*. Oggi è un centro gradevole, ma sempre più costoso, che costituisce una comoda base da cui partire per esplorare l'angolo sud-orientale della Cornovaglia. Nei pressi ci sono anche alcune belle spiagge.

IL CONSIGLIO

Per saltare le immancabili code estive, è un'ottima idea prenotare i biglietti di ingresso alle principali attrattive, come l'Eden Project e i Lost Gardens of Heligan, in anticipo sui rispettivi siti web.

Fowey

PJ PHOTOGRAPHY/SHUTTERSTOCK ©

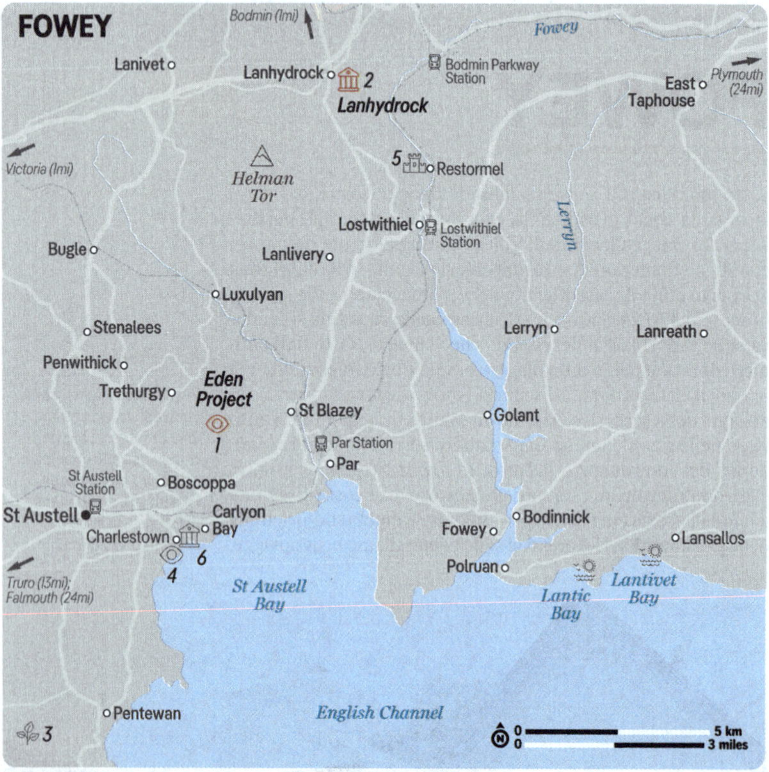

DA NON PERDERE
1 Eden Project
2 Lanhydrock

DA VEDERE
3 Lost Gardens of Heligan
4 Port of Charlestown
5 Restormel Castle
6 Shipwreck Treasure Museum

Vita sul River Fowey

KAYAK, MARTIN PESCATORI E AIRONI

River Fowey

Si dice che Kenneth Grahame abbia avuto l'ispirazione per il suo libro *Il vento tra i salici*, un classico della letteratura per l'infanzia, mentre percorreva i placidi tributari del River Fowey. Come il Fal e l'Helford, questo fiume è l'ideale per un'uscita in kayak, grazie alle sue molte tranquille insenature e all'abbondante avifauna che vi si incontra; diversi operatori organizzano gite e mettono a disposizione i kayak per chi desideri noleggiarli, tra cui **Encounter Cornwall** e **Fowey River Expeditions**.

Pochi chilometri più a nord, meritano una deviazione anche il borgo fluviale di **Golant**, con un pub sul fiume (il Fisherman's Arms) dove pranzare e ottime opportunità di dedicarsi al kayak, e **Lerryn**, con la sua pittoresca chiesa rivolta verso l'acqua.

A DESTRA: PAUL MAGUIRE/SHUTTERSTOCK ©; A SINISTRA: FRANZ-MARC FREI/GETTY IMAGES ©

Charlestown Harbour

Fermi, compagni!

UN PORTO PER VIAGGIARE NEL TEMPO

Con la sua massiccia banchina in granito e i suoi edifici in stile georgiano, il porto di **Charlestown** fa venire alla mente Long John Silver, che quasi si può immaginare di vedere uscire da un momento all'altro da qualche pub. Nei secoli passati da qui veniva spedito quasi tutto il caolino estratto dalle miniere di St Austell, ma oggi il porto è apprezzato soprattutto come set cinematografico. Potrete girare tra i moli, e con un po' di fortuna ammirare qualche nave d'alto bordo ormeggiata nel porto.

Finché siete qui, non perdete l'occasione di una visita al **Shipwreck Treasure Museum**, deliziosamente eccentrico, che ospita un'enorme collezione di oggetti e cimeli recuperati da oltre 100 navi affondate: telescopi, moschetti, intagli, monete, obici.

Giardini – tradizionali e avveniristici

DALLE SERRE VITTORIANE AI BIOMI DELL'ERA SPAZIALE

Tra le attrattive imperdibili della Cornovaglia merita di essere annoverato certamente il magnifico **Eden Project**. Costruito sul fondo di una miniera di caolino, l'insieme di gigan-

L'ISOLA EDENICA DI CORNOVAGLIA

Un miglio (1,6 km) al largo dalla cittadina turistica di Looe sorge **St George's Island** (nota ai più quale Looe Island). Nel 1965 due sorelle del Surrey, Babs ed Evelyn Atkins, vi crearono una riserva naturale, dove vissero pacificamente per la maggior parte delle loro vite, lavorando per ripristinare ambienti naturali e monitorare le popolazioni di fauna selvatica.

Il ranger dell'isola propone passeggiate nel corso delle quali vi aiuterà ad avvistare foche grigie, cormorani, marangoni dal ciuffo e beccacce di mare. La riserva è gestita oggi dal Cornwall Wildlife Trust, il quale organizza anche i trasferimenti in barca.

DOVE DORMIRE NEI DINTORNI DI FOWEY

Fowey Hall
Questo maniero vittoriano sulla collina ispirò, a quanto si dice, la Toad Hall, ed è ben attrezzato per le famiglie. **££**

Coriander Cottages
Complesso di cottage rurali alla periferia di Fowey, con fattorie convertite in open space eco-sostenibili. **££**

Fowey Harbour Hotel
Alloggi da boutique hotel con una veduta da sogno sul fiume. **£££**

LA VITA DI UNA CASA: AL PIANO DI SOPRA E AL PIANO DI SOTTO

Lanhydrock, 2,5 miglia (4 km) a sud-est di Bodmin, apre uno scorcio affascinante sulla vita dell'Inghilterra vittoriana. La casa fu ricostruita dopo un devastante incendio nel 1881 come residenza della famiglia Agar-Robartes, arricchitasi con l'estrazione mineraria, soprattutto di stagno e caolino.

Per il restauro non si badò a spese: la casa fu attrezzata con comfort moderni quali radiatori, forni, armadietti termici e sciacquoni, nonché una dispensa fredda - una sorta di frigorifero - a servizio della grande cucina, una novità assoluta per l'epoca.

L'elaborata Long Gallery, degna di nota per il soffitto di gesso, non si sa come superò illesa l'incendio. La casa fu donata al National Trust nel 1951 insieme con 160 ettari di parco, dove è possibile compiere molte belle passeggiate.

Lost Gardens of Heligan

teschi biomi è diventato un luogo simbolo della Cornovaglia, oltre che un faro luminoso per la sua rigenerazione. Le enormi sfere, che fanno venire in mente una stazione di allunaggio, o magari il covo di un cattivo di un film di James Bond, ricreano i vari ecosistemi presenti in giro per il mondo, dall'arida savana all'umida foresta pluviale. Una visita all'Eden Project è un'esperienza straordinaria: nel corso di una piacevole passeggiata attraverso i diversi biomi, si ha la possibilità di ammirare piante di tutti i tipi - palme e banani, così come arbusti di caffè e maleodoranti fiori di rafflesia, per citarne solo alcuni - e di apprendere tutto quel che c'è da sapere sulla missione ecologica di questa iniziativa. Ma oltre a essere istruttiva, la visita può essere anche molto divertente: l'Eden Project propone diverse attrattive ad alto tasso di adrenalina, tra le quali la zip-line più lunga dell'Inghilterra, una gigantesca 'altalena gravitazionale', una postazione da bungee jumping alta 12 m e un'altra da 'airbag jumping' alta 25 m da cui lanciarsi nel vuoto senza imbragature, con atterraggio su un enorme materasso pieno d'aria. Per arrivare, la soluzione più semplice è prendere un autobus a St Austell, ma c'è anche una pista ciclabile che passa a breve distanza da qui.

DOVE MANGIARE NEI DINTORNI DI FOWEY

Appleton's
Lo chef Andy Appleton, già attivo da Fifteen e da Trevibban Mill vicino a Padstow, ora ha un bistrò di classe in Fore St. **££**

North Street Kitchen
Locale stile baracchino; il menu, scritto alla lavagna, è a base di ostriche e pesce fresco. Merita anche Fitzroys. **££**

Sam's
Da anni un'istituzione di Fowey: buon pesce, hamburger, insalate e bistecche. Una seconda sede è a Polkerris. **£**

L'Eden Project è nato da un'idea dell'imprenditore Tim Smit, il quale, in Cornovaglia, aveva già ridato vita ai **Lost Gardens of Heligan**. Il sontuoso giardino ottocentesco, appartenuto alla famiglia Tremayne, era caduto in rovina al termine della prima guerra mondiale, nella quale avevano perso la vita molti dei suoi giardinieri. Riportato all'antico splendore grazie all'intervento di una folta schiera di giardinieri e volontari, oggi è un paese delle meraviglie dell'orticultura: vi attendono un intrico di sentieri e orti produttivi, serre stracolme di frutta e una grotta segreta, nonché, nella Jungle Valley, un mondo perduto di felci, palme e fiori tropicali, con tanto di ponte di corda.

Pura adrenalina

TUFFI DALLA SCOGLIERA

L'**Adrenalin Quarry**, che si fregia di lanciare i suoi ospiti giù dalla scogliera dal 2009, propone un vasto assortimento di attività da brivido. Se vi piace l'idea di scivolare lungo una zip-line a oltre 60 km/h, o di avere l'impressione di precipitare nel vuoto a bordo di un enorme simulatore, questo è il posto che fa per voi. Se non vi basta, qui potrete fare coasteering, o dedicarvi al lancio dell'ascia. Oppure ancora, gratuitamente, potrete godere del lago, magari fare una nuotata, e gustare un picnic.

Si trova proprio di fianco alla stazione ferroviaria di Menheniot, dalla quale partono treni diretti per Liskeard e Plymouth.

Re (o regina) per un giorno

UN CLASSICO TORRIONE NORMANNO DA ESPLORARE

In cima a una collina rivolta su Lostwithiel, a 9 miglia (14,5 km) da St Austell, il castello di **Restormel**, oggi in rovina, ospitò in due diverse circostanze niente meno che Edoardo, il Principe Nero (il primo duca di Cornovaglia). Benché rimanga ben poco dell'interno, a parte alcune camere laterali e un deposito, è una delle fortezze a pianta circolare meglio preservate del paese. Inoltre, la vista dalla cima dei bastioni è spettacolare: nelle giornate di cielo terso lo sguardo si spinge fino alla costa.

Restormel

IL RIVER TAMAR

Da oltre un millennio il poderoso River Tamar segna il confine tra il Devon e la Cornovaglia (il fiume fu posto ufficialmente come limite orientale della Cornovaglia nel 936 dal re Atelstano, il primo sovrano dell'Inghilterra unita).

Dal 1859, le due contee rivali sono collegate dal grande **Royal Albert Bridge**, un ponte ferroviario progettato da Isambard Kingdom Brunel e descritto come un capolavoro dell'ingegneria vittoriana. Nel 1962 fu inaugurato un secondo attraversamento per consentire il passaggio delle automobili, chiamato, con poca fantasia, Tamar Bridge.

I turisti raramente dedicano tempo a esplorare il Tamar, ed è un peccato. Si può fare una gita in canoa con la **Canoe Tamar**, o percorrere a piedi o in bicicletta i **Tamar Trails**, una rete di sentieri lunga 25 km estesa tra Gunnislake e Tavistock.

TRASPORTI LOCALI

Pochi autobus arrivano a Fowey: possono tornare utili quelli che fermano a St Austell, Heligan e Mevagissey, passando per la stazione ferroviaria di Par, dove fermano i treni della linea principale Londra-Penzance.

Una linea ferroviaria secondaria si dirama da quella principale a Liskeard e arriva fino a Looe.

Autobus locali collegano tra loro le cittadine e i villaggi più grandi lungo la costa, tra cui Mevagissey, Looe e Polperro.

La maggior parte dei visitatori attraversa il Tamar per raggiungere la Cornovaglia usando il Tamar Bridge, aperto 24 ore su 24: il pedaggio si paga solo quando si rientra nel Devon.

In alto: Pepys Library (p338); a destra: Norwich (p346)

CAMBRIDGE E EAST ANGLIA

SCORCI TIPICAMENTE INGLESI

In questo angolo del paese, meno esplorato di quanto meriti, troverete città storiche, località appartate fuori dal tempo, riserve naturali lungo la costa e splendide spiagge.

Un tempo l'East Anglia era un centro vitale per l'economia e il potere del paese. In seguito, durante la Rivoluzione industriale, l'attenzione si spostò verso nord e questa protuberanza sulla costa orientale scivolò in uno stato di placida oscurità. Oggi Cambridge e Norwich sono mete turistiche molto visitate, ma invero, lontano dalle città principali, il motivo di richiamo più forte della regione risiede nell'opportunità che regala di lasciarsi alle spalle la 'vita moderna' a favore di una versione più calma e gentile dell'Inghilterra.

Quale aspetto deciderete di esplorare dipende da voi. Vorrete magari fare un giro in *punt* tra i college di Cambridge, o in una barca più grande nei Norfolk Broads; vagare nelle paludi costiere in cerca di tarabusi (uccelli d'acqua), prendere il sole su spiagge fiancheggiate da dune o passeggiare nei giardini delle vecchie dimore nobiliari; consumare un pasto raffinato nella St Benedict's St di Norwich, fermarvi a pranzo in un pub in un edificio graticcio medievale, o mettervi alla ricerca della migliore cucina di mare sulla costa del Norfolk.

Molte esperienze vissute dai turisti hanno qualcosa di estemporaneo qui: non stupitevi se vi ritroverete ad acquistare il pesce direttamente dai pescatori, a camminare in un canneto per raggiungere una spiaggia o salire un'erta scalinata per arrivare in cima a un campanile. Lungo il percorso, scoprirete la ricca storia e l'affascinante cultura di uno degli angoli più tranquilli del paese.

AREE PRINCIPALI

CAMBRIDGE
La tipica cittadina universitaria inglese.
p334

NORWICH
Storia, cucina raffinata e cultura.
p346

COSTA DEL SUFFOLK
Una versione più calma della vita sul mare.
p355

CITTÀ DELLA LANA
Case a graticcio e tanta storia.
p358

Per orientarsi

L'East Anglia occupa la protuberanza a nord del Tamigi. Le linee dei treni ad alta velocità e le autostrade arrivano fino a Cambridge e Norwich, mentre per spingersi altrove bisogna percorrere strade secondarie che si snodano tra campi coltivati e vaste zone paludose.

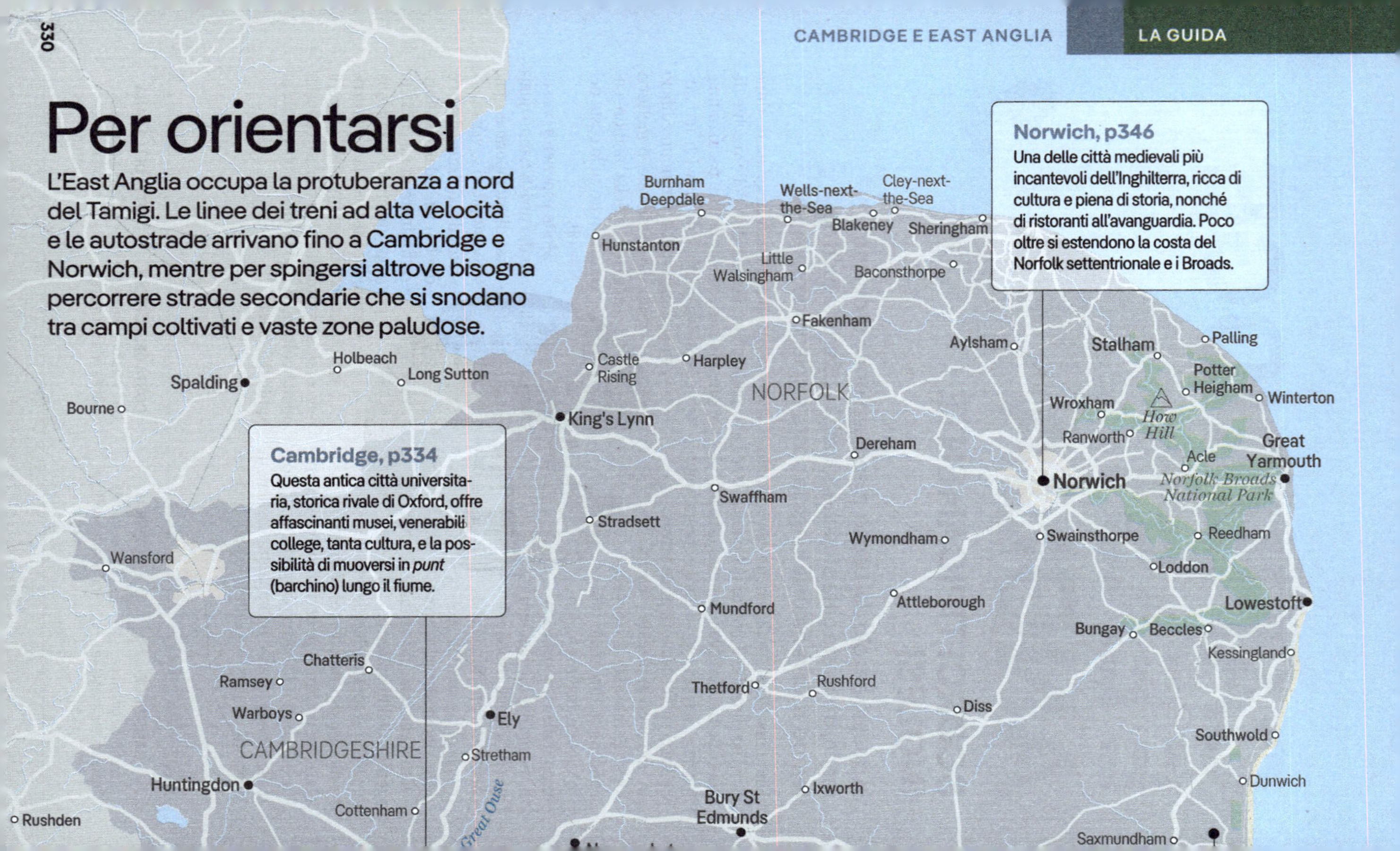

Cambridge, p334
Questa antica città universitaria, storica rivale di Oxford, offre affascinanti musei, venerabili college, tanta cultura, e la possibilità di muoversi in *punt* (barchino) lungo il fiume.

Norwich, p346
Una delle città medievali più incantevoli dell'Inghilterra, ricca di cultura e piena di storia, nonché di ristoranti all'avanguardia. Poco oltre si estendono la costa del Norfolk settentrionale e i Broads.

AUTOMOBILE

Usare l'auto è il modo più semplice per esplorare la zona. Fuorché nel centro di Cambridge e Norwich, il parcheggio è poco caro; si possono visitare villaggi medievali, dimore nobiliari e pub, evitando di dover passare a piedi nelle paludi per raggiungere le spiagge.

TRENO

I treni sono indicati per raggiungere l'East Anglia più che per girarla. Ce ne sono di veloci da Londra a Cambridge, Colchester, Ipswich e Norwich, con collegamenti per Cromer, Ely e King's Lynn, ma è necessario prendere un autobus per raggiungere il resto della costa.

AUTOBUS

I National Express raggiungono le città principali; i bus locali, poco costosi, arrivano nei centri minori, ma le corse non sono né veloci né frequenti (rare soprattutto la domenica). I percorsi Coastliner/Coasthopper tra Cromer e King's Lynn sono utili per esplorare la costa del Norfolk settentrionale.

Costa del Suffolk, p355

Ammirate un lato diverso della costa inglese: questo placido tratto di litorale ospita località balneari intrise di nostalgia, un celebre birrificio e riserve naturali dedicate all'avifauna.

Città della lana, p358

Questi avamposti medievali trasudano storia da ogni edificio a graticcio. Lasciatevi trasportare: da un castello a una piazza di mercato, fino a uno storico pub di campagna.

Ritmi di viaggio

L'East Anglia è una regione da esplorare lentamente, scivolando senza fretta dalle cittadine ai villaggi e da questi alle spiagge. Cambridge e Norwich sono punti di partenza ideali per gite in giornata nella campagna.

CHRISDORNEY/SHUTTERSTOCK ©

Clare College Bridge (p340)

Se fate una cosa sola

- Se avete a disposizione solo poco tempo, concentratevi su **Cambridge** (p334) e sulla piacevole zona verde che la circonda. Trascorrete una giornata o più a esplorare gli storici college e The Backs, quindi lasciandovi conquistare dai magnifici **musei** (p338) e dalla cultura cittadina, che potrete toccare con mano a teatro, nei pub e magari nel contesto di qualche convegno universitario.

- Fate una gita in giornata senza spingervi troppo lontano. Arrivate in *punt* fino a **Grantchester** (p344) per fare un passo indietro nella storia, oppure in auto fino a **Ely** (p345) per spolverare le vostre conoscenze sulla guerra civile inglese, a **Saffron Walden** (p344) per visitare una lussuosa casa nobiliare, o a **Duxford** (p344) per ammirare da vicino gli aeroplani usati nelle due guerre mondiali.

Le stagioni

L'East Anglia è vivace in estate, calma in primavera e autunno, e spenta in inverno. Fuori stagione le sistemazioni sono meno costose, ma il momento migliore per gustare la cucina di mare è l'estate.

GENNAIO

Periodo tranquillo dal punto di vista turistico, ma anatre e rapaci sono ancora facili da avvistare nelle riserve naturali sulla costa.

MARZO

Venite a Cambridge per i **Bumps** e il **Footlights Revue**; i siti di interesse sono ancora poco affollati, nonostante si vedano i primi segni della primavera.

APRILE

Un buon mese per passeggiare e visitare i Broads. Gli uccelli migratori fanno ritorno alle riserve, ma la ressa dei turisti è ancora di là da venire.

CARMINA_PHOTOGRAPHY/SHUTTERSTOCK ©, PHIL PHOENIX/SHUTTERSTOCK ©, ERNIE JANES/SHUTTERSTOCK ©

Con cinque giorni a disposizione

- Avendo più giorni da dedicare alla regione, arrivate fino a **Norwich** (p346), sede di una bella cattedrale, interessanti musei e ottimi ristoranti, e dedicate una giornata a girare in barca nei **Norfolk Broads** (p351). Spingetevi fino a **Southwold** (p357) per una divertente giornata in spiaggia e una ale Adnams, o andate a fare birdwatching a **Minsmere Head** e **Dunwich Head** (p356).

- Il quarto giorno, visitate le località di mare di **Cromer** (p351) e **Wells-next-the-Sea** (p353), pervase di un'atmosfera nostalgica; fermatevi in graziosi villaggi di mattoni e di selce, e fatevi sbalordire dall'eleganza di **Holkham Hall** (p353). Per terminare, andate a **Cambridge** (p334) per una giornata in *punt* lungo il Granta.

Dieci giorni per andare più a fondo

- Nel corso di un viaggio più lungo è possibile assorbire la storia medievale (e più antica) a **Colchester** (p360), **Bury St Edmunds** (p360) e nei villaggi di case a graticcio di **Lavenham** (p360) e **Long Melford** (p360). Trascorrete un giorno al mare ad **Aldeburgh** (p357), quindi dedicatevi a un safari culinario che comprenda **Norwich** (p346) e i villaggi di pescatori della **costa del Norfolk settentrionale** (p354).

- Fate un pellegrinaggio a piedi di un giorno lungo il sentiero per **Walsingham** (p354), e sfoderate il binocolo per avvistare le foche a **Blakeney** (p354) e i tarabusi a **Cley Marshes** (p353). Fermatevi a **King's Lynn** (p352) per vedere la residenza reale di **Sandringham** (p352), e terminate con i college e musei di **Cambridge** (p334).

GIUGNO

Cambridge si anima per la seconda gara Bumps; i patiti della musica classica vanno ad Aldeburgh e quelli del birdwatching sulle coste del Suffolk e Norfolk.

LUGLIO

L'estate giunge al culmine. In tutte le grandi città ci sono attività ed eventi, mentre sulle spiagge (affollate) il clima in genere è perfetto.

OTTOBRE

La folla si assottiglia via via che le temperature diminuiscono; a Minsmere è possibile godere dello spettacolo degli uccelli migratori e dei cervi in amore.

DICEMBRE

Le temperature crollano e il turismo si riduce a poca cosa, ma i mercati di Natale portano un certo scintillio a Cambridge, Norwich e le altre città.

CAMBRIDGE

Se l'East Anglia ospita una città che si può definire stellare, questa è Cambridge. Importante sede della cultura accademica dal 1209, con il suo bel groviglio di vie storiche punteggiate di college, rappresenta l'archetipo della cittadina universitaria inglese – corrispettivo locale di Oxford, sua concorrente e rivale storica anche nelle annuali regate sul Tamigi.

Di primo acchito Cambridge può sembrare un po' antiquata, con i college stile Hogwarts, gli studenti e i professori in bicicletta e i *punt* sospinti lungo il fiume. Ma la città ha anche un certo mordente, che si rivela nei bei pub e nei ristoranti alla moda, oltre che sul palcoscenico durante l'annuale teatro di rivista della compagnia Cambridge Footlights.

Essendo Cambridge un importantissimo centro culturale, non stupisce che annessi all'università ci siano tanti musei dedicati agli ambiti più vari, dall'archeologia all'esplorazione polare. E anche se i college sono una prerogativa di pochi – vale a dire, spesso, dei più ricchi – in città c'è molto da vedere senza spendere un soldo, dalle chiese storiche all'ottimo Fitzwilliam Museum.

IL CONSIGLIO

Mentre girate per le strade della città fate attenzione a non intralciare il passaggio delle biciclette e dei monopattini elettrici: alcuni degli studenti che sfrecciano da una parte all'altra sono immersi in alti pensieri intellettuali e non fanno caso ai pedoni. Se volete unirvi a quanti scelgono le due ruote, le bici possono essere noleggiate in centro e in stazione ferroviaria.

***Punt*, King's College**

PAJOR PAWEL/SHUTTERSTOCK ©

TOMASDARGUZIS/SHUTTERSTOCK ©

King's College Chapel

King's College Chapel

MERAVIGLIA MEDIEVALE

Ogni college di Cambridge è un capolavoro architettonico, ma la grandiosa cappella cinquecentesca del King's College regala una visione paradisiaca. Per trarre il massimo dallo straordinario monumento gotico, visitatelo durante una messa, quando potrete sentire coro e organo che riverberano dalle pareti, sotto il soffitto con volte a ventaglio più grande al mondo.

La maestosità della cappella si rivela nei dettagli. Fate caso ai cani e ai draghi tutti diversi tra loro raffigurati alle pareti, simboli rispettivamente delle famiglie Beaufort e Tudor. Altri motivi araldici punteggiano le pareti, tra cui la rosa Tudor di Enrico VIII, che fece completare la cappella intorno al 1544, e la saracinesca di Margaret Beaufort, madre di Enrico VII. Osservate il pontile ligneo che separa l'anticappella dal coro e vi troverete le iniziali intrecciate di Enrico VIII e Anna Bolena.

Ogni grande cappella ha bisogno di un dipinto che la caratterizzi; qui è l'*Adorazione dei magi* (1634) di Pieter Paul Rubens, dietro l'altar maggiore. Un'interessante mostra allestita nelle cappelle laterali ripercorre la costruzione di questo monumento. In occasione dei vespri si apprezza appieno la magnifica acustica; gli orari sono pubblicati sul sito web della cappella.

VISITARE I COLLEGE

All'indomani della pandemia di Covid-19, visitare i college di Cambridge è un po' meno agevole rispetto al passato. Nella maggior parte dei casi esplorare le corti, i giardini e determinati edifici (tra cui le cappelle e le biblioteche) è consentito ai turisti, ma la scelta è lasciata alla discrezionalità dei 'college porters': amministratori che si comportano come genitori vicari per gli studenti, e talvolta come guardiani dal pugno di ferro.

L'ingresso spesso dipende dal fatto che i porters siano disponibili ad aprire le porte: è bene chiamare in anticipo. Alcuni college fanno pagare per l'accesso, o osservano orari precisi; altri accolgono solo chi è immatricolato o lo è stato in passato; tutti chiudono al pubblico per due settimane a Natale e durante gli esami, tra inizio aprile e metà giugno.

DOVE DORMIRE NEL LUSSO A CAMBRIDGE

University Arms Hotel
La sontuosa ricostruzione del primo 'grand hotel' di Cambridge emana eleganza e fascino vintage. £££

Varsity Hotel
Interpretazione moderna del lusso a Cambridge, con arredi di design ed enormi finestre da cui ammirare il paesaggio. £££

Duke House
Elegante boutique B&B in quella che fu la dimora studentesca del duca di Gloucester. £££

DA NON PERDERE
1 Fitzwilliam Museum
2 King's College Chapel

DA VEDERE
3 Bridge of Sighs
4 Cambridge University Botanic Garden
5 Clare College Bridge
6 Corpus Christi College
7 Corpus Clock
8 Great St Mary's Church
9 Kettle's Yard
10 Kitchen Bridge
11 Little St Mary's Church
12 Magdalene College
13 Mathematical Bridge
14 Museum of Archaeology & Anthropology
15 Museum of Zoology
16 Pepys Library
17 Polar Museum
18 Round Church
19 Sedgwick Museum of Earth Sciences
20 Trinity College
21 Trinity Hall College
22 Whipple Museum of the History of Science
23 Wren Library

ATTIVITÀ E TOUR
24 Cambridge Chauffeur Punts
25 Scudamore's Punting

SHOPPING
26 Cambridge University Press

Corpus Clock (p338)

ALTRI COLLEGE DA ESPLORARE

I college qui posti in evidenza sono un punto di partenza. Il **St John's College** ospita una grande cappella gotica progettata da George Gilbert Scott e il Bridge of Sighs ('Ponte dei Sospiri'), vero capolavoro di intrecci decorativi in pietra, preso di mira dagli studenti per molte loro burle.

Altre istituzioni che meritano una visita sono il **Christ's College**, con il suo cancello araldico; **Pembroke**, dove sorge la prima cappella di Wren; **Queens'**, simile a Hampton Court; **Peterhouse**, in stile georgiano; ed **Emmanuel**, con una elegante cappella progettata da Wren e la targa dedicata a all'ex studente John Harvard, quello della Harvard University.

Dedicate tempo a visitare **Gonville & Caius** – un college fondato due volte (perciò portatore di un doppio nome), famoso per la sua Senate House barocca e le tre porte note come Virtue, Humility e Honour, a segnare il percorso dei buoni studenti.

Per topi di biblioteca

LE GRANDIOSE RACCOLTE LIBRARIE DELL'INGHILTERRA

L'accesso alle antiche biblioteche di Cambridge viene accordato in modo non del tutto prevedibile, ma se riuscirete a entrare, le raccolte di tomi vi faranno venire in mente *Il nome della rosa*.

La biblioteca più famosa è la **Pepys Library** del **Magdalene College** (si pronuncia 'Maud-lyn'), sul fiume, che custodisce circa 3000 libri donati dal diarista Samuel Pepys alla sua vecchia scuola nel XVII secolo: tra i testi ci sono manoscritti miniati e un registro delle navi della Royal Navy compilato intorno al 1540.

Parte dell'elegante **Corpus Christi College**, l'alma mater di Christopher Marlowe, la sublime **Parker Library** ospita la collezione più pregevole al mondo di manoscritti anglosassoni, ma è aperta agli esterni solo durante le visite condotte da guide accreditate.

La terza grandiosa biblioteca sorge nel venerabile complesso della scuola che frequentò Isaac Newton, il **Trinity College**, riconoscibile per la statua sopra il portale di accesso raffigurante Enrico VIII (che regge non uno scettro, bensì la gamba di un tavolo, conseguenza di una burla studentesca). La **Wren Library** custodisce oltre 55.000 libri pubblicati prima del 1820, compresi gli scritti di Shakespeare, Newton e Jonathan Swift, e un autografo di *Winnie the Pooh* (A.A. Milne e il figlio Christopher Robin si laurearono qui). Nel 2022 l'accesso era riservato agli studenti (presenti e passati), ma ora la situazione potrebbe essere tornata alla normalità.

Il Corpus Clock

IL TEMPO FRENA E SI FERMA, MA FUGGE TUTTAVIA

All'esterno del bel Corpus Christi College in King's Parade campeggia il **Corpus Clock**, un dispositivo laccato in oro 24 carati inaugurato nel 2008. Il fantastico orologio è azionato da una orripilante cavalletta 'cronofaga', che gira gli ingranaggi con le zampe. L'orologio è preciso solo una volta ogni cinque minuti; il resto del tempo va piano, si arresta del tutto, o va troppo veloce: un tributo, nelle intenzioni del suo creatore J.C. Taylor, al procedere irregolare della vita.

Il migliore museo in un college

LA STORIA ASSORBITA PER IMMERSIONE

Affettuosamente soprannominato 'the Fitz' dalle persone del posto, il gigantesco edificio in stile neoclassico chiamato ufficialmente **Fitzwilliam Museum** è solo il più interessante dei

DOVE DORMIRE SPENDENDO POCO A CAMBRIDGE

Cambridge YHA
A pochi passi dalla stazione ferroviaria, dispone di camere e camerate immacolate, nonché di un *cafe* e un bar. **£**

University Rooms
Per un'esperienza sui generis, prenotate gli alloggi degli studenti lasciati vuoti durante le sospensioni delle lezioni. **£**

Worth House
Incantevole B&B di Cambridge: ottime prime colazioni e un design ricco di stile, a nord del Midsummer Common. **££**

Cambridge Botanic Garden

molti musei pensati per gli studenti della University of Cambridge. Immaginatevi che cosa voglia dire per gli studenti avere a disposizione non solo le migliori biblioteche del paese per le loro ricerche, ma anche una delle collezioni più pregevoli dell'intera Gran Bretagna di opere d'arte e tesori dell'età classica!

Mentre girate, vedrete molti studenti intenti a studiare la storia delle regioni affacciate sul Mediterraneo scrutandone le magnifiche ceramiche, le vecchie pitture o i corredi funerari (ce ne sono di romani, egizi, ciprioti ecc.), parte di una collezione donata dal settimo visconte Fitzwilliam alla sua vecchia scuola.

Relax in un orto botanico

LA SERENITÀ RITROVATA IN MEZZO AL VERDE

L'orto botanico cittadino nacque come strumento didattico nel 1846 e solo dopo fu aperto al pubblico. Fondato dal professor John Henslow, mentore di Charles Darwin, questo vasto spazio verde è pieno di angoli appartati, quasi segreti, il che ne fa un luogo ideale per giocare a nascondino con i piccoli. Chi è appassionato di botanica apprezzerà il fatto che ci siano oltre 8000 specie vegetali da ammirare, dagli alberi caducifogli ai nepenti e alle palme che riempiono le serre dell'epoca vittoriana. Tra maggio e settembre vengono offerte visite guidate gratuite.

VEDERE I COLLEGE DI CAMBRIDGE

Gerald Smith, presidente della Society of Cambridge Tour Guides, dà qualche consiglio su come trarre il massimo dai college.

Le scuole sul fiume sono giustamente famose – soprattutto il Queens' College (assai fotogenico), il King's College (con la spettacolare cappella gotica) e il St John's College (ideale per le vedute sul fiume). Quello che preferisco, però, è Pembroke, fondato nel 1347. L'ingresso in questa oasi di tranquillità è libero: sedetevi nella cappella ad ammirare l'eleganza del primo edificio di Christopher Wren, o esplorate lo spazio verde, con tanto di banano!

Il mio consiglio? Assistere ai vespri in una cappella. Tenete presente che i college possono chiudere in certi orari; controllate sui loro siti web o fate la visita con una guida accreditata (con il badge blu o verde).

DOVE MANGIARE A CAMBRIDGE

Midsummer House
L'avanguardia culinaria dello chef Daniel Clifford, con due stelle Michelin, in una cornice insolita. **£££**

Smokeworks
Costolette di maiale, alette di pollo e patatine fritte: la ricetta in questo ristorante vicino alla St Bene't's Church. **££**

Cambridge Chop House
Piatti di carne e pollo (ma anche di pesce e altro) in una ottima posizione, rivolta sulla King's College Chapel. **££**

UNA VISITA AI LUOGHI DI STEPHEN HAWKING

Spesso oscurato dai college più famosi, il **Trinity Hall College** (in nessun modo collegato al più noto Trinity) ha però una bella cappella rivestita in legno, e soprattutto merita di essere ricordato quale scuola del grande astrofisico Stephen Hawking. Fu qui che questi si addottorò nonostante il sopraggiungere della sua malattia prima di ottenere una borsa di studio dal Gonville & Caius College (p338), dove lavorò fino alla sua morte nel 2018. Un memoriale in pietra in cui sono incise le parole "Remember to look up at the stars and not down at your feet" ("Ricordatevi di guardare in alto alle stelle, e non in basso ai vostri piedi") si trova fuori dallo studio che fu dello scienziato a Caius Court.

ILONGLOVEKING/SHUTTERSTOCK ©

Bridge of Sighs

The Backs e i ponti

DIETRO LE QUINTE

Per capire meglio come si svolge la vita nei college di Cambridge, bisogna spingersi oltre le facciate rivolte sulla strada: **The Backs** è il nome collettivo con cui si fa riferimento allo spazio verde che si estende alle spalle dei complessi, e che tuttavia fa parte delle loro rispettive tenute, composto da giardini formali, prati falciati con cura e campi aperti in cui talvolta il bestiame è ancora lasciato libero di pascolare e brucare l'erba.

Che esploriate la serie di parchi a piedi o in *punt*, saranno i ponti di raccordo tra le varie sezioni dei college su entrambe le sponde del fiume a richiamare l'attenzione. Il più famoso è il **Bridge of Sighs** ('Ponte dei Sospiri') del St John's College, veneziano sin dal nome. Nei pressi, il più umile **Kitchen Bridge** è stato costruito su un progetto di Christopher Wren nel 1709.

Il ponte più antico è il **Clare College Bridge** del 1639 (fate caso alle sfere decorative, una delle quali, si dice, fu danneggiata dall'architetto come protesta per il compenso ricevuto). Più a sud c'è l'esile **Mathematical Bridge** in legno, il quale, checché ne dicano alcune guide, non fu progettato da Isaac Newton, e nemmeno fu assemblato senza viti e bulloni.

DOVE BERE A CAMBRIDGE

The Eagle
Il pub frequentato dagli avieri alleati della seconda guerra mondiale, oltre che da Crick e Watson, scopritori del DNA.

Cambridge Brew House
Divertente microbirrificio situato vicino al centro storico, dalle cui spine scorrono abbondanti real ale e IPA.

The Maypole
Quel che manca a questo locale studentesco quanto a fascino storico è compensato dalla sua atmosfera cordiale.

Un museo personale

COME VIVONO I CURATORI D'ARTE

Se vi siete mai chiesti cosa facciano in casa propria i curatori d'arte, fate un salto al **Kettle's Yard**, una galleria creata da H.S. 'Jim' Ede (1895-1990), ex curatore alla Tate Gallery di Londra. Le visite guidate gratuite esplorano la collezione di opere d'arte e di oggetti messa insieme nel corso di una vita, ed esposta in una serie di cottage contigui riadattati in modo fantasioso. Potrete ammirare opere di Joan Miró, Henry Moore e artisti meno noti, tra cui Alfred Wallis, un pittore naïf di soggetti nautici. Non cedete alla tentazione di spostare alcunché: una condizione del lascito museale è proprio che ogni cosa sia conservata esattamente come voluto da Ede!

In punt sul Granta

LUNGO UN CELEBRE CORSO D'ACQUA

Percorrere il fiume che attraversa la città, noto variamente come il Cam o il Granta, a bordo di un *punt* (il barchino sospinto con la pertica) è una tipica esperienza di Cambridge.

Presso i ponti di Bridge St e Silver St potrete unirvi a una gita in *punt* condotta da studenti universitari presenti e passati attraverso The Backs o in direzione sud fino a Grantchester, oppure noleggiare un *punt* tutto vostro per esplorare in autonomia. Le guide raccontano fatti e aneddoti interessanti, ma il tratto centrale del fiume fa venire in mente Venezia per la folla.

Con postazioni presso entrambi i ponti, la **Scudamore's** propone gite su e giù per il Cam sin dal 1910. La **Cambridge Chauffeur Punts**, in Silver St, è un'altra compagnia affidabile. Per spostarsi in modo più veloce, si possono noleggiare canoe e kayak.

Durante la Quaresima e a maggio, il fiume viene preso d'assalto dai rematori dei college in occasione delle energiche regate.

Musei universitari

UN'ISTRUZIONE MUSEALE

Lasciatevi alle spalle i turisti visitando gli incantevoli musei pensati per gli studenti universitari. Iniziate a sud del centro al **Polar Museum**, pieno di attrezzature, fotografie, cartine, diari e tragici ultimi messaggi legati all'esplorazione polare.

Nel campus di Downing St, il **Sedgwick Museum of Earth Sciences** ospita una superlativa collezione di fossili, anche raccolti da Darwin nei suoi viaggi. Il vicino **Museum of Archaeology & Anthropology** espone reperti di interesse culturale provenienti

PERCHÉ AMO CAMBRIDGE

Joe Bindloss, autore Lonely Planet

Vengo a Cambridge sin da quando ero studente per i concerti, i ristoranti e le attività sul fiume. Rimango sempre incantato dalla sua capacità di resistere alle pressioni del XXI secolo. A Cambridge pascolano ancora le vacche, professori e studenti girano ancora in bici con il manubrio alto e i picnic sul Jesus Green sono ancora apprezzati. Fate una passeggiata all'alba e vi sembrerà di essere stati trasportati indietro nel tempo, in un'epoca compresa tra il regno di Enrico VIII e la seconda guerra mondiale.

GITA A GRANTCHESTER

Che arriviate in autobus, in bici o in *punt*, **Grantchester** (p344) è una meta raggiungibile in giornata da Cambridge da non perdere – e se ve la cavate con il *punt*, potrebbe bastare anche mezza giornata.

DOVE FARE UNO SPUNTINO A CAMBRIDGE

Aromi
Istituzione locale, serve fette di pizza alla siciliana e buon gelato, dietro l'angolo su Peas Hill.

Locker
Un *cafe* studentesco dall'ambiente socievole, in cui si servono toast con salmone, avocado e altro ancora.

Fitzbillies
Questa istituzione di Cambridge prepara i *Chelsea bun* più golosi della città.

dai luoghi più remoti, dalle isole del Pacifico alla British Columbia, in Canada.

Una breve passeggiata a ovest porta all'eccellente **Museum of Zoology**, ricco di animali impagliati, ossi e becchi, e persino un narvalo bicorno. Dietro l'angolo si trova il **Whipple Museum of the History of Science**, con un'affascinante collezione di telescopi, astrolabi e sestanti.

MIGLIORI EVENTI A CAMBRIDGE

Cambridge Beer Festival
Una celebrazione delle real ale e IPA, a maggio, durante la quale si beve tanta birra all'insegna del buon umore sul Jesus Green.

Bumps
Gare sul River Granta, a febbraio/marzo e a maggio; le squadre dei college cercano di colpire ('bump') le imbarcazioni rivali.

Cambridge Shakespeare Festival
Spettacoli delle opere del Bardo nella suggestiva cornice delle corti dei college, a luglio e agosto.

The Footlights Revue
Spettacoli comici di alto livello, ad aprile e a maggio, proposti dal Cambridge Arts Theatre (trampolino di lancio per quasi tutti i comici britannici).

Le chiese cittadine

LA STORIA OLTRE I COLLEGE

Le antiche chiese di Cambridge sono ricche di tracce del passato. Iniziate il pellegrinaggio dalla **Great St Mary's**: a fronte di un piccolo contributo si può salire sulla torre, dalla cui cima si aprono vedute spettacolari sopra la distesa di guglie dei college.

Più a sud, vicino a Peterhouse College, si trova la graziosa **Little St Mary's**, che custodisce un memoriale dedicato allo studente Godfrey Washington, prozio del famoso George, il cui stemma araldico fu forse d'ispirazione per la bandiera americana.

A nord della Great St Mary's sorge la curiosa **Round Church**, una cappella a pianta circolare costruita nel 1130 dai Templari, ripresa da un modello gotico per la sua ricostruzione dopo che nel 1841 la torre collassò.

Sete di conoscenza

SAPERE DI LIVELLO UNIVERSITARIO

Per un'esperienza turistica culturale, presso i college di Cambridge si tengono tutto l'anno convegni aperti al pubblico (per il calendario, v. https://talks.cam.ac.uk).

Un'altra tappa di interesse è la magnifica libreria della **Cambridge University Press** in Trinity St, la più antica della Gran Bretagna, fondata nel 1534. Qui troverete pubblicazioni recenti sugli argomenti più vari, dai cambiamenti climatici alla meccanica quantistica.

Se mentre girate per la città gradite ricevere informazioni approfondite, prenotate una visita in compagnia di una guida con badge blu o verde della **Society of Cambridge Tourist Guides** (sctg.org.uk/tours).

Cambridge Beer Festival

TRASPORTI LOCALI

Cambridge si esplora al meglio a piedi, ma chi vuole cimentarsi con la bicicletta può noleggiarne una da Rutland Cycling, che ha filiali vicino alla stazione ferroviaria e sotto la Grand Arcade in centro; bici e monopattini elettrici in ridesharing sono disponibili da Voi. I taxi con licenza sono costosi; è più economico girare in Uber o con gli autobus locali (che in genere fermano nell'autostazione di Drummer St o lì vicino). In centro potete posteggiare sotto la Grand Arcade e in periferia ci sono cinque Park & Ride, con navette per il centro.

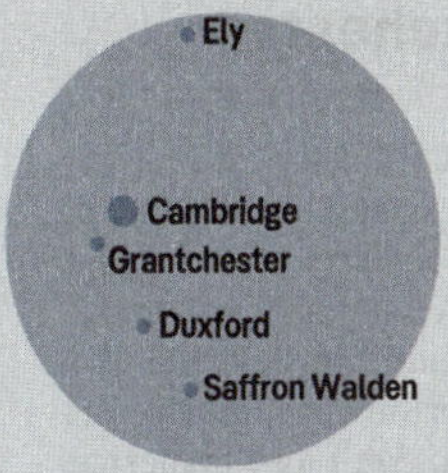

Dintorni di Cambridge

Esplorare la zona dei fen intorno a Cambridge, lontano dalla ressa, porta in una East Anglia molto più tranquilla.

Spostandovi in bus, treno, auto o *punt* potrete lasciarvi alle spalle per un giorno i college raffinati di Cambridge e immergervi nel placido mondo dei fen. In questo paesaggio perfettamente pianeggiante, troverete graziosi villaggi di case a graticcio, splendide dimore nobiliari e – un po' in contrasto – il miglior museo dedicato all'aviazione di tutta la Gran Bretagna.

Da Ely prese le mosse Oliver Cromwell quando avviò il paese alla democrazia, creando un certo scompiglio. Nella cattedrale nota come 'Ship of the Fens', potrete vedere le conseguenze delle lotte iconoclastiche condotte da diversi membri del suo partito.

Oltre al legame con Cromwell, un motivo di interesse di questa zona, così tranquilla e alla buona, sta nella sua profonda differenza rispetto alla sofisticata Cambridge.

IL CONSIGLIO

Lasciate l'automobile a casa: i villaggi intorno a Cambridge sono facili da raggiungere in autobus, in treno o in *punt*.

Audley End House (p344)

IN PUNT A CAMBRIDGE

Grantchester è solo una delle mete raggiungibili in *punt* da Cambridge. Per una gita più breve, valutate di esplorare l'area alle spalle dei college, The Backs (p340), con un ex studente per guida, magari dopo la visita alla King's College Chapel (p335).

In punt fino a Grantchester

LA GITA IN PUNT PREDILETTA DA CAMBRIDGE

Cottage dal tetto in paglia, giardini fioriti e il classico cream tea: **Grantchester** offre un'immagine da cartolina dell'Inghilterra. Resa celebre da ultimo anche dall'omonima serie TV, furono Rupert Brooke, Virginia Woolf, John Maynard Keynes, E.M. Forster e Bertrand Russell i primi a richiamare l'attenzione su questa località, con i loro pomeriggi intellettuali all'**Orchard Tea Garden**.

È possibile seguire il loro esempio ancora oggi. Basterà procurarsi *punt* e pertica da Scudamore's (p341), a Cambridge, e spingersi in avanti lungo il fiume per un'ora, superando i bei campi e giardini, fino a raggiungere questo luogo, dove consumare un buon tè all'ombra dei meli.

LA CITTADINA DELLO ZAFFERANO

Se visitate Audley End, passate da **Saffron Walden**, antico centro di riferimento per la produzione dello zafferano. Potrete vagare tra bei vicoli fiancheggiati da case a graticcio, testimonianza del benessere acquisito con il commercio dei crochi da cui è tratta la costosa spezia, usata come pigmento nell'industria tessile fino al XVIII secolo. Meritano la visita anche i **Bridge End Gardens** e il **museo municipale**, pieno di manufatti tribali dalle Americhe e dall'Oceania. Venite il martedì o il sabato per il **mercato** (il pesce al Saffron Walden Fishmonger è da non perdere).

Per gli amanti dell'aviazione

DOVE LA STORIA DECOLLA

Chi è appassionato di aeroplani potrebbe sentirsi mancare all'**Imperial War Museum** di Duxford. Presso questo altare in onore dell'aviazione sono ospitati 200 velivoli d'epoca, molti dei quali utilizzati durante la prima e la seconda guerra mondiale. Potrete toccare la fusoliera di uno Spitfire, così come di un Lockheed Blackbird.

Esposti non ci sono solo cimeli militari, bensì anche aeroplani di uso civile, con il de Havilland Comet, il primo aereo di linea a getto, e un Concorde. Duxford si trova 9 miglia (14,5 km) a sud di Cambridge, ed è raggiungibile in autobus la domenica e in auto gli altri giorni (mettete in conto circa 30 minuti).

Come vive l'altra metà

SONTUOSE STANZE E GIARDINI DA FAVOLA

Servita da una sua stazione ferroviaria e gestita dall'English Heritage, la sublime **Audley End House** vicino a Saffron Walden (45 minuti a sud di Cambridge) offre un esempio tangibile di cosa voglia dire 'vita elegante'. Se avete da poco vinto alla lotteria, gli arredi di valore inestimabile, gli stucchi in stile giacobiano, i dipinti alle pareti, le sculture lignee e gli animali impagliati di questa dimora potranno esservi d'ispirazione.

La casa fu progettata con lo scopo di porre il suo proprietario, il primo conte di Suffolk, in cima alla gerarchia dell'aristocrazia inglese, e l'operazione funzionò: Carlo II fu così colpito dall'abitazione che nel 1668 volle acquistarla per la regale somma di £50.000 (equivalente a circa £9 milioni di oggi). Gli eleganti giardini furono progettati da Lancelot 'Capability' Brown.

DOVE DORMIRE E MANGIARE A ELY

Peacocks Tearoom
Graziosa sala da tè nell'artistica zona antica di Ely situata sul lungofiume, con intime camere B&B arredate con gusto. **££**

Riverside Inn
Guesthouse sul fiume, di fianco al molo delle *narrow boats*, con camere sorprendentemente sontuose. **££**

Old Fire Engine House
I piatti più raffinati di Ely attingono alla ricca messe di prodotti stagionali e locali del Cambridgeshire. **££**

Un incontro con i Cromwell a Ely

L'INGLESE PIÙ FAMIGERATO

Il regicida e protagonista della guerra civile inglese Oliver Cromwell (1599-1658), prima di sentirsi ispirato a smantellare la monarchia, visse in condizioni di relativa oscurità nella cittadina di **Ely**, raggiungibile da Cambridge in 30 minuti di autobus o di treno.

Il militare e politico inglese non portò avanti il suo progetto chiedendo gentilmente il permesso. Dominata da una bella torre a sezione ottagonale, persino l'alta **cattedrale** gotica di Ely, conosciuta in zona come 'Ship of the Fens' (Nave dei Fen), rischiò di essere distrutta, quando egli ne silenziò il coro e ne occupò la navata, utilizzandola come scuderia.

Del resto Oliver Cromwell, conosciuto come Lord Protector, non fu il primo della sua casa a portare scompiglio a Ely: già durante il periodo della Riforma inglese, un suo prozio, Thomas Cromwell, si era reso responsabile della distruzione delle finestre medievali della cattedrale e di tutte le statue presenti nella Lady Chapel.

Le finestre distrutte in seguito furono sostituite con moderne vetrate istoriate tra le più belle della Gran Bretagna: fate caso alle raffigurazioni dell'Arca di Noè e della Torre di Babele. Ammirate anche i pannelli provenienti da tutta Europa messi in salvo e conservati nell'annesso **Stained Glass Museum**.

Se nel suo paese natale Cromwell è una figura dalla fama ambigua, in Irlanda il giudizio storico sul suo conto è inequivocabilmente negativo. Durante l'invasione del 1649, a quanto si tramanda, avrebbe intimato alla popolazione cattolica irlandese, a cui aveva già confiscato la terra, di andare 'all'inferno o al Connaught'.

Per approfondire la vostra conoscenza del Lord Protector, visitate il **Cromwell House Museum** allestito in quella che fu la sua dimora, in St Mary's St: le mostre interattive affrontano la sua vita tumultuosa e sanguinaria, e spronano i visitatori a cercare di rispondere alla domanda: 'Oliver Cromwell, eroe o uomo senza scrupoli?'

LE VETRATE DELLA KING'S COLLEGE CHAPEL

Se visitate la King's College Chapel (p335), ammiratene le vetrate del XVI secolo: poco ci mancò che non fossero mandate in frantumi dalle truppe di Cromwell, che durante la guerra civile usarono la cappella per alcune esercitazioni militari e ne deturparono le pareti.

OLIVER CROMWELL E CAMBRIDGE

Il flagello della monarchia non era certo un umile contadino. Nato in una famiglia di proprietari terrieri, il futuro regicida studiò al Sidney Sussex College di Cambridge. Le vetrate istoriate della vicina King's College Chapel, a quanto si dice, sarebbero state risparmiate per esplicito ordine di Cromwell, animato dalla nostalgia per i suoi giorni da studente.

A 29 anni fu eletto in parlamento per rappresentare Huntingdon e poi Cambridge: la bonifica dei fen circostanti, per ovviare al problema degli allagamenti, fu una sua conquista. In seguito, fatto decapitare Carlo I, ottenne per sé il titolo di Lord Protector, diventando a sua volta un re in tutto fuorché nel nome. Dopo la Restaurazione, la salma di Cromwell fu riesumata e la sua testa esposta su un palo presso la Tower of London; il corpo fu quindi sepolto all'interno del Sidney Sussex College.

TRASPORTI LOCALI

Partendo da Cambridge, Grantchester si può raggiungere in *punt* o con l'autobus n. 18, e Saffron Walden con l'autobus n. 7. Quanto a Ely, si può scegliere tra l'autobus n. 12, più lento, o il treno, più veloce. La domenica non si effettuano corse in autobus, con l'unica eccezione dell'autobus n. 132 diretto a Duxford, che invece c'è solo di domenica.

NORWICH

Se avete sentito parlare di Norwich solo in relazione al personaggio di Alan Partridge, interpretato dal comico Steve Coogan, preparatevi a una piacevole sorpresa. Il capoluogo del Norfolk sarà magari un po' ingessato, ma è anche ricco di storia, di motivi di interesse culturale e di divertimenti.

Prima che il commercio della lana entrasse in crisi a partire dal XVI secolo, Norwich era una delle città più importanti del paese: il morbido 'oro da filare' rese possibile la costruzione di grandiose chiese e di imponenti *town houses*, nonché dell'elegante cattedrale che domina sul centro.

L'operosità locale ha tenuto la città fieramente indipendente fino ai giorni nostri: vedrete un numero di negozi di catena inferiore rispetto ad altre città di dimensioni simili e molte più attività a gestione familiare.

Il castello e la cattedrale sono attrattive ovvie, ma vale la pena di fermarsi a curiosare e magari a mercanteggiare negli eclettici empori, assorbire la storia locale nei musei cittadini e gustare le specialità dei ristoranti, tra i migliori dell'East Anglia.

IL CONSIGLIO

Fondamentalmente Norwich è una tranquilla cittadina di campagna, ma a cena, soprattutto il weekend, è necessario prenotare un tavolo al ristorante.

Norwich

A SINISTRA: HELEN HOTSON/SHUTTERSTOCK ©; A DESTRA: PAUL MACRO PHOTOGRAPHY/SHUTTERSTOCK ©

DA NON PERDERE	DA VEDERE	PASTI	
1 Norwich Castle	**3** Museum of Norwich at the Bridewell	**5** Benedicts	**8** Farmyard
2 Norwich Cathedral	**4** Strangers' Hall	**6** Benoli	**9** Grosvenor Fish Bar
		7 Biddy's Tearoom	**10** Roger Hickman's
			11 Tipsy Vegan

Arte da supermercato

L'IMPORTANTE FULCRO ARTISTICO DI NORWICH

Ospitata all'interno di un padiglione progettato da Norman Foster presso la University of East Anglia, la più importante collezione d'arte di Norwich fu messa insieme non da raffinati intenditori, bensì dal magnate dei supermercati Robert Sainsbury. Nei sobri spazi grigi del **Sainsbury Centre for Visual Arts** – non compare l'arancione proprio dell'identità dei supermercati – troverete dipinti di David Hockney e Francis Bacon, sculture di Edgar Degas, Henry Moore e Alberto Giacometti; nonché manufatti provenienti dalle comunità più diverse, dagli aztechi ai popoli artici. L'università si estende 3 miglia (4,8 km) a ovest del centro; ci si può arrivare con gli autobus n. 22, 25 o 26, in circa 25 minuti.

Grosvenor Fish Bar

MIGLIORI BAR A NORWICH

Adam & Eve
Un'intima taverna in cui si serve real ale vicino al fiume, fondata nel 1249, e ottimo punto di partenza per una *ghost walk*.

Gyre & Gimble
Gli estimatori del gin si riversano in questo bar-distilleria di Charing Cross per i suoi ottimi cocktail.

The Playhouse Bar
Gli studenti amano il bar del Playhouse Theatre, un locale divertente con arredi eccentrici dentro e fuori.

Botanical Garden Bar
Pop-up bar estivo, gestito dalla compagnia teatrale Curious Directive, aperto da giovedì a sabato presso la Saint Simon and Saint Jude's Church.

TRAVELLIGHT/SHUTTERSTOCK ©

Il pub Adam & Eve

Le chiavi di volta della Norwich Cathedral

LO SPLENDORE DI UNA CATTEDRALE MEDIEVALE

La slanciata guglia della **cattedrale** di Norwich, imponente edificio sacro risalente all'XI secolo, in tutta l'Inghilterra è seconda per altezza solo a quella di Salisbury. A richiamare i visitatori, però, sono principalmente le chiavi di volta ornamentali, ovvero i rilievi posti nei punti di intersezione delle nervature visibili sul soffitto a ventaglio. Aguzzando la vista verso l'alto, negli intricati ricami di pietra, scorgerete raffigurazioni di draghi sputafuoco, castelli assediati, cori di angeli e uomini verdi di origine pagana.

Recatevi nello splendido chiostro per ammirare a distanza ravvicinata simili rilievi ornamentali: anche qui, sotto le volte si accalca un serraglio di mostri, santi e cavalieri. Appena al di fuori della cattedrale si trova la cappella della Norwich School (un tempo chiamata King Edward VI School), dove ricevette la sua istruzione l'ammiraglio Nelson.

DOVE DORMIRE A NORWICH

38 St Giles
B&B assai lodato per le prime colazioni di prim'ordine e le splendide camere tutte diverse, piene di mobili d'epoca. **£££**

Gothic House
B&B Regency in Magdalen St, una via di antiquari, ricco d'atmosfera e con qualcosa che ricorda Tim Burton. **££**

3 Princes
Elegante sistemazione in una storica *town house* con un ombreggiato cortile a giardino. **£££**

La storia dell'East Anglia

LA STORIA TRIPLICATA

Sommati tra loro, i tre musei gestiti dai Norfolk Museums – l'imponente **Norwich Castle** in cima alla collina, il **Museum of Norwich at the Bridewell** e la **Strangers' Hall** presso Charing Cross – raccontano la storia delle origini di Norwich, del Norfolk e dell'East Anglia.

Iniziate il vostro viaggio nel tempo dal castello: attualmente sono in corso dei lavori di restauro, ma ugualmente il museo si presenta pieno di animali impagliati, opere d'arte e mostre sui romani, sugli egizi e su Budicca (la regina degli iceni a capo della resistenza contro l'occupazione romana).

Il museo di Bridewell si concentra sulla storia cittadina, dalla produzione laniera e delle calzature a quella della senape Colman, e ospita un bel modello di un negozio d'epoca. Infine la Strangers' Hall presenta la vita elegante condotta dai ricchi mercanti di lana della Norwich medievale.

I raffinati ristoranti di Norwich

LA MIGLIORE CUCINA NELLA PARTE ORIENTALE DEL PAESE

L'offerta gastronomica di Norwich è tra le migliori del paese, ma se volete cenare in uno dei suoi locali più eleganti durante il weekend dovrete certamente prenotare. Iniziate il vostro tour da buongustai in St Benedicts St, dove si trovano ristoranti molto quotati come **Benedicts**, dove lo chef Richard Bainbridge, specializzato nella moderna cucina british, prepara veri capolavori usando ingredienti di qualità del Norfolk.

Nei pressi si trova anche **Farmyard**, uno spazio verde e alla moda in cui i golosi si concedono pasti di quella che viene chiamata 'bistronomy', piatti da bistrò preparati secondo le tecniche dell'alta gastronomia: merluzzo nero con agretti, pancetta di maiale con more e simili. Il **Tipsy Vegan**, anch'esso in zona, propone una divertente cucina vegana (*chorizo* vegano, hamburger di seitan e Wellington di funghi per il brunch della domenica).

Dall'altra parte della città, vicino al castello, **Benoli** fa onore alla cucina italiana, mentre **Roger Hickman's**, in Upper St Giles St, propone raffinati menu fissi ispirati ai sapori delle cucine europea e asiatica.

Per uno spuntino al volo, fate una deviazione verso sud fino a Lower Goat Lane, dove da **Biddy's Tearoom** troverete enormi dolci glassati, e al **Grosvenor Fish Bar** calamari, guance di merluzzo, granchio morbido e patatine.

LA NORWICH ANTIQUARIA

Di per sé Norwich è un po' un museo a cielo aperto: non stupisce, dunque, che ci siano ottime opportunità per chi è in cerca di oggetti d'epoca da acquistare. Iniziate la vostra ricerca in Magdalen St, fulcro dell'antiquariato, dove un negozio su due è pieno di articoli arrivati dritti dal passato. Il più bello è il **Looses Emporium**, uno scrigno di tesori e di chincaglieria di tutti i tipi: mobili di modernariato o antiquariato, abiti vintage, vecchie insegne di negozi, Dalek di plastica ecc.

Diverse chiese storiche di Norwich prendono parte attiva in questo commercio. Vestiti, mobili, ceramiche, vinili, giocattoli da collezione e altro vi attendono da **St Gregory's Antiques & Collectables**, vicino a St Benedicts St, e presso l'**All Saints Antiques Centre**, a Westlegate.

TRASPORTI LOCALI

Il centro di Norwich si presta a essere girato a piedi, ma ci sono anche molti autobus locali in circolazione, che arrivano fino all'università; non è particolarmente adatto alle automobili: parcheggiate sotto il castello, o usate uno dei Park & Ride in periferia.

I bus extraurbani partono dall'autostazione principale nei pressi di Surrey St, alla volta di Cromer, King's Lynn e Wroxham (per i Broads). Tutte e tre queste cittadine sono servite anche dal treno, ma la stazione ferroviaria di Norwich in Thorpe Rd è un po' lontana dal centro.

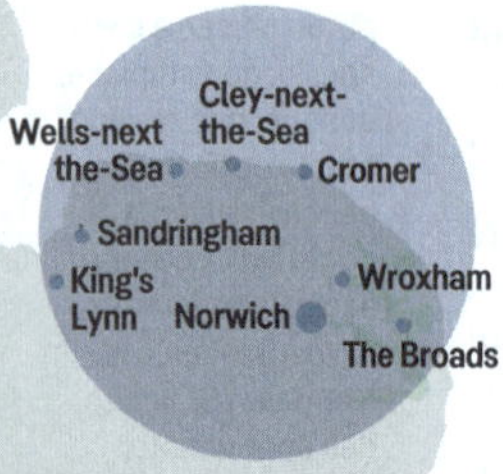

Dintorni di Norwich

A nord di Norwich vi attendono sabbia, foche, uccelli marini, dimore nobiliari e gite in barca nei Broads.

Norwich è la porta di accesso a una delle parti più incantevoli del paese. Qua e là intorno a Norwich troverete sontuose dimore nobiliari, le spiagge e i ristoranti di cucina di mare della costa del Norfolk e le vaste paludi dei Norfolk Broads.

In estate le famiglie si riversano qui per giornate di relax sulla sabbia e uscite in barca nei Broads, mentre tutto l'anno i patiti di birdwatching ed escursionismo apprezzano le paludi alle spalle della battigia. Ovunque andiate, vi sembrerà di uscire dal tempo e di entrare in un'estate perduta degli anni '50.

I comodi collegamenti rendono agevole esplorare la costa del Norfolk settentrionale. Cittadine di mare, porti di pescatori, riserve naturali e sontuose residenze: ogni cosa a portata di bus. E tra le varie tappe potrete gustare squisite specialità di mare, dal granchio di Cromer ai gamberetti in arrivo dalla baia di Wash.

IL CONSIGLIO

Se intendete esplorare la costa del Norfolk settentrionale, prendete innanzi tutto il treno per Cromer. Da lì l'autobus Coasthopper effettua tutti i giorni, a intervalli di un'ora, corse per Wells, da dove parte l'autobus Coastliner per King's Lynn.

Wells-next-the-Sea (p353)

OSCAR JOHNS/SHUTTERSTOCK ©

Hotel de Paris, Cromer

In barca nei Norfolk Broads

UN DEDALO DI CORSI D'ACQUA

Circa 9 miglia (14,5 km) a nord-est di Norwich sorge Wroxham, la porta di accesso più comoda per i Norfolk Broads. La vasta area paludosa ebbe origine quando i fiumi Wensum, Bure, Waveney e Yare inondarono i crateri lasciati nel XII secolo dai piccoli proprietari terrieri in cerca di torba. Questo ambiente naturale è oggi un luogo apprezzato per la nautica da diporto.

Troverete molti operatori disponibili a noleggiare barche per gite in giornata o con pernottamento, canoe e kayak, a bordo delle quali si possono esplorare 125 miglia (oltre 200 km) di sinuosi corsi d'acqua. A Wroxham, **Barnes Brinkcraft** e **Broads Tours** sono gli operatori principali a cui rivolgersi per i viaggi organizzati e il noleggio di barche per la giornata, mentre **Mark the Canoe Man** offre uscite in barca a remi con guida, e il noleggio di kayak e canoe.

A Stalham, a 8 miglia (13 km) da Wroxham, il **Museum of the Broads** raccoglie un gran numero di imbarcazioni d'epoca, vanta una propria antica lancia a vapore tuttora funzionante e presenta mostre dedicate alla vita degli abitanti di questa zona paludosa. Nella tenuta di How Hill House, il minuscolo

CROMER, UNA LOCALITÀ BALNEARE D'ALTRI TEMPI

Piacevolmente vecchia maniera, **Cromer** (a 45 minuti di treno da Norwich) è l'ultima fermata sulla linea ferroviaria. Un tempo folte schiere di vacanzieri vittoriani arrivavano qui a bordo di un treno a vapore per godere dell'aria di mare, della buona cucina a base di pesce e degli spettacoli sul molo. In effetti il *pier show* di Cromer piace ancora, così come il nostalgico **Hotel de Paris** in posizione elevata sulla spiaggia.

Le onde che si frangono sui ciottoli sono spettacolari; chi aspira a cavalcarle può prendere lezioni di surf dalla **Glide Surf School**, sul lungomare. Dalle stesse acque provengono i famosi granchi di Cromer, scaricati a riva dalle piccole imbarcazioni visibili sulla battigia. Nei pressi, l'**Henry Blogg Museum** rende omaggio a Henry Blogg, l'addetto al battello di salvataggio più decorato nella storia della Royal National Lifeboat Institution (RNLI).

DOVE DORMIRE NEL NORFOLK SETTENTRIONALE

Cley Windmill
Sistemazione in un vecchio mulino a vento affacciato sui canneti di Cley-next-the-Sea, un luogo delizioso. £££

Blakeney Hotel
Elegante boutique hotel di fianco alle paludi di Blakeney, con design raffinato e servizio impeccabile. £££

Bank House
Eleganza georgiana sulle sponde del River Great Ouse a King's Lynn, con un ristorante stile brasserie di alto livello. ££

LA REALE SANDRINGHAM

Molte dimore nobiliari sono degne di re e regine, ma nel caso di **Sandringham**, vicino a King's Lynn, l'affermazione ha un significato più letterale. Tanto Elisabetta II quanto suo figlio Carlo III trascorsero lunghi periodi in questo sontuoso maniero d'epoca vittoriana, costruito come residenza per il re Edoardo VII e la regina Alessandra.

Le sontuose sale di rappresentanza – tuttora usate dalla famiglia reale e aperte al pubblico in alcune date estive – contengono elementi d'epoca edoardiana e molti scintillanti regali da parte delle famiglie reali di tutta Europa.

Immaginare diverse generazioni di sovrani inglesi in questo spazio fa riflettere. Le scuderie ospitano un museo ricco di cimeli legati alla famiglia reale, mentre il garage custodisce il primo veicolo motorizzato, un Daimler Mail Phaeton del 1900.

Paludi di Norfolk

Toad Hole Cottage ospita una ricostruzione di alcune camere usate in passato dai pescatori di anguille, nonché un sentiero naturalistico che si snoda attraverso i canneti.

Nella trecentesca **St Helen's Church**, la 'Cathedral of the Broads', potrete ammirare un magnifico tramezzo dipinto di epoca medievale e arrampicarvi per gli erti scalini che conducono sulla torre, dalla quale si aprono belle vedute in ogni direzione. Le famiglie si divertiranno da **BeWILDerwood**, un parco a tema nella foresta, con labirinti aerei, percorsi ciclabili e altro ancora con cui alimentare l'immaginazione dei più piccoli.

Le grandi case del Norfolk

RESIDENZE SIGNORILI DI PROPORZIONI EPICHE

Oggi il Norfolk sembra un luogo a tratti dimenticato, ma un tempo costituiva l'epicentro di uno stile di vita all'insegna del lusso. Scoprite fino a che punto visitando la magnifica **Blickling Hall**, 14 miglia (22,5 km) a nord di Norwich, appartenuta in passato alla famiglia Bolena. Gli interni, con modanature al soffitto in stile giacobiano tra le più belle che esistano, sono caratterizzati da un fasto che mette alla prova l'immaginazione.

10 miglia (16 km) più a nord, vicino a Cromer, **Felbrigg Hall** è sormontata da una curiosa balaustra in cui si legge il motto

DOVE DORMIRE SULLA COSTA DEL NORFOLK

Deepdale Backpackers & Camping, Burnham Deepdale
Campeggi, tende da glamping e camere economiche con una buona cucina in comune. **£**

Red Lion, Cromer
Soluzione piacevolmente intima con piccole camere, alcune rivolte verso il mare, e una buona cucina da pub. **££**

The Quay
Ottima posizione per il centro e la spiaggia di Wells, con vista sull'ansa del fiume e sul porto dai piani alti. **££**

di famiglia. Questo palazzo è meno appariscente dell'altro visto dall'esterno, ma altrettanto sontuoso all'interno. Fate caso alla carta da parati dipinta a mano nella Chinese Bedroom, risalente al 1752, e minacciata dalla voracità degli insetti.

Dopo una notte a Cromer o a Wells-next-the-Sea, recatevi nella magnifica **Holkham Hall**, casa del conte di Leicester. La villa palladiana perfettamente simmetrica fu costruita per accogliere l'incredibile collezione d'arte messa insieme dal primo conte di Leicester durante il suo grand tour d'Europa tra il 1712 e il 1718. Le visite conducono in alcune camere per gli ospiti, ricche di arazzi, e in un dedalo di passaggi segreti a uso della servitù.

Più vicino a King's Lynn sorge **Houghton Hall**, costruita per il primo premier britannico Robert Walpole nel 1730. Il grandioso palazzo in stile palladiano è un trionfo di dorature, arazzi e affreschi, e ha giardini punteggiati di sculture contemporanee di Rachel Whiteread, Henry Moore, Anish Kapoor e altri.

Le spiagge del Norfolk

SABBIA SUBLIME

Al riparo dalla vista, oltre una barriera di canne e giunchi, si estendono le migliori spiagge del Norfolk, raggiungibili da Norwich in meno di un'ora. Partendo dal villaggio di pescatori di Wells-next-the-Sea armati di paletta e secchiello potrete arrivare con una lunga passeggiata (o un breve tragitto in autobs) sulla **Wells Beach**, una bella spiaggia costeggiata di cabine.

La sabbia cede il posto ai ciottoli nella spiaggia adatta alle passeggiate di **Cley-next-the-Sea**, da cui si gode una bella vista che arriva fino all'estremità della Blakeney National Nature Reserve.

A ovest, la sublime **Holkham National Nature Reserve** si affaccia sulla Holkham Hall, dall'altra parte della A149. Questo stupefacente tratto di spiaggia sabbiosa, ricco di conchiglie e orlato da dune, si raggiunge superando delle saline e una pineta.

Altra sabbia vi attende nella ventosa **Brancaster Beach**, che durante la bassa marea si fonde con l'orizzonte. Procuratevi l'occorrente per un picnic di pesce a Brancaster Staithe.

La fauna selvatica del Norfolk

UCCELLI MARINI, FOCHE E PAESAGGIO

Gli amanti della natura trovano molto di cui gioire nel Norfolk. I patiti degli esseri piumati possono recarsi a **Cley Marshes**, nella Holkham National Nature Reserve, alla **Royal Society for the Protection of Birds (RSPB) Titchwell Marsh** o a **RSPB Snettisham** per avvistare falchi di palude, tarabusi e altro.

Non c'è solo l'avifauna. Le spiagge di **Scolt Head** e **Blakeney Point** sono frequentate da migliaia di foche comuni e fo-

LA STORIA ANSEATICA DI KING'S LYNN

Nei secoli passati la tranquilla King's Lynn, 45 miglia (72 km) a nord-ovest di Norwich, è stata un importante porto per il commercio della lana e un deposito per i mercanti della Lega anseatica. Scoprite la storia dei pescatori di gamberi e di crostacei e molluschi di vario tipo da The Wash nell'incantevole museo **True's Yard**, quindi fermatevi nel quattrocentesco **Guildhall** (dove recitò un giovane Shakespeare) in King St.

Seguite la schiera di magazzini appartenuti ai mercanti anseatici fino a Queen St per trovare il municipio, oggi sede del museo **Stories of Lynn**: rivolto verso la **Lynn Minster** dall'altra parte di una piazza di mercato medievale. Più lontano dal River Great Ouse, il **Lynn Museum** ha belle mostre sulle industrie locali e su Seahenge, un cerchio di tronchi dell'Età del Bronzo sommerso nell'acqua per circa 4000 anni.

DOVE TROVARE I MIGLIORI CAFE SUL MARE

Wells Beach Cafe
Invitante *cafe* di assi di legno a due passi dalla sabbia a Wells-next-the-Sea, gestito dal personale di Holkham Hall.

Rocket House
Incantevole locale art déco nello stesso edificio dell'Henry Blogg Museum, con ampie vedute sul mare.

Two Magpies Bakery
Parte di una catena dell'East Anglia, serve caffè, biscotti e grandi panini con salsiccia vicino al molo di Blakeney.

che grigie, e ogni inverno vi nascono circa 3000 cuccioli. Entrambi i promontori, orlati di dune, possono essere raggiunti a piedi procedendo lungo il litorale, ma è più facile arrivarci in barca. Beans Boat Trips, Bishop's Boats e altri operatori partono regolarmente dai minuscoli moli di Blakeney e Morston.

A seguire, passate dal ristorante giallo senape di Blakeney **Moorings** per ottimo pesce con zafferano e finocchio di mare.

La cucina di mare del Norfolk

GRANCHIO, SALMONE AFFUMICATO E ALTRO

La costa del Norfolk è una delizia per il palato! Dal celebre granchio di Cromer ai gamberi pescati sul posto, dalle cozze alle ostriche, l'intera costa è un grande buffet di cucina di mare.

Iniziate il banchetto a Cromer, dove il **Davies Fish Shop**, di proprietà di pescatori, propone granchi di Cromer conditi secondo la ricetta tradizionale. A Cley-next-the-Sea potrete gustare aringhe affumicate, sgombri e pâté di pesce da **Cley Smokehouse** e comprare l'occorrente per uno spuntino da **Picnic Fayre**.

A Wells-next-the-Sea, dovrete prenotare per gustare i granchi preparati in vari modi nella quotata **Wells Crab House**. I ricchi doni dell'oceano continuano a Brancaster Staithe, dove il **White Horse** serve vassoi di pesce e frutti di mare al chiuso e all'aperto, ma al riparo dal sole, e **Mussel Pod**, **Crab Hut** e **Staithe Smokehouse** rendono onore alle loro rispettive specialità.

La Norfolk Walk

LUNGO UN SENTIERO DI PELLEGRINAGGIO

La costa del Norfolk settentrionale è servita dagli autobus, ma può essere esplorata anche a piedi, lungo il placido **Norfolk Coast Path**, che si snoda tra fiumi, paludi e spiagge per 84 miglia (135 km) da Hunstanton a Hopton-on-Sea. Il tratto di 21 miglia (34 km) da Cley-next-the-Sea a Burnham Deepdale è particolarmente gratificante.

Valutate di raggiungere la storica **Walsingham**, meta di pellegrinaggio per i cattolici sin dal Medioevo: vi si trovano le rovine dell'abbazia e un santuario in cui accendere candele (e spruzzare acqua santa). Arrivate a piedi da Norwich lungo la **Walsingham Way** (37 miglia, o 60 km; tre giorni), quindi proseguite per Wells sulla minuscola **Wells & Walsingham Light Railway**.

IL MIGLIOR PESCE DEL NORFOLK

Sarah Knight e **Thomas Large**, proprietari di Brancaster Bay Shellfish e del Mussel Pod a Brancaster Staithe, danno qualche consiglio sulla cucina di mare del Norfolk.

Un'ottima cucina di mare si può gustare al **White Horse** nel villaggio di Brancaster Staithe: ostriche di Brancaster, astici e un incredibile vassoio assortito con prodotti freschissimi, e lo squisito salmone affumicato della **Staithe Smokehouse**. Da fine settembre a fine marzo, l'offerta comprende le cozze di Brancaster. Se volete preparare il cibo voi stessi, **Gurneys** nel Burnham Market è imbattibile per l'enorme e freschissima selezione di pesce e frutti di mare (ci sono anche tortini di pesce, pâté e curry davvero squisiti!).

TRASPORTI LOCALI

Per girare nei Broads (e raggiungere i moli presso cui noleggiare le barche) è utile l'auto, ma ci si può spostare anche in bus e treno.

I treni di Greater Anglia arrivano a Cromer e King's Lynn, dove è possibile prendere un bus Coastliner/Coasthopper quasi per ogni meta sulla costa. Per i Broads, prendete il bus o il treno da Norwich a Wroxham.

Gli appassionati di treni possono prendere il treno a scartamento ridotto della Bure Valley Steam Railway per 9 miglia (14,5 km) da Aylsham a Wroxham. Locomotive più grandi sferragliano lungo la vecchia North Norfolk Railway tra Sheringham e Holt, mentre l'aggraziata Wells & Walsingham Light Railway collega Wells-next-the-Sea e Walsingham.

LA COSTA DEL SUFFOLK

A nord del River Orwell, la costa del Suffolk si divide in una serie di paludi e spiagge battute dal vento dove si può praticare uno dei migliori birdwatching del paese. Le riserve naturali, come RSPB Minsmere e Dunwich Heath, sono un paradiso per chi ama gli esseri piumati, nonostante la presenza all'orizzonte della centrale nucleare di Sizewell.

Tra i canneti ci sono due località balneari molto graziose – Aldeburgh, ricca di cultura, e l'elegante Southwold – raggiungibili lungo tortuose strade secondarie fuori dai circuiti turistici più battuti. Più a sud ci sono Orford Ness, un cordone litorale di ciottoli con un oscuro passato militare, e Sutton Hoo, luogo di sepoltura di un re anglosassone. La zona si esplora al meglio avendo a disposizione un'auto, fermandosi nei pub di campagna o in un Airbnb nei minuscoli villaggi più all'interno rispetto alla costa. Datevi il tempo di arrivarci: a nord di Ipswich, la A12 diventa una strada secondaria.

IL CONSIGLIO

Sulla costa del Suffolk si osservano orari diversi in estate e in inverno. Può capitare che attrattive aperte ogni giorno da aprile a settembre vengano invece aperte solo nel weekend durante l'inverno; da novembre a gennaio, le riserve ornitologiche chiudono alle 16.

IL FUNERALE REALE PIÙ FAMOSO D'INGHILTERRA

Dovrete usare l'immaginazione per trarre il massimo da **Sutton Hoo**, sito della nave funeraria più nota del paese, portata alla luce da Edith Pretty, la proprietaria del terreno, e da Basil Brown, un archeologo autodidatta, nel 1938 (la cui storia è narrata in modo suggestivo nel film *La nave sepolta*). Dapprima il sito è stato ritenuto di origine vichinga, ma poi un'indagine più accurata del corredo funerario ha permesso di attribuirlo al re anglosassone Rædwald (VII secolo).

Oggi, sul posto si trova una riproduzione della nave funeraria di 27 m e copie dei tesori di Rædwald, ma molto commovente è soprattutto osservare i tumuli funerari del Royal Cemetery. Salite sulla moderna torre di osservazione e cercate di immaginare l'euforia che devono aver provato Brown e Pretty quando fecero la scoperta.

DAVID CALVERT/SHUTTERSTOCK ©

Aldeburgh

Il richiamo del tarabuso

MAGNIFICO BIRDWATCHING

A nord dell'estuario dell'Orwell, la costa del Suffolk e la Heaths Area of Outstanding Natural Beauty conservano un tratto di litorale di stupefacente bellezza. La vicinanza della centrale nucleare di Sizewell non sembra dare fastidio alla fauna selvatica: gli uccelli migratori si radunano qui in grandi numeri dalla primavera all'autunno, raggiunti dai cervi rossi in amore a ottobre.

Procuratevi un buon libro di ornitologia e recatevi negli osservatori per il birdwatching del **RSPB Minsmere**, una delle riserve più apprezzate di tutto il paese per l'avifauna. Avrete buone probabilità di vedere (o almeno di sentire) un tarabuso in primavera e all'inizio dell'estate; sono facili da avvistare anche avocette, chiurli, falchi di palude, usignoli e vari uccelli notturni.

A breve distanza, gli uccelli migratori frequentano anche la zona chiamata Dunwich Heath and Beach, dove una landa dominata dal colore viola termina in un lungo, malinconico tratto di bagnasciuga. L'erosione costiera sottrae suolo a Dunwich sin dal XIII secolo, quando durante una tempesta metà del villaggio fu inghiottito nella Manica.

DOVE DORMIRE SULLA COSTA DEL SUFFOLK

Sutherland House
Pernottate nelle camere di Giacomo II in questa bella guesthouse d'epoca sulla via principale di Southwold. ££

Wentworth Hotel
Fate un tuffo nel passato, agli anni '30, in questo incantevole albergo vecchio stile vicino alla spiaggia di Aldeburgh. ££

Jolly Sailor
Pub di mattoni di 400 anni a Orford, con ale Adnams alla spina e camere a tema nautico al piano superiore. ££

Più a sud, la riserva naturale di Orford Ness occupa il cordone litorale di ciottoli più lungo d'Europa. Gufi, falchi, lepri e caprioli d'acqua sono tra gli animali che è possibile avvistare qui, sul sinistro sfondo formato dalle 'pagode' usate negli anni '50 per testare gli inneschi della bomba nucleare britannica.

Salite sul tetto dell'**Orford Castle**, del XII secolo, per poter spaziare con lo sguardo lungo la costa. A pranzo fate un salto al **Butley Orford Oysterage**, gestito da Pinney's of Orford, un allevamento di ostriche e affumicatoio.

Un lato diverso della vita costiera

UN AMBIENTE SOFISTICATO

Le località balneari inglesi, caratterizzate in molti casi dalla presenza di rumorose sale giochi e dalle feste irrorate d'alcol di addio al nubilato/celibato, non sono adatte a tutti. La costa del Suffolk, tuttavia, ne offre una versione più pacata e rispettabile.

Seguite l'esempio dei vittoriani amanti del sole e recatevi a **Southwold**, dove il mare e le onde vi attendono senza l'abituale contorno di slot machine (o comunque senza che questo sia eccessivo). La spiaggia migliore è **Denes Beach**, alle cui spalle si estendono le dune, ma la fama del luogo è legata piuttosto alla **Adnams Brewery**. L'odore dei lieviti si spande tuttora dagli edifici dello storico birrificio, aperti per le visite guidate e le degustazioni.

Potrete provare le ale Adnams ovunque in città, non ultimo nell'elegante **Swan** lungo la strada principale. Per uno spuntino veloce, potrete optare per la **Two Magpies Bakery**, che serve grossi *sausage rolls* (salsicce avvolte nella pasta sfoglia) e panini dolci, nonché, il sabato sera, pizze preparate con lievito madre.

A nord del faro, imbiancato a calce, si estende il Southwold Pier, famoso per le divertenti slot machine dell'Under the Pier Show di Tim Hunkin (v. box a lato). Nel minuscolo **museo** cittadino non mancate di osservare la punta di freccia in selce incassata in una vertebra umana di epoca preistorica.

Circa 18 miglia (29 km) più a sud sorge **Aldeburgh**, dove la sabbia cede il posto ai ciottoli. È un luogo in cui concedersi lunghe passeggiate contemplative, nel corso delle quali ammirare anche la scultura **Scallop** di Maggi Hambling, dedicata al compositore Benjamin Britten, che visse ad Aldeburgh.

Un curioso museo occupa la **Moot Hall**, una bella costruzione a graticcio, e potrete comprare pesce e frutti di mare freschissimi presso i baracchini dei pescatori che fiancheggiano il bagnasciuga. In alternativa, fermatevi al ristorante del **Lighthouse** per interpretazioni creative della moderna cucina british.

LA SOUTHWOLD ECCENTRICA DI TIM HUNKIN

Da tempo la costa del Suffolk richiama tipi eccentrici, ma l'ingegnere e inventore Tim Hunkin ha fatto dell'eccentricità una forma d'arte. Hunkin avviò la sua carriera come addetto agli effetti speciali al seguito dei Pink Floyd, quindi negli anni '80 condusse il programma TV *The Secret Life of Machines*. Infine, decise di dedicare tutte le sue energie alla creazione di surreali slot machine.

All'**Under the Pier Show**, sul Southwold Pier, le sue invenzioni esplorano gli ambiti più vari, dall'urbanistica all'invecchiamento e alla redistribuzione della ricchezza; creazioni sempre nuove mettono a fuoco le questioni del giorno (nel 2022 è stata molto gettonata la 'Whack a Banker', cioè 'schiaffeggiate un banchiere'). Non perdetevi lo spiritoso orologio d'acqua alla fine del molo.

TRASPORTI LOCALI

I mezzi di trasporto pubblici sono limitati sulla costa del Suffolk. Tuttavia, da lunedì a sabato, autobus locali effettuano corse da Southwold a Lowestoft e Norwich, e da Aldeburgh a Ipswich.

Per raggiungere Aldeburgh da Southwold, prendete l'autobus n. 99A fino a Halesworth, quindi il n. 521. Stazioni ferroviarie, raggiunte dagli autobus locali, sono presenti a Darsham e Halesworth.

CITTÀ DELLA LANA

Oggi potrà sorprendere, ma nel Medioevo l'East Anglia era uno dei luoghi più ricchi al mondo grazie alla lavorazione e al commercio di caldi panni di lana, spesso tinti di blu (colore ottenuto dal guado, già usato dagli antichi celti come pittura di guerra).

Grazie al benessere accumulato con la produzione e la vendita di questi panni, i residenti di 'città della lana' quali Colchester, Bury St Edmunds e Lavenham poterono erigere, lungo le loro viuzze, chiese grandi come cattedrali ed enormi case a graticcio, molte delle quali sono tuttora abitate.

Se cercate l'Inghilterra da cartolina, la troverete qui, nelle vaste campagne che ispirarono molti grandi pittori del passato, da John Constable a Thomas Gainsborough. Questo, d'altro canto, è un angolo molto tranquillo: i negozi chiudono presto, gli autobus non effettuano corse la domenica e spesso l'unica forma di vita notturna è quella che si trova nei pub di villaggio.

IL CONSIGLIO

Se arrivate fino a Bury St Edmunds, prenotate una visita guidata all'elegante Theatre Royal, l'unico teatro in stile Regency tuttora attivo in Inghilterra, che accolse i primi spettatori nel 1819. Le visite guidate si svolgono il mercoledì e il sabato: per prenotare, chiamate per tempo.

JOE BINDLOSS/LONELY PLANET ©

Lavenham

Lavenham la storta

UNO SPETTACOLO DI CASE A GRATICCIO

L'architettura medievale fa capolino ovunque nell'East Anglia, ma per quel che riguarda gli edifici a graticcio è difficile battere la graziosa **Lavenham**, nel Suffolk. In questa sorta di magico museo a cielo aperto, dove le travi a vista e lo stucco ornamentale sono la norma, alcune case sono così pendenti da rendere evidente tutto il peso della storia.

Il commercio laniero fece di Lavenham uno dei villaggi più prosperi dell'Inghilterra dal XIV al XVI secolo. Per rendervene conto fate un giro nella gigantesca **St Peter & St Paul Church**, nella **Lavenham Guildhall** del XVI secolo e nella graziosa **Little Hall**, i cui curiosi interni combinano un'estetica medievale e mediorientale.

Per godere fino in fondo della bellezza architettonica del luogo, fermatevi se possibile per la notte, in modo tale da poter girare in centro prima che arrivino le comitive dei viaggi in giornata. Il vasto **Swan at Lavenham**, con la sua lussuosa spa e il reticolo di antiche travi, o il piacevole pub **Angel** sono valide soluzioni. Prenotate per un po' di

RISTORANTI NELLE CITTÀ DELLA LANA

Le Talbooth
Istituzione dell'East Anglia. Piatti british spettacolari, preparati con ingredienti locali e serviti in una casa a graticcio sul River Stour a Dedham. £££

Scutchers
Ingredienti freschi di fattoria e ricette tradizionali riviste in chiave moderna, a Long Melford. £££

Maison Bleue
Candele, tovaglie ben inamidate e ambiente raccolto sono la cifra di questo elegante ristorante francese nel cuore storico di Bury St Edmunds. £££

Pea Porridge
Ambiente rilassato nonostante la stella Michelin. Aspettatevi spigola di Southwold, moussaka con carne di cervo e altre delizie da 'Suffolk-incontra-il-Mediterraneo', a Bury St Edmunds. £££

I TESORI DI SUTTON HOO

Se volete vedere dal vivo i tesori di Sutton Hoo, recatevi nella Room 41 nel **Britisl's Museum** (p60) di Londra, dove si trovano la spada, lo scudo e l'elmetto di Rædwald, insieme con interessanti copie moderne.

DOVE DORMIRE NELLE CITTÀ DELLA LANA

Swan at Lavenham
Camere sontuosamente medievaleggianti, con travi a vista, tessuti di pregio e angoli insoliti. £££

Chantry
Trascorrete la notte circondati da dettagli d'epoca in una bella *town house* georgiana del 1780 a Bury St Edmunds. £££

Dedham Hall
Un'aria da vecchia Inghilterra pervade questa deliziosa fattoria del XV secolo con un bel giardino a Dedham. ££

LA CITTADINA PIÙ VECCHIA DELL'INGHILTERRA

Per vedere oltre gli stereotipi dell'Essex, recatevi a **Colchester**, la cittadina più antica del paese, fondata con il nome di Camulodunum quale capitale della Britannia romana nel 49 d.C. Le vie laterali di questa ricca cittadina di campagna sono piene di case a graticcio costruite dai lanaioli medievali, e mura romane consumate dal tempo attraversano il centro, a ricordo dell'assedio lanciato dalla regina degli iceni Budicca nel 60-1 d.C.

L'attrattiva più famosa di Colchester è l'imponente **castello** – provvisto del più grande torrione normanno della Gran Bretagna – eretto sopra le rovine di un tempio in onore dell'imperatore Claudio. Vale la pena di dare una sbirciata nel bel **Hollytrees Museum**, con i suoi giocattoli e le sue case delle bambole di epoca vittoriana, e l'ondulata galleria d'arte **Firstsite**, tra le più dinamiche fuori da Londra.

buon vino e un gustoso pasto di moderna cucina europea al **Number 10**, ospitato all'interno di una bellissima casa a graticcio in Lady St.

Le città costruite grazie alla lana

LA RICCHEZZA LANIERA DELL'EAST ANGLIA

Lavenham è solo uno dei villaggi che divennero meravigliosamente prosperi grazie alla lana. Situata a breve distanza, **Long Melford** ospita altre belle case a graticcio e la **Holy Trinity Church**, dalle dimensioni degne di una cattedrale, a testimonianza del tempo in cui la sorte arrise a questa zona. I proventi del commercio della lana finanziarono anche la costruzione della **Melford Hall** di epoca elisabettiana (e che può fregiarsi di aver accolto Elisabetta I) e la **Kentwell Hall** del primo periodo Tudor, l'una quasi di fronte all'altra sulla via principale.

Anche la vicina **Bury St Edmunds** beneficiò del benessere di quegli anni: il XVI secolo vide la costruzione della **St Edmundsbury Cathedral** e di uno dei monasteri benedettini più ricchi d'Inghilterra, ora solo un insieme di pittoresche rovine presso **Abbey Gardens**. Per scoprire qualcosa in più sulle città della lana, recatevi alla **Moyse's Hall**, dove macabre mostre illustrano i processi alle streghe condotti dal generale Matthew Hopkins e il famigerato 'Red Barn Murder'.

I grandi maestri della pittura

LA PATRIA DI CONSTABLE E GAINSBOROUGH

Le città della lana hanno dato all'Inghilterra due dei suoi pittori più importanti: John Constable e Thomas Gainsborough. Questi maestri hanno creato alcune delle immagini più famose e amate del periodo georgiano.

Per approfondire la vostra conoscenza su Gainsborough, fermatevi allo **Gainsborough's House Museum** a Sudbury, dove nel 1727 nacque il grande ritrattista e paesaggista. A pochi chilometri di distanza, a Ipswich, la **Christchurch Mansion** di epoca Tudor ospita opere sia di Gainsborough sia di Constable.

Per avere l'impressione di entrare in un loro dipinto, seguite il River Stour da Dedham al **Flatford Mill**, dove Constable, negli anni intorno al 1820, dipinse il celebre *Il carro da fieno* e diversi altri capolavori. Oggi gestito dal National Trust, il mulino è cambiato ben poco – e anzi la **Willy Lott's House** si presenta esattamente come all'epoca.

La passeggiata che da Dedham (o dalla stazione ferroviaria di Manningtree) porta al Flatford Mill, che si snoda tra malinconici salici, è deliziosa, ma alle famiglie spesso piace percorrere il River Stour in barca a remi o canoa, o su una tavola da SUP.

TRASPORTI LOCALI

I treni arrivano a Colchester, Bury St Edmunds e Manningtree (da cui si può arrivare a piedi fino a Dedham), e si collegano con gli autobus locali per Lavenham, Long Melford e Sudbury.

In alternativa, caricate la bici sul treno e pedalate lungo le tranquille (e pianeggianti) strade secondarie, tra villaggi storici, chiese di campagna e locande di posta medievali.

Willy Lott's House

BIRMINGHAM E MIDLANDS

IL CUORE DEL PAESE FRA COLLINE E STORIA

Le colline ondulate e la soave campagna delle Midlands sono punteggiate di vivaci città e delle rovine di un passato pionieristico. Benvenuti nel cuore dell'Inghilterra.

"Black by day and red by night" ("Nera di giorno e rossa di sera"), così definiva la vicina Black Country lo scrittore e console americano a Birmingham Elihu Burritt durante una sua visita nel 1868. Guardando il denso fumo e le violente fiamme che si sollevavano dalle rumorose fonderie della regione, Burritt era stupito della potenza e capacità di produzione di questa vivace zona industriale. Non per niente Birmingham si conquistò il nomignolo di 'città dei mille commerci'.

Ma sebbene la seconda città del Regno Unito per dimensioni e le zone circostanti siano a ragione orgogliose del loro ruolo per il rilievo della Gran Bretagna sulla scena globale, le cose da allora sono cambiate parecchio. Varia dal punto di vista culturale e centro d'innovazione gastronomica, Birmingham è ora una vivace e dinamica metropoli piena di incantevoli canali; ed è ben collegata con ogni angolo delle Midlands.

CARON BADKIN/SHUTTERSTOCK ©

E sebbene le Midlands ancora oggi a volte siano associate con lo smog della Rivoluzione industriale, questa è una regione che si estende in lungo e in largo fino ai più verdi pascoli, dove l'aria è frizzante e il silenzio estatico. Dalle frastagliate ed estese colline del Peak District fino ai languidi meleti dell'Herefordshire, il paesaggio al di fuori delle socievoli città e cittadine delle Midlands è vario tanto quanto la gente che lo popola.

Questa sottostimata regione, che si apre a ventaglio da Birmingham, è un seducente insieme di castelli in rovina, cucina internazionale, leggende letterarie e svettanti panorami.

AREE PRINCIPALI

BIRMINGHAM
Il centro urbano più movimentato della regione.
p368

STRATFORD-UPON-AVON
Shakespeare e le rovine dei castelli.
p380

SHROPSHIRE HILLS
Passeggiate fra colline ondulate e cieli stellati.
p389

HEREFORD
Sidro, frutteti e storia medievale.
p397

KRIS KUZNIAR/SHUTTERSTOCK ©

In alto: Birmingham (p368); a sinistra: Shrewsbury (p395)

PEAK DISTRICT
Escursioni a piedi e in bicicletta e vedute delle montagne.
p407

NOTTINGHAM
Pub, grotte e Robin Hood.
p416

LINCOLN
Svettanti guglie e anacronistiche cittadine costiere.
p425

Per orientarsi

Le Midlands sono un'ampia regione senza sbocchi sul mare nel cuore dell'Inghilterra. Qui ci sono centri di varie dimensioni, sebbene Birmingham sia il posto migliore dal quale partire, in quanto offre collegamenti in ogni direzione con il trasporto pubblico.

Peak District, p407

Viadotti vittoriani attraversano vaste gole e fiumi tortuosi in uno dei più splendidi paesaggi dell'Inghilterra. Graziose cittadine come Hathersage e Bakewell sono perfette per fare tappa in mezzo alla campagna.

Shropshire Hills, p389

Escursioni panoramiche, villaggi medievali, serate con cieli stellati e una cucina eccezionale: tutto questo nello Shropshire, verosimilmente la regione più sottostimata del paese.

Hereford, p397

Angolo lontano delle Midlands, fiancheggiato dal Galles e ricoperto di meleti e ampie vallate. Fermatevi a bere godendovi il sole negli agrobirrifici e nelle sidrerie di campagna.

Birmingham, p368

La più grande città delle Midlands offre shopping di prim'ordine, ristoranti stellati e tranquilli sentieri lungo i canali. È la base ideale dalla quale partire per avventurarsi nella regione.

Nottingham, p416

La leggenda di Robin Hood pervade Nottingham, ma eccentriche tappe come il National Justice Museum e il più antico pub d'Inghilterra stuzzicano ulteriormente la curiosità sulla città.

Lincoln, p425

Le alte torri dell'enorme Lincoln Cathedral si possono vedere a miglia di distanza nella bucolica campagna del Lincolnshire e da vicino sembrano ancora più grandi.

Stratford-upon-Avon, p380

La città natale di William Shakespeare ha qualche ovvia attrazione, ma guardate al di là delle sue sghembe case Tudor per scoprire un paesaggio bucolico di castelli in rovina e pub in riva al fiume.

AUTOMOBILE

L'auto è il mezzo più pratico per esplorare le zone rurali come lo Shropshire, l'Herefordshire e il Peak District. Disporre di un mezzo è particolarmente comodo per avere accesso ai punti panoramici, alle residenze di campagna e alle sidrerie.

TRENO

I punti di snodo si raggiungono rapidamente e facilmente in treno, con regolari partenze da Birmingham New Street. La presenza di più compagnie che gestiscono diverse tratte può confondere all'inizio, ma le corse in mezzo alla campagna sono gradevoli e rilassanti.

AUTOBUS

Viaggiare in autobus è il modo più economico per raggiungere i dintorni di centri urbani come Birmingham, Coventry e Nottingham. Le pittoresche cittadine e i villaggi del Peak District sono anche ben serviti dagli autobus locali.

Ritmi di viaggio

Birmingham ha la cultura delle grandi città, ma è la regione ideale per perdersi nello spazio e nel tempo: in bici lungo tranquilli sentieri, su vette spazzate dal vento, esplorando residenze medievali e mangiando accanto al fuoco. È il cuore dell'Inghilterra.

Shropshire Hills

Se fate una cosa sola

- Scoprite la seconda città più grande dell'Inghilterra partendo dal pittoresco **Gas Street Basin** (p370), sull'acqua, prima di percorrere a piedi il grazioso tratto di 45 minuti del **Birmingham and Worcester Canal** (p370) verso sud fino al **Birmingham Museum and Art Gallery** (p371), il più bel museo d'arte della città.

- Prendete il treno per tornare in città ed esplorate la **Piccadilly Arcade** (p375), un ricercato centro commerciale in stile vittoriano. Quindi fate una breve camminata fino alle storiche vie del **Jewellery Quarter** (p372) per degustare birra artigianale in locali dall'illuminazione fioca come il **Wolf** (p370) e il **1000 Trades** (p370). Concludete con un autentico assaggio di Birmingham raggiungendo in taxi **Shababs** (p372) per provare il rinomato *balti curry*.

Le stagioni

Nei mesi più freddi si beve accanto al fuoco in pub accoglienti e si esplorano gallerie d'arte e siti del patrimonio nazionale. In primavera ed estate è tempo di sentieri di campagna, festival e birra in compagnia nei beer garden.

GENNAIO

I pub tradizionali sono luoghi accoglienti dove prendersi una tregua dal freddo, e non c'è niente di più soddisfacente del classico *Sunday roast*.

APRILE

I paesaggi cominciano a fiorire, perciò uscite all'aperto e camminate in mezzo allo splendido panorama del **Peak District** o delle **Shropshire Hills**.

MAGGIO

L'estate è alle porte e il caldo di maggio porta con sé grandi finali sportive, due festività nazionali e l'apertura di numerosi beer garden.

Con tre giorni a disposizione

- Partite dalle spettacolari **Malvern Hills** (p404) salendo a piedi fino alla panoramica vetta del **Worcestershire Beacon** (p404), prima di percorrere in treno la breve tratta fino a Hereford e gustarvi un dissetante sidro al **Beer in Hand** (p398) e al **Barrels** (399).

- Iniziate con una corsa in treno fino alla storica Ludlow per ammirare la quintessenza degli scenari inglesi al **Ludlow Castle** (p393) e al **Dinham Bridge** (p393). Questo è anche un centro di cucina gourmet, perciò non perdetevi i famosi *baps* (panini morbidi) di **Vaughans** con farcitura di cotenna di maiale arrostita (p391).

- Il terzo giorno noleggiate un'auto e visitate i siti storici della **Wenlock Priory** (p392) e del pionieristico **Ironbridge Gorge** (p396). Concludete con una serata sotto le stelle nella **Carding Mill Valley** (p390), nello Shropshire.

Se avete più tempo

- Cominciate con le luci scintillanti e gli eccezionali ristoranti di **Birmingham** (p368), prima di dirigervi a nord fino al **Peak District** (p407). Trascorrete un paio di giorni a fare escursioni a piedi e in bicicletta, e arrampicate in mezzo ai paesaggi cinematografici della Hope Valley: **Mam Tor** (p409), **Stanage Edge** (p410) e il vasto **Derwent Reservoir** (p409).

- Andate a sud verso la storica Buxton e rilassatevi nella spa termale del **Buxton Crescent Hotel** (p411). Visitate l'eccezionale **Devonshire Dome** (p410) e noleggiate un'auto per vedere opulenti residenze come **Chatsworth House** (p410) e assaggiare i rinomati **Bakewell Puddings** (p410) dell'affascinante Bakewell. Tornate a Birmingham via **Derwent Valley Mills** (p415), un sito Patrimonio dell'Umanità UNESCO.

LUGLIO

I festival di musica live a Birmingham sono in pieno svolgimento. Cercate **Supersonic**, **Wireless** e il magnifico **Mostly Jazz, Funk & Soul**.

AGOSTO

Dirigetevi a nord di Nottingham fino alla Sherwood Forest per celebrare il più famoso fuorilegge inglese durante il **Robin Hood Festival**.

SETTEMBRE

Ludlow, capitale della cucina gourmet, ospita tre eventi gastronomici durante l'anno, ma l'originale e il migliore è il **Ludlow Food Festival**.

DICEMBRE

I mercatini di Natale si moltiplicano in tutta la regione, perciò copritevi bene e gustate una calda tazza di vino o di sidro brulé.

BIRMINGHAM

Con oltre un milione di residenti, Birmingham è la seconda città dell'Inghilterra per dimensioni e la più grande città delle Midlands. I romani lambirono i suoi confini circa 2000 anni fa, ma la città non conobbe grande rilevanza almeno fino all'alba dell'era industriale. Industrie, ciminiere e fonderie trasformarono Birmingham in una fiorente e fumosa metropoli, mentre i suoi canali e poi la sua ferrovia regalavano alla città una miriade di rotte commerciali in tutto il paese e nel mondo intero.

La combinazione di raid aerei della Luftwaffe e una discutibile pianificazione edilizia diedero un'immagine scadente della città durante il XX secolo, ma una nuova ventata di architettura, tram scintillanti e l'arrivo di favolosi ristoranti hanno contribuito alla sua rinascita. Shopping di prim'ordine e musei eccellenti portano vitalità nel suo bel centro, ma riservate un po' di tempo a quartieri come Harborne e Moseley, dove i creativi locali mettono l'anima in bei negozi d'artigianato, bar e *cafe*.

IL CONSIGLIO

Il centro di Birmingham si può tranquillamente girare a piedi poiché quasi tutto è raggiungibile con una camminata di 15 minuti. In quartieri come Stirchley si arriva in treno, ma l'autobus o il taxi sono un'opzione migliore per Moseley e Harborne. Il mezzo migliore per percorrere le alzaie dei canali (in particolar modo verso l'università) è la bicicletta.

Gas Street Basin (p370)

TUPUNGATO/SHUTTERSTOCK ©

DA NON PERDERE
1 Barber Institute of Fine Arts
2 Worcester and Birmingham Canal
3 Gas Street Basin

DA VEDERE
4 Birmingham Back to Backs
5 Birmingham Museum & Art Gallery
6 Coffin Works
7 Curzon Street Station
v. 22 Custard Factory
8 Museum of the Jewellery Quarter
9 Roundhouse Birmingham
10 Sarehole Mill
11 St Andrew's
12 St Philip's Cathedral

ATTIVITÀ, CORSI E TOUR
13 GoBoat

PASTI
14 Balti Triangle
15 Blow Water Cafe
16 Chakana
17 Eat Vietnam
v. 6 Opheem
18 Orelle
19 Shababs
20 Shahi Nan Kebab House

LOCALI E VITA NOTTURNA
21 Attic Brew Co
22 Floodgate Street
v. 22 Gibb St
23 GlassHouse
24 Lower Trinity St
25 Rea St
26 Vyse St
27 Wildcat

SHOPPING
28 Bullring
29 ENKI
30 Grand Central Birmingham
31 Great Western Arcade
32 Kings Heath High St
33 Mailbox
34 Piccadilly Arcade
35 Polar Bear Records
36 Punks and Chancers

MIGLIORE BIRRA ARTIGIANALE A BIRMINGHAM

Attic Brew Co
Creativi mastri birrai di Stirchley con tanto spazio all'aperto. La chiara Intuition, il fiore all'occhiello, è un'introduzione facile da bere.

Dig Brew
Magazzino industriale riconvertito che offre una gamma di birre da abbinare ad abbondanti porzioni di pizza.

Wolf
Birre a rotazione abbinate perfettamente a deliziosi sandwich tostati e generosi *pie*.

Tilt
Degustate diversi stili di birra mentre fate rimbalzare le palline di metallo del flipper vintage.

1000 Trades
Bar del Jewellery Quarter con illuminazione tenue, menu che cambia mensilmente e musica live tutte le settimane.

ALLYOU GRZEGORZ WASOWICZ/SHUTTERSTOCK ©

Birmingham Museum and Art Gallery

Città di canali

ESPLORARE LE STORICHE VIE D'ACQUA DI BIRMINGHAM

'Più canali di Venezia' è l'affermazione sorprendente anche se piuttosto ironica che i locali sono soliti fare a Birmingham quando si parla dei famosi corsi d'acqua cittadini. Sebbene la rete di canali di Birmingham non sia leggendaria come quella della sua controparte sull'Adriatico, qui c'è tanto da fare e da vedere. Usati come vie commerciali piene di esalazioni nel XVIII e XIX secolo, i canali sono ora puliti, gradevoli e costeggiano alcuni dei più graziosi panorami cittadini.

Con i suoi stilosi pub, bar e bistrò sull'acqua, **Gas Street Basin** è il vivace fulcro dei canali di Birmingham. Godetevi l'atmosfera prima di percorrere per 45 minuti il tratto del **Worcester and Birmingham Canal** in direzione sud fino al campus della University of Birmingham. Questo tranquillo sentiero termina all'altezza di begli edifici edoardiani e da lì il tragitto a piedi è breve per il Barber Institute of Fine Arts, una silenziosa galleria art déco con una splendida collezione di opere poco conosciute di Monet, Turner e Degas, fra gli altri.

DOVE DORMIRE A BIRMINGHAM

Grand Hotel
Lussuoso hotel art déco nel cuore della città; vi alloggiò anche Winston Churchill. **£££**

Bloc
Eleganti camere in stile giapponese e tocchi dorati alludono al passato dello storico Jewellery Quarter. **£**

Staying Cool
Appartamenti nell'attico nella notevole Rotunda, con mobili retrò decorati da audaci chiazze di colore. **££**

Ci sono anche molti modi per raggiungere direttamente l'acqua, il più attivo dei quali è entrare in un kayak per un tour guidato che parte dalla storica **Roundhouse Birmingham**. Per un'esperienza meno faticosa, **GoBoat** offre imbarcazioni elettriche ed ecologiche che potrete noleggiare autonomamente dalla loro sede in Brindley Pl. La Route 2, che segue l'Old Line verso la University of Birmingham, è davvero pittoresca.

Retaggio industriale

COSTRUIRE UNA POTENZA PRODUTTIVA

Un tempo nota come la 'città dei mille commerci', Birmingham ha nuovissime linee del tram e scintillanti grattacieli di vetro che mascherano una città costruita su ciminiere e fabbriche rumorose. E se si fa attenzione, le vestigia di quel passato industriale sono ancora visibili in giro per la città.

Per uno scorcio sulla Birmingham dell'era preindustriale, raggiungete il **Sarehole Mill** a Hall Green. Risalente al 1771, il vecchio mulino ad acqua sul River Cole in origine era usato per macinare il grano ma anni dopo affascinò un giovane J.R.R. Tolkien che ne descrisse i dintorni bucolici nei suoi libri.

Ritornati in centro città, le **Birmingham Back to Backs** sono le ultime *back-to-back houses* (tipiche case a schiera) del XIX secolo sopravvissute, e mostrano come vivevano gli operai all'alba dell'era industriale. Su una nota più macabra, l'eccentrica **Coffin Works** è una fabbrica ben conservata dove venivano equipaggiate le bare; i funerali erano un affare d'oro nella Birmingham vittoriana.

Abbandonato nel 1981, il Museum of the Jewellery Quarter è una capsula del tempo unica in quanto è rimasto praticamente intatto dalla fine del XX secolo. La storia del Jewellery Quarter, uno dei più grandi centri manifatturieri del paese durante la Rivoluzione industriale, viene raccontata qui in dettaglio.

A cavallo tra passato e futuro, la **stazione di Curzon Street**, in stile neoclassico, era l'originale stazione di testa di Birmingham e sarà interessata dall'imminente progetto HS2, un collegamento dell'alta velocità tra Londra e Birmingham di cui si prevede il completamento tra il 2029 e il 2033.

Un tocco di colore

UN PANORAMA ARTISTICO SOTTOVALUTATO

Sebbene il **Birmingham Museum and Art Gallery** offra 40 gallerie tradizionali in un maestoso edificio vittoriano d'epoca, l'asso nella manica del museo è l'allestimento regolare di alcune fra le più innovative mostre temporanee della regione, che esprimono la creatività e la passione dei suoi curato-

MIGLIORE PIZZA A BIRMINGHAM

Otto
Rilassato locale del Jewellery Quarter che serve pizza; troverete i classici gusti e una serie di pizze speciali a rotazione. ££

Peacer
Ristorante di Moseley dall'atmosfera tranquilla, offre pizza al taglio (50 cm) in stile newyorkese, completamente vegetariana. £

POLI
Pittoresco locale di York Rd molto frequentato con posti a sedere all'aperto. La migliore pizza di Birmingham nei mesi estivi. ££

Alicia's Micro Bakehouse
Impasto molto soffice, perfetto da abbinare a una birra delle numerose e vicine taproom di Stirchley. ££

Park Regis
Elegante hotel con spa situato tra i vivaci bar di Broad St e i sofisticati bistrò dell'Edgbaston Village. ££

Hotel Indigo
Pur con un esterno bizzarro, a metà tra Tetris e Lego, questa struttura moderna offre vedute spettacolari della città. ££

Genting Hotel
Opzione elegante per chi è a corto di tempo, a soli pochi minuti a piedi dal Birmingham International Airport. ££

PERCHÉ AMO BIRMINGHAM

James March, autore Lonely Planet

Uno splendido murales ritrae i quattro membri del gruppo Black Sabbath in un piccolo e anonimo parcheggio nei sobborghi industriali. A volte ci passo davanti e mi chiedo perché sia stato dipinto proprio lì. I Black Sabbath, gli inventori di quello che oggi chiamiamo 'metal', sono senza dubbio una delle più grandi esportazioni musicali di Birmingham ma questo murales è lontano dal cuore della città.

Ma forse è proprio per questo che amo la mia città. A Birmingham non ci piace ostentare ma scavando sotto la superficie si trova l'oro. Città gioviale con cibo incredibile, un patrimonio pionieristico e lo spazio più verde d'Europa. Il viaggio è metà del divertimento.

ri. Il museo è anche sede della più grande collezione pubblica al mondo di pre-raffaelliti, anche se la splendida finestra pre-raffaellita in vetro istoriato di Edward Burne-Jones nella vicina **St Philip's Cathedral** sembra quasi una perla nascosta in piena vista.

I gradevoli giardini della University of Birmingham sono una bella meta per una passeggiata pomeridiana, anche perché ben nascosta dietro la School of Mathematics si trova probabilmente la più bella galleria d'arte della città. All'interno dei silenziosi corridoi art déco del **Barber Institute of Fine Arts** vedrete una meravigliosa collezione di opere meno conosciute di autori del calibro di Van Gogh, Manet e Renoir.

Per un'esperienza più istintiva, gli alti muri che costeggiano la **Custard Factory** di Digbeth costituiscono una perfetta tela industriale per i più talentuosi artisti di murales di Birmingham. Alcuni dei lavori più audaci si trovano in **Floodgate St**, **Gibb St** e **Lower Trinity St**, ma date un'occhiata al piccolo parcheggio nella vicina **Rea St** che nasconde un magnifico murales degli eroi locali, i Black Sabbath.

Dall'altra parte del centro cittadino, nello storico Jewellery Quarter, si trova un'altra notevole opera di street art. Proprio sopra una panchina accanto alla stazione ferroviaria in **Vyse St** c'è l'opera natalizia di Banksy che evidenzia la problematica degli homeless, con due renne che corrono in un cielo stellato.

Fuochi d'artificio per buongustai

UN PANORAMA GASTRONOMICO ESTREMAMENTE CREATIVO

Uno dei più grandi fattori della rinascita di Birmingham nel XXI secolo è stata la qualità e la coerenza del suo panorama gastronomico. Nessun'altra città britannica al di fuori di Londra ha più ristoranti con stelle Michelin di Birmingham. Per una vetrina sul patrimonio gastronomico cittadino recatevi nel quartiere del **Balti Triangle**.

Creato dalla neonata comunità pakistana di Birmingham all'inizio degli anni '70, il 'balti' è un piatto unico di curry piccante ancora oggi molto popolare e un simbolo della diversità della città. Il Balti Triangle ne è la casa spirituale, con **Shababs** e **Shahi Nan Kebab House** fra le opzioni migliori.

I vivaci quartieri di Birmingham offrono una varietà di cucina internazionale, con gli chef che spesso lasciano il proprio paese per sistemarsi in città. **Chakana**, a Moseley, è il primo ristorante peruviano della città, **Eat Vietnam**, a Stirchley, è una profumata delizia con cucina aperta, e **Blow Water Cafe**, a Kings Heath, offre un assaggio sublime di Hong Kong.

È in centro tuttavia che ha cominciato a formarsi la reputazione cittadina, e sono stati gli chef locali a rendere possibile que-

MIGLIORE BRUNCH A BIRMINGHAM

Ju Ju's
Sostanzioso cibo fatto in casa e servito tutto il giorno in un angolo tranquillo sul canale nel centro di Birmingham. **££**

Cherry Reds
Accogliente bistrò con terrazza all'aperto e spazioso piano superiore. Serve eccellenti 'full English breakfast'. **£**

Urban
Ottimo cibo fatto con ingredienti di qualità in entrambe le sedi, in centro e nel Jewellery Quarter. **£**

Villa Park

sto successo, con la cucina indiana progressista di Aktar Islam dell'**Opheem** l'ultima a ricevere la stella Michelin nel 2019, a simbolizzare l'evoluzione gastronomica di Birmingham. Con vedute panoramiche e raffinata cucina francese, mangiare al 24° piano di **Orelle** è il più recente pezzo forte di Birmingham.

L'ideatore del bel gioco

DOVE È NATO IL FOOTBALL

Il 22 marzo 1888, William McGregor, il direttore scozzese dell'Aston Villa, il club calcistico di Birmingham, scrisse a una manciata di altri club proponendo loro di formare una lega, che alla fine sarebbe diventata la Football League. Più di 130 anni dopo, l'ostentazione e il fascino del fenomeno mondiale della Premier League (p608) si può far risalire a Birmingham.

Il fermento mozzafiato del football della Premier League si svolge ancora oggi nello stadio del Villa, il **Villa Park**, nel quartiere di Aston e fuori dall'ingresso dirigenti della Trinity Rd Stand si può vedere una statua in bronzo di McGregor. La squadra locale rivale, il Birmingham City, gioca anch'essa regolarmente le partite nel proprio stadio, il **St Andrew's**, che si può raggiungere a piedi dai vivaci pub di Digbeth.

MIGLIOR SUNDAY ROAST A BIRMINGHAM

Baked in Brick
A Digbeth, offre pizza e, a sorpresa, la domenica anche un eccellente arrosto con il miglior *Yorkshire pudding* di Birmingham. ££

Clifden
Pub di Hockley con diverse sale, un ampio beer garden e pile di arrosto di manzo. ££

Plough
Spazioso pub di Harborne che è sempre pieno, e a ragione. Ottimo cibo e *Sunday roast*. ££

Red Lion
Accogliente locale nel Jewellery Quarter con beer garden riscaldato per le domeniche invernali. ££

MIGLIOR CAFFÈ A BIRMINGHAM

Damascena
Istituzione mediorientale con cinque filiali sparse per la città. Il loro caffè turco è sublime.

Faculty Coffee
Miscele di qualità e dolci fatti in casa a pochi passi dalla stazione di New Street.

Pause
Caffè speciali, 'cinnabuffins' (sorta di muffin alla cannella) e brunch nell'affascinante Kings Court Alley, a Kings Heath.

MIGLIORI LOCALI PER SUPERALCOLICI

Amy Seton è imprenditrice con sede a Birmingham e specialista di whisky, ed è proprietaria del Grain & Glass, un whisky bar con sala degustazioni del Jewellery Quarter.

Tierra – Mezcal
Leggendario ristorante di tacos, il Tierra è anche 'tequilaria'. Personale competente, cocktail, un piccolo bar con bottiglie a rotazione, e degustazioni.

40 St Pauls – Gin
Eletto miglior gin bar del mondo, questo locale è il segreto più spifferato in città! Molta enfasi su scoperte insolite, insieme a un fantastico menu di cocktail a base di gin.

Jungle Bird – Rum
Relativamente nuovo con uno staff esperto che lo rende un locale 'imperdibile'. Ex allievi dell'Island Bar hanno unito le forze per creare un cocktail bar con il rum come fulcro.

TRAVELLIGHT/SHUTTERSTOCK ©

Great Western Arcade

La passeggiata a Stirchley

PROVARE IL PIÙ GUSTOSO PUB CRAWL DI BIRMINGHAM

Con le sue vivaci e moderne taproom, Stirchley è il fulcro del panorama, sempre in espansione, delle birre artigianali di Birmingham. Tanto è vero che il quartiere ha persino il proprio 'beer mile' dedicato che gli intrepidi aficionados si godono allegramente procedendo a passo lento lungo la dimessa Pershore Rd e le sue varie laterali.

Il vivace e arioso **Attic Brew Co** è comodamente posizionato sull'altro lato di Mary Vale Rd rispetto alla stazione di Bournville, mentre la **GlassHouse**, a lato del canale, è appartata e offre tanto spazio per bere ai suoi tavolini all'aperto durante l'estate. Nei mesi invernali gli ambienti accoglienti di **Cork & Cage** e **Wildcat** sono il luogo ideale per assaggiare la loro infinità varietà di birre, dalla sour alla stout fino alla hazy pale.

MIGLIORI COCKTAIL A BIRMINGHAM

Atelier
Spazio in stile scandinavo con eccezionali menu degustazione pluriportata spiegati dal creativo talento Robert Wood.

Couch
Cocktail bar di Stirchley dall'atmosfera rilassata e accogliente, con menu a tema e comodi divani.

Ikigai
Bar giapponese dalle luci soffuse con sakè speciali e whisky giapponesi. Degustate il suo menu 'Tour of Tokyo'.

Arcade e Bullring

DAI RAFFINATI CENTRI COMMERCIALI ALLE BOUTIQUE VITTORIANE

Il bulboso **Bullring** è il più affollato e rinomato shopping centre di Birmingham e i suoi 15.000 scintillanti dischi in alluminio sono una bizzarra visione di primo acchito, anche se all'interno è piuttosto convenzionale e ospita uno degli unici quattro negozi Selfridges del Regno Unito. Il nuovo edificio fu costruito nel 2003, mentre l'originale Bullring Centre in stile brutalista viene ancora ricordato con affetto dai locali.

Il **Grand Central**, sopra la stazione di New Street, e **Mailbox** hanno anch'essi una varietà di marchi e boutique di prim'ordine, anche se un'esperienza di shopping più evocativa si può fare all'interno delle storiche gallerie commerciali cittadine.

Situata di fronte alla stazione di Snow Hill, la **Great Western Arcade** è un gioiello vittoriano pieno di negozi indipendenti, mentre la **Piccadilly Arcade**, di fronte alla stazione di New Street, ha una storia ancora più interessante. Risale al 1925 e ha un ricco affresco sul soffitto; un tempo era un cinema edoardiano – il che spiega il pavimento in pendenza.

Fuori dal centro cittadino, **Kings Heath High St** da lungo tempo funge da accogliente piattaforma di quartiere per attività commerciali indipendenti e boutique, da vere e proprie istituzioni come il leggendario negozio di dischi **Polar Bear Records** in York Rd a negozi più moderni come il gift shop **ENKI**, con articoli fatti a mano.

Cercate le onnipresenti T-shirts 'YES BAB' di **Punks and Chancers**. Il marchio di abbigliamento etico si trova spesso nei mercati artigianali ed è incredibilmente popolare per il suo uso del vezzeggiativo locale 'bab' (come dire 'babe' cioè 'caro', 'tesoro').

QUELLO STRANO EDIFICIO CILINDRICO

Gli anni '60 non sono stati clementi con Birmingham, in quanto la città si è rimodellata sempre più in stile brutalista. Di tutti i disprezzati retaggi di quell'epoca, uno è riuscito a reinventarsi più volte e rimane uno dei più vistosi edifici cittadini.

The Rotunda è la torre cilindrica di 82 m progettata dall'architetto James Roberts e inaugurata nel 1965 come palazzo per uffici con una banca (con caveau) e diversi negozi e luoghi di svago.

Dopo un attentato dell'IRA nel 1974 e la minaccia di demolizione nel 1993, le è stato attribuito nel 2000 lo status di Heritage Listed (Grade II). Oggi ospita appartamenti residenziali e 35 appartamenti attrezzati al piano attico con spettacolari vedute panoramiche di Birmingham.

TRASPORTI LOCALI

Il centro di Birmingham è compatto, pianeggiante e si gira a piedi; e anche i sofisticati quartieri di Digbeth e Jewellery Quarter alle due estremità distano meno di 30 minuti a piedi uno dall'altro. I West Midlands Trains sono regolari, e la Cross City Line da Birmingham New Street offre servizi che raggiungono il quartiere trendy di Stirchley ogni 10 minuti (scendete a Bournville). I tram servono la città dal 2016, e sono un modo comodo e rilassante per raggiungere Centenary Sq o salire fino al fiorente Edgbaston Village.

Il traffico in centro può essere lento, ma ci sono tre grandi parcheggi NCP (National Car Parks) e molto spazio per parcheggiare al Bullring e al Grand Central. Birmingham è sempre in evoluzione, quindi fate attenzione alle chiusure di certe strade che non sempre sono segnalate dai sistemi di navigazione. Nonostante sia relativamente pianeggiante, è una città invasa dalle auto. Andare in bicicletta è ancora rischioso ed è meglio riservare questo mezzo per esplorare i grandi spazi aperti come il Sutton Park e il Cannon Hill Park.

Dintorni di Birmingham

Calorosa e accogliente, la storica Black Country delimita Birmingham, con il verdeggiante Staffordshire più a nord.

Estendendosi a ovest di Birmingham verso la città di Wolverhampton, a circa 13 miglia (21 km) di distanza, la zona un tempo fortemente industrializzata conosciuta come Black Country è oggi una delle aree più caratteristiche delle Midlands. Il suo nome particolare risale al 1840 circa, quando qui il paesaggio era fumoso e pieno di fuliggine e di miniere di carbone, fonderie e acciaierie.

Oggi la zona è accogliente e ospita alcuni dei più bei pub delle Midlands. Chi arriva qui per la prima volta potrebbe solo percepire una leggera variazione nell'accento dopo aver lasciato Birmingham, ma la gente del posto è un gruppo particolarmente orgoglioso che si differenzia da chi abita la città. Più a nord, a vegliare su pascoli ondulati e sparute guglie di chiese dello Staffordshire, i tre pinnacoli dell'imponente cattedrale di Lichfield.

IL CONSIGLIO

Le attrazioni più importanti della zona, come il Black Country Living Museum, si raggiungono più facilmente in auto.

West Park, Wolverhampton (p379)

SHANAE ENNIS-MELHADO/SHUTTERSTOCK ©

YORKSHIREKNIGHT/SHUTTERSTOCK ©

Black Country Living Museum

La storia qui prende vita

ACCEDERE A UN MONDO PERDUTO

Nonostante la sua evocativa storia di ciminiere fumanti e rumorose fonderie, una rapida occhiata a case, strade, negozi e parchi della Black Country la fa assimilare a qualunque altro sobborgo del Regno Unito. Ma c'è un angolo unico di questa regione ad appena 25 minuti in taxi da Birmingham che dà uno scorcio realistico su come doveva esser la vita in piena Rivoluzione industriale.

Paesaggio industriale scrupolosamente ricreato, il **Black Country Living Museum** è un vasto museo a cielo aperto che fa fare ai visitatori un viaggio nel tempo catapultandoli nella vita locale d'inizio XX secolo. Si estende su 10 ettari, e le sue strade sono delimitate da negozi e case fedelmente ricreati con tanto di veicoli d'epoca ed eccentrici personaggi locali in costume che descrivono le loro vite lontane.

In verità, l'ambientazione è talmente realistica che i rustici moli sono stati utilizzati per filmare le scene sul canale della popolare serie TV *Peaky Blinders,* ambientata negli anni '20 del secolo scorso. Ma è l'elemento interattivo che distingue

ORANGE CHIPS

Se nella Black Country le real ale e i sostanziosi *pie* se la giocano alla pari, la vera prelibatezza della regione emana un bagliore luminoso dal sacchetto di carta. Invece delle classiche chips che vi aspettereste di trovare in un negozio di fish and chips britannico, quelle che potreste ricevere qui sono ricoperte da una sottile e croccante pastella di paprika e sale. Ed è l'acceso arancione della pastella a renderle diverse dalle altre nel resto delle Midlands. Si crede che siano diventate popolari negli anni della guerra quando chef e famiglie cercavano un modo per rompere la monotonia del cibo di quel periodo. Quali che siano le loro origini, sono tipiche della Black Country.

DOVE DORMIRE NELLA BLACK COUNTRY

Domo, Oldbury
Elegante boutique hotel in residenza georgiana in una tranquilla piazza di Oldbury. £

Village Hotel, Dudley
Hotel dall'atmosfera rilassata a breve distanza a piedi dal Dudley Zoo e dal Black Country Living Museum. £

Premier Inn, Wolverhampton
Bella opzione economica nella città più grande della Black Country, ben posizionata vicino alla stazione dei treni. £

questo museo. Gustate un fish and chips in un *chip shop* d'inizio secolo, entrate in un polveroso garage anni '30 con auto d'epoca e sorseggiate una pinta in una *public house* (pub) con pavimento ricoperto di segatura.

La vicina Ironbridge Gorge racconta di come iniziò la Rivoluzione industriale, mentre una gita in giornata qui mostra come si è evoluta.

Una casa futuristica

SCOPRIRE UNA CITTÀ SORPRENDENTEMENTE INFLUENTE

Avvicinandosi a Lichfield lungo la tratta in treno di 40 minuti da Birmingham, agli occhi dei visitatori si presenta l'insolita visione di tre incombenti guglie all'orizzonte. Costruita nel XIV secolo ed elevandosi a più di 76 m sulla città, la maestosa **Lichfield Cathedral** è una delle tre cattedrali a tripla guglia di tutto il Regno Unito e l'unica che risale al Medioevo.

Per essere una cittadina di meno di 40.000 abitanti, Lichfield ha sempre avuto una grossa influenza, e la sua unica cattedrale è solo il primo indizio. I tranquilli giardini medievali che circondano la cattedrale un tempo ospitavano Erasmus Darwin, nonno di Charles e uno dei più importanti pensatori britannici del XVIII secolo. Nell'**Erasmus Darwin House** trascorse gran parte della sua vita e la ventilata Lunar Room, al piano superiore, spiega perché le sue idee radicali su scienza ed evoluzione spaventarono l'establishment dell'epoca.

Ma Darwin non era l'unico gigante intellettuale a Lichfield. Il pionieristico *A Dictionary of the English Language* di Samuel Johnson, nativo della città, è uno dei libri più influenti mai scritti e il **Samuel Johnson Birthplace Museum** ne ospita una copia originale; le pareti sono invece decorate dalle sue citazioni più divertenti.

Per qualcosa di un po' più macabro fate rotta verso l'affollata **Market Square**, il luogo di esecuzione dell'ultima persona in Inghilterra messa al rogo per eresia.

Il paese delle real ale

SORSEGGIARE LE PIÙ BUONE BIRRE ARTIGIANALI DELLA REGIONE

La real ale è radicata in profondità nella Black Country, e la regione ospita alcuni dei più antichi pub con cask ale delle Midlands. Che sia una tranquilla pinta di 'mild' o qualche bicchiere scolato al bancone con un capannello di affabili narratori, il pub della Black Country è ancora un'instituzione qui, nonostante la perdita delle industrie tradizionali della regione alla fine del XX secolo.

MIGLIORI PUB A LICHFIELD

Beerbohm
Accogliente bar con 10 spine, specializzato in birre belghe di qualità, ha una lounge al piano superiore.

Brewhouse & Kitchen
Spazioso brewpub, serve cibo sostanzioso che ben si abbina alla birra. Offre anche degustazioni.

Whippet Inn
Tranquillo micropub all'angolo della strada; offre sei tipi di birra spillati dal *cask* e *scratchings* (ciccioli di cotenna) fatti in casa e aromatizzati.

King's Head
Il più antico pub di Lichfield, risale al XV secolo, con travi a vista e una facciata in mattoni rossi.

George IV
Buona selezione di real ale locali e regolari serate di musica live, spettacoli comici e proiezioni di film.

DOVE DORMIRE A LICHFIELD

George
Elegante hotel georgiano in centro città, a cinque minuti a piedi da qualunque altro posto. ££

St Johns House
Edificio Regency del XVII secolo restaurato, ha 12 camere con arredi unici e biancheria in cotone egiziano. ££

Cathedral Hotel
Sistemazione moderna ed economica a pochi minuti a piedi dalle imponenti guglie della Lichfield Cathedral. £

CARON BADKIN/SHUTTERSTOCK ©

Lichfield Cathedral

Ormai alla sesta generazione, i Batham sono senza dubbio i più famosi mastri birrai della Black Country, e il loro pub, il **Vine** (35 minuti in taxi da Birmingham), a Brierley Hill, è il posto giusto per assaggiare la famosa 'dark mild', in particolare la Batham's Bitter, il loro fiore all'occhiello.

Antico quasi di 200 anni e unico per il suo soffitto bianco e verde pistacchio sopra un maestoso bancone vittoriano in mogano, l'**Old Swan Inn** (30 minuti in taxi da Birmingham), a Netherton, è sopravvissuto a numerosi cambi di proprietà. Ma è ancora qui a raccontarcela e la sua Original – una 'light mild' appena dolce di produzione propria e con 3,5° – è la birra ideale da sorseggiare mentre leggete la storia del pub.

Sul lato meridionale della Black Country, la fiorente tradizione brassicola di Stourbridge si rafforza sempre più, con la Craddock's Brewery che produce presso il **Duke William**, un pub edoardiano, e l'accogliente taproom del **Green Duck Beer Co**, ideali per qualche pinta il sabato pomeriggio (entrambi i pub sono a 25 minuti in treno da Birmingham Snow Hill).

MIGLIORI SPAZI VERDI NELLA BLACK COUNTRY

Priory Park, Dudley
Tranquillo parco con le rovine della St James's Priory, fondata dai monaci cluniacensi 900 anni fa.

Sandwell Valley Country Park, West Bromwich
Vasto parco di 267 ettari, ideale per i bambini con il suo ponte di corda, le altalene e la zip-line.

Warley Woods, Smethwick
Tranquillo bosco di 40 ettari ai margini di Sandwell con sentieri coperti dagli alberi.

West Park, Wolverhampton
Uno dei più autentici esempi di parco vittoriano superstiti in Inghilterra.

Willenhall Memorial Park, Willenhall
Creato dai cumuli di detriti di una miniera di carbone del 1920 circa, oggi è un bosco lussureggiante.

TRASPORTI LOCALI

La Black Country è servita regolarmente dalla West Midlands Trains tra Birmingham e Wolverhampton con partenze dalla stazione di New Street, e tra Birmingham e Stourbridge con partenze dalle stazioni di Snow Hill e Moor Street. Arrivati nella regione, però, la vasta rete di autobus potrebbe essere l'opzione migliore per spostarsi tra le cittadine.

C'è anche la West Midlands Metro, una linea di tram ancora in espansione, unica nella sua specie nelle Midlands per almeno 50 anni, che percorre la distanza tra Birmingham e Wolverhampton, e copre località non raggiunte dal treno. È anche famosa per il suo unico 'pub crawl', ideale per chi ha voglia di bere qualche birra a bordo.

STRATFORD-UPON-AVON

Se William Shakespeare fosse nato da qualche altra parte, Stratford-upon-Avon, con il suo sinuoso fiume e le sbilenche case in stile Tudor, sarebbe comunque un luogo grazioso da visitare. Il fatto è, tuttavia, che il più famoso inglese mai esistito chiamava casa questa piccola cittadina del Warwickshire e, di conseguenza, è difficile passeggiare un paio di minuti senza avvistare un qualsiasi riferimento al Bardo.

Ma non dovrete necessariamente essere un fan dell'opera di Shakespeare per apprezzare la sua eredità in città e i numerosi ed evocativi siti storici che esistono ancora, a distanza di mezzo millennio. E sebbene la moderna Stratford usi Shakespeare per attirare ogni anno milioni di visitatori, alcune eccentriche attrazioni danno un tocco più leggero alla cittadina. Perciò, immergetevi pure nella storia ma ricordate che a Stratford c'è molto di più che il famoso drammaturgo a cui ha dato i natali.

IL CONSIGLIO

Con una popolazione di appena 30.000 abitanti, Stratford-upon-Avon è piccola e si gira soprattutto a piedi. Il centro cittadino è a soli cinque minuti a piedi dalla stazione ferroviaria ed è ben segnalato. Ricordate di scendere a Stratford-upon-Avon e non a Stratford-upon-Avon Parkway (un grande parcheggio ai margini della cittadina).

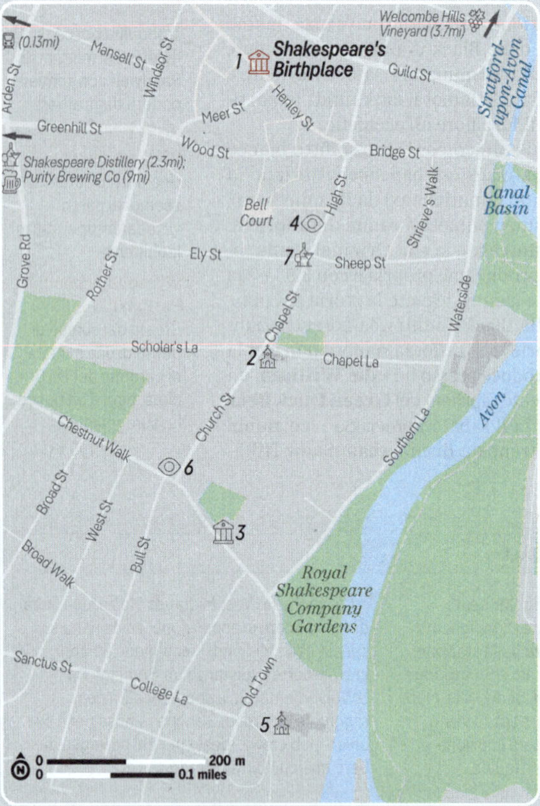

DA NON PERDERE
1 Shakespeare's Birthplace

DA VEDERE
2 Guild Chapel
3 Hall's Croft
4 Harvard House
5 Holy Trinity Church
6 Trinity College

LOCALI E VITA NOTTURNA
7 Garrick Inn

Harvard House

Una passeggiata nel tempo

PASSEGGIARE LUNGO LA STRADA PRINCIPALE DI STRATFORD

La passeggiata lungo la storica strada principale di Stratford-upon-Avon inizia e termina con importanti siti collegati a Shakespeare, ma il tragitto è anche un affascinante viaggio nell'architettura medievale, elisabettiana, georgiana e vittoriana.

Iniziate dal **Shakespeare's Birthplace**, luogo di nascita del Bardo, ma rapidamente fatevi spazio tra la folla per raggiungere il n. 1 di High St, un edificio d'angolo ricoperto di stucchi che risale al 1616 e che oggi ospita la **Shakespeare Distillery**. Più avanti si trova la casa a graticcio bianca e nera che ospita la **Harvard House**; risalente al 1596 e costruita da Thomas Rogers, nonno del benefattore dell'Harvard University, John Harvard. Accanto si trova un edificio simile, il **Garrick Inn**, il pub più antico di Stratford, intitolato all'influente attore del XVIII secolo, David Garrick.

Superate l'edificio vittoriano in stile gotico della **banca HSBC**, all'angolo di Chapel St fino a raggiungere la tardo medievale **Guild Chapel**, famosa per gli affreschi dell'artista quattrocentesco Hugh Clopton riportati alla luce. Più avanti lungo la

MIGLIORI PUB A STRATFORD

Ya Bard
Piccolo e accogliente bar con appena cinque spine di birra; avrete la sensazione di trovarvi nel salotto di qualcuno.

Dirty Duck
Classico ritrovo per gli attori dopo lo spettacolo dato che è di fronte alla Royal Shakespeare Company, con bucoliche vedute sul lungofiume.

One Elm
Pub dall'atmosfera rilassante con un tranquillo cortile, offre cibo eccezionale con un menu di prodotti stagionali.

Stratford Alehouse
Il locale migliore per real ale e sidro, con le pareti ricoperte di colorati sottobicchieri di birra.

Garrick Inn
Pub del XV secolo, con travi a vista, e probabilmente infestato dagli spiriti, è il più antico locale della città.

DOVE DORMIRE A STRATFORD

Arden
Camere rustiche e un'ottima brasserie, in posizione perfetta, dall'altro lato della strada rispetto all'RSC Gorvey Garden Theatre. ££

Hotel du Vin
Elegante boutique hotel georgiano con bistrò francese, cantina e 46 camere accoglienti. ££

Welcombe Hotel, BW Premier Collection
Opulenta villa in stile neogiacobiano in zona periferica, con spa e bagno turco. ££

MIGLIORI CAFE A STRATFORD

Yorks
Torrefazione artigianale in posizione centrale sotto una *town house* del XVII secolo, serve ottimi brunch e dolci.

HR Coffee Bar
Nascosto dietro a un parcheggio, serve insoliti pranzi, come l'*homity pie* (torta salata di verdure) e il Reuben sandwich.

Box Brownie Coffee
Con chicchi della Monsoon Estate tostati localmente, questo potrebbe essere il miglior caffè di Stratford.

Bensons
Cafe rustico di fronte allo Shakespeare's Birthplace. Serve ottime prime colazioni e un delizioso afternoon tea.

Bardia's
Il bancone di legno e le decorazioni di fiori che scendono dal soffitto rendono questo posto unico.

strada si profila l'imponente edificio dell'ex **Trinity College**; monumento Heritage Listed (Grade II), risale al 1700 circa.

Girate a sinistra e imboccate la più tranquilla Old Town dove si trova l'**Hall's Croft**, un bell'edificio elisabettiano un tempo di proprietà della figlia di William Shakespeare, Susanna Hall, e del marito, il dottor John Hall, che lei sposò nel 1607. Terminate la camminata in mezzo ai placidi giardini della **Holy Trinity Church**, dove William Shakespeare fu battezzato, si sposò e fu sepolto.

Distillerie, vigneti e birrifici

ENTRARE NELLO SPIRITO DI STRATFORD

Sebbene siano scarse le possibilità che il famoso Bardo di Stratford abbia mai assaggiato un rinfrescante 'gin and tonic', probabilmente non gli sarebbe dispiaciuto sapere che il suo nome è stato usato dalla **Shakespeare Distillery** dopo aver sorseggiato uno Stratford Dry, l'orgoglio della casa. Sebbene abbia una rivendita in città nello storico edificio al n. 1 di High St, salite a bordo di un taxi e fatevi portare nella sede della distilleria ai margini della città e prendete parte a un tour.

Spensierato e informativo, il tour è condotto da diversi personaggi faceti che illustrano la storia del gin e i processi di distillazione, prima di concludere con una sessione di degustazione e la possibilità di assaggiare gin di fiore di sambuco e mela cotogna.

È invece possibile che Shakespeare abbia bevuto del vino ai suoi tempi, ma di certo non quello locale. Circondato da meleti e campi di fragole in cima a una collina, la **Welcombe Hills Vineyard** è appena a nord di Stratford e offre tour dei vigneti e degustazioni di vino da maggio a settembre.

È quasi certo che Shakespeare abbia gustato un goccio di birra mentre scriveva le sue opere. Nel XXI secolo la **Purity Brewing Co** fornisce deliziosa cask beer ai locali di Stratford e dintorni. Il birrificio si trova a 10 miglia (16 km) da Stratford, nella campagna del Warwickshire, e la sua Mad Goose, una 'pale ale', si trova ovunque nelle Midlands dal 2008. I tour previsti il sabato spiegano come il birrificio sia riuscito a mantenere la propria eccellenza così a lungo.

TRASPORTI LOCALI

Ci sono treni regolari tra Stratford e Birmingham New Street, ma fate attenzione poiché la domenica sono operativi solo una volta ogni ora e possono essere piuttosto affollati. Arrivati in città, la maggior parte delle attrazioni si trovano tutte a 10 minuti a piedi una dall'altra e non richiedono altre forme di trasporto. L'unica eccezione è data dall'Anne Hathaway's Cottage, che si raggiunge in 20-25 minuti a piedi, anche se l'autobus n. 19 si ferma nelle vicinanze e l'autobus del City Sightseeing Open Top va direttamente lì.

Dintorni di Stratford-upon-Avon

L'idilliaca campagna ondulata fa da vetrina ai più eccezionali siti storici delle Midlands. Lasciate correre libera la vostra immaginazione.

La languida e verdeggiante campagna che da Stratford-upon-Avon si apre in tutte le direzioni è punteggiata di sinuosi canali e sonnolenti villaggi, ma le località più grandi, come Warwick, vantano una storia alla stregua della celebrata città natale di Shakespeare. L'imponente e millenario castello di Warwick è visibile a miglia di distanza, e gli scheletrici resti della cattedrale di Coventry, devastata dalle bombe della seconda guerra mondiale, sono tra i siti più macabri e affascinanti della regione.

Se la prima sensazione evocata da questa campagna ondulata e dalle sue isolate guglie è quella di un datato romanticismo (che persiste a sud verso le Cotswolds, p194), il Coventry's FarGo Village offre un eccitante sguardo sul futuro. Con i suoi vivaci graffiti, i fast food vegani e una miriade di boutique indipendenti, è il paradiso della creatività stile XXI secolo.

IL CONSIGLIO

Cercate di abbinare una visita a Warwick e una a Leamington Spa poiché le due località distano appena 3 miglia (4,8 km).

Rovine della Coventry Cathedral (p385)

MIGLIORI RISTORANTI A WARWICK

La Mesa
Incantevole *town house* con piatti artigianali preparati sul momento in base alla disponibilità dei prodotti freschi. ££

Art Kitchen
Cucina thai ben presentata con forte enfasi su ingredienti freschi e di buona qualità dal sapore eccezionale. ££

Dough & Brew
Locale dall'atmosfera rilassata, offre pizza e piatti di pasta, abbinando il cibo a un'ottima selezione di birre artigianali. £

Tailors
Classiche ricette della cucina britannica moderna dal tocco contemporaneo creano un menu degustazione ben congegnato. £££

ION MES/SHUTTERSTOCK ©

Great Hall, Warwick Castle

Superbi castelli e spettacolari rovine

SULLE TRACCE DELLA STORIA

Con le sue alte torrette, i possenti muri e le regolari rievocazioni, il **Warwick Castle** (15 minuti in taxi da Stratford) assomiglia a quel genere di monolitica fortezza che di solito si trova nei film o nei libri di avventure. Le sue parti più antiche risalgono all'XI secolo e l'intera struttura è ancora in buone condizioni. Lo stesso si può dire del **Kenilworth Castle** (25 minuti in taxi da Stratford), sebbene le sue spettrali rovine abbiano una qualità evocativa unica nella regione. In parte distrutto durante la guerra civile inglese, si può ancora salire sulle sue logore torri di arenaria rossa, e un passaggio attraverso la piccola porta sul muro meridionale della Great Hall rivela vedute da film sul bucolico paesaggio del Warwickshire.

Nonostante la magnificenza di entrambi i castelli, nessuno di essi possiede un fossato. Fate rotta verso il **Baddesley Clinton** (30 minuti in taxi da Stratford), dalle dimensioni più ridotte, per vedere uno dei siti più curiosi della regione. Circondato dall'acqua e vecchio di almeno 600 anni, questo maniero con fossato è una sorta di stranezza architettonica, una via di mezzo tra un castello e una villa.

DOVE DORMIRE A WARWICK

Rose & Crown
Tranquillo pub del XVII secolo con 13 camere con bagno e facile accesso alla ventilata lounge al piano terra. £

Globe
Inn in buona posizione con 18 eleganti camere con bagno e comodi materassi Hypnos fatti a mano. £

Old Fourpenny Shop
Eccentrico hotel a pochi minuti a piedi dalla città, con camere rustiche, un pub e un ristorante. ££

Tuttavia, sono i muri a brandelli e le alte guglie della **Coventry Cathedral** (30 minuti in taxi da Stratford) a provocare una reazione nel visitatore più di qualunque altra cosa qui. Devastata da un feroce bombardamento tedesco la notte del 14 novembre 1940, la sua navata fu colpita direttamente e lasciata così, un involucro distrutto e fumante. Ma la sua sopravvivenza è una testimonianza stimolante e le finestre istoriate della modernista **New Cathedral**, lì accanto, riflettono uno sgargiante caleidoscopio di colori.

La città 'two-tone'

ALLA SCOPERTA DI UN GENERE MUSICALE

Quando l'ossessionante singolo 'Ghost Town' del gruppo The Specials raggiunse il primo posto in classifica nel Regno Unito nel luglio del 1981, **Coventry** fece il suo ingresso sulla scena musicale britannica. In più, lo stile del two-tone – genere che fonde la tradizionale musica ska giamaicana con elementi di punk rock e new wave – diventava mainstream.

Dopo una corsa in taxi di 30 minuti da Stratford, oltrepassate una dimessa porta d'ingresso in Walsgrave Rd per accedere al **2-Tone Village** – un pittoresco miscuglio di *cafe*, negozi e bar, dove si trova anche il **Coventry Music Museum**. Fondato con passione da Pete Chambers, le pareti del piccolo museo sono piene zeppe di cimeli musicali che celebrano i risultati raggiunti dalla città; all'interno c'è persino metà dell'auto usata nel famoso video di 'Ghost Town'. Il museo è anche interattivo, con una sala con strumenti musicali al piano terra e la possibilità di indossare un classico cappello pork pie.

Assaggiate autentico cibo caraibico e inglese al **2Tone Cafe**, a scacchi bianchi e neri, e al **Simmer Down Restaurant** di fronte al museo, dove le piccanti *jerk sausages* sono un'istituzione mentre dalle casse risuonano ritmi ska. Un paio di porte più giù c'è il **2Tone Corner Shop**, pieno di cimeli e con scaffali di abbigliamento dell'epoca – polo, bretelle, cappelli di feltro e giacche Harrington.

Quando scende la sera, il **Knights Bar** ospita regolarmente musica live con una dose abbondante di ska, ovviamente.

Mettersi comodi e rilassarsi

STACCARE LA SPINA IN UNA CITTADINA TERMALE

Nonostante una popolazione che si aggira sui 50.000 abitanti, **Leamington Spa** ostenta fama di elegante cittadina termale del XIX secolo per persone ricche e famose (in verità, il titolo completo sarebbe Royal Leamington Spa), uno status

LOCALI PREFERITI CON MUSICA LIVE

Pete Chambers è il curatore del Coventry Music Museum.

Tin, Canal Basin Coventry
Presenta un'ispirata selezione di gruppi musicali che vengono proposti a livello locale e nazionale, e altri che richiedono ancora un generoso sostegno, come The Monochrome Set.

HMV Empire Coventry
Il Coventry ha atteso a lungo una sede così ben allestita. E se è adeguata per Mr Sheeran, lo è probabilmente anche per voi.

Knights Venue, 2-Tone Village
Minuscolo locale, grande ambizione, e un tempio per lo ska e il reggae, con ospiti del calibro di The Heptones, Dandy Livingstone, Dave & Ansell Collins, e molti altri.

DOVE DORMIRE A COVENTRY

Telegraph Hotel
Elegante edificio modernista di metà secolo, con pannelli in ottone e legno lucido in un'ex redazione di giornale. ££

Britannia
Imponente hotel brutalista vicino alla Coventry Cathedral. A cinque minuti a piedi dal centro commerciale. ££

Hotel Ibis
Opzione economica con belle camere a poca distanza a piedi dalla principale stazione ferroviaria. £

IN BICICLETTA NELLA REGIONE DEI CANALI

Il rilassato ritmo di vita del rurale Warwickshire si apprezza forse meglio lungo le tranquille alzaie dei canali. Attraversando una mite campagna e quieti villaggi inframmezzati dall'occasionale città sede di mercato, questo è il cuore dell'Inghilterra al suo stato più puro. Ma viaggiare con una stretta barca lungo queste vie d'acqua e azionare una chiusa dopo l'altra può essere dispendioso in termini di tempo, perciò la bicicletta può costituire una valida alternativa.

Il Warwickshire Ring è una rete di canali che formano un circuito di 100 miglia (160 km) nelle West Midlands, e uno dei suoi tratti più storici è un viaggio di uno-due giorni (a seconda del ritmo) tra Warwick e Rugby.

Iniziate all'ombra del maestoso **1 Warwick Castle**, prendendovi comunque il tempo di esplorare le strade medievali della città e i nascosti **2 Hill Close Gardens**. Coprite la breve distanza di 3 miglia (4,8 km) verso est fino a Leamington Spa, per i suoi begli edifici dagli stucchi bianchi in stile Regency e le famose **3 Royal Pump Rooms**, frequentate dai ceti abbienti nel XIX secolo.

Da qui si apre una lussureggiante campagna relativamente pianeggiante con le alzaie che si fanno strada verso est attraverso il rurale Warwickshire. I pub ai lati dei canali hanno un ruolo importante in questa zona bucolica dell'Inghilterra, specialmente nei mesi estivi quando il sole al tramonto crea lunghe ombre sull'acqua. Fermatevi per una birra o due al fantastico **4 Two Boats Inn** a Long Itchington o al **5 Boat in Stockton**.

Proseguite fino alla **6 Braunston Marina**, il punto di confluenza più trafficato dei canali, dove si trovano molte opportunità di ristoro nell'affascinante centro del villaggio.

Concludete il viaggio nella vivace Rugby, luogo di nascita dell'omonimo gioco, che ospita la **7 Rugby School** dove si dice che William Webb Ellis abbia tirato su da terra il pallone da football, e il resto è storia.

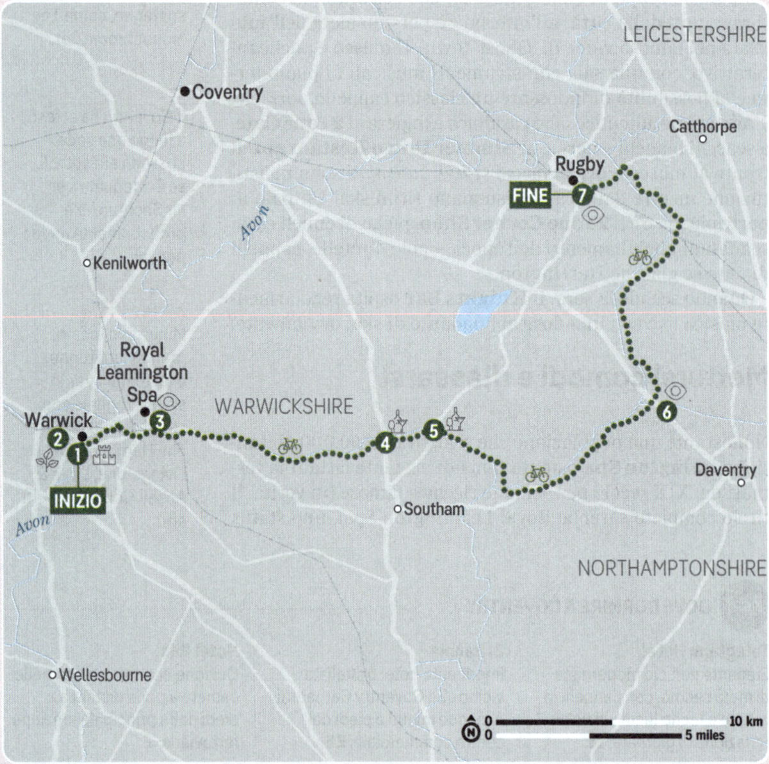

Royal Pump Rooms

immediatamente rivelato dalla magnificenza dell'architettura Regency cittadina. Dopo una corsa di 30 minuti in treno da Stratford, superando il Victoria Bridge, un ponte in pietra ad arco, raggiungerete le **Royal Pump Rooms**, vecchie di 200 anni, che sono il fulcro della cittadina termale di Leamington. Con i trattamenti e le proprietà curative dell'acqua termale, in epoca vittoriana l'edificio ospitava 17 bagni termali caldi e tre bagni con acqua fredda e faceva grandi affari.

Sebbene la moda della 'cura delle acque' ebbe vita breve, rilassarsi in grande stile a Leamington è ancora un modo idilliaco di rendere omaggio al passato glorioso della città. La **Spa** si trova ai margini settentrionali del centro, ed è ospitata in una serie di *town houses* georgiane, e i trattamenti prevedono bagno turco, idroterapia, massaggio con pietre calde e thai.

La vasca di deprivazione sensoriale probabilmente non era una terapia in voga in epoca vittoriana, ma oggi sta diventando sempre più popolare. Prima a proporla nel Warwickshire, **Spa Float**, in Newbold St, utilizza la scienza della galleggiabilità come un nuovo modo di rilassare corpo e mente.

Per qualcosa di un po' più fuori dal comune recatevi nella periferia cittadina, nella sfarzosa **Elan Spa**, una sorta di erede spirituale delle originali terme di Leamington.

MIGLIORI RISTORANTI A LEAMINGTON

Oscar's
Ristorante francese dall'atmosfera rilassata in Chandos St, offre pietanze classiche, comprese le *moules marinières* e patatine fritte. **££**

Carisma Tapas & Wine Bar
Pittoresche tapas spagnole nel cuore della cittadina con un gradevole cortile pieno di verde sul retro. **££**

Kayal
Autentica cucina di mare dalla regione indiana del Kerala in un elegante interno in legno e pietra. **££**

Moorings
Gastropub di qualità a lato del canale di Leamington, appena fuori dal centro cittadino, serve un ottimo *Sunday roast*. **££**

La Coppola Ristorante & Oyster Bar
Stiloso locale italiano in centro con decoro un po' vistoso ma un'eccellente cucina. **££**

DOVE DORMIRE A LEAMINGTON SPA

Mallory Court Country House & Spa
Elegante e lussuoso country hotel in periferia con un ristorante '3 AA Rosette'. **£££**

Angel Hotel
Ex coaching inn con 50 camere in stile contemporaneo e l'eccellente ristorante Counting House. **££**

Thomas James Hotel
Opzione economica e alla mano con belle camere a poca distanza dalla stazione ferroviaria. **£**

DA FARGO

Un tempo triste complesso industriale, il FarGo Village, fulcro culturale di Coventry, inaugurato nel 2014, è oggi una vivace tela per surreale street art, con boutique vintage e affollate taproom di birra artigianale. Che sia spulciare tra i classici dischi in vinile al **Just Dropped In** o masticare speziati wrap indiani al **Paneer Wrap Street Food Company**, il FarGo è uno dei ritrovi più alla moda delle Midlands. L'aggiunta di locali con musica live e uno spazio al chiuso con street food ha ulteriormente incrementato il suo fascino.

SIMON ANNABLE/SHUTTERSTOCK ©

Midland Air Museum (MAM)

Salire in cielo

AL DI SOPRA DELLE NUVOLE

Dall'inventore del motore jet alla creazione del leggendario aereo da combattimento Spitfire WWII, le Midlands hanno una lunga tradizione nel campo dell'aviazione, e il **Coventry Airport** (25 minuti in taxi da Stratford) è la summa di queste esperienze.

Il **Midland Air Museum (MAM)** è adiacente all'aeroporto e vanta 60 velivoli storici come parte della sua imponente collezione, compreso il grande bombardiere strategico Avro Vulcan e l'elicottero d'assalto Mil Mi-24. E dato che l'inventore del motore jet, Frank Whittle, è uno dei più famosi figli di Coventry, il **Sir Frank Whittle Jet Heritage Centre** è un'affascinante mostra che illustra la storia dell'era del jet.

Per un'esperienza più emozionante, prenotate con **Almat Aviation** e mettetevi dietro la cloche di un vero aereo per un volo di 30 o 60 minuti. Decollando su un Cessna monomotore con un istruttore competente accanto tutto il tempo, l'inebriante corsa porta gli aspiranti piloti a sorvolare il dolce paesaggio del Warwickshire fornendo una prospettiva unica. Ricordate che questi velivoli sono piccoli, e le raffiche di vento possono causare mal d'aria anche in perfette condizioni di volo.

Se così fosse, il **Flight Simulator Midlands** potrebbe essere l'alternativa ideale; l'emozione di far volare un gigantesco 747 ovunque nel mondo è un buon surrogato del Cessna.

TRASPORTI LOCALI

Treni regolari della West Midlands Railway collegano Coventry e Leamington Spa, da dove partono agevoli collegamenti per Warwick e Stratford-upon-Avon. Guidare in queste tre ultime località è relativamente facile, in quanto sono tutte piuttosto piccole, ma a Coventry, la più grande, a volte il traffico intasa la circonvallazione. Tutti i centri cittadini di questa regione si possono girare a piedi, e con una passeggiata di non più di 10 minuti si arriva dappertutto.

Noleggiare un'auto è necessario solo per raggiungere qualche casa del National Trust in zone rurali o l'occasionale sito storico.

SHROPSHIRE HILLS

Con il confine del Galles da un lato e l'espansione urbana delle West Midlands dall'altro, lo Shropshire è un angolo per lo più rurale ma a tratti spettacolare dell'Inghilterra, e le sue colline, che ospitano magnifici sentieri da percorrere a piedi e in bicicletta, sono punteggiate di pittoreschi villaggi e antichi forti.

Circondata da ampie e verdi vallate e imponenti colline rivestite di brugo, Church Stretton è una cittadina sede di mercato nel cuore delle Shropshire Hills. In epoca vittoriana era soprannominata 'la piccola Svizzera', ma nonostante l'appellativo altisonante e i rapidi collegamenti ferroviari con città più grandi, Church Stretton non è mai diventata un'affollata meta turistica (una cosa positiva) in quanto questa pittoresca regione è una delle più graziose ma meno comprese d'Inghilterra.

Qui il tempo sembra immobile e si può assaporare il silenzio che aleggia sugli ondulati paesaggi pastorali dello Shropshire. Godetevi la dolce fuga dalla realtà nella regione più sottovalutata d'Inghilterra.

IL CONSIGLIO

La linea ferroviaria che divide le colline tra Shrewsbury e Ludlow è comoda, ma noleggiare un'auto è ideale per fare ulteriori esplorazioni e necessario per raggiungere l'inizio dei sentieri e i siti storici dato che gli autobus sono rari.

Shropshire Hills

DA VEDERE
1 Carding Mill Valley Car Park
2 Cross Dyke Car Park at Boiling Well
3 Dinham Bridge
4 Long Mynd
5 Ludlow Castle
6 Ludlow Museum
7 Whitcliffe Common Nature Reserve

ATTIVITÀ, CORSI E TOUR
8 Pole Cottage Car Park
9 Shooting Box Car Park

PERNOTTAMENTO
10 Shropshire Hills Glamping
11 Shropshire Luxury Glamping

Un paesaggio selvaggio e inalterato

PER VEDERE LA 'PICCOLA SVIZZERA' DA VICINO

La **Long Mynd** (Long Mountain), il cui nome deriva dal gallese *mynydd*, è un vasto tratto di brughiera ricoperta da uno spesso strato di erica e punteggiata di pecore. Questo altopiano spazzato dal vento è uno dei numerosi bei siti per le camminate all'interno della **Carding Mill Valley**, e tutti i sentieri partono dal villaggio di **Church Stretton**.

DOVE DORMIRE E MANGIARE A CHURCH STRETTON

Old Coppers Malt House
Sostanzioso cibo da pub in un edificio storico con un menu inaspettatamente ampio per vegani e vegetariani. **£**

Larches Lodge
Bungalow in legno in stile norvegese situato sotto la chioma di larici, con una fantastica hot tub. **££**

Victoria House
Camere fastose decorate con mobili antichi e opere d'arte originali. La prima colazione preparata in casa è inclusa. **£**

Per panorami più ampi delle Shropshire Hills e oltre, percorrete il **Burway Loop**. Questa escursione a piedi di 5 miglia (8 km) è la più impegnativa ma anche la più gratificante dato che passa accanto al Pole Bank – l'alta vetta (500 m) del Long Mynd. Regala vedute spettacolari delle pendici occidentali, al di sotto delle quali si srotola un mosaico di campi verdeggianti, con in lontananza l'immobile profilo delle ondulate colline del Galles nella foschia.

Per qualcosa di un po' diverso, provate la **Lightspout Waterfall Walk**. Questo sentiero di difficoltà moderata segue lo stesso percorso del Burway Loop prima di piegare a sinistra per Lightspout Hollow, dove cascate alte 4 m scendono dolcemente lungo un versante roccioso.

La Carding Mill Valley ospita anche uno scintillante bacino, che si raggiunge seguendo la **New Pool Hollow Walk**. Una delle escursioni più semplici della regione, questa passeggiata di 30 minuti è una tranquilla introduzione alla valle, mentre le colline che via via si innalzano intorno al bacino conferiscono al piccolo lago un aspetto evocativo, con l'ausilio della curiosa antica torre idrica vittoriana che sorge nel mezzo.

Alla scoperta del cielo buio

UNA DISTESA DI STELLE

Lo Shropshire è una delle poche regioni senza città su quest'isola densamente abitata, e la sua campagna immacolata dà ampie opportunità di ammirare distese di stelle nel cielo notturno. Ci sono quattro Dark Sky Discovery Sites (siti ufficiali dove è possibile ammirare il cielo stellato) designati nelle Shropshire Hills e si trovano tutti presso i seguenti parcheggi del National Trust: **Carding Mill Valley**, **Cross Dyke Car Park at Boiling Well**, **Pole Cottage** e **Shooting Box Car Park**.

Con l'inquinamento luminoso al minimo e una visibilità nitida, è possibile vedere la Via Lattea, e senza la necessità di particolare attrezzatura, anche se i binocoli e i telescopi danno una nuova dimensione all'esperienza, che però anche a occhio nudo è sufficientemente magica.

Sotto le stelle con stile

DORMIRE ALL'APERTO IN UN AMBIENTE GLAMOUR

Con una massa di stelle scintillanti che ricoprono il cielo notturno durante tutto l'anno, trascorrere la serata all'aperto ha davvero senso nelle Shropshire Hills. Il glamping è un modo comodo per farlo e ci sono numerosi siti dove potete osservare la maestosità del sistema solare in un ambiente lussureggiante e in compagnia del suono del silenzio.

IO VIVO QUI: LOCALI DA GOURMET PREFERITI DI LUDLOW

Rory Bunting è chef premiato e fondatore di Forage Britain.

Vaughans
È quasi impossibile per qualunque carnivoro passare indenne davanti al negozio di sandwich di Vaughan con le spalle di maiale arrosto piazzate in vetrina. Ma anche i vegetariani hanno ampia scelta di insalate e condimenti per le *jacket potatoes*.

Globe
Il Globe con il suo giardino segreto è un luogo fantastico dove rilassarsi al sole con un buon bicchiere in mano. L'eccellente ristorante gemello Chang Thai è comodamente posizionato lì accanto.

Charlton Arms
Il Charlton Arms, rivolto verso la storica Broad St, con splendide vedute del River Teme, delizie da gourmet e una cantina ben fornita, è un posto degno di una tappa.

DOVE DORMIRE A MUCH WENLOCK

Raven
Storico coaching inn del XVII secolo con un eccellente ristorante 'AA Rosette' che esalta i prodotti locali. **££**

Manor House
Pittoresco B&B in un edificio in legno bianco e nero con camere accoglienti e un giardino. **££**

Gaskell Arms
Rustico pub del XVII secolo che offre camere vecchio stile e un ampio beer garden per il sole estivo. **££**

ITINERARIO IN AUTO TRA ROVINE E STRUTTURE PIONIERISTICHE

Sebbene sia un paesaggio in gran parte bucolico, le Shropshire Hills hanno una lunga storia e sono ricche di siti unici del patrimonio culturale. Trovandosi spesso in luoghi difficili da raggiungere, è meglio noleggiare un'auto. Pur fuori di poco dalla zona ufficiale delle Shropshire Hills, **1 Ironbridge Gorge**, sito Patrimonio dell'Umanità UNESCO, è talmente importante che sarebbe assurdo non iniziare proprio da qui. Non solo è un'affascinante cittadina che ospita il pionieristico Iron Bridge, ma in zona ci sono anche diversi interessanti musei che contestualizzano la rilevanza del ponte.

A cinque minuti in auto, verso ovest, nelle Shropshire Hills vere e proprie, e sulle sponde del River Severn, sorge la **2 Buildwas Abbey**, un monastero cistercense risalente al XII secolo con parti superstiti in condizioni sorprendentemente buone; degni di nota, il magnifico soffitto a volta e il pavimento piastrellato della sala capitolare.

Con un breve tragitto verso sud si raggiunge la **3 Wenlock Priory**, uno spettacolare monastero in rovina del XII secolo in un contesto pittoresco alla periferia di Much Wenlock. Lo scioglimento dei monasteri da parte di Enrico VIII lo portò allo stato scheletrico in cui si trova oggi, ma alcune sezioni, come il transetto meridionale, sono ancora in piedi a formare la maestosa silhouette dei giorni di gloria.

Con un tragitto di 30 minuti verso sud arriverete a quello che forse è il castello medievale meglio conservato di tutta l'Inghilterra. Appena fuori da Craven Arms, una cittadina sede di mercato, lo **4 Stokesay Castle** ha oltre 700 anni, e una sorprendente struttura esterna nera e gialla in legno, mentre la Great Hall, con travi a vista, è una finestra su un altro mondo. Concludete il giro con l'imponente **5 Ludlow Castle**, che offre tra i più bei panorami dello Shropshire dalle sue torri più alte.

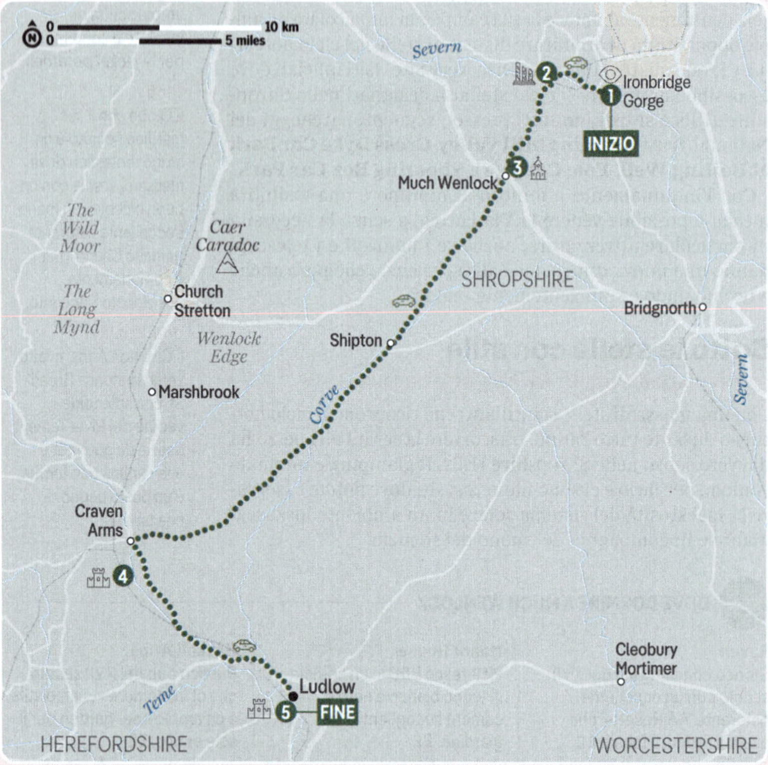

Le colline meridionali sono particolarmente prolifiche e lo **Shropshire Luxury Glamping** presso la Purslow Hall Farm ha bei *pod* in stile industriale e una confortevole hot tub. Più a est sorge lo **Shropshire Hills Glamping**, e i suoi rustici bungalow in cima alla collina offrono belle vedute panoramiche. Entrambi si trovano a 30 minuti da Ludlow e sono delle basi perfette per un weekend nelle vicinanze.

Poesia in movimento

DOVE TROVARE LA BELLEZZA DI LUDLOW

Definita dall'eminente poeta John Betjeman "la più graziosa cittadina d'Inghilterra", **Ludlow** ha agguerriti concorrenti per l'ambizioso titolo, ma le sue stradine medievali, il castello dell'XI secolo e i meravigliosi dintorni la favoriscono.

Fate il giro del castello fin sul retro e scendete all'elegante **Dinham Bridge**, un ponte di 200 anni, sotto il quale scorre il River Teme. Da questa valle, le rovine del castello fanno capolino al di sopra delle lussureggianti cime degli alberi mentre il boscoso pendio di **Whitcliffe Common** si innalza a ovest.

Dopo una camminata di 10 minuti in salita proprio su quel pendio emergono le vedute più spettacolari di Ludlow. Una fitta vegetazione di alberi su entrambi i lati di Whitcliffe Common incornicia il perfetto quadro inglese: colline ondulate, un maestoso campanile, tetti color ruggine e le tozze torrette del castello. Scegliete una panchina per ammirate il panorama.

In effetti, il Ludlow Castle fu costruito appositamente sulla cima della collina e le sue torri in rovina offrono bei panorami che si spingono a sud fino ai meleti dell'Herefordshire e a nord verso le più alte colline dello Shropshire.

Una veduta ancora più eccezionale si ha dal **Ludlow Museum**, perciò salite al piano superiore e cercate la finestra che punta a sud su Broad St. Con le case Tudor in legno a sinistra e la vecchia strada che si allontana arcuandosi, è una scena che è cambiata di poco negli ultimi 500 anni.

JEREMY ALAN BAXTER/SHUTTERSTOCK ©

Wenlock Priory

ISPIRAZIONE OLIMPICA

È difficile immaginare l'idilliaco villaggio di Much Wenlock come precursore dello sfarzo dei moderni Giochi Olimpici, ma il nesso è reale.

La storia risale al 1850, quando William Penny Brookes creò gli annuali Giochi Olimpici di Wenlock per "promuovere il miglioramento morale, fisico e intellettuale" della gente del posto. I primi Giochi furono un miscuglio di atletica e tradizionali 'sport rurali', e all'epoca si svolgevano ogni anno, finché, nel 1890, attirarono la visita del barone Pierre de Coubertin.

Coubertin andò oltre istituendo l'International Olympic Committee, e le prime moderne Olimpiadi si svolsero sei anni più tardi ad Atene nel 1896. Forse, ma solo forse, grazie a Much Wenlock.

TRASPORTI LOCALI

Le colline non sono facili da girare esclusivamente con il trasporto pubblico, perciò si raccomanda di noleggiare un'auto. Questo consiglio è particolarmente valido se il vostro itinerario include le zone rurali a ovest. Shrewsbury è la città più grande dello Shropshire e offre la maggior parte delle opzioni per il noleggio.

Il treno che collega Shrewsbury e Ludlow è tuttavia molto utile per le numerose attività disponibili nella Carding Mill Valley. Ferma a Church Stretton più o meno una volta l'ora e il villaggio funge da base ideale per esplorare.

Ci sono autobus locali che servono la regione, ma sono lenti e vi faranno perdere tempo prezioso.

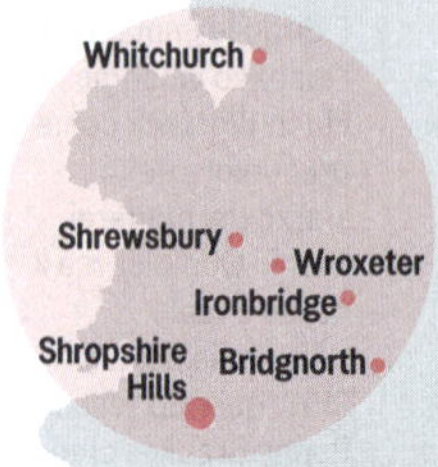

Dintorni delle Shropshire Hills

Esplorate paesaggi inalterati punteggiati di antichi siti storici e mete da buongustai. Rilassatevi e assaporate il tutto.

IL CONSIGLIO

Whitchurch si raggiunge facilmente in treno, ma per le attrazioni a est di Shrewsbury, è meglio noleggiare un'auto.

Sebbene il resto del paesaggio delle Shropshire si appiattisca un po', la regione non è per questo meno interessante. Dal promettente panorama gastronomico della minuscola Whitchurch all'importante Ironbridge, sito UNESCO, ci sono tantissimi luoghi unici da scoprire. Gli appassionati di storia antica saranno deliziati alla vista delle rovine di pietra della città romana di Wroxeter, un tempo la quarta città più grande della Britannia romana.

Shrewsbury – la più grande città della regione e città natale di Charles Darwin – funziona perfettamente come base dalla quale partire per spostarsi in altre direzioni. Prendetevi il vostro tempo e godetevi un viaggio rilassante in mezzo a una dolce campagna, facendo alcune affascinanti tappe lungo la strada.

Iron Bridge (p396)

Shrewsbury

Capitale dei buongustai nel nord

SCOPRITE L'INATTESA SCENA GASTRONOMICA DI WHITCHURCH

Con i suoi ristoranti stellati e i prodotti di qualità, Ludlow è stata per molti anni la meta del buon cibo nello Shropshire. Ma oggi ha un improbabile concorrente all'estremità settentrionale della contea. Ad appena 30 minuti di treno in direzione nord da Shrewsbury, ai margini delle Shropshire Hills, **Whitchurch** è una piccola cittadina con meno di 10.000 abitanti che ospita un paio di ristoranti fra i più quotati delle Midlands, oltre ad alcune graziose istituzioni locali.

Inaugurato nel 2017, **Docket No.33** è frutto della visione dello chef Stuart Collins e della restaurant manager Frances Collins. Il sublime menu degustazione con nove portate è perfettamente abbinato al vino e cambia ogni sei settimane, con l'unica eccezione del loro famoso antipasto di chips di ceci. Al momento della scrittura della guida, era in progetto il trasferimento del ristorante sull'altro lato della strada con il nuovo nome di Docket Restaurant by Stuart Collins.

In fondo a High St, dopo la curva, si trova **Wild Shropshire**, il ristorante microstagionale ispirato al terroir dello chef James Sherwin che esalta i prodotti locali. Inaugurato nel 2020,

MIGLIORI BOUTIQUE A WHITCHURCH

Homefolk
Eccentrici accessori per interni stile boho realizzati da oltre 30 artigiani, dagli animaletti in porcellana ai cuscini di velluto.

Lornashouse
Elegante gift shop alla moda a gestione familiare che offre abbigliamento, gioielli, oggetti per la casa e persino accessori per gli animali domestici.

Doodle Alley
Rilassante laboratorio di pittura che funge anche da gift shop con piatti, tazze e nani personalizzati in vendita.

MOOand BOOM
Negozio etico con una gamma di prodotti per la casa, abbigliamento e regali sostenibili. C'è anche un *cafe*.

DOVE DORMIRE A SHREWSBURY

Darwin's Townhouse
Town house georgiana del XVIII secolo con camere accoglienti e giardino privato appartato, ideale per l'estate. **££**

Hencote
Alloggi lussuosi appena ai margini della città presso un vigneto con splendide vedute della campagna. **£££**

Drapers Hall
Boutique hotel indipendente in un edificio Tudor in legno con solo sei camere decorate ciascuna in modo originale. **££**

in origine era partito come ristorante *pop-up* (temporaneo) e propone interessanti 'cocktail flight' a base di sakè oltre al suo favoloso cibo.

Allontanandosi dai ristoranti, la storica strada Watergate offre una masterclass sull'umile *pie*. **Powell's Pies** è una piccola attività a gestione familiare che serve *pies* di maiale artigianali preparati secondo una ricetta del XIX secolo, mentre **Pie Hole**, dall'altra parte della strada, è un accogliente locale che offre una varietà di diversi *pie* artigianali e dolci (e – stranamente – un rum gallese).

Anche l'italiano **Etzio** è uno dei più longevi preferiti dai locali, ma ricordate di prenotare in anticipo poiché questa città non potrà che diventare sempre più famosa col tempo.

MIGLIORI BAR A SHREWSBURY

Tap & Can
Birra artigianale accanto alla stazione dei treni con spine a rotazione regolare e un frigo enorme.

GlouGlou
Wine bar poco pretenzioso dall'atmosfera rilassata con una lavagna in costante aggiornamento; ospita regolari eventi.

Admiral Benbow
Pub tradizionale, in una tranquilla e appartata stradina, con la migliore selezione di cask ale locali di Shrewsbury.

Oil
Bar con luci soffuse, offre birra artigianale, posti all'aperto e pizza preparata sull'altro lato della strada.

Libertine Cocktail Bar
Colorato cocktail bar con menu di classici e creazioni meno convenzionali con divertenti descrizioni.

Primo al mondo

ATTRAVERSATE UN PONTE AVANGUARDISTICO

Se paragonato al ponte di Brooklyn a New York, al Tower Bridge di Londra o a qualunque altro ponte famoso che si voglia menzionare, l'antico **Iron Bridge**, appena fuori da Telford, apparirà piccolo di dimensioni. Ma questa struttura pionieristica – costruito nel 1779, fu il primo ponte di ferro al mondo – a 30 minuti in taxi da Shrewsbury segnò un punto di svolta nel campo del design e dell'ingegneria ed è giustamente celebrato come simbolo dell'allora fiorente Rivoluzione industriale.

A seguito della sua costruzione, il ferro cominciò a essere ampiamente utilizzato per la costruzione di ponti, acquedotti ed edifici. L'influenza del ponte fu tale che esso diede il proprio nome alla maestosa valle piena di boschi che lo circonda e fu designato come sito Patrimonio Mondiale dell'UNESCO.

Ma ammirare il famoso ponte non è l'unica ragione per visitare **Ironbridge Gorge**. Non solo si tratta di un'affascinante cittadina che ospita caratteristici *cafe* e pittoreschi pub, ma ha anche diversi musei che forniscono un contesto reale a ciò che di rilievo ebbe luogo qui.

Il **Museum of the Gorge** racconta la storia e funge da panoramica ideale, mentre il **Coalbrookdale Museum of Iron** approfondisce il materiale che ha permesso la nascita del ponte. Il **Blists Hill Victorian Town** è un museo interattivo all'aria aperta che riporta in vita questa piccola regione ed è un'eccellente opzione per le famiglie.

Perciò, anche se il ponte non è alto centinaia di metri, la sua bellezza e importanza sono senza pari.

TRASPORTI LOCALI

Nelle Shropshire Hills i treni hanno un raggio d'azione limitato, perciò è meglio noleggiare un'auto se avete intenzione di trascorrere qualche giorno da queste parti. Il servizio ferroviario tra Shrewsbury e Whitchurch, con cadenza oraria, è però utile, e alcuni servizi proseguono per Ludlow.

Esiste anche un servizio di autobus, ma un certo numero di interessanti attrazioni e destinazioni a est di Shrewsbury si raggiunge più facilmente in auto. Ironbridge Gorge e Much Wenlock, tra le altre, si raggiungono in meno di 40 minuti in auto, mentre in autobus ci si impiegano ore.

HEREFORD

Circondata dalle colline fitte di vegetazione e dai romantici cottage in pietra della Wye Valley, oltre che dai languidi frutteti di meli e peri della campagna dell'Herefordshire, Hereford è una piccola città medievale alla mano sull'ondulato River Wye. Famosa per l'abbondanza di sidro e l'importante Mappa Mundi custodita all'interno dell'Hereford Cathedral, questa città di 60.000 abitanti sorge a circa 20 miglia (32 km) dal confine con il Galles e in uno statuto cittadino del 1189 viene descritta come 'Hereford in Wales' ('Hereford nel Galles').

Sebbene la moderna Hereford sia ben radicata in Inghilterra, può sentirsi parte del sud-ovest così come le Midlands, per l'appassionata cultura del sidro e i cieli stellati senza inquinamento. Il mix di identità non fa che accrescere il fascino di questo bellissimo e storico angolo del paese. Benvenuti a Hereford.

IL CONSIGLIO

Hereford ha oltre 20 miglia (32 km) di sentieri ciclopedonali ed è un bel posto da esplorare su due ruote. Sono disponibili più di 200 Beryl Bikes in 69 diversi punti di parcheggio sparsi in città e riconoscibili per il loro caratteristico color menta. Ci sono anche le E-bikes, se preferite un ausilio alla pedalata.

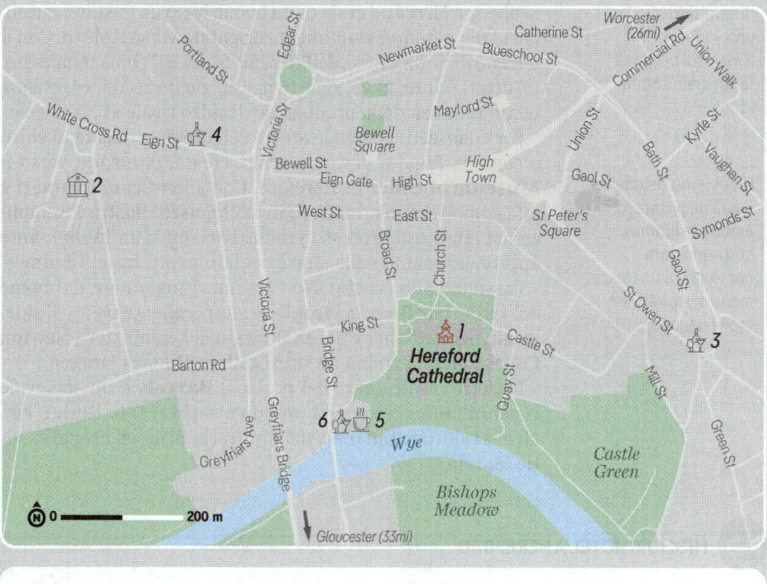

DA NON PERDERE
1 Hereford Cathedral

DA VEDERE
2 Museum of Cider

LOCALI E VITA NOTTURNA
3 Barrels
4 Beer in Hand
5 De Koffie Pot
6 Left Bank Village

MIGLIORI RISTORANTI A HEREFORD

Bookshop
Moderno ristorante britannico che serve brunch ben presentati, rustiche portate principali a cena e un eccellente *Sunday roast*. ££

Cotto
Autentica cucina italiana con un tocco moderno. C'è anche un cocktail bar che serve classici Neapolitan ben preparati. ££

Beefy Boys
Generose porzioni di hamburger in una varietà di stili. Il martedì propone la speciale serata tacos. £

Mediterrané Restaurant
Un esterno deludente rivela un pittoresco ambiente interno, con atmosfera conviviale e un fresco menu di ispirazione mediterranea. ££

CARON BADKIN/SHUTTERSTOCK ©

Hereford Cathedral

La città del sidro

ASSAGGIARE IL NETTARE PIÙ DOLCE DI HEREFORD

Sebbene a Hereford ci sia tanta buona birra da gustare, questa parte del mondo è stabilmente orientata verso il sidro. Con il terreno di argilla rossa dell'Herefordshire e il clima temperato, i frutteti punteggiano questo paesaggio da secoli, e la prima testimonianza della produzione di sidro risale al XV secolo.

Per conoscere meglio la storia della regione legata al sidro e come la famosa bevanda venga creata, fate rotta verso il **Museum of Cider** di Hereford. Con autentici macchinari e affascinanti immagini d'archivio, il museo illustra il semplice ma laborioso processo produttivo e offre un interessante approfondimento sulla storia degli influenti fratelli Bulmer.

Passiamo all'assaggio. Non lasciatevi ingannare dal nome del vicino bar **Beer in Hand** – la sua eccellente scelta di sidri locali include l'Abbey Dore's Gwatkin, il Leominster's Newton Court Cider e persino un sidro gallese, il Black Dragon.

Preferito dalla gente del posto, il **Barrels** è un socievole coaching inn che serve il torbido e rinfrescante Rosie's Pig, oltre al sidro artigianale della sidreria Bishops Frome's Celtic Marches.

MIGLIORI HOTEL A HEREFORD

Green Dragon Hotel
Coaching inn del XVII secolo in posizione centrale con un tocco glamour di art déco e diversi bar eleganti. ££

Castle House Hotel
Villa georgiana Heritage Listed (Grade II) in una tranquilla strada vicino alla cattedrale, con terrazza sull'acqua. £££

Charades
Accogliente guesthouse a gestione familiare in elegante edificio vittoriano vicino alla stazione dei treni. ££

Concludete questa avventura nel mondo della mela da **De Koffie Pot** nel vivace **Left Bank Village**. Sebbene la sua selezione non sia notevole come quella di alcuni dei locali già menzionati, l'ampia area con posti a sedere all'aperto e la posizione romantica sulle sponde del Wye gli conferiscono un fascino ineguagliabile, soprattutto quando il sole tramonta dietro al quattrocentesco Wye Bridge nelle tiepide serate estive.

La mappa del mondo medievale

COME I NOSTRI ANTENATI VEDEVANO LA TERRA

Come appariva il mondo medievale a chi aveva metodi di viaggio così primitivi? Secoli prima che la Rivoluzione industriale aprisse la strada al trasporto a motore, c'era un confine sottile tra fatti e congetture. E un'affascinante prova di questo si trova presso l'**Hereford Cathedral**, dove è conservata la straordinaria Mappa Mundi.

La più grande carta geografica medievale ancora esistente e databile intorno al 1300, fu disegnata su un unico foglio di pergamena, e la sala dall'illuminazione fioca dove è custodita, all'interno della cattedrale, aggiunge ulteriore fascino al reperto. Nonostante sia piuttosto difficile da leggere (soprattutto all'inizio), la mappa nondimeno sorprende, e a uno sguardo più ravvicinato il dettaglio risulta straordinario.

Con Gerusalemme al suo centro, che riflette il forte influsso della religione sulla società dell'epoca, sulla Mappa Mundi sono rappresentate 420 città, 15 eventi biblici, 33 fra animali e piante, 32 persone e cinque scene tratte dalla mitologia classica. Dietro si trova la tavola originale sulla quale era stata montata (sono visibili i fori dei chiodi) e dove era rimasta appesa, con poca cura, per molti anni sul muro della navata del coro nella cattedrale.

La mappa consente di avere uno scorcio su un mondo dimenticato e, a volte, fantastico. Si tratta di uno dei manufatti più rari ancora esistenti in Inghilterra, e forse meriterebbe una sede più importante. Ma la casa della mappa è qui, a Hereford, e la possibilità di osservare un mondo così lontano non dovrebbe essere persa.

MIGLIORI CAFE A HEREFORD

Rocket Kitchen Cafe
Deliziosi dolci e caffè ben preparati. I posti a sedere all'aperto offrono una veduta romantica della cattedrale. £

Cafe Miro
Il giardino soleggiato è l'ideale in estate. Il sandwich di manzo e formaggio blu è davvero squisito. £

Sabores de Portugal
Caffè di qualità che si abbinano perfettamente con gli eccezionali *pastéis de nata* (pastina portoghese con crema all'uovo). £

Cafe Ascari
Vera e propria istituzione familiare in attività da 60 anni, con un menu scritto a mano e un servizio cordiale. £

Sensory & Rye
Locale elegante e arioso che serve caffè artigianale e un menu a pranzo che cambia in base alla stagione. £

TRASPORTI LOCALI

Il centro di Hereford è piccolo e facilmente percorribile a piedi, perciò non è necessario viaggiare in auto, taxi o autobus. Anche la bici è un'opzione piacevole e sono numerose le stazioni Beryl Bike sparse per la città con bici a noleggio a prezzo irrisorio.

La stazione dei treni è vicina al centro e offre buoni collegamenti con Ludlow, le Malvern Hills, Birmingham, e servizi diretti per la stazione di Paddington a Londra.

Dintorni di Hereford

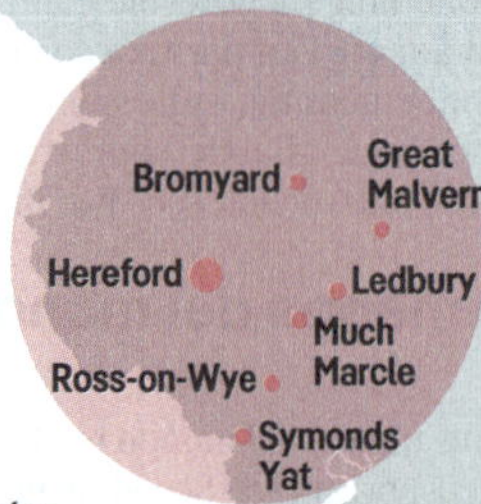

Gli evocativi e lussureggianti paesaggi nei dintorni di Hereford sono rilassanti, hanno un fitto calendario di allegre feste e offrono vedute praticamente immutate nei secoli.

Meleti baciati dal sole e bucoliche colline ondulate rivestono questo lussureggiante angolo delle remote zone meridionali delle Midlands, mentre il River Wye serpeggia costeggiando romantici villaggi in pietra. Il territorio che circonda Hereford è terreno fertile per un'esplorazione a passo lento, e non sono ammesse avventure di fretta. Che sia pedalando tra affascinanti cittadine medievali in bianco e nero o rilassandosi in un ventilato meleto a sorseggiare sidro fresco, l'Herefordshire vi chiede di prendere la vita un po' meno seriamente.

Hereford è una splendida città da esplorare per un paio di giorni, ma prendetevi il tempo di stare all'aperto, partecipate alle feste e godetevi i paesaggi bucolici che per molti anni sono rimasti incontaminati dal turismo.

IL CONSIGLIO

Viaggiare in treno tra Hereford e le Malvern Hills è rapido e facile, ma un'auto sarà necessaria per esplorare il territorio al di là di queste zone.

Malvern Hills

NICHOLAS E JONES/SHUTTERSTOCK ©

GARY B/ALAMY STOCK PHOTO ©

Saracen's Head

Una scorpacciata di feste

IMMERGERSI NEL FITTO CALENDARIO

La gente che vive in questo meraviglioso angolo delle Midlands è molto socievole e adora avere un calendario fitto di feste in occasione delle quali può dedicarsi alle proprie passioni e in generale divertirsi e socializzare circondata da un così bel paesaggio.

L'**Herefordshire Walking Festival** si svolge da più di 20 anni a giugno e offre un'ampia varietà di passeggiate da intraprendere. Oltre al famoso Herefordshire Trail, il festival propone anche delle camminate commemorative della prima guerra mondiale, passeggiate con il proprio cane e molto altro.

Un po' meno faticoso ma non meno interessante è il **Ledbury Poetry Festival**. Con le sue animate letture, stimolanti discussioni e laboratori di scrittura condotti da esperti, celebra in modo unico la parola scritta in una delle cittadine più pittoresche dell'Herefordshire (a 20 minuti di treno da Hereford).

Il tranquillo **Bromyard Folk Festival** si svolge ogni anno a settembre dal 1968 e ospita tantissimi rinomati spettacoli e concerti locali e nazionali e vere e proprie istituzioni in-

MIGLIORI SIDRERIE IN HEREFORDSHIRE

Westons Cider
Visite guidate, un negozio ben fornito, e la Scrumpy House che serve un ottimo *Sunday roast*.

Gwatkin Cider Co Ltd
Negozio di prodotti locali aperto tutti i giorni con una collezione di antichi attrezzi per fare il sidro. In estate organizza un festival di musica di tre giorni.

Pips Cider
Splendido frutteto della Golden Valley; si può visitare su appuntamento e assaggiare sul posto i suoi eccellenti sidri.

Oliver's Cider & Perry
Produttore di sidro progressista; è aperto solo il sabato ma visite guidate e degustazioni si prenotano in anticipo.

DOVE DORMIRE NELLA WYE VALLEY

Saracen's Head
B&B sul fiume in un incantevole inn a graticcio con 10 ariose camere imbiancate. **££**

Orles Barn Hotel
Fienile del XVII secolo con un eccellente ristorante e una lounge vecchio stile molto accogliente in inverno. **££**

Glewstone Court
Residenza signorile trasformata in boutique hotel con camere spaziose e lussuose e un eccellente ristorante. **£££**

ternazionali nell'ambito della musica folk (30 minuti in taxi da Hereford).

Per una dolce immersione nella cultura locale, **Big Apple** è un pittoresco sentiero di campagna che si snoda fra i frutteti per la produzione del sidro di Much Marcle (30 minuti in taxi da Hereford). I rimorchi dei trattori trasportano persone e famiglie tra i vari frutteti dove si possono assaggiare i forti sidri di mele e di pere (*perry*) a volontà.

A Hereford, invece, tendoni con birra e cibo si susseguono lungo la riva del fiume per il **Beer on the Wye** che vanta ben 135 diverse ale di ogni stile possibile e immaginabile.

POSTI MIGLIORI PER IL PRANZO A LEDBURY

Ledberry
Tranquillo giardino delimitato da un muro e decorato con piante e lucine; ideale per sedersi al sole in estate. ££

Malthouse Cafe
Locale per il brunch dall'atmosfera rilassata con un gradevole cortile. I pancake in stile americano con lo sciroppo d'acero sono sublimi. £

Pot & Page
Incantevole brasserie vegana con una scelta infinita di tè in foglia. Funge anche da bookshop. ££

Prince of Wales
Cibo casalingo e generose porzioni di *pie* servite nella strada più pittoresca di Ledbury. £

Le gambe della Ledbury Market House

UN EDIFICIO DI RIFERIMENTO BEN BILANCIATO

Alle pendici delle Malvern Hills e a soli 20 minuti di treno da Hereford, **Ledbury** è una pittoresca e rilassata cittadina medievale sede di mercato, anche se di primo acchito è un unico edificio a catturare immediatamente l'attenzione.

Iniziata nel 1617 e completata decenni dopo, nel 1668, la **Ledbury Market House**, un edificio a graticcio bianco e nero, dà l'impressione di levitare mentre in realtà è in equilibrio su 16 pilastri di quercia. Nonostante il suo aspetto possa apparire strano ai giorni nostri, in realtà era d'uso all'epoca in molte città sedi di mercato, con il mercato che si svolgeva al di sotto e le sale superiori spesso usate per le transazioni commerciali o come municipio.

Un mercato al dettaglio si tiene ancora oggi nel piano sottostante, nei giorni di martedì e sabato.

Il regno delle boutique

ALLA RICERCA DEI TESORI DELLA CITTADINA

Pur essendo una cittadina con una popolazione di meno di 10.000 abitanti, le strade medievali e i vicoletti nascosti di Ledbury sono pieni zeppi di eclettiche boutique e accoglienti negozi di artigianato.

Ispirato alla vita precedente del proprietario a Bali, il **Tinsmiths** è un paradiso di casalinghi creativi, ceramiche e stampe artistiche. Fatevi strada lungo la stretta **Design Quarter Alley** e troverete una cornucopia di meraviglie in stile nordico da **HUS & HEM**. Più giù, il **Ledbury Books & Maps** ha un angolo del negozio dedicato interamente a mappe e cartine.

Homend Mews è un altro minuscolo vicolo facile da perdere che nasconde la seducente **Choccotastic**, una cioccolateria e le sue invitanti barrette di cioccolato personalizzate.

DOVE DORMIRE A LEDBURY

Talbot
Coaching inn bianco e nero del XVI secolo con camere vecchio stile e contemporanee nel cuore della cittadina. ££

Feathers
Straordinario edificio bianco e nero in stile Tudor con 22 camere una diversa dall'altra; al piano terra travi a vista originali e intimi caminetti. ££

Harlequin BnB
Due camere spaziose e lussuose in una strada tranquilla a pochi minuti a piedi dalla cittadina. £

ITINERARIO IN BICI TRA I VILLAGGI IN BIANCO E NERO

Se quasi tutta la moderna Inghilterra è un luogo dinamico con città in continua espansione fedeli al mantra 'work hard, play hard' ('lavora sodo e divertiti al massimo'), esistono ancora tasche di vita rurale dove si ha la sensazione che il tempo si sia fermato.

Con le loro incantevoli case a graticcio e le strade principali piene di accoglienti pub e tearoom i villaggi in bianco e nero dell'Herefordshire sono un'affascinante finestra su un'era più semplice. E il modo migliore per visitarli è con un lento giro in bici estivo.

Partendo dall'incantevole **1 Leominster**, l'intero percorso è di 42 miglia (67,5 km) e dura dai due ai tre giorni, ma ne esistono versioni più brevi. Avanzate verso nord attraversando i caratteristici villaggi di **2 Eyton** e **3 Kingsland** prima di sostare nel pittoresco **4 Eardisland**. Rifocillatevi al Rita's Tearooms e passeggiate sulle sponde del River Arrow, ammirando le case dal tetto di paglia e la trecentesca 'yeoman's hall' nota come Staick House.

Proseguite verso ovest fino al villaggio da cartolina di **5 Pembridge** e le sue case a graticcio allineate sulla strada principale, tra cui il secentesco New Inn Pub. Salite verso ovest, oltre **6 Luntley Court** e **7 Almeley**, e godetevi le ampie vedute e la dolce campagna a nord. Sarà quindi tutta discesa verso il grazioso **8 Eardisley**, dove l'eccentrica libreria-*cafe* New Strand è un bel posto dove fare una sosta.

Tornate a est verso lo splendido **9 Weobley**, il villaggio in bianco e nero meglio conservato, con la guglia di 56 m della St Peter & St Paul's Church che aggiunge ulteriore fascino al quadro. L'Ye Olde Salutation Inn, attento ai bisogni dei ciclisti, è perfetto per trascorrere la notte prima di concludere il giro ritornando a **10 Leominster** il giorno successivo.

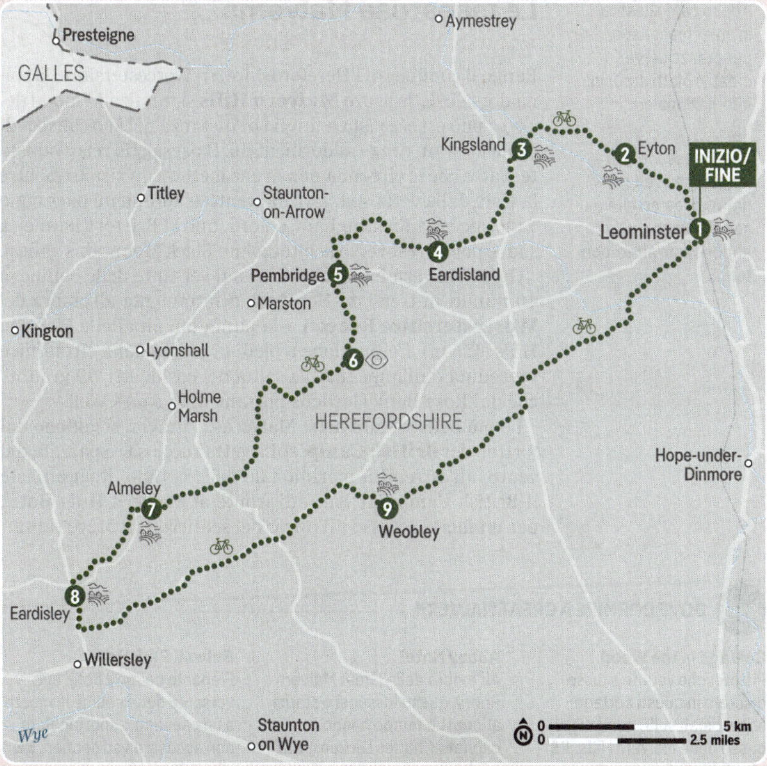

MIGLIORI CAFE A GREAT MALVERN

FAUN
Rustico *cafe* che serve eccellente caffè tostato in casa e pane fresco con lievito naturale; il servizio è incredibilmente cordiale. £

Abbey Road Coffee
Piccolo *cafe* in mezzo a un'incantevole serie di negozi; serve del buon caffè e deliziose torte. £

Mac & Jac's Cafe
Arioso *cafe* allestito in un'ex macelleria, per pranzo serve creativi piatti di cucina internazionale. £

Terrace on the Hill
Cafe/brasserie con fantastiche vedute del Worcestershire, serve brunch e un abbondante afternoon tea. £

WIRESTOCK CREATORS/SHUTTERSTOCK ©

Goodrich Castle

Le maestose Malverns

A CAVALLO DI UN IMPORTANTE CONFINE

Lungo il confine tra l'Herefordshire e il Worcestershire, la spina dorsale delle aspre **Malvern Hills** si innalza in modo deciso e può essere vista a miglia di distanza nel suo saliscendi come fosse un drago addormentato. Il paesaggio relativamente piatto che le circonda non fa che metterle in risalto mentre la vista dalla vetta spazzata dal vento si apre su un paesaggio a mosaico: da Birmingham, a nord, fino al Bristol Channel, a sud, e poi a ovest verso le bitorzolute Black Mountains gallesi.

Great Malvern è una cittadina sul versante delle colline, a 40 minuti in treno da Hereford, direttamente all'ombra del **Worcestershire Beacon** – la punta più alta delle Malvern Hills (425 m). L'escursione a piedi di un'ora dalla cittadina è preceduta dall'impegnativa salita dei cosiddetti '99 gradini' che dai Rose Bank Gardens portano al St Ann's Well.

Le più belle vedute nelle Malverns, tuttavia, si godono dal fortino del **British Camp**, sulla vetta rocciosa e spazzata dal vento, all'estremità meridionale delle colline. Raggiungete il British Camp Car Park, di fronte al Malvern Hills Hotel, per un facile accesso all'inizio del sentiero e la breve salita.

DOVE DORMIRE A GREAT MALVERN

Cottage in the Wood
Pittoresche vedute e lusso discreto in questi cottage abbarbicati sulle pendici più basse delle Malvern Hills. ££

Abbey Hotel
All'ombra della Great Malvern Priory, questi lussuosi e storici alloggi un tempo hanno ospitato Charles Dickens. £££

Colwall Park Hotel
Elegante country hotel sul versante delle colline in mezzo a un paesaggio spettacolare con accessi a vari sentieri. ££

La **End to End Walk**, 9,3 miglia (15 km) lungo la spina dorsale delle colline, è la più impegnativa di tutte le escursioni sulle Malvern Hills, ma si può dividere in due sezioni.

Una camminata più facile è l'escursione ad anello attorno a **North Hill**, con magnifiche vedute verso le caliginose Shropshire Hills a nord-ovest.

Sull'acqua

UN'AVVENTURA LUNGO UN MAGNIFICO FIUME

Il **River Wye** ha origine in alto nelle Cambrian Mountains in Galles e finisce la corsa nell'estuario del Severn, ma nel suo viaggio attraverso le dolci colline e i placidi pascoli della contea forma una parte importante dell'identità dell'Herefordshire.

Rendete omaggio al grande fiume e avvicinatevi alla natura scendendo direttamente in acqua con un'avventura a bordo di una tavola da SUP o di una canoa.

Ross-on-Wye si trova 30 minuti in taxi a sud di Hereford ed è da qui che **Paddlingboarding Adventures** propone una gamma di corsi diversi, che spaziano da sessioni di due ore e mezza di SUP per principianti al rilassamento sensoriale del paddleboard yoga. Il percorso più popolare è la gita di mezza giornata su tavole da SUP da Kerne Bridge a Symonds Yat, ma i più esperti di questo mezzo dovrebbero provare quella di un giorno intero da Symonds Yat a Redbrook, oltre il Biblins Bridge e lungo la valle, alla ricerca di martin pescatori, falchi pellegrini, aironi, cigni e lontre.

La canoa è forse il mezzo più convenzionale, ma non meno entusiasmante o impegnativo, per affrontare il fiume. La vicina **Canoe the Wye** offre diverse opzioni di noleggio, che vanno da mezza giornata a due giorni interi. Scendete in acqua e scivolate fra i versanti delle colline ricoperti di boschi, l'elegante Pencraig Court e le spettacolari rovine normanne del Goodrich Castle.

Sebbene queste attività siano disponibili tutto l'anno, aspettate che i raggi dorati del sole estivo ricoprano i paesaggi dell'Herefordshire per iniziare il vostro languido viaggio verso valle.

Castelli in rovina

ESPLORARE LE EPICHE FORTEZZE RURALI

Questo angolo delle Midlands è punteggiato di spettrali rovine di castelli, costruiti come barriere difensive contro gli attacchi degli incursori gallesi o per respingere attacchi dall'interno durante la guerra civile inglese, e richiamano alla memoria tempi più pericolosi e imprevedibili.

Il castello meglio conservato e di gran lunga il più fotogenico è il **Goodrich Castle** (30 minuti in taxi da Hereford). Abbar-

IO VIVO QUI: NEGOZI PREFERITI PER PICNIC SULLA RIVA DEL FIUME

Rich Edwards gestisce White House Glamping, un sito di glamping con *tipi* sul fiume, vicino Ross-on-Wye.

Pengethley Farm Shop, Ross-on-Wye
Gradevole tappa per prendere un pezzo di formaggio Hereford Hop Cheese, patatine Two Farmers Herefordshire, frutta e sidro locali per un picnic sul fiume.

Oakchurch Farm Shop, Staunton on Wye
Il posto giusto per fare provviste: pane Peter Cooks, panino con salsiccia e chutney, formaggio locale, prima di raggiungere la vicina spiaggia sul fiume a Bredwardine.

Number 25, Kington
Tantissime delizie per un picnic in alta quota vicino a Hergest Ridge, a cavallo tra Inghilterra e Galles, dove godere di ampi panorami in compagnia di pony selvatici e gustando salumi e succo di mela locale.

DOVE DORMIRE A ROSS-ON-WYE

Kings Head
Storico coaching inn trecentesco con accoglienti caminetti, rustiche travi di quercia e cortile appartato. ££

Old Court House
B&B in una casa del XVII secolo restaurata nel cuore della cittadina. £

Bridge House
Elegante casa georgiana imbiancata a calce vicino le sponde del Wye, con splendide vedute. ££

COS'È IL PERRY?

I curati frutteti dell'Herefordshire potrebbero richiamare alla mente le mele e il sidro, ma guardando più da vicino vedrete file di alberi con piccole pere verdi. Queste sono le pere perry che servono per produrre una bevanda simile al sidro ma con un gusto decisamente diverso.

Il perry si fa con il succo fermentato delle pere fresche spremute e l'aggiunta di lieviti naturali. Il gusto può essere notevolmente diverso a seconda del tipo di pera, del grado di dolcezza o se il perry è fermo o frizzante.

Ma ricordate, il perry non è un 'sidro di pere' perché il sidro si fa solo con le mele. Diffidate di qualunque prodotto che sull'etichetta riporti 'pear cider' e cercate il perry autentico.

DAVE RHEAUME ARTIST/SHUTTERSTOCK ©

Snodhill Castle

bicato su un affioramento roccioso di arenaria sul River Wye circa 4 miglia (6 km) a sud di Ross-on-Wye, ha torri in pietra che risalgono almeno all'inizio del XII secolo, ma gli storici affermano che possa essere più antico. All'interno, in mostra c'è 'Roaring Meg', uno dei più potenti cannoni costruiti durante la guerra civile, mentre i vari punti panoramici offrono vedute dell'ondulata Wye Valley.

A circa un chilometro e mezzo dal confine con il Galles, nell'elegante Olchon Valley, sorge il **Longtown Castle** (35 minuti in taxi da Hereford). Fu costruito subito dopo l'invasione normanna per controllare l'appena conquistato territorio del Galles. Sebbene allora fosse d'importanza strategica, oggi il suo scheletro in pietra in rovina offre vedute mozzafiato delle Black Mountains gallesi e accesso libero tutto l'anno.

Lo **Snodhill Castle** (30 minuti in taxi da Hereford) è insolito in quanto è stato dimenticato per 350 anni ed essenzialmente abbandonato dopo la guerra civile. Fu salvato dal crollo nel 2017, e ricomporre il suo misterioso passato fa parte del fascino di Snodhill.

TRASPORTI LOCALI

In generale disporre di un'auto è essenziale per esplorare questo pittoresco angolo delle Midlands poiché agevola il viaggio nella Wye Valley e nei territori rurali che costeggiano il confine con il Galles. Gli autobus sono disponibili ma poco frequenti, e fanno perdere tempo prezioso.

Le Malvern Hills costituiscono forse l'unica eccezione, grazie al valido servizio di West Midlands Trains tra Hereford e Great Malvern, che ferma anche a Ledbury. Il servizio effettua anche tutto il tragitto fino a Birmingham, ma tenete conto che si tratta di un viaggio di un'ora e mezza.

PEAK DISTRICT

Romantica collezione di ampie valli, villaggi di pietra, alte colline e case storiche, il Peak District è il maestoso punto più settentrionale delle Midlands. Dalle colline sferzate dal vento della Hope Valley alle incantevoli cittadine come Bakewell e Buxton, qui c'è l'Inghilterra al suo massimo grado di fascino.

Inaugurato nel 1951, il Peak District è stato il primo parco nazionale d'Inghilterra e più di 70 anni dopo la regione ancora delizia con la sua vasta gamma di attività e avventure. E grazie al mix di attività all'aperto e allettante vita da villaggio, è un luogo che si concilia con qualunque ritmo, dalla gita in giornata piena di attività al fine settimana a zonzo.

Delimitato a sud da Derby, a ovest da Manchester e a est da Sheffield, il Peak District è uno dei paesaggi più accessibili del paese e ha tutto ciò di cui il viaggiatore possa aver bisogno per esplorare i magnifici spazi aperti inglesi.

IL CONSIGLIO

Alcuni dei più bei percorsi a piedi, in bicicletta e di arrampicata si trovano nella splendida Hope Valley, ma non è necessario noleggiare l'auto. Prendete un treno Northern Rail sulla Hope Valley Line tra Sheffield e Manchester e scendete in uno dei tanti hot spot per le attività all'aperto, come Edale e Hathersage.

Bakewell (p410)

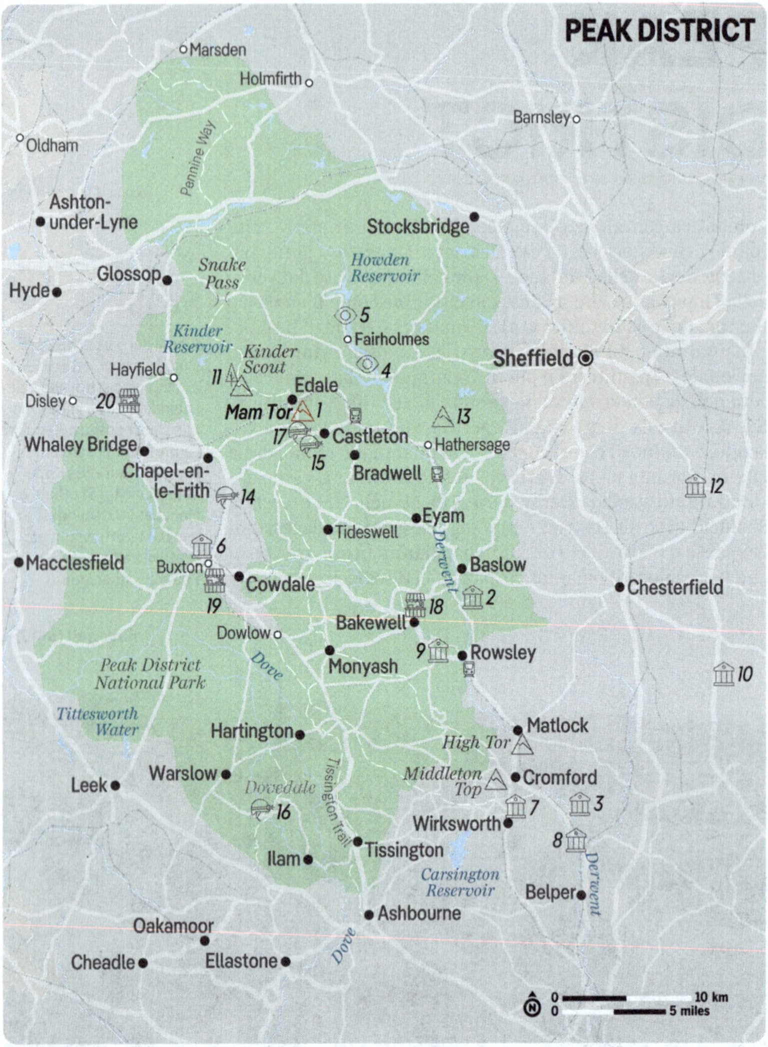

DA NON PERDERE
1 Mam Tor

DA VEDERE
2 Chatsworth House
3 Crich Tramway Village
4 Ladybower Reservoir
5 Derwent Reservoir
6 Devonshire Dome
7 Ecclesbourne Valley Railway
8 Great British Car Journey
9 Haddon Hall
10 Hardwick Hall
11 Kinder Scout
12 Renishaw Hall
13 Stanage Edge

ATTIVITÀ, CORSI E TOUR
14 Dove Holes Cave
15 Speedwell Cavern
16 Thor's Cave
17 Treak Cliff Cavern

SHOPPING
18 Bakewell Monday Market
19 Buxton Market
20 New Mills Indoor Market

Mam Tor

Grandiose avventure

ESPERIENZE AD AMPLISSIMA SCALA

Con i suoi sinuosi sentieri di montagna, i frastagliati crinali calcarei e i placidi laghi, il Peak District fornisce una magnifica tela spazzata dal vento dove gustare i grandi spazi aperti.

Il fulcro per l'escursionismo nel Peak District è il minuscolo villaggio di Edale, da dove partono alcune delle migliori passeggiate della regione. Le vedute panoramiche dall'alto dei 510 m della vetta del **Mam Tor** sono notevoli e l'escursione a piedi di 7 km è moderatamente impegnativa, mentre il difficile **Kinder Scout Loop** sale sul punto più alto del Peak District. E non perdetevi l'affascinante e macabro itinerario proposto da **myGuidedWalks** che esplora i deformi rottami dei numerosi siti di incidenti aerei nella zona.

Uno dei più evocativi sentieri ciclabili passa accanto alle rive del **Ladybower Reservoir** e del **Derwent Reservoir** – il sito dove i Dambusters si esercitavano per la loro Operation Chastise (un leggendario attacco alle dighe tedesche durante la seconda guerra mondiale con le 'bombe rimbalzanti'). Approfondite l'argomento mentre vi gustate un tradizionale pudding dello Yorkshire nel rustico Yorkshire Bridge pub con il cycling tour operator **Glory Days** durante il **Pudding and Ale Tour**.

MIGLIORI CAFE A HATHERSAGE

Colemans Deli
Pranzi ben preparati con ingredienti freschi. Provate il sandwich con roast beef, Emmenthal e sauerkraut. £

Cintra's Tea Room
Pittoresca tearoom con un giardino nascosto. Serve sostanziose prime colazioni e un classico afternoon tea. £

Nineteen Ten
Caffè ben tostato in un tranquillo posticino riscaldato dal fuoco all'esterno del Bank House pub. £

Riverside Kitchen at David Mellor
Luminoso e arioso *cafe* a conduzione familiare, offre pranzi casalinghi con ingredienti e prodotti locali. ££

DOVE DORMIRE A HATHERSAGE

George
Rustico edificio vecchio di 600 anni ispirato a *Jane Eyre*, con belle camere moderne e un rinomato ristorante. £££

Little John Hotel
Dodici accoglienti camere con bagno e un pub specializzato in birre artigianali che serve un eccellente *Sunday roast*. ££

Millstone Country Inn
Inn storico abbarbicato in posizione appartata con splendide vedute sulla Hope Valley. ££

IL PUDDING DI BAKEWELL

Tra l'esplorazione di maestose residenze e un'escursione sulle stupende colline, qualunque visita al Peak District dovrebbe essere inframmezzata da un'appagante pausa per gustare il Bakewell Pudding.

Secondo la leggenda, il dessert del Derbyshire fu creato per caso in un inn di Bakewell. Da allora, è diventato un rito di ogni viaggio a Bakewell. Il pudding si prepara con pasta sfoglia e uno strato di dolce marmellata di fragole, e in cima crema pasticcera alle mandorle, ma non va confuso con la più piccola (e più dolce) Bakewell Tart.

Sedete al piano superiore del ristorante dell'Old Original Bakewell Pudding Shop, ordinate un pudding e godetevi una tipica delizia locale.

Più a sud, il Monsal Trail è una sinuosa meraviglia di 8 miglia (13 km) lungo una ferrovia in disuso che porta attraverso una fitta foresta, storici forni da calce e alti viadotti vittoriani.

Stanage Edge è un'aspra scarpata di arenaria che offre una bella ambientazione per fare scalate, ma i principianti avranno bisogno di un aiuto. **Pure Outdoor**, a Bamford, ha una vasta esperienza e gestisce diversi corsi per aiutare i principianti a intraprendere un'esperienza entusiasmante.

Case stravaganti

ENTRARE IN UN MONDO SFARZOSO

Con un simile splendido paesaggio a portata di mano, non sorprende che alcune delle persone più ricche d'Inghilterra un tempo scegliessero di costruire le loro opulente residenze qui nel Peak District. Oggi quasi tutte aperte al pubblico, sono una finestra su un mondo di lusso e fonte di storie e personaggi.

Chatsworth House è una sontuosa villa del XVI secolo vicino Bakewell ed è riconoscibile per essere apparsa in vari adattamenti per lo schermo di *Pride & Prejudice* (*Orgoglio e pregiudizio*) di Jane Austen. L'imponente proprietà ha più di 30 camere, la famosa collezione d'arte del Devonshire e un maestoso giardino di 42 ettari.

Nelle vicinanze, **Haddon Hall** è una superba villa di campagna, tra le più complete del suo genere. Pare che le sue origini risalgano all'XI secolo, e la sua bella Long Gallery del XVI secolo è una vera meraviglia; e c'è anche una cappella medievale.

Renishaw Hall, vecchia di 400 anni, è probabilmente la più elegante residenza della regione, ma sono i suoi splendidi giardini in stile italiano con le statue in marmo, l'arte topiaria delle siepi di tasso e la placida fontana a richiamare i visitatori.

Degna di nota per le sue finestre di misura eccezionale, **Hardwick Hall** è un capolavoro architettonico elisabettiano e uno dei primi esempi di interpretazione inglese dell'architettura rinascimentale europea. Un elemento considerevole della casa è che buona parte dell'attuale mobilio e altri arredi sono elencati in un inventario che risale al 1601.

Una grande perla

VEDERE E SENTIRE UNA MERAVIGLIA

Ci sono alcuni edifici ai quali le fotografie semplicemente non fanno giustizia. È il caso della **Devonshire Dome**, che si erge al di sopra dei pittoreschi tetti della graziosa Buxton dal 1789. Un tempo la più grande cupola senza sostegni al mondo, è uno straordinario pezzo d'architettura che necessita di una visita per essere apprezzata.

DOVE DORMIRE A BAKEWELL

Rutland Arms
Coaching inn del XIX secolo con camere ristrutturate, un eccellente ristorante e un'estesa carta dei vini. **££**

H Hotel
Lussuoso boutique hotel con 10 eleganti suite; ciascuna racconta una storia locale che comincia con l'"H'. **££**

Melbourne House
Intimo B&B in una rustica casa di 300 anni, a pochi passi dal centro di Bakewell. **££**

STEVE ALLEN/SHUTTERSTOCK ©

Devonshire Dome

Non solo le dimensioni enormi della cupola sono mozzafiato per chi la vede dall'interno, ma la notevole acustica fornisce una delle esperienze più emozionanti del Peak District. Posizionandovi al centro della cupola, pronunciate alcune parole e ascoltate come riecheggiano all'interno di questa enorme e splendida struttura. È qualcosa di surreale, e in qualche modo anche di poderoso.

Tenete presente, tuttavia, che si tratta del campus di un college, perciò all'interno non è consentito scattare fotografie.

Storie di trasporti

UNA CORSA INDIETRO NEL TEMPO

I buoni trasporti sono stati essenziali nel corso degli anni per chiunque volesse visitare i maestosi panorami del Peak District, e la loro storia viene tenuta viva ancora oggi.

Salite a bordo dei bei tram di una volta al **Crich Tramway Village** con la sua strada d'epoca meticolosamente ricreata, dove si vede un pub, tearoom riccamente decorate e un tradizionale negozio di dolciumi.

Su scala più ampia, il percorso di 9 miglia (14 km) dell'**Ecclesbourne Valley Railway** è il tratto più lungo della fer-

IO VIVO QUI: LOCALI TOP PER BERE E MANGIARE VICINO MATLOCK

Caroline Povey è direttrice marketing del resort turistico Landal Darwin Forest, appena fuori Matlock.

Bentley Brook Brewery, Lumsdale
Dopo aver visitato le vicine cascate, mettetevi a vostro agio nella taproom e gustatevi una real ale, un delizioso caffè con torta o un *pie* appena sfornato.

Mad Hatter, Matlock
Situato nel centro della città, Mad Hatter è rinomato per le sue incredibili torte e i 'freakshakes', e anche per i cocktail dopo il tramonto.

Parkys Eatery, Cromford
Accogliente piccolo bistrò vicino al Derwent Valley Mills World Heritage Site, serve prime colazioni e pranzi fatti in casa e il più incredibile degli afternoon tea sia dolce sia salato.

DOVE DORMIRE A BUXTON

Buxton Crescent Hotel
Storico hotel del XVIII secolo con una lussuosa spa e 81 camere e suite rinnovate. **£££**

Palace Hotel
Hotel vittoriano nello stile di uno château francese, con un opulento ristorante e spa. **££**

Old Hall Hotel
Il più antico hotel d'Inghilterra, che risale al 1573. Vanta 35 camere eleganti nel cuore di Buxton. **££**

rovia d'epoca del Peak District e utilizza un mix di vecchie locomotive a vapore e diesel.

Ad Ambergate, il **Great British Car Journey** mette in mostra un'accurata selezione di classiche auto britanniche di un tempo, ormai dimenticate, come la Morris Marina e la Hillman Avenger.

MIGLIORI PUB A BUXTON

Buxton Brewery Tap House & Cellar
Taproom dai muri in pietra con una vasta selezione di birra alla spina, serve anche cocktail e il vino del mese.

Cheshire Cheese
Accogliente vecchio pub dal soffitto con travi a vista, diverse sale e almeno 10 ale alla spina.

Red Willow
Birreria di qualità comodamente situata nei pressi della stazione, spilla ogni tipo di birra, dalle 'sour' alle 'porter'.

Queen's Head Hotel
Ottime birre in un pub che di sera è sempre affollato e spesso propone gruppi che suonano dal vivo.

Sottoterra

IMMERGERSI IN GROTTE E CANYON

Arrampicarsi sulle rocce in questa parte del mondo è un'attività abbastanza popolare (e stimolante), ma esplorarle dall'interno è un'ulteriore opzione.

Ex miniera di piombo allagata, la **Speedwell Cavern** si può esplorare con una corsa in barca sotterranea che culmina nell'enorme lago chiamato Bottomless Pit. La **Treak Cliff Cavern** è degna di nota per le sue stalattiti e stalagmiti, oltre che per i vasti depositi della rara Blue John Stone.

La **Thor's Cave**, dal nome evocativo, è la grotta più ampia che potrete visitare gratuitamente, ma avrete bisogno di una torcia per esplorarla fino in fondo. La **Dove Holes Cave**, vicino Dovedale, offre forse la più spettacolare delle vedute (e la migliore inquadratura per i fotografi).

L'importanza dei mercati

GODERSI UNO SCORCIO INGLESE SENZA TEMPO

Ci sono momenti nel Peak District che sembrano cogliere l'essenza di un'altra epoca. I mercati hanno fatto parte del tessuto della vita di questi luoghi per secoli e il loro fascino e i loro aromi creano ancora un vivace interesse durante la settimana.

In corso dal 1330, il **Bakewell Monday Market** (mercato del lunedì di Bakewell) ha circa 80 stalli, che vendono indumenti, scarpe, pane appena sfornato, fiori, lana e cibo caldo.

A 314 m sul livello del mare, il **Buxton Market** è il mercato più elevato d'Inghilterra e si svolge ogni settimana il martedì e il sabato, mentre il primo sabato del mese ospita una gamma di pittoresche bancarelle di artigianato e oggetti vintage.

Il **New Mills Indoor Market**, in una cittadina già ben fornita di negozi e boutique, abbonda di cose strane e singolari.

TRASPORTI LOCALI

Per essere una zona prevalentemente rurale, il trasporto pubblico nel Peak District è piuttosto buono, infatti la ferrovia passa o termina in alcune delle cittadine e villaggi più popolari. Nel sud la Derwent Valley Line collega Derby a Matlock, da dove gli autobus si diramano verso località come Bakewell; mentre più a nord la Hope Valley Line si ferma nelle località più rinomate per le attività all'aperto, come Edale e Hathersage. Anche Buxton si può raggiungere in treno: una scelta sostenibile per preservare la natura della regione per le future generazioni.

È comunque saggio pensare di noleggiare un'auto, poiché alcuni villaggi e siti di patrimonio nazionale richiedono troppo tempo per essere raggiunti altrimenti. E con poco tempo a disposizione, l'auto è il mezzo più efficiente per sfruttare al meglio il soggiorno in questa sublime fetta d'Inghilterra.

Dintorni del Peak District

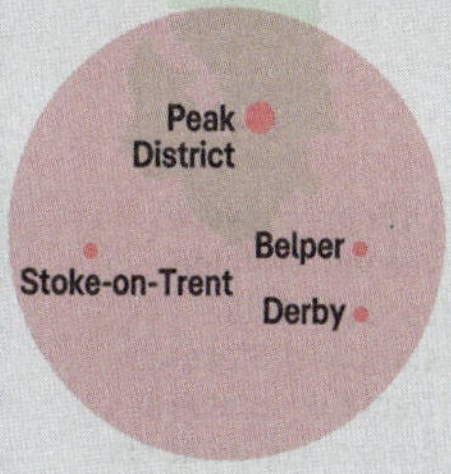

Ammirate i resti di epoca industriale che punteggiano il territorio che costeggia le colline meridionali del Peak District.

Le alte colline del Peak District si appiattiscono dolcemente verso un territorio ondulato più a sud, e iniziano a comparire i segni di un'eredità industriale. La zona nota come The Potteries è costruita su una delle industrie locali tra le più straordinarie dell'Inghilterra e il suo contributo al passato creativo delle Midlands non dovrebbe essere ignorato.

Più a est, la sinuosa Derwent Valley tra Derby e il Peak District ha una pionieristica serie di stabilimenti industriali del XVIII e XIX secolo – le prime fabbriche 'moderne'. Ora sito Patrimonio dell'UNESCO, qui fu sfruttata per la prima volta con successo l'energia idroelettrica per la produzione tessile che contribuì a rendere la Gran Bretagna una superpotenza mondiale. Belper, meta dei buongustai, aggiunge ulteriore fascino a questa storica regione.

IL CONSIGLIO

I diversi centri cittadini di Stoke-on-Trent potrebbero essere un po' fuorvianti all'inizio, perciò arrivateci preparati – è l'unica cittadina policentrica del Regno Unito.

River Derwent (p415)

CHI ERA WEDGWOOD?

La prima cosa che vedono i visitatori uscendo dalla stazione di Stoke-on-Trent è una statua in bronzo di un uomo che regge un vaso. Come si legge sull'iscrizione, quell'uomo è Josiah Wedgwood e la sua influenza si sente in tutta la regione.

Designer e produttore di ceramiche di enorme successo, è famoso in particolare per i suoi prodotti a lavorazione *jasperware* azzurri e bianchi, ma la sua instancabile etica di lavoro e l'approccio scientifico sono stati fattori importanti per la costruzione del suo impero. Tra i clienti illustri, anche l'imperatrice Caterina II di Russia, che nel 1774 ordinò 952 pezzi.

Wedgwood fu anche un grande abolizionista della schiavitù e il suo medaglione *Am I Not a Man And a Brother?* è ancora oggi un commovente pezzo d'arte.

Porcellana Wedgwood

Nel mondo di Josiah Wedgwood

DIVENTARE ESPERTI DI CERAMICA CON IL TALISMANO DI STOKE

Grazie alla disponibilità locale di argilla, sale, piombo e carbone, le Staffordshire Potteries divennero il centro della produzione della ceramica all'inizio del XVII secolo, e quel retaggio culturale è in mostra presso il **World of Wedgwood**, una proprietà di 97 ettari ai margini meridionali di Stoke-on-Trent, circa 45 minuti in macchina a sud del Peak District. Per apprezzare appieno quest'arte, prenotate una sessione di un'ora al piano superiore, nel Clay Studio, con cordiali e pazienti maestri.

Seduti per la prima volta alla ruota del vasaio potrete sentirvi un po' intimoriti mentre scolpite il vostro vaso che ruota, ma è un po' come aprire una finestra sul patrimonio di questa regione e alla fine sarete soddisfatti dei risultati.

Quindi tornate al piano terra e fate un visita alla **V&A Wedgwood Collection**, splendidamente curata, e constatate quanto fossero abili i vasai che trasformarono questa zona dell'Inghilterra in leader mondiale della ceramica. In mostra ci sono circa 3500 oggetti, compresa la rinomata *jasperware* di Wedgwood e vasi e soprammobili di basalto nero.

DOVE DORMIRE A STOKE-ON-TRENT

DoubleTree by Hilton
Ha 147 camere eleganti e moderne con palestra con aria condizionata, piscina coperta riscaldata e sauna. **££**

Premier Inn Trentham
Hotel alla mano con ristoranti nelle vicinanze e facile accesso agli spettacolari Trentham Gardens. **£**

North Stafford Hotel
Accoglienti camere in un eccezionale edificio giacobiano (Grade II) di fronte alla stazione ferroviaria di Stoke-on-Trent. **££**

Per qualcosa di un po' più moderno, la boutique **Josiah & Co**, sul posto, vende i prodotti di oltre 50 artigiani locali di Stoke-on-Trent e di tutto lo Staffordshire. Prevedibilmente, l'afternoon tea è una grande attrazione, e la fastosa **Wedgwood Tea Room** serve delicati sandwich e torte su spettacolari piatti e stoviglie.

Per ulteriori avventure culinarie, lo chef stellato Niall Keating (due stelle Michelin) serve un menu degustazione con 12 portate raffinate quanto i servizi di ceramica su cui sono presentate, nel vicino ristorante **Lunar**.

Tour in acqua attraverso il tempo

SCIVOLARE SULL'ACQUA ATTRAVERSO UNA PIONIERISTICA VALLE

Attraversati dal sinuoso River Derwent, i **Derwent Valley Mills**, sito Patrimonio dell'Umanità UNESCO, sono un maestoso paesaggio di boschi e pittoreschi villaggi a bordo d'acqua che si spiega davanti ai vostri occhi. La ragione dell'interesse dell'UNESCO è, tuttavia, data dal fatto che la valle ospita diversi stabilimenti del XVIII e XIX secolo che funsero da modello per i futuri sistemi industriali in tutto il mondo.

Con gli anni delle industrie ormai lontani nel passato, il fiume oggi funziona come un mezzo tranquillo per visitare uno degli angoli più influenti d'Inghilterra. Partite dal fantastico **Museum of Making** per avere un'introduzione alla regione. Allestito all'interno di un'ex filanda, la sezione al piano superiore ha una mappa interattiva che illumina ciascuno dei mulini della valle.

Partendo dalla vicina stazione fluviale di Phoenix Green, l'imbarcazione elettrica e a emissioni zero *Outram* di **Derby Riverboat** effettua un tranquillo tragitto di 45 minuti verso nord fino agli spettacolari **Darley Abbey Mills** e ritorno, con un audio commento completo dell'attore David Suchet.

Più a nord verso Matlock, **Birdswood** gestisce crociere di due ore che partono dallo storico **Cromford Wharf**, con commento completo che racconta in dettaglio la storia del Cromford Canal e dei siti locali patrimonio culturale. E quando la barca si ferma per fare dietro front, c'è l'opzione di una breve camminata di 300 m per ammirare la **Victorian Leawood Pumphouse** e l'acquedotto in pietra sul River Derwent.

MIGLIORI RISTORANTI A BELPER

Arthur's
Menu degustazione con cinque e 10 portate che cambiano ogni mese esaltando i migliori prodotti locali di Belper. £££

Vegan Revelation
Vivace *cafe* in un ex negozio d'antiquariato, con delizioso cibo vegetale. Provate la quiche fatta in casa. ££

Black Swan
Gamma di abbordabili piatti di tapas, tra cui numerose opzioni vegane e vegetariane. ££

Olive Moroccan
Pittoresco ristorante marocchino con buona scelta di meze e ottimo agnello cotto nel tagine. ££

TRASPORTI LOCALI

La Derwent Valley Line che collega Derby a Matlock corre lungo la splendida Derwent Valley e ferma anche in località meta di buongustai come Belper, fra le altre.

La struttura diffusa di Stoke-on-Trent rende, però, il treno superfluo perciò è meglio prendere un autobus o un taxi. Gli autobus n. 100, 101 e 21 raggiungono i Trentham Gardens, mentre il n. 100 è l'unico a fermare vicino al World of Wedgwood; è raccomandabile (per i gruppi) condividere il costo di un taxi.

Per viaggi più lunghi, l'auto è l'opzione più efficiente per esplorare The Potteries e la Derwent Valley con una sola visita.

NOTTINGHAM

Anche se Robin Hood, l'autore di marachelle locali, e la sua città natale, Nottingham, saranno per sempre legati nella mente di chi arriva qui per la prima volta con gli occhi sgranati, è importante sapere che la città ha molto di più da offrire che il suo famoso fuorilegge in calzamaglia.

Avendo una delle popolazioni studentesche più numerose del Regno Unito, l'istintiva energia della gioventù si nota immediatamente superando a piedi gli entusiastici skateboarder che sfrecciano attorno a Old Market Sq, e ancora di più quando ci si avvicina ai vivaci bar e bistrò di Hockley. Ma questa città è costruita su un passato sì affascinante ma anche macabro.

Il Lace Market di Nottingham un tempo era l'affollato epicentro dell'imponente produzione di pizzi e merletti, mentre un paio di strade oltre i gradini del National Justice Museum un tempo si trovava il luogo delle impiccagioni pubbliche che avvenivano di fronte a folle infervorate.

Oggi le folle arrivano a Nottingham per la sua vivace scena musicale, i ristoranti creativi e un contagioso dinamismo giovanile.

IL CONSIGLIO

Nel compatto centro di Nottingham ci si orienta facilmente e si può girare a piedi. È anche una delle poche città delle Midlands con un moderno sistema di tram, e se il vostro hotel si trova vicino al Royal Centre lo potrete raggiungere con questo mezzo rapido e conveniente dalla stazione.

Lace Market

CHRISHEPBURN/GETTY IMAGES ©

DA VEDERE	PASTI		DIVERTIMENTI
1 City of Caves	5 Sexy Mamma Love Spaghetti	7 Lost Property	11 Jamcafé
2 Lace Market	**LOCALI E VITA NOTTURNA**	8 Malt Cross	12 Metronome
3 Nottingham Castle	6 Bell Inn	9 Ye Olde Salutation Inn	13 Peggy's Skylight
4 Robin Hood Statue		10 Ye Olde Trip to Jerusalem	14 Rock City
			15 Rough Trade

Antichi inn

ASSAPORARE LA STORIA IN QUESTI PUB

Le moderne taproom di birra artigianale che ornano i vicoli e le stradine laterali di Hockley sono tutte valide, ma è motivo d'orgoglio il fatto che il centro di Nottingham ospiti non uno bensì tre dei pub più antichi d'Inghilterra.

Addossato alla rupe dell'elevato sito del Nottingham Castle, lo **Ye Olde Trip to Jerusalem** sostiene di essere il più antico fra i pub storici di Nottingham. Risalente presumibilmente al 1189, il pub offre un'affascinante combinazione di soffitti in arenaria digradanti, armature in argento e la spettacolare Rock Lounge.

Ye Olde Salutation Inn in alcune sue parti risale al 1240, ma in qualche modo ha trovato nuova vita come vivace pub per concerti rock e metal, mentre il **Bell Inn** si affaccia su Old Market Sq da almeno 600 anni.

MIGLIORI RISTORANTI A NOTTINGHAM

Bar Iberico
Animato locale da tapas spagnole nel cuore di Hockley, con posti a sedere all'aperto sotto tendoni rossi. ££

Restaurant Sat Bains
Ristorante con due stelle Michelin ai margini della città; offre un delizioso menu degustazione con 10 portate. £££

Annie's Burger Shack
Tavola calda in stile americano retrò, serve hamburger spessi oltre a favolosi menu per una prima colazione coast-to-coast e birre alla spina. ££

Oscar & Rosie's
Accogliente locale di Hockley con pizza e birra, famoso per il suo delizioso e fotogenico 'metro di pizza'. ££

Cod's Scallops
Nuovi standard per il fish and chips, quando è servito con ostriche, *cockles* (cuori di mare) e buccini. ££

DESTINOS ESPETACULARES/SHUTTERSTOCK ©, SCULPTOR: JAMES WOODFORD

Statua di Robin Hood

Città di grotte

SCENDERE IN PROFONDITÀ

Sebbene la struttura tipo grotta del pub Ye Olde Trip to Jerusalem possa essere tranquillamente notata mentre si è seduti al suo interno intenti a scolarsi una pinta, potrebbe non essere tuttavia così evidente che esiste una rete di oltre 800 grotte al di sotto di Nottingham. Dato che la città sorge su un crinale di soffice arenaria, significa che le dimore nelle grotte artificiali furono ricavate in modo relativamente facile usando strumenti rudimentali.

Completamente aperta al pubblico, la **City of Caves** è un'affascinante rete di grotte variamente utilizzata nel corso del tempo come conceria medievale, cantine di pub, slum nel XIX secolo e rifugi antiaereo durante la seconda guerra mondiale.

Il misterioso fuorilegge di Nottingham

IMMERGERSI NELLA LEGGENDA

Robin Hood, protagonista dell'immaginario e star di film, è l'onnipresente punto di riferimento quando si arriva a Nottingham. Che sia realmente esistito o meno, le sue nobili in-

DOVE DORMIRE A NOTTINGHAM

St James Hotel
Elegante hotel con camere moderne, una galleria d'arte e una bella posizione vicino al Nottingham Castle. ££

Lace Market Hotel
Town house georgiana nella zona del Lace Market con 51 fra camere singole, suite e camere speciali. ££

Roomzzz Aparthotel
Ha 106 camere moderne a prezzi economici in posizione perfetta per gli spettacoli nel famoso Rock City lì vicino. £

tenzioni e la sua vita da fuorilegge sono entrambe eccitanti e stimolanti ed è forse per questo che la sua leggenda è viva ancora oggi.

Il modo migliore per saperne di più è con un tour con il protagonista stesso. Con partenza dal Cross Keys Pub, l'eccellente **Robin Hood Town Tour** è molto più che un normale itinerario a piedi. Vestendo un autentico costume d'epoca, Ezekial Bone conduce un tour di due ore e mezza che abbina la storia di Nottingham alla leggenda di Robin Hood attraverso 1000 anni di storia. Carismatico affabulatore, Bone esplora il mito riflettendo su alcune interessanti questioni filosofiche mentre il tour si sposta dal **Lace Market** fino a raggiungere la sua appagante conclusione allo **Ye Olde Trip to Jerusalem**.

Lungo il tragitto, il tour supera la bronzea **Robin Hood Statue**, con Robin in posa con l'arco teso. Interessante particolare: il copricapo della statua non è il tipico berretto a punta che si vede nei film hollywoodiani, ma uno zucchetto arrotondato più vicino a quello che l'eroe avrebbe potuto indossare nell'Inghilterra medievale. La statua si trova appena all'esterno del Nottingham Castle, che ospita una mostra interattiva, la **Robin Hood Exhibition** dove, tra le altre cose, viene data ai visitatori la possibilità di scoccare frecce da un arco.

Non accontentatevi di fare un tour con Robin, impersonatelo voi stessi (per poco).

Magici ritrovi per la musica

NOTTINGHAM A TUTTO VOLUME

La carenza di spettacoli musicali leggendari a Nottingham è ampiamente compensata dalla sua gamma di esuberanti e rinomati locali.

'THE UK'S BEST LIVE MUSIC VENUE & CLUB' ('il miglior locale e club per la musica live del Regno Unito') recita l'enfatico slogan a lettere illuminate sopra l'ingresso di **Rock City**, il famoso locale per concerti di Nottingham in Talbot St. Con il suo fascino senza fronzoli, il pavimento appiccicoso e un'atmosfera rovente, non sorprende che il Rock City nel corso degli anni abbia attirato star del calibro di Nirvana, Oasis, David Bowie e Guns N' Roses.

Il Malt Cross è una music hall vittoriana (Heritage Listed, Grade II) con un unico palco sopraelevato, mentre il **Peggy's Skylight** è un rifugio dall'atmosfera rilassata per gli amanti del jazz. Più recentemente, il **Metronome** ha deliziato con la sua musica live di vario genere, le immagini in movimento e le performance 'spoken-words'.

MIGLIORE BIRRA ARTIGIANALE A NOTTINGHAM

Neon Raptor
Taproom all'interno del birrificio che offre otto freschi fusti in un edificio arioso e luminoso di Hockley.

Liquid Light
Classica taproom in ex sito industriale con tavoli in legno e luminose pareti imbiancate a calce e decorate con murales. Anche i cani sono i benvenuti.

Hop Merchant
Storico pub cittadino che è un buon posto dove fermarsi a guardare lo sport sorseggiando una discreta cask beer.

Junkyard
Bar dall'atmosfera rilassata nascosto in fondo a un vicolo di Lace Market, con 15 spine e due frigoriferi ben forniti.

MIGLIORI MUSEI A NOTTINGHAM

National Justice Museum
Museo del crimine in un ex tribunale, prigion e e stazione di polizia vittoriani con performance di personaggi in costume.

Nottingham Contemporary
Appariscente centro culturale con mostre a rotazione, un programma di eventi e un arioso *cafe* al piano terra.

Nottingham Industrial Museum
Museo dell'industria con macchine a vapore funzionanti, una cucina vittoriana e la fucina di un fabbro.

MIGLIORI CAFE A NOTTINGHAM

Doughnotts
I doughnut di qualità preparati con fantasia sono una delicata e dolce delizia. Al piano superiore, posti a sedere con caffè. £

Yolk
Locale per brunch all'angolo della strada con atmosfera rilassata e un arredo giallo intenso, eccellente cioccolata calda e spazio esterno all'aperto in stile continentale. £

200 Degrees
Un'istituzione a Nottingham con diversi *cafe* sparsi per la città che servono un caffè davvero buono. £

Beeston
Luminoso, arioso e spazioso locale di quartiere con piante, comodi divani e giochi da tavolo. £

JASON BATTERHAM/SHUTTERSTOCK ©

200 Degrees

Dopo il tramonto

IL FULCRO DELLA DISINVOLTA VITA NOTTURNA DI NOTTINGHAM

Con la sua sgargiante street art, gli ariosi bistrò e lo spirito di comunità, **Hockley** è il vivace fulcro di Nottingham quando scende la sera.

Suonando ritmi funky e sincopati dal 2008, il **Jamcafé** è il posto più trendy del quartiere e serve una selezione di birre artigianali locali e vini naturali. Speakeasy dall'illuminazione fioca con bancone del bar rivestito di penny e un bar gemello, il **Lost Caves**, al piano sotto, il **Lost Property** serve deliziosi cocktail.

Rari dischi in vinile e gran quantità di birra sono all'ordine del giorno al **Rough Trade**, mentre il **Sexy Mamma Love Spaghetti** è un locale italiano alla mano con il menu sulla lavagna che serve classici come risotto e gnocchi.

TRASPORTI LOCALI

La più grande città delle Midlands orientali è comunque compatta e si può girare a piedi, dal Royal Centre sul lato nord fino alla stazione ferroviaria di Nottingham a sud. Guidare può essere faticoso, soprattutto nei weekend, anche se ci sono tantissimi parcheggi che delimitano il centro città su tutti i lati. Il Lace Market Car Park è comodo per i bar e i ristoranti di Hockley, anche se la maggior parte degli hotel si trova verso il Royal Centre e Nottingham Castle.

Il Nottingham Express Transit (NET), il sistema tramviario attraversa la città da nord a sud e ferma nelle vicinanze della stazione ferroviaria. L'East Midlands Airport si raggiunge con il regolare servizio degli autobus blu di Skylink.

Dintorni di Nottingham

Un umile paesaggio verdeggiante diventa una grande tela per secoli di storie. Accomodatevi e godetevele.

Il paesaggio che circonda Nottingham è in gran parte pianeggiante, ed è fatto di tranquilli e verdi pascoli e antiche foreste di querce, soprattutto al nord, dove si svolgevano le avventure di Robin Hood tra le chiome della Sherwood Forest.

A ovest sorge Derby, una città con molti racconti industriali e bel punto di accesso al Peak District, mentre le vicine colline della Derwent Valley iniziano a sollevarsi. Il River Trent – il terzo fiume del Regno Unito – si snoda in direzione nord-est, sfiorando Nottingham e arrivando fino a Newark-on-Trent, un sito fondamentale nella sanguinosa guerra civile inglese.

Ci sono affascinanti storie qui, alcune brutali, altre fantastiche, ma tutte degne di essere ascoltate.

IL CONSIGLIO

Le East Midlands sono ben servite dai treni, anche se l'auto è di gran lunga il mezzo più efficiente per raggiungere la Sherwood Forest.

Nottingham Castle (p423)

CLIVE STAPLETON/SHUTTERSTOCK ©

Museum of Making

Orgoglio e influenza locali

UN INGRESSO FATTO AD ARTE

Inaugurato nel 2021 e situato ad appena 20 minuti di treno da Nottingham, il **Museum of Making** di Derby ha una sala d'ingresso che è tra le più stupefacenti di tutti i musei del Regno Unito.

Sospesa in aria al di sopra dell'ingresso in vetro c'è la carcassa di una Toyota Corolla, mentre verso il fondo si scorge la forma argentea di un motore d'aeroplano, sempre sospeso su cavi. La Toyota e il motore del jet Rolls-Royce Trent 1000 simboleggiano il passato industriale di Derby, ma anche il suo presente; caso unico nel mondo moderno, queste industrie si trovano ancora oggi a Derby.

Il museo, ospitato in un'ex filanda vecchia di 300 anni, esplora l'influsso di Derby sulla Gran Bretagna attraverso eccentrici manufatti e stimolanti mostre interattive.

MIGLIORI RISTORANTI A DERBY

Darley's
Ristorante di altissima qualità sito in un mulino vecchio di 200 anni con una terrazza sul fiume; serve cucina inglese moderna. £££

BEAR
Locale rustico e minimal per caffè e deliziosi pranzi in un edificio che un tempo ospitava una banca. ££

Fill-in Kitchen
Atmosfera rilassata e street food in questo posto che ospita cucine a rotazione ogni tre mesi. ££

ANOKI
Raffinato ristorante indiano sotto il maestoso soffitto a volta dorato di un ex cinema. ££

DOVE DORMIRE A DERBY

Cathedral Quarter Hotel
Trentotto camere eleganti nell'edificio storico (Grade II) di un'ex stazione di polizia in una bella strada georgiana. ££

Aston Court Hotel
Camere contemporanee in un hotel tranquillo di fronte alla stazione ferroviaria di Derby; ideale per i viaggiatori. £

Stuart Hotel
Elegante hotel con ristorante vicino alla stazione ferroviaria e al cuore commerciale di Derby. ££

Ale da leccarsi i baffi

GUSTARSI LA CAPITALE DELLA CASK ALE

Servita direttamente dal *cask* (fusto) tramite una pompa manuale nei pub tradizionali, il gusto floreale della real ale (birra artigianale naturale) è oltremodo popolare, e i pub di Derby ne sono tra i migliori fornitori in Inghilterra.

L'incantevole interno in pietra dell'**Exeter Arms** è sufficientemente seducente, ma la sua selezione di birrifici locali, tra cui il Derby's Dancing Duck, porta chiunque a desiderare di trascorrerci l'intera giornata. Il **Brunswick Inn** è un imponente vecchio pub ferroviario e ha una lunga lista di real ale di qualità a meno di £4.

L'**Old Silk Mill** è riconoscibile per i suoi colorati murales politici, mentre all'interno offre una buona scelta di cask ale. E non dimenticate di abbinare l'ottima real ale con la musica live al **Flowerpot**.

Un conflitto brutale

SULLE TRACCE DEI FANTASMI DELLA GUERRA CIVILE

La guerra civile inglese fu una sanguinosa serie di battaglie che terminarono con la decapitazione di re Carlo I nel 1649. Il Nottinghamshire fu una roccaforte dei realisti per diversi anni, e Carlo sollevò lo stendardo reale dal **Nottingham Castle** nel 1642 in una delle sue prime affermazioni di potere.

I suoi più ferventi sostenitori, tuttavia, si trovavano 20 miglia (32 km) più a est, nella città strategicamente importante di **Newark-on-Trent**, con l'imponente (ma ora in rovina) **Newark Castle** a sorvegliare l'attraversamento del River Trent. Con una corsa in treno di appena 40 minuti da Nottingham, potrete esplorare la sua storia unica.

Iniziate col farvi un quadro generale al **National Civil War Centre** in Appleton Gate, l'unico museo del Regno Unito dedicato alla storia dell'evento che plasmò l'Inghilterra così come la conosciamo oggi. A breve distanza da qui c'è l'insegna in legno dell'**Old White Hart**, il più antico pub di Newark, un tempo usato come alloggio dai soldati realisti.

Passeggiate lungo Stodman St, che fiancheggia la vasta piazza del mercato, dove la sbilenca struttura in bianco e nero sopra il Gregg's shop era usata come **Governor's House**. Sorge quasi di fronte la **St Mary Magdalene's Church** che, con i suoi 71 m di altezza, era un utile punto di avvistamento militare.

La cittadina finì sotto assedio da parte delle 'teste rotonde' dal 1643 al '46 prima che Carlo desse a Newark l'ordine di arrendersi, mentre lui fuggiva nella vicina Southwell travestito da membro del clero.

IL RE PERDUTO SOTTO UN PARCHEGGIO

Riccardo II, l'ultimo re inglese a morire in battaglia, perse la vita nella battaglia di Bosworth nel 1485. Per secoli si credette che la sua tomba fosse andata perduta. Le possibilità di recuperare i suoi resti (e identificarli) sembravano pari a zero.

E invece, nell'agosto del 2012 la University of Leicester, in collaborazione con la Richard III Society e il Leicester City Council, diedero avvio a uno dei progetti archeologici più ambiziosi di sempre: ritrovare quei resti. E, incredibilmente, ci riuscirono.

Un mese dopo, sotto un parcheggio nella città di Leicester, gli archeologi scoprirono non solo quello che un tempo era il convento dei Grey Friars, ma anche lo scheletro del re perduto.

DOVE DORMIRE A NEWARK

Riverside Rooms
Pittoresca posizione sull'acqua nell'ex cottage del guardiano di chiusa, con quattro camere rustiche ma lussuose. **£££**

Millgate House
Nell'ex casa ottocentesca in mattoni rossi del mugnaio, camere eleganti e un gradevole cortile esterno. **££**

Travelodge
Opzione economica e senza pretese per riposare una notte nei pressi del centro. **£**

Sentieri leggendari

VAGARE PER LA FORESTA PIÙ FAMOSA DEL NOTTINGHAMSHIRE

Che sia vero o meno che Robin Hood e la sua allegra banda di fuorilegge si nascondessero in questo angolo del Nottinghamshire settentrionale, il fitto bosco della **Sherwood Forest** è un luogo reale e si trova a 55 minuti di autobus da Nottingham, a bordo dello Sherwood Arrow.

Lo **Sherwood Forest Visitor Centre** si trova nell'angolo sud-orientale del parco, a poca distanza da Swinecote Rd ed è il punto di partenza di diversi tranquilli sentieri. Con oltre 400 ettari da esplorare, vi consigliamo in particolare il **Major Oak Trail**, lungo circa 3 km, con il suo frondoso percorso che si snoda fino ai rami contorti e alla vasta chioma di un'antica quercia, la **Major Oak**. Qui si svolgono regolarmente anche degli eventi, tra cui il vivace **Robin Hood Festival**.

L'ispirazione dei classici

DOVE GRANDI ROMANZI HANNO AVUTO INIZIO

David Herbert Lawrence – meglio noto come D.H. Lawrence – viaggiò molto arrivando fino in Australia, in Italia, a Ceylon (Sri Lanka), negli Stati Uniti, in Messico e in Francia meridionale. E tuttavia furono le desolate miniere di carbone del nativo Nottinghamshire a fare da ambientazione per alcune delle sue opere più importanti (e più controverse), comprese *Lady Chatterley's Lover* (*L'amante di Lady Chatterley*) e *Women in Love* (*Donne innamorate*).

Il **Blue Line Trail** nella città natale di Lawrence, Eastwood, vi porterà in numerosi luoghi significativi della vita di Lawrence, compreso il suo pub preferito, il **Three Tuns**, il **Mechanics Institute** dove Lawrence trascorse molto tempo a leggere, e il **D.H. Lawrence Birthplace Museum**, un cottage di minatori ricostruito in modo fedele.

CAFE PREFERITI IN CAMPAGNA

Paul Baker è direttore del parco archeologico Creswell Crags.

All Mine Cakes (By the Lake), Southwell
Rinomato per le torte e altre delizie, con attenzione a necessità dietetiche speciali, come alimenti senza glutine. Luogo eccellente per esplorare i sentieri rurali o la *minster* (cattedrale) locale.

Harley Café, Welbeck
Deliziose torte preparate con prodotti locali del loro bel negozio. Ideale per vedere le bellezze della Welbeck Estate o le collezioni del museo di storia.

Idle Valley Nature Reserve Cafe, Retford
Splendide vedute sul lago; è uno dei siti di reintroduzione dei castori nel Regno Unito.

TRASPORTI LOCALI

East Midlands Railway e CrossCountry servono le East Midlands molto bene con treni da Nottingham, e località come Derby, Leicester e Newark-on-Trent si raggiungono in meno di un'ora. Anche Nottingham è a poco più di un'ora da Birmingham, sempre in treno.

La Sherwood Forest è l'attrazione principale che però non è ben servita dal treno, ma c'è anche un servizio di autobus, lo Sherwood Arrow, che parte ogni ora dalla stazione degli autobus Victoria di Nottingham e ferma proprio all'esterno dello Sherwood Forest Visitor Centre. Il viaggio richiede un'ora, anche se nelle più corte giornate invernali potrebbe essere più efficiente noleggiare un'auto con la quale dimezzare i tempi.

LINCOLN

Con la sua svettante cattedrale medievale e l'imponente castello normanno, Lincoln è una città che spicca in un panorama relativamente pianeggiante (chiunque abbia fatto la faticosa salita sulla collina dal nome appropriato di Steep Hill – collina ripida – certificherà l'astuzia strategica di costruire un castello sulla sua sommità). In effetti, il sito è talmente affascinante che questo remoto angolo delle Midlands è abitato da almeno 2000 anni, come testimonia il suo antico nome romano, Lindum Colonia.

L'arte e l'architettura del passato sono ancora seducenti, ma la moderna Lincoln è un luogo dinamico e vivace. Le sue attrattive che vanno dagli animati bar e bistrò sul lungofiume Brayford Waterfront alla vistosa street art del Sincil Bank Art Project implicano che non dovrete essere per forza appassionati di storia per divertirvi a Lincoln.

La città è dominata ma non definita dalla sua imponente cattedrale. Benvenuti a Lincoln.

IL CONSIGLIO

In quanto quarta collina più ripida del Regno Unito, Steep Hill è davvero impegnativa e virtualmente irraggiungibile da chiunque abbia problemi di mobilità. Il Walk and Ride (chiamato 'Steep Hill Shuttle') è un regolare servizio di autobus che raggiunge la cima partendo da Stonebow in High St.

Lincoln Castle (p427)

TRABANTOS/SHUTTERSTOCK ©

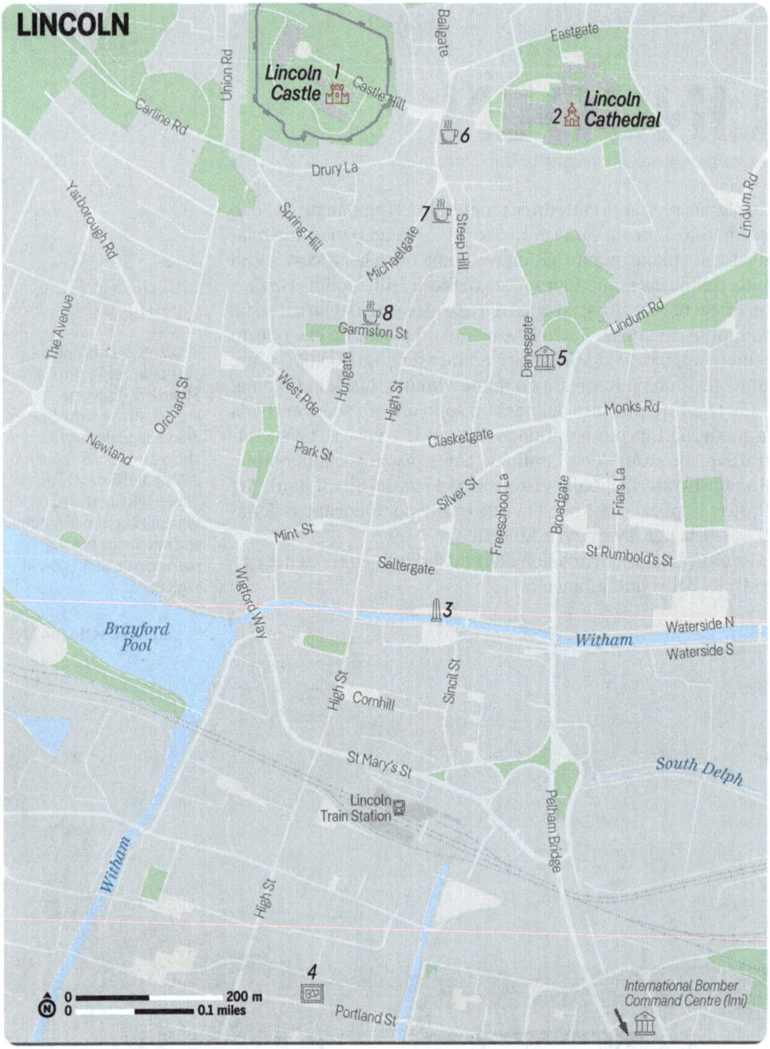

DA NON PERDERE
1 Lincoln Castle
2 Lincoln Cathedral

DA VEDERE
3 Empowerment sculpture
4 Sincil Bank Art Project
5 Usher Gallery

PASTI
6 Bells Tea Shop
7 Bunty's Tea Room
8 Margaret's Tea Rooms

Bunty's Tea Room (p428)

TRABANTOS/SHUTTERSTOCK ©; A SINISTRA: IAN FRANCIS STOCK/ALAMY STOCK PHOTO ©

Lincoln Cathedral

Tesori sulla cima della collina

SCOPRIRE LO SPETTACOLARE CATHEDRAL QUARTER

Dal mix di tradizionali negozi di dolci ed eclettiche boutique di moda di The Strait all'acciottolato e alle tearoom di Steep Hill, il fascino del Cathedral Quarter aumenta via via che si sale.

E la ciliegina sulla torta è la **Lincoln Cathedral**, la cui posizione sulla cima della collina contribuisce a enfatizzare la gigantesca statura. Con le sue tre torri gotiche che svettano al di sopra della città, la cattedrale era l'edificio più alto al mondo quando fu completato nel 1311 mantenendo il titolo per 237 anni finché una tempesta non ne abbatté una guglia nel 1548.

Il vicino **Lincoln Castle** è persino più antico, essendo stato costruito nell'XI secolo da Guglielmo il Conquistatore. Oggi ospita una delle quattro copie superstiti della Magna Carta.

LE MIE ATTRAZIONI PER FAMIGLIE PREFERITE A LINCOLN

Danielle Crozier è Operations Manager presso l'International Bomber Command Centre.

Lincoln Cathedral
La nuova caffetteria e lo spazio espositivo sono fantastici, e il risistemato Dean's Green, riaperto dopo 40 anni, offre uno scorcio della cattedrale finora inedito. I bambini adorano cercare il malizioso Lincoln Imp (una gargolla, simbolo della città).

Museum of Lincolnshire Life
Splendido museo di storia a ingresso gratuito, ideale per le famiglie, con un *cafe* e un'area giochi. Allestito nell'originale caserma della Lincolnshire Militia, illustra la vita quotidiana della gente del posto dal 1750.

International Bomber Command Centre
La storia militare è stata riportata in vita nel modo più straordinario e commovente grazie alla digital technology.

DOVE DORMIRE A LINCOLN

Cathedral View Guest House
Cottage del XII secolo con nove rustiche camere con travi a vista e belle vedute della Lincoln Cathedral. **££**

Castle Hotel
Elegante boutique hotel con 18 camere e tre appartamenti attrezzati di fronte alle alte mura del Lincoln Castle. **££**

Doubletree by Hilton Lincoln Hotel
Opzione di lusso sul Brayford Waterfront, con vedute favolose della cattedrale dai piani più alti. **£££**

Cercare il colore

ALLA SCOPERTA DELL'ECCENTRICA ARTE DI LINCOLN

Lincoln ha alcune eccellenti gallerie d'arte, tra cui la **Usher Gallery** che vanta opere d'arte di artisti del calibro di J.M.W. Turner e L.S. Lowry.

Ma alcune delle opere più originali di Lincoln non sono riservate solo alle silenziose gallerie e agli spazi astratti. Tra gli audaci murales che il **Sincil Bank Art Project** ha portato in una zona poco amata di Lincoln c'è un sorprendente ritratto di **Isaac Newton** all'angolo tra Kirby St e Sincil Bank a firma dell'artista francese Zabou.

Cercate anche la spigolosa **scultura pubblica Empowerment** sul River Witham e l'**Imp Trail**, ora annuale, con le sue colorate sculture sparse per la città.

Gustose tearoom

SORSEGGIARE UNA VERA TRADIZIONE DI LINCOLN

Mentre i caffè selezionati e monorigine e l'arredo minimal dei *cafe* sono onnipresenti e diffusi in tutto il paese, le tradizionali tearoom inglesi di Lincoln sono un intimo tuffo nel passato, quando le cose erano più semplici.

E nessuno più del **Bunty's Tea Room**, sulla Steep Hill, vi farà fare un salto indietro nel tempo, con la sua musica anni '40, le tovaglie floreali e l'afternoon tea servito in delicati servizi di porcellana. Ancora più in alto si trova il **Bells Tea Shop**, un pittoresco e popolarissimo locale all'interno di un antico cottage di legno, Heritage Listed (Grade II).

Margaret's Tea Rooms è un nuovo arrivato, avendo aperto i battenti nel 2017; offre l'ampia scelta di 18 tè diversi per stile e aroma.

The Cardinal's Hat

MIGLIORI PUB TRADIZIONALI A LINCOLN

Birdcage
Ottime real ale, un'atmosfera cordiale e sostanzioso cibo casalingo, appena fuori dal centro cittadino.

Cardinal's Hat
Vivace pub con ottime birre in un edificio storico di legno in stile Tudor intitolato al Cardinal Wolsey.

Strugglers Inn
Eccellente pub nei pressi del castello con un vivace beer garden e ottime cask ale a rotazione.

Treaty of Commerce
Vecchio pub in High St, vicino alla stazione ferroviaria, che appare di dimensioni ridotte e invece rivela un sorprendentemente ampio beer garden.

TRASPORTI LOCALI

Lincoln è una cittadina di dimensioni ridotte quindi si può girare a piedi ma la Steep Hill non è uno scherzo, e chiunque non sia nelle condizioni di camminare dovrebbe prendere in considerazione lo Steep Hill Shuttle. Ci sono anche altri servizi di autobus che fermano nei pressi della cattedrale, come i n. 7, 8, 17 e 18.

La principale stazione ferroviaria di Lincoln è in una zona pianeggiante vicino a Cornhill, il quartiere dello shopping, e anche a breve distanza dai bar e ristoranti di Brayford Pool.

Il Lincoln Central Car Park è un parcheggio spazioso a più piani, situato vicino al quartiere dello shopping di Cornhill e accanto a Melville St, una delle principali arterie che attraversano la città.

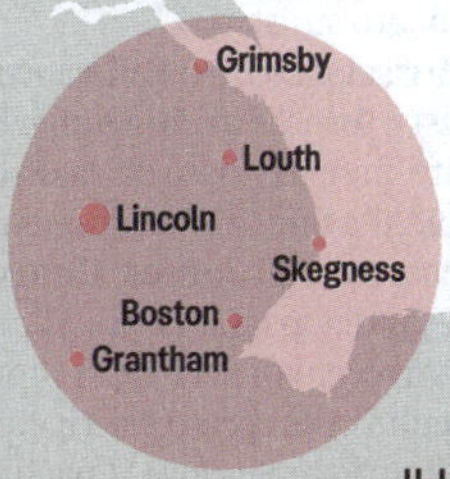

Dintorni di Lincoln

Tranquilli sentieri, vivaci località di mare in estate e incantevoli cittadine sedi di mercato. Il Lincolnshire è una piacevole e placida sorpresa.

Sebbene Lincoln e la sua gigantesca cattedrale – visibile a chilometri di distanza – possano dare l'impressione che questo territorio sia pianeggiante, basta fare un giro tra le ondulate colline di gesso e i campi di orzo che ondeggiano dolcemente al vento nelle Lincolnshire Wolds per capire che non è così.

Questa è anche l'unica regione delle Midlands dotata di costa, dal vecchio villaggio di pescatori di Grimsby fino a Skegness; l'originale capitale britannica dei pacchetti vacanze. La zona è inoltre punteggiata di cittadine sedi di mercato, come Louth e Stamford, la seconda descritta da Walter Scott come "la più bella città di pietra in Inghilterra".

Non ci sono rifugi rurali migliori, e più sottovalutati, del Lincolnshire.

IL CONSIGLIO

Qui un'auto è essenziale. Ci vuole un'ora di macchina per raggiungere sia Stamford sia Skegness.

Stamford

ITINERARIO A PIEDI DEL PATRIMONIO CULTURALE DI LOUTH

Cittadina georgiana sede di mercato nel cuore delle Lincolnshire Wolds, a 45 minuti in auto da Lincoln, Louth ospita una rinomata scena gastronomica, mentre il suo centro storico offre un itinerario a piedi per ammirarne il patrimonio culturale.

Iniziate dall'antica Market Place, dove la **1 torre dell'orologio** a quattro lati in stile italiano risale alla metà del XIX secolo. Dirigetevi a ovest lungo Cornmarket, dove la decorata **2 Masons Arms** si dice risalga al XVII secolo. Passeggiate lungo la stretta Little Butcher Lane fino a Mercer Row, dove l'ancora più stretto Pawnshop Passage ospita, sul lato destro, una **3 finestra Regency a bovindo**, probabilmente la più antica vetrina di negozio esistente in città.

Proseguite verso ovest fino a Gospelgate, dove vedrete alcune deliziose **4 case georgiane**, e poi immettetevi in Crowtree Lane dove la città sembra trasformarsi in un bucolico sentiero di campagna con la **5 vecchia scuola** sul lato sinistro.

Girate a destra risalendo Irish Hill e ancora a destra verso est e tornate in città lungo l'elegante Westgate, fiancheggiato da case storiche e fitte siepi. Alla fine di Westgate si trova la quattrocentesca **6 St James' Church** con la sua alta guglia grigia, la più alta di tutte le chiese parrocchiali del Regno Unito.

Superate la scultura sul prato e dirigetevi a nord risalendo Bridge St, dove il pacifico **7 Old Cemetery** sulla sinistra offre belle vedute della chiesa di St James. Girate a destra in Cistern Gate e ancora a destra lungo Broadbank per emergere in Cannon St e vedere l'elegante facciata anni '30 del **8 Playhouse Cinema**.

Girate a sinistra in Eastgate fino al solenne **9 War Memorial**, eretto nel 1921 dopo la prima guerra mondiale. Concludete l'itinerario tornando indietro in **10 Market Place**.

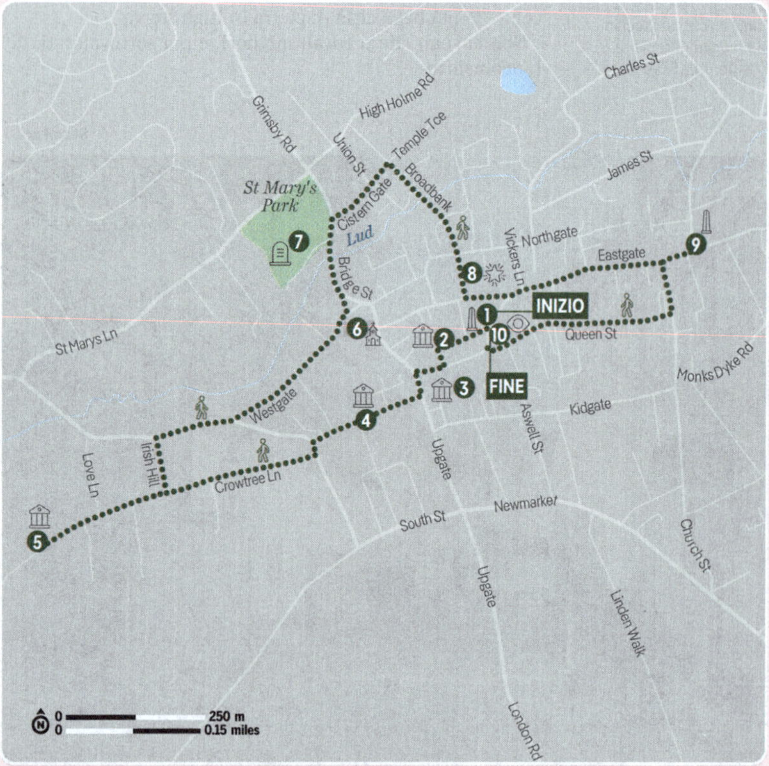

In riva al mare

VISITARE L'ORIGINALE LOCALITÀ DI VACANZA INGLESE

Durante l'età d'oro delle località di mare britanniche, tra le due guerre, **Skegness**, a un'ora di macchina circa da Lincoln, divenne una delle mete più amate per le vacanze. E sebbene la sua stella sia un po' sbiadita a causa dei voli economici verso località più assolate, 'Skeg Vegas' è oggi un luogo allegro e spensierato che non cerca di sembrare altro rispetto a quello che è (non perdetevi lo scherzoso cartello 'Welcome to fabulous Skeg Vegas' – 'Benvenuti nella favolosa Skeg Vegas').

Passeggiate fino allo **Skegness Pier** per vedute panoramiche della costa e dei centri commerciali kitsch, prima di procurarvi il classico fish and chips da **Trawler's Catch** e raggiungere le soffici sabbie di **Skegness Beach** se c'è il sole.

Se il cielo è grigio, invece, prenotate una visita alla **Spirit of Skegness Distillery**, che ha una varietà di gin e rum di qualità distillati con un alambicco di rame chiamato Dora.

Alte torri e svettanti guglie

CERCARE I MAESTOSI PUNTI DI RIFERIMENTO

Una delle immagini più rappresentative dell'Inghilterra, la solitaria e svettante guglia di una chiesa, contribuisce ancora a creare scene romantiche e bucoliche in tutto il paese, e il Lincolnshire ne ha alcune fra le più belle.

Con i suoi 90 m di altezza, la **St James' Church** di Louth (45 minuti in auto da Lincoln) possiede il più alto campanile d'Inghilterra, un titolo che un tempo possedeva Grantham, più a sud, dove la guglia di **St Wulfram** raggiunse un'altezza di 86 m nel XIII secolo.

La torre di **St Botolph** a Boston (un'ora in auto da Lincoln) è la torre di chiesa medievale più alta della Gran Bretagna con i suoi 83 m e un tempo fungeva da punto di riferimento per i marinai che si avvicinavano alla terraferma.

La torre più particolare si trova più a nord, a Grimsby (un'ora di treno da Lincoln), dove la **Grimsby Dock Tower**, alta 61 m, ricorda la Torre del Mangia di Siena.

MIGLIORI RISTORANTI A LOUTH

Auction House
Moglie e marito in team servono cibo britannico contemporaneo e cocktail in un ambiente rustico. ££

Greyhound Inn
Elegante pub con spazi all'aperto ricavati in gazebo ed ex stalle; serve una varietà di piatti, dai *bao buns* alla pizza in forno a legna. £

Bar Castilléjar
Menu di tapas che varia ogni giorno. Prende il nome dalla cittadina spagnola di Castilléjar. ££

St James'Church

TRASPORTI LOCALI

Spostarsi in auto è il modo più efficace per esplorare questa zona, soprattutto se avete in mente di raggiungere direttamente la costa o le Lincolnshire Wolds da Lincoln. Potete facilmente noleggiare l'auto nel centro di Lincoln.

Gli 'autobus rurali' rappresentano un modo nuovo di visitare la campagna, ma solo se si ha molto tempo a disposizione. Grimsby è l'unica località degna di nota raggiungibile direttamente in treno da Lincoln.

CALLY ROBIN/SHUTTERSTOCK ©

In alto: Whitby (p460); a destra: Wensleydale (p451)

YORKSHIRE

SABBIA, GLAMOUR E LUOGHI SELVAGGI

La forte identità regionale dello Yorkshire permea i suoi scenografici e leggendari paesaggi, le attrazioni storiche e le comunità assortite.

Lo Yorkshire è una regione dalla straordinaria ricchezza storica, con castelli, rovine di abbazie e residenze di campagna nascosti praticamente in ogni vallata. Ma è anche un centro industriale, che più di 200 anni di attività manifatturiera e mineraria hanno ricoperto di fuligine e sporcizia.

La bella città di York, cinta da mura, antica roccaforte romana, poi insediamento vichingo, e, in epoca medievale, sede di un forte potere politico, è la stella della regione. Con una ricchezza propagatasi dalle sue profonde e complesse fondamenta alla zona circostante, il North Yorkshire oggi ospita molte delle più grandi attrazioni turistiche della regione. Fuori dalla città, i parchi nazionali delle Yorkshire Dales e delle North York Moors si srotolano come un idillio pastorale, con cascate isolate, caratteristiche vette, remote fattorie in pietra ed eccellenti sentieri battuti dal vento per escursioni a piedi e in bicicletta. A est, la linea costiera dello Yorkshire è delimitata da ampi tratti di spiaggia sabbiosa, vertiginose scogliere ed epiche comunità di pescatori del XVIII secolo, come Whitby, rifugio del *Dracula* di Bram Stoker. Più a sud, le colline collassano nell'area piatta delle Yorkshire Wolds; pulcinella di mare e altri esemplari affollano le scogliere; e la città marittima di Hull è in pieno processo di riqualificazione. Rinascita è la parola d'ordine anche nel West e South Yorkshire: a Leeds, Bradford e Sheffield, un tempo centri industriali, si riconvertono vecchi opifici e depositi in bar, negozi, ristoranti, musei, spazi culturali. Benvenuti nello Yorkshire, dove la vita è sempre affascinante e divertente.

AREE PRINCIPALI

YORK
Bellezza medievale.
p438

YORKSHIRE DALES NATIONAL PARK
Idillio rurale.
p449

WHITBY
Spiagge e cultura gotica.
p460

HAWORTH E LA BRONTË COUNTRY
Centro letterario.
p468

EAST RIDING
Storia marittima.
p476

Per orientarsi

Occupando un'area che è la metà del Belgio, lo Yorkshire è piuttosto vasto. Abbiamo scelto i luoghi che hanno contribuito a definire questa regione ricca di storia, dai villaggi letterari agli estesi parchi nazionali fino alle comunità costiere in evoluzione.

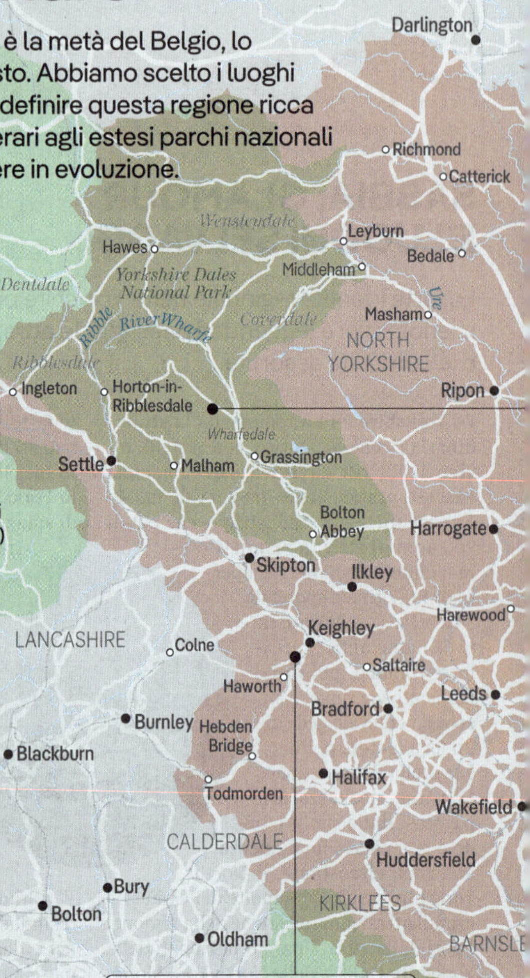

AUTOMOBILE

Il modo migliore per esplorare al meglio tutti gli splendidi angoli rurali nascosti di questa regione è in auto – soprattutto se avete poco tempo e volete programmare un itinerario più lungo. Tutte le città che sono punti di accesso (Leeds, York, Hull, Sheffield) hanno agenzie di autonoleggio.

AUTOBUS

Se non volete guidare nelle strette stradine di campagna dello Yorkshire, ci sono diversi percorsi in autobus che attraversano le Yorkshire Dales, le North York Moors o seguono la costa dello Yorkshire. I servizi però non sono frequenti, e a volte sono attivi solo in estate. Verificate gli orari online.

TRENO

Questa è una buona opzione per spostarsi tra città più grandi e cittadine, come Leeds, Bradford, Sheffield, York e Harrogate. I servizi sono affidabili e le stazioni sono centrali. Lungo la North Yorkshire Moors Railway e la Keighley & Worth Valley Railway, i viaggi sono di per sé un'attrazione.

Haworth e la Brontë Country, p468

La cittadina georgiana natia delle sorelle Brontë, le famose scrittrici, è diventata, assieme alla sua malinconica brughiera, un faro per i fan letterari.

Whitby, p460

In molti ci vengono per la spiaggia, i gradevoli centri commerciali e il fish and chips, ma poi si innamorano perdutamente del lato alternativo di Whitby e dei suoi legami gotici con *Dracula*.

Yorkshire Dales National Park, p449

Bellezza bucolica con minuscoli villaggi, accoglienti pub e tantissime cascate – territorio privilegiato per escursionisti a piedi e in bicicletta e famiglie avventurose.

York, p438

La storica capitale dello Yorkshire ha uno stretto groviglio di stradine medievali, con *banqueting hall* nascoste, *town houses* georgiane ed eccellenti negozi e ristoranti, il tutto racchiuso da fortificazioni percorribili a piedi.

East Riding, p476

Una perla nascosta della regione, adorata dagli amanti del birdwatching e da chi cerca un angolo tranquillo. Al suo centro sorge Hull, ex città di pesca alla balena ora in fase di rinascita.

Ritmi di viaggio

C'è un numero enorme di attrazioni in Yorkshire, ma assicuratevi di lasciare un po' di tempo per vagare tra le Dales (valli) e le brughiere. Gli angoli remoti dello Yorkshire sono i più memorabili.

Castle Howard (p446)

Se avete poco tempo

- Precipitatevi a **York** (p438), la città storicamente più importante della regione. Lasciatevi stupire dalle sinuose viuzze medievali, camminate sulle mura di pietra e informatevi sulla tradizione della produzione di dolciumi allo **York's Chocolate Story** (p441).

- Immergetevi nei poco visitati *ginnels and snickets* (vicoli e stradine laterali nello Yorkshire) in un **itinerario a piedi** (p443) e poi dissetatevi in un ex container per le spedizioni allo **Spark: York** (p441).

- Prendetevi un giorno per fare un salto a Malton, città rurale sede di mercato, per un **tour gastronomico** (p447) ricco di prodotti locali, e poi lasciatevi sopraffare dalla maestosità settecentesca e dai meravigliosi giardini del vicino **Castle Howard** (p446).

Le stagioni

L'estate è il periodo migliore per venire nello Yorkshire per le escursioni a piedi e in bicicletta, perché non fa mai troppo caldo. La costa è affollata durante le vacanze scolastiche.

MARZO/APRILE

Le giunchiglie fioriscono nelle Dales e le attività prendono vita lungo la costa a Pasqua.

MAGGIO

Con la tarda primavera arrivano il **Malton Food Lovers Festival**, un clima più temperato e il picco dei pulcinella di mare a **Bempton Cliffs**.

GIUGNO

Il periodo di mezzo tra le vacanze scolastiche è l'ideale per visitare la costa o le Yorkshire Dales.

Se avete una settimana

● Da York volate in direzione ovest fino allo **Yorkshire Dales National Park** (p449) oppure verso est al **North York Moors National Park** (p454) - preferibilmente, visitate entrambi. Partendo da ovest, andate direttamente nel cuore delle Dales con una sosta a **Hawes** (p458) per visitare la Wensleydale Creamery e assaggiare il più famoso formaggio della regione.

● Fate glamping, o perdetevi nella brughiera trascorrendo una notte nel pub più elevato d'Inghilterra, il **Tan Hill Inn** (p452). Oppure andate a sud fino a **Malham Cove** (p450) per una delle più belle escursioni a piedi che si possano fare in giornata in Inghilterra. Se vi avanzano un paio di giorni, puntate dritto a **Whitby** (p460) e alle sue spiagge e bellezze gotiche sulla costa dello Yorkshire.

Se avete più tempo

● Esplorate più a fondo il **North York Moors National Park** (p454) e la costa. Guardate le stelle nella **Dalby Forest** (p467), provate la caccia ai fossili, un bagno in una pozza tra le rocce nella pittoresca **Robin Hood's Bay** (p467) o l'inventiva cucina britannica del **Black Swan at Oldstead** (p446), un pub rurale stellato con alloggio.

● Un safari in mezzo alla natura e sulla seconda guerra mondiale fino a **Spurn Point** (p480), e un salto a **Hull** (p478) per la sua eredità marittima. Nel West Yorkshire per visitare la **Brontë Country** (p468) eccedendo con la birra artigianale in una serata fuori a **Leeds** (p473).

● Una visita allo **Yorkshire Sculpture Park** (p474) per le sue opere d'arte e la scoperta del passato industriale dello Yorkshire nell'eccellente **National Coal Mining Museum** (p475).

LUGLIO
Stagione per **campeggio** e glamping in pieno svolgimento; fate **escursioni a piedi** o un bagno in una cascata.

AGOSTO
Eventi e festival fioriscono con il clima più mite e le vacanze scolastiche; Whitby viene inondata.

OTTOBRE
Caminetti accesi nei pub, lo **Yorkshire Dales Cheese Festival**, e il **Goth Weekend** a Whitby in occasione di Halloween.

DICEMBRE
Castle Howard viene allestito per il Natale, e i visitatori più agiati fanno rotta su York per lo **shopping di Natale** e le festività.

YORK

Gli strati di storia a York scendono in profondità inesplorate. La città romana di Eboracum fu fondata qui intorno al 71 d.C. Le vestigia di questo passato ci sono ancora, ma appena il 3% circa della York romana è stato portato alla luce – ovunque si scavi in città si scoprono resti archeologici. Nel IX secolo, York era diventata la capitale del regno anglosassone del Northumbria. Quindi fu conquistata dai vichinghi, che la rivendicarono come Jorvik. E tuttavia è il tardo periodo medievale a definire il paesaggio urbano della York di oggi. Circondata da 2,5 miglia (4 km) di mura difensive del XIII-XIV secolo, York conserva molte delle sue strutture medievali – nascoste *banqueting hall*, sbilenche case a graticcio e squisiti palazzi sono solo alcuni dei tesori che attirano i visitatori. È una delle più belle città-museo del Regno Unito, ma è abitata da una comunità vivace e moderna – anche lo shopping, i ristoranti e i pub sono di prima qualità.

IL CONSIGLIO

Considerate le diverse opzioni di biglietti cumulativi per le attrazioni di York. Il Visit York Pass (yorkpass.com) fornisce uno sconto, dando accesso a più di 40 siti rilevanti di York (compresi la York Minster e lo Jorvik Viking Centre) con un unico biglietto digitale; i pass da tre e sei giorni comprendono anche siti nelle North York Moors.

York

DAVID IONUT/SHUTTERSTOCK ©

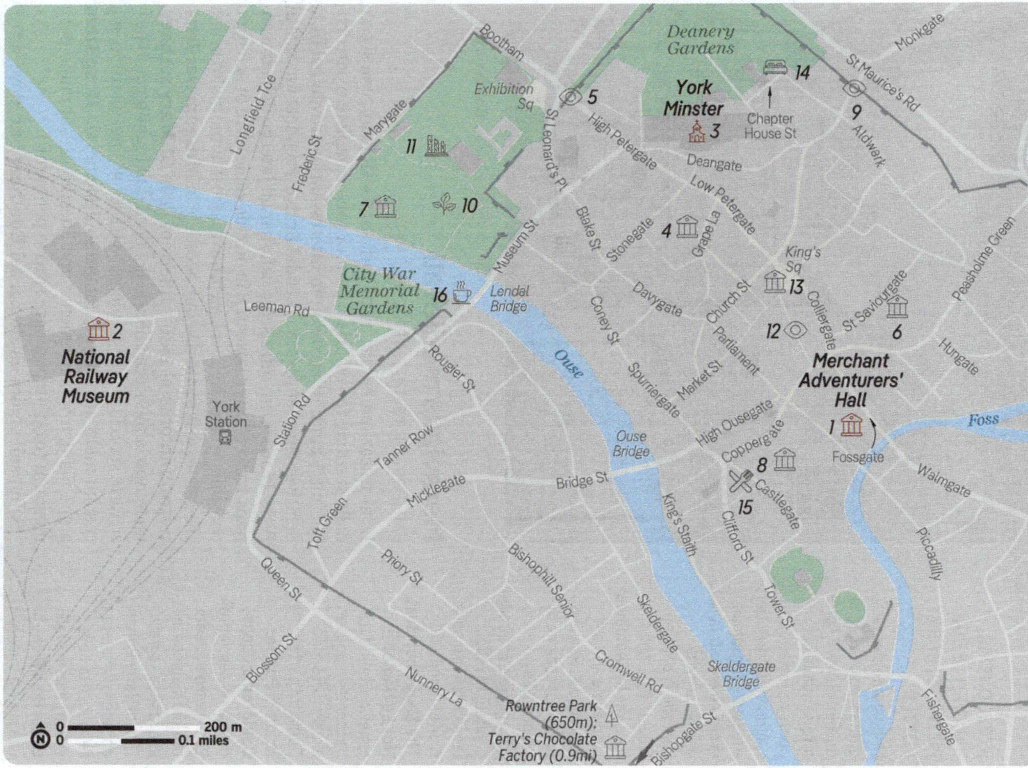

DA NON PERDERE
1 Merchant Adventurers' Hall
2 National Railway Museum
3 York Minster

DA VEDERE
4 Barley Hall
5 Bootham Bar
6 Dig
7 Hospitium
8 Jorvik Viking Centre
9 Monk Bar
10 Museum Gardens
11 St Mary's Abbey
12 The Shambles
13 York's Chocolate Story

PERNOTTAMENTO
14 Grays Court

PASTI
v. 14 The Bow Room at Grays Court
15 York Cocoa House

LOCALI E VITA NOTTURNA
16 Perky Peacock

Merchant Adventurers' Hall (p441)

STREGONERIA, BACCHETTE E UN PIZZICO DI HARRY POTTER

Nonostante sia stata girata solo una scena dei film di *Harry Potter* a York (quella del ponte ferroviario con Hagrid in *Harry Potter e la pietra filosofale*), la città è diventata una delle mete imperdibili per i fan. Questo è perché si dice che la **Shambles** medievale abbia ispirato J.K. Rowling per la descrizione di Diagon Alley.

Oggi, questa strada capitalizza i suoi legami con la magia. A un'estremità c'è **The Shop That Must Not Be Named** con cimeli del quidditch, bacchette magiche e manici di scopa. Dall'altra parte della strada, il **Potions Cauldron** propone divertenti sessioni di 25 minuti per creare pozioni magiche in una stanza segreta. I fan di Harry Potter possono completare l'esperienza nella vicina Minster Walk Guest House, che ha una suite a tema Harry Potter: la stanza 8¾.

JACK COUSIN/SHUTTERSTOCK ©

Bootham Bar

Meraviglie medievali

BAR, PORTE E TESORI SCRICCHIOLANTI

Le fortificazioni medievali di York sono visibili appena si esce dalla stazione ferroviaria. Le mura sono complete e percorribili, ma i punti di accesso più interessanti si trovano al di là del River Ouse, superato il Lendal Bridge. Prendete un caffè al Perky Peacock, un minuscolo cafe/bar all'interno della trecentesca Barker Tower, costruita in origine come torre di pedaggio per spillare soldi a chi voleva attraversare il fiume molto prima che esistesse il ponte. Da qui, accedete ai **Museum Gardens**, costruiti intorno al 1830 sui terreni della **St Mary's Abbey**, un tempo la più ricca abbazia del nord dell'Inghilterra. Il pezzo forte sono le rovine in pietra (XIII secolo) nel giardino, ma ci sono molti altri tesori, compreso il medievale **Hospitium** a due piani, originariamente una guesthouse sul fiume per i mercanti (oggi un popolare ritrovo per eventi).

Salite sulle mura all'altezza del **Bootham Bar**, dove si trova una porta di accesso alla città da almeno 2000 anni. Da lì, la sezione delle mura settentrionali fino al **Monk Bar** è senza dubbio la più bella. Vi porterà oltre il nucleo gotico della York Minster e i suoi svettanti archi, costruiti tra il 1220 e il

DOVE DORMIRE A YORK

Safestay York
Il vivace ostello georgiano di Micklegate ha un bar e propone eventi per i suoi ospiti. £

Goodramgate Apartments
Monolocali, appartamenti con uno o due letti in edifici storici (Grade II) sparsi nel centro medievale. ££

Clementine's Townhouse Hotel
Pittoresche camere ispirate alla tradizione dolciaria di York, con KitKat in omaggio. ££

1480. Sbirciate nei giardini delle eleganti case del XVII e XVIII secolo lungo la passerella sopraelevata. All'altezza del Monk Bar, scendete le scale e seguite la via laterale di Ogleforth fino a Grays Court, la più antica casa di York abitata ininterrottamente, i cui giardini affacciano proprio sulle mura. Risalente all'XI secolo, nel corso del tempo ha ospitato re e cavalieri. Oggi è uno splendido boutique hotel e sede del ristorante Bow Room, raccomandato dalle guide Michelin.

Immergendovi nel reticolo di stradine medievali a sud della Minster, trovate la Barley Hall in Coffee Yard. Questa *town house* medievale fu scoperta solo intorno al 1980 quando il sito fu acquistato per essere riqualificato. Il York Archaeological Trust la salvò ristrutturandola scrupolosamente secondo il progetto originale. All'interno, il pezzo forte è la *banqueting hall*, dal soffitto a doppia altezza, ma vi si svolgono anche mostre annuali. Da qui dirigetevi a sud fino a raggiungere The Shambles, una strada da cartolina di case a graticcio medievali. Il nome deriva dal sassone *shamel*, che significa 'mattatoio', infatti nel 1862 questa strada era sede di 26 macellerie.

Un po' più a sud, la **Merchant Adventurers' Hall** è il più bell'edificio medievale di York, ancora di proprietà della stessa corporazione che la fondò nel XIV secolo, in epoca Tudor. Questi intraprendenti mercanti fecero fortuna 'rischiando' i propri capitali nei mercati d'oltremare all'epoca in cui York era un importante porto internazionale. Oggi la hall include un piccolo *cafe* e mostre sulla corporazione. Nella Great Hall, una foresta di travi a vista, è ancora possibile vedere i segni di quando fu usata come ospedale tra il XIV e il XX secolo.

MIGLIORI SAPORI LOCALI

Spark: York
Street food locale, bar e musica in ex container a due piani. **£**

Mannion & Co
Istituzione locale, sempre affollata; sostanziosi sandwich, *Yorkshire rarebits* e raffinati brunch. **£**

Fish & Forest
Delicati vassoi di cacciagione e pesce con moderni tocchi creativi britannici. **££**

Star Inn The City
Bella posizione sul fiume e menu di ispirazione locale dello chef stellato Andrew Pern. **££**

Los Moros
Ex chiosco di street food ora moderno ristorante nordafricano con deliziosi piatti da condividere. **££**

La città del cioccolato

TOUR, DEGUSTAZIONI E STORICA INDUSTRIA DOLCIARIA

Due dei maggiori produttori mondiali di dolci si trovano a York. Entrambe aziende di famiglia, la Rowntree's (creatrice di KitKat Smarties, Rolo, Aero e Quality Street) fu fondata qui nel 1862, mentre la Terry's (creatrice di Chocolate Orange e All Gold – la prima scatola di cioccolatini al mondo) si sviluppò nel 1767. Nessuna delle due esiste più nella sua forma originaria, ma potrete conoscere la loro storia allo **York's Chocolate Story**, che è in parte museo e in parte esperienza interattiva, e copre 4000 anni di storia del cioccolato. Tra gli oggetti in mostra, antiche confezioni e vecchie pubblicità, e il tour termina con i visitatori che decorano il proprio lecca-lecca. Sul posto c'è anche un *cafe* a tema cioccolato.

GUSTOSO YORKSHIRE

A nord di York, la graziosa cittadina di **Malton** (p447), eletta capitale gastronomica dello Yorkshire, offre tour di degustazione e stalle georgiane riconvertite in aree ristorazione con gelato dello Yorkshire, macaron, gin artigianale e la Bluebird Bakery.

Guy Fawkes Inn
A letto con la storia nello scricchiolante inn dove nacque Guy Fawkes nel 1570. **££**

No 1 by GuestHouse
Eleganti e sofisticate sistemazioni con piccola spa, bar e ristorante sul posto. **£££**

Vices
Splendido hotel con tre suite e tecnologia personalizzata. **£££**

MIGLIORI PUB DI YORK

Angus McArthur gestisce il negozio York Ghost Merchants in The Shambles.

Quando ho voglia di un buon vecchio pub, vado sul retro di **The Black Swan**, al piano superiore di **The Shambles Tavern** o al **Golden Fleece**, famoso antico pub. Provate il **Minster Inn** se volete un posticino tranquillo. Per me è a due passi, attraversando la proprietà dell'ex manicomio vittoriano nel Bootham Park. C'è sempre una calorosa accoglienza ed è una sorta di rifugio.

Per un eccellente pranzo domenicale, invece, mi sposto verso la campagna. Il **Dawnay Arms** a Newton-on-Ouse è a circa 7 miglia (11 km) dalle mura. Andateci per passeggiare un po' lungo il fiume e poi riscaldatevi vicino al caminetto. Il cibo è davvero buono.

York's Chocolate Story (p441)

Per un'esperienza più artigianale, andate da **York Cocoa Works**. Questa azienda indipendente e moderna, attenta alla filiera sostenibile, ha riportato l'arte della cioccolateria all'interno delle mura medievali cittadine nel 2018. I tour coprono i processi produttivi con degustazioni incentrate su caratteristiche e provenienza del cacao. L'edificio di vetro consente di vedere cosa succede all'interno anche senza partecipare al tour, e ci sono anche un negozio e un *cafe*.

Potrete passeggiare nei 12 ettari del **Rowntree Park**, creato dalla famiglia nel 1921 in ricordo del personale del Cocoa Works che morì durante la seconda guerra mondiale. All'estremità meridionale del parco, dall'altra parte della strada si trova la **fabbrica di cioccolato Terry's**, in stile art déco. Entrambi i siti sono raggiungibili con una passeggiata di 30 minuti dal centro medievale, e si trovano lungo il percorso hop-on hop-off dell'autobus City Sightseeing York.

Un giro dei musei di York

ATTRAZIONI ISTRUTTIVE PER FAMIGLIE

A York ci sono decine di bei musei, molti dei quali con attività per famiglie. Un buon posto da cui partire è la York Min-

DOVE BERE A YORK

Bettys
La migliore tearoom dello Yorkshire ha una splendida sede in St Helen's Sq – preparatevi alla coda.

Brew York
Sorseggiate eccellenti birre artigianali dai nomi spiritosi nella taproom del birrificio a poca distanza da Walmgate.

Guy Fawkes Inn
Scricchiolante pub medievale, con cortile nascosto sul retro; fu il luogo di nascita di Guy Fawkes (1570).

YORK NASCOSTA: ITINERARIO A PIEDI TRA SNICKETS E GINNELS

Scoprite il lato più tranquillo di York inoltrandovi nei vicoli e stretti passaggi noti in Yorkshire come *snickets* e *ginnels*. Dal Bootham Bar, percorrete High Petergate fino al **1 pub Hole in the Wall**; qui alcuni scavi nel 1816 portarono alla luce un cunicolo che conduceva a una segreta con catene e manette. Insinuatevi nello *snicket* (passaggio) non segnalato accanto al pub per una bella veduta della York Minster tra case georgiane.

Tornate indietro fino a Stonegate per una birra al pub **2 House of Trembling Madness**. Sul lato opposto, attraversate **3 Coffee Yard**. Supererete una porta d'ingresso bloccata, decorata con rose Tudor scolpite (la rosa dello Yorkshire) prima che un *ginnel* (passaggio) si apra su un cortile con l'ingresso alla **4 Barley Hall**. Proseguendo dritto lungo il vicolo, sbirciate la *banqueting hall* medievale attraverso le finestre di vetro nel muro di mattoni. Subito dopo, notate lo 'Swinegate', un cancello in ferro battuto che ritrae un maiale. Abbassatevi per uscire dal *ginnel*. Girate appena a destra e percorrete **5 Finkle St**, in epoca medievale usata per condurre mucche e maiali al mercato Swinegate. In fondo a Finkle St, infilate la porta alla destra del pub Roman Baths fino al **6 Roman Baths Museum** – una mostra sotterranea nel sito degli scavi di terme romane militari del III-IV secolo.

Seguite Church St fino a Goodramgate e imboccate il quasi invisibile cancello sulla sinistra fino a raggiungere la quattrocentesca **7 Holy Trinity Church**, ancora priva di elettricità e acqua corrente. Proseguite verso nord sempre su Goodramgate, prendete il *ginnel* accanto al negozio dell'usato Mind fino alla **8 Bedern Hall**, un refettorio medievale caduto nell'oblio nel XIX secolo quando la zona fu invasa da baracche. Ristoratevi nel suo piccolo *cafe* con cortile.

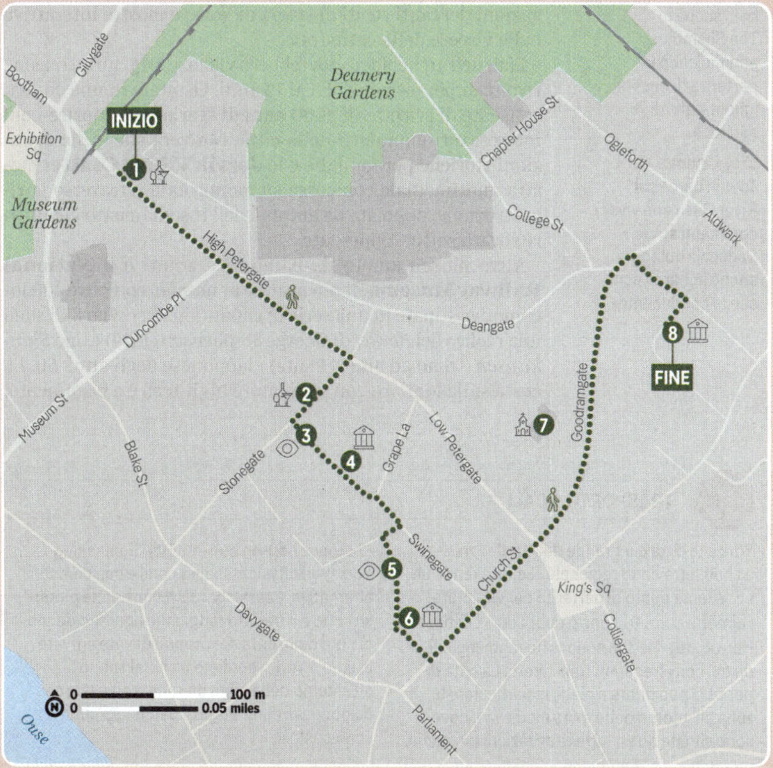

TRAVELLIGHT/SHUTTERSTOCK ©

St Leonard's Hospital, Museum Gardens (p440)

MIGLIORI ATTIVITÀ A YORK

Brewtown
Divertenti tour in giornata su minivan per un dietro le quinte di alcuni dei più piccoli birrifici e distillerie del North Yorkshire.

Ghost Hunt of York
Ogni sera la 'death bell' suona in The Shambles, annunciando la partenza di questa 'ghost walk' di 75 minuti.

City Cruises York
Tour in barca sul River Ouse con vivaci commenti storici. L'agenzia noleggia anche imbarcazioni senza conducente.

ster dove, scalando 275 gradini, si arriva in cima alla torre, il punto più alto di York, con vedute imbattibili. Il pezzo forte della Minster è l'**Undercroft Museum** – con eccellenti spiegazioni dei tanti strati di storia di York, e mostre interattive nelle viscere della cattedrale.

I fan dell'archeologia dovrebbero visitare **Dig**, un'attrazione rivolta ai più piccoli, dai 5 ai 12 anni. Ospitata in una chiesa, consente di scavare in 2000 anni di storia per scoprire i più interessanti manufatti della città. Ma vera star delle attrazioni storiche per famiglie è lo **Jorvik Viking Centre**: mostra multimediale con corsa su monorotaia attraverso la ricostruzione, popolata da automi, dell'insediamento vichingo ritrovato sotto Coppergate.

Altro museo amato da bambini e adulti è il **National Railway Museum**, il più grande al mondo, con oltre 100 locomotive stipate in una serie di capannoni ferroviari. Ci sono una replica del *Rocket* di George Stephenson (1829) e uno *Shinkansen* (treno ad alta velocità) giapponese degli anni '60. La corsa sulla Mallard con simulatore high-tech è a pagamento.

TRASPORTI LOCALI

York è la città più grande del North Yorkshire e l'hub ferroviario regionale, il che la rende un eccellente punto di partenza per esplorare i dintorni con il trasporto pubblico – Leeds, Harrogate e Malton sono tutte raggiungibili da qui con i frequenti treni diretti. La città di per sé si può girare a piedi, in particolare la zona all'interno delle mura medievali, dove sono situate quasi tutte le attrazioni turistiche.

L'autobus hop-on hop-off City Sightseeing York (yorkcitysightseeing.com) è una comoda alternativa. Passa ogni 30 minuti, sette giorni su sette e il tragitto raggiunge ogni sito degno di nota della città. Se proprio dovete arrivare in auto a York, scegliete un hotel subito all'esterno della cinta muraria medievale che disponga di parcheggio; i parcheggi pubblici sono costosi.

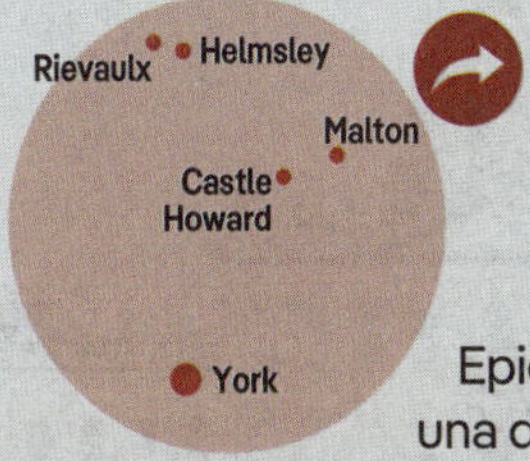

Dintorni di York

Epiche rovine, vivaci cittadine sedi di mercato e una delle più belle residenze signorili d'Inghilterra incorniciano la strada verso nord.

Il percorso tra York e il North York Moors National Park è molto di più che un tratto di autostrada. Abbazie in rovina reclamate dalla natura e scheletri di affascinanti castelli fanno capolino dietro eleganti case georgiane nelle cittadine sedi di mercato di Helmsley e Pickering. Tra le Howardian Hills – designate Area of Outstanding Natural Beauty (AONB – Area di Rilevante Bellezza Naturale) – e nelle zone circostanti, si trovano molti tesori. Una delle principali attrazioni è Castle Howard, la sontuosa residenza signorile usata come location in diversi film e serie TV, tra cui *Ritorno a Brideshead* e *Bridgerton*. Alche il cibo è uno dei punti forti di questa zona, che ospita macellerie e panifici locali, appassionati chef e artigiani del cibo, e alcune delle migliori fattorie del Regno Unito.

IL CONSIGLIO

Prenotate una notte in uno dei gastropub di villaggio carichi d'atmosfera di questa regione, che offrono pacchetti con cena e B&B.

North York Moors National Park

LO YORKSHIRE SULLO SCHERMO

Castle Howard è uno dei set cinematografici naturali più apprezzati in Inghilterra, grazie anche all'incendio del 1940 che sventrò alcune delle sale, rendendole delle tele ideali per gli scenografi. Nel 1981, divenne famoso per il suo ruolo nella serie TV di successo *Ritorno a Brideshead*. Da allora, è apparso in decine di film e serie TV, compreso l'adattamento cinematografico di *Ritorno a Brideshead*, *I misteri di Pemberley*, *Victoria* e *Bridgerton*.

Altre famose location visitabili del North Yorkshire includono Goathland e la North Yorkshire Moors Railway (p465), Whitby (p460), e il giardino recintato e la proprietà del Duncombe Park a Helmsley (p448). Il sito web filmedinyorkshire.co.uk dà informazioni sulle location di tutta la regione.

LEONID ANDRONOV/SHUTTERSTOCK ©

Castle Howard

Castle Howard: un design eccezionale

UNA RIVOLUZIONE ARCHITETTONICA

Questa 'grande dame' dello Yorkshire, un'ora a nord-est di York in autobus, è stata il primo edificio a uso residenziale in Inghilterra a essere costruito con un tetto a cupola, nello stile della St Paul's Cathedral, a Londra. Incredibile a dirsi, la costruzione di Castle Howard fu commissionata al drammaturgo John Vanbrugh, che non aveva alcuna esperienza in ambito architettonico, in collaborazione con il rinomato architetto Nicholas Hawksmoor (che aveva progettato St Paul e il Blenheim Palace). Oggi, la **East Wing** è ancora abitata dai discendenti del proprietario originale, il terzo conte di Carlisle.

La costruzione iniziò nel 1699 ma la casa che vediamo oggi richiese oltre 100 anni per essere ultimata. Le visite guidate partono dalla **West Wing**, che fu l'ultima parte della casa a essere completata intorno al 1800 dal nipote del terzo conte, molto dopo la morte di Vanbrugh. Sebbene la West Wing sia stata costruita in rigido stile palladiano, il resto della casa è caratterizzato da un esuberante barocco. La vasta **collezione di oggetti antichi** fu messa assieme dal quarto conte. Gli altri pezzi forti includono la **cappella**, decorata nello

MIGLIORI GASTROPUB RUSTICI CON CAMERE

Black Swan at Oldstead
Atmosfera da country inn, cibo stellato – orgoglio e vanto dello chef Tommy Banks, nativo dello Yorkshire. £££

Owl at Hawnby
Classico comfort food britannico e charcuterie fatta in casa in un minuscolo villaggio nella brughiera. ££

Hare at Scawton
Quattro camere in un inn del XII secolo con menu degustazione da '3 AAA Rosette'. £££

stile Arts and Crafts del 1870 circa, con finestre istoriate di Burne-Jones; mentre la **Long Gallery**, con i suoi dipinti di Roma (1770 circa) di Panini, è ancora utilizzata occasionalmente per balli e cene.

Castle Howard è costruito su un crinale naturale, e i giardini sono un raro esempio di primo **giardino settecentesco all'inglese** – la maggior parte andò distrutta verso la fine del 1800 quando i curatissimi giardini di Capability Brown divennero la moda dell'epoca.

Fate una passeggiata dalla East Wing, lungo la terrazza del tempio con il **Ray Wood** sullo sfondo, fino a raggiungere il **Temple of the Four Winds**, con le sue colonne, in cima alla collina. Quindi seguite la riva del **South Lake** per le migliori vedute del gigantesco **Mausoleum**. Tornate indietro passando dall'**Atlas Fountain**. Le famiglie dovrebbero visitare anche il **parco giochi avventura Skelf Island**, accanto al Great Lake e il suo *cafe* sulla riva del lago.

Birra artigianale e cibo locale a Malton

MANGIARE NELLA CAPITALE GASTRONOMICA DELLO YORKSHIRE

Il leggendario chef italiano Antonio Carluccio fu il primo a definire questa agiata cittadina georgiana sede di mercato, a mezz'ora di treno da York, la 'capitale gastronomica dello Yorkshire', per l'alta concentrazione di deli, macellerie e produttori locali di alta qualità. Ci sono anche una distilleria artigianale di gin, la **Rare Bird**; un eccellente birrificio con taphouse, il **Brass Castle**; e una torrefazione, la **Roost**. E una scuola di cucina, la **Cook's Place**, con lezioni di macellazione e un 'cookbook club'. La città organizza anche un **food tour** (visitmalton.com/malton-food-tour).

Iniziate da **Talbot Yard**, un cortile con stalle ottocentesche riconvertite in minuscoli negozi alimentari. Provate il gelato dello Yorkshire, prodotto con latte locale, al **Groovy Moo**, e arrivate presto al **Bluebird Bakery** per l'involtino bengalese alle cinque spezie. Altrove in città, il **Malton Relish** è un eccellente deli con posti a sedere che serve crostate di melassa, la *Yorkshire curd tart*, gustosi sandwich e prime colazioni. E non perdetevi il **McMillans of Malton**, un negozio specializzato in whisky con un whisky bar su tre piani a lume di candela, il **Library**, dietro un falso muro.

Il secondo sabato del mese (da marzo a novembre), si tiene il **Malton Monthly Food Market** in Market Place. E due volte l'anno (nei giorni festivi di fine maggio e agosto) il **Malton Food Lovers Festival** attira migliaia di persone, con dimostrazioni di chef e degustazioni.

CACCIARE O NON CACCIARE?

La tradizione venatoria britannica rimane un aspetto chiave della vita locale nel North Yorkshire, nonostante i grandi dibattiti. La caccia agli uccelli – galli cedroni, pernici e fagiani – è un passatempo talmente popolare nelle grandi proprietà rurali del paese che gli uccelli diventano anche motivi decorativi per capi d'abbigliamento e casalinghi.

La stagione va da settembre a febbraio (in base al tipo di uccello), quando li si vede appesi fuori dalle macellerie e sui menu dei ristoranti locali. La caccia alla volpe è più controversa, con gruppi di cacciatori a cavallo che usano i cani per stanare le volpi.

Benché vietato in Inghilterra dal 2005, diverse cittadine dello Yorkshire propongono ancora il 'trail hunting' simulato con i segugi. Ma per gli attivisti si tratta di attività di facciata per continuare gli abusi sugli animali.

DOVE DORMIRE NEI DINTORNI DI YORK

Pheasant Hotel
Camere in stile country chic e cibo da '2 AAA Rosette' in un bel villaggio fuori Helmsley. **£££**

Star Inn at Harome
Gemello del Pheasant, ma con una stella Michelin e camere più pittoresche. **£££**

Alice Hawthorn
Grazioso pub vecchio stile sostenitore del cibo a km0, con camere moderne, rivestite in legno, in giardino. **££**

ESCURSIONE A RIEVAULX

Rievaulx fu scelta dai monaci cistercensi nel 1132 come base per la loro attività missionaria nel nord dell'Inghilterra. Più di un secolo dopo la dissoluzione dei monasteri che l'aveva lasciata in rovina, Thomas Duncombe II creò la **Rievaulx Terrace,** una terrazza erbosa coronata da un tempietto, che domina i resti dell'abbazia; in questo modo i visitatori avrebbero ammirato la romantica riappropriazione della natura.

Una delle passeggiate più popolari di Helmsley è il sentiero di 3 miglia (4,8 km) tra l'Helmsley Castle (un cartello subito all'esterno dell'ingresso del parcheggio segna l'inizio della Cleveland Way) e la Rievaulx Abbey. Il sentiero attraversa campi coltivati, si inoltra nel bosco del Duncombe Park e quindi sale su una collina con belle vedute della valle, prima di raggiungere la tranquilla strada di campagna che porta al villaggio di Rievaulx.

ALEXEY FEDORENKO/SHUTTERSTOCK ©

Helmsley Castle

Rovine, parchi e giardini nei dintorni di Helmsley

PORTA DI ACCESSO ALLE NORTH YORK MOORS

Questa bella città sede di mercato, a un'ora e un quarto da York in autobus, segna il punto di partenza della **Cleveland Way**, un sentiero escursionistico a lunga percorrenza. La principale attrazione sono le rovine dell'**Helmsley Castle**, una roccaforte del XII secolo durante la guerra civile inglese. Pagando l'ingresso usufruirete di un'audioguida gratuita. La tumultuosa storia del castello viene spiegata attraverso una mostra interattiva all'interno della residenza signorile del sito.

Dal parcheggio del castello seguite un sentiero per scoprire il settecentesco **Helmsley Walled Garden**, riqualificato. Il **Vine Cafe**, nella serra, è uno dei posti più graziosi in città per un caffè, un dolce o un pranzo. Nella **Market Square** di Helmsley, provate **Bantam**, per piatti stile bistrò con prodotti locali, o **Hunters of Helmsley** per *pork pies*, involtini di salsiccia, *Scotch eggs*, prosciutto locale e formaggi di Wensleydale. In fondo alla strada, c'è anche l'accogliente taphouse con caminetto del microbirrificio **Helmsley Brewing Co**.

Ai margini della città, il **Duncombe Park** comprende 182 ettari di classica campagna inglese e il **National Centre for Birds of Prey**, con circa 40 voliere, aree picnic e una tearoom.

TRASPORTI LOCALI

Malton è facilmente raggiungibile da York con un treno diretto (25 minuti). Da Station Ave, a York, l'autobus n. 31X arriva fino a Helmsley (un'ora e 15 minuti), mentre l'autobus Castleline raggiunge Castle Howard (un'ora) prima di terminare la corsa a Malton.

YORKSHIRE DALES NATIONAL PARK

Volete vedere l'Inghilterra rurale al massimo della sua bellezza? Venite nelle Dales, dove le valli di origine glaciale si gettano in gorgoglianti ruscelli e le pecore superano in numero gli abitanti. Con un paesaggio meno estremo rispetto alle vette e alle alture del Lake District, le ondulate colline del parco non sono per questo meno belle – e i remoti pub di campagna sono una vera delizia. Il parco nazionale si estende per 2178 kmq e sebbene molto frequentato da escursionisti a piedi, ciclisti e speleologi, ha diverse zone che appaiono ancora poco esplorate. Le aree più affollate del parco sono l'anfiteatro di roccia di Malham Cove, a sud, e il villaggio di Hawes, nel centro, dove ha sede la Wensleydale Creamery. Ma qui si potrebbero trascorrere settimane intere, vagando lungo i sentieri delle cascate, arrampicandosi su altopiani spazzati dal vento, inerpicandosi tra castelli e rovine di abbazie, o semplicemente bevendo pinte di birra nei beer garden davanti a spettacolari vedute.

IL CONSIGLIO

Le Yorkshire Dales sono molto frequentate dai britannici in vacanza e le opzioni di sistemazioni su vasta scala sono poche, il che significa che i posti letto possono scarseggiare – soprattutto in estate e durante le festività. Ci sono alcuni piccoli ed eccellenti B&B di campagna, graziosi siti di glamping e inn a gestione familiare, ma quasi tutti devono essere prenotati in anticipo.

Pecore sulla strada per il Tan Hill Inn (p452)

ANNE COATESY/SHUTTERSTOCK ©

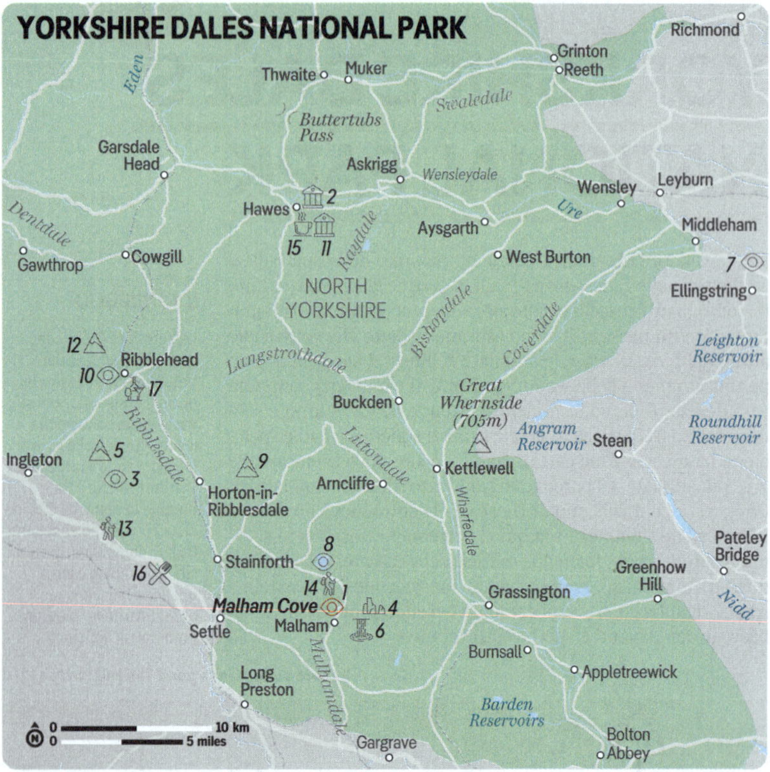

DA NON PERDERE
1 Malham Cove

DA VEDERE
2 Dales Countryside Museum
3 Gaping Gill
4 Gordale Scar
5 Ingleborough
6 Janet's Foss
7 Jervaulx Abbey
8 Malham Tarn
9 Pen-y-ghent
10 Ribblehead Viaduct
11 Wensleydale Creamery
12 Whernside

ATTIVITÀ E TOUR
13 Ingleborough Estate Nature Trail
14 Malham Landscape Trail

PASTI
15 1897 Coffee Shop
16 Courtyard Dairy

LOCALI
17 Station Inn

Malham Cove e il Landscape Trail

UNA DELLE MIGLIORI ESCURSIONI A PIEDI IN INGHILTERRA

Whernside (p453)

Nonostante il nome un po' fuorviante, Malham Cove è in realtà una parete calcarea verticale di 80 m, formatasi da un'enorme cascata glaciale che sgorgò solo per poco tempo 12.000 anni fa. Oggi, la passeggiata di 1,2 km attraverso i campi dal centro del villaggio alla falesia è una delle più popolari passeggiate brevi dello Yorkshire. La Royal Society for the Protection of Birds (RSPB) allestisce un osservatorio per il birdwatching alla base della parete in primavera/estate per avvistare i falchi pellegrini che nidificano negli anfratti della falesia.

Molti visitatori salgono le scale sul lato sinistro della parete fino a un vasto altopiano calcareo al di sopra di essa, che offre ve-

A DESTRA: NICK BRUNDLE PHOTOGRAPHY/SHUTTERSTOCK ©; A SINISTRA: COLM K/SHUTTERSTOCK ©

Malham Cove

dute spettacolari e che è stato usato come location nel film *Harry Potter e i doni della morte*. Ma sono pochissimi gli escursionisti che intraprendono il percorso circolare di 4,5 miglia (7,2 km) del **Malham Landscape Trail**, senza dubbio una delle migliori escursioni a piedi in Inghilterra. Dalla cima della parete, il sentiero si dirige a est verso **Gordale Scar**, uno stretto canyon con cascate e i resti di un insediamento dell'Era del Ferro. Da qui bisogna ritornare sui loro passi per dirigersi a sud verso la cascata **Janet's Foss**, popolare fra chi ama nuotare in mezzo alla natura, per poi rientrare al villaggio di Malham.

Il sentiero si può estendere fino a 11 miglia (18 km) facendo il giro delle passerelle della paludosa **Malham Tarn** – una riserva naturale di rilievo internazionale, accessibile a piedi da Malham Cove. Visitate il sito malhamdale.com per le cartine del sentiero e ulteriori informazioni.

Il formaggio di fattoria e il Wensleydale Trail

IL PREFERITO DI WALLACE & GROMIT

Cos'hanno in comune i monaci francesi con il formaggio dello Yorkshire, vi chiederete. La risposta si trova alla **Jervaulx**

GRASSINGTON E THE DALES WAY

The Dales Way è un tranquillo sentiero per escursioni lungo 80 miglia (129 km) che parte da Ilkley sul margine meridionale delle Dales e arriva a Bowness-on-Windermere nel Lake District (p517). La sezione vicino a Grassington è molto graziosa e la cittadina stessa con le sue storiche stradine compare come Darrowby in un recente adattamento di *All Creatures Great & Small* (*Creature grandi e piccole*), i racconti rurali del veterinario James Herriot.

Seguendo il fiume verso sud, si supera **Burnsall**, un bel villaggio di pietra da dove in estate si scende in acqua con gommoni e kayak. Oltre sorge il grazioso villaggio di **Appletreewick**, con l'eccellente Masons Campsite. Circa 6 miglia (9,6 km) più a sud si estende la **Bolton Abbey Estate**, con passerelle di pietre, una spiaggia fluviale, bei sentieri e rovine.

PERNOTTAMENTI RURALI NELLE DALES

YHA Grinton Lodge
Incredibili vedute da questo lodge riconvertito, oggi un ostello con camerate, campeggio e glamping *pod*. **£**

Low Mill Guest House
Eccellente B&B di campagna con tre camere in un opificio settecentesco sul fiume riconvertito con attenzione. **££**

Lister Barn
Otto camere in un granaio riconvertito con un soggiorno comune, la 'boot room' e uno spazio all'aperto. **££**

TAN HILL INN

Le Dales nord-orientali sopra Reeth sono una parte del parco di incredibile bellezza e quasi prive di gente. Qui, nel mezzo delle pianure avvolte dalla nebbia, a 45 minuti in auto dalla città più vicina, sorge l'isolato **Tan Hill Inn** - il pub più elevato della Gran Bretagna (528 m). Costruito a supporto della comunità di minatori di cui non rimane più traccia, il pub è oggi a sorpresa una vivace destinazione per la musica live nei weekend, e attira un'eterogenea folla di escursionisti, musicisti che tranguigiano birra e festaioli che si rifugiano qui mentre il vento ulula all'esterno. Ci sono anche otto camere con bagno, una bunkhouse, uno spazio per le tende in estate e un grande parcheggio frequentato dai campersiti che si fermano per la notte.

Tan Hill Inn

Abbey, dove i monaci cistercensi si stabilirono nel 1156 d.C. Originari di Roquefort, furono loro a portare la ricetta originale per il formaggio Wensleydale in Inghilterra, stando alle testimonianze storiche. Oggi l'abbazia, di proprietà privata, è un'incantevole rovina (l'ingresso è su offerta con *honesty box*).

Il formaggio Wensleydale è famoso in tutto il mondo grazie all'ossessione del personaggio di Aardman nelle animazioni di *Wallace & Gromit*. Viene prodotto dalla **Wensleydale Creamery**, oggi un museo sulla produzione casearia con dimostrazioni dal vivo, scatti in posa alla *Wallace & Gromit*, degustazioni e un popolare *cafe* a tema formaggio nel vivace piccolo villaggio di Hawes. Se ci venite da lunedì a venerdì potrete vedere i casari all'opera mentre setacciano il latte cagliato e il siero di latte da una parete di vetro dell'azienda. Nel **1897 Coffee Shop** (che prende il nome dall'anno in cui il caseificio fu fondato), ordinate un 'Wensleydale tea special', che viene servito con una fetta di torta alla frutta e del formaggio Wensleydale – una tradizione dello Yorkshire.

Prima di lasciare Hawes, fate un salto al **Dales Countryside Museum**, che vi porterà a fare un viaggio nella storia sociale

LUOGHI PER CICLISTI NELLE DALES

Dales Bike Centre
Noleggia (e ripara) biciclette (e-bike comprese); è anche *cafe* e sistemazione adatta ai ciclisti, a Fremington.

Swale Trail
Bel sentiero di 12 miglia (19 km) per mountain bike lungo la valle da Reeth a Keld; adatto alle famiglie.

Buttertubs Pass
Popolare ma impegnativo tratto di strada da Hawes a Thwaite, che ha ospitato il Tour de France.

della zona, compresa la produzione lattiero-casearia, l'estrazione del piombo e la nascita della ferrovia.

Viaggiando più a ovest attraverso le Dales, visitate la **Courtyard Dairy**, vicino Settle, uno dei caseifici più premiati d'Inghilterra. Si può vedere la sala per l'invecchiamento del formaggio, prima di degustare e acquistare formaggi locali di produzione artigianale. Prenotate in anticipo le lezioni di produzione casearia.

Brividi da temerari nei Three Peaks dello Yorkshire

SPELEOLOGIA ED ESCURSIONISMO A RIBBLESDALE

Il profilo sud-occidentale del parco nazionale è dominato da un triangolo di caratteristiche colline noto come **Three Peaks**: **Pen-y-ghent** (694 m), **Whernside** (735 m) e **Ingleborough** (724 m). Facilmente raggiungibile tramite la linea ferroviaria Settle-Carlisle, questa è una delle zone più popolari d'Inghilterra per le attività all'aperto e ogni weekend attira migliaia di escursionisti, ciclisti e speleologi. La Pennine Way passa di qui, ma una delle più grandi attrattive è la **Yorkshire Three Peaks Challenge** (threepeakschallenge.uk), di 24 miglia (39 km), che prevede di affrontare tutte e tre le vette in meno di 12 ore (un'ascesa di 1585 m).

La linea Settle-Carlisle è anche famosa per lo spettacolare **Ribblehead Viaduct**, alto 30 m, a 10 minuti di cammino dalla remota stazione di Ribblehead. Completato nel 1875, si estende per 400 m con 24 archi, e può essere visto a distanza di chilometri. Il pub **Station Inn**, con travi a vista e camere, è il luogo ideale dal quale ammirarlo, con il suo beer garden che affaccia proprio sul viadotto.

Circa 10 miglia (16 km) a sud di Ribblehead, l'**Ingleborough Estate Nature Trail** conduce a una grotta turistica (aperta tutto l'anno) e alla **Gaping Gill**, una delle più grandi camere sotterranee della Gran Bretagna. Quest'ultima è aperta al pubblico due volte l'anno (a fine maggio e ad agosto) durante i Winch Meets gestiti dai club speleologici dello Yorkshire. I più temerari (pagando una quota) vengono calati lungo una cavità profonda quasi 100 m fino al pavimento della camera.

MIGLIORI ESCURSIONI ALLE CASCATE

Hardraw Force
Facile passeggiata di circa 1 km nel bosco (£4 ingresso) fino alla più alta cascata singola d'Inghilterra.

Aysgarth Falls
Bassa cascata a tre livelli sul River Ure con diversi punti panoramici gratuiti.

Ingleton Waterfalls Trail
Cinque cascate, compresa la Thornton Force (14 m), lungo uno spettacolare sentiero circolare di 4,5 miglia (7 km); ingresso £8.

Pen-y-ghent

TRASPORTI LOCALI

Per raggiungere i luoghi più tranquilli nelle Dales, necessiterete di un'auto. Ricordate che molte strade asfaltate del parco nazionale seguono vecchi tratturi e in alcuni punti sono a corsia singola. Anche se gli stretti viottoli sono piuttosto tranquilli, trattori, traffico in direzione opposta, greggi di pecore o l'occasionale corso d'acqua da attraversare rappresentano notevoli pericoli per i conducenti: prestate attenzione. Chi non ha l'auto può raggiungere alcune delle aree più remote (come il Ribblehead Viaduct) con la linea ferroviaria Leeds-Settle-Carlisle. C'è anche una rete di autobus locali (v. dalesbus.org), con servizi extra la domenica e nei giorni festivi tra metà aprile e metà ottobre.

Dintorni dello Yorkshire Dales National Park

Alcune delle più belle attrazioni dello Yorkshire si trovano tra i suoi due parchi nazionali. Ritagliatevi del tempo per esplorare gli angoli più nascosti.

Il pezzetto di Yorkshire che si estende tra lo Yorkshire Dales National Park e il North York Moors National Park è ricco di siti regionali da non perdere. Ai margini orientali delle Dales, si trova il Nidderdale – classificato Area of Outstanding Natural Beauty (AONB), una sorta di prolungamento del Dales National Park con le sue colline ondulate, i villaggi di pietra, il sistema di grotte e gli striminziti viottoli pieni di pecore. Più avanti, si susségue una serie di vivaci cittadine georgiane sedi di mercato – Masham, Knaresborough, Ripon e Thirsk, solo per citarne alcune – oltre a birrifici storici, vaste residenze di campagna, e poi Studley Royal e Fountains Abbey, siti UNESCO. La città più grande è Harrogate, un elegante centro termale, che tra i suoi fan più illustri annovera Agatha Christie e la regina Vittoria.

IL CONSIGLIO

Se non volete fare base nel profondo delle Dales, Masham è un buon compromesso tra la città e la campagna.

Fountains Abbey (p458)

Turkish Baths (p457)

Passare le acque a Harrogate

LA REGINA DELLE TERME NEL NORD

Per secoli, Harrogate (45 minuti in macchina a est di Grassington nello Yorkshire Dales National Park) è stata sinonimo di cultura termale nel nord dell'Inghilterra. Nel 1571 qui furono scoperte da William Slingsby sorgenti naturali di acqua termale, ricche di terapeutici cocktail di minerali, che sgorgavano direttamente dal terreno. Nel giro di 100 anni, la cittadina si creò una certa fama per le sue acque medicinali, che erano vendute come una cura per qualunque cosa, dai problemi digestivi alle malattie della pelle. L'ultimo boom commerciale di Harrogate sono le conferenze, ma lo sviluppo termale di epoca georgiana definisce ancora la città, e il suo patrimonio attira migliaia di visitatori l'anno.

L'ottagonale **Royal Pump Room**, costruita nel 1841 per coprire l'Old Sulphur Well, è oggi un eccellente piccolo museo (l'unico di Harrogate) dedicato all'industria termale e del benessere cittadina, che fiorì finché la creazione del National Health Service (NHS; servizio sanitario nazionale), dopo la seconda guerra mondiale, non introdusse l'assistenza sani-

TEA TIME DA BETTYS

Fondata nel 1919 da Frederick Belmont, svizzero residente in Inghilterra, può sembrare un po' formale all'interno, ma si fa la coda di un isolato per un tavolino nell'originale **Bettys Tearoom** di Harrogate (ce ne sono diverse in tutto lo Yorkshire; quella di York è la più affollata) perché si sa che i suoi dolci (e il servizio cordiale) sono i migliori. Non ordinate un afternoon tea ma create il vostro vassoio con i migliori prodotti da forno di Bettys: pasticcini fondenti; *Yorkshire curd tart* (cagliata, uva passa, noce moscata e un po' di crema al limone); e Fat Rascal (burroso scone alla frutta con ciliegie glacé e mandorle). Il menu del pranzo è un vero spettacolo, con prodotti dello Yorkshire serviti su delicata porcellana di Wedgwood.

POSTI MIGLIORI DOVE DORMIRE A HARROGATE

Lawrance
Centrali e moderni appartamenti attrezzati in tre edifici storici; ideale per le famiglie. £

White Hart
Classico hotel con camere patinate e pub trendy, ai margini del Montpellier Quarter. ££

Rudding Park
Eccellenti pacchetti 'spa-and-stay' in una rigogliosa tenuta rurale, a 15 minuti in auto dal centro di Harrogate. £££

IL GOTICO FORBIDDEN CORNER

Il Forbidden Corner è un moderno giardino recintato corredato di capricci in stile vittoriano, alcuni dei quali virano verso l'horror gotico, mentre altri semplicemente verso il surreale. Non esiste una cartina di questo mini parco a tema alternativo, 5 miglia (8 km) a sud di Leyburn, sul margine orientale del Nidderdale, perciò immergetevi ed esploratene i numerosi tunnel, i giri contorti e i vicoli ciechi – un'esperienza che vi darà la sensazione di essere caduti nel *Labyrinth* di David Bowie. È molto apprezzato dalle famiglie, anche se è facile che i bambini più piccoli possano spaventarsi a ogni angolo, ma anche gli adulti rimarranno un po' scossi. I biglietti vanno prenotati in anticipo.

Valley Gardens

taria gratuita. Le mostre includono affascinanti foto di visitatori che si sottopongono ai trattamenti idroterapici: bagni di torba, bagni sulfurei e l'*aix douche massage*. Potrete annusare le forti acque sulfuree al museo ma non provarle. Per quello, fate una passeggiata aggirando l'edificio circolare della stazione di pompaggio fino al muro di fronte all'Hales Bar, che ha ancora un rubinetto pubblico. Tenete presente che il comune ha dichiarato che l'acqua non è più sicura.

Dall'altra parte della strada rispetto al museo, entrate nei **Valley Gardens**. Degli 85 fra pozzi e sorgenti che si trovano a una distanza di circa 3 km dalla Royal Pump Room, 35 sono in questa zona, che i vittoriani intorno al 1850 convertirono in un parco paesaggistico per i visitatori delle terme. Le sorgenti si concentrano nella zona centrale un tempo conosciuta come **Bogs Field**; molte sono contrassegnate da un cartello e hanno ancora una propria piccola sala di pompaggio o coperture di protezione. Un altro luogo rinomato per le passeggiate a Harrogate è lo **Stray**, un'area di 80 ettari di distese erbose aperte che è stata conservata per gli abitanti di Harrogate da quando Slingsby scoprì per la prima volta il Tewit Well qui.

Se avete tempo per una sola cosa a Harrogate, allora fate una gita ai **Turkish Baths**, l'unica spa originale ancora in

POSTI MIGLIORI PER MANGIARE A HARROGATE

Major Tom's Social
Birreria piacevolmente trasandata che sforna deliziose fette di pizza da abbinare alle bevande artigianali locali. **£**

Three's a Crowd
Gastropub di quartiere che serve piatti britannici dal tocco fantasioso; ha un beer garden sul retro. **££**

Drum & Monkey
Popolare istituzione per il pesce; serve astici britannici, trota del Nidderdale e ostriche con Champagne. **£££**

attività. Costruita nel 1897 e costata 10 milioni di sterline di oggi, segue i principi di costruzione dell'hammam, con una serie di sale che diventano via via più calde. Le decorazioni sono una squisita profusione di archi con arabeschi, paraventi dipinti e terrazzi con mosaici. Nel 1990 circa, rispettosi lavori di restauro riportarono le terme alla loro gloria originaria. Sono previste visite guidate sulla storia dell'edificio quasi tutti i mercoledì, ma devono essere prenotate in anticipo, così come le sessioni spa e i trattamenti di tre ore.

Scrambling in grotte e gole nei dintorni di Nidderdale

SPORT AVVENTURA IN MEZZO ALLA NATURA

Lo Yorkshire Dales National Park e la Nidderdale AONB insieme offrono uno dei più bei parchi gioco per gli sport avventura del Regno Unito. Se l'ovest delle Dales ospita la Gaping Gill e l'Ingleborough Cave, l'est vanta un'altra serie di sistemi di grotte, gole e stranezze geologiche formatesi nel corso di milioni di anni, e tutte nel raggio di un'ora di auto dai confini dello Yorkshire Dales National Park.

Le **Stump Cross Caverns**, scoperte nel 1860 da alcuni minatori di piombo che le aprirono alle visite guidate, sono grotte turistiche per lo più destinate alle famiglie, con pannelli informativi sulla geologia, porte delle fate, quiz sui fossili e illuminazione a UV dopo le 15. All'esterno, a livello del terreno, troverete un *cafe* e le famiglie possono partecipare ad attività per scavare i minerali e incontrare la donna delle caverne. L'afternoon tea sotterraneo è unico.

Nella parte alta del Nidderdale, l'**How Stean Gorge** è un remoto adventure centre costruito attorno a uno spettacolare canyon nascosto pieno di felci e muschio. C'è un terreno per il campeggio e lodge di legno con hot tub riscaldate a legna, entrambi raggiungibili a piedi dalle passerelle della gola e dalle grotte base, adatte per i bambini di tutte le età. Il sito offre anche altre attività: arrampicata su via ferrata, kayak nel vicino bacino idrico, e scrambling nella gola, che implica strisciare sui massi che si susseguono sulla riva del fiume alla base della gola e saltare nelle pozze d'acqua.

A Knaresborough, c'è anche la **Mother Shipton's Cave**, una curiosa attrazione che prende il nome da una profetessa che si dice sia nata in questa grotta sulle sponde del River Nidd nel 1488. La premessa sembra un po' una trovata, ma il circostante parco è una lussureggiante bellezza sulla riva del fiume con sentieri e passerelle che si inoltrano in antichi e regali boschi. La grotta stessa vanta un pozzo naturale che

SWINTON PARK: BICI, GLAMPING E DRUIDI

A circa 3 km da Masham, lo Swinton Park è una bella tenuta di 80 kmq di proprietà della stessa famiglia dal 1880 circa. Al suo centro un lussuoso e turrito **castle hotel** (Heritage Listed, Grade II) con un'eccellente **spa**, due **ristoranti**, una **scuola di cucina**, **cottage in affitto** sul posto, e giardini con un **lago per nuotare** in mezzo alla natura.

I proprietari gestiscono in modo sostenibile anche lo **Swinton Bivouac**, serie di **yurte per glamping** a basso impatto e *tree lodge* **non connessi alla rete**, illuminati solo dalle candele; il parco è così alla portata di tutti. Ci sono anche **sentieri per mountain bike** che partono dal bivouac barn cafe (noleggio bici da prenotare in anticipo e cartine dei sentieri). La ciliegina sulla torta è il **tempio del druido**, in mezzo al bosco, un capriccio vittoriano del XIX secolo.

MIGLIORI SITI PER GLAMPING E SHEPHERD'S HUT

Swinton Bivouac
Yurte mongole con stufa a legna e lodge di legno in mezzo al bosco in una bella proprietà rurale. ££

House & Huts at Jervaulx
Due grandi shepherd's hut con bagno, di cui una con tetto per guardare le stelle, sui terreni della Jervaulx Abbey. £

Yurtshire
Yurte sul prato adatte ai bambini a 1,5 km da Fountains Abbey; secondo sito di lusso e wellness spa lì vicino. £££

pietrifica, le cui acque (ricche di carbonato di calcio e sulfato di calcio) magicamente trasformano gli oggetti in pietra.

Nel cuore brassicolo dello Yorkshire

VISITA DELLE TAPROOM E DEI BIRRIFICI D'EPOCA

Le strade acciottolate di Masham ai margini orientali delle Dales, 45 minuti in macchina a est di Hawes, sono pervase dall'aroma del luppolo e del malto da quasi due secoli. Il fatto che ci siano due grandi aziende produttrici di birra in questa minuscola cittadina è dovuto al feudo di una sola famiglia. La **Theakston Brewery** fu fondata qui nel 1827 ed è ancora gestita da un discendente del fondatore, Robert Theakston. Le visite guidate portano i visitatori attraverso il tradizionale sistema di birrificazione a quattro piani, che ancora utilizza attrezzatura originale del XIX secolo. Se proseguite lungo la strada per altri cinque minuti fino alla **Black Sheep Brewery**, le visite guidate lì vi mostreranno un processo più moderno, che include anche una spiegazione del perché Paul Theakston – la 'pecora nera' della famiglia – finì per lasciare i Theakston nel 1992 e fondare il proprio birrificio. Per entrambi i tour, prenotate in anticipo.

Oggi, la più famosa ale degli Theakston è ancora la Old Peculier, che può essere ordinata alla spina nel vecchio bar di pietra, il **Black Bull in Paradise**, nel cuore del birrificio. Il Black Sheep ha un bar più moderno e uno shop che include un **ristorante a tema birra**, in un alto granaio riconvertito. Oltre alle ale tradizionali, produce piccoli lotti di birra artigianale a rotazione e una 'session IPA' a emissioni zero chiamata Respire.

Passeggiando tra Fountains Abbey e Studley Royal

SULLE ORME DEI MONACI

Indipendentemente dalle condizioni atmosferiche, le rovine sul fiume della **Fountains Abbey**, un'ora in auto a est di Grassington, nel parco nazionale, e i giardini d'acqua della **Studley Royal Estate** che ora le circondano sono incredibilmente affascinanti. Oggi gestito dal National Trust, il complesso è uno dei due siti Patrimonio dell'Umanità UNESCO dello Yorkshire. Le visite dell'abbazia e dei giardini si svolgono nei weekend (gratuite con biglietto d'ingresso), e ci sono diversi **sentieri per passeggiate** che spaziano da 2,5 miglia (4 km) a 8 miglia (12 km). I terreni sono vasti e ricchi di te-

BREVE STORIA DI RICHMOND

Circa 40 miglia (64 km) a nord di Harrogate, la placida Richmond è stata una delle città più importanti d'Inghilterra. Il suo primo lord fu Alan Rufus nel 1086, cugino di Guglielmo il Conquistatore, che gli lasciò in eredità una proprietà di 1000 kmq e un castello per controllare il nord. Il reddito della proprietà arricchì Rufus, tra gli uomini più ricchi di sempre in Gran Bretagna. Dopo diversi passaggi di potere, il **Richmond Castle** fu abbandonato nel XVI secolo, e poi occupato dalla milizia intorno al 1850. Richmond rimane una cittadina militare – il castello, durante la prima guerra mondiale, divenne una prigione per gli obiettori di coscienza. Visitate il **Georgian Theatre Royal**, del 1788, il teatro georgiano più completo della Gran Bretagna.

INCANTEVOLI TAPPE GASTRONOMICHE

Boar's Head
Inn con camere nel cuore dello splendido villaggio di Ripley – ordinate il tipico 'ploughman's lunch' locale. **££**

Saddle Room
Classici piatti da pub e un servizio caloroso nelle ex stalle di cavalli da corsa accanto al Forbidden Corner. **££**

Grantley Hall
Opulento hotel con ristorante stellato, di Shaun Rankin, afternoon tea e bistrò. **£££**

EMILY MARIE WILSON/SHUTTERSTOCK ©

Fountains Abbey

sori, compresi tempietti, un mulino medievale, la **St Mary's Church** e un **parco dei cervi**.

L'abbazia fu istituita da un gruppo di monaci benedettini ribelli nel 1132 e rapidamente adottata dai cistercensi, per diventare l'attività imprenditoriale cistercense di maggiore successo del paese entro la metà del XIII secolo. La loro storia viene raccontata all'interno del **Porter's Lodge**, che ospita un elaborato modello dell'abbazia degli anni migliori e una mostra sulla vita dei suoi abitanti. I resti dell'abbazia, con un enorme cellarium dal soffitto a volta e un chiostro romanico, sono particolarmente pittoreschi per la loro ambientazione nella valle sul fiume.

Se le rovine dell'abbazia sono solenni, la serie di pozze d'acqua con tempietti, cascatelle e ponti che forma i **giardini di Studley Royal**, a ovest, sono pura leggerezza e divertimento.

All'altezza di Fountains Abbey ci sono dei grandi parcheggi, e durante tutto l'anno nei giorni di lunedì, giovedì e sabato è operativo l'autobus n. 139 (15 minuti) da Ripon.

MIGLIORI ESPERIENZE CON IL GIN

Harrogate Tipple
Raccoglie gli estratti vegetali dai giardini del Ripley Castle e produce il gin nel castello con l'acqua sorgiva di Harrogate.

Cooper King Distillery
Degustate il primo gin a emissioni zero d'Inghilterra con un tour della distilleria più sostenibile della regione.

Spirit of Masham
Un salto all'enoteca Corks & Cases a Masham per assaggiare il rabarbaro dello Yorkshire o il chai gin.

Spirit of Harrogate
Gin e liquori al gin evoluti nel negozio del Montpellier Quarter, sede dello Slingsby gin.

TRASPORTI LOCALI

Ci sono diversi servizi di autobus irregolari o poco frequenti (v. dalesbus.org) che viaggiano lungo le Dales orientali raggiungendo alcune delle cittadine sedi di mercato. Harrogate, Knaresborough, Thirsk e Northallerton hanno anche la propria stazione ferroviaria, ma nessuna di queste località è collegata direttamente alle stazioni nelle Yorkshire Dales. I collegamenti passano da York o Leeds, il che significa che mettere insieme un viaggio esteso in questa zona con i trasporti pubblici è difficile. Noleggiare un'auto è di gran lunga il modo più facile per ottimizzare i tempi se volete visitare una manciata di siti.

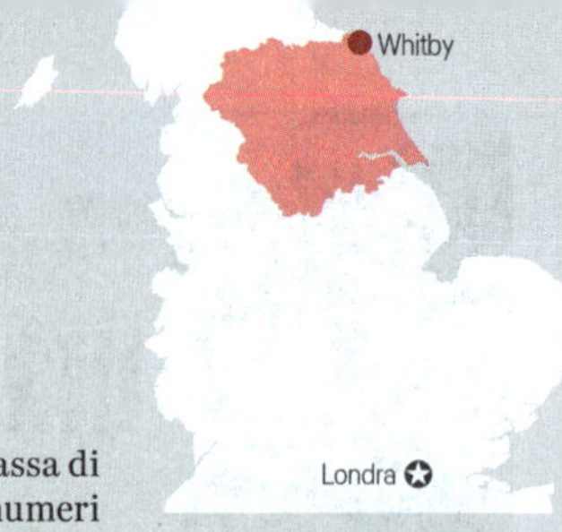

WHITBY

Tombe sferzate dalle onde, leggende macabre e la carcassa di una gigantesca abbazia sul promontorio: Whitby ha i numeri per una storia horror con tutti i crismi. E questo deve aver pensato Bram Stoker quando, nel 1897, le sue visite a questa località costiera di pescatori gli ispirarono il romanzo *Dracula*. Da allora, Whitby ha enfatizzato questi legami alternativi e oggi è la capitale gotica della Gran Bretagna. Ma questa città marinara fu anche il luogo del tirocinio del capitano Cook e base organizzativa per la sua spedizione prima della circumnavigazione di Australia e Nuova Zelanda nel XVIII secolo. Gruppi di cottage di pescatori erosi dalla salsedine incorniciano le scogliere ai lati del porto, da dove pescherecci, imbarcazioni da diporto e vogatrici partono ogni giorno per i loro pellegrinaggi in mare. Questa è anche una località di vacanza, amata soprattutto dalle famiglie britanniche che ci vengono per il fish and chips, i centri commerciali vecchio stile e l'enorme spiaggia sabbiosa di Blue Flag sotto West Cliff.

IL CONSIGLIO

Portare l'auto dentro e fuori il centro di Whitby può essere un incubo. Affittando un cottage in genere si ha il permesso di parcheggio ma gli spazi sono difficili da trovare. Tuttavia la costa del North Yorkshire dispone di uno dei migliori servizi di autobus della regione – questa è una zona dove è possibile viaggiare senza auto.

DA NON PERDERE
1 Captain Cook Memorial Museum
2 Whitby Abbey

DA VEDERE
3 Bram Stoker Memorial Seat
4 Chomley House
5 Endeavour Experience Whitby
6 St Mary's Church
7 Whitby Museum

DIVERTIMENTI
8 Dracula Experience

Whitby Abbey

Dracula e gli amanti del macabro: un pellegrinaggio non convenzionale

ALLA RICERCA DEL LATO OSCURO DI WHITBY

Leggende folcloristiche di streghe e fantasmi hanno caratterizzato Whitby da quando l'anglosassone santa Hilda sbarcò qui per fondare una comunità monastica nel 657 d.C. Qualunque tour della città dovrebbe iniziare dalla casa di Hilda, la **Whitby Abbey**, una rovina infestata sul promontorio di East Cliff visibile a chilometri di distanza. Poi è il turno della **Cholmley House**, una villa costruita con alcune pietre dell'abbazia nel XVI secolo dopo che la proprietà fu venduta a seguito della dissoluzione dei monasteri. All'interno c'è un eccellente museo sul promontorio e chi ci ha vissuto per 3000 anni.

Sia l'abbazia sia la vicina **St Mary's Church** figurano come rifugi del conte Dracula nel romanzo di Bram Stoker del 1897, facendole diventare luoghi di pellegrinaggio per gli amanti del gotico, che vengono qui per visitare il cimitero e fare selfie. La parte più antica della chiesa risale al XII secolo, e all'interno le panche e i palchetti sono tutti disallineati e storti.

PERCHÉ AMO WHITBY

Lorna Parkes, autrice Lonely Planet

Avendo visitato la città per anni con la mia famiglia dello Yorkshire, Whitby è diventata per me come una seconda casa. Sono sempre stata attirata dai miti e dalle leggende, e questa cittadina storica con il suo porto ne ha spacciate in modo convincente per migliaia di anni.

C'è un'aura di magia in questo luogo, e tutto è consentito. I fan del gotico e gli steampunk passeggiano nei pressi del porto nei loro abiti da cosplayer e nessuno batte ciglio. La mia giornata perfetta prevede il fish and chips di Magpie, un salto nei negozi vintage e nelle librerie di Whitby per curiosare, e infine andare a guardare i castelli di sabbia spazzati via dalle onde con i miei bimbi.

POSTI MIGLIORI DOVE DORMIRE

La Rosa
Hotel di ispirazione gotica con camere sontuose decorate con vecchi attrezzi di scena, e una cocktail lounge con musica. ££

Marine Hotel
Posizione centrale; due delle tre camere con vista porto di questo ristorante di pesce con alloggi hanno il balcone. £££

Bagdale Hall
Villa Tudor con sei camere (e altre 10 nella casa attigua), un tranquillo bar e leggende di fantasmi. £££

KEV GREGORY/SHUTTERSTOCK ©

Copia del veliero *Endeavour*

MIGLIORI ATTIVITÀ ACQUATICHE

Yorkshire Coast Nature
Tour operator responsabile; avvistamento balene, birdwatching e fotografia della fauna lungo la costa.

Gite per la pesca alla sgombro
I pescatori locali gestiscono le partenze dal porto di Whitby; verificate gli orari sui cartelli vicino all'Endeavour Experience (New Quay Rd).

Whitby Surf School
Lezioni di surf (aprile-settembre), SUP o noleggio attrezzatura presso i capanni sulla spiaggia a Whitby Beach.

Bark Endeavour Whitby
Giro del porto di 20 minuti a tema pirati su una copia in piccolo dell'*Endeavour* del capitano Cook (imbarco dal Fish Quay, Pier Rd).

Sulla porta c'è un cartello che informa i cercatori di vampiri che Dracula non è sepolto qui. Prima o dopo la vostra gita alla punta del promontorio, assicuratevi di percorre i **199 gradini** per/da Church St – un rito di passaggio per chi visita Whitby.

La gente chiama il promontorio di East Cliff 'la collina dei morti' da molto prima che il romanziere irlandese mettesse piede in città, per lo spettrale carro Barguest – un carro funebre tirato da cavalli senza testa, che visita le tombe dei marinai. La più famosa apparizione di Whitby, assieme a molte altre, può essere esplorata durante gli eccellenti **ghost tour**, uno su ciascun lato della scogliera; ma il tour del Dr Crank delle 19.30 (non è necessario prenotare), che parte dagli archi di ossi di balena su West Cliff, è speciale. E sempre lui gestisce un tour dedicato a *Dracula*; consultate il sito whitbywalks .com per le date di entrambi.

Una delle attrazioni più macabre di Whitby è la **mano della gloria** – una mano mummificata appositamente tagliata dal corpo di un impiccato e usata nel XIX secolo dalle streghe locali. Oggi si trova nel **Whitby Museum**, assieme ad altri cimeli cittadini, compresi alcuni fossili ritrovati in zona.

MIGLIORI ESPERIENZE DI CUCINA DI PESCE

Fisherman's Wife
No prenotazioni; ristorante in attività dagli anni '50, propone pesce locale e belle vedute sul mare, e uno sportello per il takeaway. **££**

Magpie Cafe
Fish and chips takeaway, ed eccellente ristorante di pesce (prenotate o preparatevi a fare la coda). **££**

White Horse & Griffin
I moderni piatti britannici sono il fulcro di questo sottostimato vecchio pub e ristorante su East Cliff. **££**

Sopra il Khyber Pass si trova l'hotel dove Bram Stoker alloggiava durante le sue vacanze a Whitby. Sull'altro lato della strada, cercate la malconcia panchina, la più lontana dagli archi di ossi di balena, oggi nota come il **Bram Stoker Memorial Seat**. Questo è il luogo in cui l'autore sedeva a contemplare le rovine sparse nel porto; la panchina di solito riceve un costante flusso di pellegrini (e omaggi floreali) in prossimità di Halloween. Sotto il Khyber Pass, in Marine Pde, i fan più irriducibili (o chi è alla ricerca del brivido) può partecipare alla **Dracula Experience**, un tour deliberatamente kitsch e teatrale con effetti speciali e attori veri.

Sulle tracce del capitano Cook

L'EREDITÀ MARITTIMA DI WHITBY

Nel XVII e XVIII secolo, il porto di Whitby era affollato di cantieri navali e la cittadina era considerata un importante centro di addestramento per i marinai, grazie alla sua posizione lungo un tratto particolarmente insidioso della costa del Mare del Nord. Nel 1746, questo portò all'arrivo del più famoso abitante di Whitby, James Cook, che fece apprendistato qui per nove anni e successivamente vi fece ritorno per far costruire nei cantieri di Whitby le navi per il suo viaggio nel Pacifico. La casa dove viveva è oggi l'eccellente Captain Cook Memorial Museum, con pezzi forti quali l'attico dove il capitano alloggiava, le sue cartine e lettere, e i suoi schizzi dei viaggi nei mari del Sud.

La nave più famosa del capitano Cook – il veliero *Endeavour*, a bordo della quale completò il suo primo viaggio – è stata ricostruita a grandezza naturale ed è permanentemente ancorata nel porto di Whitby dal 2018. All'interno, l'**Endeavour Experience** è un museo, adatto alle famiglie, sul viaggio del 1768 di Cook, e comprende una buca della sabbia, una sala per la navigazione con le stelle, mostre di arte botanica ed effetti audio con lettura delle lettere e rumore dei cannoni. L'**Orlop Deck** è un ristorante per il pranzo, e il ponte superiore è stato trasformato in una zona bar all'aperto.

L'**arco di ossi di balena** (oggi una copia) sopra il Khyber Pass è un piccolo riconoscimento al passato della città come centro per la caccia alle balene nel XVIII secolo. Il più prolifico baleniere di Whitby fu William Scoresby, che era anche un esploratore artico, ed è ricordato nella storia come l'inventore della coffa delle navi. C'è una targa commemorativa azzurra fuori dalla sua vecchia casa in Bagdale.

POSTI MIGLIORI DOVE BERE

Whitby Brewery
Birrificio artigianale con beer garden nel cortile all'ombra dell'abbazia; musica live in estate.

Green Dragon
Minuscola birreria indipendente collegata a un negozio di alcolici all'interno di un cottage georgiano.

Duke of York
Procuratevi un tavolino con vista sul porto in questo accogliente pub sull'acqua, e rilassatevi con comfort food e pinte.

Rusty Shears
Caffetteria vintage e gin parlour, serve dolci, pranzi e la migliore prima colazione di Whitby.

TRASPORTI LOCALI

Whitby è sufficientemente piccola per essere esplorata a piedi, ma c'è anche un autobus hop-on hop-off (coastalandcountry.co.uk) che viaggia tra East Cliff e West Cliff. Parcheggiare a Whitby è difficile; se arrivate in auto, parcheggiate e poi usate il servizio di autobus locali per esplorare la zona.

Dintorni di Whitby

Fotogenici villaggi costieri si susseguono nei dintorni di Whitby, mentre le North York Moors ospitano tranquilli sentieri e pub di campagna.

Incredibilmente graziosa e popolare, la costa nei dintorni di Whitby è una delle più affascinanti risorse dello Yorkshire. In sequenza, come perle di una collana, lungo il sentiero escursionistico della Cleveland Way, i villaggi di Sandsend, Runswick Bay, Staithes e Robin Hood's Bay, protetti dalla scogliera e cristallizzati nel tempo, sono validi concorrenti di Whitby per bellezza. Anche nel periodo di picco estivo lo spazio non manca per stendersi sulle magnifiche spiagge di sabbia, tra profonde insenature e pozze d'acqua. Nell'entroterra, il North York Moors National Park ha pianure d'alta quota ricoperte di erica e sentieri escursionistici (con galli cedroni) che conducono a pub e minuscole stazioni (una famosa per *Harry Potter*) ancora servite da treni a vapore lungo la North Yorkshire Moors Railway.

IL CONSIGLIO

Per alloggiare in luoghi più tranquilli di Whitby, provate il Raithwaite Sandsend – un hotel sostenibile allestito in una country house e dotato di ristorante, raggiungibile a piedi da Whitby.

Staithes (p466)

North Yorkshire Moors Railway

LUNGO I BINARI

La North Yorkshire Moors Railway (NYMR), lunga 18 miglia (29 km) e gestita da volontari, è uno dei viaggi più spettacolari nello Yorkshire – non ultimo perché prevede l'uso di locomotive a vapore e carrozze vintage restaurate con cura. Sono previsti servizi giornalieri tra la fine di marzo e l'inizio di novembre, ma il biglietto standard consente di viaggiare solo tra Whitby e Pickering, che ha una stazione anni '30 ben conservata. Tra le due località, si trovano le stazioni di Grosmont (dove c'è la rimessa per la locomotiva NYMR), Goathland, Newtondale Halt e Levisham – tutte splendidamente remote e ideali punti di partenza per passeggiate nella brughiera. Chiedete un biglietto valido per i treni hop-on hop-off Moors Explorer. Si può anche prenotare un pernottamento nelle carrozze camping a Levisham e Goathland (v. nymr.co.uk).

Gita in giornata a Goathland

ESCURSIONE ALLA CASCATA CON L'INCENTIVO DEL CIBO

Il fatto che alcuni dei negozi e tearoom di Goathland, 20 minuti in auto a sud-ovest di Whitby, ancora sfruttino la loro notorietà dovuta allo sceneggiato televisivo britannico *Heartbeat* appare un po' strano solo a chi non abbia familiarità con quel programma di successo degli anni '90. Molti turisti vengono qui per vedere Goathland come Aidensfield, ma ci sono altri motivi per cui questo minuscolo villaggio immerso nella brughiera merita il vostro tempo. La **Goathland Station**, una delle fermate sulla North Yorkshire Moors Railway, ha avuto il ruolo di Hogsmeade Station nei primi tre film di *Harry Potter*. E nel 2021 il villaggio ha inaugurato il suo primo ristorante gourmet, l'**Homestead**, che serve piatti creati con prodotti delle North York Moors in una fattoria del XVIII secolo.

Accanto al ristorante, c'è un sentiero segnalato che scende fino a **Mallyan Spout**, una piccola cascata gorgogliante che ha fatto inserire Goathland nelle mappe turistiche del XIX secolo. Il getto di per sé non è particolarmente notevole, ma la **passeggiata circolare di 3 miglia** (4,8 km) che parte da

DOVE MANGIARE E BERE

Cove
Ex cappella a Robin Hood's Bay che ospita questo *cafe* con terrazza vista mare, dove i bambini sono i benvenuti. **£**

Betsy & Bo
Una torta alla frutta con formaggio della Wensleydale e caffè Baytown in questo *deli cafe* vintage di Staithes. **£**

Fish Cottage
Moderni piatti di pesce freschissimo come frittelle di granchio e hamburger di merluzzo, a Sandsend. **££**

qui è piacevole. Dirigendosi a nord lungo il corso del fiume, il sentiero della valle boscosa conduce al bel villaggio di **Beck Hole**. Fermatevi per una pinta al **Birch Hall Inn**, un pub minuscolo e retrò con caminetto aperto e carta da parati anni '70; la birra servita da un passavivande nel muro. Il sentiero prosegue tornando a Goathland attraverso fattorie e frutteti, lungo i binari dell'originale tratto ferroviario Whitby-Pickering. Fate una deviazione lungo il sentiero che sale dal Birch Hall Inn fino alla meno visitata **Thomason Foss** - una cascata molto più imponente con una pozza d'acqua dove si può nuotare. Per arrivare lì e tornare indietro aggiungete circa un chilometro e mezzo.

SCARBOROUGH PER I BAMBINI

Scarborough, 20 miglia (32 km) a sud di Whitby, meta di vacanze sin dall'inizio del XVII secolo, è una delle principali località balneari della Gran Bretagna. Avendo superato da un pezzo il suo periodo migliore, il centro ha un'aria un po' decrepita, ma ci sono ancora due enormi spiagge separate da un promontorio con un castello in rovina e un certo numero di attrazioni per bambini.

Peasholm Park è un parco divertimenti di inizio XX secolo in stile giapponese, con cascate, barche drago, pedalò e una famosa guerra navale ogni estate sul suo lago.

Di fronte c'è la **Scarborough North Bay Railway**, un treno in miniatura che porta al **Sea Life Centre**, dove i bambini esplorano tunnel nell'oceano tropicale, foresta pluviale e isola dei pinguini.

Villaggi di pescatori, baie di contrabbandieri e ricerca di fossili

UN SALTO SULLA COSTA VICINO WHITBY

Per esplorare i villaggi costieri vicino a Whitby potrete percorrere a piedi la **Cleveland Way** oppure prendere uno degli autobus con servizio regolare. Dirigendovi a nord dagli archi di osso di balena di Whitby, la passeggiata sulla cima della scogliera porta direttamente a **Sandsend**, un grazioso villaggio sull'estuario, un'ora a piedi da Whitby, con due *cafe* fronte mare (uno dei quali vende bodyboard e mute), tavole da SUP a noleggio, e spiagge di sabbia. Cinque miglia (8 km) più a nord, **Runswick Bay** è un altro vasto tratto di sabbia con un affollamento di cottage sulla collina un tempo occupati dai pescatori di aringhe. C'è un pub solitario, il **Royal Hotel**, con un piccolo dehors sopraelevato che si affaccia sul mare. Qui dalla primavera all'autunno Hidden Horizons gestisce **tour per la ricerca di fossili** (hiddenhorizons.co.uk).

Tre miglia (4,8 km) a nord di Runswick Bay, **Staithes** è un villaggio molto più grande, e persino più fotogenico, con una ripida discesa che raggiunge la sua storica e ben conservata strada principale. Nel XVIII e XIX secolo, Staithes era un fiorente porto di pescatori. Una manciata di barche vive ancora della pesca locale di granchi, astici, sgombri e merluzzi. Il villaggio è stato sede di una colonia di artisti dall'inizio del XX secolo di cui rimane testimonianza ancora in una manciata di gallerie d'arte e atelier. Staithes si definisce anche il 'villaggio del capitano Cook' ma Cook visse qui nel 1745 solo brevemente, come apprendista in una drogheria. Lo **Staithes Story Heritage Centre** conserva alcuni cimeli del capitano, opere d'arte locali e affascinanti fotografie color seppia. Per scattare le foto migliori del villaggio, superate il ponte sull'estuario alle spalle del Cobbles Cafe e risalite la collina

DOVE PASSEGGIARE

Falling Foss
Delle passerelle si inoltrano nella foresta da questo *cafe* in un ex mulino accanto a una cascata.

Hutton-le-Hole
Il Ryedale Folk Museum ha un opuscolo con passeggiate (£1) sui sentieri attorno a questo villaggio da cartolina.

Hole of Horcum
Spettacolari escursioni a piedi in un anfiteatro naturale profondo 120 m; poi una pinta al Levisham's Horseshoe Inn.

MICHAEL BRIAN SHANNON/SHUTTERSTOCK ©

Robin Hood's Bay

sul bordo settentrionale della scogliera. Superato Staithes, vale la pena percorrere le successive 10 miglia (16 km) fino a **Saltburn-by-the-Sea** per il **molo vittoriano** vecchio stile, i tratti di spiaggia e l'eccellente ristorante di pesce **Seaview**.

La pittoresca **Robin Hood's Bay**, 6 miglia (9,6 km) a sud di Whitby, presenta una ripida discesa simile a quella di Staithes per raggiungere la città vecchia, dove strette stradine acciottolate con buoni pub e *cafe* convergono in una gigantesca e popolare spiaggia tra le rocce. Il nome del villaggio non ha niente a che vedere con l'eroe della Sherwood Forest – l'origine del nome è un mistero, tanto più che la gente del posto la chiama Bay Town. Un tempo era un importante centro di contrabbando, argomento ben esplorato, assieme al resto della storia locale, nel **Bay Museum**, gestito da volontari.

Con la bassa marea, è una facile camminata in direzione sud lungo la spiaggia da Robin Hood's Bay a **Boggle Hole**, una baia appartata in una profonda fenditura della costa. È inaccessibile in auto (si parcheggia in cima alla scogliera e si scende a piedi); al fondo della baia c'è un ostello YHA ospitato in un vecchio opificio, con un *cafe* e un bar.

OCCHI AL CIELO

Nel dicembre del 2020, i parchi nazionali delle Yorkshire Dales e delle North York Moors sono stati classificati insieme **riserve internazionali del cielo scuro**. Le North York Moors hanno una scena astroturistica più sviluppata, ma entrambi i parchi hanno apposite sistemazioni 'dark sky friendly', che forniscono telescopi o cannocchiali, coperte e sedute reclinabili.

Il **Sutton Bank National Park Centre** ha guide per l'osservazione delle stelle e un punto all'aperto con sedili reclinabili per chi vuole fare da sé. Per un'esperienza guidata, **Astro Dog** gestisce tour di osservazione degli astri nella **Dalby Forest** – il punto più buio delle North York Moors. A febbraio e a ottobre ci sono i Dark Skies Festival, con corse notturne organizzate, passeggiate di benessere, laboratori di astrofotografia e altro ancora.

TRASPORTI LOCALI

Regolari, e quasi sempre affidabili, servizi di autobus servono la costa da nord a sud partendo dalla Whitby Bus Station. Prendete il n. X4 in direzione nord per Sandsend, Runswick Bay, Staithes e Saltburn, o il n. X93/X94 in direzione sud per Robin Hood's Bay e Scarborough. Goathland è sulla linea ferroviaria North Yorkshire Moors Railway che va da Whitby a Pickering, ma non è economica; raggiungerlo con l'auto è il modo migliore.

HAWORTH E LA BRONTË COUNTRY

Le vaste brughiere, le valli spazzate dal vento e le ruvide cittadine delle South Pennines sono state una combinazione vincente per le sorelle Brontë – Emily, Anne e Charlotte – che ispirate dalla loro terra natia scrissero alcune fra le più celebri opere della narrativa inglese. Migliaia di visitatori ogni anno rendono omaggio alla bella canonica di Haworth dove le sorelle vivevano e lavoravano, oggi al centro di un villaggio che conserva una forte somiglianza con il pittoresco nucleo rurale che le Brontë trovarono quando si trasferirono qui nel 1820. La ripida e acciottolata Main St – a volte inclusa nel percorso di gara del Tour de France – è punteggiata di negozi, pub e tearoom. Ma a pochi passi dalla strada si è già nella brughiera. E in mezzo a questo paesaggio arranca dolcemente la Keighley & Worth Valley Railway, che attraversa Haworth e i villaggi circostanti, superando opifici abbandonati e sentieri lungo fiumi gorgoglianti.

IL CONSIGLIO

Cercate di far coincidere il vostro viaggio con l'Haworth 1940s Weekend a maggio. Fra i più grandi eventi del paese nel suo genere, prevede danze, costumi d'epoca, decorazioni e rievocazioni storiche militari lungo Main St. In alternativa, il Brontë Parsonage ogni anno a settembre organizza il Brontë Festival of Women's Writing.

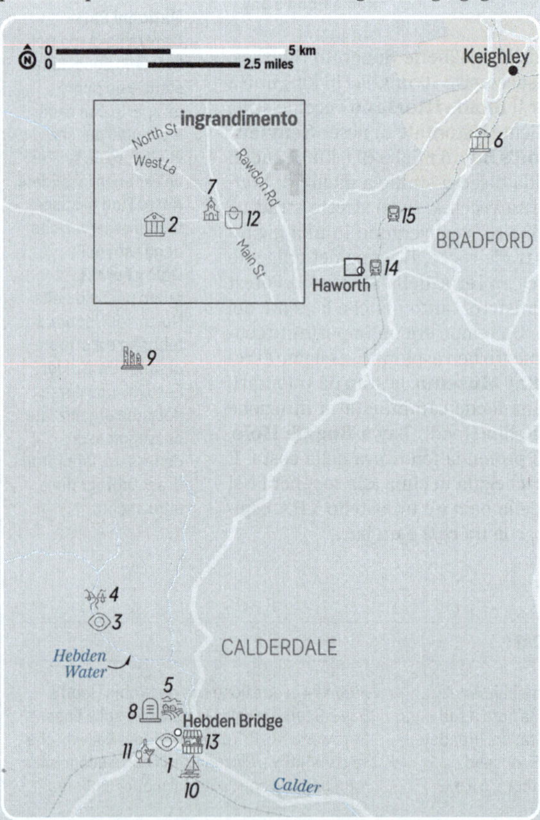

DA VEDERE
1 Bridge Mill
2 Brontë Parsonage Museum
3 Gibson Mill
4 Hardcastle Crags
5 Heptonstall
6 Museum of Rail Travel
7 St Michael & All Angels Church
8 Tomba di Sylvia Plath
9 Top Withens

ATTIVITÀ E TOUR
10 Brontë Boats

LOCALI E VITA NOTTURNA
11 Stubbing Wharf Pub

SHOPPING
12 Cabinet of Curiosities
13 Hebden Bridge Open Market

TRASPORTI
14 Keighley & Worth Valley Railway
15 Oakworth Station

Top Withens

Entrare nel mondo delle Brontë

IN GIRO PER HAWORTH

Nascosto dietro la chiesa all'inizio di Main St, il **Brontë Parsonage Museum** guida i visitatori attraverso le stanze georgiane dove Emily, Anne e Charlotte vivevano e scrivevano, e termina con una mostra che esplora il contesto sociale che spinse le sorelle a pubblicare in origine romanzi come *Wuthering Heights* e *Jane Eyre* con pseudonimi maschili. Il pezzo forte sono i libri in miniatura scritti a mano di Charlotte Brontë. Di fronte alla canonica, entrate nella **St Michael & All Angels' Church** per rendere omaggio alla Brontë Chapel, dove Charlotte, Emily e altri membri della famiglia sono sepolti.

Una passeggiata popolare porta a **Top Withens**, la fattoria (oggi in rovina) che si dice abbia ispirato a Emily Brontë Wuthering Heights, la casa di Catherine Earnshaw e Heathcliff dell'omonimo romanzo. Il tragitto più semplice passa dal cimitero della chiesa e si dirige a sud-ovest superando lotti di terreno e pollai fino ai cartelli del sentiero pubblico (in inglese e giapponese). Il percorso segue quasi completamente la **Pennine Way**, superando la **Brontë Waterfall**.

♀

LA PIONIERA LESBICA DELLO YORKSHIRE

Anne Lister viveva ad appena 10 miglia (16 km) di distanza dalle giovani sorelle Brontë, ma si trovò a interagire in un ambiente molto meno protetto. Dopo aver ereditato la tenuta di **Shibden Hall**, vicino Halifax, nel 1836, la Lister fu economicamente indipendente. E divenne un'importante imprenditrice che ascese la scala sociale vestendo abiti maschili e intrattenendo diverse relazioni lesbiche prima di sposare una donna.

La parte dei suoi diari che racconta in dettaglio le sue storie lesbiche era scritta in codice, ma il contenuto fu rivelato da una storica locale, Helena Whitbread negli anni '80. La vita di Lister è raccontata nella serie TV *Gentleman Jack*, filmata a Shibden Hall. La casa è aperta al pubblico ed è diventata un luogo di pellegrinaggio per turisti LGBTIQ+.

DOVE DORMIRE NEI DINTORNI DI HAWORTH

Weavers Cottage & Loft
Due graziosi piccoli appartamenti in un cottage Heritage Listed (Grade II) vicino alla stazione di Haworth. £

Fleece Inn
Un pizzico di country chic al piano superiore di un pub tradizionale lungo la Main St di Haworth. ££

Hebden Townhouse
Elegante B&B (12 camere) in un bel posto davanti al canale di Hebden Bridge, a 8 miglia (12,8 km) da Haworth. £££

POSTI MIGLIORI PER LO SHOPPING A HAWORTH

Hawksbys
Splendida galleria che vende pezzi di designer britannici, con una vasta scelta di ceramiche d'artista.

Souk
Per chi ama frugare alla ricerca di capi vintage, in particolare vestiti anni '40.

Mrs Beightons Sweet Shop
Assaggiate la liquirizia dello Yorkshire, e i dolci di Pontefract, in questo emporio di dolci rivestito di pannelli di legno in stile vittoriano.

Cabinet of Curiosities
Articoli da toeletta in edizione limitata dal taglio gotico – provate la polvere da bagno alla senape secondo una ricetta tradizionale.

Sonia's Smile
Haworth è una cittadina certificata 'fair trade' e questo negozio è pieno di bontà eque e solidali.

RICHARD COOMBER/SHUTTERSTOCK ©

Mrs Beightons Sweet Shop

Per arrivare lì e tornare a Haworth sono 8 miglia (12,8 km), o 10 miglia (16 km) sola andata se proseguite sul sentiero fino a Hebden Bridge, pittoresca cittadina operaia nella Calderdale Valley.

Ritornati a Haworth, ci sono diversi negozi che vendono copie splendidamente rilegate dei romanzi delle Brontë, tra cui il **Cabinet of Curiosities**, che ha una libreria nascosta sul retro.

A bordo dell''Iron Horse' attraverso la Brontë Country

LA CASA DI *THE RAILWAY CHILDREN*

Il viaggio per e da Haworth a bordo di un treno d'epoca a vapore e diesel è una splendida gita in giornata. Prenotando il biglietto Day Rover sulla **Keighley & Worth Valley Railway** (KWVR) potrete percorrere la linea per tutta la giornata, da Keighley a Oxenhope via Haworth, e visitare gratis i due musei ferroviari. Questa linea di 5 miglia (8 km), costruita tra il 1864 e il 1867, è stata restaurata ad arte da volontari locali. Le sei stazioni sono ricche di elementi originali, dalle sale prenotazioni con caminetti ai capistazione in abbigliamento d'epoca – la ferrovia possiede molte carrozze d'epoca costantemente

DOVE MANGIARE E BERE A HAWORTH

Hunters of Haworth
Minuscolo *cafe* specializzato in *pie* di pasta sfoglia (anche vegane); anche takeaway. £

Pavé
Grazioso bistrò stile francese, serve taglieri di salumi e formaggi dello Yorkshire a vostra scelta. £

Haworth Steam Brewery
Brewpub con tema anni '40 e in stile steampunk, serve cibo da pub e gin e ale prodotti a Haworth. ££

usate in serie TV e film in costume. Nel caso del famoso *The Railway Children* (*Quella fantastica pazza ferrovia*), adattamento cinematografico del 1970 con Jenny Agutter, e più recentemente per *The Railway Children Return* (2022), la **Oakworth Station** è stata usata come base per le riprese.

La Ingrow West Station ospita il meritevole **Museum of Rail Travel**, dove potrete salire a bordo di carrozze d'epoca per scattare foto, e il **Carriage Works and Engine Shed**, che racconta in dettaglio la storia della ferrovia nello Yorkshire e consente ai visitatori di vedere all'opera gli ingegneri che restaurano. La **Oxenhope Station** ha un binario con carrozza buffet con sandwich al bacon e bevande calde, mentre i treni a vapore hanno a bordo il Jubilee Bar per una pinta in viaggio. Le stazioni più piccole sono tutte dei buoni punti di partenza per passeggiate nella brughiera della Brontë Country.

L'alternativa Hebden Bridge tra vecchi mulini e arte

LA CAPITALE LESBICA DEL REGNO UNITO

La cittadina di Hebden Bridge sorge accanto al canale e ospita la più grande comunità LGBTIQ+ dello Yorkshire, vantando un'atmosfera davvero alternativa. Posizionata in una valle boscosa in mezzo a sentieri escursionistici nella brughiera, è una delle più interessanti e pittoresche località del West Yorkshire. **Brontë Boats** offre noleggi giornalieri lungo il Rochdale Canal per i visitatori che vogliono esplorare la valle sull'acqua. A 15 minuti a piedi dal centro, in direzione sud, lo **Stubbing Wharf Pub** – protagonista di una famosa poesia di Ted Hughes – ha posti a sedere lungo l'alzaia ed è il punto di partenza di crociere lungo il canale; chi ha il biglietto può salire a bordo con la pinta in mano direttamente dal pub.

Lo shopping ha il suo fulcro in Market St e nei dintorni di St George's Sq, dove l'**Hebden Bridge Open Market** (da giovedì a sabato) vende cibo, merce al dettaglio e artigianato. La ruota del **Bridge Mill**, un mulino tessile riconvertito, sulla piazza, produce elettricità per il *cafe* e i negozi al suo interno.

Sopra la città, **Hardcastle Crags** ha 15 miglia (24 km) di sentieri che si snodano in una ripida valle boscosa e che conducono a **Gibson Mill**, un cotonificio del 1800 circa sul fiume con tavoli per picnic; all'interno, una piccola mostra sulla storia del mulino, un *cafe* e una libreria di seconda mano. Una ripida scarpinata di 30 minuti vi porterà dal centro di Hebden Bridge al parcheggio di Hardcastle Crags. Più in alto, nel cimitero di **Heptonstall** c'è la **tomba di Sylvia Plath**.

MIGLIORI DIVERTIMENTI A HEBDEN BRIDGE

Trades Club
Uno dei locali più trendy per la musica live di tutto il Regno Unito, ancora gestito dai soci di una cooperativa socialista.

Nelsons Wine Bar
Vini vegani e cibo vegetale, con DJ che propone regolarmente musica con i vinili – uno dei ritrovi della comunità LGBTIQ+ di Hebden.

Hebden Bridge Picture House
Splendido cinema storico indipendente con bar annesso, il Nightjar.

Vocation Brewery
Il birrificio artigianale di Hebden Bridge, che ha avuto un successo incredibile, gestisce questa taphouse vicino al fiume.

TRASPORTI LOCALI

Haworth è piccola e facilmente percorribile a piedi, anche se dalla stazione ferroviaria all'inizio di Main St la strada è tutta in salita. La Keighley & Worth Valley Railway rende disponibile la circostante zona rurale a chi non dispone di auto. Se non volete pagare il biglietto ferroviario, un'alternativa è costituita dal Brontëbus, che con regolari servizi giornalieri collega Keighley, Haworth, Hebden Bridge, Oakworth e Oxenhope.

Dintorni di Haworth e della Brontë Country

I centri urbani di Bradford, Leeds e Sheffield sono pieni di reperti industriali riqualificati e sedi di grande creatività.

Ci sono decine di musei e attrazioni interessanti nel West e nel South Yorkshire, molti dei quali direttamente collegati al passato industriale della zona. Dal XVIII secolo in poi, a Leeds e Bradford sotto l'impulso della manifattura tessile si costruirono fabbriche e opifici e arrivarono flussi di immigrati dall'Asia meridionale, la cui presenza ancora oggi forma uno dei nuclei dell'identità regionale. Sheffield era il fulcro delle industrie siderurgiche britanniche e sia il West sia il South Yorkshire erano sinonimo di produzione di carbone. Oggi queste città sono tenute a galla dagli studenti, e fabbriche e magazzini riqualificati sono diventati bar, ristoranti e centri commerciali. Nel 2025, Bradford sarà Città della Cultura britannica.

IL CONSIGLIO

Se all'aria di campagna preferite la vita notturna e il cibo di qualità, Leeds è la base più logica rispetto a Haworth.

Winter Garden, Sheffield (p475)

JEANETTE TEARE/SHUTTERSTOCK ©, ARCHITECTS: PRS ARCHITECTS

Kirkgate Market, Leeds

Analisi dell'eredità cinematografica di Leeds e Bradford

LA CASA DELLE IMMAGINI IN MOVIMENTO

L'inventore francese Louis Le Prince (1841-90) fece la storia a Leeds, 50 minuti in auto a est di Haworth, diventando la prima persona a catturare l'immagine in movimento nel 1888. Due anni dopo scomparve misteriosamente, e non fu mai più rivisto, ma oggi è ampiamente riconosciuto come il padre della cinematografia. E l'invenzione di Le Prince lasciò un'eredità – nel XX secolo Bradford divenne un importante centro per la cinematografia, e nel 2009 fu nominata dall'UNESCO prima Città del Cinema al mondo. La città ospita il **National Science and Media Museum**, dove i visitatori possono imparare qualcosa sulla nascita della fotografia, del cinema e della TV, guardare l'originale film di Leeds a opera di Le Prince e vedere la sua cinepresa monolente in mostra. Ci sono anche un 'Bradford movie trail' e una 'film heritage app', che possono essere scaricati dal sito bradford-city-of-film.com.

Il **Leeds International Film Festival**, che si svolge ogni anno a febbraio, è il più grande festival cinematografico d'In-

MIGLIORI BAR DI LEEDS

Whitelock's Ale House & Turk's Head
Il pub più antico di Leeds (1715) e il suo alter ego moderno occupano un vicolo nascosto carico d'atmosfera poco distante da Briggate.

Belgrave Music Hall & Canteen
Miglior ritrovo per la musica live in città, con birre locali e bella terrazza sul tetto.

Assembly
La Vocation Brewery di Hebden Bridge gestisce questa beer hall sotterranea, con gustoso street food.

Northern Monk
All'interno di un opificio storico, il più famoso birrificio artigianale di Leeds gestisce visite guidate e spilla birre creative.

Viaduct Showbar
Accogliente, e con rumorosi spettacoli drag nella zona LGBTIQ+ di Leeds.

DOVE MANGIARE A LEEDS

Kirkgate Market
C'è un'enorme street food hall alle spalle di questo grazioso mercato vittoriano. **£**

Reliance
Incantevole gastropub con pavimento di assi di legno e vini naturali, vassoi di salumi e un eccellente *Sunday roast*. **££**

Ox Club
Inventiva e moderna cucina britannica con particolare attenzione per i prodotti locali e le tecniche per il grill. **£££**

ghilterra fuori da Londra. I cinefili possono anche visitare la **Hyde Park Picture House** – un cinema in un edificio Heritage Listed (Grade II), illuminato a gas, che promuove film-maker locali, e proietta film indipendenti da tutto il mondo. C'è un altro cinema storico degli anni '20 al **Leeds Industrial Museum**, ospitato all'interno dell'Armley Mills, edificio Heritage Listed (Grade II). Il museo racconta la storia della vita di Louis Le Prince e della sua opera a Leeds, ma ospita anche mostre sul passato manifatturiero della città. Completate il vostro tour cercando la targa azzurra di Le Prince sul **Leeds Bridge**, dove filmò il suo film nel 1888 nel centro cittadino.

UN CURRY A BRADFORD

Fatima Patel è nata e cresciuta a Bradford, ed è la fondatrice dell'annuale Bradford Curry Awards and Mela. *@BfdCurryAwards*

Café Regal
Provate un'autentica prima colazione del Kashmir, compresi i tradizionali *channa puri* (curry di ceci con pane azzimo fritto), *paya* (zampette) e *haleem* (sfilacci di pollo e lenticchie miste). Nei weekend c'è il buffet.

MyLahore
Chiamato da tutti 'British Asian Kitchen', ha un colorato menu con invitanti sapori dell'Asia meridionale, dai curry ai piatti indocinesi fusion. Buona scelta di opzioni vegetariane e vegane.

International Restaurant
Per cena vestitevi eleganti. Serve originali sapori dell'Asia meridionale agli abitanti di Bradford fin dal 1976. Il mio preferito è il Garlic Chilli Chicken Karahi – slurp!

Nei dintorni dello Yorkshire Sculpture Triangle

CENTRO ARTISTICO DEL NORD

Lo Yorkshire Sculpture Triangle è una collaborazione tra quattro importanti spazi per l'arte dello Yorkshire che riconosce il rilevante contributo della regione alla scultura britannica. Barbara Hepworth e Henry Moore sono nati qui, mentre Damien Hirst è cresciuto qui, e le loro opere costituiscono una parte integrante di queste collezioni di rilievo internazionale.

Di tutti gli spazi per l'arte, lo **Yorkshire Sculpture Park**, un'ora di auto a sud-est di Haworth, è il più grande e il più rimarchevole. Qui, opere di artisti come Ai Weiwei, Andy Goldsworthy, Damien Hirst e Henry Moore sono sparse su 202 ettari di un parco paesaggistico del XVIII secolo. Combinate una passeggiata attraverso i campi con un pranzo al **Weston**, il più recente spazio espositivo dello Yorkshire Sculpture Park.

Ospitato in un soprendente edificio di cemento, l'**Hepworth Wakefield** è più piccolo ma ospita un numero significativo di disegni, gessi e foto di studio di Hepworth.

La **Leeds Art Gallery** è un piccolo magazzino di pezzi forti dell'arte britannica del XIX e XX secolo, ma ospita anche il tranquillo e al contempo spettacolare **Tiled Hall Cafe**. A dispetto del nome, l'**Henry Moore Institute**, lì accanto, non ospita le opere di Moore, ma è una biblioteca di ricerca sulla scultura, con piccoli spazi per mostre temporanee di scultura.

Un altro importante artista dello Yorkshire, David Hockney, è in mostra permanente al **Salts Mill**, un tempo la più grande industria del mondo, e fulcro di **Saltaire** – un villaggio industriale, 20 minuti a est di Haworth in auto, costruito appositamente nel 1851 dal filantropo magnate della lana Titus Salt, e oggi sito Patrimonio dell'Umanità UNESCO.

DOVE FARE SHOPPING A LEEDS

Corn Exchange
La cupola di questo centro commerciale del 1863 è un punto di riferimento; ospita negozi indipendenti e *cafe*.

Victoria Quarter
Negozi di designer occupano gli spazi del più bel centro commerciale vittoriano di Leeds.

Thornton's Arcade
Una tranquilla galleria storica, famosa per il suo grande orologio con gli automi, ospita piccoli negozi indipendenti.

Un tour dell'eredità industriale del South Yorkshire

L'EREDITÀ DI CARBONE E ACCIAIO

Nel centro di Sheffield, un'ora e mezza a sud di Haworth in auto, il posto d'onore è occupato dal **Winter Garden**, uno splendido e ambizioso spazio pubblico con un alto tetto di vetro. La **Millennium Gallery** ospita la Metalwork Collection, che traccia la trasformazione dell'industria siderurgica di Sheffield in artigianato e design, vale a dire attraverso la produzione di 'Sheffield plate' (combinazione di argento e rame a strati). Il **Kelham Island Museum** sorge nel più antico distretto industriale cittadino, ora in fase di riqualificazione, ed è un eccellente museo dedicato all'eredità industriale di Sheffield.

Ci sono anche diversi musei affascinanti fuori dal centro cittadino. Circa 4 miglia (6,4 km) a sud-ovest, si trova l'**Abbeydale Industrial Hamlet**, che esplora l'epoca dell'attività artigianale precedente alla Rivoluzione industriale. Al suo interno troverete fucine settecentesche, laboratori e macchinari come l'originale, e ancora funzionante, ruota idraulica che forniva energia per la lavorazione dei metalli nel villaggio prima dell'avvento di mulini e industrie. Circa 4 miglia (6,4 km) a nord-ovest di Sheffield si trova **Magna** – una sfacciata celebrazione dell'industria pesante ospitata presso le acciaierie di Templeborough, che all'apice del loro splendore erano la fonderia più produttiva al mondo.

Ma l'attrazione principe di questa regione è il **National Coal Mining Museum**, a circa metà strada tra Sheffield e Leeds. Con sede presso l'ex Caphouse Colliery, una miniera di carbone, propone un tour sotterraneo (con partenza ogni 10-15 minuti) guidato da ex minatori che forniscono un resoconto genuino e affascinante su cosa voleva dire lavorare lì. La visita implica una discesa di 140 m in una gabbia per esplorare i passaggi sotterranei della miniera nello strato carbonifero con elmetto e torcia frontale.

Victoria Quarter, Leeds

IL PRIMO ART HOSTEL DEL REGNO UNITO

Nel 2022, l'unico ostello di Leeds ha inaugurato una base permanente ai margini del centro cittadino – ma non si tratta di un ostello ordinario. Cavalcando l'onda di un autoproclamato '2023 Anno della Cultura di Leeds', l'Art Hostel è un progetto di impresa sociale pensato per dare una vetrina ai lavori di talenti creativi emergenti del Regno Unito e non solo.

Agli artisti è stata data carta bianca per trasformare le camere in opere d'arte, prendendo ispirazione dalla storia e cultura locali, dalla politica e dall'ambiente, utilizzando materiali riciclati. C'è un mix di camere private e camerate, e dormire qui è un po' come andare a spasso nell'immaginazione.

TRASPORTI LOCALI

Leeds è il più grande nodo ferroviario della zona, a un'ora di treno da Sheffield, con partenze frequenti. Per spostarsi tra Bradford e Sheffield, si cambia a Leeds. Leeds e Bradford sono entrambe collegate a Hebden Bridge sulla linea ferroviaria Caldervale. È difficile, ma non impossibile raggiungere in autobus (non ci sono treni locali) lo Yorkshire Sculpture Park e il National Coal Mining Museum for England; l'auto è più agevole per arrivare a questi e altri siti fuori mano. Con meno di 20 minuti si arriva a Wakefield Kirkgate, la stazione più vicina a Hepworth Wakefield, dalla Leeds Train Station.

EAST RIDING

La storica città marittima di Hull e le piatte Yorkshire Wolds, a sud di Scarborough e a est di York, vengono spesso e a torto tenute in poca considerazione per la loro posizione fuori mano. L'entroterra di questa tranquilla contea di ondulate colture è monopolizzato dall'agricoltura da centinaia di anni. Hull si è arricchita con la pesca delle balene nel XVIII e XIX secolo, e rimane un importante porto marittimo. Ma il suo anno come Città della Cultura del Regno Unito nel 2017 le ha dato un rinnovato entusiasmo. Eccellenti pub, buoni musei e un bellissimo acquario la rendono degna di una visita. Nelle vicinanze c'è Beverley, una sonnolenta cittadina georgiana sede di mercato con una delle più belle chiese inglesi. Forse l'attrazione principale della regione è la sua costa, dove convergono i pulcinella di mare e gli amanti del birdwatching. Alla punta più meridionale, Spurn Point è meta di una delle più affascinanti e sottostimate escursioni in giornata nello Yorkshire.

IL CONSIGLIO

La stagione dei pulcinella a Bempton Cliffs va da aprile a luglio e i mesi migliori per vederli sono maggio e giugno. Durante l'estate, la *Yorkshire Belle* offre escursioni in barca da Bridlington per avvistarli, con guide della Royal Society for the Protection of Birds (RSPB).

Hull Maritime Museum (p478)

DA NON PERDERE
1 Deep
2 Hull Old Town

DA VEDERE
3 Hull & East Riding Museum
4 Humber St
5 Humber St Gallery
6 Kilnsea Wetlands
7 Maritime Museum
8 North End Shipyard/Arctic Corsair
9 Spurn Lighthouse
10 Spurn Lightship
11 Spurn Point
12 Streetlife Museum

LOCALI E VITA NOTTURNA
13 Ye Olde Black Boy

SHOPPING
14 Fruit Market

Spurn Lighthouse (p480)

CHEDKO/SHUTTERSTOCK ©

RSPB Bempton Cliffs

WILBERFORCE E L'ABOLIZIONE DELLA SCHIAVITÙ

Il cittadino più importante di Hull è stato William Wilberforce, un politico, filantropo e figura leader nella battaglia per abolire il commercio degli schiavi oltreoceano. Nato a Hull nel 1759, iniziò a fare campagna contro la schiavitù in parlamento nel 1789.

Fu soprattutto grazie alla sua ostinazione che la legge per l'abolizione fu finalmente approvata nel 1807, rendendo illegale per i britannici commerciare schiavi.

A causa della sua salute cagionevole, Wilberforce ebbe un ruolo meno rilevante per l'abolizione della schiavitù in tutto l'impero britannico, che si raggiunse solo nel 1833 - l'anno in cui Wilberforce morì. Oggi, il **Wilberforce House Museum** (nella casa dove Wilberforce nacque e visse), illustra il percorso del commercio degli schiavi oltreoceano dall'inizio fino alla sua abolizione.

Storia marittima e riqualificazione a Hull

IL PORTO PIÙ IMPORTANTE DELLO YORKSHIRE

La tradizione marinara di Hull risale a 800 anni fa e nel 2019 alla città sono stati assegnati 14 milioni di sterline dal National Lottery Heritage Fund per aiutarla a ripulire e preservare tre siti marittimi e due navi, e creare uno dei più importanti centri marittimi storici. Il primo sito a essere inaugurato sarà la **Spurn Lightship**, un'imbarcazione un tempo usata come faro per guidare le navi attraverso le insidiose acque dell'Humber. Si prevede che il **North End Shipyard** e il peschereccio **Arctic Corsair**, che sarà permanentemente attraccato in secca lì, aprano come siti di mostre nel 2024, mentre il **Maritime Museum**, un edificio Heritage Listed (Grade II), riaprirà nel 2025 con allestimenti aggiornati e spazio extra.

La zona del porto turistico ospita anche **the Deep**, un meraviglioso acquario e centro di educazione marina impegnato in programmi di tutela dell'ambiente marino e di riprodu-

DOVE MANGIARE A HULL

Trinity Market
Mercato coperto con chioschi di street food, compreso quello del cibo indiano del ristorante Tapasya di Hull. £

Thieving Harry's
Cafe popolare e senza pretese, offre del buon caffè e belle vedute del porticciolo turistico dal suo rilassato mezzanino. £

Butler Whites
Ex magazzino riconvertito in stile patinato con alti soffitti, candelabri e menu di ispirazione globale. £££

ITINERARIO IN AUTO: DALLA COSTA ALLE WOLDS

A sud di Scarborough o di Filey, seguite la A165 fino all'uscita per la riserva naturale **1 RSPB Bempton Cliffs**. Dopo il villaggio di Bempton, si apre subito il vasto promontorio e il parcheggio dell'RSPB, da dove partono i sentieri per il bordo della scogliera. Marangoni dal ciuffo, urie, sule, gabbiani tridattili, albatros e gazze marine sono tra gli uccelli che avvisterete lungo questa costa bianca. I pulcinella di mare sono l'attrazione principale da aprile a luglio.

Da qui, in 15 minuti di auto si arriva a **2 North Landing** presso la Flamborough Head– una bella e profonda insenatura. Nella ex stazione di salvataggio si servono hamburger e Yorkshire Tea, e le barche arenate sulla ripida riva sono le 'Yorkshire cobles', tuttora usate per la pesca di granchi e astici. Con un po' di fortuna qui si possono avvistare foche grigie e comuni. Tornate sulla A165 e guidate verso sud fino a Beverley, una graziosa cittadina sede di mercato con elementi medievali, come la **3 Beverley Minster**, con fondamenta del 1220 (ma ci vollero 200 anni per completarlo). Circa 10 miglia (16 km) a sud di Beverley, lungo la A164, da lontano, attraverso le piatte Wolds, si scorge (grazie ai suoi 23 m) **4 Skidby Mill**, mulino a vento del 1821 sede del Museum of Rural Life di East Riding.

Salendo all'interno vedrete le enormi macine; poi ristoratevi al Sails Cafe. Proseguite sulla A164 fino all'**5 Humber Bridge Country Park**, una riserva naturale locale di 19 ettari con al centro una vecchia cava di gesso rinaturalizzata. Seguite la Chalk Walk nel bosco, leggendo la storia della cava sui pannelli, fino all'**6 Humber Bridge** sull'estuario. Meraviglia d'ingegneria, quando fu inaugurato, nel 1981, era il più lungo ponte sospeso a campata unica del mondo.

POSTI MIGLIORI DOVE DORMIRE A EAST RIDING

Hull Trinity Backpackers
Camerate, camere private e una caffetteria sono ospitate all'interno di questa casa georgiana nella Old Town di Hull. £

Kingfisher Lakes Glamping
Tende stile safari e bungalow di legno (alcuni con hot tub; minimo due notti) attorno a due laghi, con kayak e un'accoglienza calorosa. ££

Hideout
Questo aparthotel nella Old Town di Hull ha camere immacolate e semplici in stile nordico e una splendida posizione di fronte all'Hull Minster. ££

Pipe & Glass
Inn quattrocentesco con stella Michelin e ristorante nel villaggio di Dalton. £££

zione a livello mondiale. A cinque minuti a piedi dal Deep ci sono i riqualificati **Fruit Market** e **Humber St** – fulcro di tutto ciò che fa tendenza a Hull, con tanti ristoranti allestiti in ex magazzini, e poi bar, gallerie e negozi indipendenti. **Humber St Gallery** è il fulcro della socialità, con mostre a rotazione, un *cafe* al piano terra e un bar con terrazza estiva.

Andando a nord oltre l'**Hull Minster** e inoltrandosi nel centro della città, i bambini adoreranno il **Museum Quarter**, con lo **Streetlife Museum** e l'**Hull & East Riding Museum**, che include le 'Ferriby boats' – imbarcazioni dell'Età del Bronzo scoperte sulla battigia dell'Humber. Ritornando indietro al Museum Quarter troverete la graziosa **Old Town georgiana** di Hull. Questo tratto di High St ha alcuni meravigliosi vecchi pub, compreso il **Fretwells**, il **Lion & Key**, e l'**Ye Olde Black Boy** (prediletto dal poeta ed ex residente Philip Larkin).

Safari a Spurn Point

FAUNA SELVATICA E SECONDA GUERRA MONDIALE

La selvaggia, erosa e bella nella sua desolazione, **Spurn Point Nature Reserve** è una delle aree protette meno apprezzate dello Yorkshire. La passeggiata di andata e ritorno dalla spiaggia all'estremità della punta è di circa 7 miglia (11 km), ma lo Yorkshire Wildlife Trust organizza anche uno **Spurn Safari** della durata di tre ore quasi tutti i weekend. Le guide indicano la fauna selvatica locale, inclusi caprioli, gufi e trampolieri come per esempio pettegole, chiurli e beccacce di mare. La riserva ha importanza di livello internazionale per gli uccelli migratori, tra cui le oche colombaccio, che a migliaia arrivano in volo qui dalla lontana Scandinavia per il clima più temperato e per l'habitat della zostera.

A metà strada verso la striscia di terra, l'ottocentesco **Spurn Lighthouse** ospita un'affascinante mostra su più piani sulle genti che hanno vissuto in questo luogo selvaggio e implacabile. Gli equipaggi delle barche di salvataggio hanno ormeggiato a Spurn Point sin dagli anni '20 del XIX secolo, ma fino alla metà del XX secolo qui c'era una comunità molto più numerosa. Durante la seconda guerra mondiale, la popolazione aumentò a dismisura quando più di 1000 soldati furono assegnati qui per proteggere le coste britanniche dall'invasione tedesca.

Meno di 3 km a nord del Discovery Centre, gli appassionati di birdwatching dovrebbero anche visitare **Kilnsea Wetlands**, un altro importante habitat per gli uccelli, soprattutto quelli che migrano in inverno.

TRASPORTI LOCALI

Hull e Beverley sono collegate da un treno diretto (15 minuti), ma molti altri siti in questa regione sono difficili da raggiungere senza l'auto.

MARK CAUNT/SHUTTERSTOCK ©

Pulcinella di mare

MANCHESTER, LIVERPOOL E INGHILTERRA NORD-OCCIDENTALE

RIVOLUZIONE, SCIENZA E MUSICA

Città industriose, località costiere, paesaggi ondulati, e un'isola ricca di natura vi accolgono nel nord-ovest dell'Inghilterra.

Costruite sulla spina dorsale della Rivoluzione industriale, delle campagne sociali e della comunità, le strade del nord-ovest sono una linea del tempo che si inoltra nel passato ma è al contempo anche una visione del futuro. La regione ha prodotto una musica fra le più durature e ha attuato alcuni dei più importanti cambiamenti sociali del mondo moderno, dal voto alle donne alla retribuzione equa fino alla protezione degli uccelli. Ha anche dato inizio alla football league come la conosciamo oggi. Il cuore della regione è la possente Manchester, una città che trasuda creatività, innovazione e crescita. Spostandoci verso l'acqua, troviamo la sua perenne rivale, Liverpool, orgogliosa della propria capacità di reggere il confronto quando si tratta di football, musica e cibo. Annidata tra le due c'è Chester, una città sul River Dee, in stile Tudor e racchiusa dalla più completa cinta muraria romana di tutta Europa. A compensare grattacieli e strade urbane, ci sono il rigoglioso Lancashire, a nord, e il Cheshire, a sud, con un paesaggio rurale ondulato e una storia sorprendente alle spalle. Al largo sorge l'Isle of Man, designata riserva della biosfera UNESCO per la sua bellezza naturale che ospita anche veloci gare di motociclette.

AREE PRINCIPALI

MANCHESTER
Creatività, scienza e storia. p488

CHESTER
Case a graticcio e mura romane. p499

LIVERPOOL E IL WIRRAL
Città musicale con alter ego sulla costa. p504

ISLE OF MAN
Linea costiera frastagliata, ricca di natura. p512

TRABANTOS/SHUTTERSTOCK ©, SCULPTOR: ANDY EDWARDS

In alto: Statua dei Beatles, Liverpool (p509); a sinistra: Eastgate Clock, Chester (p499)

Per orientarsi

Le città, percorribili a piedi, sono ben collegate da treni e autobus, e questo significa che potrete lasciare l'auto a casa. Salite a bordo di un traghetto per attraversare il Mersey o sullo Steam Packet per raggiungere l'Isle of Man.

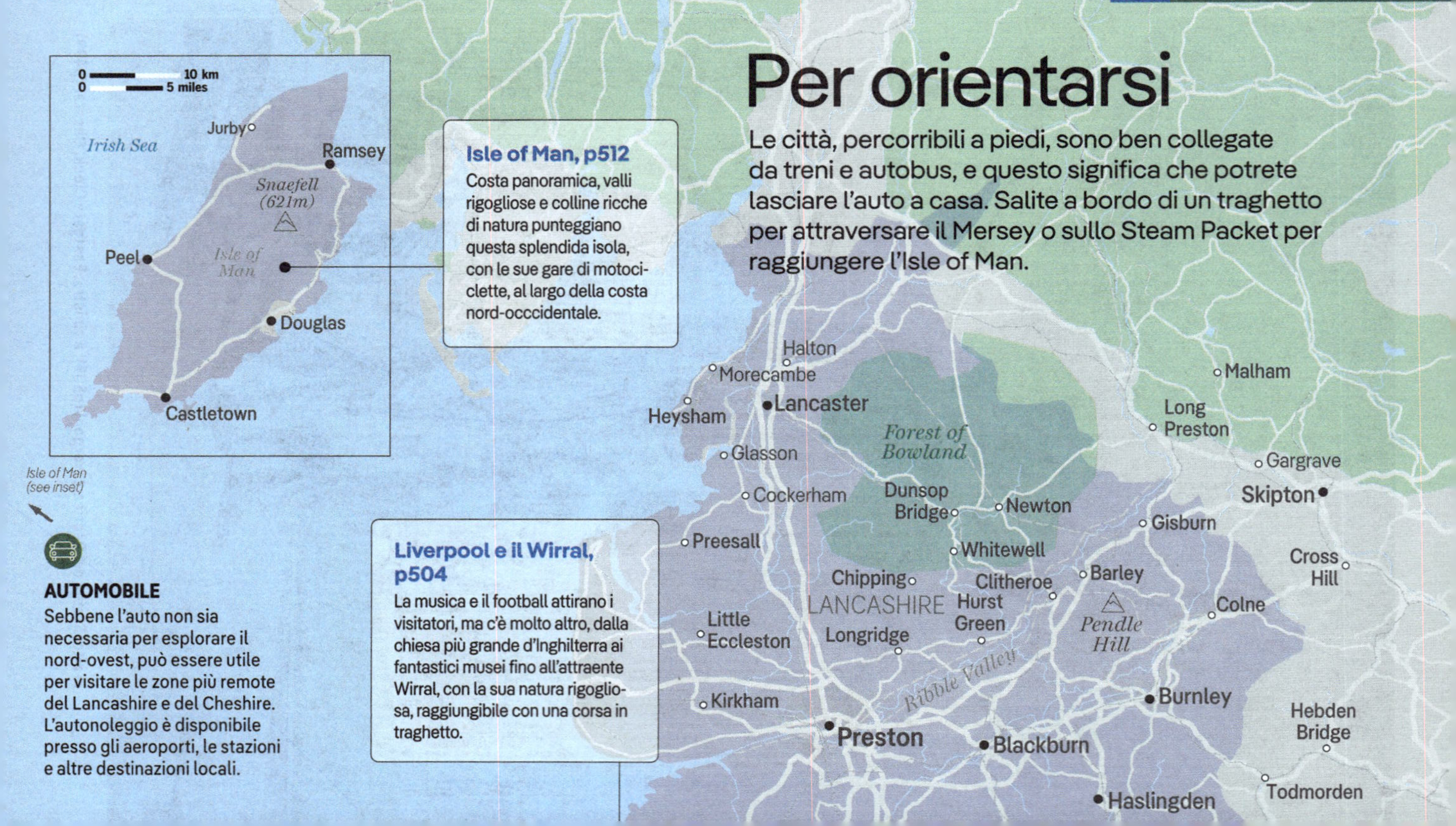

Isle of Man, p512

Costa panoramica, valli rigogliose e colline ricche di natura punteggiano questa splendida isola, con le sue gare di motociclette, al largo della costa nord-occcidentale.

Liverpool e il Wirral, p504

La musica e il football attirano i visitatori, ma c'è molto altro, dalla chiesa più grande d'Inghilterra ai fantastici musei fino all'attraente Wirral, con la sua natura rigogliosa, raggiungibile con una corsa in traghetto.

AUTOMOBILE

Sebbene l'auto non sia necessaria per esplorare il nord-ovest, può essere utile per visitare le zone più remote del Lancashire e del Cheshire. L'autonoleggio è disponibile presso gli aeroporti, le stazioni e altre destinazioni locali.

AUTOBUS

Viaggiare in autobus è l'ideale per gli spostamenti locali all'interno delle città e nei dintorni. Verificate la presenza di un servizio di autobus hop-on hop-off per avere accesso ad alcune delle attrazioni più popolari. Ogni zona dispone di una pianificazione di viaggio che vi aiuterà a spostarvi rapidamente da A a B.

TRENO

Utilizzate il sito trainline.com per pianificare i vostri viaggi e acquistare i biglietti. Molte stazioni usano gli e-ticket, che semplificano il modo di viaggiare. Merseyrail copre il Merseyside e vi trasporterà dal Wirral fino a Southport.

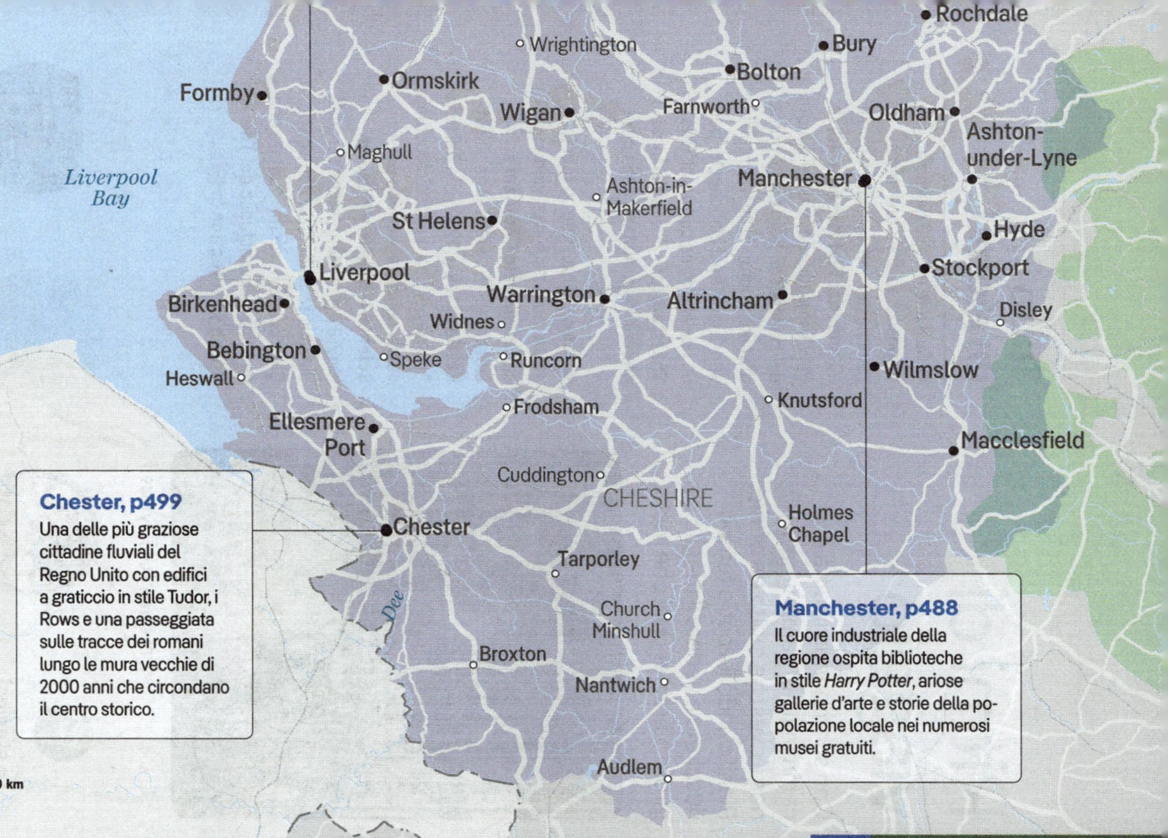

Chester, p499

Una delle più graziose cittadine fluviali del Regno Unito con edifici a graticcio in stile Tudor, i Rows e una passeggiata sulle tracce dei romani lungo le mura vecchie di 2000 anni che circondano il centro storico.

Manchester, p488

Il cuore industriale della regione ospita biblioteche in stile *Harry Potter*, ariose gallerie d'arte e storie della popolazione locale nei numerosi musei gratuiti.

Ritmi di viaggio

Con scorribande in città e camminate in campagna, il nord-ovest ha molto da offrire. Pianificando il vostro tempo riuscirete a vedere il meglio e a gironzolare per quel che resta.

Chetham's Library (p491)

Tutto in un giorno

- Se avete un solo giorno a disposizione, trascorretelo a Manchester. Iniziate con una visita all'**Imperial War Museum North** (p494) includendo i siti nei dintorni del Manchester Ship Canal prima di salire a bordo di un tram che vi riporti indietro a Manchester per un *rice and three curries* al **This & That Cafe** (p492), uno dei locali preferiti dagli abitanti della città.

- Dopo pranzo, fate un tour (che avrete prenotato in precedenza) alla **medievale Chetham's Library** (p491). Fate tappa al **Pot Kettle Black** (p493) nella Barton Arcade per una gustosa cioccolata calda, quindi proseguite per il **Science & Industry Museum** (p490) per immergervi nell'eredità dinamica e scientifica della città. Concludete la vostra giornata con un drink vicino al fuoco del **The Briton's Protection** (p491).

Le stagioni

In autunno e inverno con la pioggia apprezzerete calde ciotole di stufato, i caminetti dei pub e gli accoglienti musei. Primavera ed estate sono ideali per qualche giorno in spiaggia ed escursioni in mezzo alla natura.

GENNAIO

I mesi più freddi richiedono confortevoli ciotole di sostanzioso **scouse stew**, uno stufato tipico del nord, e birre vicino al fuoco.

MARZO

Gli uccelli iniziano a fare ritorno dai luoghi di migrazione e a costruire il nido a **Parkgate** e sulle **Formby Dunes**.

APRILE

Con l'arrivo della primavera, la comunità nautica si riunisce per l'**Easter Boat Gathering** al **National Waterways Museum** nell'Ellesmere Port.

Con tre giorni a disposizione

- Dopo una giornata a Manchester, raggiungete Liverpool. Iniziate con il **Liver Building** (p506) per vedute panoramiche della città. Gustatevi una ciotola di *scouseat* (stufato) al **Welsford Bistro** (p507) prima di visitare l'**Anglican Cathedral** (p506). Fatevi strada fino alla **Walker Art Gallery** (p507) e poi trascorrete la ser ata fuori in un **bar a tema Beatles** (p508).

- Divertitevi a curiosare nei negozi dei **Rows** (p500) e a camminare lungo le **mura romane** (p500). Concludete con una passeggiata nei boschi della **Delamere Forest** (p502).

Se avete più tempo

- Per un soggiorno più lungo, guidate fino a Blackpool per un'esperienza sulla **Blackpool Tower** (p497), quindi allacciate gli scarponi per un'escursione a piedi nella **Forest of Bowland** (p498).

- Dopo quel pieno d'aria fresca, gustatevi un pranzo a **Lancaster** (p497) prima di mettervi alla ricerca di punti di riferimento moderni come il **Panopticon** (p498).

- Quindi ritornate a Liverpool per salire a bordo dello Steam Packet Ferry che vi traghetterà sull'Isle of Man. Una volta sull'isola, apprezzate il ricco patrimonio culturale lungo il tragitto del **treno a vapore** (p515), che vi porterà fino all'imponente **Laxey Wheel** (p514) e alle pittoresche vedute dalla **vetta dello Snaefell** (p515).

LUGLIO

Celebrate tutto ciò che Manchester rappresenta con gli spettacolari costumi per la **Manchester Day Parade** in centro città.

AGOSTO

Raggiungete l'Isle of Man per le velocissime gare motociclistiche dell'**Isle of Man TT**.

SETTEMBRE

Si festeggia l'autunno con specialità culinarie all'**Isle of Man** e al **Manchester Food and Drink Festival**, e ammirando le foglie color ambra nei parchi.

DICEMBRE

Fate baldoria durante le festività mentre gli abitanti del nord-ovest accolgono l'arrivo dei **mercatini di Natale** e dei festosi concerti.

MANCHESTER

Manchester è stata la prima città industriale al mondo, con un sistema di canali e un grande porto; qui gli attivisti lottarono duramente per il diritto al voto delle donne e un orario di lavoro equo, avviando il movimento delle cooperative.

Nel 1996 Manchester è risorta dalle ceneri di una bomba dell'IRA, il più grave attentato nel Regno Unito dalla seconda guerra mondiale, fondendo il vecchio con il nuovo per creare un'affascinante città che racconta una storia ad ogni angolo di strada e nei numerosi musei gratuiti sparsi per il centro e non solo.

La città è in forte espansione e nuova vita appare in angoli abbandonati, come il nuovo parco pubblico. Manchester è inoltre leader nell'informatica, guida la rivoluzione digitale a MediaCity ed è regolarmente votata come una delle città più accoglienti del Regno Unito. Non riuscirete a resistere al suo fascino.

IL CONSIGLIO

Accoccolata tra le Pennines e le colline del Peak District e circondata dalla linea costiera, Manchester e la regione attorno a essa sono tristemente note per la pioggia – aspettatevi sempre un po' di pioggia e di vento, ma anche il sole! Portate con voi l'impermeabile e la crema solare, vestite a strati e preparatevi a un tempo variabile.

MediaCity

DA NON PERDERE
1 Chetham's Library
2 Manchester Museum

DA VEDERE
3 Elizabeth Gaskell's House
4 Greater Manchester Police Museum
5 Imperial War Museum North
6 Lancashire Mining Museum
7 Manchester Art Gallery
8 Manchester Jewish Museum
9 National Football Museum
10 People's History Museum
11 Science & Industry Museum
12 Tandle Hill
13 The Lowry
14 Whitworth Art Gallery

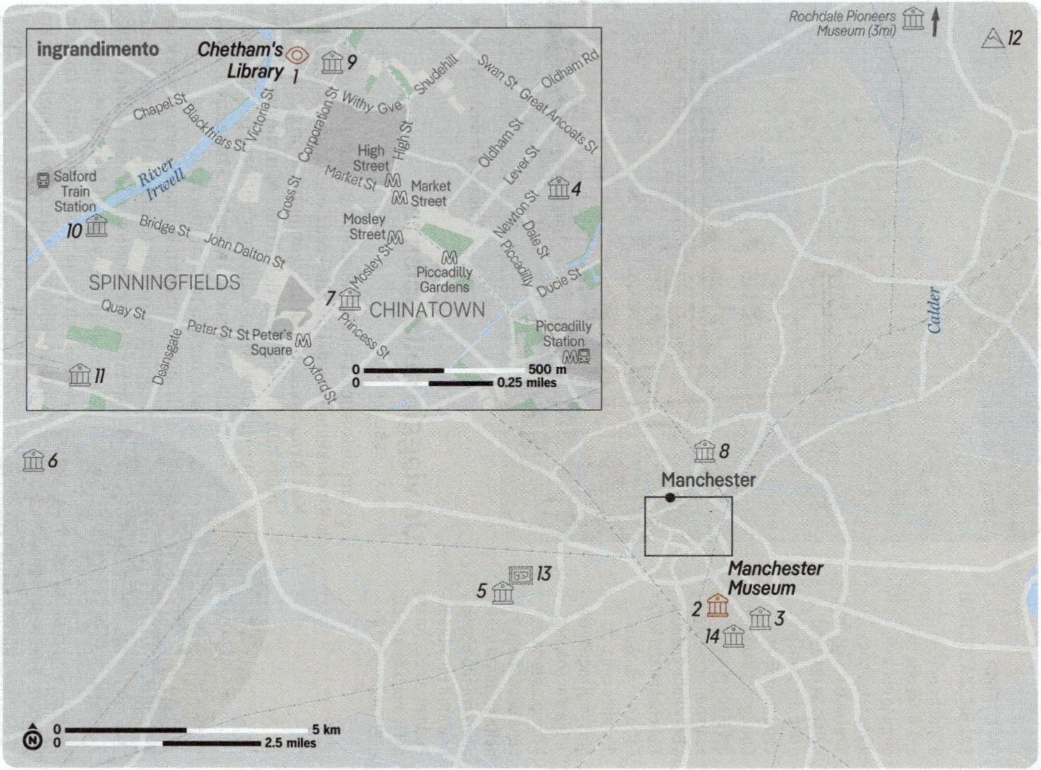

National Football Museum (p492)

UN'OTTIMA SALSICCIA BRITISH

Il 'black pudding', che discende dal termine europeo d'importazione 'Bratwurst', significa 'salsiccia nera', ed è uno dei piatti più popolari in Gran Bretagna. Le origini del black pudding sono ben ancorate a Bury nella Greater Manchester dal 1810. Fatto con sangue di maiale o manzo, grasso di rognone e farina d'avena, non è troppo allettante nella descrizione, ma nella sostanza è un cibo saporito e sano. Provate il Bury Black Pudding a colazione o nel famoso sandwich di **Elnecot** (p492).

COWARDLION/SHUTTERSTOCK ©

Science & Industry Museum

Un viaggio nella scienza

SPAZIO, TESSUTI E ATOMI

Le conquiste scientifiche di Manchester sono numerose. Dalla Rivoluzione industriale alla creazione della tuta spaziale di Neil Armstrong, dal primo computer a programma memorizzato alla scissione dell'atomo, Manchester ha avuto un ruolo attivo in ambito scientifico, perciò una visita allo **Science & Industry Museum** dovrebbe essere inclusa in ogni itinerario.

Il museo comprende il capolinea originale della prima ferrovia interurbana del mondo, la Liverpool Street Station, e il magazzino del 1830 che incarna lo skyline di Manchester del XIX secolo. Con le sue mostre interattive farete un viaggio nella scienza (adatto a tutte le età), trascorrendo qui un paio d'ore. Non sono solo le conquiste storiche a essere esaltate: con un ricco programma di mostre temporanee, che esplorano gli argomenti più vari come la scienza della musica, la medicina e altro, vedrete come Manchester continua a impegnarsi nel campo delle imprese scientifiche.

SCIENZA DELLO SPAZIO PROFONDO

Meravigliatevi di fronte alle scoperte planetarie e girovagate all'ombra del Lovell Telescope Heritage Listed (Grade I) di **Jodrell Bank** (p503), sito Patrimonio dell'Umanità UNESCO.

DOVE DORMIRE A MANCHESTER

Wilde Apart Hotel, St Peter's Square
Sistemazione moderna in posizione centrale con camere in appartamento minimal ed enormi e comodi letti. **£**

The Cow Hollow, Newton Street
Affidabile e lussuoso boutique hotel ospitato in una filanda di inizio secolo nel Northern Quarter. **£**

Hilton, Deansgate
Hotel iconico, con finestre a tutta altezza in ogni camera, che vi forniranno le migliori vedute della città. **££**

Alla scoperta della democrazia

IDEE PER CUI VALE LA PENA LOTTARE

La storia dei 200 anni di marcia per la democrazia britannica - dai diritti delle persone disabili alle grandi manifestazioni di protesta a Manchester che portarono al Peterloo Massacre del 1819 - viene raccontata con tutto il suo dolore e pathos nell'eccellente **People's History Museum**, ospitato in una stazione di pompaggio edoardiana riqualificata. Qui sentirete le voci di coloro che presero parte all'azione di cambiamento sociale, sia su scala locale, con il movimento per le cooperative, sia riguardo la più vasta campagna per il diritto al voto delle donne; i colorati e caratteristici striscioni di protesta giocano un ruolo importante nel raccontare la storia di ogni lotta, dimostrandosi un potente strumento nella battaglia per il cambiamento.

Capsula del tempo medievale

UNA BIBLIOTECA PUBBLICA DI OLTRE 350 ANNI

La **Chetham's Library**, fondata da Humphrey Chetham, un ricco commerciante di tessuti, per 'vincere la povertà curando l'ignoranza', è la più antica biblioteca pubblica del mondo anglofono. Inaugurata nel 1653 e ospitata in un edificio medievale di arenaria del 1422 (uno dei più completi complessi del nord-ovest), la collezione di libri iniziò a funzionare con i libri fissati con una catena agli scaffali e con sedili portatili per i lettori. Le imponenti collezioni includono il *Mancuniensis* (1656) di Richard Hollingworth, la più antica storia di Manchester.

Immergetevi in quest'atmosfera mentre vagate tra gli scuri e imponenti scaffali. Questo è un luogo unico e di rilevante importanza nella storia della conoscenza. Qui, Marx ed Engels trascorsero molte ore a fare ricerca mentre si andava formando l'idea del loro *Manifesto del Partito Comunista*.

Arte della città

CREATIVITÀ PER TUTTI

L'edificio con colonne in stile classico della **Manchester Art Gallery** sorge all'angolo tra Mosley St e Princess St da circa 200 anni e ospita anche rilevanti opere d'arte. Il primo pezzo della galleria, acquisito nel 1827, fu un dipinto del famoso attore di colore Ira Aldridge a opera di James Northcote. Con tre edifici da esplorare e opere provenienti da tutto il continente, qui potrete allontanarvi dalla confusione e immergervi nelle decorate sale dagli alti soffitti per ammirare i circa 25.000 pezzi della collezione.

MIGLIORI CAFE LETTERARI

Manchester Central Library Cafe
Un informale *cafe* letterario situato tra la facoltà di Storia e l'ufficio informazioni turistiche. Il luogo ideale dove fare tappa durante il vostro tour delle biblioteche. £

Portico Library Cafe
Mangiate sotto il tetto a cupola in stile Regency del Portico e gustate cibo di provenienza locale in uno dei più antichi locali della città. ££

Chapter One Books
Libreria indipendente e *cafe* dall'atmosfera tranquilla con una predilezione per dolci e caffè di qualità. £

DOVE TROVARE I PUB TRADIZIONALI

The Old Wellington
Unico edificio Tudor (1552) superstite di Manchester, serve real ale e pasti sostanziosi. ££

The Briton's Protection
Apprezzato dalla gente del posto, questo confortevole pub del 1806 ha un caminetto scoppiettante. ££

The Peveril of the Peak
Accogliente e modesto, Peveril (1821) è il pub più fotografato di Manchester. Freccette, biliardo e jukebox. ££

Storia della polizia locale

DENTRO LA STAZIONE DI POLIZIA VITTORIANA DI MANCHESTER

Uno dei segreti meglio tenuti è il **Greater Manchester Police Museum**, all'interno della vecchia stazione di polizia vittoriana. Sdraiatevi sulle brandine di legno nelle celle originali del 1890 con le foto segnaletiche che vi fissano, e rabbrividite di fronte alle raccapriccianti armi improvvisate usate dai prigioneri contro la polizia durante le sommosse della Strangeways Prison nel 1990 circa. Potrete anche entrare in una rara Police Box (cabina di polizia) e stare in piedi davanti alla sbarra dell'originale Magistrate Courts (tribunale) del 1895.

Dal pogrom alla comunità

CRONOLOGIA DELL'EBRAISMO A MANCHESTER

Ospitato in un edificio gotico di epoca vittoriana Heritage Listed (Grade II) che un tempo era una sinagoga, il **Manchester Jewish Museum** racconta la storia della prospera comunità ebraica di Manchester, che 100 anni fa contava oltre 30.000 membri nella sola Cheetham Hill. Osservate gli oggetti personali e ascoltate le voci registrate di coloro che frequentavano la sinagoga, gli struggenti racconti di chi riuscì a sfuggire ai campi di concentramento e gli edificanti resoconti sulla costruzione della comunità e delle attività commerciali. Entrando nella Sephardi Synagogue, scoprirete la solennità dei rotoli della Torah, le tradizioni che vi si svolgevano, e il motivo dell'insolito stile dei vetri istoriati del memoriale.

Il gioco preferito della nazione

DALLE UMILI ORIGINI ALL'INDUSTRIA MULTIMILIARDARIA

Il **National Football Museum** traccia l'evoluzione del gioco, da quando nel 1878 fu allestita la squadra della Lancashire and Yorkshire Railway a Newton Heath come attività ricreativa tra reparti fino al fenomeno mondiale di oggi. Le storie dagli spalti arricchiscono la cronologia degli eventi con gli spettatori locali che condividono la loro passione per il gioco; potrete anche liberare il Marcus Rashford che è in voi con i calci di rigore.

La galleria nel parco

UNA GALLERIA INSOLITA

Tra le prime gallerie d'arte inglesi a essere costruite in un parco, l'elaborata **Whitworth Art Gallery** in mattoni rossi, del 1889, è il posto giusto dove esplorare l'arte contemporanea e

MIGLIORI RISTORANTI INDIPENDENTI

This & That Cafe
Locale apprezzato dalla gente del posto sin dal 1984, nascosto in fondo a Soap St nel Northern Quarter. Offre il 'rice and three curries', ed è l'ideale per un pasto caldo in centro. £

Mr Thomas's Chop House
Cibo tradizionale con un tocco moderno servito nelle sale originali di un vecchio pub con piastrelle decorative. ££

Elnecot
Cibo raffinato servito con eleganza e in stile industriale nel cuore di Ancoats. Deliziose prime colazioni che includono il Bury Black Pudding, una delizia locale. ££

DOVE BERE UN CAFFÈ CON DOLCE

Pollen
Panificio di lusso accanto alla New Islington Marina, serve caffè fresco, dolci e pane con lievito madre. ££

Siop Shop, Tib Street
Accogliente *cafe* dall'atmosfera rilassata, offre doughnut (i migliori della città) e opzioni vegane. ££

Milk & Honey Cafe
Cafe di comunità inclusivo a St Peter's House gestito da volontari. Serve deliziosi dolci e sostanziose zuppe. £

Imperial War Museum North (p494)

tradizionale all'interno di un eccellente spazio museale del Royal Institute of British Architects. Mettendo da parte la tradizione della carta da parati chintz, la Whitworth celebra una collezione alternativa di oltre 5000 opere, compresi l'audace geometria e i motivi Arts and Crafts di William Morris. Esplorate l'arte anche all'esterno inoltrandovi nel **Whitworth Park**, dove potrete avvicinarvi ad alcune insolite e improbabili sculture, tra cui il *Meteor Fall* (2015) di Cornelia Parker.

I migliori musei di Manchester

LA STORIA E IL FUTURO DELL'AREA METROPOLITANA

Numerosi musei gratuiti in tutta Manchester e dintorni investigano la storia, le industrie e le diverse culture che formano la città.

Ispirato allo spirito di collaborazione, il **Manchester Museum**, nel cuore degli edifici neogotici della Manchester University, in Oxford Rd, punta a creare una tipologia di museo più inclusiva, fantasiosa e altruista. Oltre alle più quotate gallerie su antico Egitto e Sudan, il vivarium e le esposizioni sulla Scienza della Terra, nuove gallerie culturali (di cui

MIGLIOR CIOCCOLATA CALDA DI MANCHESTER

Black Milk
Diner in stile vintage che serve una cioccolata calda sensazionale e dessert troppo buoni per resistere alla tentazione! Disponibili anche opzioni vegane. **££**

Cocoa Cabana Ancoats
Eccellente cioccolateria del nord-ovest, cocktail bar e tearoom che propone una deliziosa cioccolata calda artigianale fatta solo con i migliori ingredienti locali. **££**

Pot Kettle Black
Favolosa cioccolata calda servita dal ben progettato *cafe* sotto la cupola di vetro della vittoriana Barton Arcade. **££**

DOVE TROVARE INSOLITI SOUVENIR

Manchester Craft and Design Centre, Oak Street
Pezzi unici di gioielleria, ceramiche e ricami di talentuosi designer e creatori indipendenti.

Fred Aldous, Lever Street
Uno dei negozi preferiti dalla gente del posto sin dal 1886, vende materiale per arte e artigianato oltre a insoliti articoli da regalo.

Paramount Books, Shudehill
Eccentrica miniera di libri di seconda mano, riviste e vinili dove si può pagare sia in sterline sia in euro.

PASSEGGIATE NELLA GREATER MANCHESTER

Andrew Read, creatore del GM Ringway - sentiero escursionistico di 300 km nella Greater Manchester - consiglia le migliori escursioni nella regione.

Marple
Sobborgo ricco di escursioni. Dirigetevi a ovest dalla stazione, girate a destra lungo il canale e vi apparirà l'acquedotto più alto d'Inghilterra con vista sulla Goyt Valley.

Holcombe Hill
L'express bus X41 dopo 40 minuti arriva a Ramsbottom. Dirigetevi a ovest per salire su Holcombe Hill. Una breve e ripida camminata porta alla Peel Tower con magnifiche vedute a 360°.

Wigan Flashes
Per una passeggiata umida, prendete il treno per Wigan. Raggiungete il canale all'altezza del Wigan Pier e andate verso Leigh. Attraverserete tranquille paludi note per fauna avicola e biodiversità.

IAN REAY/SHUTTERSTOCK ©

Peel Tower, Holcombe Hill

si prevede l'inaugurazione nel 2023) saranno incentrate sul concetto di identità, con storie riguardanti in particolare la cultura dell'Asia meridionale e cinese.

L'**Imperial War Museum North** (IWM North), costruito allo scopo, vi trasporterà nel nord durante il conflitto con l'ausilio della proiezione di video e di voci registrate. Colpi d'armi da fuoco e sirene risuonano nella vasta galleria dove potrete avvicinarvi a veicoli corazzati, alle macerie provenienti dal World Trade Center, e a manufatti più personali riguardanti la guerra sotto forma di lettere e diari.

L'industria estrattiva del carbone ha plasmato l'economia e il paesaggio fisico di Manchester. Il **Lancashire Mining Museum** dell'Astley Colliery, a 45 minuti in macchina da Manchester, ospita gli ultimi caschi superstiti delle miniere di carbone del Lancashire, e una sala macchine. Chiuso nel 1970 e salvato dalla demolizione da scrupolosi volontari, è stato restaurato e trasformato in un museo incentrato su un aspetto essenziale dell'eredità della regione. Recenti fotografie e storie arricchiscono la narrazione del sito.

Nel 1844 la Rochdale Society of Equitable Pioneers sviluppò il modello del movimento delle moderne cooperative per supportare i lavoratori tessili e gli operai dei cotonifici afflitti

DOVE TROVARE MUSICA LIVE

Matt & Phreds
L'unico jazz club di Manchester è in posizione defilata in Tib St, ma offre un'atmosfera eclettica e accogliente.

Night & Day Cafe, Oldham Street
Locale audacemente colorato e amato dalla gente del posto; propone diversi generi musicali.

Band on the Wall, Swan Street
Ballate facendo le ore piccole con un cocktail di musica live, dal reggae al rock e al folk.

da privazioni e povertà per fornire loro cibo conveniente e di qualità. Il **Rochdale Pioneers Museum**, a 30 minuti in treno e tram da Manchester, vi farà entrare nella ricostruzione del primo rudimentale negozio ed esplorare come il movimento si sviluppò all'interno della comunità locale e nazionale.

La casa di una scrittrice

UNA TESTIMONIANZA SULLA MANCHESTER DEL XIX SECOLO

Entrate in contatto con il mondo di una scrittrice inglese visitando l'**Elizabeth Gaskell's House**, una villa vittoriana in stile Regency splendidamente restaurata. Prendetevi un minuto per rilassarvi negli spazi che un tempo furono familiari a Charles Dickens e a Emily Brontë, che facevano visita alla Gaskell presso la sua casa. Esplorate la scrittura e le collezioni dell'autrice che firmò *Cranford* (1853) oltre alle sue osservazioni sulla società del tempo.

Dipingere il paesaggio industriale

LA STRANA BELLEZZA DELLO SMOG

L'artista L.S. Lowry, celebre per i dipinti di paesaggi industriali del nord-ovest dell'Inghilerra, cattura l'essenza delle persone e dei luoghi del XX secolo con i suoi 'stick men' (uomini bastone) ritratti in situazioni quotidiane. **The Lowry** è una galleria d'arte, un teatro e uno spazio per eventi che celebra la creatività nel nord con una bella selezione di opere di Lowry. Questi lavori offrono uno spaccato delle industrie e delle strade piene di smog di una Manchester del passato, compreso lo splendido *Going to Work* presso la Mather & Platt.

Luogo d'incontro degli attivisti

IL PRECURSORE DI PETERLOO

Tandle Hill, un parco ricco di storia nel quartiere nord-occidentale di Oldham, fu luogo d'incontro di attivisti politici nei giorni che precedettero il Peterloo Massacre. Per fermare questi incontri fu piantato un bosco che oggi fornisce una gradevole pausa, oltre a vedute su Oldham, Rochdale, Manchester e Cheshire, nei giorni limpidi.

TOUR DA PRENOTARE PRIMA DI PARTIRE

Coronation Street Tour
Sbirciare dietro le quinte del set della soap opera più amata nel nord e passeggiare sulla famosa strada fino al pub Rovers Return.

Manchester United Stadium Tour
Per un'esperienza negli spogliatoi, nella sala stampa, nel tunnel e a bordo campo; e poi ammirare l'imponente armadio dei trofei di una delle più famose squadre di calcio.

City River and Canal Tour
Salite a bordo per una crociera di un'ora sul canale; vedrete Salford Quays, Old Trafford e i *docks* in disuso da una diversa prospettiva.

TRASPORTI LOCALI

Manchester è una città ben collegata grazie ad autobus, treni e tram. Procuratevi un biglietto Wayfarer per viaggiare su tutti i mezzi pubblici di trasporto nella Greater Manchester oltre che in alcune zone del Cheshire, Lancashire e oltre.

South Manchester è piuttosto pianeggiante con zone ben asfaltate. Più a nord ci si sposta verso le Pennines più collinoso diventa il terreno. La bici può essere un ottimo mezzo per esplorare la città, e ci sono alcuni percorsi ciclo-pedonali, come il Fallowfield Loop.

Può essere utile disporre di un'auto quando si visita la periferia di Greater Manchester, come Tandle Hill, ma non vale la pena guidare e parcheggiare l'auto in centro città.

Dintorni di Manchester

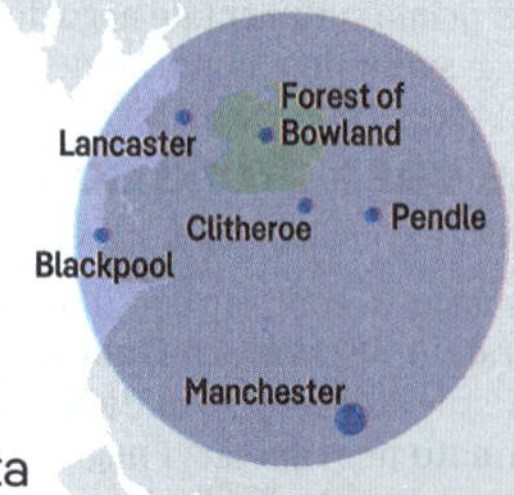

Allontanatevi dalla metropoli per i panorami della campagna, le passeggiate lungo la costa e il comfort food.

A nord di Manchester c'è il Lancashire, dove il tempo inclemente ha ispirato eccellente comfort food, compresi il delizioso *parkin* (piccoli cubetti dolci sciropposi e speziati), e il gratificante *hotpot*. Qui troverete anche la Ribble Valley, un paesaggio aspro che ha ispirato J.R.R. Tolkien, autore di *The Lord of the Rings* (*Il Signore degli Anelli*). E poi c'è la georgiana Lancaster, gioiello della corona del nord-ovest, legata alla persecuzione delle streghe. Affascinanti racconti risuonano nelle colline attorno a Pendle e sui muri della prigione del Lancaster Castle, dove le streghe di Pendle andarono incontro a un destino crudele. Verso la costa, Blackpool, una località turistica sul mare, connota di dolce nostalgia la brezza marina con i suoi tre moli e uno dei più amati punti di interesse britannici, un omaggio alla Tour Eiffel.

IL CONSIGLIO

Allacciate gli scarponi per le escursioni sulle colline fino ai punti di riferimento del XX secolo e le lontane vedute della Ribble Valley.

Blackpool Tower e Central Pier Ferris Wheel

PAUL DANIELS/SHUTTERSTOCK ©

Ashton Memorial (p498)

Vedute costiere dall'alto

LA TOUR EIFFEL DEL NORD-OVEST

Quando fu inagurata, nel 1894, la **Blackpool Tower**, con i suoi 154 m, era la più alta struttura della Gran Bretagna realizzata dall'uomo. E da allora ha regnato incontrastata come una delle più popolari mete turistiche del nord. Nei giorni più tersi la si distingue persino dal Lake District o dal Galles! Spinti verso il cielo nell'ascensore di vetro, vedrete le persone rimaste a terra diventare sempre più piccole, e voi avrete accesso a spettacolari panorami dell'intera costa. Ci vuole circa un'ora e mezza per arrivare lì in treno da Manchester.

Lancaster

IL PASSATO OSCURO DELL'INGHILTERRA

Il **Lancaster Castle**, a un'ora di treno da Manchester, abbarbicato sulla cima di una collina nel mezzo della città, domina l'orizzonte. Non si tratta semplicemente di un castello, visto che è stata la prigione più a lungo attiva in Europa, con il primo carceriere menzionato nel 1200 e la chiusura del-

MIGLIORI NEGOZI INDIPENDENTI DI LANCASTER

Arteria with Gallery 23
Uno stock di articoli da regalo originali, artigianali e selezionati con cura, dai giocattoli all'abbigliamento per neonati e dai prodotti di lusso per il corpo fino alle sciarpe fatte a mano.

Penny Street Collectables
Una miniera di eclettici oggetti vintage da collezione, gioielli, casalinghi e raffinate e moderne idee per la casa, ben allestite nel ridotto spazio del negozio.

Atticus Books
Pieno di libri, questo piccolo spazio ospita regolarmente eventi, come reading di poesie e gruppi di lettura, esibizioni di musicisti, mostre d'arte e proiezioni di film.

DOVE PRANZARE A LANCASTER

The Whale Tail
Cafe vegetariano allestito in un ex deposito di formaggio. Grande offerta di cibo vegetariano, vegano e gluten-free. £

The Old Bell
Grazioso *cafe* a gestione familiare con una vibrante atmosfera in una stradina laterale in acciottolato. Serve cibo fresco e bevande. ££

Brew Lancaster
Cafe indipendente con cibo di provenienza locale servito da un personale cordiale in un ambiente arioso con tavolini alle finestre. ££

MIGLIORI NEGOZI A CLITHEROE

Valley Living
Piccolo gift shop che vende una gamma di casalinghi 'made in Britain', articoli da regalo e carte nella high street di Clitheroe.

Clitheroe Books
Negozio labirintico a tre piani con libri di seconda mano stipati dal pavimento al soffitto e l'opportunità di trovare un tesoro nascosto nella tranquillità di una libreria tradizionale.

Rue 5
Piccoli gioiellieri vendono charms per bracciali e altri ornamenti dal design moderno con pietre preziose, e persino diamanti, se siete alla ricerca di qualcosa di davvero speciale.

la prigione nel 2011. Questo luogo è stato testimone dei momenti più bui della storia: oltre 200 esecuzioni, per qualunque reato, dall'omicidio al furto di bestiame, ed è sempre qui che le streghe di Pendle furono condannate a morte nel 1612.

In cima a una collina, nel Williamson Park di Lancaster, una cava dismessa, si trova lo spettacolare **Ashton Memorial**, un capriccio soprannominato il 'Taj Mahal del nord', che fu fatto costruire dall'imprenditore di Lancaster, lord Ashton, in memoria della sua seconda moglie Jessy. Salite i 235 gradini fino alla galleria del primo piano (gli orari di apertura cambiano a seconda della stagione), che offre vedute su Morecambe Bay e i Lakes. Qui potrete ammirare lo splendore del granito della Cornovaglia e alcune sculture sovrastate da cupole che rappresentano il Commercio, la Scienza, l'Industria e l'Arte.

Forest of Bowland

STREGHE, MAGHI E UN CASTELLO

A dispetto del nome, la **Forest of Bowland** è costituita da un magnifico mix di paesaggi ondulati, brughiera, foreste, vette e valli, che ricoprono buona parte della Ribble Valley, che sconfina nel vicino Yorkshire. Designata Area of Outstanding Natural Beauty, offre una tregua dall'uniforme paesaggio industriale della regione. Allacciate gli scarponi per percorrere parte della **Lancashire Witches Walk**, che vi porterà a seguire le probabili tracce delle streghe che da Colne furono portate a processo, e poi impiccate, nel Lancaster Castle.

Potrete godere di vedute panoramiche sul paesaggio ondulato della foresta dal **Clitheroe Castle's Norman Keep and Museum**, costruito nel 1186 nel luogo in cui sono racchiusi 350 milioni di anni di storia locale. Qui potrete imparare qualcosa sulla formazione del terreno che vedete e scoprire come mai la Ribble Valley è un luogo di riproduzione privilegiato per un imponente ma raro uccello da preda, l'albanella reale.

Panopticon

VISITATE I PUNTI DI RIFERIMENTO DEL XXI SECOLO

Un'escursione a piedi all'alba è un modo magico per iniziare la giornata. In alto sulla cima delle colline del Lancashire, sullo sfondo verde e ondulato, ci sono quattro grandi sculture moderne, il **Panopticon**, a simboleggiare la rinascita della regione. Dai tubi del **Singing Ringing Tree** a Pendle Hill all'**Atom** di Colne, offrono un modo unico di sperimentare il paesaggio da queste parti.

TRASPORTI LOCALI

Le principali città e cittadine del Lancashire si possono raggiungere in treno, mentre le zone più remote della Forest of Bowland sono servite da autobus locali che hanno orari poco frequenti e sono stagionali. Il biglietto Wayfarer del Transport for Greater Manchester vi darà accesso ad alcune delle attrazioni principali.

Un'auto è a volte l'opzione migliore quando si visita il Lancashire poiché vi consentirà di spostarvi facilmente e a vostro piacimento fra i luoghi di interesse.

CHESTER

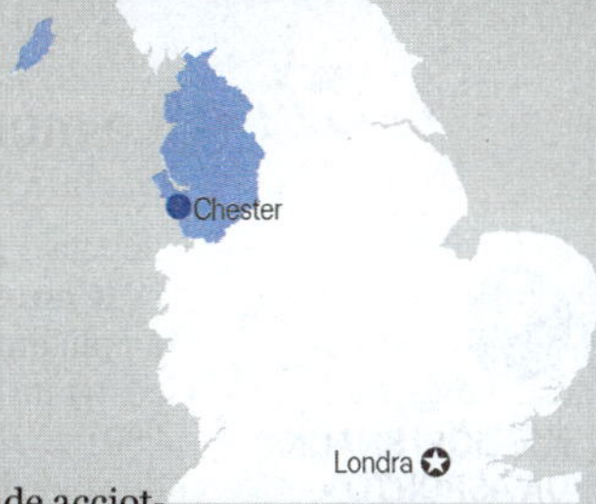

Gli edifici a graticcio dei centri commerciali, le strade acciottolate e il fiume principale sono abbracciati da mura di epoca romana quasi complete, anche se rovinate dagli agenti atmosferici, e questo rende a buon titolo Chester una delle città più graziose d'Inghilterra. Le mura romane circondano l'intero centro cittadino, includendo la maggior parte delle attrazioni principali lungo il tragitto, tra cui il Roodee (il più antico ippodromo al mondo), la Chester Cathedral e il River Dee. Il centro, con edifici in stile Tudor e vittoriani, sfoggia gli spettacolari Rows che irradiano da Watergate St – unica galleria coperta di negozi in legno al mondo che risale al XIII secolo – e il vistoso Eastgate Clock. La città è perfetta per essere percorsa a piedi con passeggiate lungo l'acqua, vedute dalle mura, e un riparo dalla pioggia sotto i Rows.

IL CONSIGLIO

Cercate di evitare di visitare Chester durante le gare quando oltre 200.000 persone in genere si riversano in città per 'una giornata alle corse' presso la Chester Racecourse.

Le mura cittadine

UN PUNTO DI RIFERIMENTO DI 2000 ANNI

Popolari presso la gente del posto così come con i visitatori, **le mura di Chester** sono la cinta muraria di epoca romana più antica, più lunga e più completa della Gran Bretagna, costruita come parte della fortezza di Deva Victrix tra il 70 e l'80 d.C. Il circuito vi porterà attorno al centro storico, offrendo splendide vedute della città e del fiume. È un modo unico di esplorare il patrimonio cittadino, dai corpi di guardia medievali alle torri agli angoli. Il **Tourist Office** distribuisce un opuscolo che descrive la camminata lunga circa 3 km che richiede approssimativamente un'ora e mezza.

MIGLIORI SNACK DA ASPORTO

Dinky Doughnuts Questa bancarella (che bisogna fare attenzione a non perdere), posta in un arco sotto l'Eastgate Clock, serve doughnut appena fritti e bevande. **£**

Chip'd *Friets* olandesi da asporto servite in un cono con la salsa oppure in un panino per un tradizionale spuntino adorato dai britannici, il 'chip butty'. Perfetto per uno snack al volo. **££**

Snugburys on the River Una pallina o due dell'apprezzata gelateria a conduzione familiare da gustare lungo il River Dee. **££**

Gallerie commerciali medievali

UNA PASSERELLA UNICA NEL SUO GENERE

Caratteristica unica della città sono i **Rows** medievali, gallerie commerciali a graticcio che hanno una seconda fila di negozi sopra quelli sulle strade principali che si aprono a ventaglio da Central Cross. Oscuri e imponenti, i bassi soffitti e le travi di legno formano le principali passerelle dei Rows, con vedute sulla strada dalle balaustre aperte sui lati. Negozi eccentrici e *cafe* punteggiano le vie dai gradini consumati che conducono al piano terra. L'origine della struttura non è certa, si pensa sia stata costruita sui detriti romani o come mezzo per tenere lontano i gallesi. Nel mondo intero non c'è nulla di paragonabile o simile.

Paesaggio urbano

GUARDANDO GIÙ DALLA TORRE

Costruita tra il X e il XVI secolo, la **Chester Cathedral** è stata usata per il culto cristiano sin dai tempi dei romani. La cattedrale è in arenaria scolpita in stile gotico con elaborati dettagli in legno all'interno. Ammiratene l'architettura e fatevi strada sulla torre (con tariffa d'ingresso) per vedute dall'alto.

TRASPORTI LOCALI

I treni provenienti dalle città principali e il Merseyrail (servizio ferroviario suburbano di Liverpool) dal Wirral e Liverpool arrivano alla stazione cittadina, da dove con gli autobus raggiungerete il centro. In alternativa, è facile raggiungere in auto Chester, parcheggiando in periferia o nel parcheggio di Little Roodee vicino alle mura cittadine e al River Dee.

Chester è una città antica, perciò aspettatevi strade acciottolate e lastre scivolose. Fate attenzione quando camminate sulle mura poiché ci sono gradini e superfici irregolari.

Dintorni di Chester

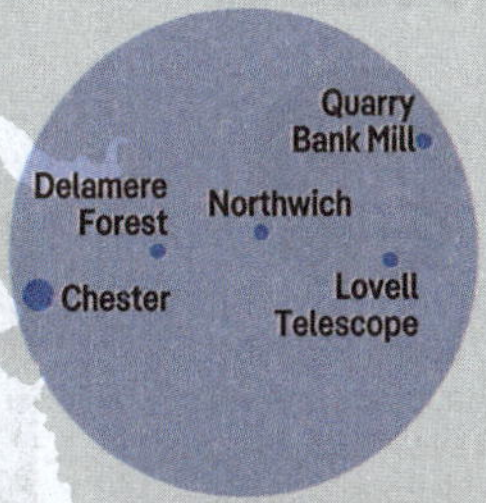

Sobborghi verdeggianti punteggiati di luoghi di interesse nazionale, storici siti industriali e paesaggi di arenaria.

Una delle contee più piccole d'Inghilterra, il Cheshire è un gioiello tra Greater Manchester e Merseyside. Con un passato sorprendentemente dinamico, queste lussureggianti pianure verdi ospitano l'inizio del Manchester Ship Canal e la redditizia industria delle miniere di sale di Northwich. La storia del Cheshire, che risale al Triassico, ha lasciato testimonianze in tutta la regione nell'antico paesaggio di arenaria, negli edifici dai riflessi dorati e nei capolavori in pietra arenaria come il Cheshire Sandstone Trail. Non mancano i richiami letterari, con Lewis Carroll che creò il fantastico e sorridente Cheshire Cat in *Alice nel paese delle meraviglie*, e con la scienza a Jodrell Bank o con l'aeronautica ad Avro. Questa zona offre tantissime attività.

IL CONSIGLIO

Assaggiate alcuni dei deliziosi formaggi del Cheshire, di produzione locale, friabili ma cremosi, dall'aroma di noci, e il vellutato gelato.

Quarry Bank Mill (p503)

MIGLIORI CAFE DEL CHESHIRE

Susan Earlam, autrice, condivide i suoi consigli sui più deliziosi *cafe* del Cheshire.

Ethos Concept Store
A Macclesfield, sono attirata dal delizioso e salutare cibo e dai dolci che hanno qui. Se cucinassero per me ogni giorno, potrei diventare vegana a tempo pieno.

The Green
Piccolo e in posizione perfetta, The Green a Bollington è l'ideale per gli escursionisti ma è molto popolare durante le vacanze e nei weekend (ricordate di prenotare!). Il Miami è il miglior 'avocado toast' che abbia mai mangiato.

Henry's Cafe
Posto alla mano nella frequentatissima Prestbury, con un menu abbordabile e casalingo. Locale allegro, collabora con associazioni benefiche.

Lovell Telescope (a destra)

Vagare nei boschi

LA FORESTA DEI LAGHI

Diversi alberi, tra decidui e sempreverdi, e molti laghi compongono i 970 ettari della **Delamere Forest**, appena 5 miglia (8 km) a ovest di Chester. Splendido posto da visitare nel Cheshire, Delamere, che significa 'foresta dei laghi', offre ogni genere di attività, dalle passeggiate al birdwatching, dai percorsi in mountain bike a quelli sugli alberi, fino alle avventure in Segway. Se le attività adrenaliniche non fanno per voi, ci sono tantissime opportunità di fare 'forest bathing' e passeggiate in mezzo ai boschi, godersi la luce del sole che luccica attraverso la chioma degli alberi, ascoltare il canto degli uccelli, tra cui scolopacidi, folaghe e il raro gabbiano corallino, ammirandone il volo a sfiorare l'acqua dei numerosi laghi.

Le vette delle pianure

UN SENTIERO ATTRAVERSO LE SABBIE DEL TRIASSICO

Il **Cheshire Sandstone Trail**, un sentiero a lunga percorrenza di 48 miglia (77 km), offre allettanti vedute delle pianure del Cheshire attraverso gli alberi, sinuosi sentieri di arenaria ricavati dal paesaggio del Triassico, e resti delle miniere di rame. Per una breve passeggiata panoramica, seguite i cartelli del Cheshire Sandstone Trail dal Ring O' Bells Pub a Frodsham e percorrete a piedi il sentiero di poco più di un chilometro in mezzo al bosco che sale al **Frodsham War Memorial**; sarete ripagati dal panorama sull'Ellesmere Port e fino al Liver Building nei giorni più tersi.

DOVE FARE GLAMPING NEL CHESHIRE

Welltrough Hall Farm Shepherd's Hut
Rannicchiatevi accanto al caminetto o immergetevi nella hot tub di una shepherd's hut in un paesaggio incantevole. ££

Honeypot Hideaways
Pod di lusso in legno con letto matrimoniale, angolo cottura, servizi igienici e doccia. Sono ammessi solo ospiti adulti. ££

Lloyds Meadow Glamping
Grandi e sontuose tende coniche con comodi letti sono garanzia di un soggiorno confortevole. ££

Storie di filanda

ENTRARE NELLA RIVOLUZIONE INDUSTRIALE

Al **Quarry Bank Mill**, edificio entrato nel National Trust, a 40 minuti in auto da Chester, potrete fare un'immersione nel rumore e nella vibrazione dei macchinari di un mulino ad acqua funzionante del XVIII secolo, tra i meglio conservati al mondo. Fate un giro all'Apprentice House e stendetevi sui letti di paglia dove dormivano gli operai. All'esterno ci sono dei superbi giardini all'inglese e case in vetro rinnovate.

Una storia salata

ALL'INTERNO DEL SALT WORKS

Dai tempi dei romani fino alla fine degli anni '80, il **Lion Salt Works** ha prodotto sale presso questo sito di Northwich. In tutto questo periodo, è stata un'industria importante che ha plasmato popolazione, economia e paesaggio locali. Mostre interattive all'interno del museo del sito vi consentiranno di ascoltare le conversazioni di un giovane apprendista e visitare il magazzino con gli enormi bacini salini riscaldati per estrarre il sale dall'acqua - era un luogo di lavoro caldo e pericoloso. Da Chester, ci vogliono 20 minuti in auto.

Un faro nella campagna

LA GIGANTESCA ANTENNA PARABOLICA

A ergersi con orgoglio in mezzo ai campi del Cheshire è il famoso **Lovell Telescope** di Jodrell Bank, sito Patrimonio dell'Umanità UNESCO. Negli anni '50, era il più grande telescopio radio-controllato del mondo, oggi fa parte della University of Manchester. Potrete vagare all'ombra del telescopio o entrare nel museo e nel planetario, immergendovi nelle proiezioni e nelle mostre digitali che, portandovi negli archivi della scienza, vi dimostreranno quanto immenso sia lo spazio.

Sperimentare un raid aereo

ALL'INTERNO DEGLI AEREI DA COMBATTIMENTO DI MANCHESTER

Tra il 1926 e il 2011, Avro ha prodotto 20.000 aeroplani nel sito di Woodford, nel Cheshire. Oggi quel sito ospita l'**Avro Heritage Museum**, gestito da volontari, dove potrete arrampicarvi all'interno della cabina di pilotaggio degli aerei Vulcan e Lancaster o provare a far atterrare voi stessi un aereo con il simulatore di volo. Partecipare a un raid aereo su un Lancaster pur se in realtà virtuale vi farà battere forte il cuore e l'esperienza sarà resa ancora più emozionante dalle registrazioni del 1944.

MIGLIORI PUB RURALI

Ring O' Bells
Pub tradizionale vecchio di 400 anni ai piedi del Cheshire Sandstone Trail, serve real ale e sostanziosi pasti casalinghi. ££

The Churchill Tree
Intimo e accogliente pub britannico sui terreni dell'Alderley Park serve cibo raffinato dal tocco internazionale. ££

The Salt Barge
A un tiro di schioppo dal Lion Salt Works con uno scoppiettante caminetto e posti a sedere all'aperto, serve un abbondante Sunday lunch e piatti classici dei pub britannici come 'steak and chips', pie e curry. ££

TRASPORTI LOCALI

Gran parte delle destinazioni nel Cheshire sono raggiungibili in treno, ma i principali siti di interesse distano circa 20 minuti a piedi dalla stazione, poiché in genere non sono situati nella zona centrale di cittadine e villaggi.

Spostarsi a piedi e in bicicletta nel Cheshire è gradevole, dato che molti villaggi sono lastricati e i sentieri e le piste ciclabili nelle zone rurali sono segnalati.

L'auto può essere utile poiché molti siti sono distanti tra loro, e con un mezzo di trasporto autonomo potrete visitarne di più.

LIVERPOOL E IL WIRRAL

Nel punto in cui il River Mersey incontra il Mare d'Irlanda sorge la dinamica città marittima di Liverpool, famosa nel mondo per il football, il cibo e la musica; i Beatles si costituirono qui nel 1960, gettando le basi per tutte le 'boy band' a venire.

Le ricchezze della città furono guadagnate da facoltosi mercanti che vendevano come schiavi gli africani e acquistavano terre in America e in Africa. Questa storia viene esplorata all'International Slavery Museum presso il Royal Albert Dock. Il lascito di questa ricchezza si può vedere nell'architettura sul lungomare, con Pier Head e Three Graces a prendere la scena.

Come si dice nella canzone di Gerry Marsden, potete prendere un "traghetto che attraversi il Mersey" per raggiungere l'affascinante Wirral Peninsula, sede della multinazionale Lever, e di alcuni dei più bei resort di epoca vittoriana sul mare, dove gli acquitrini pullulano di fauna selvatica.

IL CONSIGLIO

Acquistate un biglietto Merseyrail Saveaway da usare per spostarvi nei dintorni e tra Liverpool e il Wirral. È valido anche sui Mersey Ferries.

Royal Liver Building (p506)

© BROOKGARDENER/SHUTTERSTOCK

DA NON PERDERE
1 Liverpool Cathedral

DA VEDERE
2 20 Forthlin Rd
3 Crosby Beach
4 Cunard Building
5 Formby Beach
6 International Slavery Museum
7 Lady Lever Art Gallery
v. 6 Maritime Museum
8 Museum of Liverpool
9 National Waterways Museum
10 New Brighton
11 Parkgate
12 Port of Liverpool Building
13 Port Sunlight Museum
14 Royal Liver Building 360
15 The Beatles Story
16 Thurstaston Common
17 Walker Art Gallery
18 Wallasey
19 Western Approaches Museum
v. 17 World Museum

COS'È LO SCOUSE?

Lo *scouse* è uno stufato locale di manzo cotto a fuoco lento, con carote, patate e cipolla in salsa *gravy*, servito di solito con cavolo sottaceto e pane con la crosta. È un pasto sostanzioso che ben si addice al clima freddo del nord. Il *blind scouse* è con le verdure (e, a volte, lenticchie), l'opzione vegetariana quando la carne scarseggia.

Si pensa che il nome sia un'abbraviazione di *lobscouse* un piatto consumato dai marinai del XVIII secolo, quando il porto di Liverpool era di vitale importanza. Questo spiega come un piatto mangiato sulle navi sia diventato uno dei preferiti della gente del posto. Mentre siete qui avrete molte opportunità di assaggiare lo *scouse*.

INGUS KRUKLITIS/SHUTTERSTOCK ©

Liverpool Cathedral

Liverpool dall'alto

PAESAGGI URBANI CHE TOCCANO IL CIELO

Regalatevi le vedute di Liverpool e del Wirral da due degli edifici più alti e importanti della città.

L'imponente **Liverpool Cathedral**, in stile neogotico, progettata da Giles Gilbert (quello delle cabine telefoniche rosse), è abbarbicata in cima al St James Mount, e domina il profilo urbano di Liverpool nel Georgian Quarter. Ammirate con soggezione la più grande cattedrale della Gran Bretagna o salite i 217 gradini che portano in cima alla torre per vedute panoramiche su Liverpool, il Merseyside e il Wirral, da 109 m sul livello del mare.

Un trio di rappresentativi edifici edoardiani – il **Cunard Building**, il **Port of Liverpool Building** e il **Royal Liver Building**, conosciuti nel loro insieme come le Tre Grazie: fascino, bellezza e creatività, dalla mitologia greca, costituiscono il riconoscibile profilo del lungomare di Pier Head a Liverpool. Il Liver Building (si pronuncia 'lie-ver') è il più famoso, coronato da uccelli mitologici. Partecipate alla Royal Liver Building 360 effettuando un tour di 70 minuti attraverso alcune belle sale che si conclude con una visione a 360° della città.

DOVE DORMIRE A LIVERPOOL

The Resident
Questo ex magazzino del 1800 vicino alle principali stazioni ferroviarie dispone di camere con cucinino. £

Titanic Hotel
Situato negli storici 'docks', in un edificio iconico, offre camere ampie e confortevoli e ha un rum bar. ££

The Baltic Hotel
Arredo elegante ed eccentrico con piccole camere confortevoli nella vivace zona del Baltic Triangle. £

Arte e natura del mondo

DUE DEI PIÙ ANTICHI MUSEI DI LIVERPOOL

Il **World Museum** è il British Museum del nord. A ingresso gratuito, è l'ideale nelle giornate di pioggia, con un acquario, un planetario e mostre che spaziano dagli insetti vivi all'antropologia. Uno dei pezzi forti del museo è l'esplorazione delle diverse culture, tema attuale per una città cosmopolita, e un nuovo modo di affrontare il passato coloniale della Gran Bretagna.

La più estesa collezione d'arte in Inghilterra, al di fuori di Londra, si può trovare alla **Walker Art Gallery**, a pochi passi dal World Museum. Qui potrete ammirare i più bei dipinti del Rinascimento europeo a opera di Rembrandt e Turner, oltre a classiche sculture in marmo bianco e a iconiche rappresentazioni della vita contemporanea.

Il passato marittimo di Liverpool

GLI ORRORI DELLA STORIA E I RACCONTI DI MARE

Scoprite la storia marittima di Liverpool, i legami della città con la tratta degli schiavi oltreoceano e gli oggetti sequestrati ai controlli di frontiera, nei musei del Royal Albert Dock.

L'**International Slavery Museum** rivela gli orrori del commercio degli schiavi oltreoceano e il ruolo di Liverpool tra il 1700 e il 1807. La mostra non ha censure e comprende anche il diario di bordo di uno schiavista, che descrive un tipico viaggio verso l'Africa occidentale per catturare quante più persone possibile prima del 'middle passage', un drammatico viaggio di mesi fino alle Indie occidentali. Molti schiavi morivano lungo il tragitto per le pessime condizioni, ammassati in spazi angusti, messi ai ceppi sui ponti per prevenire ribellioni o fughe. Chi sopravviveva veniva venduto in cambio di zucchero, rum e cotone grezzo, tutte merci trasportate poi in Inghilterra e vendute per trarre profitto economico.

Scoprite la storia di uno dei più importanti porti del mondo al **Liverpool Maritime Museum**. Qui, le mostre raccontano la storia della più celebre nave da crociera, il *Titanic*, illustrano le tattiche dei contrabbandieri, ed espongono gli oggetti requisiti ai controlli di dogana, compresi uccelli vivi, zampe di elefante e chili di cocaina.

Bunker sotterranei segreti

DIRIGERE LE NAVI DA GUERRA BRITANNICHE IN GUERRA

Il **Western Approaches Museum** apre le porte di un bunker segreto sotterrano per condividere un Risiko in tempo reale. Fate un viaggio attraverso il labirinto delle sale e i tunnel per

MIGLIORI SCOUSE A LIVERPOOL

The Welsford Bistro
Sostanzioso *scouse* (stufato di Llverpool) servito con pane fatto in casa e cavolo sottaceto; è prevista anche la versione vegetariana del *blind scouse*. Si trova ai piedi della Liverpool Cathedral. **£**

Lady Lever Art Gallery Cafe
Porzioni abbondanti dello stufato locale servite nell'accogliente Gallery Cafe al piano interrato della Lady Lever Art Gallery a Port Sunlight. **£**

Maggie May's Cafe Bar
Scouse freschissimo servito ogni giorno con pane con crosta e burro, e barbabietola o cavolo sottaceto. Molto amato dalla gente del posto. **£**

DOVE TROVARE MUSICA LIVE

Zanzibar, Liverpool
Locale di musica live che ospita gruppi rock e alternativi musicisti locali.

Future Yard CIC, Birkenhead
Locale che supporta i talenti emergenti locali, e porta artisti nazionali e internazionali al Wirral.

The Jacaranda, Liverpool
Storico bar con musica live; era frequentato anche dai Beatles. Ospita regolarmente serate con nuovi talenti e microfono aperto.

MIGLIORI BAR A TEMA BEATLES

The Cavern Club
Il bar più famoso di Liverpool in Mathew St è un locale intimo di musica live con cantine con volta a botte, cimeli dei Beatles risalenti agli anni '60 e concerti tributo.

Sgt Peppers
Economico e allegro bar a tema Beatles in Mathew St che serve cocktail 2 per 1 e ospita regolarmente gruppi che suonano dal vivo a inizio serata.

Yellow Submarine Bar
Eccentrico bar in stile 'yellow submarine' dall'omonima e celebre canzone dei Beatles all'interno della rilassata ed eccellente Cains Brewery.

PHIL KIERAN/SHUTTERSTOCK ©

***Another Place*, Crosby Beach**

avere percezione dello sfibrante ruolo di comando durante la battaglia dell'Atlantico che assicurava accuratezza di localizzazione per distruggere il nemico. La sala operativa è rimasta com'era il giorno della chiusura delle porte, il 15 agosto 1945 quando 300 persone lasciarono il bunker alla fine della guerra.

Musica, football, comunità e guerra

UNO SCORCIO DELLA VITA A LIVERPOOL

Il **Museum of Liverpool** fa la cronistoria sociale e comunitaria delle diverse genti che hanno formato questa città forte e resiliente. Ogni mostra condivide storie dell'autentica popolazione di Liverpool e i loro ricordi di eventi che hanno riunito la comunità, dal Blitz al festival di musica africana. Ascoltate le loro storie, guardate le fotografie e mettetevi nei panni delle persone che hanno fatto di Liverpool la città che è oggi.

I Fab Four di Liverpool

LA PRIMA BOY BAND

The Beatles Story, uno dei musei più popolari di Liverpool, non illuminerà alcun angolo buio della turbolenta storia del quartetto più famoso al mondo, ma ha tantissimi cimeli autentici

DOVE MANGIARE PIATTI DI PESCE E FRUTTI DI MARE

The Seafood Kitchen, Crosby
Molto raccomandato, di fronte al Merseyside, serve dall'astice alle ostriche e tutto ciò che c'è in mezzo. **££**

Lansdowne Bistro
Classico locale dal tocco francese frequentato dalle famiglie; ha la miglior aragosta al Thermidor di Southport. **££**

Lerpwl
Elegante locale presso il Royal Albert Dock con un Oyster Bar che serve prodotti gallesi sostenibili. **£££**

che faranno la felicità di tutti i fan. Visitate anche le **case d'infanzia** di **John Lennon** e **Paul McCartney** (si applicano le tariffe del National Trust), in periferia, e infine la **Beatlemania Gallery** presso il Museum of Liverpool. Concludete la vostra visita con una passeggiata sul lungo mare per una foto accanto alle **statue dei Fab Four** e anche per fare un po' di compagnia alla solitaria statua di **Eleanor Rigby** in Stanley St.

Paradiso naturale

UNA PASSEGGIATA IN COMPAGNIA DEGLI SCOIATTOLI ROSSI

Apprezzate la bellezza naturale di **Formby Beach**, appena a nord di Liverpool. Lunghe spiagge di sabbia, prezioso habitat per gli animali selvatici nelle dune, e un bosco naturale, che ospita l'indigeno scoiattolo rosso, rendono questo luogo una meta eccellente per una giornata fuori città e per un bel picnic. La zona è protetta dal National Trust (il parcheggio quindi si paga), che è sinonimo di pulizia e sicurezza.

Sculture, sabbia e tramonti

L'ORA DORATA SUL WIRRAL

Another Place è una serie di 100 sculture umane di ghisa lungo i 3 km circa di costa a **Crosby Beach**, create da Antony Gormley, artista di fama internazionale. Figure spettrali si ergono orgogliose dalla sabbia e dal mare, rivolte verso l'orizzonte. Ammirate un indimenticabile tramonto dalla passeggiata con le silhouette delle figure che si stagliano contro il ciero dorato.

Una vera e propria località balneare

ZUCCHERO FILATO, LUNA PARK E FISH AND CHIPS

Southport ha tutto il necessario per una divertente giornata al mare. Luna park, minigolf e parchi in prima linea e splendidi giardini vittoriani nascosti a chi fa baldoria sulla spiaggia. L'aria è satura del dolce profumo di cibo fritto e zucchero, che rende tutto più invitante. Fate un giro sul secondo molo più lungo del paese sfidando la fortuna ai giochi vintage, visitate il **National Lawnmower Museum** o prendete da bere al **The Lakeside Inn**, il pub più piccolo di tutta la Gran Bretagna.

La casa del Sunlight Soap

UN VILLAGGIO PER I LAVORATORI

Il **Port Sunlight Museum**, nel cuore della Port Sunlight Village Conservation Area, narra la storia di William Lever del Sunlight Soap. Figlio di un droghiere, accrebbe la propria ricchezza

MIGLIORI TEAROOM VICINO FORMBY

The Tea Rooms
Cafe accogliente e senza pretese che serve specialità da 'tea time' come *crumpets* e *tea cakes*. **££**

SunShine Tea Rooms
Pittoresco, luminoso e accogliente *cafe* con posti a sedere all'aperto; serve caffè torrefatto sul posto, afternoon tea, cibo casalingo e deliziose torte. **££**

Delish
Dessert bar e *cafe* di design a gestione familiare che serve pile di pancake, pasti leggeri e succulenti gelati con opzioni vegane. **££**

DOVE PRENDERE UN AFTERNOON TEA SUL WIRRAL

Isabelle's
Piccolo teashop, accogliente e indipendente a Heswall, serve deliziosi afternoon tea e opzioni per pranzi leggeri. **££**

Benty Tea Rooms
In posizione ideale per le passeggiate al Thurstaston Common, ha un'ottima scelta di torte e sandwich. **££**

Thornton Hall Hotel and Spa, Thornton Hough
Deliziosa esperienza di afternoon tea nell'ex residenza di William Lever del Sunlight Soap. **£££**

CICLABILI CON VISTA E CAFFÈ

Edward Lamb di Low Traffic Futures (Traffic Reduction Campaign), consiglia le sue piste ciclabili panoramiche preferite con tappa per un caffè.

Wirral Way
Da West Kirby Concourse, seguite il sentiero fino alla fine! Raggiungete Willaston per un drink alla **Station Master's House** o svoltate all'altezza di Neston seguendo il River Dee fino a Chester.

Landican Lane
Partite dalla Little Storeton Lane, e seguite la pista che si snoda sotto la M53. Dopo 1,5 km di asfalto raggiungerete l'Arrowe Park in tempo per un tè al **Red Rooms Cafe**.

Port Sunlight Greenway
Partite da dietro il Gladstone Theatre per il Croft Retail Park. Da lì seguite il Wirral Circular Trail fino al **Mimosa Tea Garden** nell'Eastham Country Park.

PHILIP BROOKES/SHUTTERSTOCK ©

Wirral Way

e azienda nel XIX secolo producendo singoli pezzi di sapone e pubblicizzandoli per le casalinghe. Fece anche costruire un villaggio per i suoi operai assicurando loro una prosperità condivisa. Si può visitare la vecchia fabbrica, ascoltare le storie degli operai che abitavano nel villaggio, vedere una tipica abitazione, e imparare qualcosa sulla moderna incarnazione del marchio: la Unilever, che produce il sapone Dove e molti altri noti prodotti.

Collezioni da tutto il mondo

L'ARTE COME ISPIRAZIONE PER TUTTO

Con la ricchezza proveniente dal suo impero del sapone, William Lever divenne un avido collezionista d'arte, di mobili e oggetti culturali, con i quali riempì le sue numerose case. Per esporre la varia ed estesa collezione, dalle sculture romane alle ceramiche cinesi fino a mobili in filigrana, inaugurò la **Lady Lever Art Gallery**, così chiamata in memoria della sua ultima moglie Elizabeth.

Celebrando i corsi d'acqua del nord

LA VITA SUI CANALI

Nel punto in cui lo Shropshire Union Canal incontra il Manchester Ship Canal, lì si trova il **National Waterways Museum**. Qui vedrete di tutto, dalle barche con la cupola coni-

DOVE MANGIARE SUL WIRRAL

107 Dining Room
Ristorante caloroso e accogliente a Heswall, con rampa di accesso, menu salutare e deliziose opzioni vegane. ££

Port & Anchor
Ristorante di poche pretese a Ellesmere Port con interessanti scelte sul menu, opzioni vegane e buoni dessert. ££

Atrium Restaurant & Coffee Shop
Ristorante con giardino centrale a Meols con eccellente scelta di cibo, hamburger vegani e una selezione di dolci. £

ca alle chiatte tirate dai cavalli nel periodo industriale, fino alle imbarcazioni da diporto che conosciamo e amiamo oggi. Impegnatevi a far funzionare l'interattiva nave rompighiaccio, e infilatevi nelle minuscole cabine delle barche da lavoro.

Una curiosità geologica

PAESAGGIO DI ARENARIA E PASSEGGIATE IN CAMPAGNA

Thurstaston Common è una vasta area di boschi, parchi e brughiera lungo la costa del Wirral. I sentieri tortuosi vi porteranno fino alla curiosità locale, la **Thor's Rock**, un affioramento roccioso di arenaria alto 9 metri. La leggenda vuole che il suo nome derivi da Thor che colpisce col suo martello la roccia, anche se una storia più credibile afferma che derivi da un insediamento vichingo del IX secolo (Thurstaston significa 'villaggio dell'uomo chiamato Thorsteinn'). Collegata al resto del Wirral dalla **Wirral Way**, una pista ciclabile e pedonale, è un bel posto dove trascorrere la giornata.

Passeggiare nella natura tra le paludi

GELATO E PESCE LOCALI

Importante porto marittimo nel XVIII secolo e punto d'imbarco per l'Irlanda, **Parkgate**, con il suo lungomare ora pieno di limo, è diventato una riserva naturale e un grazioso villaggio sulla costa. Gestito dalla Royal Society for the Protection of Birds (RSPB), le paludi salmastre sono un bel punto per avvistare la fauna locale come garzette e pispole. In estate, la gente del posto e i visitatori arrivano a frotte qui per gustare il gelato di Nicholls o i gamberetti locali in barattolo sui muretti delle paludi.

Località di mare sul Mersey

SULL'ACQUA DA LIVERPOOL

I vacanzieri sono aumentati in numero sulla spiaggia di **New Brighton** e **Wallasey** dall'epoca vittoriana. Passeggiate lungo la promenade, superate i resti della Black Pearl Pirate Ship, per vedute direttamente sul Mersey da Liverpool; questo è il punto di vista ideale per ammirare l'imponente profilo della città. Con lunghe spiagge sabbiose, le giostre da luna park e il profumo del pesce fritto, ancora cattura l'immaginazione di chi passa a piedi, in bicicletta e anche di chi sta in spiaggia.

MIGLIOR GELATO

Nicholls
Gelateria a gestione familiare, sul lato strada di Parkgate. Sin dagli anni '30, prepara un gelato super cremoso nel laboratorio sul posto in stile art déco. ££

Maizy's Ice Cream Parlour, Brimstage
Piccola gelateria accanto al Brimstage Maze, con 16 gusti tra i quali scegliere, compresi alcuni fantasiosi, apprezzati dalla gente del posto, come il Werthers Originals al caramello. £

Artisan Gelato
Fresco e cremoso gelato fatto sul posto senza troppi gusti tra i quali scegliere. In posizione perfetta per gustarselo camminando lungo la sponda del West Kirby Marine Lake. ££

TRASPORTI LOCALI

Merseyrail copre la Liverpool City Region, raggiungendo il Wirral e Chester, quindi potrete facilmente muovervi nella regione con un pass giornaliero.

Il Wirral è piatto e facile da percorrere a piedi e in bici. Alcuni percorsi liberi da auto, come la Wirral Way, collegano le diverse zone, ma in inverno possono essere fangosi.

A Liverpool e nel Wirral non è necessaria l'auto, ma se dovete portarla, è meglio parcheggiare fuori dalle zone centrali e prendere il trasporto pubblico poiché i sensi unici e il Mersey Tunnel possono confondere chi non è del posto.

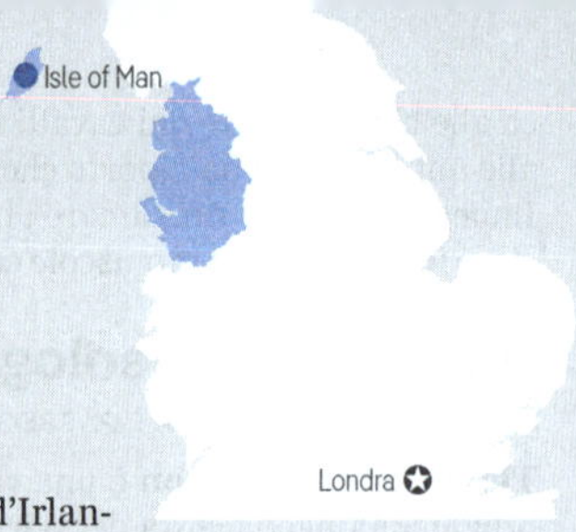

ISLE OF MAN

Annidata tra la Gran Bretagna e l'Irlanda nel Mare d'Irlanda, l'Isle of Man ospita un paesaggio rurale, sport acquatici, gare di motocicletta, fate e fauna selvatica, compreso il Manx Cat, il gatto dell'Isle of Man. Vi si respira un ritmo di vita rilassato e la sua cultura è unica, e questo la rende una meta affascinante. Il clima a volte è un po' inclemente, ma come il resto del nord-ovest, l'Isle of Man compensa con la sua affabile comunità. Nel nord si trova l'imponente Laxey Wheel che pompa l'acqua dalle miniere; la graziosa cittadina sul mare di Ramsey, sullo sfondo di colline verdi ricoperte di alberi; e Snaefell, la montagna più alta dell'isola. Nel sud, gli adorabili e pittoreschi villaggi di pescatori di Port Erin e Port St Mary vi aspettano. Oggi l'isola attira gli amanti della natura e delle passeggiate, gli entusiasti delle ferrovie, e tutti coloro che vogliono un rifugio sul mare lontano dalla terraferma.

IL CONSIGLIO

Attrezzatevi per il vento e la pioggia – essendo un'isola, le condizioni climatiche toccano gli estremi! Anche nei mesi estivi, non è particolarmente calda o assolata.

Milner's Tower vicino a Port Erin

SILVERGULL/SHUTTERSTOCK ©

DA NON PERDERE
1 Calf of Man
2 Laxey Wheel

DA VEDERE
3 Castletown
4 Douglas
5 Fairy Bridge
6 Port Erin
7 Port St Mary
8 Ramsey
9 Snaefell
10 Summerhill Glen

Il capoluogo dell'isola

MEZZI DI TRASPORTO A VAPORE, ELETTRICI E IPPOTRAINATI

Il grazioso **Manx Museum** in mattoni rossi è un luogo eccellente da cui iniziare la visita a **Douglas**. Qui imparerete qualcosa sul mondo naturale di quest'isola che è Riserva della Biosfera UNESCO e scoprirete dove fare incontri ravvicinati con le foche. Rilassatevi sulle sedie a sdraio del museo guardando i video con vedute e suoni dell''isola delle vacanze' in epoca vittoriana, per poi immergervi nelle origini nordiche dell'isola, il parlamento Tynwald, e le radici della lingua mannese.

Ci sono molti nuovi modi per spostarsi sull'isola. L'eccitante **Steam Railway**, con fischi e sbuffi, si fa strada da Douglas a Port Erin attraverso la pittoresca campagna e le affascinanti stazioni di epoca vittoriana. Operativo da quasi 200 anni, il **Victorian Electric Tramway** offre vedute delle scogliere e sale sullo Snaefell, la montagna più alta dell'isola. E poi c'è l'**horse tram**, un tram trainato da cavalli, in funzione dal 1876. I 'trammers' (i cavalli che trainano i tram) lavorano due ore al giorno in estate e maturano una pensione che garanti-

MIGLIORI BEVANDE CALDE E VEDUTE

The Sound Cafe
Accogliente *cafe* di Port Erin che serve prodotti locali, come il Manx sandwich con aringa affumicata, e offre vedute da prima fila del Calf of Man. **££**

Victory Cafe
Pittoresco *cafe* stile mensa in un'ex Rotor Radar Station della Guerra Fredda, a Snaefell, sul tragitto del Tourist Trophy, la gara di moto. **££**

The Shed
Cafe di Laxey, primo a ideare l'esperienza di mangiare sul lungomare con coperte, borse dell'acqua calda e bevande fumanti. **££**

DOVE DORMIRE SULL'ISLE OF MAN

The Empress Hotel
Tradizionale hotel dalla facciata in vetro, a Douglas, con camere confortevoli. Per le fantastiche vedute, si paga di più. **££**

Langtoft Manor B&B
B&B rurale a 20 minuti a piedi dal centro di Peel. Confortevole e intimo, serve cibo locale. **£**

Ramsey Park Hotel
Hotel moderno che si affaccia sul Mooragh Lake e sulla costa di Ramsey, con facile accesso alla seconda città dell'isola. **£**

MIGLIORI PRANZI A DOUGLAS

Junkbox
Altissimi hamburger vegetali, carichi di patatine e chick'n wings vegane, anche da asporto, in questo locale decorato in modo eclettico e dall'atmosfera rilassata vicino al Sea Terminal. **££**

The Eatery
Cafe tradizionale attento alle esigenze dei vegani sulla high street, popolare con una clientela di ogni età. Il menu include la prima colazione, il pranzo e deliziosi poké hawaiiani e di Waikiki. **£**

The Tea Junction
L'unico tea shop dedicato dell'isola, con oltre 20 varietà di tè in foglia; serve prime colazioni, pranzi e afternoon tea in un ambiente appariscente. **££**

DENIS KABANOV/SHUTTERSTOCK ©

Laxey Wheel

sce loro un posto alla Home of Rest for Old Horses (sorta di pensionato per vecchi cavalli; aperto da maggio a settembre).

Vi trovate su un'isola di folklore e fate, e sarete immediatamente coinvolti nella magia. Se viaggiate lungo la A5 per o da Douglas in autobus, vi verrà richiesto di rispettare la tradizione di Man dicendo 'Hello Fairies' quando attraversate il Fairy Bridge – potrebbe portare sfortuna non farlo. Potrete anche girare per l'habitat naturale delle fate (meglio dopo il tramonto per vedere le lucine che brillano) a **Summerhill Glen**, un bel sentiero con boschi e cascate.

Sperimentare il nord dell'Isle of Man

TRAMONTI SUL MARE

Ramsey, la seconda città più grande dell'isola, ha un ritmo più rilassato rispetto al capoluogo, con la sua lunga spiaggia sabbiosa, gli hotel sul mare, i pittoreschi negozi sulla stretta high street, le barche che punteggiano il porto e le colorate casette che si affacciano sull'acqua. Un ponte girevole di ferro del 1892 fornisce un bel collegamento tra la città e il lungomare vicino ai cantieri navali. Situata lungo la costa settentrionale, Ramsey è il luogo ideale per ammirare i tramonti.

Lungo il percorso dell'**Electric Tramway**, vedrete la più grande ruota idraulica del suo genere ancora esistente, la vittoriana **Laxey Wheel**. Lady Isabella, com'è conosciuta, fu

DOVE TROVARE UNA BIRRA LOCALE

The Manx Arms
Pub tradizionale a Onchan piacevolmente vivace dove servono la Okell's, una birra locale. **££**

The Shore Hotel
Fascino vittoriano in stile moderno, a Laxey; serve la Old Laxey Brewing Company Beer (prodotta lì accanto!). **££**

The Rovers Return
Nascosto in una stradina, il più antico pub di Douglas è vivace e serve la birra locale Bushy's e il sidro Manx. **££**

progettata da Robert Casement e costruita nel 1864 per pompare 1136 litri di acque alluvionali al minuto dalle redditizie miniere di zinco sottostanti, riversandole nel vicino fiume. È un'opera ingegneristica di rilievo.

Dalla Steam Railway Station fatevi strada fino al punto più elevato dell'isola per godervi le vedute e il terreno aspro dallo **Snaefell** (619 m). Potete effettuare la salita a piedi oppure più comodamente a bordo dell'Electric Tramway. L'escursione, spesso ventosa, richiede dai 15 ai 30 minuti dalla stazione di Bungalow; potrete ricaricare le pile con una bevanda calda al *cafe* che si trova in vetta e, se siete fortunati, far spaziare lo sguardo su Inghilterra, Scozia, Galles, Irlanda e Isle of Man, se il Manannan's Cloak non oscura la visuale. Manannan (da cui il nome dell'isola) è il dio del mare di Manx che si nasconde dietro un 'manto di foschia' quando ci sono guai in vista. Per i profani significa che è nuvoloso o c'è la nebbia!

Isle of Man meridionale

ALLA SCOPERTA DEL SUD

Una corsa a bordo della Steam Railway da Douglas vi porterà fino al centro di **Port Erin**, dove classiche case bianche e hotel si affacciano sulla tranquilla baia, rendendolo uno dei luoghi più pittoreschi dell'isola. La località balneare vittoriana è sede del **Railway Museum**, che traccia la storia della ferrovia a vapore dell'isola dalle origini (1873) a oggi.

Proseguendo con il treno fino a **Port St Mary**, più riparato grazie all'argine che contiene le onde più forti, potrete immergere i piedi o fare una nuotata (i più coraggiosi!) in acque più calme.

Castletown, ex capoluogo dell'isola, è dominata dall'imponente **Castle Rushen**, un castello medievale (XIII secolo) tra i più completi d'Europa. Potrete vedere le antiche cucine, le segrete, la grande sala con spesse pareti di pietra, logore scale a chiocciola e i grandissimi arazzi appesi.

Al largo della costa meridionale, sorge l'isoletta di Calf of Man, oasi avicola dal 1939, sul percorso degli uccelli migratori della Gran Bretagna. Partecipate a una gita sull'isola per vedere specie come falchi pellegrini, gazze marine e marangoni dal ciuffo. Sulla terraferma si trova il **Sound**, un'area naturale con belvedere ricca di fauna selvatica (compresi banchi di delfini e squali), il posto ideale per ammirare le foche che prendono il sole sulla rocciosa Kitterland. Inserito tra i siti Dark Sky Discovery, è anche una postazione perfetta per guardare le stelle.

PERCHÉ AMO L'ISLE OF MAN

Sarah Irving, autrice Lonely Planet

Relativamente incontaminata per l'era moderna, promuovendo il proprio passato storico con ferrovie e tram, e le magiche superstizioni delle fate, l'isola abbraccia uno stile di vita lento – che a volte noi abitanti della terraferma non apprezziamo neppure. Aspra linea costiera, acque ricche di animali e venti mozzafiato non fanno che aggiungere ulteriore fascino a quest'isola al largo della costa nord-occidentale. È facile fare amicizia a ogni angolo, assorbendo l'entusiasmo e la passione degli abitanti per l'isola e facendoli propri.

TRASPORTI LOCALI

L'isola è facilmente accessibile sia con l'aereo sia via mare, con lo Steam Packet Ferry da Liverpool a Douglas, la città principale.

In alta stagione (da aprile a ottobre), potrete scegliere tra vari mezzi di trasporto, compresi autobus, Electric Tramway e Steam Railway. Nei mesi di bassa stagione, l'autobus è il principale mezzo di trasporto per girare l'isola.

Le numerose passeggiate lungo la costa si percorrono a piedi, in bicicletta e in moto, anche se può risultare più impegnativo via via che ci si inoltra nell'entroterra più collinoso.

Girare in macchina sull'isola è semplice, ma i parcheggi scarseggiano poiché si può parcheggiare solo lungo la strada e per periodi limitati.

JOHN FINNEY PHOTOGRAPHY/GETTY IMAGES ©

In alto: Rosthwaite (p528); a destra: Newcastle (p555)

AREE PRINCIPALI

KESWICK
Punto di accesso ai Lakes settentrionali.
p522

WINDERMERE E BOWNESS
Località di riferimento per i Lakes più popolari.
p533

LA COSTA DELLA CUMBRIA
Selvaggia, spazzata dal vento e piena di uccelli.
p546

LAKE DISTRICT, CUMBRIA E IL NORD-EST

LA BELLEZZA DI UN PAESAGGIO DESOLATO

Laghi, alture, castelli e una cultura davvero peculiare: le regioni nord-orientali sono al contempo desolate e panoramiche in modo sublime.

Lake District, Cumbria e Northumberland rappresentano la selvaggia frontiera settentrionale dell'Inghilterra. Storicamente contesi tra britannici, sassoni, danesi e scozzesi, la loro bellezza può essere dura tanto quanto la loro storia. E la loro varietà è altrettanto stupefacente: i Lakes richiamano alla mente dei visitatori le Highland scozzesi; solo la Cornovaglia è più vasta delle selvagge North Pennines tra le Areas of Outstanding Natural Beauty (AONB; Aree di Rilevante Bellezza Naturale) d'Inghilterra; e poi ci sono la linea costiera a picco sul mare e le città storiche del Northumberland: affascinanti.

Città come Newcastle, Durham e Carlisle hanno un pedigree storico di tutto rispetto, che a volte arriva fino ai romani. E furono proprio i romani a definire il limite più settentrionale della loro provincia britannica con una delle più antiche opere ingegneristiche al mondo: il Vallo di Adriano. Sono molti coloro che scelgono di percorrere questa barriera un tempo possente, così come innumerevoli altri sentieri attraverso i Lakes, la Pennine Way e la costa del Northumberland. Questo è il posto giusto per chi ama girovagare.

Chi arriva qui per la prima volta scoprirà subito di trovarsi in un luogo diverso da qualunque altro nel paese. Non solo l'accento è diverso, ma ci sono dialetti usati solo in determinati luoghi. Se un abitante del nord-ovest usa 'our' (nostro) per dire 'mine' (mio), un 'Geordie' (abitante di Newcastle e dintorni) userà 'wor'; perciò 'my wife' (mia moglie) potrebbe diventare sia 'our lass' sia 'wor lass'. Noterete un ardente regionalismo abbinato a una calorosa accoglienza, forse non così immediata più a sud.

DAI LAKES ALLE BORDERLANDS
Ricchi di storia di epoca romana e medievale.
p550

NEWCASTLE-UPON-TYNE
La festaiola e orgogliosa 'capitale' del nord-est.
p555

LA COSTA DEL NORTHUMBERLAND
Assolutamente bella e affascinante dal punto di vista storico. p572

Per orientarsi

Sulla cartina ha dimensioni ridotte, ma il nord dell'Inghilterra presenta ostacoli come alti fell (colline di origine glaciale), strade strette e un tempo inclemente. Molti dei luoghi più appaganti sono piuttosto remoti, perciò pianificate un po' di tempo per visitarli.

Dai Lakes alle Borderlands, p550

Carlisle – o Luguvalium per i suoi fondatori romani – è il centro principale di questa zona poco esplorata. Ma la graziosa Penrith e alcune splendide passeggiate sui fell gratificano allo stesso modo.

La costa della Cumbria, p546

Spesso ignorata dai visitatori diretti verso i Lakes, la costa della Cumbria è un selvaggio e splendido tratto di paludi salmastre, villaggi sul mare e oasi avicole tra cui St Bees Head.

Keswick, p522

La 'capitale' dei Lakes settentrionali è la base ideale per percorrere a piedi i fell lì attorno ed esplorare Derwentwater, Ullswater, Buttermere e altre destinazioni.

Windermere e Bowness, p533

Affascinanti città gemelle sul più grande lago d'Inghilterra, la base ideale per esplorare le peculiari cittadine della Cumbria come Grasmere o meraviglie naturali come la valle della Great Langdale.

La costa del Northumberland, **p572**

Battuta dalle onde, selvaggia e seducente, la costa del Northumberland è uno dei tratti di costa più spettacolari d'Inghilterra. L'inespugnabile Bamburgh Castle, in cima a una scogliera, e Holy Island (Lindisfarne), sono luoghi indimenticabili.

Newcastle-upon-Tyne, **p555**

Famosa per la sua vita notturna e l'eredità industriale, Newcastle è anche il punto di accesso al Vallo di Adriano, alla contea di Durham e al Northumberland National Park.

AUTOMOBILE

Sebbene le distanze non siano enormi, i Lakes e il nord-est si esplorano meglio in auto. La East Coast Line collega Londra con Newcastle in tre ore; una volta lì, è meglio procurarsi un mezzo di trasporto autonomo.

TRENO

Nel nord-est i collegamenti ferroviari tra Newcastle e Londra, Carlisle, Edinburgh, Berwick e Durham sono buoni. Nei Lakes, però, solo Penrith, Windermere, Kendal e Oxenholme sono su una diramazione della West Coast Mainline. Meglio gli autobus locali o l'auto per esplorare.

AUTOBUS

Diverse compagnie di autobus private effettuano servizi nel nord, e sono ottime per i collegamenti tra i maggiori centri, ma poco utili per chi cerca di raggiungere le parti più remote dei Lakes, il Northumberland National Park o il Vallo di Adriano.

Ritmi di viaggio

I Lakes e il nord-est si esplorano meglio con un ritmo tranquillo. Non cercate di vedere tutto; lasciatevi del tempo per girovagare immersi in questo splendido paesaggio.

MNSTUDIO/SHUTTERSTOCK ©

Great Langdale (p531)

Un weekend lungo

- Dovete vedere **i Lakes** (p550), sito UNESCO, per gli incredibili paesaggi e la peculiare cultura. Scegliete **Keswick** (p522) o **Windermere** e **Bowness** (p533) come base per esplorare!

- Se avete scelto Windermere, iniziate la giornata con una visita al favoloso **Windermere Jetty Museum** (p535), o con una crociera sul lago stesso. Quindi dirigetevi a nord fino a **Rydal Mount** (p537), la casa di Wordsworth nella favolosa Grasmere, e fate un'escursione nel pomeriggio attraverso la **valle della Great Langdale** (p540).

- Se siete a Keswick, salite sull'adiacente fell fino al **Castlerigg Stone Circle** (p543), fate un giro in macchina a **Buttermere** e **Borrowdale** (p529), o una crociera sul **Derwentwater** (p525) orlato dalla foresta.

Le stagioni

Le vacanze estive sono il periodo in cui molti dei 30 milioni di visitatori annuali arrivano nei Lakes. Anche se il Northumberland non è altrettanto frenetico, puntate alla media stagione (primavera e autunno) per entrambe le regioni.

GENNAIO

Le minime sotto lo zero portano neve in molte zone, ma questa può essere una stagione magica. Alcune attrazioni, sistemazioni e ristoranti chiudono.

MARZO

In primavera arrivano i fiori di campo, gli agnellini e un tempo un po' più clemente. Alcune attrazioni e sistemazioni sono ancora chiuse.

MAGGIO

Le medie superano i 10°C, le piogge diminuiscono e le folle non sono ancora arrivate. Uno dei periodi migliori per visitare questi luoghi.

MICHAEL HILTON/SHUTTERSTOCK ©, PHILIP BROOKES/SHUTTERSTOCK ©, LOVEMYDESIGNS/SHUTTERSTOCK ©

Se avete una settimana

- Cercate di vedere il meglio di entrambi i versanti delle Pennines. Fate base a **Newcastle-upon-Tyne** (p555) e trascorrete la giornata visitando il **Discovery Museum** (p558), il **Life Science Centre** (p558), e i numerosi pub e ristoranti della città.

- Quindi, fate rotta verso il **Northumberland National Park** (p564) e l'**Housesteads Roman Fort** (p567) sul **Vallo di Adriano** (p567). Dopo una giornata così intensa, sarete felici di arrivare a **Carlisle** (p553) per la notte.

- Dopo aver vagato sui bastioni del **Carlisle Castle** (p553), dirigetevi a sud nei **Lakes** (p550), e fate base a **Keswick** (p522). Trascorrete i giorni successivi a esplorare i fell ricoperti di brugo, gli scintillanti laghi e le irresistibili cittadine rivierasche.

Se avete più tempo

- Se non avete problemi di tempo, l'esperienza sarà indimenticabile. Oltre alle attrazioni imperdibili, come **Newcastle** (p555), il Vallo di Adriano (p567) e **i Lakes** (p550), ci sono perle come **Durham** (p562), che ospita la più bella **cattedrale** romanica della Gran Bretagna (p562) e un **castello** (p563) davvero imponente.

- Girate la **costa del Northumberland** (p572) costeggiando la cima delle scogliere e imbattendovi in fotogenici fortini come l'**Alnwick Castle** (p574) e il **Bamburgh Castle** (p574).

- E poi ancora l''Holy Island' di **Lindisfarne** (p576); gli angoli più remoti dei Lakes come **Grizedale Forest** (p540) e **Coniston Water** (p544); e la fauna avicola di **St Bees Head** sulla **costa della Cumbria** (p546).

LUGLIO

Il picco dell'estate è delizioso, ma i Lakes possono diventare l'ingorgo più panoramico della Gran Bretagna. Ideale per percorrere le Pennines.

AGOSTO

Piena estate e vacanze scolastiche. Il tempo può essere incantevole in tutto il nord, ma lo stesso non si può dire per le folle.

SETTEMBRE E OTTOBRE

Forse il periodo migliore per venire qui in visita. Le temperature iniziano a scendere, ma i colori dell'autunno e le folle in calo compensano.

DICEMBRE

I mesi più umidi e più freddi (quasi) nel nord coincidono con i mercatini di Natale, la socialità nei pub e le colline imbiancate.

TONYWESTPHOTO/GETTY IMAGES ©, PHOTO BY JOEL SHARPE/GETTY IMAGES ©, STEWART SMITH PHOTOGRAPHY/SHUTTERSTOCK ©, PHOTOCRITICAL/SHUTTERSTOCK ©

KESWICK

Punto di accesso ai Lakes settentrionali, Keswick ('kezzick') è un centro importante per gli escursionisti. Bella cittadina circondata da fell, fattorie e antichi monumenti, la sua tortuosa planimetria medievale e la posizione accanto al lago la rendono graziosa per meriti propri. Sebbene gli insediamenti umani qui risalgano al Neolitico, la cittadina fiorì solo a partire dal 1276, quando Edoardo I le concesse diritto di mercato.

Il turismo del Lake District iniziò qui nel XVIII secolo, e Keswick oggi riceve un enorme afflusso di visitatori. Nei momenti di picco, dovrete fare la coda per le crociere sul lago, e uscire dalla città per un po' di pace e tranquillità. Keswick offre numerose sistemazioni, pub e passeggiate nelle vicinanze. Catbells è una facile camminata, mentre Skiddaw e Blencathra sono più impegnative. Il Castlerigg Stone Circle si erge impenetrabile tra vedute della Thirlmere Valley, High Seat e Helvellyn. Trovandosi sul Derwentwater, Keswick è a poca distanza dai laghi della regione, dalle vette e dai punti panoramici come Bassenthwaite, Thirlmere, Ullswater, Borrowdale e Lattrigg.

IL CONSIGLIO

I Lakes sono famosi per i cieli bui, lontani dall'inquinamento luminoso delle città. Un Dark Sky Discovery Pack, disponibile online o negli uffici turistici, informa gli 'stargazers' sui luoghi migliori per esplorare il cielo. Alcune app come quella della NASA e GoSkyWatch Planetarium migliorano l'esperienza.

Catbells

MICHAEL CONRAD/SHUTTERSTOCK ©

DA NON PERDERE	DA VEDERE	ATTIVITÀ, CORSI E TOUR	DIVERTIMENTI
1 Castlerigg Stone Circle	**2** Derwent Pencil Museum **3** Keswick Museum	**4** Blencathra **5** Catbells **6** Skiddaw	**7** Alhambra Cinema **8** Theatre by the Lake

Arrampicarsi sui fell di Keswick

LE HIGHLAND SCOZZESI IN MINIATURA

Camminare è il modo migliore di vedere i Lakes, e pochi luoghi vantano ricchezza e varietà di escursioni come Keswick.

L'importanza storica della città per le miniere di grafite e, dal XVIII secolo in poi, per il turismo, ha lasciato una discreta eredità di attrazioni. C'è il **Keswick Museum**, dedicato a tematiche locali, il **Derwent Pencil Museum**, di nicchia, il **Theatre by the Lake** e il bel cinema in mattoni rossi, l'**Alhambra Cinema**, in attività dal 1913. Per esplorazioni fuori città, dirigetevi a est per 2,4 km per la breve salita fino al **Castlerigg Stone Circle**. Eretto circa 4500 anni fa, è il monumento antico in posizione più panoramica del paese.

Potreste volervi riposare una notte prima di affrontare pendii più impegnativi a Keswick: il **Catbells** (una ripida salita di 451 m dal molo di Hawes End sulla sponda ovest del Derwentwa-

GLI ARTISTI E I LAKES

L'attrazione di William Wordsworth per la magnificenza dei Lakes è risaputa. Ci sono, però, numerosi altri artisti, meno conosciuti, che da essi sono stati ispirati. A Wordsworth, nato a Cockermouth e a volte residente nel Dove Cottage di Grasmere, i fell, i laghi e le valli evocavano in modo potente 'il sublime' - a volte in modo talmente travolgente da andare al di là delle parole o della pura comprensione.

Alla stregua di altri poeti romantici come Samuel Taylor Coleridge e Robert Southey, Wordsworth celebrò il carattere sublime dei Lakes in molte sue poesie - la più famosa è *Daffodils*.

Gli scrittori non sono stati gli unici artisti attirati dalla grandiosa bellezza naturale dei Lakes. Tra i rinomati pittori romantici ispirati da questa regione ci sono John Constable e William Turner, il cui *Buttermere Lake* (1798) si trova nella Tate Gallery a Londra.

Skiddaw

ter); il difficile circuito di 8 miglia (13 km) fino allo **Skiddaw** (915 m); o al **Blencathra** (868 m), solo 5 miglia (8 km) ma più difficile dello Skiddaw. Vedute magnifiche da tutti e tre, ma in condizioni meteo avverse è meglio non salire.

Se siete arrivati in autobus, scendete alla fermata fuori dal supermercato Booth's (ideale per fare provviste). Noterete subito un'abbondanza di escursionisti e di negozi di attrezzatura per attività all'aperto. Il **Tourist Office**, allestito nella cinquecentesca Moot Hall, nel cuore della città, fornisce cartine, opuscoli e consigli. La città inoltre ha così tante sistemazioni che trovare qualcosa di centrale non dovrebbe essere difficile - tranne in alta stagione, quando si deve prenotare in anticipo.

Pescare a Keswick

LA META PERFETTA PER PESCARE

Keswick non è irresistibile solo per gli scalatori di fell, ma attira anche gli amanti della pesca. Situata sopra il Derwentwater e sotto il Bassenthwaite, all'intersezione dei fiumi Greta e Derwent, e poco lontano da Buttermere, Loweswater e Crummock Water, offre così tante opzioni per la pesca che si ha l'imbarazzo della scelta. Con i permessi e l'attrezzatura, rispettando regole e restrizioni, la pesca è uno dei modi più soddisfacenti e contemplativi di godersi i laghi intorno a Keswick.

DOVE BERE UNA BIRRA A KESWICK

The Dog & Gun
Gradevole pub che accoglie escursionisti a quattro zampe; rinomato per il goulash. £

The Wainwright
Serve real ale locali, ed è stato tra i vincitori della West Cumbria CAMRA (Campaign for Real Ale). £

The Crafty Baa
Socievole inn che serve oltre 100 tipi di birre artigianali, offre musica live e buon cibo di provenienza locale. £

STEVEN FLECK/SHUTTERSTOCK ©

Crummock Water

Bassenthwaite e **Derwentwater** sono due dei più grandi laghi della regione. Il primo, lungo 4 miglia (6,4 km), ha acque poco profonde e due zone vietate alle barche alle estremità; promette lucci, leucischi rossi, trote comuni, coregoni bianchi, anguille e persino salmoni (nello sfioratoio di Ouse Bridge). Il secondo, con le sue isole verdi, ha diverse zone vietate alle barche, e ospita più o meno le stesse specie.

Il **Buttermere** ha pesce persico, luccio, trote e salmerini; il **Crummock Water** le stesse specie oltre a trote arcobaleno e salmoni dell'Atlantico da luglio; il **Loweswater** ha lucci, pesce persico e trota comune (limite di tre per la cattura). Nessuno dei tre ha rampe per barche; tutti hanno il divieto per le barche a motore e un limite massimo (10 barche per volta per Buttermere e Crummock; quattro per il Loweswater).

La pesca alla mosca per trota e salmone è permessa sui fiumi Greta e Derwent. Visitate il Tourist Office di Keswick o il sito lakedistrict.gov.uk per permessi (per barche e pesca), cartine e norme da rispettare.

POSTI MIGLIORI PER MANGIARE A KESWICK

Fellpack Kitchen, Elegante bistrò con menu cosmopolita: dal *jerk goat* (con carne di capra locale) all'haché di funghi. ££

Casa Bella Ristorante italiano di qualità che serve piatti come lasagne con manzo locale e stufato di cervo. ££

Thyme Bistro Ignorate i funzionali piatti di pasta e pizza e optate per salsiccia di Cumberland o stinco di agnello con purè al tartufo. ££

Plant by Kat's Kitchen Allegro *cafe* vegano con piatti sostanziosi come il chilli di fagioli con riso. £

CROCIERE SUL LAGO

Keswick (p522), come **Windermere** (p533) e **Coniston Water** (p544), offre escursioni in barca stagionali sull'adiacente Derwentwater. Una crociera lungo le sponde alberate del lago e fra le piccole isole è una vera delizia con il bel tempo.

TRASPORTI LOCALI

La piccola Keswick ha un centro pedonale e 10 parcheggi per auto, dove in genere si paga tra £4 e £10 per parcheggiare tutta la notte. Se vi fermate più di tre notti conviene rivolgersi all'Allerdale Council per un permesso mensile, valido presso i parcheggi a lungo termine di Central, Lakeside e Otley Road. Nei periodi di picco la concorrenza per un posto è spietata. Una volta sistemati a Keswick, basteranno i vostri piedi per girare: la pianta della città è facile da imparare. State però sempre attenti al costante traffico nelle tortuose stradine!

Dintorni di Keswick

Keswick è circondata da iconici fell, laghi glaciali, incantevoli cittadine e siti storici, tutti situati a breve distanza dalla città.

Il Derwentwater, a sud della città, è un pittoresco e lucente lago cinto da un sentiero di 10 miglia (16 km) moderatamente faticoso. Potete esplorare le sue isole boscose e i panorami a 360° sui fell con la Keswick Launch (da marzo a novembre) che parte dalla Keswick Marina e da diversi altri moli.

Gli incantevoli laghi Buttermere, Ennerdale, Crummock, Loweswater e Bassenthwaite sono tutti a 45 minuti in auto, ma appaiono comunque piuttosto remoti (un sollievo dopo la confusione di Keswick), e a volte sono raggiungibili solo a piedi.

Le valli e gli alti passi come Borrowdale e l'Honister Pass, sempre lì vicino, esprimono la quintessenza dello splendore del Lakeland. Borrowdale offre sistemazioni diverse, dagli inn tradizionali agli ostelli della gioventù, mentre Honister è il fulcro di attività come i tour nelle miniere di ardesia e le arrampicate su via ferrata lungo pareti di roccia.

IL CONSIGLIO

Se raggiungete in autobus attrazioni e siti nei dintorni di Keswick, è conveniente il Day Rover, un biglietto hop-on hop-off valido un giorno più economico del classico andata e ritorno.

Buttermere (p529)

Ullswater Steamers, imbarcazioni d'epoca

Scendere in acqua

SULLE ACQUE DEI LAGHI

L'attrattiva principale dei Lakes sono i laghi stessi! Se molti si accontentano di vagare lungo le loro sponde, pascolo per le pecore, ci sono molti modi più eccitanti per vivere i laghi.

Le crociere su imbarcazioni da diporto sono il mezzo che la maggior parte dei visitatori sceglie per scendere in acqua. **Keswick Launch** fa servizio sul Derwentwater da marzo a novembre, partendo dalla Keswick Marina e visitando Ashness Gate, Lodore, High Brandelhow, Low Brandelhow, Hawes End, e Nichol End in un giro della durata di 50 minuti. Gli **Ullswater Steamers** percorrono in lungo e in largo quel lago tutto l'anno, fermando a Glenridding, Howtown e Pooley Bridge.

Se preferite essere autonomi, Keswick Launch noleggia anche barche a remi e a motore dalla Keswick Marina, mentre la sussidiaria **Platty+** fornisce kayak, paddleboard e persino dinghy a vela dal molo di Lodore. **Derwentwater Marina** a Portinscale, 15 minuti a piedi da Keswick, noleggia anche una buona gamma di paddleboard, kayak e simili.

I Lakes sono anche tra i posti migliori del Regno Unito per **nuotare in mezzo alla natura**. I neofiti potrebbero voler nuo-

MIGLIORI GIRI IN MOUNTAIN BIKE NEI DINTORNI DI KESWICK

Whinlatter Forest
Whinlatter Forest offre quattro sentieri nella foresta di difficoltà varia – i migliori fra quelli nei Lakes.

The Skiddaw Loop
Questo circuito di Skiddaw è rimasto leggendario dal 1920. Le sue 17 miglia (27 km) prevedono alcune dure salite.

The Borrowdale Bash
Impegnativo circuito di 17 miglia (27 km), il 'Bash' collega alcuni dei più graziosi panorami a sud di Keswick.

Brundholme Wood and Skiddaw Circular
Questo circuito di 6,5 miglia (10 km) prevede un dislivello di 721 m e alcuni sentieri ripidi e difficili. Quindi è solo per ciclisti esperti.

DOVE VIZIARVI NEI DINTORNI DI KESWICK

The Falls Spa
All'interno del Lodore Falls Hotel, sul Derwentwater, la spa ha ogni tipo di trattamento possiate desiderare.

The Spa at Underscar
Lussuoso trattamento spa completo in struttura a cinque stelle sui pendii dello Skiddaw.

Armathwaite Hall
Questa spa, che sovrasta il Bassenthwaite Lake, offre tutti i trattamenti possibili e anche una hot tub all'aperto.

UN PAESAGGIO SCOLPITO DALL'ACQUA

Le rocce sedimentarie e ignee che formano i laghi e i fell sono state scolpite da ghiaccio e acqua. Che si tratti di rocce sedimentarie, come l'antico Skiddaw Group, formato dal compattamento di fango, limo e sabbia, o vulcaniche come Borrowdale e Eycott, sono tutte state plasmate dal ghiaccio del periodo Devensiano, l'ultima glaciazione avvenuta in Gran Bretagna (circa 70.000 anni fa).

I ghiacciai del Devensiano trasformarono i Lakes creando il peculiare paesaggio che vediamo oggi. Trascinando via le prove di precedenti eventi glaciali, lasciarono dietro di sé *arêtes* (strette creste tra le valli), *roches mountonnées* (enormi massi tondeggianti per la pressione del ghiaccio), laghetti di montagna, valli sospese (piccole valli al di sopra di valli più grandi) e tutte le altre caratteristiche che lo rendono un paesaggio mozzafiato.

DANIEL_KAY/SHUTTERSTOCK ©

Derwentwater (p527)

tare in sicurezza con una squadra come **Swim on the Wild Side** (a Millbeck, all'estremità sud del Derwentwater) mentre chi ha più esperienza può individuare i posti migliori su siti come wildswimming.co.uk. **Rosthwaite**, a Borrowdale, offre una gamma di attività - dalle pozze con acque basse alimentate da cascate, adatte alle famiglie, ai tuffi da scogliera e nei laghetti di montagna sulle vette dello Scafell Pike.

Camminare sui fell nei dintorni dei Lakes settentrionali

INEBRIARSI DI NATURA

I fell settentrionali sono le catene che si estendono a ovest del Bassenthwaite Lake e tra Keswick e Caldbeck. Qui includiamo anche i fell nord-occidentali - delimitati da Honister Pass, Lorton, Braithwaite e Borrowdale. Nell'insieme, queste regioni abbondano di fell percorribili a piedi.

Vicino a Keswick e a Bassenthwaite, il più facile è il **Latrigg** (368 m), un circuito di 3,2 km, con vedute sul Derwentwater e partenza da Keswick. Sempre dalla città, un'alternativa di 6 miglia (9,6 km) e media difficoltà e altre passeggiate poco impegnative portano a **Friar's Crag** e a **Castlerigg**.

NOLEGGIO IMBARCAZIONI SUI LAKES SETTENTRIONALI

Tall Bloke Adventures
Tour guidati in kayak sull'Ullswater con un istruttore esperto. Si parte da Glenridding.

Glenridding Sailing Centre
Navigate sull'Ullswater su un dinghy a noleggio oppure optate per qualche lezione con istruttori esperti.

Derwentwater Marina, Portinscale
Noleggia canoe, paddleboard, barche a remi, kayak e persino pedalò da marzo a ottobre.

Lo **Skiddaw** (931 m) è il più grande dei fell che circondano Keswick, con tanti picchi più piccoli nelle vicinanze. Si può scegliere tra un'arrampicata media di 4 miglia (6,4 km) da Dodd's Wood al **Dodd** (502 m) o altri percorsi che salgono sullo Skiddaw da Millbeck: un difficile sentiero di 8 miglia (13 km) o uno più stancante di 15 miglia (24 km). Una volta lì, gustatevi le vedute di Bassenthwaite, Blencathra e dei Dodds.

A ovest, il **Grasmoor** (852 m) e l'**Eel Crag** (839 m) sono entrambi moderatamente impegnativi e accessibili da Buttermere. Sempre da qui il **Bleaberry Tarn** è raggiungibile con un più facile ma non meno panoramico circuito di 3 miglia (4,8 km), ideale per famiglie.

L'alto **Honister Pass**, grazie a un parcheggio, rende la passeggiata di 3,2 km fino alla vetta panoramica del Dale Head (752 m) accessibile quasi a tutti. **Grange** ha la più alta concentrazione di vette nel nord: **Catbells**, **Maiden Moor** (576 m), **High Spy** (653 m), **Grange Fell** (419 m) e **Castle Crag** (solo 290 m ma con un fortino preistorico) sono tutti nelle vicinanze.

Una visita ai villaggi oltre Keswick

DEVIAZIONI VERSO SPLENDIDI BORGHI

Keswick è una buona base, ma non tralasciate i borghi più piccoli attorno. Incontrerete pochi visitatori e vi innamorerete dei villaggi tradizionali intrisi del vero carattere della Cumbria.

Iniziate con **Threlkeld**, 4 miglia (6,4 km) a est, sotto Blencathra. Oltre ai resti di abitazioni neolitiche e anglosassoni, i suoi edifici più antichi sono ora l'invitante **Horse and Farrier** Inn (1688) e la **Church of St Mary** (1777).

A nord-ovest si trova il **Bassenthwaite Lake**, il borgo georgiano di **Applethwaite** (ideale per salire sullo Skiddaw), l'incontaminato villaggio agricolo di **Bassenthwaite** e, infine, **Ireby**. Fra i più graziosi villaggi dei Lakes, Ireby è anche vicino a una delle **fattorie romano-britanne** (sull'Aughertree Fell; si stima Età del Bronzo) meglio conservate della Gran Bretagna e all'**Ireby Old Church** (XII secolo).

Tredici miglia (21 km) a ovest, il georgiano **Cockermouth**, luogo natio di Wordsworth, è sede del **Wordsworth House & Garden** e del **Kirkgate Arts Centre**. Undici miglia (18 km) a sud c'è il villaggio di **Buttermere** e il lago, poi dopo altre 5 miglia (8 km) attraverso lo spettacolare Honister Pass, **Seatoller** (il campo base che consigliamo per scalare lo Scafell Pike).

Un chilometro e mezzo più avanti si trova **Borrowdale**, piena di opzioni per alloggio ed escursioni a piedi e in barca. Dopo altre 3 miglia (4,8 km) c'è **Grange**, punto d'ingresso alla valle tra Grange Fell e Castle Crag. Un percorso pa-

MIGLIORI DIVERTIMENTI PER BAMBINI VICINO KESWICK

Keswick Adventure Centre
Avventure all'asciutto e al bagnato compresi discesa in corda doppia, paddleboard e costruzione di zattere, tutte cose che dovrebbero tenere i più piccoli occupati per un po'.

Keswick Climbing Wall
Vicino al Castlerigg Stone Circle, centro di arrampicata all'aperto con anche corsi di tiro con l'arco e percorsi a corde alte.

Go Ape Whinlatter
Con tour in Segway, avventure sugli alberi e un sentiero WildPlay Trail, ci si rivolge a tutte le età.

Puzzling Place
Le illusioni ottiche di Puzzling Place includono ologrammi, la Sideways Room, l'Anti-Gravity Room e altro ancora.

DOVE DORMIRE A KESWICK

Howe Keld
Nel centro di Keswick, questa ex guesthouse è stata riconvertita in sei eleganti appartamenti autonomi. **£££**

Linnett Hill
Bel B&B georgiano in Fitz Park particolarmente consigliato e non solo per le sue eccellenti prime colazioni. **£££**

Keswick YHA
Posizione centrale, di fronte al River Greta, questo ostello ben gestito offre bar e uso cucina. **£**

ITINERARIO IN AUTO DEI PIÙ BEI LAKES SETTENTRIONALI

L'epico tour fra i remoti laghi necessita di più di un giorno e va fatto a tratte per le strade strette e tortuose e l'occasionale escursione a piedi, ma vedrete cose che la maggior parte dei visitatori del Lakeland non vedrà mai.

Dal Kirkstone Pass Car Park prendete il sentiero per Stony Cove e Thornthwaite Crag fino all'area protetta della Royal Society for the Protection of Birds all'estremità meridionale dell'**1 Haweswater**. La tappa successiva, 16 miglia (26 km) più a sud, è l'**2 Esthwaite Water**. Visitate Hill Top, la fattoria secentesca di Beatrix Potter, guidando poi sulla sponda est dell'Esthwaite Water.

Andate di nuovo a nord fino al **3 Tarn Hows**. Qui il parcheggio del National Trust dista pochi passi da alcune delle più belle vedute dei fell di tutta la regione. Puntate a nord-ovest verso l'immensa valle glaciale di Langdale, dove **4 Little Langdale**, **5 Blea Tarn**, **6 Stickle Tarn** e **7 Easedale Tarn** sono miniature perfette dei laghi della regione. Stickle ed Easedale prevedono escursioni di media difficoltà.

Per esplorare alcuni laghi occidentali, dirigetevi a nord oltre il maestoso Helvellyn (950 m), girate a ovest all'altezza di Keswick fino al parcheggio all'estremità sud del **8 Loweswater**. Ai margini della foresta avvisterete gli scoiattoli rossi. Costeggiando il lago, con lo sfondo del Blake Fell (520 m), girate a sud (deviando fino a Cogra Moss per vedere la parete sud del Blake che si riflette nell'acqua) e impostate il GPS per il Bleach Green Car Park dell'**9 Ennerdale Water**. L'anello di 7,5 miglia (12 km) di questo tranquillo lago è forse il migliore della regione. Andando a sud verso il **10 Wast Water**, la conclusione del viaggio, fate una pausa per visitare il restaurato Kinniside Stone Circle. Lungo circa 5 km, il Wast ha come sfondo alcune delle montagne più imponenti d'Inghilterra: il Great Gable (899 m), il Pillar (892 m) e, la più alta fra queste, lo Scafell Pike (978 m).

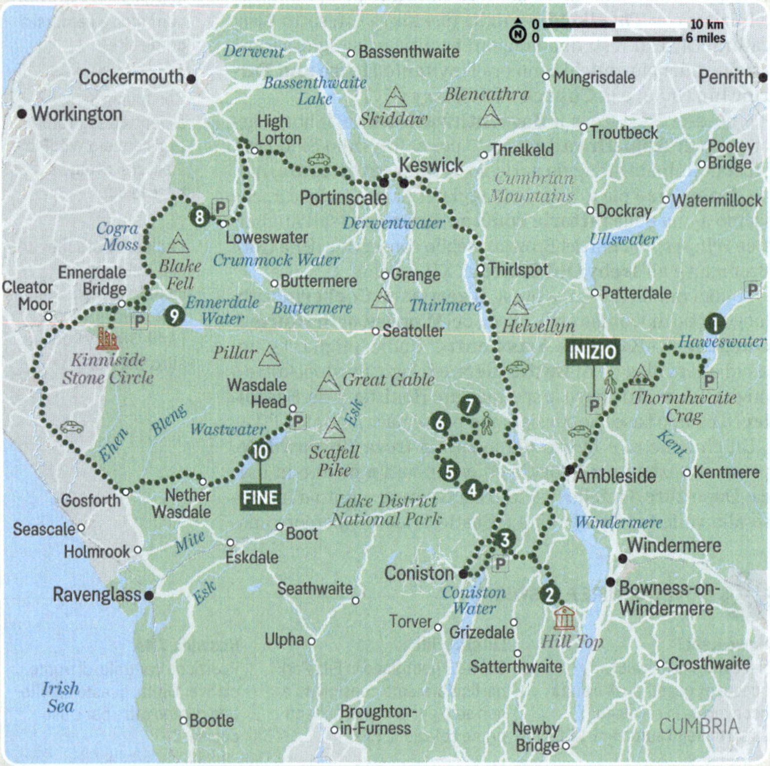

Keswick Market

noramico di 21 miglia (34 km) porta a **Braithwaite**, punto di partenza per camminate attraverso il Whinlatter Pass e il Newlands Pass. Nelle vicinanze ci sono gli evocativi resti della miniera di Force Crag, l'ultima miniera di metallo dei Lakes.

Siti storici vicino a Keswick

SULLE TRACCE DELLA STORIA

Abitati fin dal Neolitico, i Lakes recano maggiori tracce di epoche più recenti. Il **Castlerigg Stone Circle** è famoso; meno noti sono invece i vicini resti del **Threlkeld Ancient Settlement** (sette capanni di pietra, un pozzo e una rete agricola). Lo stesso vale per l'**Aughertree Fell**, uno dei tre **insediamenti romano-britanni** meglio conservati.

I romani, che costruivano in modo duraturo, hanno lasciato affascinanti vestigia dei loro 300 anni di dominio. Nel nord, la più imponente è la **High Street Roman Road**, lunga 20 miglia (32 km), che collega **Brougham** ad **Ambleside** e supera alti fell (compreso l'eponimo **High Street Mountain**, 828 m); in alcuni punti reca cordoli di pietra e di metallo.

Maestose case e vestigia industriali fungono da promemoria della presenza dei siti storici nei Lakes. **Dalemain** – una delle più eleganti proprietà del nord-ovest, con i suoi deliziosi giardini, merita una visita, spezzando il vostro viaggio da Penrith a Keswick. Altre hanno forti legami artistici:

MIGLIORI SCATTI VICINO KESWICK

Castlerigg Stone Circle
Questo cerchio di pietre vecchio di 4500 anni è il più fotogenico del Regno Unito.

Bowder Stone
Vicino Rosthwaite, questo megalite di 2000 tonnellate è in bilico su un crinale. Arrampicatevi per uno scatto imperdibile!

Black Moss Pot
Arrampicatevi da Borrowdale per le acque limpide, le cascate e gli scenari mozzafiato del Black Moss Pot.

Great Langdale
Questa valle benevola con gli escursionisti, dominata dalle altezze del Langdale e dello Scafell Pike, ama essere fotografata.

DOVE ACQUISTARE I PRODOTTI DEL LAKELAND

Keswick Market
Il Keswick Market, allestito il sabato fin dal 1246, ha oltre 60 bancarelle che vendono prodotti locali e artigianato. £

Keswick Cheese Deli
Venite alla storica Packhorse Court di Keswick per formaggi artigianali della Cumbria e generosi cesti dono. ££

Basecamp North Lakes
L'allegro *cafe* di Basecamp è attiguo a un negozio di prodotti locali che vende carni, formaggi, conserve e simili. ££

Mirehouse con lord Alfred Tennyson, e **Wordsworth House** con il sommo poeta dei Lakes.

L'eredità industriale della regione, che ha prodotto rame, grafite e ardesia, non è ancora svanita. Vale la pena di visitare il **Threlkeld Quarry & Mining Museum**, restaurato con cura, che però è più famoso per la sua panoramica ferrovia a scartamento ridotto, **Sir Tom**. L'**Honister Slate Mine**, con la sua posizione spettacolare, offre tour della miniera e attività adrenaliniche come la via ferrata sulla parete di roccia.

ANIMALI INDIGENI DEL LAKELAND

I Lakes, nonostante la loro bellezza, non sono 'incontaminati'. È un paesaggio influenzato da migliaia di anni di attività umana: agricoltura, disboscamento, attività mineraria ed edilizia. Molte specie sono sparite; altre resistono.

Questo è il più grande fortino dei 140.000 esemplari di scoiattolo rosso eurasiatico del Regno Unito. Più di 150 specie di uccelli vivono e migrano qui, tra cui falchi pescatori e nibbi reali, entrambi reintrodotti con successo. Remoti specchi d'acqua ospitano tre rare specie di pesci: schelly (*Coregonus stigmaticus*), salmerino alpino e coregone bianco (solo nel Derwentwater).

L'attività agricola ha generato varietà domestiche che si trovano solo qui: il pony Fell e le pecore Herdwick, Rough Fell e Swaledale.

Eredità industriale e Lakes settentrionali

PRODUCENDO IN 'PARADISO'

Pochi associano le fabbriche al Lake District. E invece, a smentire il suo status di icona dell'Inghilterra rurale e selvaggia, c'è un lungo e interessante pedigree industriale. I colpi di martello dell'attività mineraria e manifatturiera risuonano attraverso i millenni della storia del Lakeland.

La prima produzione manifatturiera di cui si abbia notizia risale al Neolitico nei **Langdale Pikes**, dove gli artigiani utilizzarono la bella pietra verde per la Langdale Axe Industry (4000-3500 a.C.). Raffinate asce in pietra di Langdale sono state rinvenute fin nel Lincolnshire e in Irlanda.

Altri minerali – granito, ardesia, rame, piombo e barite – portarono l'attività mineraria nei Lakes settentrionali. L'ardesia proveniente dall'**Honister Mine** (che vale una visita) è stata ritrovata in siti locali romani e medievali. L'ardesia e il carbone venivano trasportati con la Caldbeck Mines Railway, un sistema di carrelli con rotaie in legno del XVI secolo.

Piombo e barite erano estratti dalla miniera di **Force Crag** vicino Braithwaite, mentre il granito dalla **Threlkeld Quarry**, oggi un affascinante museo. Anche la miniera di piombo di **Ullswater's Myers Head** ha lasciato alcuni scenografici resti ottocenteschi.

La grafite, scoperta in quantità a **Borrowdale**, portò all'invenzione della matita nel XVI secolo – visitate il **Derwent Pencil Museum**. Caldbeck offre i resti di due mulini: l'**Howk Bobbin Mill** produsse spolette per l'industria tessile dal 1857 al 1924, mentre il **Priests Mill** macinò il grano dal 1702 al 1933.

TRASPORTI LOCALI

Con un'auto a disposizione, si può girare con i propri ritmi, ma attenzione al traffico che nei periodi di vacanza può essere intenso (soprattutto in agosto con le vacanze scolastiche) e poi ci vuole pazienza con le code e la retromarcia nelle stradine strette con i veicoli in senso opposto di marcia.

Stagecoach è la rete di autobus privati che costituiscono la vostra alternativa per girare a Keswick e dintorni. È prevista una varietà di servizi che collegano lungo circuiti centri più grandi e siti popolari. Il biglietto Day Rover – hop-on hop-off, durata di un giorno – è più conveniente di un biglietto andata e ritorno. Il traffico può rendere inaffidabili gli orari degli autobus, mentre tra novembre e marzo i servizi sono ridotti. Visitate il sito stagecoachbus.com per cartine e informazioni sui biglietti.

WINDERMERE E BOWNESS

Windermere e Bowness sono due cittadine unite sulla sponda orientale del più grande lago d'Inghilterra, il Windermere. Lungo 11 miglia (18 km) e largo circa un chilometro e mezzo, è un lago glaciale nastriforme situato nel cuore del Lake District.

Ancora oggi servite dai treni, a differenza di gran parte delle località all'interno del Lake District National Park, sono separate da una striscia d'asfalto di appena 2,5 km gremita di B&B. In entrambe l'economia turistica è molto sviluppata. Ristoranti, hotel, operatori di sport avventura, servizi di noleggio imbarcazioni, pub e molte altre imprese commerciali proliferano, fiduciose dell'arrivo di folle di turisti.

Prezzi, posti liberi e livello di stress cambiano in base alla domanda stagionale. Nondimeno Windermere e Bowness conservano il loro fascino e sono la base ideale per esplorare la metà meridionale del National Park. Aggiungeteci un eccellente museo, l'attrattiva del lago con le sue isole e la vicinanza a numerose attrazioni di livello, e capirete perché queste cittadine rimangono il punto di accesso più affollato al Lake District.

IL CONSIGLIO

Alcuni dei migliori B&B di Windermere e Bowness si susseguono lungo la trafficata Lake Rd, che collega le due cittadine. Se non necessitate della vista sul lago, della camera più economica vicino alla Windermere Station o di quella accanto al ristorante prenotato, vale la pena vedere cosa offrono.

Lake Windermere

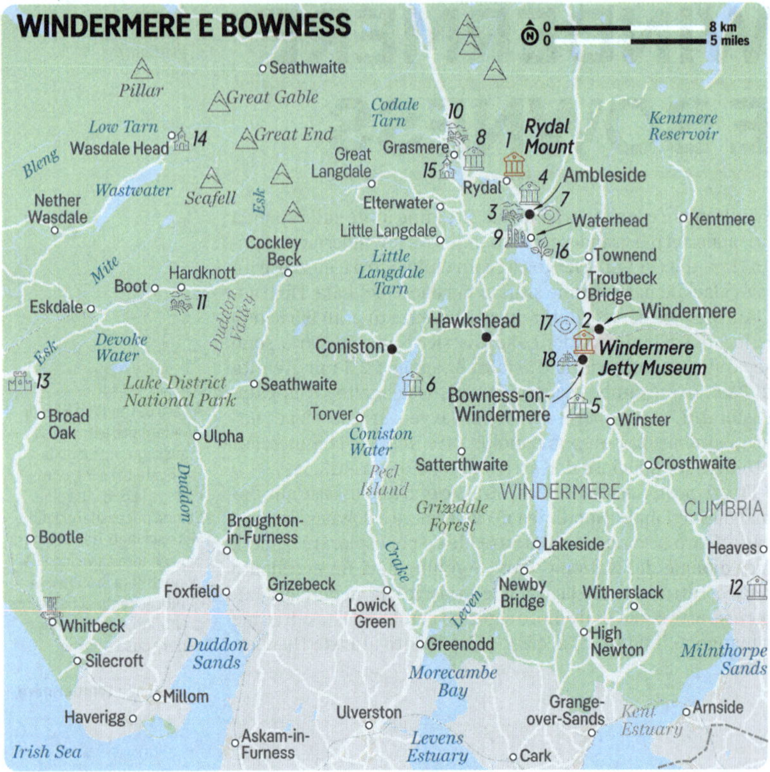

DA NON PERDERE
1 Rydal Mount
2 Windermere Jetty Museum

DA VEDERE
3 Ambleside
4 Armitt Museum
5 Blackwell House
6 Brantwood
7 Bridge House
8 Dove Cottage & Jerwood Museum
9 Galava Roman Fort
10 Grasmere
11 Hardknott
12 Levens Hall
13 Muncaster Castle
14 St Olaf's Church
15 St Oswald's Church
16 Stagshaw Gardens
17 Windermere Lake

ATTIVITÀ E TOUR
18 Windermere Lake Cruises

Gironzolando per Windermere

FARE I TURISTI PER UN GIORNO

Quando sarete a Windermere e Bowness, non vale la pena cercare di evitare tutto ciò che è commerciale e turistico. Arrendetevi e avrete le migliori opportunità di godervi appieno queste affascinanti e genuine, anche se a volte sovraffollate, città.

Immaginando che partiate da Windermere, essendo arrivati in treno lungo la linea secondaria da Oxenholme, troverete subito l'utilissimo **Tourist Office** lungo la strada che porta in città. Consigli competenti, tanto materiale informativo, permessi per imbarcazioni e pesca, servizio di prenotazione e opuscoli con passeggiate locali sono solo una parte di ciò che potranno fornirvi.

PAUL MAGUIRE/SHUTTERSTOCK ©

Hardknott Roman Fort

Via via che la gravità vi spingerà verso Main St (che diventa New Rd, e poi Lake Rd) B&B, hotel, *cafe*, pub e fornitori di cibo locale si presentano in ordinata processione. Lasciate le valigie presso la vostra sistemazione a Windermere (o prendete gli autobus n. 599 o 755 se alloggiate a Bowness e quindi percorrere i 2,4 km non è pratico per voi) e unitevi alle orde.

Se Windermere ha buone sistemazioni, ristoranti e locali, Bowness è il vero magnete turistico. Qui troverete il **Windermere Lake** e operatori come **Windermere Lake Cruises** che vi aiuteranno a esplorarlo; 200 anni di nautica da diporto in mostra nell'eccellente **Windermere Jetty Museum**; e poi gelaterie, pasticcerie, negozi di sport avventura, fish and chips, ristoranti, parcheggi e pub a dismisura. Impostate il vostro ritmo su 'passeggiata', gestite la folla ed entrate nello spirito di questo luogo.

I tesori storici dei Lakes meridionali

ROCCE, ROMANI E ROMANTICI

Ogni ondata successiva di culture, conquistatori e coloni che fecero dei Lakes meridionali la propria casa ha lasciato delle tracce. I nostri antenati del Neolitico lasciarono cerchi di pietre a Burnmoor, Swinside, Blakeley Raise e in molti altri luoghi. A seguire, britanni, romani, anglosassoni, vichinghi,

L'EREDITÀ DI ROMA NEI LAKES MERIDIONALI

I romani invasero la Gran Bretagna con l'imperatore Claudio nel 43 d.C., ma iniziarono a edificare fortini, strade e insediamenti nella Cumbria solo nel 70 d.C. Avendo governato la Britannia fino all'inizio del V secolo, la loro eredità è ancora piuttosto evidente in diversi luoghi della zona dei Lakes meridionali.

L'**Hardknott Roman Fort**, costruito sotto Adriano nel II secolo d.C., conserva le fondamenta delle sue mura simmetriche, le terme e diversi altri edifici. Posizionato in un punto panoramico sull'Hardknott Pass, è a 3 km circa da Cockley Beck ma è meglio raggiungerlo in auto.

La **Ravenglass Roman Bath House** conserva le mura romane più alte della Gran Bretagna e le porte e i resti di diversi edifici dell'**Ambleside Roman Fort**.

DOVE MANGIARE A WINDERMERE E BOWNESS

Bandito Burrito
Accogliente locale che serve autentici burritos, quesadillas, brisket speziato e altre delizie in stile californiano. £

Urban Food Kitchen
Più in alto rispetto al centro di Bowness, questo moderno *cafe* prepara ottimi brunch e piatti più sofisticati a cena. ££

Holbeck Ghyll
Viziatevi con piatti tra i più raffinati di tutto il nord in questo rinomato ristorante. £££

MIGLIORI LOCALI STELLATI NEI LAKES

The Cottage in the Wood
Questo hotel-ristorante a Whinlatter Forest sforna delizie stagionali create con prodotti locali. £££

Old Stamp House
Carne di cervo locale ed Herdwick Hogget (agnello) incarnano la determinazione di ostentare i migliori prodotti del Lakeland. £££

Hrishi
Aspettatevi ornamenti in stile indiano e un magnifico menu vegetariano completamente a sé stante nell'eccellente ristorante del Gilpin Hotel. £££

Forest Side
Qui trovate il manzo della Cumbria e la spigola di Morecambe Bay, ma altrettanta importanza hanno i menu vegetariani. £££

Allium Askham Hall
Il menu degustazione è preparato con i favolosi prodotti dei vicini boschi e fattorie e del loro orto. £££

KEVIN EAVES/SHUTTERSTOCK ©

Muncaster Castle

irlandesi, scozzesi, normanni e poi le generazioni di inglesi che calpestarono questi fell lasciarono considerevoli retaggi.

Nel sud, la presenza romana è più visibile a **Hardknott**, un forte del II secolo completamente scavato che si erge sulla selvaggia valle del River Esk. Anche Ambleside vanta le fondamenta di un insediamento militare, Galava (p537), mentre le terme del **Ravenglass Fort** conservano alcune delle più alte mura romane ancora esistenti in Gran Bretagna.

Più recenti, e quindi meno logori, sono gli edifici medievali della regione. **Muncaster**, un castello duecentesco costruito su fondamenta romane, è incredibilmente intatto. Il **Sizergh Castle**, circondato da spettacolari giardini, a sud di Kendal, è stata la residenza della famiglia Strickland dal 1239.

Altre residenze di rilievo sono l'elisabettiana **Levens Hall**, famosa per la sua arte topiaria, e la **Blackwell House**, considerata un capolavoro dell'Arts & Crafts. Gli stretti legami tra artisti e Lakes meridionali si perpetuano nella **Rydal Mount** e nel **Dove Cottage** di Wordsworth; a Brantwood, nell'ex abitazione di John Ruskin sul **Coniston Water**; e a Hill Top, nella **Near Sawrey**, la fattoria secentesca di Beatrix Potter.

Vale inoltre la pena di visitare diverse chiese medievali degne di nota – **St Oswald's** a Grasmere e la minuscola **St Olaf's**

DOVE DORMIRE A WINDERMERE E BOWNESS

Windermere Boutique Hotel
In Lake Rd, questo bell'hotel vittoriano ha una hot tub in ogni camera. £££

Mere Lodge
Svegliatevi con il delicato sciabordio del Windermere in questo moderno e autonomo lodge con due camere. £££

Lindeth Howe
Un tempo di proprietà di Beatrix Potter, lo storico hotel vittoriano sul lago, cinto da giardini, è una leggenda. £££

a Wasdale. Merita una visita anche **Townend**, a Troutbeck, dove sono stati ricreati i 400 anni di storia della fattoria.

Esplorando Ambleside e Grasmere

DUE TIPICI VILLAGGI DEL LAKELAND

I villaggi di **Ambleside** e **Grasmere**, vicino a Windermere, sono due perle dei Lakes meridionali. Incontaminati, hanno edifici in pietra e ardesia che ben si integrano nell'ambiente.

All'estremità settentrionale del Windermere, Ambleside è un'ex cittadina mineraria ora irresistibile per i turisti. Tra le attrattive, **Rydal Mount**, la casa di Wordsworth, splendidamente conservata e circondata da deliziosi giardini; l'**Armitt Museum** (dove conoscere meglio il poeta e altre personalità artistiche locali come Beatrix Potter e John Ruskin); la fotogenica **Bridge House**, del XVII secolo, a cavallo del gorgogliante Stock Ghyll; il Galava Roman Fort, che in parte risale al I secolo d.C.; e i 3 ettari di splendidi giardini all'inglese, gli **Stagshaw Gardens**. Con il bel tempo, il ripido circuito di 5 miglia (8 km) fino al **Loughrigg Fell** ripaga con vedute dei Langdale Pikes, Bowfell (902 m) e Crinkle Crags (859 m).

Quattro miglia (6,4 km) più a nord, Grasmere rappresenta il villaggio ideale del Lake District. Il grazioso **Dove Cottage** è anch'esso legato a Wordsworth e l'attiguo **Jerwood Centre** è essenziale per chiunque sia interessato al Romanticismo, mentre nell'austera **St Oswald's Church**, del XIII secolo, c'è la tomba di Wordsworth.

Noleggiate una barca (da Low Wood a Ambleside) per scivolare sulle placide acque del **Grasmere Lake** o del **Rydal Water** e contemplare il perfetto panorama dei fell. Per una passeggiata rinvigorente, il circuito di 4 miglia (6,4 km) fino a **Helm Crag** sale per 360 m in modo ripido, ma ricompensa con formazioni rocciose frastagliate note come 'the Lion and the Lamb' e altre vedute impareggiabili.

L'ATTRATTIVA URBANA DI KESWICK

Se siete alla ricerca di altri centri del Lake District con tante possibilità di shopping e una vasta scelta di pub e ristoranti, **Keswick** (p522) fa al caso vostro. Potrete fare **crociere sul Derwentwater** (p527) e altre attività poco faticose.

MIGLIORI PASSEGGIATE NEI DINTORNI DI WINDERMERE

Orrest Head
Tranquillo circuito di 3 km circa da Windermere; questo rilievo roccioso promette deliziose vedute a 360°. Facile.

Crociera e West-Coast Scenic Loop
Circuito di 5 miglia (8 km) da Bowness fino a Ferry Nab con crociera e vista della costa ovest. Medio.

Stock Ghyll Waterfall da Ambleside
Circuito di 5 miglia (8 km) che tocca Ambleside, il forte romano di Galava e diverse cascate. Parcheggiate a Waterhead. Medio.

Troutbeck Tongue Height
Escursione di 4,5 miglia (7,2 km, andata e ritorno) lungo la rurale Troutbeck Valley; porta a una bucolica altura erbosa (364 m). Medio.

TRASPORTI LOCALI

Divise da appena 2,5 km, Windermere e Bowness sono talmente vicine da essere un unico luogo. Si esplorano facilmente a piedi. Per chi ha problemi di mobilità, il n. 555 di Stagecoach (da Keswick a Lancaster) e il n. 599 (da Kendal a Grasmere) collegano le due località, con frequenti fermate in città e coincidenze per Ambleside, Grasmere e altre invitanti cittadine nelle vicinanze.

Ci sono almeno una dozzina di parcheggi tra Windermere, Bowness, Ambleside e Grasmere, ma si riempiono molto facilmente nei periodi di picco, quando bisogna mettere in conto anche code e un flusso lento. Windermere ha una stazione su una diramazione della West Coast Main Line, gestita da Northern Railway, che si ricollega alla linea principale a Oxenholme via Kendal.

Dintorni di Windermere e Bowness

Windermere e Bowness si trovano a poca distanza dai più bei laghi meridionali del Lake District. Esplorate a vostro piacimento!

Nei dintorni di Windermere e Bowness c'è un assortimento rappresentativo delle attrazioni e dell'area rurale del Lakeland. I principali Lakes meridionali includono Coniston Water, Esthwaite Water e Wast Water, mentre i più piccoli *tarn* (laghetti di origine glaciale) di montagna come Seathwaite, Little Langdale e Tarn Hows brillano in un panorama perfetto. Questo angolo unico d'Inghilterra offre qualcosa per tutti i gusti: sia avventura sia riposo e relax nella campagna.

La valle della Great Langdale e i Pikes sono un paradiso per gli escursionisti; l'eredità di Wordsworth, Coleridge, Potter e Southey attira gli amanti della letteratura, mentre le sublimi vedute di Turner, Constable, Ruskin e W. Heaton Cooper, gli appassionati d'arte; chi invece apprezza bellezza e tranquillità ne troverà in abbondanza.

IL CONSIGLIO

Fate base in villaggi come Coniston e Hawkshead. Immersi nel territorio dei Lakes meridionali, sono meno frenetici di Windermere e Grasmere.

Coniston Water

DAVID HUGHES/SHUTTERSTOCK ©

DANNY FIELDING/SHUTTERSTOCK ©

Wasdale Head Inn

MIGLIORI PUB RURALI NEI LAKES MERIDIONALI

Masons Arms
Sul Cartmel Fell, che sovrasta la bucolica Winster Valley, prepara ottimi piatti con prodotti locali. ££

Drunken Duck Inn & Barngates Brewery
Gli escursionisti di ritorno dal Black Fell Peak (323 m) adorano questo gastropub che serve birra del vicino birrificio. ££

Wasdale Head Inn
Leggendario fra gli escursionisti, e accogliente, sorge sotto lo Scafell Pike e il Great Gable. £

The Punch Bowl Inn
Socievole inn, ex fucina georgiana, con camere accoglienti ed eccellente cibo britannico moderno. ££

Avventura nei Lakes meridionali

UN PARCO GIOCHI PER L'AVVENTURA

Tutti quei fell, quelle pareti rocciose, i ruscelli e le foreste rendono i Lakes meridionali una delle migliori destinazioni del Regno Unito per gli amanti dell'avventura. Indipendentemente dalla stagione, non mancano le opportunità per una buona dose di adrenalina.

Windermere Outdoor Adventure Centre noleggia kayak, paddleboard e barche a vela per il Lake Windermere, e può organizzare tour guidati. **West Lakes Adventures** offre ogni genere di attività, dal ghyll scrambling al canyoning nei ruscelli rocciosi di Eskdale e Wasdale fino al tiro con l'arco e la costruzione di zattere.

Crags Adventures e **Lake District Adventuring** offrono emozioni in verticale con l'arrampicata su roccia e la discesa in corda doppia in siti che includono la Coppermines Valley, Esk Ghyll, Devil's Canyon e Stickle Ghyll.

I FELL SETTENTRIONALI

Se volete saziare il vostro appetito per l'altitudine e l'avventura nei Lakes meridionali, prendete in considerazione di affrontare i fell settentrionali nei dintorni di **Keswick** (p522), **Ullswater e Bassenthwaite Lake** (p529). **Skiddaw** (p529), **Grasmoor** (p529), **Eel Crag** (p529), **Helvellyn** (p543) e **Blencathra** (p524) offrono tutti arrampicate notevoli.

DOVE TROVARE OSTELLI NEI LAKES MERIDIONALI

YHA Grasmere Butharlyp Howe
Vicino al centro di Grasmere, il Butharlyp offre convenienti doppie a due letti in una residenza vittoriana. £

Hawkshead YHA
Le camere private con tre posti letto sono un vero affare in questa casa Regency tutelata sopra l'Esthwaite Water. £

YHA Wasdale Hall
In posizione perfetta per gli escursionisti che affrontano le vette più alte dei Lakes, in una ex tenuta del XIX secolo. ££

SITO UNESCO

Il Lake District fa parte del Patrimonio dell'Umanità UNESCO dal 2017 - un riconoscimento per la sua unica combinazione di magnifica geologia e attività umana adattata ad hoc.

Spettacolari highland e limpidi laghi sono criteri ovvi. Ma altrettanto importante è la peculiare storia agricola della regione, che ha sfruttato un paesaggio difficile per l'adattamento di specie endemiche come la pecora Herdwick (progenie di una specie scandinava introdotta dai coloni nordici oltre 1000 anni fa). Insieme, natura e agricoltura hanno conquistato il riconoscimento per il valore unico dei Lakes.

Ovviamente, i pendii che circondano Windermere e Bowness offrono anche grandi opportunità per la mountain bike. La **Kentmere Horseshoe Circular** è un difficile circuito di 12 miglia (19 km) e un dislivello di oltre 1000 m che attraversa alcuni tratti aspri e rocciosi. Sulla sponda ovest del Windermere, l'**High Wray and Wray Castle Circular** è un circuito molto più facile e pianeggiante di 6 miglia (9,6 km) che offre la possibilità di visitare l'ottocentesco Wray Castle. Il **Country Lanes Cycle Centre** vicino alla Windermere Station può fornire biciclette, cartine e suggerimenti.

Neanche l'inverno, con neve e cattivo tempo, ferma il divertimento. Operatori con esperienza come **Lakes Mountaineer** organizzano spedizioni nella Great Langdale, dove potrete salire sullo Scafell Pike da Wasdale Head o sui Langdale Pikes.

In bicicletta nei Lakes meridionali

SCOPRIRE LA LIBERTÀ SU DUE RUOTE

Se la bicicletta fa per voi, non fatevi intimorire dalle colline dei Lakes meridionali. Le infrastrutture per il ciclismo sono eccellenti, e può essere il modo più gratificante di esplorare questo paesaggio eccezionale. Troverete quello che fa al caso vostro, che sia un impegnativo fell da scalare o un tranquillo giro per famiglie. Visitate il sito visitlakedistrict.com per informazioni su percorsi ciclistici e relative offerte turistiche.

La bucolica **Lyth Valley**, famosa per susini selvatici e narcisi in primavera, offre un circuito piano di 13 miglia (21 km) dal Sizergh Castle attraverso boschi e tipiche fattorie del Lakeland. Il circuito di 20 miglia (32 km) da Ravenglass a Eskdale segue un'ippovia e richiede più esperienza e forma fisica.

L'**Ennerdale Valley** ha sentieri lunghi fino a 10 miglia (16 km), con una salita di 350 m dal parcheggio di Bowness Knott all'inizio del sentiero. Pedalate tranquille nella foresta e vedute del lago, del Pillar e del Great Gable ricompensano gli sforzi. È adatto alle mountain bike, così come il **Grizedale Forest**, con sette sentieri tracciati ad hoc per tutti i gradi di abilità.

Parcheggiate al Beck Green di Egremont per l'**Under Cold Fell Circuit** di 8 miglia (13 km). Le vedute sul Mare d'Irlanda nei giorni più tersi sono splendide ma il percorso è tutto su strada. Il tragitto da **Windermere a Staveley** (11 miglia; 18 km) è ottimo per le famiglie.

Troverete bici, attrezzatura, cartine e consigli da **Total Adventure** (Windermere), **West Lakes**

A PIEDI SULLE PENNINES

Se desiderate un paesaggio diverso dove camminare, le vicine **North Pennines AONB** (p564) offrono altezze e percorsi a volontà. La Pennine Way si snoda qui e, risalendo il Cross Fell e lo stupendo High Cup Gill, soddisferà il desiderio di ogni escursionista.

DOVE TROVARE UNA SISTEMAZIONE ACCESSIBILE NEI LAKES MERIDIONALI

Foxglove Nook, Calder Bridge
Accesso senza gradini, porte larghe e altre accortezze per le sedie a rotelle caratterizzano questo cottage rurale per quattro persone. **£**

The Daffodil, Grasmere
Docce a pavimento, parcheggio accessibile alle sedie a rotelle e altri dettagli rendono questo imponente hotel un'opzione invitante. **£££**

Burnside Apartments and Spa, Bowness
Sistemazioni di lusso completamente accessibili sulla sponda del Windermere. **£££**

DUNCAN ANDISON/SHUTTERSTOCK ©

Torver Bridge, nei pressi di Coniston

Adventure (Eskdale), **Lake District Bikes** (Lowick) e molti altri operatori.

Villaggi tipici dei Lakes meridionali

GLI 'AUTENTICI AFFARI' DELLA REGIONE

Gli adorati Bowness, Grasmere e Ambleside sono splendide mete, senza alcun dubbio. Ma qualcuno potrebbe eccepire che siano carenti della 'reale' atmosfera dei Lakes meridionali - villaggi dove i *cafe* a tema Beatrix Potter e i lussuosi negozi per attività all'aperto non dominino la strada principale. Sebbene questi villaggi non siano dei 'segreti', esistono innanzi tutto per andare incontro alle necessità dei locali, preservando il così tanto apprezzato carattere del Lakeland.

Coniston può essere pieno zeppo di visitatori ed escursionisti, ma è un'imperdibile e autentica cittadina della Cumbria. I suoi cottage in pietra e ardesia, i pub tradizionali (in particolare **The Black Bull** e **The Sun**, entrambi con più di 400 anni d'età) e le fattorie B&B (**Bank Ground Farm**, usata da Arthur Ransome come modello per la Holly Howe Farm in *Swallows and Amazons*, pubblicato nel 1930) incarnano la bellezza del Lake District. Mentre siete qui fate una crociera sulla **Steam Yacht Gondola**, ripassate John Ruskin a **Brant-**

MIGLIORI FERROVIE STORICHE DEL LAKELAND

Ravenglass and Eskdale Railway
Treni a vapore sul tragitto panoramico di 7 miglia (11 km) di una delle più antiche ferrovie al mondo a scartamento ridotto.

Lakeside and Haverthwaite Railway
Questa ferrovia restaurata è in coincidenza con il traghetto del Windermere che arriva da Lakeside per Bowness e Ambleside.

Threlkeld Quarry & Mining Museum Railway
'Sir Tom' e altre due locomotive seguono un circuito di 1 km attorno a una ex cava.

Millerbeck Light Railway
Locomotive leggere su un tortuoso circuito di 1,5 km attraverso l'incantevole bosco e i prati di Millerbeck House.

DOVE MANGIARE NEI DINTORNI DI WINDERMERE E BOWNESS

Mortal Man, Troutbeck
Questo apprezzato inn, che risale al 1689 e ha personalità da vendere, prepara ottimo cibo da pub britannico. **££**

The Yan, Grasmere
Eccezionale bistrò in un'incantevole ex fattoria che propone sostanziosi e gradevoli piatti. **££**

Herdwicks Cafe, Coniston
L'Herdwicks, a gestione locale, vi propoporrà i carboidrati di cui avete bisogno per affrontare l'Old Man of Coniston. **£**

RICHARD WHITCOMBE/SHUTTERSTOCK ©

Sentiero escursionistico, Scafell Pike

wood e al **Ruskin Museum**, o arrampicatevi sull'**Old Man of Coniston** (803 m).

Hawkshead, 4 miglia (6,4 km) più a est, è altrettanto 'autentica' e fotogenica. Visitate la secentesca fattoria di Beatrix Potter, **Hill Top**, la **Beatrix Potter Gallery** con i suoi acquerelli, e percorrete a piedi le incantevoli 4 miglia (6,4 km) fino a **Tarn Hows**, trascorrendo la notte a **Yewfield**, un B&B vittoriano.

Tra gli altri villaggi dal carattere peculiare nei Lakes meridionali, **Troutbeck** (con Townend, fattoria restaurata del 1700 circa), **Cartmel** (per la Cartmel Priory del XII secolo), **Nether Wasdale** (non perdetevi l'eccellente Strands Inn & Brewery) ed **Eskdale Green**.

Avvicinarsi alle vette meridionali

IL PUNTO PIÙ ALTO DELL'INGHILTERRA

Sebbene i Lakes settentrionali abbondino di torreggianti fell, il più alto si trova a sud. I fell e le vette meridionali e occidentali che circondano la valle della Great Langdale sono una fila continua di minacciosi picchi, alcuni di origine vulcanica, plasmati nei millenni da agenti atmosferici e azione dei ghiacciai.

Chi ha il pallino dell'arrampicata spesso è tentato dal più grande – che in Inghilterra è lo **Scafell Pike** (978 m). Dalla sua vetta, nelle giornate terse si vedono lo Snowdon (1085 m),

MIGLIORI SISTEMAZIONI PER ESCURSIONISTI

Lingmell House, Wasdale
Accogliente B&B, gestito dal vicino Wasdale Head Inn, una leggenda fra i camminatori. ££

Langdale Hotel & Spa, Great Langdale
Alla ricerca di lusso dopo una faticosa giornata sui Langdale Pikes? Questo è il posto giusto. £££

YHA Black Sail, Ennerdale Bridge
Remoto ma vicino alle vette, tra cui Great Gable, Pillar, Red Pike (755 m) e Steeple (819 m). £

Hows Wood B&B, Holmrook
Sui terreni della Hollins Farm, vecchia di 400 anni, a Eskdale, questo B&B è perfetto per lo Scafell e i fell occidentali. ££

OPERATORI DI SPORT AVVENTURA NEI DINTORNI DI WINDERMERE

Outdoor Adventure Company, Kendal
Questo operatore offre ogni tipo di attività dal lancio dell'ascia al quad fino al tiro con l'arco. ££

Coniston Boating Centre, Coniston
Noleggia kayak, paddleboard, motoscafi e biciclette da Coniston Landing. Chiuso durante l'inverno. £

Lake District Climbing, Ambleside
Le spedizioni di arrampicata e alpinismo sono guidate da Jim Evans, che ha oltre 30 anni di esperienza. ££

in Galles, e lo Slieve Donard (850 m), in Irlanda del Nord. Il percorso più popolare per la vetta è da Wasdale, ma Seatoller, più a nord, offre un accesso più interessante. Dalla vetta, dei sentieri conducono alla depressione erbosa di **Lingmell Col** (734 m), alla cresta del **Mickledore** (840 m) – che quindi porta allo **Sca Fell** (964 m) e al **Great End** (910m) - all'**Esk Pike** (885 m) e all'**Allen Crags** (785 m) via l'**Esk Hause Pass**.

I **Langdale Pikes** corrono lungo il margine settentrionale della valle della Great Langdale, a est di Scafell. I più alti sono **Bow Fell** (902 m), **Harrison Stickle** (736 m), **Pike o'Stickle** (709 m) e **Pavey Ark** (700 m). Altre vette di rilievo nella regione di Coniston: l'**Old Man of Coniston** (803 m), il **Brim Fell** (796 m) e il piccolo **Black Fell** (323 m), a nord di Tarn Hows.

Tutti questi fell *possono* essere scalati, ma ovviamente richiedono esperienza, prestanza fisica e preparazione da parte degli escursionisti, e buone condizioni meteorologiche.

Dipingere nei Lakes

IL SOGNO DEI PAESAGGISTI

I Lakes ispirano, e questo è assodato! Dalle popolazioni del Neolitico che eressero cerchi di pietre il cui scopo potremmo non decifrare mai fino ai dilettanti con gli acquerelli che cercano il punto perfetto dove piantare il cavalletto, c'è qualcosa in questa regione che spinge gli esseri umani a esprimere i loro più profondi sentimenti.

I più famosi pittori associati ai Lakes sono i romantici J.M.W. Turner e John Constable. Ma ce ne sono molti altri: William Heaton Cooper, famoso per i suoi paesaggi impressionistici del Lakeland; Sheila Fell, che ha usato i colori a olio per veicolare la malinconia e la maestosità delle montagne della sua nativa Cumbria; il critico e pittore John Ruskin (che visse qui ma raramente dipinse questi luoghi); e Beatrix Potter, che aveva talento anche con gli acquerelli.

Se siete spinti a imitarli, prendete in considerazione un corso di pittura o una vacanza con **Art Painting Holidays**. I luoghi di maggiore ispirazione sono elencati sul sito lakedistrict.gov .uk. Ci sono **Packhorse Bridge** a Wasdale Head; il **Castlerigg Stone Circle**, con il maestoso fondale dell'High Seat (608 m), **Helvellyn** e **The Thirlmere Valley**; **Yew Tree Tarn** vicino Coniston; e **Ratherheath Tarn** vicino Kendal.

Ovviamente non c'è bisogno di allinearsi con i gusti degli altri. I Lakes abbondano di così tante magnifiche vedute, che cambiano con la luce e le stagioni, che sarete sicuri di trovare qualcosa degno dei vostri pennelli. Tenete il materiale a portata di mano e gli occhi aperti, e senza dubbio troverete la *vostra* ispirazione.

MIGLIORI GALLERIE NEI LAKES MERIDIONALI

Armitt Museum, Ambleside
Splendido per le fotografie del Lakeland degli Abraham Brothers, gli acquerelli di Potter, l'opera di Kurt Schwitters e le mostre sul paesaggio. £

Ruskin Museum, Coniston
Dedicata a Coniston e a Ruskin, questa piccola collezione contiene alcuni dei suoi schizzi e acquerelli. £

Jerwood Centre, Ambleside
Accanto al Dove Cottage, questa importante collezione di 9000 opere sul Lake District include quadri di Turner e Constable. ££

Beatrix Potter Gallery, Hawkshead
Nella graziosa Hawkshead, questo edificio secentesco mette in mostra schizzi e acquerelli della scrittrice, creati per i suoi libri. £

DOVE TROVARE I PUB PER ESCURSIONISTI NEI LAKES MERIDIONALI

The Old Dungeon Ghyll Hotel, Great Langdale
Venerabile inn per escursionisti a Great Langdale che prepara 'packed lunch' per chi si arrampica sui Langdale Pikes. £

The Langstrath Country Inn, Stonethwaite
A nord di Langdale, isolato inn per escursionisti, costruito come cottage per minatori nel 1590. ££

The Boot Inn, Holmrook
Perfetto per camminate nella valle di Eskdale; vi troverete camere convenienti e una cucina eccellente al Boot. ££

Campeggiare nei Lakes meridionali

NON DIMENTICARE IL SACCO A PELO TERMICO!

Allontanarsi dalle auto, dalla folla e da tutti i comfort può essere il modo migliore per apprezzare i Lakes. E fare campeggio in uno dei siti predisposti è il mezzo per riuscirci. Il campeggio libero non è consentito da nessuna parte all'interno del parco nazionale (a meno che non abbiate il permesso di uno dei proprietari terrieri privati).

Sebbene le condizioni del tempo possano essere sempre estreme ad alta quota, e molti potrebbero voler evitare di fare campeggio nei mesi più freddi, è comunque possibile campeggiare qui tutto l'anno. Ogni stagione ha le proprie delizie (e difficoltà): l'inverno è la più tranquilla, e potreste essere ricompensati da giornate luminose e commoventi paesaggi imbiancati; la primavera porta i susini selvatici, i narcisi, le campanule e l'arrivo di giornate più tiepide; l'estate implica lunghe ore di camminate, l'occasionale tempo splendido, e più possibilità di intavolare conversazioni con altri escursionisti davanti a una meritatissima pinta di birra; l'autunno, invece, vi offrirà colori meravigliosi e folle in diminuzione.

Le zone più popolari per fare campeggio nei dintorni dei Lakes meridionali sono: **Eskdale** (con campeggi a Boot e Fisherground); **Langdale** (un sito: Great Langdale vicino Dungeon Ghyll); **Wasdale** (un sito sul Wast Water); e vicino **Coniston Water** (tre siti).

È fondamentale essere ben attrezzati con cartine accurate, indumenti caldi e impermeabili per camminare, scarponi comodi e già usati in precedenza, cibo e acqua, comprese le provviste d'emergenza, una buona tenda in grado di resistere alle condizioni meteo in montagna, una torcia, un telefono cellulare e una power bank, protezione solare e uno zaino comodo.

ALFRED WAINWRIGHT

Un eroe per molti escursionisti del Lake District, Alfred Wainwright (1907-91) – AW per i fan – era un autore, artista, cartografo e un inveterato camminatore delle colline la cui classica serie di guide in sette volumi, *The Pictorial Guides to the Lakeland Fells*, è la bibbia di molti camminatori. Piene di cartine disegnate a mano, accurate descrizioni dei percorsi e una scrittura eccentrica e a volte poetica, sono la testimonianza di un amore durato tutta la vita con il paesaggio del Lake District.

La prima guida fu pubblicata nel 1955, e sessant'anni dopo ne erano state vendute oltre un milione di copie. La seconda edizione aggiornata fu pubblicata nel 2011 a cura di Chris Jesty, seguita da una terza edizione revisionata nel 2020 da Clive Hutchby.

Feste nei Lakes meridionali

DIVERTIMENTO SOTTO I FELL

I Lakes meridionali, alla stregua della loro controparte settentrionale, offrono un fitto calendario di feste ed eventi.

I festival di musica sono particolarmente popolari, e si svolgono in entrambi i centri più grandi e in tutta la regione. Il **Lake District Summer Music Festival**, che si svolge ogni anno ad agosto ad Ambleside, prevede performance di aspiranti e più conosciuti musicisti classici. A luglio il **Kendal Calling** attira giovani festivalieri con quattro giorni di campeggio e musica al Lowther Deer Park, 22 miglia (35 km) a nord di Kendal. Più tranquillo (e più vicino a Kendal) è il **Lake**

DOVE TROVARE CAMPEGGI NEI LAKES MERIDIONALI

Hoathwaite Campsite, Coniston
Sito del National Trust in posizione perfetta per il villaggio di Coniston, l'Old Man e Tarn Hows. **£**

Great Langdale Campsite, Great Langdale
Posto ideale per camminate nella Langdale Valley e sui Pikes; è accanto a un eccellente pub per escursionisti. **£**

Wasdale Campsite, Wasdale Head
Magnificamente posizionato tra il Wast Water e lo Scafell Pike; ha piazzole per camper. **£**

MELANIE MYHILL/SHUTTERSTOCK ©

Kendal Calling

District Folk Weekend che si svolge per tre giorni in agosto a Staveley. Troverete musica dal vivo persino a novembre al **Kendal Mountain Festival**, il più grande 'ritrovo di entusiasti delle attività all'aperto' del Regno Unito.

Le fiere di paese sono da sempre dei momenti salienti nell'aspra zona rurale dei Lakes meridionali. Gli eventi più importanti del calendario agricolo includono: la **Coniston Country Fair** (con bancarelle, una gara sul fell e wrestling tradizionale del Cumberland) in luglio e poi, tutti in agosto, lo **Hawkshead Show** (una fiera agricola); la **Black Combe Country Fair** di Bootle (mostre canine, esibizioni di pony Fell e attività per bambini); e la **Lakeland Country Fair** a Torver (ancora cani e wrestling, e mostre di prodotti artigianali).

Le competizioni in luglio e agosto includono il **Rydal Sheepdog & Hound Show** e raduni sportivi del Lake District in occasione delle feste dello sport ad Ambleside e Grasmere. Meno tipici sono il **Dark Skies Festival**, dove l'attenzione è tutta rivolta verso il cielo ogni autunno, e **The Lakes International Comic Art Festival**, che si svolge a Bowness in settembre.

MIGLIORI FESTE DELLA BIRRA NEI LAKES MERIDIONALI

Northern Craft Beer Festival, Staveley
A luglio, a Staveley, la Hawkshead Brewery richiama gli 'aficionados delle ale'; festa adatta anche alle famiglie.

The Strands Inn & Brewery Beer Festival, Wasdale Head
A maggio nel mitico inn per escursionisti di Wasdale, musica, cibo e birra per tre giorni.

Grasmere Guzzler, Grasmere
A settembre Grasmere esplode per questa gioiosa festa della birra che ha come fulcro il Tweedies Bar.

Broughton Festival of Beer, Broughton-in-Furness
In autunno, i pub di Broughton e dintorni ospitano degustazioni ed eventi per quattro giorni.

TRASPORTI LOCALI

I Lakes meridionali, così come la loro controparte settentrionale, non sono così immediati da esplorare. Disponendo di un'auto avrete più ampia libertà di accesso, ma a prezzo di inevitabili problemi con il traffico (soprattutto nei periodi di vacanza), le strade strette che spesso sono anche tortuose, secondarie e a volte anche ripide e dissestate, e la scocciatura del parcheggio. La rete di autobus gestita da Stagecoach è l'alternativa per molti. Il n. 555 da Keswick a Lancaster, il principale percorso nord-sud, è utile per raggiungere Windermere, Ambleside, Rydal, Grasmere e Staveley e Burneside, che si trovano anche su una rete ferroviaria secondaria per Kendal e Oxenholme.

LA COSTA DELLA CUMBRIA

Nonostante la sua vicinanza al Lake District, la costa della Cumbria accoglie a confronto un numero esiguo di visitatori. Ed è un peccato perché questa costa si presenta come un'alternativa affascinante e peculiare ai più turistici Lakes. Una serie di industrie pesanti, oggi estinte, ha lasciato il suo segno sia sul paesaggio costiero sia sulle sue cittadine, i cui abitanti non possono più fare affidamento per l'impiego sulle miniere, i cantieri navali o gli impianti siderurgici.

Umorismo macabro e mancanza di arroganza sono gli elementi che caratterizzano la gente del posto. E avrete modo di riconoscerli nelle varie località di mare vittoriane, un tempo molto frequentate, come Allonby, Seascale, St Bees e Silloth. E dal Solway Firth ad Arnside e Silverdale, ci sono diverse Areas of Outstanding Natural Beauty che non sono mai affollate dai turisti. Aggiungete poi i resti romani, i castelli medievali e le rigogliose oasi avicole, e avrete più di un buon motivo per visitare questo poco conosciuto angolo d'Inghilterra.

IL CONSIGLIO

Probabilmente farete buon uso della Cumbrian Coast Line, che collega Carlisle con Barrow-in-Furness via Maryport, Whitehaven, St Bees, Ravenglass e altre cittadine di interesse. Godrete di panorami meravigliosi, con vedute dei fell del Lakeland, delle riserve costiere e del Mare d'Irlanda. Se volete fare diverse tappe, vale la pena investire in un Cumbrian Coast Day Ranger (interi/bambini £22,70/£11,35) piuttosto che acquistare biglietti singoli.

Solway Firth (p548)

DA NON PERDERE
1 Solway Coast AONB

DA VEDERE
2 Arnside & Silverdale AONB
3 Barrow-in-Furness
4 Dock Museum
5 RSPB Hodbarrow
6 St Bees Head

ATTIVITÀ E TOUR
7 Campfield Marsh RSPB
8 St Bees Heritage Coast

INFORMAZIONI
9 Solway Coast Discovery Centre

Arnside (p549)

LA COSTA DELLA CUMBRIA: IL LIMITE OCCIDENTALE DELL'IMPERO

Si possono ancora rintracciare i 400 anni di presenza romana sulla costa della Cumbria. Bowness-on-Solway era in origine il fortino Maia sulla scogliera– il limite occidentale del Vallo di Adriano e il suo secondo forte per grandezza.

Maglona, un forte della cavalleria, nell'entroterra, anche conosciuta come Old Carlisle Castle, sorge a sud di Wigton. Swarthy Hill, sulla costa, vicino a Crosscanonby, sfoggia resti in parte interrati e ricostruiti del Milefortlet 21.

Ravenglass fu fondata nel II secolo d.C. come Itunocelum, importante base navale romana e limite occidentale dell'impero. I muri delle terme nel forte sono i resti più significativi di epoca romana in Gran Bretagna. Itunocelum era collegata ai forti di Hardknott e Ambleside nell'entroterra da una strada che attraversava l'Hardknott Pass.

JENNY SUMMERS/SHUTTERSTOCK ©

St Bees

I luoghi selvaggi della costa della Cumbria

MARE, SABBIA E SOLITUDINE

Nonostante un passato industriale e turistico, come zona balneare vittoriana, la costa della Cumbria è caratterizzata da tratti di natura incontaminata romantica e selvaggia. Oasi avicole, Areas of Outstanding Natural Beauty (AONB; Aree di Rilevante Bellezza Naturale) ed Heritage Coast (tratto di costa la cui bellezza naturale è riconosciuta come patrimonio da preservare) ripagano gli intrepidi, assieme a spettacolari tramonti sul cangiante Mare d'Irlanda.

A nord c'è la **Solway Coast AONB**. Divisa in due sezioni: dagli estuari dell'Esk e dell'Eden lungo la costa sud di Solway Firth fino a Silloth e, più a sud, da Beckfoot a Maryport.

Procuratevi cartine, consigli e contesto storico dal **Solway Coast Discovery Centre** (o sul sito solwaycoastaonb.org.uk) di Silloth e sarete pronti a esplorare gli estuari, le paludi salmastre e la rara flora e fauna di Grune Point (che ospita il raro rospo calamita). Si possono avvistare pavoncelle, pettegole, diverse specie di uccelli canori e molti altri uccelli qui e nella **riserva di Campfield Marsh RSPB**, più a nord.

DOVE DORMIRE NEI VILLAGGI COSTIERI DELLA CUMBRIA

Cartmel
Soggiornate nella minuscola Cartmel per il suo monastero del XII secolo e gli eccellenti ristoranti e negozi di alimentari.

Ravenglass
Ravenglass (II secolo) offre il Muncaster Castle, una ferrovia storica fino a Eskdale e notevoli rovine romane.

Maryport
Qui troverete il Lake District Coast Aquarium, un faro del 1846 e il Senhouse Roman Museum.

Verso sud si trova la **St Bees Heritage Coast**, un'importante oasi avicola dell'RSPB (Royal Society for the Protection of Birds) per i pulcinella di mare, le sterne e l'unica colonia di urie nere del Regno Unito. Ci sono anche 3 km di spettacolare passeggiata lungo la costa e una larga spiaggia di sabbia.

Da Ravenglass a Silecroft, l'unica sezione costiera del Lake District National Park, si trova l'Esk Estuary – un mondo di dune, paludi salmastre e abbondante fauna avicola. La magnifica **Arnside & Silverdale AONB** di Morecambe Bay è ingiustamente sottovalutata. La sua linea costiera varia, gli antichi boschi, i campi solcati, i pascoli ondulati promettono solitudine e serenità.

L'industria della costa della Cumbria

SECOLI DI MANIFATTURA E ATTIVITÀ MINERARIA

Oggi è tranquilla, ma un tempo la costa della Cumbria risuonava del rumore di molte industrie. Miniere di carbone, ferro e ardesia; cantieri navali; industria siderurgica; opifici; cave; treni merci; e porti industriali erano tutti operativi qui. Oggi è quasi tutto scomparso, e rimangono solo resti fatiscenti che sono al contempo affascinanti e tristi.

Barrow-in-Furness era uno dei porti industriali più attivi della zona. Qui venivano costruite ferrovie per il trasporto di ferro e ardesia, e intorno al 1870 la località vantava la più grande industria siderurgica al mondo. Si costruivano moli e cantieri navali, e a partire dalla metà del XIX secolo si sviluppò una vivace industria cantieristica. Oggi sono in attività solo i cantieri navali di BAE Submarine, e dovrete ricorrere al **Dock Museum** per farvi un'idea della Barrow in pieno fulgore.

L'**Hodbarrow Iron Mine** fu operativa a Haverigg dal 1850, e costruì un argine per il porto. La miniera è oggi un'**oasi dell'RSPB**. Altre acciaierie ora silenti si possono vedere a **Workington** e a **Broughton-in-Furness**, dove gli evocativi resti della settecentesca **Duddon Furnace** meritano una visita. **Whitehaven** prosperò con le sue miniere di carbone e ha un porto e un forno da calce che risalgono al XVII secolo. Il **Muncaster Mill** di Ravenglass funzionò dal XV al XX secolo, lasciando resti di rilievo.

La grande industria oggi è l'energia. L''Energy Coast' ospita la centrale nucleare di **Sellafield** e numerose fattorie eoliche, ed è in progetto una nuova miniera di carbone a Whitehaven.

MIGLIORI RESORT VITTORIANI SULLA COSTA DELLA CUMBRIA

Seascale
Vicino alla centrale nucleare di Sellafield, Seascale, un tempo molto popolare, conserva un'eleganza ottocentesca.

Allonby
Allonby si distingue per la sua lunga spiaggia di sabbia e le graziose vedute del Solway Firth.

Silloth
Punto di accesso a entrambe le sezioni della Solway Coast AONB, Silloth conserva la sua promenade vittoriana.

St Bees
Ha la fortuna di avere un tratto di spiaggia sabbiosa, un centro raffinato e la vicinanza a St Bees Head.

TRASPORTI LOCALI

La costa della Cumbria è servita dalla Cumbrian Coast Line da Carlisle a Barrow-in-Furness via le principali città costiere che si trovano nel mezzo. Un biglietto giornaliero illimitato costa £22,70/11,35 per interi/bambini. Guidare lungo la costa non è paragonabile al calvario che può essere nel Lake District National Park – la A595 corre appena nell'entroterra rispetto alla costa e parcheggiare è piuttosto facile. Barrow, Workington e Whitehaven hanno una rete di autobus locali e servizi a lunga percorrenza che collegano quasi tutte le città. Visitate il sito cumbria.gov.uk per cartine, orari e tariffe.

DAI LAKES ALLE BORDERLANDS

Per molti solo una distanza da coprire tra le vedute cinematografiche dei Lakes e il Vallo di Adriano, ma questa regione offre in realtà tantissimi motivi per soffermarvisi. Scoprirete storiche città di confine, orgogliose sedi di mercato, un paesaggio ondulato e fotogenico di fattorie e foreste e tanto altro.

Carlisle, capoluogo della Cumbria (non ci sono altre città qui), ha rilevanza storica, mentre Penrith è una bella località sede di mercato appena fuori dal Lake District National Park. Soggiornare in fattoria, vagare per campi e boschi sui sentieri pubblici, esplorare le idilliache *uplands* della North Pennines Area of Natural Beauty – c'è davvero tanto da fare e da vedere in questa zona poco conosciuta della Gran Bretagna.

Un tempo era territorio dei *border reivers* (predoni scozzesi e inglesi che si massacravano a turno e rubavano il bestiame); la paura e i conflitti allontanarono molte persone, e così questa è rimasta una delle zone meno abitate dell'Inghilterra.

IL CONSIGLIO

Sono tantissimi i posti dove alloggiare a costi ragionevoli nella North Pennines AONB, basi ideali per le camminate: non c'è posto più bello nella regione dove svegliarsi. Potete fermarvi in cittadine minuscole come Alston o Bishop Auckland o scoprire il cuore rurale delle North Pennines campeggiando o soggiornando in una fattoria.

High Cup Nick

JONATHAN SUTCLIFFE/SHUTTERSTOCK ©

DA NON PERDERE	5 Cumberland Bird of Prey Centre	10 Penrith Castle	TRASPORTI
1 Carlisle Castle	6 Drumburgh Castle	11 Rose Castle	14 South Tynedale Railway
2 North Pennines AONB	7 Dufton Pike	12 Tullie House Museum	
DA VEDERE	8 High Cup Nick	**ATTIVITÀ**	
3 A World in Miniature	9 Lowther Castle	13 Fusion Trampoline Centre	
4 Cross Fell			

Escursionismo nelle North Pennines

IL BRIVIDO DI ATTRAVERSARE LA 'SPINA DORSALE' D'INGHILTERRA

Geoparco Mondiale UNESCO, la North Pennines AONB è caratterizzata da un saliscendi di vette, brughiere, rapidi corsi d'acqua e remoti borghi. Percorrere a piedi questo paesaggio è molto più appagante che guardarlo di sfuggita dal finestrino dell'auto. L'AONB ha una rete di sentieri, tra cui la **Pennine Way**.

La camminata fino al **Dufton Pike** (481 m) parte dall'antico villaggio di Dufton sul margine sud-occidentale dell'AONB. Lungo questo circuito di 4,5 miglia (7,2 km), con un dislivello di 293 m, si spiegano davanti a voi meravigliosi panorami di fatto-

CAMMINARE LUNGO LA COSTA DEL NORTHUMBERLAND

Se il selvaggio paesaggio costiero e le sconosciute riserve naturali con tante specie indigene fanno per voi, amerete il **Northumberland Coast Path** (p576). Raggiungete il nord-est, iniziate il vostro viaggio da Creswell, e sarete ricompensati.

LA PENNINE WAY

Leggendario percorso escursionistico britannico, questo sentiero di 268 miglia (431 km) percorre la 'colonna vertebrale dell'Inghilterra' – le Pennine Hills. Il più antico sentiero escursionistico a lunga percorrenza d'Inghilterra raggiunse la sua attuale estensione nel 1965. Parte dal Peak District, nel Derbyshire, attraversa le Yorkshire Dales e le North Pennines, e termina nelle Cheviot Hills scozzesi.

Pur attraversando 'colline' (Cross Fell, la più alta, è di 893 m), la Pennine Way è considerata una delle escursioni più difficili della Gran Bretagna. Per completarla, il dislivello cumulativo è maggiore della scalata dell'Everest, e le condizioni spesso fiaccano le energie. La sezione delle North Pennines, con la valle glaciale di High Cup Gill, fragorose cascate e le vette intorno a Cross Fell, è in genere considerata la più panoramica.

Cross Fell

rie delle Pennines e vicine vette. L'**High Cup Nick**, un'alta e simmetrica voragine glaciale, è un'impresa più seria. Si parte sempre da Dufton, ed è un circuito di 10 miglia (16 km), con un dislivello di 544 m fino alla testa della **High Cup Gill**, valle glaciale mozzafiato a forma di ferro di cavallo.

La più tranquilla **Allen Banks and Staward Gorge Walk** (5,3 miglia; 8,5 km; andata e ritorno) attraversa il tratto più ampio di antica foresta seminaturale del Northumberland, gestito dal National Trust. L'ascesa al punto più alto delle North Pennines, **Cross Fell** (893 m), parte da Kirkland, e prevede un circuito di 8,5 miglia (13,6 km) e un dislivello di 700 m. Terreno fangoso e vie sempre più ripide per la vetta lo rendono impegnativo. Le impareggiabili vedute sulle Pennines e i fell del Lake District saranno la vostra ricompensa.

La faticosa **Green Route** da Kirkby Stephen a Keld inizia in Cumbria e termina nella sezione dello Yorkshire delle Pennines. Lunga oltre 12 miglia (19 km), ha un dislivello di circa 500 m e attraversa la brughiera superando fattorie cinte da muretti a secco prima di raggiungere Keld nella Swaledale.

SISTEMAZIONI PER ESCURSIONISTI CHE AFFRONTANO LE NORTH PENNINES

Dufton Barn Holidays, Dufton
Fra questi accoglienti e panoramici cottage ce n'è uno pensato per gli escursionisti – il Potting Shed. **££**

Lord Crewe Arms, Blanchland
Nelle Pennines orientali, questo hotel unico occupa la guesthouse della Blanchland Abbey (XII secolo). **£££**

The Inn at Brough, Kirkby Stephen
Questo ex coaching inn settecentesco nella Eden Valley offre camere immacolate e convenienti. **££**

Alla scoperta dei castelli nei dintorni di Carlisle e Penrith

VESTIGIA DI UN PASSATO VIOLENTO

Carlisle, Penrith e le circostanti zone di confine sono state sul piede di guerra per buona parte del loro passato. Occupando le 'terre disputate' tra Inghilterra e Scozia, sono state afflitte da raid di predoni di confine (*border reivers*) e battaglie su vasta scala per secoli. E, prima ancora che ci fosse un''Inghilterra' o una 'Scozia', razziatori danesi e nordici, anglosassoni, britannici, romani e altri ancora venivano spesso a cambattere da queste parti. Diretta conseguenza di tutti questi conflitti è la grande quantità di castelli!

Il **Carlisle Castle** fu costruito dai normanni nel 1112 d.C. su un sito strategico in precedenza fortificato da romani, britanni e anglosassoni. Bastione contro gli scozzesi, è una formidabile fortezza in pietra rossa che è rimasta incredibilmente intatta. Il **Penrith Castle**, del XIV secolo, invece, non è purtroppo in altrettante buone condizioni ma merita una visita se vi trovate in città. Il vicino **Lowther Castle**, un capriccio architettonico del XIX secolo, è in condizioni migliori.

Il **Rose Castle**, donato ai vescovi di Carlisle da Enrico III nel 1230, è oggi un boutique hotel. Secoli di modifiche fanno passare in secondo piano il fatto che questa fortezza in prima linea è stata testimone di molti combattimenti, soprattutto durante la guerra d'indipendenza scozzese nel XIII e XIV secolo.

Robert le Brun, come molti altri da queste parti, staccò pietre tagliate con perizia dal Vallo di Adriano per costruire il **Drumburgh Castle** nel 1307. Assieme a Dacre, è uno dei forti più completi che si trovino qui. Le rovine più romantiche fra i castelli includono Lammerside, Kirkoswald, Bewcastle e Brougham.

Per far felici i bambini

ATTRAZIONI PER FAMIGLIE

La gioia di lunghe camminate nella brughiera, dell'avvistamento di pivieri dorati o le pinte di birra artigianale potrebbe non rispondere alle aspettative dei più piccoli. Per fortuna, la regione che va dai Lakes alle Borderlands prevede molti modi per far divertire anche loro.

Carlisle è la località che offre più cose da fare e da vedere. A parte visitare l'affascinante Carlisle Castle, ci sono il **Tullie House Museum** (tre gallerie permanenti che raccontano la storia di Carlisle e della Cumbria settentrionale, e due

MIGLIORI PASSEGGIATE DI BIRDWATCHING NELLE NORTH PENNINES

Burnhope Head
Cercate i fagiani scozzesi (tutto l'anno), i pivieri, i beccaccini e gli smerigli lungo questo circuito del Burnhope Reservoir.

Wellhope Moor
Allodole, pispole e verdoni possono essere avvistati lungo il circuito paludoso di 3 miglia (4,8 km) nella Nent Valley.

Blanchland
Potreste avvistare picchi e cince lungo questo circuito di 2,4 km attorno alla graziosa Blanchland.

Lambley & the South Tyne
Circuito di 8 miglia (12,8 km) sul Tyne che promette merli acquaioli, scolapacidi, beccacce e ballerine gialle.

Chimneys on Dryburn Moor
Brughiera e ciminiere abbandonate fanno da sfondo all'avvistamento di chiurli, pluvieri e allodole.

DOVE MANGIARE NEI DINTORNI DI CARLISLE E PENRITH

Four and Twenty, Penrith
Il miglior bistrò di Penrith propone piatti fantasiosi a base di agnello della Cumbria, manzo e maiale. **££**

Lounge on the Green, Houghton
Questo rinomato ristorante poco a nord di Carlisle serve innovativi menu a prezzo fisso. **£££**

The Dog and Gun, Skelton
Questo superbo gastropub stellato vale la deviazione che dovrete fare fino al borgo rurale di Skelton. **£££**

POSTI MIGLIORI PER SOGGIORNARE NEI DINTORNI DI CARLISLE E PENRITH

Hidden River Cafe & Cabins, Longtown
Bungalow super lussuosi in legno in ambiente rurale sul River Lyme. ££

Halston Aparthotel, Carlisle
Gruppo di splendidi appartamenti autonomi allestiti nell'ex General Post Office di Carlisle. ££

The George Hotel, Penrith
Coaching inn in mattoni rossi che offre camere perfettamente arredate in centro a Penrith. £££

Augill Castle, Kirkby Stephen
A 25 miglia (40 km) in direzione sud-est da Penrith si trova questo 'castello' vittoriano con splendidi interni contemporanei. £££

ATGIMAGES/SHUTTERSTOCK ©

South Tynedale Railway

spazi per mostre temporanee), il **Fusion Trampoline Centre** (un intero granaio di superfici elastiche che bruceranno l'eccesso di energia giovanile) e, nell'Houghton Hall Garden Centre, 2,5 miglia (4 km) più a nord, i minuscoli e dettagliati diorami di **A World in Miniature**.

Con il tempo bello, c'è tanto da fare all'aperto. Lungo la **South Tynedale Railway** treni a vapore d'epoca attraversano l'eccezionale paesaggio della South Tyne Valley da Alston, nelle North Pennines, via Kirkhaugh e Lintley, fino al villaggio di Slaggyford. A 300 m di altezza, la pittoresca Alston è ufficialmente la più alta cittadina sede di mercato d'Inghilterra. Chi è appassionato di locomotive dovrebbe visitare l'**Hub Museum** presso l'Alston Goods Shed.

Ci sono anche il **Cumberland Bird of Prey Centre**, la **Killhope Lead Mine** dal nome evocativo (con escursioni in miniera, e un parco giochi con mostre educative) e poi tanti resti del **Vallo di Adriano**, soprattutto il **Birdoswald Fort**, l'**Harrow's Scar** e altri 'milecastles', e il **ponte di Willowford**.

TRASPORTI LOCALI

Avanti West Coast Main Line collega Carlisle con Penrith e Oxenholme (per la diramazione per Windermere). Northern Railway collega Carlisle con Newcastle, e ferma a Wetheral, Brampton, Haltwhistle e Bardon Mill. I servizi settentrionali si spingono anche a sud da Carlisle fino a Kirkby Stephen via Appleby ai margini della North Pennines AONB.

Guidare qui è facile, soprattutto dopo la congestione dei Lakes. Anche la bicicletta è un modo gratificante per esplorare distanze più brevi. Hadrian Cycling a Haltwhistle, Arragons Cycle Hire a Penrith e Carlisle's Border City Cycle Hire noleggiano biciclette.

NEWCASTLE-UPON-TYNE

Fondata dai romani come Pons Aelius, un forte all'estremità orientale del Vallo di Adriano, Newcastle deve il suo attuale splendore alla ricchezza derivante dalla cantieristica navale e dal carbone. Metropoli del nord-est, le sue ripide e curve strade e la zona intorno al porto sono nobilitate da belle fabbriche e magazzini georgiani e vittoriani, oggi occupati da musei, gallerie, alcuni eccellenti ristoranti e tanti locali notturni. L'esuberante vita notturna di Newcastle è leggendaria.

Newcastle conserva tradizioni ben radicate, incarnate dai suoi pragmatici e gradevoli abitanti, i 'Geordies', che conoscono la loro città semplicemente come 'Toon'. Idealmente, necessiterete di almeno un paio di giorni per esplorare lo storico centro cittadino e le zone del porto lungo il Tyne e al di là del fiume a Gateshead, sito del famoso Angel of the North. Ci sono anche la svecchiata Ouseburn Valley, un tempo zona industriale, la riqualificata Jesmond a nord, e i vivaci centri costieri di Tynemouth e Whitley Bay. Inoltre, Newcastle è il punto di accesso ideale per esplorare la selvaggia e splendida zona rurale del nord-est.

IL CONSIGLIO

Bigg Market e St Nicholas Square offrono alcune delle sistemazioni centrali più economiche di Newcastle. Ma qui c'è anche un'alta concentrazione di bar e club. A meno che non abbiate intenzione di far festa, sappiate che musica ad alto volume e rumoroso vociare andranno avanti fino alle 4 del mattino, anche durante la settimana.

Newcastle

MICHAEL TING/SHUTTERSTOCK ©

NEWCASTLE-UPON-TYNE

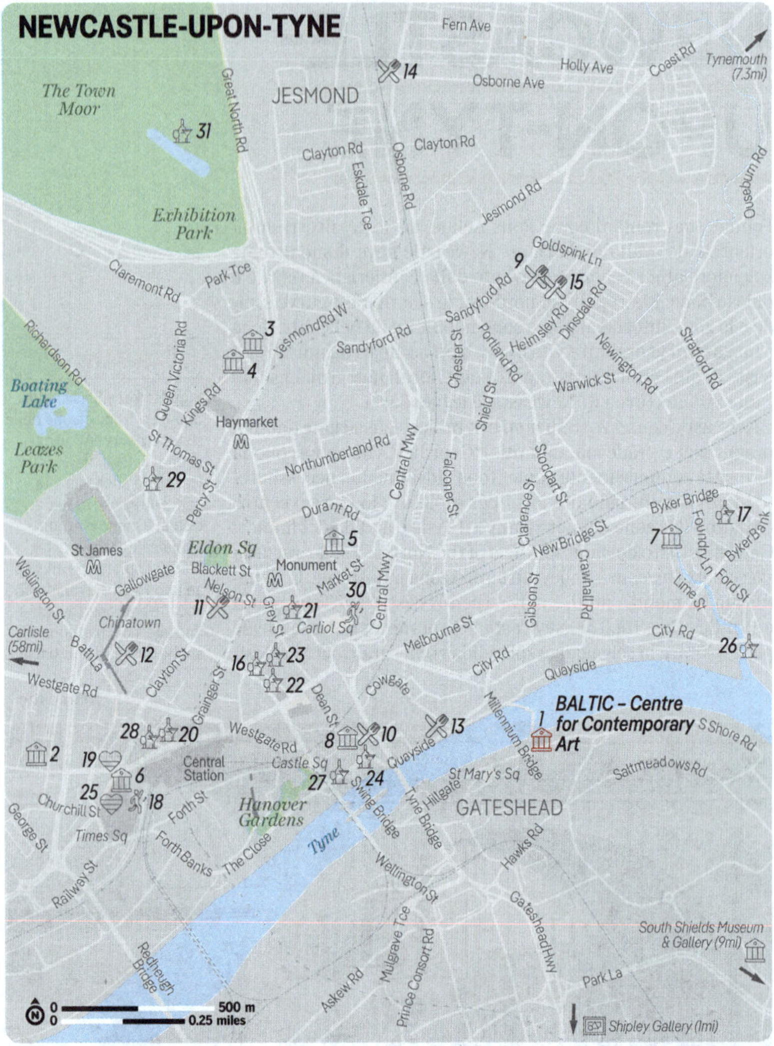

DA NON PERDERE
1 BALTIC – Centre for Contemporary Art

DA VEDERE
2 Discovery Museum
3 Great North Museum
4 Hatton Gallery
5 Laing Art Gallery
6 Life Science Centre
7 Seven Stories, the National Centre for Children's Books
8 Side

PASTI
9 Aidan's Kitchen
10 Bangrak Thai
11 Biang Biang Noodles
12 Blackfriars
13 Broad Chare
14 Dosa Kitchen
15 Small Canteen

LOCALI E VITA NOTTURNA
16 Beehive
17 Cumberland Arms
18 Digital
19 Eazy Street
20 Forth
21 Lola Jeans
22 Mother Mercy
23 Old George Inn
24 Redhouse
25 Rusty's
26 The Tyne Bar
27 Tiger Hornsby
28 Town Wall
29 Trent House
30 World HQ
31 Wylam Brewery

ALEX MANDERS/SHUTTERSTOCK ©

BALTIC – Centre for Contemporary Art

Gallerie e musei di Newcastle

CAPITALE CULTURALE DEL NORD-EST DELL'INGHILTERRA

Al di là dell'architettura, dei ristoranti e della vita notturna, a Newcastle si trova una delle più interessanti concentrazioni di istituzioni culturali fra tutte le città metropolitane della Gran Bretagna. Musei e gallerie sono sorti come funghi tra ex magazzini e fabbriche su entrambe le sponde del Tyne.

Il più importante fra questi è il **BALTIC – Centre for Contemporary Art** a Gateshead. Dietro la facciata anni '50 dell'ex mulino a macina BALTIC si estendono 2600 mq di spazio libero e accessibile, che ospita meravigliose mostre permanenti e temporanee. Sulla sponda nord sorge l'edificio Heritage Listed (Grade II) in stile barocco/art nouveau della **Laing Art Gallery**, costruito appositamente nel 1904, dove sono esposti dipinti, ceramiche, vetro e argenti di Newcastle, e mostre temporanee. Lì accanto c'è il **Side**, l'unica galleria del Regno Unito dedicata alla fotografia documentaria.

Più avanti, la **Hatton Gallery** della Newcastle University espone dipinti dal XIV secolo a oggi, comprese opere di Kurt Schwitters e Francis Bacon; la **Shipley Gallery** a Gateshe-

CARBONE A NEWCASTLE

Potreste chiedervi che origine abbia il detto 'bringing coals to Newcastle' ('portare il carbone a Newcastle') – che significa 'fare qualcosa di inutile'. Le spiegazioni sono due.

La prima menziona un Royal Act del 1530 che conferiva al **Newcastle Quayside** il monopolio delle imbarcazioni di carbone sul **River Tyne**, arricchendo **'The Hostmen'** – il gruppo di intermediari che controllava i moli. L'accordo aiutava questo *polo commerciale* a prosperare con i campi di carbone nord-orientali, ma rendeva inutile per chiunque fosse al di fuori del cartello cercare di trasportare carbone qui.

La seconda spiegazione, più generalmente accettata, è che data l'abbondanza di carbone a Newcastle, sarebbe stato insensato per qualunque importatore sperare di rifornire la città.

DOVE TROVARE I MERCATI A NEWCASTLE

Grainger Market
Risalente al 1835, il mercato coperto (Heritage Listed, Grade I) è un'istituzione a Newcastle. Domenica chiuso.

Quayside Market
Questo vivace bazar di cibo e artigianato locale anima il Quayside. Domenica dalle 9.30 alle 16.

Tynemouth Market
Fuori dalla Tynemouth Station, questo enorme mercato delle pulci richiama 150 ambulanti ogni sabato e domenica.

IL GEORDIE

I visitatori potrebbero sentire il termine 'Geordie' e chiedersi a cosa si riferisce. Fondamentalmente, indica una persona originaria di Newcastle e del Tyneside, che parla con inconfondibile accento l'omonimo dialetto, retaggio dell'antico inglese del Northumbria, parlato quando l'inglese aveva diverse versioni regionali.

L'etimologia più accettata di 'Geordie' è che derivi da 'George', nome comune fra i minatori che lavoravano nei numerosi pozzi di carbone della zona. I linguisti definiscono la peculiare parlata come 'Tyneside English', ma alcuni estendono il territorio del Geordie al Northumberland e persino alla contea di Durham. Indipendentemente dal territorio di appartenenza, sono termini come *gan* (per 'go'), *reet* ('right') e *haddaway* (esprime incredulità) a rendere unico il Geordie.

ad è dedicata all'artigianato e al design; mentre il **South Shields Museum and Gallery**, su due piani, prende in esame la storia del South Tyneside, ed espone anche opere d'arte.

Tra i musei di punta ci sono il **Discovery Museum**, che esplora la storia del Tyneside dall'epoca dei romani a oggi; il **Life Science Centre**, dedicato alle conquiste e al fascino delle scienze; il **Great North Museum: Hancock**, che si concentra sulla storia naturale e il Vallo di Adriano; e il **Seven Stories, the National Centre for Children's Books**, in un vecchio opificio vittoriano di sette piani riconvertito, con manufatti dell'ultimo secolo relativi alla letteratura per bambini e programmi partecipativi.

Il panorama dei ristoranti a Newcastle

È ORA DI ALLENTARE LA CINTURA

In quanto metropoli del nord-est, Newcastle naturalmente offre il miglior panorama gastronomico. Dai piccoli e raffinati ristoranti sperimentali ai gastropub, dai brunch *cafe* alla galassia dei ristoranti regionali, è un parco giochi per i buongustai.

Nel centrale Side, i sapori di **Bangrak Thai** sono decisi quanto il suo personale è garbato. Meno cortesia ma più felicità da **Biang Biang Noodles**, con squisitezze dello Shaanxi e del Sichuan al Grainger Market all'ora di pranzo. Nell'esclusivo Jesmond, **Dosa Kitchen** offre eccellente cibo dell'India del Sud.

Brunch e pranzi ispirati da **Aidan's Kitchen**, un'altra perla di Jesmond. Vegetariani e vegani ameranno il menu di ispirazione italiana di **Vegano**, vicino al Discovery Centre.

Blackfriars sforna cucina 'medievale moderna' nella 'più antica sala da pranzo del Regno Unito' – un refettorio costruito per i frati domenicani nel 1239. La **Small Canteen** fedele al nome, è un minuscolo locale con 15 coperti che sforna fantastico cibo britannico moderno a Jesmond. Il **Broad Chare**, un gastropub in un magazzino riconvertito sul molo, spilla oltre 50 tipi di birra, ed è universalmente raccomandato.

Verso l'estremità più alta dello spettro gastronomico si situano lo 'stagionale ed etico' **Träkol** a Gateshead; il **21**, che offre un menu a parte di piatti vegetariani; la **Cook House** di Ouseburn per la sua qualità non sofisticata e stagionale e l'atmosfera conviviale; e il bistrò italiano di Jesmond, **The Patricia**. I posti più alti sono detenuti da **Fern** presso la Jesmond Dene House e dalla stellata **House of Tides**.

DOVE DORMIRE A NEWCASTLE

Albatross Hostel
Se la posizione centrale e la convenienza sono importanti, prenotate una camera doppia all'Albatross in Grainger St. **£**

Grey Street Hotel
In un edificio georgiano Heritage Listed (Grade II) con 49 camere con bagno, il Grey St è piacevole e rilassante. **££**

Jesmond Dene House
Boutique hotel di lusso in villa vittoriana Arts and Crafts tutelata, 4,8 km a nord del centro di Newcastle. **£££**

STEVEN4Z/SHUTTERSTOCK ©

Beehive

Una serata fuori a Newcastle

ALLA SCOPERTA DI 'TOON'

Se avete intenzione di unirvi ai locali e godervi la famosa e sfrenata vita notturna di Newcastle, potrete lanciarvi in una lunga serata fuori senza allontanarvi troppo dal centro città.

La zona centrale nei dintorni di Tyne Bridge, Quayside, Bigg Market, Side e Central Station offre pub a volontà. Vicino alla stazione c'è il **Forth**, pub tradizionale con un terrazza sul tetto; troverete eccellente cibo da pub e una selezione di birra artigianale al **Town Wall**; e poi c'è il **Redhouse**, che offre anche cibo (pie) oltre a un'interessante scelta di birre.

La zona di Bigg Market è ricca di locali di fascia media; tra le eccezioni, **The Beehive**, meta prediletta del dopo lavoro, e il cinquecentesco **Old George Inn**, che forse è il più vecchio della città.

Vicino al St James' Park del Newcastle United si trova il **Trent House** con la sua atmosfera vecchio stampo e l'incredibile jukebox, poi, più a nord, gli spettacoli e la birra artigianale della **Wylam Brewery**. A est del centro troverete musica live e spettacoli comici al Tyne Bar e al Cumberland Arms.

Se vi piacciono i cocktail, i centralissmi **Tiger Hornsby**, **Mother Mercy** e **Lola Jeans** prendono la 'mixology' sul serio. Quando arriva il momento di scendere in pista, provate

VIZ: SCANDALOSA ICONA CULTURALE DI NEWCASTLE

La rivista *Viz* sarebbe potuta nascere solo a Newcastle. Fondata da Chris Donald, originario del quartiere di Jesmond, nel 1979, questa scabrosa parodia di fumetti per bambini come *The Beano* e *Dandy* (e di meno integri tabloid britannici) è reperibile ancora oggi nella sezione 'per adulti' delle edicole.

Donald produsse la prima edizione fotocopiata nella sua camera da letto, con il fratello Simon e l'amico Jim Brownlow. All'inizio popolare solo nel nord-est, dove i protagonisti Geordie che parlavano il dialetto locale, come Sid the Sexist e Biffa Bacon, erano più riconoscibili, raggiunse il picco di vendite di 1,2 milioni di copie all'inizio degli anni '90. Non più così popolare, né edita da Donald, rimane una testimonianza dell'attitudine britannica per la satira scurrile, l'umorismo scatologico e le risate oltraggiose.

LUOGHI DI SVAGO A NEWCASTLE

St James' Park
Campo di casa del Newcastle United, uno dei club di football più tifati del paese.

Sage Gateshead
Spettacoli su vasta scala della Northern Sinfonia e di altri artisti onorano i due palchi di questa enorme sala da concerti.

Theatre Royal
Teatro del 1837; ospita la Royal Shakespeare Company, e poi musical, opera, commedie, balletto e altro ancora.

World HQ (nella Curtis Mayfield House), mentre **Digital** è il posto giusto per house e techno. Tra i gay club con un'atmosfera inclusiva ci sono **Eazy Street** e **Rusty's**, in mezzo a numerosi altri ritrovi del 'Pink Triangle' tra Waterloo St, Neville St e Collingwood St.

Esplorare Tynemouth e South Shields

ADORERETE LA 'RIVIERA DI NEWCASTLE'

A meno di 10 miglia (16 km) dal centro di Newcastle, Tynemouth e South Shields, sulla costa, sono mete ideali per una gita in giornata o con pernottamento. Facilmente raggiungibili con la linea gialla della metro da Newcastle Central, vantano monumenti medievali e romani, acquari, musei, ottimi locali per mangiare e bere, e persino attività all'aperto come il surf per allettarvi verso est.

Tynemouth, a nord dell'estuario del Tyne, offre 150 bancarelle di prodotti artigianali e bric-à-brac ogni sabato e domenica al **Tynemouth Market**. Oltre a questo, ci sono attrazioni acquatiche al **Tynemouth Aquarium** e il **Tynemouth Priory and Castle**, dell'XI secolo, che troneggia sulla King Edward's Bay. La spiaggia di Longsands e le onde lunghe del Mare del Nord favoriscono surf, kayak e paddleboard con operatori esperti come **Longsands Surf School** e **CBK Adventures** (con base a North Shields).

South Shields attira famiglie e appassionati di storia con l'**Arbeia Roman Fort**, le scogliere a picco e i vasti tratti di sabbia delle **Marsden and Sandhaven Beaches**, il **South Shields Museum & Art Gallery** e lo storico **Souter Lighthouse** del National Trust. Fate tappa a **Jarrow**, dove il St Paul's Monastery ospitava Beda il Venerabile, per esplorare la ricostruzione della vita nel Northumbria anglosassone nel vicino **Jarrow Hall Anglo-Saxon Farm, Village & Bede Museum**.

Non mancano i locali dove bere e mangiare bene: Harbour Lights e **Sand Dancer** sono splendide opzioni a South Shields, sul mare, mentre i migliori di Tynemouth includono lo **Head of Steam** (per la birra artigianale) e il **Riley's Fish Shack**.

Tynemouth Priory and Castle

SANTI E STUDIOSI DI TYNESIDE

Tyneside ha un posto privilegiato nella storia della cristianità britannica. Questo è il paese di St Bede (672-735 d.C.), Beda il Venerabile, autore dell'*Historia ecclesiastica gentis Anglorum* (preziosa fonte di conoscenza sull'Inghilterra anglosassone), uno dei principali eruditi europei del suo tempo e monaco della Monkwearmouth-Jarrow Abbey.

Questa istituzione religiosa e bastione del sapere clericale anglosassone nel VII secolo d.C., è un sito UNESCO e si può visitare. Alcune sezioni dell'abbazia anglosassone furono incorporate nella St Paul's Church, costruita dai normanni nell'XI secolo. Il fondatore della Jarrow Abbey era un altro santo riverito, Benedict Biscop (c. 628-90 d.C.), a cui fu concessa la terra da re Egfrido di Northumbria nel 681 d.C.

TRASPORTI LOCALI

Sebbene spesso ripido, il centro di Newcastle si esplora bene a piedi. È anche servito da una rete metropolitana, da traghetti e da un'estesa rete di autobus. La Tyne and Wear Metro, una combinazione di linee sotterranee e di superficie, collega la maestosa Central Station, in stile neoclassico, di Newcastle con l'aeroporto, Tynemouth, Gateshead, Sunderland e luoghi all'interno della città come Jesmond e Haymarket.

Se siete in macchina, pagherete per parcheggiare nel centro di Newcastle, che scoraggia ulteriormente con un sistema di strade a senso unico e pedonali. Se soggiornate in un luogo tranquillo come Jesmond, l'auto vi sarà meno di ostacolo.

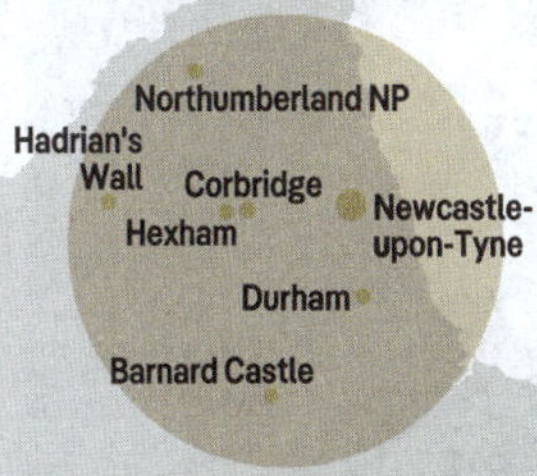

Dintorni di Newcastle-upon-Tyne

L'avvincente Newcastle è anche un punto di accesso alla deliziosa contea di Durham, al Vallo di Adriano e al Northumberland National Park.

I dintorni di Newcastle offrono esperienze molto diverse rispetto alla vivacissima città post-industriale. A sud si trova la contea di Durham – ricca di bellezze architettoniche e paesaggistiche; a nord-ovest il Northumberland National Park (NP) – la più vasta area selvatica superstite d'Inghilterra – e il Vallo di Adriano, una struttura ingegneristica espressione del potere imperiale che stupisce ancora 2000 anni dopo la sua costruzione.

L'accesso a queste meraviglie è inaspettatamente immediato. I treni collegano Durham e Newcastle in tempi molto rapidi. I punti di accesso al Northumberland NP, come Bellingham, Otterburn e Wooler, sono collegati a Newcastle e Alnwick in autobus. Alcuni siti d'interesse, come il Barnard Castle, però, si raggiungono più facilmente in auto.

IL CONSIGLIO

Percorrere a piedi le 84 miglia (135 km) dell'Hadrian's Wall Path è uno dei modi migliori di vivere questa regione. Programmate l'impresa nei mesi di maggio-giugno o settembre – maggiori possibilità di bel tempo, e il sentiero tutto per voi. Sette giorni per completarlo, con alloggio prenotato a intervalli realistici.

Walltown, vicino al Vallo di Adriano (p567)

POSTI MIGLIORI DOVE DORMIRE A DURHAM

Hotel Indigo
Hotel centrale e conveniente con palestra, eleganti zone comuni e suite decorate con gusto. ££

The Kingslodge Inn
Eccellente pub con camere ai margini dei boschi della Flass Vale, vicino la stazione di Durham. £££

OYO The Townhouse
Boutique hotel in storica *town house* georgiana; opzione tra le più affascinanti di Durham. £££

Lumley Castle
Camere superior in un castello (XIV secolo) a Chester-le-Street, 8 miglia (12,8 km) a nord di Durham. £££

TRAVELLIGHT/SHUTTERSTOCK ©

Durham Castle e cattedrale

Pellegrinaggio alla Durham Cathedral

LA PIÙ BELLA CATTEDRALE DELLA GRAN BRETAGNA?

Nessun viaggio nel nord-est è completo senza una visita alla **Durham Cathedral**. Ad appena 25 minuti in treno da Newcastle (o poco di più in auto), Durham è il capoluogo della solenne contea di Durham. Il suo monumentale luogo di culto è uno dei siti più distintivi della regione e da molti è considerata la più bella cattedrale romanica anglo-normanna del paese.

Costruita nel 1093 poco dopo la conquista normanna, fu la prima cattedrale europea con copertura a volta con costoloni in pietra, che consentì l'enorme scala della sua construzione. Tra gli elementi da non perdere, le duecentesche torri occidentale e centrale (quest'ultima, ricostruita nel 1470, offre dall'alto viste spettacolari di Durham); le tombe di St Cuthbert e di Beda il Venerabile; e lo splendido Neville Screen (1372-80) in pietra.

EREDITÀ ROMANA DEL LAKELAND

Fate rotta verso il Lake District e la costa della Cumbria per altri siti di resti romani come le **terme di Ravenglass** (p535), il **forte romano di Hardknott** (p535) e il **forte romano di Galava** (p537) a Ambleside.

DOVE MANGIARE A DURHAM

Tia's
Durham sembra un posto improbabile dove trovare del buon cibo Tex-Mex, ma Tia's vi farà ricredere. £

Cellar Door
Appetitosi piatti di cucina britannica moderna serviti in una prigione del XIII secolo con finestre che affacciano sul Wear. ££

The Garden House
Eccellente pub con cibo, circa 1,5 km a nord-ovest del centro di Durham. £

Sulla stessa sporgenza al di sopra della curva a forma di ferro di cavallo del River Wear sorge il **Durham Castle**. Costruito nel 1072, fu dimora dei principi-vescovi di Durham fino al 1837, quando subentrò la Durham University. Prenotate la visita di 50 minuti in anticipo telefonando alla Palace Green Library o al Tourist Office. Tra gli elementi di rilievo rientrano la secentesca Black Staircase e la cappella normanna (1080), splendidamente conservata.

Nelle vicinanze c'è il **Durham Museum**, ospitato nell'ex chiesa parrocchiale di St Mary-le-Bow. Potreste anche considerare una crociera sul Wear per belle prospettive della cattedrale dal basso – rivolgetevi a **Prince Bishop River Cruises** o a **Browns Rowing Boats** per noleggiare una barca.

Un'immersione nella contea di Durham

DELIZIE AL DI LÀ DI DURHAM

La spettacolare Durham non è assolutamente l'unica destinazione attraente della contea. Cinquanta miglia (80 km) a sud-ovest di Newcastle in auto o con treno e autobus si trova la cittadina sede di mercato di Barnard Castle, a lato del Tees, mentre la località marittima di Hartlepool sorge 42 miglia (67,5 km) a sud-est, in auto o in treno.

Barnard Castle, 'Barney' per la gente del posto, offre un mix perfetto di castelli, negozi d'antiquariato e pub. Il trecentesco **Raby Castle** fu occupato dalla famiglia cattolica dei Neville dopo la loro partecipazione al Rising of the North (1569), un tentativo fallito di deporre Elisabetta I in favore di Maria, regina di Scozia. La parte esterna è splendidamente conservata, mentre l'interno risale quasi tutto al XVIII e al XIX secolo.

Il **Barnard Castle** stesso, un tempo uno dei più grandi castelli d'Inghilterra, è una vasta ed evocativa struttura del XII secolo in rovina sul Tees. Il **Bowes Museum** espone la collezione dell'imprenditore ottocentesco John Bowes in un decorato 'château' costruito ad hoc. Aspettatevi di trovare opere di Goya, Canaletto ed El Greco, oltre a ceramiche, arazzi e altro ancora.

Hartlepool, che un tempo aveva cantineri navali e industrie siderurgiche, offre un'interessante eredità marittima e dell'epoca della guerra. Dopo la chiusura delle sue industrie nel XX secolo, si è reinventata come meta turistica. L'**Heugh Gun Battery Museum** e il **National Museum of the Royal Navy Hartlepool** sono entrambi affascinanti e curati in modo eccellente. C'è anche il divertente **Hartlepool Art Museum**, che occupa una chiesa vittoriana. **Navigation Point**, che affaccia sulla marina, è punteggiata di ristoranti, *cafe* e bar.

MIGLIORI OPZIONI PER MANGIARE NEI DINTORNI DI BARNARD CASTLE

L'agiata Barnard Castle e le zone circostanti omaggiano i buongustai con il miglior cibo della contea di Durham. **Raby Hunt**, 11 miglia (18 km) a est, ha ben due stelle Michelin per i suoi eccezionali menu degustazione. Il **Bay Horse**, 19 miglia (30,5 km) a est, è un eccellente gastropub che sposa la classica tecnica francese a ingredienti locali ed europei.

Una delle migliori opzioni a Barney è **Blagraves House**, un edificio del XV secolo che oggi ospita un negozio, un cocktail bar e un ristorante che serve piattini come tacos di pesce con lime e peperoncino e 'flat iron steak' con chimichurri. **Cross Lanes Organic Farm** ha un ristorante che serve prime colazioni e pranzi biologici e un generoso negozio di prodotti tipici con carne, gastronomia, panificio, pasti del ristorante congelati e prodotti freschi.

HOTEL STORICI NELLA CONTEA DI DURHAM

Beamish Hall Country House Hotel, Beamish
Risalente in parte al XII secolo, il Beamish Hall offre un modernissimo standard di lusso. **£££**

Redworth Hall Hotel, Newton Aycliffe
Ettari di parco ed elementi d'epoca caratterizzano questa ex residenza elisabettiana. **££**

Manor House Hotel, Bishop Auckland
Costruito su fondamenta dell'XI secolo, questo bel castello duecentesco offre 30 camere invitanti. **££**

CAMMINARE DA SOLI NEL NORTHUMBERLAND NATIONAL PARK

James Gingell è uno scrittore e un avido camminatore. *@james.gingell.walks*

È difficile trovare la vera natura selvaggia in Inghilterra. Nel Dartmoor, o nei Lakes, quell'elettrizzante sensazione di isolamento capita, ma è fugace. Dietro ogni collina sembra nascondersi un pub o una fattoria.

Ma provate a camminare da **Byrness** a **Kirk Yetholm** (l'ultimo tratto della Pennine Way) e vi dimenticherete degli esseri umani. Se, raggiunta la cima del **Cheviot**, avrete ancora fiato, vi verrà meno per il panorama. Tutt'attorno lussureggianti cigli erbosi e luccicanti fiumi: la natura che danza nell'assenza del genere umano.

Esplorando il Northumberland National Park

ENTRARE IN CONTATTO CON LA NATURA A NORD

Il **Northumberland National Park**, il parco più a nord dell'Inghilterra, il più lontano da qualunque città, il meno abitato (Elsdon, con appena 50 case, è il villaggio più grande), è anche il meno visitato. Questo da una parte è un peccato dato il valore storico e la sorprendente bellezza, dall'altra è una pacchia, poiché potrete ritrovarvi da soli a godervelo. Da Newcastle all'estremità sud-est del parco, all'altezza di Walwick, sono 27 miglia (43 km) in auto. Occhi aperti per avvistare scoiattoli rossi, pivieri dorati e la selvatica capra Cheviot.

Il Northumberland NP è anche il secondo per grandezza dei 13 parchi nazionali d'Inghilterra. Comprende 1062 kmq di brughiera ondulata, *peles* (torri difensive), fattorie, foreste e basse vette che si estendono dal confine scozzese fino a sud del Vallo di Adriano. Il **Chillingham Castle** e la **Cragside House** sono altri due gratificanti siti.

Le **Cheviot Hills** settentrionali, un saliscendi di vette che culminano nel Cheviot, la più alta di tutte (815 m), sono uno dei numerosi luoghi ideali per le camminate. Visitate **The Sill: National Landscape Discovery Centre** vicino al villaggio di **Once Brewed** o il sito northumberlandnationalpark.org.uk per farvi ispirare. Anche andare in bicicletta è delizioso a **Kielder** e nella **Harwood Forest**; rivolgetevi a **The Bike Place** vicino Kielder per noleggio e informazioni.

Il **Kielder Water**, il più grande lago artificiale d'Inghilterra, è circondato a sua volta dalla più grande piantagione di abeti del paese. C'è tanto da fare e da vedere qui: uscite in barca, camminate, visite al **Kielder Observatory**, al **Minotaur Maze**, alle rovine del **Kielder Castle** e al **Kielder Birds of Prey Centre**.

Avvistamenti di fauna selvatica

DOVE CERCARE INCONTRI RAVVICINATI

L'abbondanza di territorio selvaggio e scarsamente abitato raggiungibile da Newcastle fa aumentare le possibilità di avvistare uccelli e altri animali selvatici rispetto a qualunque altra zona della Gran Bretagna. Il vasto 'vuoto' del Northumberland National Park, la sezione orientale della **North Pennines AONB**, e luoghi meno remoti come la **Durham Heritage Coast** e **Thrislington**, **Castle Eden Dene**, **Derwent Gorge** e **Muggleswick Woods**, e **Moor House – Upper**

DOVE DORMIRE NEL NORTHUMBERLAND NATIONAL PARK

Kielder Campsite, Kielder
Questo remoto campeggio che sovrasta il Kielder Water noleggia piazzole per tende e camper. **£**

The Pheasant Inn, Stannersburn
Pub a Stannersburn, sotto il Kielder Water, offre una sistemazione B&B in luminose camere a due letti. **££**

Otterburn Castle Hotel, Otterburn
Hotel in castello risalente alla conquista normanna, promette lusso circondato da 13 ettari di giardini curati. **£££**

Cheviot Hills

Teesdale National Nature Reserve garantiscono tutti incontri con la fauna indigena.

Il **Northumberland NP** ospita popolazioni a rischio di scoiattoli rossi, tassi, caprioli e capre Cheviot selvatiche (discendenti di specie primitive). Ci sono anche marasso (l'unico serpente velenoso della Gran Bretagna), orbettino e lucertola comune. L'avifauna, in parte stagionale, include barbagianni, fagiano di monte e fagiano scozzese, beccaccino, pettegola, pavoncella, chiurlo, merlo acquaiolo, beccaccia e piviere dorato.

Le vicine **North Pennines** attirano molte di queste specie di uccelli, oltre a rapaci come gheppi, smerigli e poiane. Anche qui potreste avvistare tassi e caprioli, e forse lepri e arvicole acquatiche europee. I 221 ettari di bosco e di distese erbose di pianura di **Castle Eden Dene** costituiscono l'habitat di caprioli, volpi e numerose specie di uccelli. Lungo la **Durham Heritage Coast** e altri tratti di costa poco edificate si trovano piccole sterne, scolopacidi, vermi luminosi, *Cicindela campestris* e mammiferi marini come delfini tursiopi, focene e foche grigie e comuni.

MIGLIORI PERCORSI IN BICI NEL NORTHUMBERLAND NP

Il Northumberland NP attira come miele chi ama percorsi ciclistici rurali e solitari.

College Valley e Yetholm
Circuito di 42 miglia (67,5 km) su strade tranquille da Wooler, appena sotto il confine scozzese, attraverso il bel panorama delle Cheviot.

Otterburn e Coquetdale
Impegnativo circuito di 38 miglia (61 km) da Alwinton che include forti romani e 'bastle houses' (fattorie fortificate tipiche dei Borders).

Curlew Cycle Route
Splendido circuito di 18 miglia (29 km) da Bellingham via Birtley e Wark con alcune lunghe (ma non troppo ripide) salite.

Da Wooler a Bamburgh
I turisti su due ruote ameranno questo lungo ma gradevole circuito di 32 miglia (51 km). Non si snoda nel Northumberland NP in senso stretto, ma rivela molti aspetti del fascino di questa regione.

SITI DI BIRDWATCHING VICINO NEWCASTLE

Big Waters Nature Reserve, Newcastle
Ammirate gli uccelli acquatici come svassi, cigni e aironi in questa ex miniera orlata di canne e piena d'acqua.

Gosforth Nature Reserve, Gosforth
Tarabusi, barbagianni, cannaiole e altre specie abitano 25 ettari di terreni acquitrinosi e boschi.

Cresswell Pond and Foreshore, Morpeth
Una rete di sentieri e nascondigli per avvistare scolopacidi, piovanelli tridattili e corrieri grossi.

MIGLIORI PUB RURALI NEL NORTHUMBERLAND

The Black Bull, Corbridge
Fulcro non ufficiale della cittadina, questo socievole village inn in pietra risale al 1755. £

Carts Bog Inn, Langley
Gestito dalla progenie degli agricoltori locali, questo country inn del 1775 serve cibo di provenienza locale. £

The Narrow Nick, Rothbury
Questo accogliente micropub nell'adorabile Rothbury prende sul serio le sue birre artigianali. £

The Beehive, Earsdon
Soffitti bassi, pavimenti in legno, panorami rurali e ottimo cibo caratterizzano il Beehive. ££

DUNCAN ANDISON/SHUTTERSTOCK ©

Blanchland

Corbridge e i villaggi del nord-est

GLI INCANTEVOLI INSEDIAMENTI SATELLITE DI NEWCASTLE

Il Northumberland e la contea di Durham abbondano di deliziosi e pittoreschi villaggi, e l'entroterra di Newcastle non è da meno. Fate un'escursione di 19 miglia (30,5 km) fino a Corbridge in auto, con la Newcastle & Carlisle Railway o con l'autobus Tyne Valley per scoprire il primo dei numerosi tranquilli e particolari insediamenti della regione.

Corbridge è passato alla storia come **Coria**, la cittadina più a nord dell'impero romano. Oggi è un'armoniosa collezione di cottage di pietra, chiese e negozi locali, senza neppure una catena nella high street. Visitate gli scavi della **Roman Town**, la **Church of St Andrews**, consacrata nel VII secolo e costruita con le pietre del Vallo di Adriano, e il trecentesco e fortificato **Vicar's Pele**.

Altri villaggi del nord-est, affascinanti nella loro unicità, si estendono in ogni direzione. Nelle North Pennines si trovano **Blanchland**, costruito con le pietre della Blanchland Abbey (del XII secolo) in una sezione ricoperta da boschi della Derwent Valley, e **Allendale**, circondato da *peles* (torri fortificate, testimonianza di secoli di incursioni e saccheggi lungo i confini).

DORMIRE NEI VILLAGGI NEI DINTORNI DI NEWCASTLE

Dilston Cottage, Corbridge
Questo grazioso cottage rurale, che in genere si affitta a settimana, è ideale per esplorare la zona. £

The Golden Lion, Allendale
Fulcro della socialità di questo bel villaggio delle North Pennines, il Lion offre camere rinnovate di recente. ££

Westfield House Farm, Rothbury
Scegliete il soggiorno B&B nella fattoria georgiana in pietra, o la shepherd's hut autonoma. ££

A nord ci sono **Bellingham**, **Otterburn** ed **Elsdon**, tre deliziosi insediamenti lungo i confini del Northumberland NP. Nella zona di Morpeth si trovano **Rothbury** (che in molti ritengono sia il villaggio più grazioso del Northumberland), **Harbottle** e **Wooler** - 'punto di accesso alle Cheviot'.

A Durham c'è **Brancepeth**, un armonioso insieme di pietra calda dominato da uno spettacolare castello; **Staindrop**, vicino **Raby Castle**; e **Gainford** sul River Tees. Più vicino a Newcastle si trova **Beamish**, che ospita un'imitazione del villaggio georgiano-vittoriano, **The Living Museum of the North**.

Alla scoperta del Vallo di Adriano

IL CONFINE SETTENTRIONALE DI ROMA

Questa meraviglia d'ingegneria del mondo antico segna il punto in cui l'impero romano fermò la sua marcia verso nord. L'imperatore Adriano ordinò la costruzione di questa iconica ed evocativa struttura nel 122 d.C., per tenere fuori gli indomiti pitti di Caledonia dalla colonizzata provincia della Britannia. Sito UNESCO, questo muro, che si estende per 73 miglia (117 km) tra Wallsend e Solway Firth, è un imperdibile simbolo del nord dell'Inghilterra.

Il forte e il museo di **Segedunum** all'altezza di Wallsend sorgono 22 minuti a est del centro di Newcastle sulla linea gialla della metro. Da qui, una serie di forti scavati, fortini ('milecastles'), torrette d'osservazione, templi e notevoli sezioni superstiti del muro si estendono verso est, spesso attraverso paesaggi inabitati di ammaliante bellezza. Chi ha tempo e forma fisica può percorrere le 84 miglia (135 km) dell'**Hadrian's Wall Path**, che in genere richiedono più di sette giorni.

Pur ridotto nel corso del tempo a causa del riutilizzo delle sue pietre di arenaria locale per la costruzione di chiese, *peles* e altri edifici, ne rimangono comunque alcune sezioni imponenti. Viaggiando da est a ovest, queste includono i forti e gli insediamenti di **Coria** (fuori Corbridge), **Vindolanda**, **Chesters**, **Brocolitia** (con il suo **Mithraic Temple**), **Housesteads** e **Birdoswald**.

Alcune delle sezioni più complete del muro si trovano a **Heddon-on-the-Wall**, **Planetrees**, da **Sewingshields** a **Sycamore Gap** e nel **Walltown Country Park**. Musei ricchi di reperti della vita sul Vallo sorgono in corrispondenza di alcuni forti; il **Roman Army Museum** di Greenhead; il **Great North Museum**: **Hancock** a Newcastle; e il **Tullie House Museum** e il **Senhouse Museum** a Carlisle.

LA STORIA VIOLENTA DEL NORTHUMBERLAND

Il Northumberland è stato scenario di molti conflitti. Il Vallo di Adriano fu costruito per tenere a bada i bellicosi pitti a nord. I romano-britanni post-imperiali furono quindi rimpiazzati dagli angli, che costituirono il Northumbria nel 654 d.C. fondendo i più piccoli regni di Bernicia e Deira (nell'attuale Yorkshire).

I vichinghi iniziarono secoli di incursioni e insediamenti saccheggiando il monastero di Lindisfarne (793 d.C.). Il Northumbria alla fine entrò a far parte dell'Inghilterra unita nel 973, ma i norreni godettero di un'ultima vittoria quando, in quanto normanni, conquistarono gli anglosassoni. Sostenendo l'Inghilterra contro le invasioni scozzesi, la contea del Northumberland divenne una potenza semiautonoma e a volte ribelle. I *reivers* (predoni) fecero razzie per secoli su entrambi i lati del confine Scozia/Northumbria.

SISTEMAZIONI SUL MARE VICINO A NEWCASTLE

Grand Hotel, Tynemouth
Costruito dal duca del Northumberland per sua moglie, questo imponente hotel incarna l'eleganza fin dal 1877. ££

Marsden Grotto, South Shields
Forse un tempo locanda di contrabbandieri ricavata nella parete della scogliera, è eccentrica ma invitante. ££

Park Lodge Guest House, Whitley Bay
Più all'interno rispetto alla spiaggia di Whitley Bay, questo ideale rifugio sul mare è gestito in modo professionale. ££

Vallo di Adriano

L'ULTIMA FRONTIERA DI ROMA

Di tutte le rovine romane in Gran Bretagna, la fortificazione fatta erigere nel II secolo dall'imperatore Adriano, che taglia l'Inghilterra settentrionale dal Mare d'Irlanda al Mare del Nord, è di gran lunga la più spettacolare. Nel 1987 l'UNESCO l'ha dichiarata sito Patrimonio dell'Umanità.

Vi presentiamo le strutture più importanti, fra cui il forte di Housesteads, qui ricostruito.

GANNET77 / GETTY IMAGES ©

Granai di Housesteads

Un sistema di ventilazione sotterraneo così ingegnoso, capace di conservare il grano nel clima umido e piovoso del Northumberland, non si sarebbe più visto per 1500 anni.

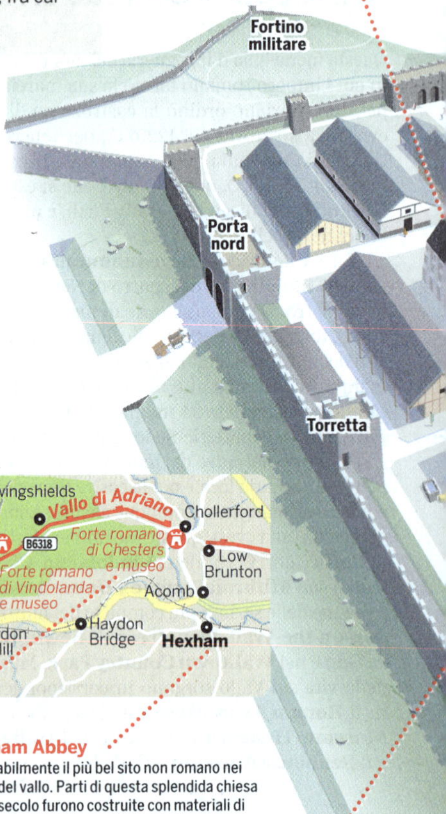

STEPHEN DOREY / GETTY IMAGES ©

Forte romano di Birdoswald

Esplorate il segmento intatto più lungo del vallo, arrampicatevi sui suoi resti, poi entrate per ammirare il modello in scala del forte all'apice dello splendore. I bambini si divertiranno molto.

Forte romano di Chesters

Costruito a guardia del ponte sul River North Tyne, è il forte di cavalleria romana meglio conservato della Gran Bretagna e ha splendide terme, essenziali per affrontare i gelidi inverni del nord.

STEPHAN GOERLICH / GETTY IMAGES ©

Hexham Abbey

È probabilmente il più bel sito non romano nei pressi del vallo. Parti di questa splendida chiesa del VII secolo furono costruite con materiali di recupero dai forti romani.

VERITYJOHNSON / SHUTTERSTOCK ©

Ospedale di Housesteads

Le cure ai soldati feriti nell'ospedale dell'accampamento erano sorprendentemente efficaci, anche senza anestesia, mentre forse i rituali religiosi e le preghiere a Esculapio, dio romano della medicina, non erano altrettanto utili per un'ernia o un'appendicite.

Latrine di Housesteads
In epoca romana, le latrine pubbliche erano la norma e quelle di Housesteads sono incredibilmente ben conservate. Una curiosità: sembra che al posto della carta igienica si utilizzassero spugne imbevute di aceto.

IL VALLO DI ADRIANO IN BREVE

Nome latino: Vallum Aelium

Lunghezza: 73,5 miglia (80 miglia romane; 118 km)

Data di costruzione: 122–128 d.C.

Forza lavoro impiegata per la costruzione: Tre legioni (circa 16.000 uomini)

Caratteristiche: Non meno di 16 forti, 80 fortini militari, 160 torrette

Lo sapevate? Il Vallo di Adriano non è l'unica fortificazione romana in Gran Bretagna: il Vallo di Antonino fu costruito attraverso l'attuale Scozia centrale intorno al 140 d.C., ma fu abbandonato poco dopo.

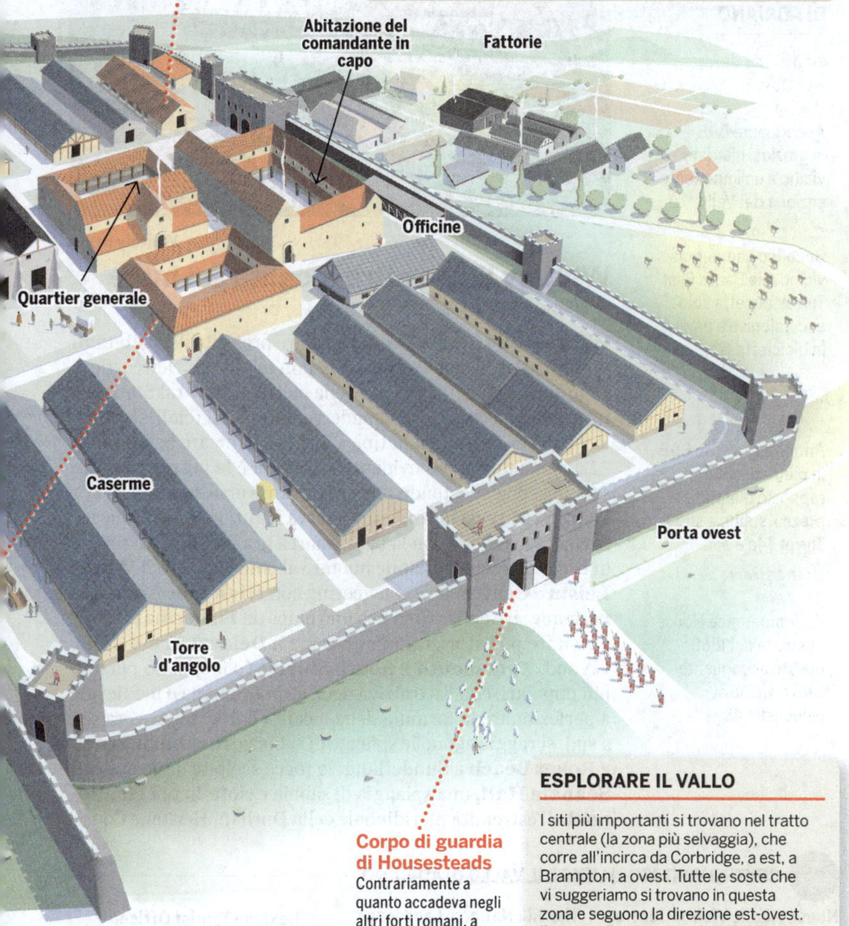

Corpo di guardia di Housesteads
Contrariamente a quanto accadeva negli altri forti romani, a Housesteads nessuna porta era rivolta verso i nemici (i costruttori le avevano allineate in direzione est-ovest). Nella pietra sono ancora visibili i solchi dei carri.

ESPLORARE IL VALLO

I siti più importanti si trovano nel tratto centrale (la zona più selvaggia), che corre all'incirca da Corbridge, a est, a Brampton, a ovest. Tutte le soste che vi suggeriamo si trovano in questa zona e seguono la direzione est-ovest. Il mezzo di trasporto migliore è l'auto, viaggiando sulla B6318, ma anche lo speciale autobus AD122 vi porterà lì. Un'escursione lungo un tratto dell'Hadrian's Wall Path (84 miglia, 135 km) vi farà apprezzare il vallo da vicino.

GUIDE GRATUITE

In alcuni siti troverete volontari preparati che risponderanno alle vostre domande e curiosità contestualizzando la vostra visita.

MIGLIORI SISTEMAZIONI PER CAMMINARE LUNGO IL VALLO DI ADRIANO

Hadrian's Barn, Heddon-on-the-Wall
Accogliente B&B in graziosi giardini, vicino a un'imponente sezione del Vallo. ££

Camping at Banks
Bucolico campeggio vicino alla Banks East Turret; accetta solo escursionisti a piedi e in bicicletta. £

The Old Repeater Station, Haydon Bridge
Antico e grazioso B&B in pietra dal buon rapporto qualità-prezzo, subito a sud di Turret 34a e 33b. ££

Dacre House, Gilsland
Ex Temperance House costruita nel 1860, questo accogliente B&B è vicino al Milecastle 48. ££

Whitely Bay

Whitley Bay e altre località sul mare

LA SABBIA DEL MARE DEL NORD TRA LE DITA

Whitley Bay è tra le località di mare preferite degli abitanti di Newcastle. A sole 12 miglia (19 km) in auto da Newcastle, o 43 minuti con la linea gialla della metro da Central Station, è tutta fish and chips, promenade, centri commerciali, secchiello e paletta, insomma la tipica località balneare britannica.

La principale e più evidente attrattiva è la lunga **spiaggia** sabbiosa che si estende per circa 3 km verso sud da Curry's Point. **St Mary's Island**, una riserva naturale con uno storico **faro**, è accessibile con la bassa marea grazie a una passerella di rocce. È anche possibile nuotare al chiuso presso il **Waves Leisure Centre**, fare coasteering con **High Tide Adventure**, mangiare dell'ottimo fish and chips da **Fisherman's Bay**, e visitare pub storici sul mare come il **Delaval Arms** (1748).

A sud, **Tynemouth** e **South Shields** (p560) sono persino più popolari, con l'attrattiva della storia romana e medievale a perfezionare la formula della località balneare. Ancora più a sud, si raggiungono le spiagge di sabbia di **Seaburn Beach** e **Roker Beach** a Sunderland; le rocce scolpite dalle onde di **Seaham Hall**, una spiaggia di sabbia e ciottoli; poi **Hartlepool** all'estremità meridionale della Durham Heritage Coast.

CENTRO VISITATORI LUNGO IL VALLO DI ADRIANO

Housesteads Visitor Centre, Housesteads
Aperto tutti i giorni, l'Housesteads Visitor Centre offre informazioni, mostre e servizi accessibili.

The Sill: National Landscape Discovery Centre, Once Brewed
Informazioni, mostre e persino un ostello, tra Sycamore Gap e Vindolanda (thesill.org.uk).

Hexham Tourist Office, Hexham
Nella biblioteca di Hexham, questo ufficio turistico è aperto da lunedì a sabato (visitnorthumberland.com).

Un tempo industriale, l'Heritage Coast è punteggiata di ex miniere di carbone a Easington, Horden e Blackhall. Le 11 miglia (18 km) del **Durham Coastal Path**, da Seaham a Crimdon (dove si estendono le due spiagge più belle), seguono la splendida e riabilitata linea costiera con flora e fauna ripristinate una volta che i pozzi hanno cessato le attività. Le attività ricreative principali da queste parti sono camminare, fare rockpooling e birdwatching.

Hexham Abbey e dintorni

L'EREDITÀ CRISTIANA DEL NORD-EST

Il nord-est è stato a lungo un centro importante per la cristianità britannica. La cultura romano-britanna si era convertita prima che i romani se ne andassero, e i pagani anglosassoni e danesi alla fine fecero lo stesso. Una delle chiese più imponenti sopravvissute allo scioglimento degli ordini monastici (1536-41) di Enrico VIII è l'**Hexham Abbey**, 22 miglia (35 km) a ovest di Newcastle in auto o in treno, con la Northern's Tyne Valley.

Costruita nel XII secolo su un edificio precedente del VII, l'Abbey sopravvisse come chiesa parrocchiale di Hexham, e oggi è un maestoso esempio di architettura sacra anglo-normanna. La cripta della **St Wilfrid's Church**, la chiesa anglosassone su cui fu costruita, si può ancora visitare. La lavorazione della pietra nella cripta, con fregi e iscrizioni, indica che fu presa da un'elegante abitazione romana, presumibilmente dalla vicina Coria (Corbridge). Si vede anche la lapide di un alfiere del I secolo, Flavinus.

Altri siti religiosi degni di nota nelle vicinanze di Newcastle sono il **St Paul's Monastery** a Jarrow (un tempo uno dei grandi centri di erudizione religiosa d'Europa); le malinconiche rovine della **Finchale Priory** nella contea di Durham; l'intatta chiesa abbaziale di Blanchland; e, in un'ansa del River Coquet vicino Rothbury, il maestoso **Brinkburn Priory and Manor**. Come Hexham, anche Brinkburn e Blanchland risalgono al XII secolo e sono sopravvissute come chiese parrocchiali anglicane. La Tynemouth Priory, in rovina, fu fondata nel VII secolo come luogo di sepoltura dei re del Northumbria.

Hexham Abbey

MOORLAND GROUP OF CHURCHES

La Blanchland Abbey è la più insigne delle otto chiese che formano il Moorland Group of Churches. Queste chiese parrocchiali, alcune antiche, altre più recenti, servono tutte piccole comunità nelle lande orientali delle North Pennines.

St Edmund's a Edmundbyers mostra elementi antecedenti sotto il suo edificio del XII secolo; All Saints a Muggleswick risale all'inizio del XVIII secolo; St Philip & St James a Whittonstall è georgiana, così come St Mary the Virgin a Slaley e St John's a Healey. St Matthew's a Waskerley e St James' a Hunstanworth sono entrambe del medio vittoriano. Anche se forse solo Blanchland e St Edmund's sono di grande interesse storico, una visita di queste chiese delle Pennines, non lontane le une dalle altre, è un bel modo per ammirare il paesaggio e visitare i villaggi.

TRASPORTI LOCALI

Il modo più facile per vedere tutto ciò che desiderate nei dintorni di Newcastle è in auto. Una volta fuori dalla metropoli, il traffico è leggero per gli standard inglesi, e parcheggiare raramente è un problema nei centri più piccoli.

La rete di Northern Rail è estesa e collega Newcastle con Durham, Hartlepool, Bishop Auckland, e Carlisle (passando per i centri vicini al Vallo di Adriano). Arriva gestisce una rete di autobus in tutto il nord-est che collega Newcastle con Whitley Bay e centri più piccoli in ogni punto lungo il corso di Tyne e Wear che non sono accessibili in treno.

Ma la cosa migliore di tutte è camminare. Scarsamente popolata, spesso poco affollata da altri visitatori, questa tasca resiliente di un'Inghilterra selvaggia, che è sparita quasi dappertutto, promette qualcosa di davvero speciale a chi vorrà cercarlo.

LA COSTA DEL NORTHUMBERLAND

La costa del Northumberland è uno degli angoli più austeri e affascinanti d'Inghilterra. Caratterizzata da una costa spettacolare, fattorie lucide di pioggia, dignitose città sedi di mercato e alcuni castelli davvero imponenti, questa regione è raramente infestata dalle orde dei turisti.

Il centro principale è Berwick-upon-Tweed, la città più a nord d'Inghilterra, spesso possedimento scozzese. Altri centri di rilievo sono Alnwick, legata all'incredibile castello, tutt'oggi residenza dei duchi del Northumberland; Craster, un attraente centro costiero vicino Dunstanburgh (altra icastica fortezza); e Bamburgh, che ospita il castello più maestoso di tutto il nord-est. Splendide passeggiate, valli tappezzate da boschi, fauna avicola e dune di sabbia completano il seducente quadro.

Questa costa ha anche un forte significato spirituale. Il monastero su Lindisfarne ('Holy Island') fu per un po' la residenza di St Cuthbert, il santo prediletto del nord-est. Sempre qui si avvistò la prima longship vichinga, come presagio di secoli di incursioni e lotte territoriali.

IL CONSIGLIO

Prendendo un treno verso nord da Newcastle a Berwick, è facile lasciarsi sfuggire numerosi ed eccezionali tratti di costa. Se avete intenzione di noleggiare una macchina nel nord-est, fatelo qui: è piuttosto facile e potrete accedere a moltissimi siti che non riuscireste a vedere affidandovi agli autobus e a una linea ferroviaria unica che abbraccia la costa.

Dunstanburgh Castle (p575)

DA NON PERDERE
1 Bamburgh Castle

DA VEDERE
2 Alnwick Castle
3 Amble
4 Berwick-upon-Tweed
5 Craster
6 Dunstanburgh Castle
7 Lindisfarne
8 Lindisfarne Castle
9 Lindisfarne Causeway
10 Old Lifeboat House
11 St Cuthbert Island
12 Warkworth

ATTIVITÀ
13 Northumberland Coast Path

Bamburgh Castle (p574)

CONSIGLI DI UNA GUIDA TURISTICA

Clifton Wilkinson, guida turistica presso l'**Alnwick Castle**, sceglie le migliori attività nel castello. *@clifton.wilkinson*

Il tour
Il castello è stato della famiglia Percy per 700 anni perciò c'è tantissima storia da scoprire con un solo tour. È stato il set di diversi film e trasmissioni televisive, e questo rende il tour sul posto altrettanto illustrativo.

Sul manico di scopa
Harry imparò il quidditch all'Alnwick Castle ('Hogwarts' nei primi due film) e anche voi potrete salire a cavallo di una scopa e volare. Al vostro arrivo prenotate un biglietto gratuito – è molto popolare.

Le sale di rappresentanza
All'esterno, il castello medievale, all'interno, un palazzo in stile rinascimentale italiano. Questo era l'intento del restauro del quarto duca, e il risultato è spettacolare. Il pezzo forte è l'arte con quadri di Canaletto, Van Dyck e Tiziano.

Lindisfarne Castle (p576)

Vagando per Bamburgh e dintorni

CONTANDO I CASTELLI SULLA COSTA

La visione del **Bamburgh Castle**, in cima alla scogliera, lascia una sensazione indelebile. Accessibile in auto o con una noiosa combinazione di autobus e treno, si trova 53 miglia (85 km) a nord di Newcastle. Un tempo sede dei re anglosassoni del Northumbria, sorge in cima a una lingua di terra di diabase vulcanica che amplifica la suggestione.

Ricostruito a partire dall'XI secolo dai normanni (l'anglosassone 'Bebbanburgh' fu razziato dai vichinghi nel 993 d.C.) ha avuto una storia con luci e ombre e oggi è abitato dalla famiglia Armstrong. Mobili antichi, armature, ceramiche e opere d'arte di valore inestimabile riempiono le sale e le stanze del castello, ma il pezzo forte è la neogotica King's Hall, con il suo rivestimento di pannelli di legno, le vetrate artistiche e il soffitto a travi a martello.

Altrettanto spettacolare è l'**Alnwick Castle**, residenza del duca di Northumberland. Sorge in mezzo a giardini progettati da Lancelot 'Capability' Brown, ed è rimasto fondamentalmente inalterato dal XIV secolo. È pieno zeppo di tesori, compresi alcuni dipinti di

DOVE DORMIRE VICINO BAMBURGH, ALNWICK O DUNSTANBURGH

Alnwick Lodge, Alnwick
Questo rilassante B&B con 15 camere sorge in mezzo alla campagna, 3 miglia (4,8 km) a sud di Alnwick. **££**

Lindisfarne Inn, Berwick-upon-Tweed
Delizioso pub situato sulla terraferma di fronte a Holy Island, offre cibo e camere. **££**

Crasterway, Craster
Cottage con quattro camere e otto posti letto, l'ideale per famiglie che soggiornano qui per più di una notte. **££**

Canaletto, Tiziano e Van Dyck. **Alnwick** è di per sé un'affascinante cittadina sede di mercato con eccellenti pub, *cafe* e negozi che vendono prodotti locali.

Il **Dunstanburgh Castle**, vicino a **Craster**, un grazioso porto di pesca, è la terza di questa triade di indimenticabili fortezze. La panoramica passeggiata di 2,5 km circa sulla cima della scogliera fino a questo fortino trecentesco è uno dei più grandi piaceri di Craster. Gli amanti del pesce e dei frutti di mare dovrebbero cercare i famosi *kippers* (pesci affumicati) di Craster, forse presso il **Craster Seafood Restaurant**, rifornito dal rinomato affumicatoio Robson & Sons.

L'estremità settentrionale dell'Inghilterra

LA BELLEZZA ESSENZIALE DI BERWICK

Berwick-upon-Tweed ha un piede in Inghilterra e l'altro in Scozia. È stata la città più ambita d'Europa: tra il 1174 e il 1482 è passata dagli scozzesi agli inglesi ben 14 volte. Il dialetto locale – un mix di dialetti del Northumbria settentrionale e della Scozia orientale – è un'eredità di questo tiro alla fune.

Dominata da un fascino austero, Berwick è stata a lungo parte delle difese costiere dell'Inghilterra. Imponenti mura e bastioni elisabettiani circondano la città, controllando dall'alto il Tweed e il mare al di là. La cerchia di mura è completa e offre un delizioso **circuito a piedi** di 1,5 km circa. Lungo il tragitto, ispezionate le **Berwick Barracks**, progettate nel 1717 da Nicholas Hawksmoor, le più antiche sopravvissute del loro genere. **Time to Explore Tours** offre escursioni di due ore alle mura e in altri siti importanti di Berwick, compreso il settecentesco **Gunpowder Magazine** e la **Bankhill Icehouse**.

Il **Berwick Bridge**, Heritage Listed (Grade I) costruito tra il 1611 e il 1624, e il **Royal Tweed** (1925-8) si estendono entrambi sul fiume con pittoresca precisione. Al di là del fiume, il vasto **estuario** offre una prospettiva sempre cangiante di acque luccicanti e piane di marea. La **Town Hall** settecentesca, un tempo municipio, tribunale e prigione, che aveva sostituito un edificio precedente con le stesse funzioni, oggi ospita il **Cell Block Museum**.

Lungo **Bridge St**, le moderne attrazioni di Berwick includono pub conviviali come la **Barrels Ale House** (birra artigianale e spettacoli al piano interrato), l'accogliente **Curfew Micropub** (quattro ale a rotazione e ottime scelte di piatti standard), l'**Audela** (cibo britannico contemporaneo) e l'**Atelier** (charcuterie e vino).

PERCHÉ AMO LA COSTA DEL NORTHUMBERLAND

Hugh McNaughtan, autore Lonely Planet

Sebbene ami la mite perfezione rurale degli iconici paesaggi inglesi come le Cotswolds, c'è qualcosa nella selvaggia costa del Northumberland battuta dalle piogge che lascia in muta ma felice ammirazione. Il contrasto tra l'aspra costa e le cupe e spoglie fattorie crea una bellezza desolata unica del posto.

L'instancabile mare, che taglia l'arenaria e lo scisto sulla costa, ha prodotto una serie di lingue di terra, falesie a strapiombo, scogliere tormentate dalle onde, e isole solitarie: semplicemente sublime. Sempre qui si trovano i più lunghi tratti di dune sabbiose d'Inghilterra. I contributi umani al nord-est – le pietre lucide di Berwick, il possente castello di Bamburgh e i castelli di Alnwick – sono la ciliegina finale. Austeri e resilienti, sono parte di un'armonia che mi tocca sempre con stupore.

DOVE DORMIRE A BERWICK

Berwick YHA
Questo ostello di fascia superiore occupa più piani di un granaio settecentesco, e ha una galleria e un bistrò. **£**

The Walls
Abbarbicato sul Tweed, questo delizioso B&B d'epoca è vicino ai più bei siti di Berwick. **££**

Marshall Meadows Manor House
Carismatico hotel di lusso in maniero georgiano sul mare, 4,8 km a nord di Berwick. **£££**

I LINDISFARNE GOSPELS

I manoscritti miniati conosciuti come *Lindisfarne Gospels* (*I Vangeli di Lindisfarne*) sono forse il più bel reperto della cristianità anglosassone. Opera di scrupolosa complessità, si pensa sia stata creata tra il 715 e il 720 d.C. dal monaco Eadfrith – vescovo della Lindisfarne Priory dal 698 al 722 d.C. Oltre ai quattro vangeli, comprende le lettere di St Jerome e altri scritti sacri.

Combinando gli stili decorativi anglosassoni, celtici e mediterranei, i *Lindisfarne Gospels* includono cinque 'pagine tappeto' fittamente illustrate – che prendono il nome dalla loro somiglianza con gli intricati tappeti tessuti nei paesi del Mediterraneo orientale. I manoscritti furono uno dei tesori che i monaci riuscirono a portare in salvo con loro quando fuggirono da Lindisfarne, e questo è indicativo del valore a essi attribuito.

Il pellegrinaggio a Lindisfarne

L'INEFFABILE RICHIAMO DI HOLY ISLAND

Lindisfarne è uno dei siti cristiani di maggiore rilevanza storica in Gran Bretagna. L'importanza di Holy Island è antecedente alla creazione dell'Inghilterra – la prima Priory fu fondata nel 634 d.C. dal missionario irlandese St Aidan, artefice della conversione degli angli del Northumbria alla 'vera fede'. Con i successori, come St Cuthbert, la Priory si sviluppò come centro cristiano di erudizione ed evangelizzazione. Ripetutamente saccheggiato dai vichinghi a partire dal 793 d.C., fu poi abbandonato dai monaci terrorizzati, che nell'875 d.C. scapparono con le ossa di St Cuthbert e i *Lindisfarne Gospels*.

Gli attuali resti sono di una Priory benedettina normanna fondata nell'XI secolo; si aggiungono il **Lindisfarne Castle** (XVI secolo), un tempo mitica residenza romantica di Edwin Lutyens, e la georgiana **Old Lifeboat House**, oggi un museo dedicato alle imbarcazioni e alle loro altruistiche imprese.

Informazioni e mostre abbondano all'**Heritage Centre** (aperto da metà marzo a ottobre). Lindisfarne si raggiunge con una strada rialzata di marea – consultate gli orari giornalieri delle maree (tidetimes.co.uk/holy-island-tide-times) per evitare di rimanere bloccati. Con la marea bassa, si può anche camminare fino alla minuscola **St Cuthbert Island**, dove il santo cercava la solitudine persino dai suoi compagni monaci.

I luoghi dove soggiornare e/o rinfrescarsi a Lindisfarne: **Manor House** e **Crown & Anchor**, entrambi accanto alla Priory; il conviviale **Ship Inn**, con travi a vista; e **Lindisfarne Mead**, che vende idromele, vino di frutta e superalcolici.

Il Northumberland Coast Path

UNA CAMMINATA SELVAGGIA E SFERZATA DALLE ONDE

Il Northumberland Coast Path vi consentirà di fare l'esperienza di questo paesaggio eccezionale e in continuo cambiamento, con il vostro ritmo e senza perdere alcun dettaglio. Lungo 62 miglia (100 km) da Cresswell a Berwick-upon-Tweed, passa sopra solitarie baie di sabbia e sulla cima di scogliere battute dalle onde, su distese erbose costiere e boschi e attraverso pittoreschi villaggi e porti di pesca nord-orientali.

I CASTELLI SULLA COSTA OCCIDENTALE

I castelli stimolano la vostra fantasia? La costa occidentale è la vostra meta con il **Carlisle Castle** (p553), uno dei più possenti forti medievali del paese, il **Rose Castle** e il **Drumburgh Castle** (p553).

TOUR OPERATOR SULLA COSTA DEL NORTHUMBERLAND

Berwick Boat Trips, Berwick-upon-Tweed
Imbarcazioni dirette a monte del fiume e al largo nel Mare del Nord alla ricerca di vita e panorami marini.

Serenity Farne Island Boat Tours, Seahouses
Conduce le imbarcazioni nei dintorni delle Farne Islands per la fauna selvatica e scorci di bellezza misteriosa.

Northern Experience Wildlife Tours, Choppington
Safari per avvistare le lontre, gite alle Farne Islands, workshop di fotografia, osservazione dei cieli notturni e altro ancora.

Royal Tweed Bridge, Berwick

Gli escursionisti in genere impiegano dai tre ai sette giorni per completare il sentiero – ci sono frequenti opportunità per fermarsi a riposare, esplorare luoghi particolarmente affascinanti e trovare sistemazione per la notte. Dopo aver cominciato con le 8 miglia (13 km) di sabbia di **Druridge Bay**, percorribile quando la marea è bassa, raggiungerete **Amble** (meta di escursioni in barca per avvistare le colonie di uccelli marini della riserva RSPB di **Coquet Island**, anche se non è permesso sbarcare). Oltre questo punto, **Warkworth** ha un castello, una spiaggia panoramica, e posti accoglienti dove mangiare e dormire come il **Wellwood Arms**.

Il tragitto da Warkworth a **Craster** tocca alcuni dei punti più spettacolari della costa, oltre a graziosi villaggi come **Alnmouth**. Poi, il tratto da Craster a **Seahouses** è uno dei percorsi a piedi lungo la costa tra i più sorprendenti di tutto il Regno Unito; offre scogliere sul mare e il **Dunstanburgh Castle**. Da Seahouses a **Belford** l'attenzione è monopolizzata da vedute del Bamburgh Castle e delle Farne Islands, mentre da Belford a **Fenwick** si va nell'entroterra attraverso boschi e campi. L'ultimo segmento, da Fenwick a **Berwick**, rivela alcuni dei più selvaggi e isolati tratti di costa dell'intero sentiero. Il **Potted Lobster** (Bamburgh), **Jolly Fisherman** (Craster) e **Joiners Arms** (Newton-by-the-Sea) sono alcuni dei luoghi superbi dove fermarsi a mangiare e dormire.

IL RECUPERO DI FLORA E FAUNA SULLA COSTA

La costa del Northumberland si è costantemente rigenerata da quando è diventata Area of Outstanding Natural Beauty, riparando i danni lasciati da industrie come le miniere di carbone. È sempre più salubre per piante e animali endemici della regione.

Lungo la costa, ma in particolare nelle riserve naturali come Cresswell, Hauxley, Annstead Dunes, Coquet Island e Lindisfarne, le specie avicole sono presenti in gran numero. Sterne, folaghe, gallinelle d'acqua, piovanelli tridattili e corrieri grossi si avvistano in diversi momenti dell'anno.

Tra le piante indigene in ripresa, il geranio rosso sangue, il caglio zolfino, il ginestrino e l'ononide comune. Alcuni insetti, come icaro e megera (farfalle), e mammiferi, come scoiattolo rosso, ermellino e lontra, si possono avvistare in riserve come Hauxley.

TRASPORTI LOCALI

La costa del Northumberland si esplora meglio con una combinazione di auto e camminate. L'auto vi porterà nei luoghi non serviti dal trasporto pubblico, mentre i piedi vi condurranno nei luoghi più sorprendenti e isolati della costa.

Se vi affidate al trasporto pubblico, i treni LNER, CrossCountry e TransPennine collegano regolarmente Newcastle e Berwick-upon-Tweed, fermando a Morpeth e Alnmouth (per Alnwick). Gli autobus raggiungono molte delle mete meno frequentate, tra cui Craster, Bamburgh e Amble-by-the-Sea. I percorsi della regione sono serviti da Arriva Northeast.

UNDERGROUND
SUBWAY

DA SAPERE

I capitoli di questa sezione trattano gli argomenti più importanti che dovrete conoscere in Inghilterra. Sono ricchi di informazioni pratiche e di spunti preziosi che vi aiuteranno a orientarvi in Inghilterra e a trarre il massimo dal vostro viaggio.

Metropolitana di Londra
PHOTOCREO MICHAL BEDNAREK/SHUTTERSTOCK ©

Arrivo

Londra è un hub dei trasporti globale e il punto principale di accesso per la maggior parte dei viaggiatori che visitano l'Inghilterra. Quasi tutti i voli internazionali arrivano a Heathrow, 15 miglia (24 km) a ovest del centro di Londra, o a Gatwick, 30 minuti in treno a sud del centro città. I treni internazionali Eurostar arrivano alla stazione londinese di St Pancras.

Documenti e visti

I cittadini italiani e dei restanti paesi UE non hanno bisogno del visto. Per entrare nel paese sarà necessario il passaporto valido per almeno tutta la permanenza nel paese e a partire dal 2024 sarà obbligatorio richiedere l'ETA (www.etauk.uk).

SIM card

SIM card prepagate con dati mobili sono in vendita nei minimarket e presso i distributori automatici nelle hall degli arrivi in aeroporto. I principali operatori sono Vodafone, EE, O2 e Three.

Frontiera

L'immigrazione britannica può essere rigida; state calmi e tenete pronti i documenti. Una volta entrati nel Regno Unito ci si può spostare tra Inghilterra, Scozia e Galles senza ulteriori formalità.

Wi-fi

Il wi-fi gratuito è disponibile presso gli aeroporti di Heathrow e Gatwick, anche se può risultare lento. Altrove in Inghilterra, l'accesso wi-fi è diffuso.

Trasporti pubblici dall'aeroporto al centro città

	Heathrow	Gatwick	Stansted
TRENO	15-30 min. **£10,70-25**	30 min. **£15**	50 min. **£22**
BUS	1 h **£10**	2 h **£10**	1 h 45 min. **£16**
TAXI	1 h **£45-70**	1 h 30 min. **£60-100**	1 h 30 min. **£40-80**

ARRIVO A HEATHROW

L'estate 2022 è stata caratterizzata da carenza di personale e lunghi ritardi in un certo numero di aeroporti europei mentre i passeggeri tornavano a volare raggiungendo cifre simili al periodo prepandemia. Heathrow è stato colpito in particolar modo, con lunghe code alla sicurezza e al controllo passaporti, voli cancellati, e bagagli persi o in ritardo. Ora la situazione si è normalizzata.

Per raggiungere da Heathrow il centro di Londra, potete prendere il treno Heathrow Express (l'opzione più veloce ma più costosa), la linea Piccadilly della metro (un'alternativa economica ma lenta), o la nuova linea Elizabeth, che è la giusta via di mezzo sia per il prezzo sia per la durata del viaggio.

Trasporti locali

Le città e le località dell'Inghilterra sono ben collegate su strada e col treno. Ma i trasporti possono essere costosi e le strade congestionate.

COSTI DI VIAGGIO

Noleggio
Da £35/giorno

Benzina
Circa £1,65/litro

Ricarica EV
£1/ora

Biglietto treno da Londra a Liverpool
da £31

Noleggiare un'auto

L'autonoleggio è disponibile in ogni città. Disporre di un'auto aiuta a sfruttare al meglio il tempo e rende più facile l'accesso a siti remoti, ma i costi di noleggio e carburante possono essere alti. A causa del traffico nelle città i mezzi pubblici sono spesso l'opzione migliore.

Condizione delle strade

Le strade in Inghilterra sono in genere in buone condizioni ma spesso congestionate. Autostrade e strade statali collegano le principali città. Quasi tutte le strade sono gratuite (fa eccezione la M6 Toll nelle West Midlands), ma ci sono pedaggi per attraversare i fiumi (es. il Dartford Crossing).

IL CONSIGLIO

Il sito web di Traffic England ha aggiornamenti in tempo reale su ingorghi, incidenti e chiusure che riguardano le autostrade e le principali statali del paese.

SENZA AUTO

Usando un mix di treno, autobus, taxi, camminate e bici a noleggio, potrete arrivare ovunque in Inghilterra senza dover guidare. Non c'è una sovratassa se si trasportano le bici sui treni, ma a seconda della compagnia ferroviaria e del tragitto, potreste dover prenotare uno spazio in anticipo, inoltre le biciclette sono ammesse fuori dagli orari di punta (che in genere vanno da lunedì a venerdì prima delle 10 e dalle 16 alle 19).

Treno e autobus

Le principali opzioni per il trasporto pubblico sono i treni e gli autobus a lunga percorrenza (pullman). I servizi tra le città e i centri maggiori sono in genere buoni. In alta stagione dovrete prenotare in anticipo per essere sicuri di avere il biglietto.

Acquisto biglietti

Gli autobus in genere sono più lenti e più economici dei treni. Se si prenota con notevole anticipo e si viaggia nei periodi *off-peak*, i biglietti dei treni e dei pullman possono essere relativamente economici. Nelle zone rurali e remote, gli autobus potrebbero essere l'unica opzione disponibile.

In aereo

Sebbene l'Inghilterra non sia così grande da giustificare l'impronta ecologica di voli interni, è possibile spostarsi in aereo da Londra a Newcastle, Manchester e Newquay (in Cornovaglia), e da Newcastle a Bristol e Southampton.

AL VOLANTE

Si circola a sinistra

60

Il limite di velocità è di 30 miglia orarie (48 km/h) nelle aree urbane, 60 miglia orarie (96 km/h) sulle strade a carreggiata singola e 70 miglia orarie (112 km/h) su strade a doppia carreggiata e in autostrada.

.05

Il limite del tasso alcolemico è di 0,5 g/l

Moneta

VALUTA: **STERLINA BRITANNICA; €1 = 0,86 (£)**

Carte di credito

Visa e MasterCard sono ampiamente accettate in Inghilterra, mentre altre carte, tra cui Amex, non sempre. In quasi tutte le attività si dà per scontato che la vostra sia una carta con chip e PIN. Se non è così dovreste poter firmare.

Pagare i parcheggi

In Inghilterra spesso è più facile pagare per il parcheggio scaricando una app. Il nome della app usata a livello locale sarà esposto sulle macchinette per il pagamento del parcheggio.

Pagamenti contactless

Quasi tutte le attività ora accettano pagamenti con carta, e un numero sempre maggiore non accetta più contanti. I pagamenti contactless – in cui si paga appoggiando la carta sulla macchinetta – sono spesso preferiti. Se la carta non è abilitata ai pagamenti contactless, o per cifre che superino il limite contactless di £100, si può usare il metodo del chip e PIN inserendo la carta nella macchinetta.

Mance

Ristoranti 12,5% nei ristoranti con servizio al tavolo (in genere è aggiunta al conto).

Pub e bar Non è prevista se ordinate le bevande (o il cibo) e pagate al bancone; in genere 10% se ordinate al tavolo.

Taxi Di solito il 10%, o arrotondando alla cifra superiore, soprattutto a Londra.

QUANTO COSTA...

Ingresso a un parco a tema
£60

Parcheggio in centro città
£2/h

Noleggio bicicletta
£25/giorno

Lezione di surf
£45

COME... Risparmiare sui costi di ingresso

L'ingresso alle attrazioni può essere costoso. Parchi a tema e altri siti spesso vendono online biglietti a prezzi ridotti con sconti fino al 50%. Per le attrazioni più popolari, vale la pena acquistare i biglietti online anche per garantirsi l'ingresso ed evitare le code in biglietteria. Se intendete visitare le proprietà dell'English Heritage o del National Trust, si può risparmiare con la tessera annuale.

LA CRISI DEL COSTO DELLA VITA

La crisi del costo della vita in Inghilterra – scatenata da una serie di fattori quali l'interruzione della catena di approvvigionamento causata da Covid-19, Brexit e guerra in Ucraina – ha visto tra il 2020 e il 2022 il rincaro del 26% dei costi di bar e ristoranti, l'enorme aumento di affitti e mutui, e l'impennata dei costi di benzina ed energia, senza un corrispettivo aumento dei salari. Tra il 2021 e il 2022, i prezzi del gas domestico sono aumentati del 96% e quelli dell'elettricità del 54%. Milioni di persone sentono la morsa, ma sono le famiglie più povere a vivere le maggiori difficoltà, essendo i costi di cibo ed energia la fetta maggiore del budget.

IL CONSIGLIO

Mangiare fuori è costoso. Soggiornare in una sistemazione con uso cucina e acquistare cibo dai supermarket vi farà risparmiare. Alcuni ristoranti offrono economici pranzi a menu fisso e menu pre teatro.

Strutture ricettive

Trovate un B&B locale

Piccoli B&B a conduzione familiare in genere sono convenienti e forniscono un servizio più personale. I padroni di casa di solito sono felici di dare consigli sulla zona, e al mattino vi verrà offerta una tradizionale prima colazione all'inglese. Le guesthouse più lussuose assomigliano di più a boutique hotel, con articoli da toilette di fascia alta e biancheria di qualità. I prezzi partono da £80 circa.

Posti letto economici

L'Inghilterra offre una buona scelta di ostelli, molti dei quali ospitati in rustiche fattorie o edifici storici. I posti letto costano tra £10 e £30; le camere private partono da £50. *Bothies* (capanne) e bunkhouse si trovano in zone remote e sono a disposizione degli escursionisti. Si tratta in genere di semplici edifici di pietra o legno con una zona per il pernottamento in comune. Portatevi il sacco a pelo.

Una notte sull'acqua

Per qualcosa di diverso, potete noleggiare una chiatta e navigare lungo i canali cittadini o esplorare le vie d'acqua rurali in una vacanza tipicamente inglese. La maggior parte delle chiatte può accogliere da quattro a otto persone. Non avrete bisogno di una licenza per condurla, dato che la velocità di crociera è di 4 miglia (6,4 km) l'ora. I prezzi per un soggiorno di tre notti partono da £800 circa.

QUANTO COSTA UNA NOTTE IN...

una shepherd's hut
£120

una chiatta
£150

un faro
£250

Pub e inn storici

I più antichi pub e inn d'Inghilterra sono luoghi di grande atmosfera dove soggiornare, con pavimenti scricchiolanti, travi a vista, accoglienti bar con caminetti scoppiettanti e persino l'occasionale fantasma. Alcuni hanno fantastici ristoranti che costituiscono una meta di per sé; dopo il pasto dovrete solo salire le scale e raggiungere il letto. I prezzi partono da circa £100.

Campeggiare

I campeggi spaziano da semplici campi agricoli a tende coniche con tutti i comfort. Tra i possibili alloggi, shepherd's hut (capanni di pastori), carrozze ferroviarie, case sugli alberi e bungalow con vasche da bagno all'aperto. Il campeggio è diventato molto popolare perciò prenotate in anticipo. I prezzi partono da circa £20 per una piazzola, e salgono fino a £150 per una lussuosa esperienza di glamping.

CAMERA CON VISTA

Se siete fan dei film inglesi in costume, saprete che c'è sempre una superba country house al centro della scena. Per un assaggio dello stile di vita in una residenza di campagna, potete prenotare un soggiorno in una sfarzosa proprietà come Cliveden House a Berkshire, dove Meghan Markle trascorse la notte prima del matrimonio, o a Grantley Hall nello Yorkshire. Se preferite la costa, considerate il soggiorno in uno dei romantici fari d'Inghilterra, molti dei quali offrono sistemazioni con uso cucina o B&B. Questi spettacolari edifici sono in genere in ottima posizione sul mare.

A SINISTRA: DILOK KLAISATAPORN/SHUTTERSTOCK ©, HACOHOB/SHUTTERSTOCK ©; A DESTRA: BIKEWORLDTRAVEL/SHUTTERSTOCK ©, PETER TITMUSS/SHUTTERSTOCK ©.

Viaggio in famiglia

Le dimensioni ridotte dell'Inghilterra, le buone opzioni di trasporto e l'enorme scelta di attrazioni la rendono una meta divertente e interessante per bambini di tutte le età. Ci sono spiagge di sabbia e parchi nazionali ricchi di fauna selvatica da esplorare, castelli storici con bauli pieni per travestirsi, e un affidabile assortimento di attività per i giorni di pioggia per tenere i più piccoli impegnati.

Mangiare fuori

- Quasi tutti i ristoranti family-friendly hanno menu per bambini e seggioloni.
- Molti pub non lasciano entrare i bambini la sera per le norme di vendita degli alcolici; verificate prima di organizzare una cena al pub con i piccoli.
- I ristoranti raffinati in genere non sono adatti ai bambini.
- I supermercati hanno economici pacchetti per il pranzo con bevanda, sandwich e snack; l'ideale per un pasto veloce.

Trasporti

La maggior parte delle regioni offre biglietti per famiglie che danno diritto a riduzioni su treni e autobus. Se state pianificando diversi spostamenti in treno, potreste risparmiare con una Family and Friends Railcard (www.familyandfriends-railcard.co.uk).

Se noleggiate un'auto, dovreste richiedere un seggiolino quando prenotate. Non tutte le agenzie di noleggio ne garantiscono la disponibilità, perciò verificate.

IL MEGLIO PER I BAMBINI

BeWILDerwood, Norfolk (p352)
Arrampicatevi attraverso un mondo di zip-line, ponti sospesi e case sugli alberi.

Lyme Regis (p274)
Alla ricerca di tesori preistorici sepolti in una passeggiata tra i fossili con geologi del Lyme Regis Museum.

Musei di York (p442)
Salite a bordo di una locomotiva a vapore al National Railway Museum e mettetevi sulle tracce dei vichinghi a Jorvik.

Whitby (p460)
I teenager possono seguire le orme di Dracula; i più piccoli, fare una gita in barca e giocare sulla spiaggia.

Servizi

In quasi tutti i bagni dei ristoranti e nei bagni pubblici sono disponibili fasciatoi. In quasi tutte le cittadine e le spiagge ci sono i bagni pubblici, più difficili da trovare nelle grandi città. Provate nei centri commerciali, nei grandi supermercati e nelle stazioni ferroviarie.

Siti

Le attrazioni in genere offrono biglietti per famiglie (per due adulti e due bambini) a un prezzo inferiore alla somma delle singole entrate, oltre a tariffe più basse per genitori singoli con bambini.

ESPLORANDO IL PASSATO

Castelli e musei d'Inghilterra hanno molto da offrire per tenere impegnate le menti più giovani, soprattutto a chi è interessato alla storia. Troverete costumi d'epoca per travestirsi, mostre audiovisive interattive, e parchi gioco a tema presso molte attrazioni. Le guide nei castelli e in altri siti storici sono brave a rendere i fatti divertenti.

Viaggiare con la famiglia in Inghilterra può risultare costoso ma alcuni dei migliori musei e gallerie del paese sono gratuiti. L'ingresso per vedere gli animatronici al Natural History Museum di Londra o al World Museum di Liverpool è libero. Molti musei e gallerie offrono attività organizzate per i bambini durante le vacanze scolastiche.

SALAJEAN/SHUTTERSTOCK ©

Salute e sicurezza

ASSISTENZA SANITARIA

Cure mediche di pronto soccorso sono disponibili per tutti gratuitamente presso i reparti Accident & Emergency (A&E) degli ospedali del National Health Service (NHS). I cittadini dei paesi membri dell'UE hanno diritto all'assistenza sanitaria gratuita per le prestazioni urgenti presentando la Tessera Europea di Assicurazione Malattia. Se non l'avete, dovrete pagare per quasi tutte le cure mediche che non siano di pronto soccorso; verificate di avere l'assicurazione.

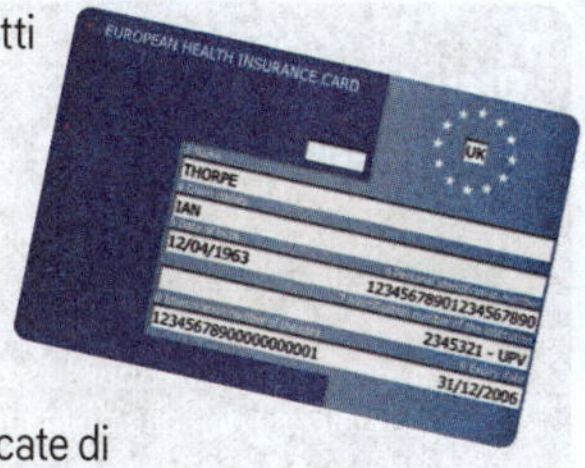

Situazioni non emergenziali

Se avete urgenza di un consulto medico ma la situazione non è di pericolo di vita, potete chiamare l'NHS 111 (telefono 111). Le farmacie possono darvi consigli sui disturbi di minore entità come mal di gola e mal d'orecchi. Il sito web dell'NHS ha una funzione di ricerca delle farmacie per zona, comprese quelle di turno.

Terrorismo

In Inghilterra il pericolo di attacchi terroristici da parte di gruppi estremisti è costante. Potete consultare l'attuale livello di pericolo terrorismo del governo britannico, una scala di cinque livelli, che valuta la probabilità di un attacco terroristico da bassa a critica sulla base dei rapporti dell'intelligence.

BORSEGGIATORI

Fate attenzione ai borseggiatori e ai truffatori nelle zone affollate frequentate dai turisti, come nei dintorni del Westminster Bridge a Londra.

NUOTARE IN SICUREZZA

Bandiera rossa e gialla
Area con bagnino. Nuotate tra le bandiere.

Bandiera a scacchi bianca e nera
Area surf. Non è consentito il nuoto.

Bandiera rossa
Pericolo. Non entrate in acqua.

Manica a vento arancione
Forte vento. Non usate i gonfiabili.

Droghe

Le droghe illegali sono diffuse, specie nei club. Il possesso di cannabis è reato; la pena per il possesso di piccole quantità può essere un avvertimento, una multa o un procedimento. Gli spacciatori rischiano punizioni più severe, così come chi è in possesso di altre droghe. La polizia ha il diritto di perquisire chiunque sia sospettato.

INONDAZIONI

Negli ultimi anni in Inghilterra si sono verificate forti piogge e un numero crescente di inondazioni dovute alla crisi climatica. Alcune aree costiere sono particolarmente a rischio, come la Cornovaglia e alcune zone del Kent e del Sussex. Le peggiori inondazioni avvengono quando un fiume rompe gli argini e il livello dell'acqua sale rapidamente; in alcuni casi le persone sono state tratte in salvo in barca.

Cibo, bevande e movida

Orari dei pasti

Prima colazione (dalle 7 alle 9) La maggior parte degli inglesi mangia cereali o pane tostato anziché la tradizionale colazione all'inglese.

Pranzo (dalle 12 alle 15) Spesso sandwich, zuppa o qualcosa di facile da mangiare per strada.

Cena (dalle 18 alle 21) Di solito il pasto principale della giornata; anche chiamato 'supper' o 'tea'. Spesso seguito da dessert.

LEGGERE IL MENU

Pre-theatre menu Menu a prezzo fisso con due o tre portate servite a inizio serata; è spesso conveniente.

Wine pairings Alcuni ristoranti raffinati offrono un bicchiere di vino abbinato a ciascuna portata.

Cheese board Vassoio di formaggio e cracker, che a volte viene offerto nei menu dessert.

Full English breakfast Bacon fritto, salsicce, uova, pomodori, funghi e fagioli stufati.

Black pudding Salsiccia fatta con sangue di maiale e farina d'avena, tradizionalmente servita per la prima colazione nell'Inghilterra settentrionale.

Sunday roast Roast beef, pollo o agnello serviti con patate arrosto o purè, verdure e gravy.

Bangers and mash Sostanzioso piatto di salsiccia, purè e salsa gravy.

Chips Come le patatine fritte ma più grandi e più soffici. Le *crisps* invece sono le patatine confezionate ('chips' negli Stati Uniti).

Dove mangiare

Cafe Anche noti come *greasy spoons*, i tradizionali *cafe* inglesi sono locali spartani che servono prime colazioni fritte, sandwich e *baked potatoes*.

Caffetterie Locali specializzati in caffè, offrono latte macchiato, *flat white* (simile al cappuccino) e caffè americano, oltre a dolci.

Tearoom Le tearoom vecchio stile si trovano in genere nelle zone rurali e presentano arredi accoglienti e un menu di sandwich e torte.

Pub La maggior parte dei pub ora serve anche i pasti, di solito generose porzioni di comfort food come lasagne o *pie and chips*.

COME... Ordinare da bere

Se siete al pub con amici, è educato offrire un giro di bevute. Chiedete a tutti quelli della vostra compagnia cosa desiderano, quindi ordinate e pagate al bancone. I vostri amici ricambieranno. Ma se il gruppo è numeroso e disponete di un budget ridotto non è necessario pagare il giro; in questo caso potete ordinare solo la vostra bevanda.

La birra alla spina è servita in pinte e mezze pinte; specificate la quantità quando ordinate. In Inghilterra una misura standard per i superalcolici è 25 ml, ma alcuni usano 35 o 50 ml.

I ristoranti vi forniranno sempre acqua del rubinetto da bere, ma a volte dovrete chiederla. All'inizio del pasto, il personale potrebbe offrirvi acqua minerale chiedendovi 'still or sparking?' ('naturale o frizzante?'). Se preferite l'acqua del rubinetto, allora è meglio chiederla esplicitamente.

QUANTO COSTA...

Gelato
£4

Sandwich all'ora di pranzo
£4,50

Caffè
£3

Fish and chips takeaway
£10

Cena in un ristorante stellato
da £50 a 300

Pinta di birra
£4

Bicchiere di vino
£4

COME...

Mangiare il curry

Il cibo dell'Asia meridionale è molto popolare in Inghilterra, e il curry è il pasto preferito non ufficiale del paese. Ordinare un curry non significa mangiare un piatto specifico; in realtà, è un'abbreviazione per una gamma di cucine provenienti da India, Pakistan, Bangladesh e Sri Lanka. I piatti e i sapori variano a seconda della regione da cui proviene il cibo.

Dove mangiare il curry Sebbene il curry sia presente sui menu di molti ristoranti e pub, il posto migliore dove provarlo è in uno dei tanti ristoranti asiatici; ce ne sono di particolarmente buoni a Birmingham e a Manchester.

Cosa mangiare In genere si inizia con i *poppadom*: croccanti sfoglie fritte di pane azzimo servite con una scelta di chutney e sottaceti. Si può ordinare una selezione di curry da condividere. Gli 'English curries' sono più dolci e densi dei curry dell'Asia meridionale. Il 'chicken tikka masala' si basa sul piatto indiano del 'butter chicken', pollo marinato nello yogurt, cotto in un forno tandoori e servito con una piccante e cremosa salsa di pomodoro. Altri piatti da provare sono il 'saag aloo' (curry di spinaci e patate) e il 'dahl', fatto con le lenticchie. Per accompagnare i curry, ordinate riso basmati e pane naan per 'fare la scarpetta'.

Cosa bere In Inghilterra il curry in genere è accompagnato da birra fredda, ma un 'lassi' (bevanda a base di yogurt) è più tradizionale e rinfrescante.

La raffinata cucina dell'Asia meridionale

Otto ristoranti indiani in Inghilterra hanno ottenuto una stella Michelin, tra cui il ristorante Opheem ,dello chef Aktar Islam, a Birmingham, e sette ristoranti di Londra.

AFTERNOON TEA

La tradizione di prendere un tè nel pomeriggio è iniziata in epoca vittoriana, quando divenne alla moda tra le persone ricche allestire un tavolo con tè, sandwich e dolci tra le 16 e le 17. In estate, l'afternoon tea veniva preso in giardino.

Come l'Inghilterra divenne una nazione di bevitori di tè con zucchero è una storia oscura e nebulosa: il commercio del tè è legato alle piantagioni coloniali. I commercianti di tè inglesi facilitavano il rifornimento di oppio alla Cina, e usavano la forza militare di soldati reclutati localmente per prendere possesso della terra per le piantagioni di tè in India, spianando la strada al governo coloniale britannico. Ancora oggi, nelle piantagioni di tè spesso si sfruttano i lavoratori.

Negli ultimi 20 anni, l'afternoon tea è di nuovo tornato di moda in Inghilterra. È spesso usato come forma di festeggiamento per 'baby shower', compleanni e feste di addio al nubilato, durante i quali si consumano elaborati vassoi a più piani di sandwich senza crosta, deliziosi dolci e scone con marmellata e *clotted cream* (panna molto densa). Il tè servito è in genere Earl Grey, Darjeeling o English Breakfast, ma attualmente non è insolito vedere una bottiglia di Prosecco.

L'afternoon tea può essere organizzato in casa o anche in hotel (prenotate in anticipo). Il Ritz è famoso per i suoi afternoon tea, durante i quali potete scegliere tra 18 diversi tipi di tè e gustare scone, sandwich e dolci nella dorata opulenza dell'Amber Room, accompagnati da un pianista. Cercate gli afternoon tea a tema, dove maestri pasticceri si sbizzarriscono con la fantasia. Il 'Couture Cakewalk afternoon tea' del Berkeley Hotel celebra le ultime creazioni di moda.

Viaggio responsabile

Cambiamenti climatici e viaggio

È impossibile ignorare l'impatto ambientale dei nostri viaggi e l'importanza di cambiare le cose dove possibile. Lonely Planet esorta tutti i viaggiatori a essere responsabili. Molti siti web mettono a disposizione i 'carbon calculators' (misuratori di anidride carbonica) che consentono di calcolare le emissioni prodotte da un viaggio; provate resurgence.org/resources/carbon-calculator.html. Molte compagnie aeree e siti di prenotazione offrono la possibilità di compensare l'impatto delle emissioni di gas serra sostenendo iniziative a difesa del clima in tutto il mondo. Lonely Planet provvede alla compensazione di tutti i viaggi effettuati dal suo staff, pur riconoscendo che si tratta più di una riduzione dell'impatto che di una soluzione.

Safari in mezzo alla natura

Nello Yorkshire, partecipate a un safari sul promontorio di Spurn, un tour guidato di tre ore in mezzo alla natura selvaggia a bordo di uno speciale ex veicolo militare riconvertito per avvistare focene e foche nel porto. I proventi dei tour aiutano a finanziare i progetti di tutela dello Yorkshire Wildlife Trust (ywt.org.uk).

Osservazione delle stelle

Per gli sforzi volti a limitare l'inquinamento luminoso, nel 2011 l'Exmoor National Park (p252) è stato nominato prima International Dark Sky Reserve d'Europa. Il piano di certificazione Dark Sky Friendly premia gli operatori turistici rispettosi dei cieli scuri della regione.

Fink Street Food

La Fink (eatfinktalk.com) è un'impresa sociale che ha l'obiettivo di far parlare la gente della salute mentale, servendo street food in stile mediorientale. Oltre il 50% dei suoi profitti va a favore di progetti sulla salute mentale. Cercate il furgoncino della Fink a Reading o a Heritage e in vari eventi.

Il giardino della cucina

I clienti dell'Ethicurean (theethicurean.com) vicino Bristol vengono portati a fare un tour dei prodotti freschi nel giardino cinto da mura, prima di farli sedere davanti a un menu stagionale. Il ristorante si impegna a ridurre lo spreco di cibo e usa fornitori locali sostenibili.

Eden Project

Scoprite l'ecosistema del pianeta presso l'Eden Project (p325) in Cornovaglia, una serie di giardini botanici che illustrano il mondo naturale. Un secondo Eden Project è stato progettato per Morecambe nel Lancashire.

Cercate le stazioni di raccolta rifiuti sparse su tutta la costa inglese e lasciate la spiaggia più pulita di come l'avete trovata, oppure partecipate a un evento comunitario di raccolta dei rifiuti.

La app Refill indica il punto più vicino dove riempire la borraccia, bere un caffè in una tazzina riutilizzabile, usare il vostro portapranzo per cibo takeaway, e la posizione dei negozi che offrono ricariche plastic-free.

Quiet Site

Con una gamma di bungalow, camping *pod* e cottage fra i quali scegliere, il villaggio vacanze quasi a emissioni zero di Quiet Site (thequietsite.co.uk), vicino Ullswater, è pioniere del turismo responsabile da oltre 20 anni.

Avvistamento foche a Blakeney Point

Fate un'escursione in barca per vedere la colonia di foche grigie e sterne nella Blakeney National Nature Reserve del Norfolk. Le escursioni con gli operatori locali a gestione familiare partono da Morston Quay.

Per acquistare prodotti freschi direttamente dalla fattoria, cercate gli elenchi su Fabulous Farm shops (fabulousfarmshops.co.uk).

Brighton (p153) è una città molto 'green' in diversi ambiti, dai ristoranti vegani ai negozi di abbigliamento vintage.

Potete acquistare direttamente dai coltivatori nei mercati contadini. Uno dei migliori è il mercato del sabato mattina delle Growing Communities (growingcommunities.org) a Londra; tutte le bancarelle hanno prodotti biologici o biodinamici.

Teatro a emissioni zero

Pigfoot (pigfoottheatre.com) è una compagnia teatrale a emissioni zero che mette in scena spettacoli in tutto il paese con temi che affrontano il cambiamento climatico e l'ansia ecologica. In *How to Save a Rock*, gli attori producono elettricità pedalando dal vivo su una bicicletta sul palco.

Campeggio non connesso

Soggiornate in un bungalow su palafitte progettato da un architetto o in un *tipi* in una cava abbandonata che si affaccia sul mare presso Kudhva (kudhva.com), un campeggio non connesso alla rete in Cornovaglia. Le attività prevedono il nuoto in mezzo alla natura e l'osservazione delle stelle; il cibo è preparato in una cucina comune.

SITI UTILI

naturevolunteers.uk
Opportunità di fare volontariato in una gamma di progetti di tutela.

wildlifetrusts.org
Organizzazione benefica di tutela della natura che gestisce riserve naturali.

nationalparks.uk
Informazioni sui parchi nazionali d'Inghilterra.

Viaggiatori LGBTIQ+

L'Inghilterra è in genere un luogo accogliente per la comunità LGBTIQ+, e nel 2021 il Regno Unito si è classificato al quinto posto nello Spartacus Gay Travel Index, l'elenco delle mete di viaggio gay-friendly. Londra, Brighton e Manchester ospitano i panorami LGBTIQ+ più vasti del paese.

Pride

Tra giugno e settembre, città e cittadine di tutta l'Inghilterra celebrano il Pride con sfilate, concerti e feste. Gli eventi più importanti si svolgono a Londra e a Brighton, con enormi sfilate e spettacoli con grandi nomi, ma sono previsti eventi Pride in tutto il paese in altri weekend. Nel 2022 il 50° anniversario della sfilata del London Pride è stato aperto dai membri del Gay Liberation Front che organizzarono il primo Pride britannico nel marzo del 1972. Oltre un milione di persone hanno dato il loro sostegno e si sono unite alla festa, compresi i rappresentanti di oltre 600 gruppi di comunità LGBTIQ+.

HAPPY VALLEY PRIDE

Hebden Bridge, ex centro tessile nello Yorkshire occidentale, ospita una vivace comunità LGBTIQ+. Nel 2015, in risposta alla scoperta di graffiti omofobi, la comunità istituì l'Happy Valley Pride, un festival di arti queer con celebrazione dell'orgoglio LGBTIQ+, che dura sette giorni . Sono previsti altri eventi durante l'anno presso il Trades Club, cooperativa di sinistra, club, bar e spazio per la musica.

DISCRIMINAZIONE

In Inghilterra è illegale discriminare qualcuno in base al suo orientamento sessuale o perché è gender fluid, grazie alla tutela dell'Equality Act. È raro che le coppie dello stesso sesso siano trattate con ostilità negli hotel in Inghilterra.

Panorama cittadino LGBTIQ+

A Londra il quartiere gay più consolidato è Soho, con ulteriori gruppi di locali LGBTIQ+ a Vauxhall, East London e King's Cross. La scena gay di Manchester ruota attorno a Canal St, che è piena zeppa di gay bar e club. A Brighton non dovrete andare troppo lontano per trovare un gay bar; molti ritrovi sono a Kemptown. Ci sono anche vivaci quartieri LGBTIQ+ a Birmingham, Leeds e Liverpool.

SITI UTILI

Diva (divamag.co.uk) Rivista online per donne LGBTIQ+ e persone non binarie.

Gay Times (gaytimes.co.uk) Copre argomenti di cultura, musica, drag e moda.

Stonewall (stonewall.org.uk) Patrocinatori della comunità LGBTIQ+ .

Switchboard LGBT (switchboard.lgbt) Servizio di ascolto per persone LGBTIQ+. Si può fare richiesta come volontari per l'ascolto; viene fornito un corso di formazione.

Drag brunch

Potrete assistere a uno spettacolo drag all'Admiral Duncan, al Karaoke Hole e alla Royal Vauxhall Tavern, solo per citare qualche locale di Londra. Il Proud Cabaret ospita 'drag brunches' e bingo a Brighton e a Londra. A Leeds, c'è il Viaduct Showbar.

Viaggio accessibile

Anche se c'è ancora margine di miglioramento, in Inghilterra sono stati fatti sforzi per potenziare l'accessibilità di spazi pubblici ed edifici con rampe, ascensori e altri servizi.

Bicicletta

Wheels for All (wheelsforall.org.uk) è un'organizzazione benefica che offre bici adattate per persone con disabilità presso vari centri in tutta l'Inghilterra. Organizza anche eventi come Pedal Away, biciclettate sociali aperte a tutti.

Aeroporti

I passeggeri con disabilità sensoriali, di apprendimento o fisiche hanno diritto all'assistenza in aeroporto, da richiedere con almeno 48 ore di anticipo tramite la propria compagnia aerea. Ci sono anche degli 'help point' per richiedere assistenza in tutta l'area del terminal.

Alloggio

Tutti i nuovi hotel hanno rampe per sedie a rotelle e bagni accessibili, ma molte strutture non si dimostrano ancora all'altezza quando si tratta di dare ospitalità a persone con disabilità. Il National Accessible Scheme ha un elenco di alloggi accessibili valutati in modo indipendente.

SITI UTILI

Tourism For All *(tourismforall.org.uk)* Organizzazione benefica che sostiene il viaggio e il turismo accessibili nel Regno Unito. Sul sito web si trovano elenchi di sistemazioni, ristoranti e attrazioni accessibili e un utile strumento di pianificazione del viaggio.

Scope *(scope.org.uk)* Offre consiglio e supporto per alcune problematiche, compreso l'uso dei trasporti pubblici per persone con disabilità.

Disability Rights UK *(disabilityrightsuk.org)* Campagna per le pari opportunità per persone con disabilità.

WHEELYBOATS

Le Wheelyboats (wheelyboats.org) sono barche speciali con una rampa per l'accesso alle sedie a rotelle. Le imbarcazioni sono usate per escursioni accessibili sul River Tees nel Chichester Harbour e sulla costa del Norfolk, per citarne solo alcune.

Passeggiate con guida

Sense Adventures (senseadventures.co.uk) offre passeggiate con guida giornaliere e brevi vacanze per non vedenti e ipovedenti sulle Malvern Hills. Anche i normovedenti sono i benvenuti.

Avventura

Persone con disabilità fisiche, di apprendimento, comportamentali e sensoriali possono provare zip-line, discesa in corda doppia, tiro con l'arco e altre attività presso i centri avventura del Calvert Trust (https://calvertexmoor.org.uk) a Exmoor, nel Lake District e nel Northumberland.

VACANZE SUI CANALI

CanalAbility (canalability.org.uk) fornisce speciali imbarcazioni adattate per persone con disabilità e bisogni speciali per navigare nei canali. Le barche si possono noleggiare per escursioni in giornata o per il weekend sui fiumi Stort e Lee in Essex e Hertfordshire.

Sedie con grandi pneumatici adatte alla spiaggia si possono noleggiare gratis (da prenotare in anticipo) in alcune spiagge, tra cui Great Yarmouth (Norfolk), Boscombe (Bournemouth), Brighton Beach e 19 siti della Cornovaglia (v. cornwallmobility.co.uk).

Assistere a un evento sportivo in Inghilterra

Dagli incontri di football ai tornei di tennis, l'Inghilterra ospita alcuni eventi sportivi di livello mondiale. Assistere a una partita della Premier League o della nazionale di rugby potrebbe essere uno dei momenti salienti del vostro viaggio, ma trovare i biglietti non è sempre facile.

Premier League Football

È preferibile acquistare i biglietti direttamente dal sito web ufficiale del club o dalla biglietteria della squadra che gioca in casa. I biglietti sono disponibili per i membri del club prima che per il pubblico generico, potrebbe quindi valer la pena tesserarsi. I biglietti in genere sono messi in vendita circa sei settimane prima della partita. I derby (partite fra club della stessa città o zona) sono molto popolari, e può essere che i biglietti siano assegnati con un sistema a punti per dare la priorità ai fan più assidui. Il sito della Premier League ha una guida per l'acquisto biglietti per ogni club. Se non riuscite a procurarveli, consolatevi con un tour dello stadio, disponibile nella maggior parte degli stadi.

Wimbledon Tennis Championship

Per due settimane tra fine giugno e inizio luglio, il tennis è sotto i riflettori e tutta l'attenzione del paese è rivolta a Wimbledon. I biglietti per il Centre Court e i Court da 1 a 3 sono attribuiti con un'estrazione pubblica (sorteggio casuale), alla quale ci si può registrare durante una finestra di quattro settimane tra la fine di ottobre e l'inizio di novembre. Se non riuscite a ottenerli così, potrete comunque assistere a Wimbledon unendovi alla coda giornaliera per un pass; una volta dentro, potrete guardare gli incontri sui campi periferici o sul maxi schermo. I fanatici del tennis si mettono in coda di notte per un pass o un eventuale biglietto.

BAGARINI

Uno dei motivi per cui è difficile procurarsi i biglietti in Inghilterra è la proliferazione dei cosiddetti bagarini, che ne acquistano in quantità per rivenderli a prezzi gonfiati, sia online sia all'ingresso dell'evento. Se lo acquistate da uno di questi, c'è il rischio che il biglietto possa essere falso o annullato.

Rugby al Twickenham

La nazionale di rugby gioca alcune partite al Twickenham (twickenhamstadium.com), uno stadio con 82.000 posti a sedere che si trova 10 miglia (16 km) a ovest del centro di Londra. I biglietti sono venduti sul sito dello stadio. Uno dei più grandi eventi nel calendario del rugby è il torneo Six Nations (Sei Nazioni) che si svolge in febbraio e marzo, durante il quale Inghilterra, Scozia, Galles, Irlanda, Francia e Italia giocano tutte una contro l'altra, in casa o fuori.

 DENIS PEPIN/SHUTTERSTOCK ©, JATIN K. BAVISKAR/SHUTTERSTOCK ©

In breve

ORARI DI APERTURA

Gli orari di apertura possono variare durante l'anno nelle zone rurali, dove molte attività hanno orari ridotti o chiudono completamente in inverno.

Banche 9.30-17 da lunedì a venerdì; alcune sono aperte 9.30-13 sabato

Negozi 9-17.30 o 18 da lunedì a sabato, spesso 11-17 domenica

Pub e bar 12-23 da lunedì a sabato (alcuni fino alle 24 o l'1 venerdì e sabato), 12.30-23 domenica

Ristoranti pranzo 12-15, cena 18-21 o 22

Fumo

Fumare è proibito in tutti i luoghi pubblici al chiuso. La maggior parte dei pub ha una zona fumatori all'aperto.

Pesi e misure

L'Inghilterra usa un mix di sistema metrico e sistema imperiale. La benzina si vende a litro ma la birra a pinta; l'altezza delle montagne è in metri ma le distanze stradali in miglia.

Acqua del rubinetto

L'acqua del rubinetto è sicura da bere in tutta l'Inghilterra.

BUONO A SAPERSI

Ora
Meridiano GMT/UTC (1 h indietro rispetto all'Italia)

Prefisso del paese
44
Dall'Italia 0044
Per l'Italia 0039

Numero Emergenze
999

Popolazione
56,5 milioni

Elettricità

Tipo G
230V/50Hz

FESTIVITÀ

Se una festività pubblica cade nel weekend, viene di solito aggiunto il lunedì successivo. Le banche e alcune attività chiudono durante le festività, ma le grandi attrazioni sono in genere aperte. Praticamente tutto, dalle attrazioni ai negozi, dalle banche agli uffici, è chiuso il giorno di Natale, e non c'è trasporto pubblico, mentre un minimo è garantito a Santo Stefano.

Capodanno
1° gennaio

Pasqua marzo/aprile (dal Venerdì delle Ceneri al Lunedì di Pasqua inclusi)

1° maggio
Primo lunedì di maggio

Spring Bank Holiday
Ultimo lunedì di maggio

Summer Bank Holiday Ultimo lunedì di agosto

Natale
25 dicembre

Boxing Day (Santo Stefano)
26 dicembre

STORIA E SOCIETÀ

I nostri autori approfondiscono vari aspetti della vita inglese

Fountains Abbey (p458)

STORIA DELL'INGHILTERRA IN 15 LUOGHI

Nonostante la vanagloria del suo impero, l'Inghilterra fu conquistata tanto quanto conquistatrice. Romani, francesi, tedeschi, vichinghi e altri popoli impressero la propria identità su quest'isola verde e gradevole, fondendo culture, costumi e lingue con le tradizioni native delle Isole britanniche.

LE PRIME POPOLAZIONI arrivarono su quest'isola circa 500.000 anni a.C., ma l'Inghilterra emerse come entità distinta solo negli ultimi millenni, prendendo il posto di un mosaico di regni in guerra fra loro. Gran parte di ciò che si sa della prima Inghilterra lo si deve a manoscritti religiosi, con notevoli lacune all'inizio del Medioevo.

Nel corso dei secoli, ondate di invasori (romani, sassoni, angli, vichinghi, normanni e altri) lasciarono un segno duraturo sulla cultura e il linguaggio locali. Perfino i celti arrivarono dalla steppa russa. Gli inglesi divennero un unico popolo nel X secolo, quando i rivali regni sassoni furono unificati dai discendenti di re Alfredo. Questa prima incarnazione durò circa un secolo prima che i francesi prendessero il controllo sotto Guglielmo il Conquistatore.

L'Inghilterra, pur essendo stata vittima di decine di imperi ostili, non mancò di forgiarne uno proprio – estendendo il controllo sulle Isole britanniche e più tardi in tutto il mondo grazie alle rapaci navi della Royal Navy. Ma nemmeno questo ha fermato le influenze esterne – dopo secoli di leadership nel commercio globale, gli inglesi non vedono contraddizioni a parlare inglese, mangiare curry e bere tè indiano.

1. Stonehenge

IL CERCHIO DI PIETRE PIÙ FAMOSO

Il più famoso tra gli antichi monumenti d'Inghilterra domina la Salisbury Plain da circa 5000 anni, ma la sua storia è ancora avvolta nel mistero. È probabile che l'"henge' (cerchio di pietre) fosse in origine un sito di sepoltura per le popolazioni neolitiche, ma le possenti pietre in posizione eretta furono accatastate in diverse fasi, con indizi che suggeriscono che alcune siano state trasportate qui addirittura dal nord del Galles. Il cerchio di pietre fu costruito per essere allineato con il sorgere del sole nel solstizio estivo e usato per cerimonie pagane nell'Età del Bronzo fino all'Età del Ferro – il coinvolgimento di druidi e del mago Merlino, tuttavia, è pura invenzione.

Per saperne di più, v. p257.

2. Il Vallo di Adriano

IMPONENTE SPARTIACQUE DELL'INGHILTERRA

Pochi monumenti sono legati in modo così stretto alla storia della nazione come il Vallo di Adriano, la possente barriera difensiva costruita dai romani per difendere la loro nuova posizione nelle Isole britanniche dai popoli nativi ribelli del nord. Infatti, il divario culturale tra Inghilterra e Scozia affonda parzialmente le sue radici in questa linea di controllo del II secolo d.C. tra la Britannia romana e l'indipendente Caledonia dei celti. Oggi, questa fortificazione lunga 73 miglia (117 km) si esplora meglio a piedi, sostando presso le rovine di una serie di posti di sentinella, forti e templi tra Bowness-on-Solway e Wallsend sul River Tyne.

Per saperne di più, v. p567.

3. Le terme romane

UN ASSAGGIO DELLA RAFFINATEZZA ROMANA

I romani certamente furono brutali nella loro invasione della Britannia nel 43 d.C., ma importarono anche modernità, comprese innovazioni come edifici permanenti, strade e terme. Nessun altro luogo evoca la vita raffinata della Britannia romana come le terme nella cittadina di Bath, nel Somerset, dove, fino al V secolo, le donne e gli uomini romani benestanti andavano per immergersi nelle calde acque termali. Oggi non è consentito fare il bagno in queste vestigia romane, ma potrete bere una tazza di acque curative da una fontana nel ristorante della Pump Room.

Per saperne di più, v. p236.

4. Lindisfarne Priory

UN MONUMENTO AI TEMPI TRAVAGLIATI

Tra i molti siti vichinghi presenti in Gran Bretagna, forse il più evocativo è la solitaria isola di Lindisfarne sulla costa del Northumberland. La comunità monastica fondata da St Aidan nel 634 d.C. fu oggetto di molti saccheggi vichinghi nel corso dei secoli, finché i suoi residenti fuggirono sulla terraferma portandosi via i manoscritti miniati. Oggi, vagando per quest'isola battuta dai venti, tra i resti dell'abbazia in rovina e il minuscolo fiabesco castello, si può immaginare il terrore dei monaci mentre le navi vichinghe approdavano sulle spiagge. Dopo aver girovagato sulla battigia, riscaldatevi con una tazza di idromele alla St Aidan's Winery.

Lindisfarne Priory

ANTONIA GROS/SHUTTERSTOCK ©

Per saperne di più, v. p576.

5. Westminster Abbey

LA CHIESA DELLA NAZIONE

Svettanti cattedrali medievali, abbazie e chiese punteggiano ogni angolo del paesaggio inglese, ma c'è una sola chiesa che definisce la nazione: la Westminster Abbey a Londra. Questo capolavoro gotico del 960 d.C. è l'ultima dimora di 17 monarchi e il luogo in cui ogni sovrano inglese, da Guglielmo il Conquistatore a Elisabetta II, è stato incoronato (re Carlo III si è unito al gruppo nel 2023). L'architettura è abbagliante, ma sono le tombe a catturare l'immaginazione – Darwin, Dickens, Isaac Newton, William Wilberforce e Stephen Hawking, tutti dimorano qui, assieme a diversi re e regine.

Per saperne di più, v. p57.

6. Tower of London

UN CASTELLO PER GOVERNARE

Se cercate un appuntamento con la storia, fate rotta verso il castello scolpito nella roccia dove molti dei più importanti eventi della storia d'Inghilterra ebbero luogo. Fondata da Guglielmo il Conquistatore nel 1070 circa, la Tower of London fu la sede del potere per una serie di dinastie inglesi, e una prigione per molti, da William Wallace a Elisabetta I. La vasta fortezza è assalita ogni giorno dai visitatori, ma questo non sminuisce la storia drammatica incisa sulle sue mura (letteralmente, nelle vecchie celle). E sì, potrete vedere i Gioielli della Corona – forse la più stravagante collezione di chincaglieria e ninnoli al mondo.

Per saperne di più, v. p73.

7. Fountains Abbey

UN MONUMENTO AL CAMBIAMENTO

Piuttosto che ricordare gli eccessi di Enrico VIII, gli storici moderni guardano alla sua eredità con uno sguardo più ampio. Se l'impatto di Enrico sulle vite delle sue consorti fu brutalmente diretto, il suo più grande lascito per l'Inghilterra fu la dissoluzione dei monasteri e l'abbandono del cattolicesimo romano in favore dell'allora appena creata Chiesa d'Inghilterra. Nei giardini della tenuta di Studley Royal nel North Yorkshire, Fountains Abbey è la più maestosa di decine di abbazie, monasteri e conventi in rovina sparsi nel paese, e i cui resti saccheggiati rivelano come la fede della nazione fu aspramente e forzatamente rimodellata.

Per saperne di più, v. p458.

8. La storica Stratford

LA CITTÀ NATALE DEL BARDO

La storica cittadina di Stratford-upon-Avon, nelle Midlands, ostenta il suo legame con Shakespeare praticamente dappertutto – perfino sui cartelli stradali e in qualunque altro posto si possa appiccicare un'immagine del Bardo. Nonostante ciò, le credenziali storiche di Stratford resistono alla prova dei fatti – è pur sempre stato Shakespeare a rendere famosa la storia inglese in tutto il mondo. Iniziate il vostro viaggio gironzolando tra le case a graticcio associate al drammaturgo nazionale, compreso il suo luogo di nascita in Henley St. Aggiungete anche una gita al Warwick Castle per vedere la location di molti eventi delle commedie di Shakespeare.

Per saperne di più, v. p380.

9. St Paul's Cathedral

IL METRO DELLA RESILIENZA DI LONDRA

Capolavoro di Christopher Wren in pietra di Portland, la St Paul's Cathedral è un potente simbolo della capacità dell'Inghilterra di risollevarsi dalle avversità. Dopo che un incendio in un panificio bruciò l'85% della capitale inglese nel 1666, questa nuova cattedrale, con la sua eleganza divenne un simbolo di resilienza nazionale – un ruolo rinsaldato durante la seconda guerra mondiale, quando squadre di vigili del fuoco protessero la cattedrale dalle bombe incendiarie tedesche. All'interno si trovano monumenti a grandi (e a volte rivalutati) eroi nazionali e la tomba dello stesso Wren. Le vedute dall'alto della cupola sono fra le più vertiginosamente belle della capitale.

Per saperne di più, v. p76.

10. Storici cantieri navali di Portsmouth

DA DOVE È SALPATO L'IMPERO

L'impero britannico non suscita più l'entusiasmo sfrenato di un tempo, ma le navi della Royal Navy ebbero un innegabile impatto sulle sorti del mondo. Per farsi un'idea della storia marittima dell'Inghilterra, visitate gli storici cantieri navali di Portsmouth e le celebri navi come la *Victory*, ammiraglia del capitano Nelson, e il relitto della sfortunata *Mary Rose* di Enrico VIII, affondata durante una battaglia con i francesi nel 1545. Se il contesto storico non vi entusiasma, la vista di queste possenti navi vi farà sognare una vita di battaglie in mare.

Per saperne di più, v. p168.

11. Ironbridge Gorge

LA CULLA DELLA RIVOLUZIONE INDUSTRIALE

La Rivoluzione industriale ha trascinato il mondo nell'era moderna. Quando Abraham Darby capì come fondere il ferro con il coke a Ironbridge Gorge nel 1709, diede il via alla produzione siderurgica. Nell'arco di una generazione, la campagna fu trasformata dall'industria pesante e ne conseguì un imponente sconvolgimento sociale. Oggi la gola è punteggiata di musei che ricordano questo storico periodo di trasformazione; inoltre potrete percorrere l'Ironbridge – la prima monumentale struttura in ferro mai costruita.

Per saperne di più, v. p396.

St Paul's Cathedral

Notting Hill Carnival

12. Houses of Parliament

LA SEDE DELLA DEMOCRAZIA

La sede del governo britannico – che ospita le due Houses of Parliament, Commons e Lords – è inesorabilmente legata alla storia e alla tradizione, pur essendo più giovane di quanto appaia. Il Palace of Westminster, l'originale palazzo medievale, fu distrutto da un incendio nel 1834, perciò fu commissionata all'architetto Charles Barry questa fantasia in stile neogotico, dominata dalla torre che ospita la famosa campana Big Ben. Al suo interno si discute di tutto, dalla cybersecurity al cambiamento climatico, ma il parlamento inglese è ancora conosciuto per le sue arcane tradizioni – per alcune attività di governo, è ancora obbligatorio indossare un cappello a cilindro!

Per saperne di più, v. p61.

13. I musei di Kensington

I BAULI DEL TESORO DELLA STORIA

Ai fastosi memoriali eretti nel mondo per celebrare potere e status dell'impero inglese, noi preferiamo evidenziare il contributo vittoriano alla conoscenza. Nei musei di Kensington, l'influenza inglese sulla cultura moderna è illustrata in tutta la sua diversità. Al Natural History Museum, una statua di Darwin sovraintende gli esemplari che ispirarono la teoria dell'evoluzione. Nel Science Museum, meraviglie come il primo treno a vapore evidenziano il ruolo primario dell'Inghilterra in scienza e industria. Al Victoria & Albert Museum, tesori provenienti da tutto il mondo (non sempre in modo lecito) sono esposti accanto a vestiti punk e agli stivaletti coi tacchi di Elton John.

Per saperne di più, v. p124.

14. Imperial War Museum, Duxford

LE GUERRE MONDIALI VISTE DA VICINO

Esistono numerosi monumenti, memoriali e musei che esplorano il complesso ruolo della prima e della seconda guerra mondiale nella psiche nazionale, ma il campus dell'Imperial War Museum di Duxford vicino Cambridge è un luogo dove si può toccare quella storia con mano. Il più grande museo dell'aviazione del paese vi permetterà di avvicinarvi a un'imponente flotta di aerei da combattimento, compresi i caccia Hurricane e Spitfire, progettati qui, che hanno fatto pendere l'ago della bilancia durante la battaglia d'Inghilterra. Ma non tutto è retorica militare – la collezione include anche classici aerei civili, dal primo aereo a reazione al mondo al Concorde.

Per saperne di più, v. p344.

15. Notting Hill Carnival

CELEBRATE LA DIVERSITÀ

L'Inghilterra ha lasciato un marchio indelebile sulle sue numerose colonie, ma l'immigrazione da queste ha a sua volta cambiato l'Inghilterra. Ad agosto, il quartiere londinese di Notting Hill si reinventa come una filiale dei Caraibi con costumi colorati e decorati di piume, danze sensuali, sound system a tutto volume, profumo di sigarette 'alle erbe' e di jerk chicken alla griglia che riempiono le strade. È la testimonianza della diversità e inclusività dell'Inghilterra moderna, e la degna conclusione delle rivolte razziali degli anni '50. Veniteci, immergetevi, ballate, ma portate i tappi per le orecchie: rischia di essere una festa assordante!

Per saperne di più, v. p121.

CONOSCERE GLI INGLESI

Joe Bindloss presenta la sua gente.

LA PRIMA COSA di cui essere consapevoli è l'importanza delle buone maniere. La gentilezza è il legame che tiene insieme le persone su quest'isola densamente popolata, e la gente del posto usa ogni genere di equilibrismi linguistici per evitare di causare offesa – dalle scuse preventive ai più fantasiosi eufemismi per sesso e funzioni corporali.

Se un inglese vi trova seduti al suo posto sul treno, per esempio, potrebbe dire, 'Mi dispiace, sembra che lei sia seduto al mio posto', ma ciò che in realtà vuole dire, ma è troppo gentile per poterlo fare, è 'Voglio che ti alzi immediatamente dal mio posto'.

L'uso della gentilezza per gli inglesi per eludere conversazioni difficili è uno dei tratti a cui dovrete abituarvi. L'amore per le file è un altro. Passare avanti in coda è quasi un'offesa capitale. L'uso generoso da parte della gente del posto delle parole 'please' (prego) e 'thank you' (grazie) può anche sembrare eccessivo, ma aiuta ad andare d'accordo su questa piccola e (in alcuni luoghi) affollata isola.

Il pregiudizio rimane in alcune zone, ma la maggior parte della gente qui è accogliente verso chiunque da qualunque parte del mondo arrivi – questo è dopotutto un paese con un primo ministro hindu e un sindaco musulmano in carica nella capitale. Per quanto riguarda i diritti LGBTIQ+ in particolare, l'Inghilterra ha fatto passi avanti significativi sin dagli anni '80.

È un fatto che gli inglesi si sentano leggermente diversi dal resto degli europei, in virtù di geografia, lingua e storia del XX secolo. Perciò, sì, la gente può sembrare ossessionata da bandiere e tradizioni, ma in genere è per abitudine e non per ostilità.

Oggigiorno non vedrete molte bombette o baffi a manubrio (tranne che nei circoli hipster), ma troverete tantissimi ombrelli e conversazioni sul tempo – che spesso sono più piacevoli di quanto i locali siano disposti ad ammettere.

Dal punto di vista demografico, l'Inghilterra è una società che sta invecchiando, ma l'immigrazione contrasta il calo delle nascite, rendendo il paese ancora più eterogeneo. Noterete subito questa influenza globale mangiando fuori – ristoranti indiani, cinesi e turchi sorgono come funghi anche in località più piccole.

Da rilevare è anche il divario nord-sud – una rivalità in genere bonaria tra il nord e il sud del paese, che è in parte politica, in parte economica e culturale, ma viaggiando senza dubbio sentirete l'occasionale opinione sui meriti dell'altra metà del paese.

Se Londra è la vostra prima tappa, non aspettatevi che il resto del paese sia uno specchio della capitale. Oltre a essere costosa e affollata, Londra è un vero hub per persone provenienti da tutto il mondo, che la gente del posto ama, in quanto la loro presenza assicura uno dei migliori panorami gastronomici del pianeta. I posti più piccoli sono in genere più tranquilli, ma non sempre così cosmopoliti.

Una fotografia degli inglesi

Si stima che l'Inghilterra ospiti circa 56,5 milioni di persone, di cui l'82% sono britannici bianchi, con una rilevante presenza di popolazioni provenienti da India, Pakistan, Bangladesh, Cina, Turchia, Europa orientale, e da paesi in Africa e nei Caraibi con legami coloniali con il Regno Unito.

COSA SIGNIFICA ESSERE INGLESE?

Sulla carta sono inglese, provengo da una famiglia inglese, ma andando più a fondo, si scopre che la mia famiglia ha origini normanno-francesi, dalle foreste della Normandia, con qualche influsso del Galles e della Cumbria anglosassone.

E come il 14,4% dei residenti, sono nato all'estero – nel mio caso, nel Mediterraneo orientale. In realtà, gli inglesi sono fra i popoli più sparsi per il pianeta – circa 200 milioni di persone nel mondo rivendicano un antenato su quest'isola, tre volte il numero dei suoi attuali abitanti.

E Londra è stata naturalmente la città dove ho gravitato, assieme al 16% della popolazione inglese. Nel mio angolo della capitale, potete trovare foglie di vite in salamoia e olive Kalamata all'una di notte, e i vini che vengono serviti normalmente nei ristoranti sono i turchi Villa Doluca e Yakut. Questa è la gloria di Londra – da qualunque luogo proveniate, troverete un posticino dove gustare i sapori di casa!

I Gioielli della Corona sulla bara della regina
HOWARD CHENG/SHUTTERSTOCK ©

GOD SAVE THE KING

Dove va la monarchia? Di Keith Drew

ALLE 18.30 DELL'8 settembre 2022, Buckingham Palace rilasciò un breve ma sconvolgente comunicato: sua maestà la regina Elisabetta II era morta serenamente quel pomeriggio al Balmoral Castle, la sua residenza reale preferita. Aveva 96 anni, ultimamente aveva ridotto gli impegni pubblici e la sua salute era peggiorata. Ma la notizia è risultata comunque scioccante: la regina, dopo tutto, aveva investito Liz Truss come primo ministro, il 15° del suo regno, appena due giorni prima.

Alle 250.000 persone che si erano messe in fila per vedere la sua bara esposta nella Westminster Abbey – alcuni di loro in coda per circa 17 ore per sfilarle accanto per qualche secondo – e ai 29 milioni di persone che hanno guardato il suo funerale in TV e ai molti altri milioni in tutto il Regno Unito e nel Commonwealth, è sembrata la fine di un'era. Proprio così.

Elisabetta non aveva mai avuto intenzione di diventare regina. Giorgio VI, suo padre, non aveva neanche lui mai avuto intenzione di essere re, ma suo fratello, Edoardo VII, scelse di abdicare nel 1937 per poter sposare Wallis Simpson, un'americana pluridivorziata esponente dell'alta società. La principessa Elizabeth salì al trono il 6 febbraio 1952. Aveva appena 25 anni. Avrebbe regnato per 70 anni, più a lungo di qualunque altro monarca britannico nella storia.

Nel discorso alla nazione dopo la morte della regina, re Carlo III ha descritto il suo regno come "una promessa mantenuta col destino" e ha parlato della sua "dedizione e devozione come sovrana". Per molte persone in Gran Bretagna e non solo, lei ha rappresentato una presenza rassicurante e costante in un mondo in continua evoluzione. Oltre l'85% della popolazione del Regno Unito ha avuto come sovrano solo Elisabetta II; una familiarità accentuata dalla sua immagine sul retro di banconote e negli angoli di lettere, cartoline e timbri. Il primo ministro della regina fu Winston Churchill, di conseguenza Elisabetta II rappresentava un legame, oggi sempre più flebile, con la seconda guerra mondiale, periodo storico che ha definito la moderna storia britannica. Il suo regno ha abbracciato un periodo di cambiamenti senza precedenti: la ripresa postbellica, la fine

dell'Impero, il controverso voto della Brexit e una pandemia.

In una monarchia costituzionale come il Regno Unito, il ruolo del sovrano è in gran parte formale – in quanto capo dello stato ha doveri di rappresentanza, mentre il potere legislativo è del parlamento. Durante il suo regno, tuttavia, la regina si era ritagliata una reputazione per l'abilità diplomatica e come autorevole consigliera, in grado di 'incoraggiare o ammonire' pur rimanendo politicamente neutrale. Era capace di fare gesti incredibilmente simbolici, come la storica stretta di mano che offrì a Martin McGuinness dello Sinn Féin, ex comandante dell'IRA, durante una visita in Irlanda del Nord nel 2012. E le rare occasioni in cui la sua iniziativa lambiva la politica, i suoi interventi avevano un peso enorme, come quella volta che si augurò pubblicamente che gli scozzesi 'pensassero attentamente al loro futuro' prima del voto per il referendum sull'indipendenza del 2014.

Questo non vuol dire che sia sempre andata liscia. Le crude parole della canzone dei Sex Pistols 'God Save the Queen' – "Dio salvi la regina, il regime fascista" – lanciata durante il Giubileo d'Argento nel 1977, colpirono una generazione più giovane che si ribellava a quella che era percepita come una monarchia antiquata. La famiglia reale, inoltre, è spesso stata un facile, e stuzzicante, obiettivo per la stampa scandalistica britannica, con la principessa Diana negli anni '80 e '90 o Meghan Markle oggi.

The Crown, la serie Netflix ha bilanciato un po' le cose e fa un discreto lavoro nel mostrare la famiglia reale, se non proprio come comuni mortali, come un esteso gruppo di parenti che affrontano i propri problemi. Alcuni dicono che la serie sia riuscita a cambiare la percezione pubblica di Carlo, un tempo visto come una figura controversa, che ora ha il compito di portare avanti il lavoro e il ruolo diplomatico della madre. Incoronato a 74 anni, Carlo è la persona più anziana nella storia britannica a diventare monarca. Egli sale al trono nel momento in cui il suo paese è alle prese con la crisi per il costo della vita e la disuguaglianza, e con un divario sempre maggiore tra le classi sociali e tra il nord e il sud del paese.

Stanno riaffiorando domande sul ruolo della monarchia in una società moderna. I repubblicani sostengono che una carica pubblica ereditaria sia contro i principi democratici della Gran Bretagna, mentre molti deplorano le spese necessarie a mantenere la monarchia, che tra i suoi 23 palazzi e proprietà ufficiali con relativa servitù è costata ai contribuenti 87,5 milioni di sterline nel 2021. Per alcuni, il Commonwealth è un retaggio dell'impero britannico, e diversi paesi hanno conquistato l'indipendenza negli ultimi anni, o cercano di ottenerla. Più vicino a casa, un sondaggio nel giugno del 2022 ha rilevato che solo il 45% delle persone in Scozia vuole mantenere la monarchia; non è irrilevante che Carlo abbia scelto di tenere il suo primo ricevimento ufficiale da re proprio a Edimburgo.

Negli anni a venire, Carlo III dovrà modernizzare il sistema e porre rimedio al danno provocato dal recente scandalo del principe Andrea (che nel 2022 ha pagato per sistemare un caso di abuso sessuale collegato al suo rapporto con Jeffrey Epstein, giudicato colpevole di abusi sessuali) e l'acrimonioso modo in cui Harry, duca del Sussex, e sua moglie Meghan Markle hanno dismesso il loro ruolo nella famiglia reale.

Il re difende da tempo la causa ambientale e l'agricoltura sostenibile – fece un discorso sui pericoli dell'inquinamento già nel 1970 e ha messo in pratica l'agricoltura biologica nella sua proprietà di Highgrove sin dagli anni '80 – e ha ferme convinzioni su molti argomenti, dall'architettura alla medicina alternativa. Ma, in quanto re, Carlo dovrà trattenersi dal fare quel genere di commenti espliciti per i quali è diventato famoso in passato, riservando pensieri e convinzioni per gli incontri privati settimanali con il primo ministro.

Se Carlo III riuscirà a eguagliare la popolarità della madre, se seguirà l'esempio della regina consigliando da dietro le quinte, e se riuscirà a fare il restyling della famiglia reale dimostrando che ha ancora un posto e uno scopo nella Gran Bretagna del XXI secolo, allora il futuro della monarchia, almeno per il momento, sarà assicurato.

ALLA SALUTE!

Come sono cambiati la cultura del bere e il ruolo dei pub in Inghilterra. Di Isabel Albiston

L'IDEALE ROMANTICO del pub inglese è stato colto perfettamente da George Orwell nel suo saggio del 1946 *The Moon Under Water*. In esso, Orwell descrive le caratteristiche di un immaginario pub londinese, dandone un'immagine attraente con clienti abituali che si siedono sempre allo stesso posto, l'accogliente caminetto, la miracolosa assenza di ubriachi chiassosi, l'atmosfera conviviale e un giardino pieno di famiglie felici. Il fatto che il *Moon Under Water* sia un pub immaginario sottolinea il sentimentalismo che circonda l'idea del pub inglese, che potrebbe esistere solo nell'immaginazione.

Ma alcune delle qualità elencate da Orwell descrivono ciò che rende speciali i pub inglesi. Al loro meglio, sono luoghi dove le persone cercano compagnia e la possibilità di chiacchierare (oltre a birra e gin), e molti pub in effetti hanno gli habitué, caminetti scoppiettanti, giardini con fili di luci, e propongono serate quiz che divertono e permettono di socializzare.

Tuttavia, i pub inglesi hanno avuto dei momenti difficili; tra il 2010 e il 2020, il numero di pub è calato del 15%, con i piccoli pub indipendenti destinati con ogni probabilità a chiudere. I proprietari hanno puntato il dito contro l'aumento dei costi dell'energia, delle merci e della manodopera, oltre alla perdita di affari durante la pandemia di Covid-19. La situazione si è fatta più delicata a causa del sistema di produzione della birra, per cui i proprietari dei pub devono pagare un noleggio al birrificio e rispettare il sistema dei prezzi di vendita. La vista di locali con la serranda chiusa e le notizie dell'apparente declino dei pub ha suscitato molti dibattiti e la richiesta al governo di supportare questa attività.

Ironicamente, l'aumento dei costi dell'energia potrebbe in realtà aiutare alcuni pub a rimanere in attività. Poiché molte persone in Inghilterra stanno lavorando da casa, quelli riluttanti a riscaldare i propri appartamenti tutto il giorno potrebbero trarre vantaggio dal 'lavorare al pub', che offre postazioni con prese per la corrente e spazio per il portatile in cambio di una tariffa giornaliera. Inoltre, il mercato della birra artigianale inglese è florido, con circa 200 nuovi birrifici indipendenti che hanno aperto nel Regno Unito

CAT & MUTTON
HOUSE OF REVELRY
THE CAT & MUTTON
ESTD 1729
THE CAT & MUTTON
ESTD 1729

Pub a East London
ALENA VEASEY/SHUTTERSTOCK ©

tra il 2021 e il 2022. L'aumento dei birrifici artigianali coincide con la crescita dei micropub, piccole sale con un bar che serve birre locali. Forse, allora, il panorama dei pub inglesi sta cambiando anziché essere in declino.

La nostalgia per i pub tradizionali sorvola sulla questione spesso complicata del paese con l'alcol. In effetti, la cultura del bere in Inghilterra potrebbe anche definirsi come 'problema' nazionale. Nei weekend, l'"ultima ordinazione' nei pub è spesso seguita da orribili scene nei centri delle città quando gli ubriachi si riversano per strada. Inoltre, potremmo chiederci perché i pub siano così spesso idealizzati in quanto utili alla comunità locale, quando in realtà la loro clientela non rappresenta l'Inghilterra in tutta la sua diversità. Per esempio, i musulmani spesso non bevono alcol, e gli uomini sono più propensi a bere rispetto alle donne.

I dati indicano che i giovani in Inghilterra oggi bevono meno delle generazioni passate. Nel 2021 un report del governo britannico ha rilevato che le persone tra i 16 e i 24 anni sono meno propense a bere oltre i limiti raccomandati di 14 unità di alcol per settimana, mentre per gli adulti tra i 45 e i 64 anni è più facile eccedere. Inoltre, il 26% del gruppo della Generazione Z non beve alcun tipo di alcol. Questo trend suggerisce che la quantità di alcol consumato in Inghilterra sia destinato a diminuire.

Ovviamente, essere astemi non significa non andare al pub. Oggi molti pub sono forniti di macchine per il caffè e birre senza alcol. Tra le bevande tradizionali inglesi non alcoliche da provare ci sono la gassata 'dandelion and burdock soda' e la 'ginger beer'. E poi i pub sono luoghi dove andare per un pasto, alcuni servono cibo di livello talmente alto da conquistarsi la stella Michelin; lo chef Tom Kerridge del pub Hand & Flowers a Marlow ne ha due.

È comunque l'alcol ad attirare la gente nei pub: sono i posti migliori per assaggiare le real ale (birre artigianali) inglesi e i sidri locali alla spina. La birra rimane l'ordinazione più diffusa, e nel 2018 il gin ha sorpassato la vodka diventando il superalcolico più popolare, con nuove distillerie che aprono in tutto il paese: nel 2022, il numero di distillerie di gin nel Regno Unito è salito a 820, dalle 710 del 2020. La moda delle bevande alcoliche artigianali continua a salire sulla scia del boom delle birre artigianali, in quanto la gente ricerca sapori più interessanti e bevande prodotte da piccole distillerie indipendenti. L'interesse per tutto ciò che cresce e si può raccogliere a livello locale si è estesa: gin in piccole partite sono distillati con ingredienti locali come mirtilli, barba di capra, bacche di biancospino ed erica, mentre i luppoli del Kent sono usati in molte birre artigianali.

Dal 2021, anche la vendita di cocktail è aumentata: il classico cocktail inglese è una caraffa di Pimm's con limonata, menta fresca e fettine di fragole, cetriolo e arancia; nell'immaginario collettivo nazionale è associato al campionato di tennis di Wimbledon e all'inizio dell'estate.

Infine, anche se i vini inglesi un tempo erano sbeffeggiati in Francia e in Spagna, oggi i vigneti del sud-est del paese hanno iniziato a produrre vini che possono dire la loro nel panorama internazionale. Alcuni dei migliori vini inglesi sono frizzanti, compresi quelli provenienti dai vigneti di Gusbourne e Nyetimber; le colline del Kent e del Sussex hanno un suolo calcareo che è simile a quello della regione dello Champagne in Francia. Il modo migliore per provarlo è partecipare a un tour degustazione direttamente dai produttori. È sempre più frequente trovare vini inglesi nei ristoranti, tuttavia è ancora piuttosto raro trovare vini sul menu dei pub, dove è comunque molto meglio affidarsi a una classica pinta di birra.

IL GIOCO DEL POPOLO?

Come la Premier League ha cambiato il football in Inghilterra.
Di Keith Drew

L'ECCELLENTE FOOTBALL INGLESE non è mai stato così popolare. In una sola stagione, l'esaltante mix di fuoriclasse, competitività, storia e promozione della Premier League ha conquistato circa 3,2 miliardi di persone in tutto il mondo.

Il football, nella sua forma più semplice, esiste sin dal III secolo in Cina sotto la dinastia Han, ma il gioco come lo conosciamo oggi fu inventato in Inghilterra. Nel 1863 la Football Association (FA) stabilì la prima serie di regole standard. Nel 1871 fu lanciata la FA Cup, oggi la più antica competizione di football al mondo, e nel 1888 fu creata la prima lega professionista di football. Furono aggiunti un secondo, terzo e quarto livello, e le leghe continuarono a giocare, stagione dopo stagione, per più di un centinaio di anni. Ma nel 1992 tutto cambiò.

All'epoca il football inglese era in fase di declino da decenni. L'interesse era in calo e gli spalti erano diventati un ricettacolo di hooliganismo (teppismo). Nel maggio del 1985 il *Sunday Times* pubblicò un editoriale che descriveva il football in Inghilterra come uno "sport da bassifondi giocato negli stadi dei bassifondi e sempre più guardato da persone dei bassifondi". La violenza

In senso orario da sinistra in alto: Emirates Stadium; Fan allo stadio di Stamford Bridge; Bandiera della Premier League; Fan dello Sheffield Wednesday

nichilista dell'epoca e la disperazione economica che spesso la alimentava sono state dipinte a tinte fosche in film come *The Firm* (*Ultimo stadio*; 1988) e *The Football Factory* (*Fedeli alla tribù*; 2004).

All'inizio degli anni '90, i presidenti dei 22 club della First Division inglese, com'era conosciuta allora, decisero che, per sopravvivere, il gioco doveva essere modernizzato – e che se volevano essere indipendenti, avrebbero dovuto fare soldi. Nel maggio del 1992 i club si staccarono per formare la Premier League.

Sky pagò 191 milioni di sterline per i diritti di trasmissione delle partite, quasi cinque volte di più di quello che l'emittente pubblica ITV aveva pagato per mostrare le partite della Football League (per capire quanto la Premier League sia diventata di successo, l'accordo più recente vale 5,1 miliardi). Con così tanti soldi, i club furono in grado di acquistare giocatori migliori, spesso dall'estero. Una rivoluzione culturale, sia negli spogliatoi sia sugli spalti, era iniziata.

Quando Arsène Wenger divenne manager dell'Arsenal nel 1997, il club di Londra prevedeva ancora sessioni di bevute a metà settimana e forniva barrette di Mars prepartita. Il francese introdusse l'idea di dieta e alimentazione per i giocatori e un approccio da proprietario per le modalità di gioco. Nel 1998 divenne il primo manager straniero a vincere il campionato in Inghilterra.

Grazie a Wenger, e ad altri manager come Ruud Gullit al Chelsea e Gérard Houllier al Liverpool, ci fu una maggiore attenzione alla tecnica e alla padronanza della palla. Giocatori come Dennis Bergkamp, Gianfranco Zola e David Ginola portarono nel football inglese un gioco pieno di eleganza, creatività e ricercatezza, cose che non si erano mai viste prima.

Anche la tipologia delle persone che andavano a guardare le partite dagli spalti cambiò. La FA era costituita da ex studenti della scuola pubblica di Londra, ma il gioco in sé si sviluppò più rapidamente tra la classe operaia del nord industrializzato. Molti club erano nati da team di fabbrica – lo Sheffield Wednesday, per esempio, prende il nome dal giorno in cui ai membri fondatori veniva dato del tempo libero – e quasi metà dei club che facevano parte della Football League originaria arrivavano da cittadine operaie come Accrington, Blackburn, Bolton e Burnley. Guardare la propria squadra era un rito tra queste comunità di operai.

Ma la Premier League si è trasformata. E con l'avvento di stadi con posti a sedere per tutti dopo il disastro di Hillsborough del 1989, quando 96 tifosi del Liverpool morirono schiacciati a causa del sovraffollamento degli spalti, la domanda oggi eccede la fornitura. Il costo dei biglietti di conseguenza è salito in modo esagerato – in alcuni casi dell'825% dal 1990 – mettendo fuori gioco molti tifosi della prima ora.

Per alcuni l'affinità con il club è diminuita durante l'era della Premier League. Questo disamore è causato anche dalla scarsa presenza di giocatori locali provenienti dalle accademie giovanili e al fatto che la proprietà dei club sia stata trasferita dalle mani di uomini d'affari locali a quelle di oligarchi russi e magnati dello sport americani.

E forse non c'è mai stata una così grande separazione tra i giocatori in campo e le persone sugli spalti. Il divario retributivo non è certo prerogativa del football inglese, ma probabilmente si sente in modo più forte qui che altrove. Nella stagione 2022/2023 Cristiano Ronaldo ha guadagnato 515.385 sterline a settimana al Manchester United, quasi 1000 volte il salario medio settimanale a Greater Manchester quell'anno.

C'è anche un abisso tra le finanze dei club in Premier League e quelli delle fasce inferiori. Un po' di soldi in effetti arrivano, sotto forma di cosiddetti 'pagamenti paracadute' per le squadre retrocesse nel campionato a ogni stagione. Ma i club delle leghe inferiori sono continuamente in bilico tra investire in giocatori che li aiuterebbero a ottenere la promozione e assicurarsi di non eccedere per non innescare la spirale del debito.

Alcuni non hanno i conti a posto: Wimbledon, Coventry City e Portsmouth, tutti ex vincitori della FA Cup, sono tutti entrati in amministrazione controllata. Sono sopravvissuti, ma altri non sono stati altrettanto fortunati: Bury FC, uno dei più antichi club del football inglese (fondato nel 1885), ha chiuso i battenti all'inizio della stagione 2019/2020. Nel 2022 un gruppo di fan ha acquistato lo stadio del Gigg Lane con la speranza di riportare il football nella città del nord-ovest. Si tratterebbe di un ritorno da sogno degno della Premier League.

Derwentwater (p525) e Catbells (p523), Lake District

MARK HEWITT/GETTY IMAGES ©

IL PAESAGGIO INGLESE

Come l'attività umana ha plasmato il paesaggio dell'Inghilterra. Di Keith Drew

IN QUANTO A paesaggi, l'Inghilterra non è un posto di estremi; qui non ci sono le Alpi o l'Himalaya, né l'Amazzonia o il Sahara. Ma il paesaggio inglese ha una qualità che lo scrittore britannico Kazuo Ishiguro descrive come "il più profondamente gratificante al mondo".

Il paese è piccolo, ma c'è una tale diversità di ambienti che anche con un viaggio relativamente breve si attraversano paesaggi incredibilmente vari. Il territorio verde e gradevole dell'Inghilterra si trova più facilmente nella West Country, in particolare nel bucolico mosaico di campi e siepi del Somerset, nell'antico panorama di pianure verdeggianti del Wiltshire, e nella classica campagna inglese delle Cotswolds, che si estende fino all'Oxfordshire e alle West Midlands. Nel South West, le colline ricoperte di erica e le boscose vallate di Exmoor offrono un contrappunto all'eroso granito di Dartmoor. Gli altopiani calcarei delle South Downs cedono il passo ai frutteti del Kent e poi ai canneti delle pianure dei Fen. Il paesaggio diventa più selvaggio spostandosi a nord, attraverso le valli calcaree e le brughiere rocciose del Peak District e nelle alte colline dai laghi trasparenti del Lake District. Attraversando le montagnose Pennines, la spina dorsale dell'Inghilterra, si raggiungono le verdi vallate e le colline con i muretti a secco delle Yorkshire Dales. A racchiudere tutto questo ci sono 4425 km di costa: aspre scogliere, ampie spiagge, estuari acquitrinosi, banchi di ciottoli e villaggi di pescatori battuti dalle intemperie.

Da quando l'umanità ha attraversato il ponte di terra che collegava l'Europa continentale al sud-est della Gran Bretagna circa un milione di anni fa lasciando alcune orme fossili su una spiaggia a Happisburgh nel Norfolk, l'uomo ha iniziato a plasmare e influenzare il paesaggio dell'Inghilterra.

I cacciatori-raccoglitori del Mesolitico costruirono le prime abitazioni in Inghilterra in corrispondenza di Star Carr nello Yorkshire, intorno al 9000 a.C., e a Howick nel Northumberland, e con l'introduzione dell'agricoltura nel 4500 a.C. circa, le foreste furono abbattute per creare le coltivazioni (grano e orzo) e per il pascolo degli animali. L'uomo neolitico cominciò a costruire passerelle di legno in mezzo alla campagna – come la Sweet Track in Somerset – e a creare terrapieni nel paesaggio del Wiltshire più di 5500 anni fa, mentre gli insediamenti dell'Età del Ferro trasformarono le linee

ondulate delle palizzate di terra attorno ai profili delle colline in enormi forti.

Con i romani, gli insediamenti si ampliarono, e la loro capitale, Londinium, raddoppiò in grandezza in un secolo, a partire dalla sua fondazione, intorno al 47 d.C. Migliaia di chilometri di strade lastricate furono costruite per collegare le città; molte di queste, come la Fosse Way, che collegava Exeter a Lincoln, ancora sopravvivono sotto forma di moderne autostrade (per esempio la A37 e la A46).

Le città si ingrandirono durante la Rivoluzione industriale, quando miniere di carbone, eruttanti ciminiere e buie e sataniche fabbriche cambiarono l'aspetto del paesaggio dell'Inghilterra settentrionale. La popolazione di Manchester, la prima città industriale al mondo, crebbe del 600% in appena 50 anni dall'inizio degli anni '70 del XVIII secolo e l'Inghilterra passò da società rurale (nel XIX secolo circa l'80% della popolazione viveva nelle campagne) a società fondamentalmente urbana appena un secolo dopo (circa il 75% della popolazione viveva nei centri urbani).

Solo il 14,5% dell'Inghilterra è oggi un habitat naturale. Le innovazioni agricole dopo la seconda guerra mondiale furono significative: la spinta a essere autonomi aveva comportato nuovi metodi agricoli, intensivi e su vasta scala. Enormi tratti di antiche foreste andarono perduti, e in alcune aree i mosaici di piccoli pascoli divennero vasti campi, poiché i muri furono demoliti, gli stagni riempiti, gli acquitrini prosciugati e, soprattutto, le siepi estirpate. Oggi il 73% dell'Inghilterra è terreno agricolo.

Forse profeticamente, abbiamo davvero iniziato ad apprezzare la campagna inglese solo negli ultimi 200 anni. Tra la fine del XVIII e l'inizio del XIX secolo, una nuova generazione di scrittori trasse ispirazione dal mondo naturale, proprio come i più importanti pittori dell'epoca rivolsero le loro attenzioni al paesaggio. John Constable immortalò la campagna del Suffolk, dove viveva, nelle vivide immagini realistiche di opere come *The Hay Wain* (*Il carro del fieno*; 1821), mentre J.M.W. Turner usò la luce e i colori per riflettere il potere della natura in turbolente marine come il chiaro di luna di *Fishermen at Sea* (*Pescatori in mare*; 1796). Una delle più celebri poesie inglesi riproduce l'esperienza di William Wordsworth che vagando da solo su un lungolago del Lake District si imbatté in un gruppo di narcisi "accanto al lago, sotto gli alberi, che fluttuavano e danzavano nella brezza".

Fu Wordsworth a suggerire già nel 1810 che il Lake District dovesse essere "una sorta di proprietà nazionale, in cui ogni uomo ha diritto e interesse". Ci volle ben più di un secolo perché la prima fetta di paesaggio inglese fosse protetta secondo questo criterio, quando il Peak District fu designato parco nazionale nel 1951, anche se Dartmoor, le North York Moors, le Yorkshire Dales, Exmoor, il Northumberland e il Lake District stesso seguirono a ruota prima della fine della decade.

Nonostante il nome, i parchi nazionali in Inghilterra non sono di proprietà della nazione: quasi tutta la terra è privata, e appartiene ai contadini, alle tenute private e agli enti di tutela. E non sono così selvaggi come potreste aspettarvi. Nei parchi nazionali d'Inghilterra vedrete campi coltivati nelle zone più basse e pecore al pascolo sugli altopiani, oltre a strade, ferrovie e villaggi, e persino cittadine, cave e fabbriche. Oltre 120.000 persone vivono nel South Downs National Park, il più recente parco d'Inghilterra; e l'85% del parco è coltivato. È una sorta di promemoria del compromesso raggiunto in questo paese affollato tra la tutela dell'ambiente naturale e l'approvvigionamento delle persone che ci vivono.

In Inghilterra, i grandi spazi all'aperto sono invitanti anche perché a portata di mano. Ci sono oltre 120.000 miglia (193.000 km) con 'public rights of way' – letteralmente, diritto di passaggio pub-

South Downs National Park (p159)

blico; sentieri pubblici che attraversano proprietà private, spesso lungo piste che sono state calpestate per migliaia di anni. Ma che non vi venga in mente di uscire dal sentiero tracciato. Nel 2000, il Countryside and Rights of Way (CRoW) Act ha concesso al pubblico un parziale 'Right to Roam' (diritto a muoversi liberamente) su circa l'8% del territorio dell'Inghilterra senza il timore di violazione di domicilio; antiche leggi di proprietà tengono i nostri passi fuori dal resto. Lo stesso vale per i fiumi. Delle 42.700 miglia (69.000 km) di corsi d'acqua nell'entroterra dell'Inghilterra, il pubblico può accedere ad appena 1400 miglia (2200 km), che sono per la gran parte canali e 'managed navigations' (navigazioni gestite). Il che corrisponde al 4% circa – nonostante alcuni gruppi sostengano che esista un diritto pubblico di navigazione, sancito nella Magna Carta, su tutti i fiumi navigabili d'Inghilterra.

Scafell Pike, Lake District (p542)

FU WORDSWORTH A SUGGERIRE GIÀ NEL 1810 CHE IL LAKE DISTRICT DOVESSE ESSERE "UNA SORTA DI PROPRIETÀ NAZIONALE, IN CUI OGNI UOMO HA DIRITTO E INTERESSE"

La campagna Right to Roam spera di estendere il CRoW Act ai fiumi, ai boschi e alle cinture verdi per portare l'Inghilterra a essere in linea con i diritti di accesso più progressisti. In Scozia si ha accesso a quasi tutto il territorio per godere degli spazi all'aperto (in modo responsabile) e si può fare campeggio libero dove si vuole. In Inghilterra, l'unico posto dove è consentito il campeggio libero è in alcune zone del Dartmoor – e i proprietari terrieri locali stanno cercando di cambiare anche quello.

Valorizzare al massimo il paesaggio dell'Inghilterra sembra quindi più imperativo che mai. Secondo il Met Office (servizio meteorologico nazionale), le temperature medie sono aumentate di circa 1°C dagli anni '80. La primavera arriva prima in Inghilterra e la caduta autunnale delle foglie più tardi; gli animali si stanno spostando verso nord e in alcuni casi ad altitudini maggiori. Il livello dei mari che circondano il Regno Unito si è alzato di oltre 3 mm l'anno nell'ultimo decennio e gli esperti temono che potrebbe alzarsi ulteriormente tra i 40 cm e 1 m entro fine secolo, accelerando l'erosione delle coste e inondando le paludi salmastre e i tratti di costa bassa. Gli scienziati prevedono estati più calde e più asciutte, che probabilmente avranno un impatto sui boschi di faggio e la brughiera e gli acquitrini delle pianure nel South East; ma anche inverni più tiepidi e più umidi, che avranno come risultato un maggiore rischio di inondazioni, soprattutto nelle zone occidentali del paese. Le piante, gli alberi e gli arbusti che crescono in Inghilterra cambieranno, così come la fauna selvatica che vive in questi habitat.

In alcune parti dell'Inghilterra, tuttavia, il paesaggio sta cambiando in meglio. Partendo con un progetto pionieristico sulla Knepp Estate nel West Sussex nel 2001 – dove la terra viene restituita alla natura lasciando che sia essa a prendersene cura – il 'rewilding movement' ha preso piede soprattutto nel sud. A Knepp, dove razze tradizionali come le mucche razza Longhorn e i maiali Tamworth gestiscono in modo naturale il paesaggio, l'habitat ripristinato ha visto uno straordinario aumento di biodiversità. Altrove, alcune specie fondamentali che si erano estinte sono state reintrodotte allo stato brado, con i castori che rivitalizzano in modo sistematico gli ecosistemi locali in alcune zone di Cornovaglia, Devon, Dorset e Cheshire, mentre, nell'estate del 2022, un bisonte è stato liberato a Blean nel Kent. Forse, dopo 11.000 anni, abbiamo imparato che la natura sa meglio di noi cosa fare.

L'INGHILTERRA
SUL PICCOLO SCHERMO

Come la rappresentazione dell'Inghilterra nella fiction parla del paese oggi. Di Isabel Albiston

GLI INGLESI GUARDANO molto la TV. Nel 2021 gli abitanti della Gran Bretagna hanno trascorso una media di oltre cinque ore al giorno davanti a TV o contenuti video online. Ma cosa si può dire dell'Inghilterra e del suo popolo da come il paese viene rappresentato sullo schermo? Quanto all'autoanalisi, sembra che gli sceneggiatori riescano a cogliere meglio aspetti della psiche nazionale e della vita moderna usando l'umorismo. Dietro alle situazioni assurde che i personaggi comicamente esagerati delle sitcom inglesi devono affrontare, c'è spesso una verità.

Fleabag (2016-9) di Phoebe Waller-Bridge ha fatto incetta di premi. La narrazione della protagonista di ciò che accade nella sua vita, e il suo punto di vista spesso cupo e trasgressivo sugli eventi, con la 'rottura della quarta parete' (si rivolge direttamente al pubblico guardando nell'obiettivo) hanno colto un sentimento di scoraggiamento, un desiderio di obiettivi e significato, e le contraddizioni di ciò che significa essere una donna in Inghilterra oggi. L'uso di sarcasmo e humour per evitare il dolore illustra la tendenza di alcuni inglesi a reagire in modo leggero quando vengono feriti e a nascondere i loro veri sentimenti. Le battute di *Fleabag* sono divertenti, ma riflettono anche i pensieri che molte donne

In senso orario da sinistra in alto: ***Mr Bean, Fleabag, Black Mirror, I May Destroy You***

inglesi potrebbero segretamente avere avuto. Un format simile era stato usato in *Peep Show* (2003-15), in cui la narrazione con voce fuori campo rivelava gli spregevoli monologhi interiori di Mark e Jeremy, i personaggi principali, disfunzionali e sgradevoli, ma anche molto divertenti.

Sebbene la Waller-Bridge abbia affermato che *Fleabag* non rappresenta altro che la storia di una donna, la serie è stata criticata da alcuni per aver ritratto una versione privilegiata e 'bianca' della vita nell'Inghilterra moderna. Diversamente, *I May Destroy You* (2020) di Michaela Coel racconta una Londra più etnicamente e culturalmente varia. E la protagonista – autrice di feed di Twitter trasformati nel libro *Chronicles of a Fed-up Millennial* – fa i conti con le conseguenze di uno stupro. Le subplot trattano tematiche del consenso e razziali nell'Inghilterra moderna in modo risoluto e con varie sfumature. Sempre sulla tematica del consenso, *Sex Education* (2019-in corso) con humour e intensità mostra la goffaggine del sesso dei teenager ma è indulgente con i personaggi, e riflette su come i giovani si avvicinano all'intimità e all'espressione sessuale nell'Inghilterra di oggi.

Non sempre la TV inglese ha saputo riflettere la diversità del paese. La sitcom *We Are Lady Parts* (2021), ha aiutato a ripristinare l'equilibrio seguendo le vicende di un gruppo musicale punk formato da studentesse musulmane nell'Inghilterra moderna. Con personaggi che sfidano gli stereotipi, tantissime battute leggere e canzoni con titoli come 'Ain't No One Gonna Honour Kill My Sister But Me', mette in discussione ciò che di solito si dà per scontato. In *Stath Lets Flats* (2018-21) di Jamie Demetriou, le pagliacciate di un incompetente agente immobiliare si svolgono nel contesto di un mercato immobiliare depresso di una Londra reale. Lo show è un ritratto affettuoso della comunità greco-cipriota nel nord della città.

L'Inghilterra ritratta in alcune serie è difficile da definire. *Black Mirror* (2011-in corso) di Charlie Brooker è una serie antologica inquietante. Gli episodi a sé stanti descrivono spesso un futuro distopico immaginato, in cui scienza e tecnologia sono progredite in un vuoto morale; alcuni episodi sono ambientati in Inghilterra. Temi come sorveglianza tecnologica, individualismo e consumismo sono problematiche che riguardano l'Inghilterra di oggi.

Commedie TV del recente passato offrono uno scorcio su come gli inglesi si sono visti nei decenni precedenti. Personaggio ricorrente nella commedia inglese è un uomo che si comporta in maniera talmente impacciata che anche chi lo guarda è in imbarazzo. Questo tipo di antieroe si può rintracciare nell'improbabile Basil Fawlty in *Fawlty Towers* (1975-9) di John Cleese, nel capoufficio David Brent in *The Office* (2001-3) di Ricky Gervais, nel commentatore sportivo, ospite di talk-show e radio DJ Alan Partridge di Steve Coogan (apparso in diverse vesti dal 1991) e nel *Mr Bean* (1990-5) da commedia slapstick con Rowan Atkinson. Questi personaggi riflettono il generale disagio di fronte alla rottura delle norme sociali di gentilezza e repressione dei pensieri autentici. In *Absolutely Fabulous* (1992-5) un cast tutto femminile guidato dalla narcisista Eddie (Jennifer Saunders) e da Patsy (Joanna Lumley) sfida il socialmente accettabile con la superficiale ricerca dell'ultima moda.

La TV inglese si è ben espressa anche con la satira politica, dalla memorabile serie dark originale di *House of Cards* (1990) alle negoziazioni burocratiche di *Yes Minister* (1980-4) e *Yes, Prime Minister* (1986-8). In molti modi, il comportamento vile e le bizzarrie descritte in *The Thick of It* (2005-12) sono stati presagio degli scandali politici e del cinismo degli ultimi anni.

Lontano dal mondo della satira politica incentrata su Londra, vari show hanno offerto rappresentazioni affettuose delle famiglie della classe operaia. In *The Royle Family* (1998-2012) quasi tutta l'azione si svolge nel salotto di una famiglia di Manchester, seduta sul divano a fumare, bere, ruttare e guardare la TV. La serie, coinvolgente per battute e commoventi momenti di intimità, rispecchiava il modo in cui tante ordinarie famiglie inglesi interagivano. Altro ritratto a lungo popolare della classe operaia è *Only Fools and Horses* (1981-91), con l'impavido protagonista Del Boy che incarna l'ottimismo dell'intrallazzo a dispetto del fallimento e il sogno imprenditoriale promesso dalla Gran Bretagna della Thatcher, ma i suoi piani da soldi facili non pagano mai.

AZIONE POPOLARE E DEMOCRAZIA INGLESE

Nessun 'keep calm and carry on' – l'Inghilterra è stata forgiata da una storia di disobbedienza civile. Di Tasmin Waby

LA MONARCHIA DEMOCRATICA INGLESE, con tutte le sue complessità e convenzioni, è stata forgiata da secoli di lotte per il potere. Qui, la politica è stato un processo di continue negoziazioni piuttosto che una rivoluzione violenta (ma non significa che l'estremismo non esista). Gli inglesi sono noti per stoicismo, pazienza e tolleranza, tradizionalmente manifestati con l'abitudine a fare code ordinate. Mantenere la calma è un atteggiamento rispettato, ed è socialmente e tatticamente utile quando si negozia un cambiamento politico. Quando però ne hanno abbastanza, gli inglesi lottano.

In Inghilterra manifestazioni, proteste e scioperi hanno una lunga storia riguardo alle rivendicazioni popolari non prese in considerazione. Non sempre si sono risolti in cambiamenti positivi ma innumerevoli diritti sono stati conquistati attraverso le proteste nel corso dei secoli. Questo è probabilmente il motivo per cui – malgrado siano alla base di una delle democrazie parlamentari più antiche al mondo – molti statuti, sentenze della common law e antichi diritti che esistono oggi possono apparire desueti.

Ecco un esempio: nel 1932 una violazione di massa a Kinder Scout nel Peak District assicurò l'antico 'Right to Roam' (diritto a muoversi liberamente) su lande, brughiere, coste e altre zone designate.

Tuttavia, meno del 2% dei corsi d'acqua navigabili sono aperti al pubblico – un'esclusione contestata dalle associazioni pubbliche di pescatori, nuotatori e barcaioli. Incredibile a dirsi, ma il nuoto libero corre il rischio di essere perseguito legalmente quando lo si pratica nei corsi d'acqua dell'entroterra. Nell'aprile del 2022, un gruppo di nuotatori ribelli ha organizzato una nuotata di massa al Kinder Reservoir, 90 anni dopo i loro precursori, sostenendo che 'il diritto pubblico di navigazione' per le barche dovrebbe essere esteso anche ai nuotatori. La lotta continua.

Naturalmente, ci sono altri aspetti curiosi dell'antica democrazia parlamentare inglese. Le due camere del sistema di Westminster sono state riprodotte in molti paesi. Tuttavia pochi hanno una Upper House (Camera Alta) costituita da rappresentanti non eletti. Le cariche dei Pari della House of Lords sono ereditarie o politiche, ma questi hanno il potere di mettere il veto a leggi scritte dalla House of Commons, composta da membri eletti e responsabili nei confronti degli elettori.

Diritti e responsibilità fondamentali estorti dai baroni ribelli a re Giovanni furono scritti nella Magna Carta (1215), mentre il trionfo del parlamento durante la guerra civile inglese (1642-51) aprì la strada alla democrazia parlamentare di oggi. Alcuni tumulti ebbero meno successo: le concessioni 'accordate' durante la Peasants' Revolt (1381) furono annullate dopo che la rivolta fu brutalmente soppressa.

L'Inghilterra (non ancora Regno Unito) approvò il primo Bill of Rights (Carta dei diritti) nel 1689. Questo, e la Magna Carta, sono i precursori del Bill of Rights statunitense (1789).

Nell'era industriale, ondate di protesta si diffusero in Inghilterra con l'aumento della popolazione operaia, e gli stili di vita tradizionali furono cancellati. La causa del diritto al voto provocava molti disordini perché la maggioranza dei lavoratori non era rappresentata a Westminster. Manifestazioni in gran parte pacifiche per la riforma elettorale furono represse con la forza. La più nota è il Peterloo Massacre del 1819, quando 60.000 operai che protestavano pacificamente nel St Peter's Field di Manchester furono assaliti dalle sciabole dal reggimento di cavalleria, che ne uccise 18 ferendone oltre 100.

Il Reform Act del 1832 fu una pietra miliare del progresso. Tra le conquiste raggiunte: la revisione dei confini elettorali, la creazione di seggi che rappresentavano le nuove popolose città industriali e l'estensione del diritto di voto, anche se all'inizio fu limitato a 'chiunque avesse proprietà del valore di £10 o più'.

I Chartists, movimento della classe operaia guidato da William Lovett e Francis Place, proseguirono la lotta nel decennio successivo. Benché le loro petizioni inizialmente non ebbero successo, ulteriori Reform Act furono approvati nel 1867 e nel 1884. Nel 1918 tutte le loro richieste, tranne una, furono accolte.

Sempre verso la fine del XIX secolo, prese il via una campagna per dare alle donne il diritto al voto. Le suffragette protestavano pubblicamente e a volte in modo violento. Bombe, vandalismo e incendi dolosi furono gli strumenti incoraggiati da eminenti leader come Emmeline Pankhurst (1858-1928). Altre azioni rilevanti, come gli scioperi della fame e il suicidio di Emily Davison (1872-1913) sotto gli zoccoli del cavallo di Giorgio V all'Epsom Derby nel 1913, alzarono i toni sulle rivendicazioni. Nel 1928 tutte le donne sopra i 21 anni finalmente poterono votare. Nessuno 'concesse' volontariamente alle donne il diritto al voto.

Il XX secolo vide l'introduzione postbellica dell'NHS (servizio sanitario nazionale) e del sistema previdenziale. Sebbene inizialmente sostenuto da entrambi i fronti, Labour e Conservatives, il 'welfare state' fu ridotto in modo drastico dal governo neoliberista della Thatcher (1979-90) che, con il suo programma radicale di tagli e privatizzazioni, provocò numerosi scontri tra dimostranti e polizia. Nel 1981 scoppiarono le sommosse di Brixton per il razzismo e la brutalità della polizia. Gli scioperi dei minatori del 1984-5 divisero operai e comunità e i cortei a volte furono dispersi con la forza. E nel 1990 le rivolte contro la 'poll tax' furono talmente veementi che l'idea fu immediatamente abbandonata.

Stemma di Extinction Rebellion

TASMIN WABY/LONELY PLANET ©

Nel XXI secolo le manifestazioni per problemi singoli, come la protesta contro l'invasione dell'Iraq nel 2003, sono state sostituite da continue ondate di disagio sociale. Primo fra tutti, il movimento Occupy London del 2011 vide la piazza all'esterno della St Paul's Cathedral occupata dagli attivisti per nove mesi. 'Occupy' era un movimento globale che protestava contro l'influenza delle grandi imprese sui governi e l'aumento della disuguaglianza economica.

Il referendum sulla Brexit del 2016 è senza dubbio la più significativa espressione della politica in Gran Bretagna degli ultimi tempi. Una risicata maggioranza a favore dell'uscita dall'UE ha spaccato il paese creando un caos politico il cui impatto si sente ancora.

In tempi recenti, Occupy London, Extinction Rebellion (XR), No To Oil e gruppi simili per una giustizia climatica e sociale hanno attirato l'attenzione turbando l'ordine pubblico. Tra i loro metodi, il blocco delle autostrade o atti 'vandalici' su opere d'arte. Tuttavia, queste tattiche hanno anche allontanato potenziali sostenitori e nel 2023 XR ha annunciato un cambiamento di rotta.

Una serie di scioperi tra fine 2022 e inizio 2023 ha coinvolto diversi servizi pubblici. In risposta il governo ha formulato una legge per tenere i servizi essenziali funzionanti durante lo sciopero, mutilando il potere dei sindacati. Così come alcuni emendamenti al Public Order Bill del 2022 hanno criminalizzato molte forme di protesta politica.

Qualcuno vede questi sviluppi come presagio di una nuova era di autoritarismo in un paese che si fregia delle sue tradizioni democratiche e della tutela dei diritti umani. La domanda è: riusciranno gli inglesi a 'keep calm and carry on' (mantenere la calma e andare avanti) o questo sarà un altro punto di rottura nella storia politica del paese?

INDICE

Cartine **000**

Cartine **000**

Cartine **000**

Finito di stampare presso Grafica Veneta S.p.A - Trebaseleghe (PD)
nel mese di marzo 2024

Ristampa 0 1 2 3 4 5 6 — Anno 2024 25 26 27 28

"Gli appassionati dei Beatles non possono visitare Londra senza fare un pellegrinaggio nei famosi Abbey Road Studios." (p107)

LAUREN KEITH

"Questa meraviglia d'ingegneria del mondo antico segna il punto in cui l'impero romano fermò la sua marcia verso nord." (p567)

HUGH MCNAUGHTAN

A SINISTRA: DAVE HEAD/SHUTTERSTOCK ©; A DESTRA: CLAUDIO DIVIZIA/SHUTTERSTOCK ©

QUESTA GUIDA

Traduzione
Annamaria Macripò, Riccardo James Vargiu

Responsabile redazione guide
Silvia Castelli

Coordinamento
Cristina Boglione, Angelica Taglia

Aggiornamenti
Luciana Defedele

Editing
Fregi e Majuscole, Antonia Mastrolacasa

Impaginazione
Anna Dellacà

Rielaborazione grafica cartine
Ivo Villa

Rielaborazione copertina Sara Gasparini
supervisione
Sara Viola Cabras

Produzione
Alberto Capano

Inghilterra
10ª edizione italiana – Marzo 2024
Tradotto dall'edizione originale inglese:
England (12th edition, July 2023)

ISBN 978-88-5929-117-6

Tradotto e pubblicato da EDT srl su licenza esclusiva di Lonely Planet Global Limited.
Per informazioni relative al contenuto di questa pubblicazione contattare EDT srl.

EDT srl
17 via Pianezza, 10149 Torino, Italia
☎ (39) 011 5591 811 – fax (39) 011 2307 034
edt@edt.it, lonelyplanetitalia.it

Stampato da Grafica Veneta S.p.A. - Trebaseleghe (PD)